产业组织与制度

Industrial
Organizations and
Institutions

黄祖辉　编著

Selected Works of
Huang Zuhui

黄祖辉文集

第二卷
Volume 2

ZHEJIANG UNIVERSITY PRESS
浙江大学出版社

黄祖辉文集

Selected Works of
Huang Zuhui

卷首语

　　组织具有不同属性。组织不仅是主体和网络，而且也是制度。农业产业中的多种组织类型，如农户家庭组织、合作组织、集体组织、公司（企业）组织等，既是不同的经营主体，又是不同的组织制度安排。不同组织制度的合理边界和相互协同是产业组织与制度研究的重点。

目　录

第三篇　农业纵向体系与制度

第四篇 多种类型主体与治理

第一篇
农业组织制度与变迁

中国农民合作组织发展的
若干理论与实践问题[①]

一、研究农民合作组织的切入点：三种不同的研究视角

　　研究和考察农民合作组织可以有不同的角度。现实中，理论界对农民合作组织问题存在一定的争论，主要是对合作组织的认识存在不同的视角或存在不同的切入点。实际上，至少存在三种不同的研究农民合作组织的视角。

　　第一种是基于产业发展的视角。为什么要发展农民专业合作组织？可以从市场经济、产业化经营、产业组织发展的角度来研究它。这是因为在市场竞争不断加剧的情况下，小规模、分散的农户面临极大的风险和挑战，而通过建立农民合作组织，可以增强农民在市场上的谈判力，帮助农民有效进入市场，解决农产品卖难等问题。因此，农民合作组织的形成与发展，实际上既是农民和农业适应市场化的需要，又是农业组织化、纵向一体化和现代化的需要。无论从世界各国的农业现状看，还是从农业发展的一般规律来看，农民合作组织都是一个很重要的产业组织形式。这也是尽管中国的农民合作组织发展在历史上经历了很大的曲折，但当前政府对农民专业合作组织依然很重视，予以立法，鼓励其发展

---

　　① 本文作者为黄祖辉。本文内容发表在《中国农村经济》2008 年第 11 期，是笔者2008 年 9 月 19 日在杭州举行的"中国农村改革 30 年：中国农民合作组织发展"国际研讨会上的主题发言。

的基本原因。

第二种是基于农民权益的视角。这一视角实际上主要是从政治学和社会学有关公平、权益的视角来研究与看待农民合作组织。很多学者认为,农业之所以是弱质产业,关键是农民是弱势群体,只有把农民组织起来,通过农民自身的组织来维护和争取农民在经济社会中应有的权益,才能真正解决农民的弱势性和农业的弱质性问题。由于农民合作组织具有组织农民的功能,因而在一定程度上能发挥维护与争取农民权益的作用。这就是不仅仅是经济学家,而且许多社会学家、政治学家对农民合作组织也感兴趣的原因。不过,从中国的国情以及农民合作组织作为产业组织的基本性质看,如果在现阶段就偏向于从争取和维护农民权益的角度来研究,甚至于引导农民专业合作组织的发展,并不利于农民专业合作组织的健康发展。这样的研究视角的对象,应该是农协或农会,尽管这些组织与农民专业合作组织具有联系性,尽管农民专业合作组织也具有争取和维护农民权益的功能。

第三种是基于制度安排的视角。这是一种相对理论的、基于新制度经济学理论和方法的研究农民合作组织的视角。在这种视角下,农民合作组织被看成是一种组织制度的选择,是一种制度的安排。它从交易费用和制度安排的角度,回答农民合作组织为什么在农业中如此普遍存在,揭示农民合作组织的制度特性与效率、农民合作组织与其他产业组织(如股份公司、家庭企业等)的区别、农民合作组织的规模特性与影响因素等。

二、农民合作组织的缘由与本质:
与农业的家庭经营制度有关

农民合作组织在农业领域为什么这么普遍?为什么合作组织在工业领域几乎是凤毛麟角?回答这一问题需要从农业的产业特性出发,农业生产的自然性、周期性以及空间的分散性,使得家庭经营成为农业生产最为有效的组织形式,但是单个的家庭经营自身存在一定的局限性:一是对经营规模扩张的局限;二是在市场竞争中,尤其是在农产品供给

过剩的买方市场情况下,缺乏市场谈判力和竞争力。克服农业家庭经营的局限性,简单地用其他类型的产业组织去替代家庭经营并不是理想的选择,因为这种替代尽管能克服农业家庭经营的局限性,但是却要以丧失农业家庭经营的效率为代价。合作组织是既能保持农业家庭经营的效率,又能克服农业家庭经营局限性的产业组织。因此,农业中普遍存在合作组织的根本原因,在于家庭经营在农业的普遍性和家庭经营在竞争市场中的局限性。从这一意义上讲,农民合作组织与农业家庭经营是互为一体的,没有农业的家庭经营,农民合作组织就失去了存在的必要。进一步说,农业的合作制如果不以相对独立的家庭经营为基础,那么,这个合作组织就不是真正意义上的合作组织。这是一个非常重要的命题,它是农民合作组织的本质所在和活力所在,是判断农民合作组织真伪的基本准则。强调这一点非常重要,因为我们国家的合作社曾走过一段弯路。20 世纪 50 年代初期的我国农业合作社,是遵循合作社基本原则的,但是随后却发生了质的演变,即社员家庭经营农业的自主性和主体性地位逐渐丧失,尽管此时它们仍被称作是合作经济,但实际上这种合作经济已经演变成了"一大二公"、低效率的集体经济。现实中,不少人担心农民合作组织会重蹈覆辙,这并不足为奇。但只要坚持合作制的基本原则以及社员是相对独立的经营主体这一合作制的本质属性,那么这个农民合作组织就应该是有效率的,反之,就要打个问号。

从交易关系和制度安排的角度看,农民合作组织及其成员的关系既不是完全外包的市场交易关系,又不是完全内化的科层治理关系,而是介于两者之间,是一种科层与市场相结合的产业组织。因此,从理论上推论,与家庭农业组织相比,农业合作组织的内部治理成本也许会高些,但市场交易成本却明显会比家庭农业组织低。与公司农业或者科层式的农业相比,农业合作组织的市场交易成本并非会提高,但内部治理成本明显会比公司农业或者科层式的农业低。

三、关于农民合作组织的类型问题：
三种既联系又有区别的类型

除了从具体产业（产品）和产业环节对农民合作组织进行分类外，还可以从三种角度对农民合作组织进行分类。

一是横向合作和纵向合作。从农民合作组织的历史发展角度看，先是横向的合作，然后才是纵向的合作。所谓横向合作，就是相同生产类型农民的合作，或者从生产环节来讲，是相同生产环节农民的合作。农民横向合作的基本动因是增强市场谈判力，因为分散农户在市场中是缺乏谈判力的。横向合作有助于农户之间的互助和生产设施的规模利用。所谓纵向合作，是产业上下游间的合作，如生产资料供应和生产的合作、生产与营销的合作，等等。纵向合作的基本动因是降低纵向交易成本，以及获取产后增值收益和控制市场。

二是社区合作和专业合作。社区合作的一个重要特点是合作成员的社区性，在我国，村经济合作社是属于社区合作的范畴，尽管村经济合作社在实践中还需不断改进和完善。社区合作既可以以社区产业的发展作为合作的基础，也可以涉及社区公共事务和社区服务事业。社区合作组织在亚洲国家比较普遍。专业合作是以某一产业或产品为基础的合作，专业合作不受社区限制，因而更适合市场化和产业化的发展要求。专业合作组织在欧美国家较为普遍。

三是传统合作和新型合作。传统合作与新型合作是从合作组织的内在制度变化和差异性来区别的。传统合作也可称作经典合作，这种合作组织是完全按照经典的合作制原则来组建和运行的，如：加入时的进出自由原则；决策时的一人一票原则；分配时的社员惠顾原则、公共积累原则；经营时的成员利益最大化原则；等等。新型合作组织也可称作新一代合作组织，是 20 世纪 90 年代以来伴随着农业产业化、市场化和全球化进程的农业合作社制度的变革。新型合作组织的重要特点是在合作组织中引入股权因素，进而在决策和分配过程中融入了股权的参与。对于新型合作还是不是合作制的问题，国内外仍存在争议。但不管怎么说,它是市场竞争和产业发展的结果,是制度的选择与安排,因而具有存在的必然性。在我国目前的农民专业合作组织中,类似于这样的合作组织也不少,但与欧美国家的新型(新一代)合作组织相比,主要的差异性在于:欧美国家的新型(新一代)合作组织是在传统合作组织基础上发展起来的,是农民合作占主导、股份为辅的股份合作制,而我们的新型(新一代)合作组织大多是在公司或农业龙头企业基础上发展起来的,因而基本上是农民合作不占主导,而是以企业(股份)控制为主。

四、农民合作与农业产业化经营:
"三鹿奶粉"事件的反思

农业产业化的实质是农业的纵向一体化,它是当今世界农业发展的趋势,是现代农业的重要特征和竞争农业的必然选择。农业纵向一体化过程中的产业组织建构及其相互关系处理是农业产业化经营的关键。20世纪90年代以来,我国的农业产业化经营开始被政府提到重要议事日程,并且得到了较快的发展,出现了多种形式的农业产业化经营的组织模式,其中最具主导性的是"公司(龙头企业)+农户",或者说"龙头企业带动农户"的组织模式。但是值得指出的是,我国的农业产业组织发展进程与农业的产业化进程并不是很协调,主要表现在农业的产业组织发展明显滞后于农业产业化的发展要求。具体地说,当市场竞争迫切需要农业朝产业化经营的方向发展时,我国的农业组织体系或者说农业经营体系并不完备。主要的问题是,由于村集体经济普遍弱化与虚化,同时农民专业合作组织空缺,以农户家庭经营与村集体经济组织相结合的农业双层经营体制大多是徒有虚名或名存实亡,这使得村集体在"统"的方面的功能,或者说在服务农户方面的功能,没能得到有效体现。在这样的情况下,我国的农业产业化经营只能是"公司(龙头企业)+农户"成为主导模式。尽管"公司(龙头企业)+农户"的模式对于解决农户农产品卖难问题,对于我国的农业产业化经营发展,发挥了重要的作用,但仍然不能说是一种非常理想的农业产业化经营模式。其主要的局限性,一是公司(龙头企业)与众多分散农户打交道的交易成本非常高,二是在这种模式下,公司(龙头企业)与农户仍称不上是真正的利益共同体,而是两个利益主体,因而两者的关系比较脆弱,一旦政策与市场环境发生不利变化,两者很容易出现分离或不合作行为。近期我国所出现的"三鹿奶粉"事件,尽管主要与食品安全监测、监管不力有关,但从产业化的组织体系分析,也与"公司(龙头企业)+农户"模式的局限性有密切关系。调查情况表明,"三鹿"奶业公司的奶源主要来自三个渠道,一是公司自办的奶场,二是中间商奶站,三是分散的奶农,问题奶主要来自中间商奶站和分散的奶农,而不是公司自办的奶场。其原因是:奶场是内化在公司的,与公司是一家人,两者是一个市场主体,是完全一体化的关系,而中间商奶站、分散的奶农与"三鹿"奶业公司是不同的市场主体,充其量是一种龙头企业带动型的、不完全一体化的产业化经营模式,因而在交易过程中往往会存在负外部性的自利行为。

因此,从产业化经营角度解决这一问题的途径,一是奶业公司办更多的直属奶场,即将奶业产业的上游环节内化于奶业公司。二是培育能和分散农户有机结合的产业组织,如专业合作组织。三是发展行业协会组织,发挥行业协调与自律的作用。合作组织参与农业产业经营有两种基本模式,一种是欧美模式,一种是亚洲模式。欧美模式的特点是合作组织自身向上下游延伸,就奶业产业而言,就是奶牛饲养、牛奶加工和销售等环节都内化在奶业合作组织内部。当然这种模式也存在不足之处,主要是合作组织的内部治理结构会比较复杂,管理成本较高。亚洲模式的特点是合作组织不向下游延伸,尤其是不向深加工领域延伸,而是扮演连接、服务农户(组织成员)的中介作用,作为农户(组织成员)的代表,与下游龙头企业(如奶业公司)建立长期稳定的交易关系。亚洲模式实际上就是"公司+合作组织+农户"的农业产业化经营模式,这一模式对于农民专业合作组织还处在初期发展阶段的中国来说,是比较适合的。

五、农民合作组织与现代农业发展: 再谈农业的规模经营和经营体制

从我国的人地关系看,随着工业化和城市化的发展,农业劳动力还

会继续向非农产业转移,我国农业建立在小规模农户经营基础上的格局恐怕在相当长时期内不会改变。与此同时,我们的农业不能由此而停留在传统农业的阶段,而是要向现代化发展。换言之,我们要探索小规模农户经营基础上的市场化与现代化道路。小规模农户基础上的农业能否实现现代化?答案应该是肯定的。农民专业合作组织是开启小规模农业走向现代化之门的一把钥匙。

首先,在合作组织框架中,小规模农户经营规模的劣势可以得到有效消除。这里需要对农业规模经营有个重新认识。不能单纯把农户土地规模经营作为农业规模经营的判别标志或唯一途径,而是要从专业化分工、多环节联系、多要素综合的途径来实现或判别农业的规模经营。许多国家现代农业的实践表明,小规模的农户生产同样可以实现规模化的经营和农业的现代化,其中的关键是合作组织发挥了作用。在合作组织内部,通过分工与合作,农户(组织成员)可以专心于农业生产或养殖,而将其他的经营活动,如投入品的采购,新技术的选择,信息的获取,产品的分级、包装、加工、运输、营销以及品牌化等分离出去,由合作组织统一经营与服务,由此就形成了农户(组织成员)生产小规模、合作组织经营规模化的格局。简言之,通过合作组织的制度设计与安排,可以走出一条生产小规模、经营规模化的现代农业发展道路。

其次,我国农民专业合作组织的发展还隐含着农业经营体制变革的重大意义。改革开放以来,我国的农业经营体制演变为农户承包经营、村集体统一服务的双层经营体制。但在实践中,大多数村集体对农户经营的服务功能发挥得不是很理想,统分结合的农业双层经营体制流于形式,使农民在市场化和全球化进程中处于不利地位。如何改变这一局面?除了不断完善我国农村村级集体经济制度外,重要的途径是加快农民专业合作组织的发展,建立新型的农业双层经营体制。

最后,在新型的农业双层经营体制中,农户家庭依然是相对独立的农业生产经营主体,而"统"的功能可以由农民专业合作组织来替代。从传统的农业双层经营体制向新型的农业双层经营体制的转变,无论对于中国农业产业组织体系的完善与机制创新,还是对于中国农业的转型和现代农业的发展,都具有极为深远的意义,应予以着力推进。

六、结论

第一,农业的家庭经营是农业合作制度与组织形成的基本前提。没有农业的家庭经营,农业的合作组织也没有存在的必要。在中国,以小规模家庭农业生产为基础的农业,不仅在短期内将存在,而且从长期看也将存在,因此,农民合作组织在中国是必然和正确的选择。

第二,在当前,农业的水平合作与纵向合作不仅需要同步发展,而且两者还应形成互动与互进。中国新型(新一代)农业合作组织的形成机理与欧美国家的新型(新一代)农业合作组织有所不同,但仍然可视作是一种发展趋势。

第三,要进一步发挥农民专业合作组织在农业产业化经营中的作用。中国现代农业发展的产业组织体系应该是"农户家庭+农民合作+龙头企业+行业协会"的四位一体。合作组织与农业产业化的结合方式可以有不同选择,关键取决于合作组织的治理结构和产业特性。与此同时,要处理好农民专业合作组织发展与农村村级集体合作经济组织发展的关系,要积极支持与鼓励跨地区、复合型、多功能的农业合作组织的发展。

第四,中国农民专业合作组织的发展对于在小规模农业生产基础上实现规模化经营,对于创新中国农业经营体制,实现从农业的传统双层经营体制到农业的新型双层经营体制的转变,具有十分重要的意义。

第五,中国农民合作组织的发展不仅对于中国农民本身,而且对于中国乡村治理、中国农业现代化、中国新农村建设、中国政府体制改革与职能转变以及整个中国经济社会的进一步改革和转型,都将具有极其深远的意义。

关于合作社研究的理论和分析框架：
一个综述^①

  合作社是农产品供应链中最主要的产业组织和制度安排形式之一，国际合作社理论界对合作社的本质已基本达成共识：合作社是一种兼有企业和共同体双重属性的社会经济组织。国际合作社联盟（ICA）在1995年举行的合作社100周年代表大会上对合作社的权威定义为："合作社是人们自愿联合，通过共同所有和民主管理的企业，以满足经济、社会和文化需求和愿望的一种自治组织。"Sexton & Iskow（1993）将合作社定义为一个由使用者共同拥有和共同控制，并以其社员利益最大化为目标的组织。从控制和分配角度来看，合作社是由使用者所有和使用者管理的商业组织，并按照交易额或使用量将收益分配给所有社员（Barton，1989）。该定义一方面强调了合作社的商业组织性质，另一方面强调了合作社按交易量或交易额分配利益的原则。

  由于合作社这一组织的功能多样性和组织结构特殊性，对于合作社的研究视角和研究方法也丰富多彩，既有从古典或新古典经济学框架的价格-产出均衡视角下开展的对合作社的研究，也有从新制度经济学框架中的各种契约理论、交易成本理论和博弈理论视角对合作社进行的探讨。本文主要根据在国内外具有较高引用率的合作社文献，将合作社研究置于以下四个理论和方法框架中，分别是新古典理论、委托代理理论、交易成本理论、博弈论。

---

  ① 本文作者为梁巧、黄祖辉。本文内容发表在《经济学家》2011年第12期。

一、新古典理论视角下的合作社

在新古典理论框架下,合作社往往被视为一种企业的形式,一种治理结构区别于投资者所有企业(IOF)、但在市场中同样从事经济活动并以赢利为目的的企业。

一些学者认为,与 IOF 相比较,合作社的组织绩效较低(Porter & Scully, 1987; Chaddad & Cook, 2002)。Hart & Moore(1996)在比较了合作社和 IOF 的组织效率后发现,哪种组织更为有效取决于成员的异质性程度和该组织所处市场环境的竞争激烈程度。当成员(农户)异质性增强和(或)市场竞争更加激烈时,IOF 变得更为有效,而在成员较为同质以及市场竞争较缓和的条件下,合作社是一种更有效的组织形式。Herbst & Prufer(2007)的结论与 Hart & Moore(1996)一致:如果合作社中的集体决策成本足够低,并且市场中竞争不太激烈,则合作社为一种有效的组织形式;反之,合作社将变得低效。同样地,在 Chaddad & Cook(2002)所构建的包含了五种不同组织治理结构的合作社发展轨迹中,也显示了随着市场竞争的加剧,合作社将不再是一种有效的组织形式,其中有一部分合作社将会演变为 IOF。Royer(2007)认为大多数合作社的业务都局限于农产品营销和初级加工,少数合作社进一步向后延伸至深加工领域,这是因为合作社的组织特征决定了其在加工方面与 IOF 相比存在劣势。

在新古典理论框架下,合作社在市场中存在的作用,被提及最多的便是"市场竞争标尺效应"(yardstick effect)。市场竞争标尺效应指的是,相对于单纯的利润最大化企业或 IOF 市场,当一个合作社与利润最大化企业在一个市场中共存时,合作社的存在能够阻止利润最大化企业的市场垄断,从而使企业的竞争更具完全性(Sexton & Iskow, 1993)。Nourse(1922)认为,如果合作社提供农户优于利润最大化企业的服务和价格,这些企业不得不跟着做,或者将一部分客户让渡于合作社,当然了,这是基于合作社采取社员资格开放政策的假设。Sexton(1990)构建了一个关于投资者利润最大化企业和农民合作社这两种加工商的市场行为模型,分析了不存在合作社和存在合作社的不同市场结构下两种产业组织的均衡价格范围,模型结果肯定了合作社具有促进市场竞争的效应。Sexton(1990)也特别强调,这种市场竞争标尺效应是建立在合作社的社员资格开放性政策基础上,并指出,以平均净收益为定价准则的合作社的竞争效应大于以边际净收益为定价准则的合作社的竞争效应。除此之外,合作社的市场竞争标尺效应大小取决于合作社的发展处于平均净收益曲线的上升部分还是下降部分,以及市场中的其他非合作社加工企业的竞争关系。

在新古典理论框架下研究合作社问题,必然不能忽视在价格-产出均衡假设下的合作社市场行为。Royer & Bhuyan(1995)利用新古典理论分析营销型合作社拓展加工业务的激励,以及合作社行为对于生产者及消费者福利的影响。他们构建了一个由生产者、营销商和加工商组成的三阶段模型:首先生产者将产品卖给营销商,进而营销商向加工商供给农产品,加工商最后将产品卖给消费者。他们基于边际成本准则对产品进行定价,得到均衡产出水平。尽管合作社的加工业务拓展对生产者和消费者都产生了效益,但是合作社是否有能力协调和控制其社员达到最优产出水平是合作社能否成功与产生效益的关键。Tribl(2009)则构建了空间市场中合作社与IOF的竞争模型,在新古典理论的价格-产出均衡框架下,求解不同产业组织的定价和市场份额,以及农户所得。由于农产品销售半径的限制性,假设农产品收购市场具有空间竞争性,将加工商分别置于直线型市场的两端,该加工商既可能为合作社,也可能为IOF,分别分析了当两者的市场存在重叠和不存在重叠时的定价与市场份额竞争。分析结果表明:在纯合作社市场中农户获得的收益高于在纯IOF市场中的收益;在纯IOF市场中,可重叠性市场的假设使农户获得了更高的收益,而在纯合作社市场中,不可重叠市场的假设则提高了农户收益;然而,农户获得最高收益是在合作社-IOF混合市场中。该结论同时显示了合作社的竞争标尺效应,尤其是当市场不可重叠时并且合作社为市场领先者时,这种效应更为显著。

此外,合作社在新古典理论框架中如何制定价格和分配策略以达到帕累托最优状态,也是众多学者研究的内容之一。Feinerman & Falkovitz(1991)建立了一个服务型多目标合作社的运行模型,其中社员农户被看作既是生产者又是消费者,合作社对社员的服务影响社员的生产函数,进而影响社员的生产力和收入,社员收入转而影响消费效用函数。该模型在合作社以实现社员福利最大化为目标,并基于社员同质性的假设前提,求解达到帕累托最优状态时合作社所制定的价格和分配策略。此后,Choi & Feinerman(1993)拓展了 Feinerman & Falkovitz(1991)模型,分析了在合作社成员异质性条件下,帕累托最优状态下的定价和分配政策。

尽管大多数学者都肯定了合作社能够帮助农户获得更高的收益,同时发挥竞争标尺效应,然而 Royer & Smith(2007)却指出,合作社所追求的目标不同,可能对农户和市场产生完全不同的影响,合作社通过将所实现的较高收益返还社员而使社员得到了较高的收益,社员回报之产出水平的提升,从而导致社员供给的产出超过了所有社员利益最大化的均衡产出,因此市场中产品价格下降,消费者从中获利。当然,过高的产出水平也导致了产品销售市场中竞争的加剧。该结论能够启示我们在判定合作社的绩效和对市场、农户的效应时,应考虑合作社的目标,以及合作社能否有效地调节社员的产出水平。

在新古典理论的价格-产出均衡框架下的实证研究也不少,如 Azzam & Andersson(2008)通过瑞士牛肉产业的实证分析发现,合作社在市场中的存在,会使市场中牛肉价格降低,这并不是因为合作社缺少市场谈判能力,而是由于合作社提高了生产和加工的成本效率,而且这种成本效率造成牛肉价格降低的效应超过了市场谈判能力提高带来的价格提高。

二、委托代理理论视角下的合作社

委托代理理论关注的是在所有权与控制权分离条件下如何实现股东利益最大化的问题。在委托代理理论视角下,合作社是一种所有社员共同拥有资产的剩余决策权和所有权的治理结构。Staatz(1989)指出,合作社的剩余决策权和所有权由所有社员共同所有,而决策管理权则视合作社而不同,有些合作社采取社员"一人一票"决策原则,有些采取"一人多票"或"一股一票"原则,有些则由核心社员代为决策。

根据委托代理理论,一个组织"是一个将资源提供给经济生产活动以实现不同的价值目的的独立经济代理人之间的'契约集'"(Fama,1980)。Shaffer(1987)分析了合作社中社员和组织之间的契约关系,并将之与 IOF 中的契约关系进行比较,发现两者之间显然是不同的。一方面,合作社无法控制其社员的生产决策。另一方面,对于跟外部市场相关的协调性事件,合作社与社员之间的契约总是偶然性的或不确定的,比如对于社员所得利润分配的多少,不会在契约中规定,而是取决于合作社的市场绩效。尽管 IOF 有时候也采取偶然性定价政策,但是在合作社中这种风险共担的方式具有优势,因为社员(农户)更愿意信任他们自己的组织。信任,对于契约来说,尤其是资产专用性程度较高产品的契约,甚为重要。因为农户一旦对某一资产专用性程度较高的产品进行生产投资,高昂的沉没成本便产生了,也注定了高昂的违约成本。

Eilers & Hanf(1999)则提出了在合作社中谁是委托人、谁是代理人的问题。他们认为,合作社中的委托-代理关系不同于投资者所有企业,合作社中存在双向委托和代理关系:当合作社管理者向社员提供合同时,管理者是委托人;反之,当农户向管理者提供合同时,社员成了委托人。马彦丽和孟彩英(2008)也对这种双重委托-代理关系进行了重点分析,她们指出,我国合作社中的委托-代理关系,不同于其他国家合作社中的委托-代理关系。国际上一般分析的是全体社员与合作社管理者之间的委托-代理关系,其中社员为委托人,管理者为代理人;而我国大多数合作社存在着少数人(核心社员)控制合作社的情况,形成中国特色的"核心-外围"结构,从而演变为双重委托-代理关系,既有传统的全体社员与经营者之间的委托-代理关系,又有普通社员与核心社员之间的委托-代理关系,其中经营者与核心社员之间具有高度一致性,因为这些经营者通常是核心社员中的成员。这种多数普通社员和少数核心社员的委托-代理关系,容易造成核心社员的机会主义行为,并以此取得远远高于普通社员的收益,这是由于核心社员往往拥有明显较强的能力和较多的信息,普通社员因清楚自身能力的局限性而无法对此进行有效监督,因而核心社员能够轻易获取额外高租金。

此外,合作社组织中不同的契约形式也对组织的效益产生了一定影响。Hendrikse & Bijman(2002)运用不完全契约理论分析了所有权结构对投资效益的影响,他们建立了一个由农户、加工商和零售商三个主体构成的供应链模型,其结论表明,最优的所有权结构取决于农户和加工商这两者的专用性资产投资成本与收益的比例孰大孰小:若农户的该比例高于加工商的该比例,则农户应该拥有所有权,即后向一体化较为优势;反之,则前向一体化更优。

三、交易成本理论视角下的合作社

从交易成本理论角度来分析合作社,是建立在科斯以及后来的威廉姆森的企业理论基础上。交易发生于一件物品的所有权从一个部门转移到另一个部门时。比如,当梨果生产者将梨果卖给下游企业时,交易便发生了。然而这里有一个疑问,为什么生产者和下游企业不联合起来成为一家公司? 这就是交易成本理论试图回答的问题。

交易成本理论的原理是,能够使某一交易过程中的交易成本总和最小的交易方式和组织形式,即为有效的交易方式和组织形式。简单来说,交易成本聚焦于研究交易过程中如何节省成本,以及通过市场、企业还是其他形式的组织来开展交易。这些交易方式的选择取决于交易主体和交易产品的各种特性。合作社在农业中普遍存在却在工业中很少这一事实,并不是偶然的,而是由其产业和产品特性所决定的,比如农业生产的高风险和资产专用性、农产品的强时效性和小农户的弱势性等。

有些学者认为,合作社组织结构是一种既不同于市场又异于投资者所有企业的混合组织结构。威廉姆森将治理结构区分为市场、混合和科层三种形式。Williamson(1991)指出,合作社并不是一种垂直一体化的企业组织,因为垂直一体化组织的特点是所有权由一方所有,而合作社是由所有社员集体所有,因此合作社是一种混合结构的组织。同样持这一观点的是 Menard(2007),他认为混合结构组织区别于垂直一体化企业的最大特点是,在混合结构组织中"成员明确并且自动地拥有对资产的大部分所有权和决策权",但是"他们同时分享一些策略性资源,而这些资源的分享往往基于价格体系之外的一种紧密性协调,这种协调关系又使得混合结构组织区别于市场"。

但是，也有学者认为，合作社是一个企业，是企业形式之一（Vitaliano，1983；Hansmann，1996；Hendrikse & Veerman，2001）。Vitaliano(1983)指出，合作社是一种"现代的、复杂的合作型企业，其剩余索取权由为其提供产品并与组织有着一系列契约关系的成员所拥有"，另外，合作社董事会也由这些成员选举成立。Hansmann(1996)则将企业分为三种形式，分别是投资者所有企业、员工所有企业和农户所有企业。Hendrikse & Veerman(2001)也肯定合作社无非是一种生产者所有企业。

交易成本理论除了用以讨论合作社的组织特征，还关注合作社内部的交易关系，包括社员之间以及合作社与农户之间的各种交易关系。Hendrikse & Veerman(2001)利用交易成本理论讨论了营销合作社中合作社财务结构和农户控制权的关系，并比较了 IOF 和合作社在控制与投资决策行为上的差异性。这两种组织形式的区别在于，在 IOF 中外部的资本所有者拥有投资决策权，而在合作社中拥有正式决策权的是全体社员。与 IOF 相比，合作社在投资决策上存在劣势，这是由于合作社中的投资决策往往并不是由全体农户所做出，而是由少数人代理做出，这是合作社在今后的发展中亟须解决的问题。林坚和马彦丽（2006）提出，在与农民的交易中，相比于 IOF，农业合作社更有利于节约由信息不完全和不对称，以及资产专用性所引起的交易费用，合作社是由农户集体所有，是一种对内不营利的组织，农户和合作社之间，不会由于信息不对称或资产专用型而产生机会主义行为，因而交易成本大大降低。根据农业生产和交易的特性，林坚和马彦丽（2006）认为，在以下情况下合作社更有可能产生：一是当该产品生产过程较复杂以及产品质量难以检测或检测成本较高时；二是当该产品的交易量较小，且交易频率较高时；三是当该产品的生产周期较长，即土地和其他资产专用性较高时；四是当该产品的物理特性不稳定且需要在短时期内及时销售时。然而，肯定了合作社在降低交易成本方面的作用的同时，不能忽视合作社本身高昂的组织运行成本。

四、博弈论视角下的合作社

从 20 世纪 80 年代开始,博弈论被大量用于分析社员异质性条件下为了某些既存在差异又有共同性的利益的决策过程。在从博弈角度看合作社行为时,可以从两方面来观察:一是将农户作为观察对象,分析合作社内部的社员交易行为及其产生的治理结构安排结果,如Helmberger & Hoos(1962)、Staatz(1983)、Sexton(1986)、Karantinis & Zago(2001)、张雪莲和冯开文(2008)等;二是将合作社作为观察对象,分析其在市场中与其他市场主体之间的合作和竞争行为,如现有文献中大量存在的合作社与 IOF 之间的博弈关系,这方面的研究有 Hendrikse(1998)、Hoffman(2005)、Drivas & Giannakas(2010)等。

博弈理论方法又有合作博弈和非合作博弈两种,所谓合作博弈是指博弈者之间通过沟通和共同的承诺等方式来采取行动的一种博弈,合作博弈经常发生在一个成员相互间存在对共同利益的直接竞争但同时存在合作或潜在合作可能性的群体内。Staatz(1983)认为合作社是一个 n 人的合作博弈。Staatz(1983)的模型以营销型合作社为例,假设合作社是由 n 个异质性的社员所组成的联盟组织,社员的异质性表现为生产规模大小不同和生产收益函数不同,社员选择参与合作社或选择其他销售渠道,合作社通过制定合理的成本和收益分配机制以保证合作社的成功运行,模型均衡结果表明,差异化的定价策略对于保持合作社的稳定是必要的。同样利用合作博弈模型的是 Sexton(1986),其利用一个 n 人博弈模型,分析了农户的行为选择以及他们在合作社中采取集体行动的动机,该博弈模型的核心解显示,如何在社员之间以及其他参与主体之间合理分配成本和收益,对于合作社的产生、稳定和效率非常重要,如果不考虑农户的规模大小和能力高低而进行平均定价,会导致反向选择问题,即较为优秀的社员选择退出合作社。

Karantinis & Zago(2001)构建了一个非合作博弈模型,以研究内生性社员制度和异质性对于社员及合作社行为的影响,该模型推导出了在双方垄断市场下农民加入合作社的条件和合作社最优的社员规模,并研究了社员异质性对于最优社员规模的影响。他们的模型解释了农民选择合作社而非 IOF 的条件，并推导出在开放或封闭的社员资格条件下合作社的最优社员规模。他们认为合作社应该提供各种激励来吸引高效农民，否则仅吸收低效农民只会使合作社走向衰亡，该结论与 Sexton（1986）一致。张雪莲和冯开文（2008）注意到了现阶段我国合作社中核心社员和普通社员界限明显的社员异质性问题，该问题形成了合作社中少数经营者（核心社员）掌握大多数决策权而多数普通社员不参与决策的局面。通过建立一个核心社员选择"谋私"或"不谋私"，以及在此情况下普通社员选择"异议"或"忍气吞声"、"参与决策"或"不参与决策"的两阶段博弈模型，发现无论核心社员"谋私"或"不谋私"，普通社员都会选择不出声，即"忍气吞声"或"不参与决策"。这显示了现实中我国合作社内部决策过程中面临的困境，尽管这是一种博弈均衡的结果，然而从长期来看，这不是一个福利最大化的决策，要改变这种局面，需要降低合作社中普通社员和核心社员在资源禀赋上的异质性程度，提高普通社员的各方面能力，促进普通社员参与决策。

除了以农户为决策主体外，也存在大量研究将合作社作为一个决策主体来建立博弈模型，观察合作社在市场中的行为决策。

Hendrikse（1998）构建了一个投资决策的博弈模型，该模型推导出了在何种条件下合作社能成为有效率的组织形式，并指明了在何种条件下合作社和 IOF 可以在一种可持续均衡状态下共存。该模型将组织视为决策单位的集合体，将合作社看作由两组不同的决策单位构成，分别是管理层和普通农户，每一决策单位都具有否决权，而 IOF 只有一个决策单位。该模型分别推导出了合作社和 IOF 在决策过程中接受或者拒绝一项好的或是差的项目的可能性，并阐明了在何种条件下合作社的决策机制较有优势。

Hoffmann（2005）分析了企业（包括合作社和 IOF）对于产品生产质量的选择，以及企业组织形式对质量选择和定价决策的影响，在这两阶段博弈模型中，企业首先选择产品的生产质量水平策略，然后对产品进行定价。作者强调，合作社和 IOF 这两种不同的所有权结构特征所决定的不同定价策略，导致了两家企业成本收益函数的不同，而使其有了不同的质量选择决策和定价决策，最终带来收益的不同。该博弈模型结果显示,若 IOF 选择低质量策略而合作社选择高质量策略,则市场竞争程度较高,反之,若 IOF 选择高质量策略而合作社选择低质量策略,则市场竞争程度较低。

同样是关于不同组织形式的产品质量策略,Drivas & Giannakas (2010)构建了一个三阶段博弈模型用以描述消费型合作社与 IOF 关于产品质量提升的投资决策和创新行为,该博弈包括质量提升之前的价格竞争、企业的质量提升行为和消费者的选择、质量提升之后企业间的价格竞争三个阶段。博弈均衡结果表明,追求社员福利最大化的合作社比 IOF 更愿意对质量改善或创新进行投资。而合作社在市场中的存在对产品质量改善和创新的影响大小取决于社员异质化程度和(或)创新成本,社员异质性程度越高和(或)创新成本越高,合作社的存在越可能会增加市场中的创新行为。不仅如此,社员异质性和创新成本还能够影响市场中的产品差异化程度和最终的均衡市场结构。若社员异质性和创新成本足够低,IOF 有可能会被逐出市场,形成合作社垄断市场,产品差异化也将消失。然而,不管市场中的产品质量差异有多大,不管市场结构如何,合作社的存在都能够带来福利扩大,合作社的存在能够导致产品价格的降低,从而使所有消费者都受益,包括社员和非社员。

五、小结

从不同的理论背景和不同的视角来看,合作社可被视为不同的组织:既可以是新古典理论框架下的企业或"联盟",也可以是制度经济学理论中的合约集;既是多人集体行动而形成的制度安排,又是利益相关者之间相互竞争和博弈的结果。基于对合作社的本质的不同理解和定义,学者应根据所研究的不同内容,相应地在不同的理论框架下对合作社进行研究。

本文所综述的四个合作社研究的理论框架,各自有不同的特点,适用于不同的研究视角。新古典理论框架较多适用于研究合作社的经济行为及其在市场中的组织绩效;委托代理理论则主要用于研究合作社内部不同层面和不同类型成员之间的合约或交易关系;交易成本理论既可以着眼于合作社组织的本质特征,也可侧重分析社员农户之间以及农户与合作社之间关系等问题;博弈论则同样可从农户和组织两个层面来开展对合作社的研究,农户层面指的是合作社内部成员以及成员和合作社之间博弈关系,组织层面主要研究合作社与其他类型组织在市场中的竞争和博弈关系。因而,对于分析如何合理而高效地安排合作社的内部治理,探析合作社对农户、市场的作用,有必要在不同的理论框架下和从多个角度来开展对合作社的研究。

参考文献

[1] Azzam, A., & Andersson, H.. Measuring price effects of concentration in mixed oligopoly: An application to the Swedish beef-slaughter industry. Journal of Industry, Competition and Trade, 2008 (1), 21-31.

[2] Barton, D. G.. What is a cooperative?, in Cobia D. W. (ed.). Cooperatives in Agriculture. New Jersey: Prentice-Hall, Inc., 1989.

[3] Chaddad, F. R., & Cook, M. L.. An ownership rights typology of cooperative models. Department of Agricultural Economics, Working Paper, 2002.

[4] Choi, E. K., & Feinerman, E.. Producer cooperatives, input pricing and land allocation. Journal of Agricultural Economics, 1993(2), 230-244.

[5] Drivas, K., & Giannakas, K.. The effect of cooperatives on quality-enhancing innovation. Journal of Agricultural Economics, 2010 (2), 295-317.

[6] Eilers, C., & Hanf, C. H.. Contracts between farmers and farmers-processing cooperatives: A principal-agent approach for the potato starch industry, in Heidelberg(ed.). Vertical Relationships and Coordination in the Food System. Physica-Verlag HD, 1999, 267-284.

[7] Fama, E. F.. Agency Problems and the Theory of the Firm. The Journal of Political Economy, 1980(2), 288.

[8] Feinerman, E., & Falkovitz, M. S.. An agricultural multipurpose service cooperative: Pareto optimality, price-tax solution,

and stability. Journal of Comparative Economics, 1991(1), 95-114.

[9] Hansmann, H.. The ownership of enterprise. Cambridge, MA/London: Belknap Press, 2000.

[10] Hart, O., & Moore, J.. The governance of exchanges: Members' cooperatives versus outside ownership. Oxford Review of Economic Policy, 1996(4), 53-69.

[11] Helmberger, P., & Hoos, S.. Cooperative enterprise and organization theory. Journal of Farm Economics, 1962(2), 275-290.

[12] Hendrikse, G. W. J.. Screening, competition and the choice of the cooperative as an organisational form. Journal of Agricultural Economics, 1998(2), 202-217.

[13] Hendrikse, G. W. J., & Bijman, W.. Ownership structure in agrifood chains: The marketing cooperative. Americon Journal of Agricultural Economics, 2002(1), 104-119.

[14] Hendrikse, G. W. J., & Veerman, C. P.. Marketing cooperatives and financial structure: A transaction costs economics analysis. Agricultural Economics, 2001(3), 205-216.

[15] Herbst, P., & Prufer, J.. Firms, nonprofits and cooperatives: a theory of organizational choice, Working Paper, 2007.

[16] Hoffmann, R.. Ownership structure and endogenous quality choice: Cooperatives versus investor-owned firms. Journal of Agricultural & Food Industrial Organization, 2005(8), 1-24.

[17] Karantinis, K., & Zago, A.. Endogenous membership in mixed duopolies. American Journal of Agricultural Economics, 2001(5), 1266-1272.

[18] Menard, C.. Cooperatives: Hierarchies or hybrids? In K. Karantininis & J. Nilsson (eds.), Vertical markets and cooperative hierarchies. Berlin, Heidelverg, New York: Springer, 2007,1-17.

[19] Nourse, E. G.. The economic philosophy of cooperation. American Economic Review, 1922(4), 577-597.

[20] Porter, P. K., & Scully, G. W.. Economic efficiency in cooperatives. The Journal of Law and Economics, 1987(2), 489-512.

［21］Royer, J. S., & Bhuyan, S.. Forward integration by farmer cooperatives: Comparative incentives and impacts. Journal of Cooperatives, 1995, 33-48.

［22］Royer, J. S., & Smith, D. B.. Patronage refunds, producer expectations, and optimal pricing by agricultural cooperatives. Journal of Cooperatives, 2007(1), 1-16.

［23］Sexton, R. J.. The formation of cooperatives: A game-theoretic approach with implications for cooperative finance, decision making, and stability. American Journal of Agricultural Economics, 1986 (2), 214-225.

［24］Sexton, R. J.. Imperfect competition in agricultural markets and the role of cooperatives: A spatial analysis. American Journal of Agricultural Economics, 1990(3), 709-720.

［25］Sexton, R. J., & Iskow, J.. The competitive role of cooperatives in market-oriented economies: A policy analysis, in Csaki, C., & Kislev, Y. (eds.), Agricultural Cooperatives in Transition, Boulder Colo.: Westview Press, 1993, 55-83.

［26］Shaffer, J. D.. Thinking about farmers' co-operatives, contracts, and economic coordination, in Toyer, J. S. (ed.), Cooperative Theory: New Approaches, Washington D. C.: Agricultural Co-operative Service, U. S. Department of Agriculture, 1987, 33-60.

［27］Staatz, J. M.. The cooperative as a coalition: A game-theoretic approach. American Journal of Agricultural Economics, 1983 (5), 1084-1089.

［28］Staatz, J. M.. Farmer cooperative theory: Recent developments. ACS Research Reports, No. 84, 1989.

［29］Tribl, C.. Spatial competition of food processing cooperatives in a mixed market-the case of uniform delivered pricing. Working paper, Federal Institute of Agricultural Economics, Austria, 2009.

［30］Vitaliano, P.. Cooperative enterprise: An alternative conceptual basis for analyzing a complex institution. American Journal of Agricultural Economics, 1983(5), 1078-1083.

［31］Williamson，O. E.．Comparative economic organization：The analysis of discrete structural alternatives．Administrative Science Quarterly，1991(2)，269-296．

［32］马彦丽，孟彩英．我国农民专业合作社的双重委托—代理关系——兼论存在的问题及改进思路．《农业经济问题》，2008(5)，55-60．

［33］林坚，马彦丽．农业合作社和投资者所有企业的边界——基于交易费用和组织成本角度的分析．《农业经济问题》，2006(3)，16-20．

［34］张雪莲，冯开文．农民专业合作社决策权分割的博弈分析．《中国农村经济》，2008(8)，61-69．

改革开放四十年：
中国农业产业组织的变革与前瞻①

　　构建中国现代农业的产业体系、生产体系和经营体系，离不开农业产业组织和组织体系的发展与支撑。现代农业的产业组织主要包括农户家庭经营组织、农民合作社组织、公司与企业组织，而现代农业的产业组织体系是指这些组织相互联系所形成的产业组织链、组织结构和组织模式。回顾与研究新中国成立以来，尤其是改革开放四十年来我国农业产业组织与组织体系的演变、存在问题以及未来发展，对于构建现代农业三大体系、发展产业组织理论和推进我国农业产业组织与组织体系的健康发展，具有重要意义。本文从产业组织三维观察视角与农业产业组织制度特征的分析入手，重点阐述我国农业产业组织的变革与轨迹，并且对其存在的问题进行讨论，对其未来发展进行前瞻，以推动农业产业组织理论与实践研究的不断深化。

一、产业组织观察视角与中国农业产业组织制度特征

（一）观察产业组织的三维视角

　　任何产业组织都可以从主体、制度、网络的视角进行观察。相应地，

　　①　本文作者为黄祖辉。本文内容发表在《农业经济问题》2018 年第 11 期。本文研究受到国家自然科学基金学科群重点项目"农业产业组织体系与农民合作社发展：以农民合作组织发展为中心的农业产业组织体系创新与优化研究"（71333011）支持。

可以运用不同的理论与方法对产业组织进行分析,以揭示产业组织与组织体系的本质及其演变规律。从新古典经济学的角度看,组织就是主体,在经济活动中,任何组织都是一种主体,从这个意义上讲,主体的状态和行为决定着组织的状况与行为。由此,作为主体的农业产业组织,也就是农业产业发展的行为主体。产业组织理论是 20 世纪 30 年代诞生和发展起来的一门新兴的应用性经济理论,其在新古典经济学基础上,从市场角度研究企业行为,或从企业角度研究市场结构,如分析不同的市场结构(完全竞争、寡头、垄断等)下企业的行为和不同产业组织类型(如投资者所有的企业和社员所有的合作社等)的市场行为。新古典经济学对农业产业组织的研究,通常是在制度给定下的农业产业组织的市场行为研究,研究组织如何在一定制度条件下合理地配置资源与要素,即资源与要素配置中的数量边际调整,以达到资源与要素的边际效率均等状态。同时,也关注不同类型的农业产业组织的市场行为和组织效率的差异问题。

从新制度经济学的视角看,组织就是制度,而不同的组织形式就是不同的制度安排。制度是游戏规则和人类行为的指南,因而也是作为主体的组织的行为指南。进一步看,在技术一定条件下,作为制度的农业产业组织,决定农业产业主体的行为和农业产业的效率。新制度经济学正在被广泛地用于该视角下的产业组织制度的研究。如果说新古典经济学的产业组织理论主要关注组织和市场的关系,以及组织本身的经济效率,那么,新制度经济学的产业组织理论所关注的是作为制度的组织的产生和变迁及其制度的效率。与新古典经济学相比,新制度经济学在保留新古典经济学的边际分析和均衡分析的同时,对新古典经济学的研究假设进行了修正,将制度纳入分析框架,同时引入交易成本、交易特性等变量,并吸收了西蒙的"有限理性"假设,形成了新制度经济学自己的人性假设和环境特征假设。新制度经济学及其衍生的契约经济学倾向于将各类组织看成是由一系列合约关系联结的结构(Jensen and Meckling,1976)。Williamson(1981)将组织形式视作在交易复杂性与绩效评估难度双维度上的函数,并探讨了长期关系中的特异性风险交换。此时,由于合约缔结后,买卖双方具有双边垄断性,缺乏竞争性,进而引出对"敲竹杠"和机会主义现象的讨论。不完全契约理论则把企业组织看成是"解决签约时无法预测到的状态出现时应该如何行动的特殊方式",并强调企业和契约是并不相同的治理模式(Tirole,1988)。

从管理学的视角看,组织是网络,在信息化和互联网时代,作为网络的农业产业组织,是一个相互协调的动态网络,在农业产业发展中发挥着桥梁、纽带和载体的作用。多数组织会依据其对环境的适应情况调整组织的目标和策略。作为网络的组织从管理层级结构讲,实际上是一种介于完全科层式管理和完全竞争式管理(即市场谈判式管理)之间的一种组织模式。

社会网络理论认为个体和组织都是"社会人",嵌入于一定的社会网络当中,其行为不仅取决于经济上的理性考量,还受到认知、文化、社会结构和政治制度等社会环境的影响,这与新古典经济学的自利"理性人"假设有很大不同。经济行为由"社会人"嵌入的各种文化、习俗等非经济行为促成,不只是出于谋利的动机。Granovetter(1985)指出,个人和组织的行为受到所在网络的社会关系与社会结构的影响。Zukin et al.(1990)提出了四重嵌入观,即个体的经济行为被嵌入于认知、文化、结构和政治四种不同的外部环境中,也有学者提出经济行为的社会嵌入应该包括时间、空间、社会、政治、市场与技术的六重嵌入(Halinen et al.,1988)。而在这些社会网络中,从个体决策的内外部影响角度考量,政治、文化、结构、关系等都属于社会网络的外部嵌入,而认知则是个体自身的思想意识或组织文化受到外部影响之后形成的,因此属于社会网络的内部嵌入。因此,从社会网络理论的视角看,组织具有特殊的社会网络特征:一方面,组织嵌入于文化、政治和结构环境中,其经济行为受到文化、结构和政治的多重影响;另一方面,组织中的成员也嵌入于组织中,个体的认知与行为决策同样受到来自组织的文化和内部成员关系结构的影响。

(二)中国农业产业组织的制度特征

实践表明,不同的农业产业组织形式往往具有自身独特的制度特征。从我国农业发展的实际看,主要存在六种类型的产业组织。一是农业的家庭组织,其典型的制度特征是劳动自我雇佣,也就是不存在合约劳动制度。但是在我国,不少近几年兴起的家庭农场都存在普遍雇佣劳动的合约安排,因而不应该属于真正意义上的家庭农场组织。二是农业的合作组织,经典的农业合作组织应该也不存在劳动雇佣的合约安排,它应该是农民社员共同所有与经营的组织制度。三是农业企业或者公司组织,企业往往是投资者所有的组织,股份制与雇佣制是企业最重要的制度特征。四是农业股份合作组织,当合作组织的业务向下游加工领域延伸时,或者农民以土地(或者将土地承包经营权)作为股份投入合作组织,股份合作组织就产生了,它实质上是合作制与股份制相互兼容的农业组织制度。五是农业的国家或集体经营组织,在中国,这通常是土地和主要农业设施为国家或社区集体所有,并且由所有者或者代理人直接营运的农业产业组织,也可以称作是公有或共有产权主导的农业产业组织制度,具体可以包括国营农场、集体农场以及少数的村集体所有并统一经营的农业组织。六是农业行业组织,行业组织本质上不是经营组织,而是同业主体参与、共同发声、相互协同与自律的组织制度。

二、中国农业产业组织的变革

(一)中国农业产业组织变革的阶段与轨迹

观察事物的变革及其轨迹,首先需要考虑从什么视角观察才能准确反映事物变革的本质与轨迹,从本文产业组织是主体、制度和网络的三维观察视角及其含义看,作为制度的组织及其形式的变化,既相对容易观察,又能反映农业产业组织的本质特征,因此,本文将农业经营制度及其组织形式的重要变化作为观察线索,考察新中国成立以来我国农业产业组织的变革与轨迹。具体的变革及其相应时间段见表1。

表 1　中国农业产业组织的变革与轨迹

时间	农业产业组织制度特征
1950—1953 年	农户所有的家庭经营与农业互助组织
1954—1956 年	农户所有的家庭经营与农业初级合作组织
1956—1967 年	集体所有、集体统一经营的农业高级合作组织
1958—1978 年	集体所有、集体统一经营的人民公社组织
1962—1978 年	集体"三级所有、队为基础"的人民公社组织体系
1978 年至今	集体所有与农户家庭承包经营相结合的农业双层经营体系成为我国农村改革以来所坚持的农业基本经营制度
1992—2007 年	从农业产业化经营的组织形式看,出现了"公司(企业)+农户"的农业产业组织体系和组织模式
2007 年至今	从农业产业化经营的组织形式看,出现了"公司(企业)+合作社+农户"的农业产业组织体系和组织模式
2007 年至今	在集体所有基础上,形成了农户家庭承包经营和农民专业合作组织相结合的农业新型双层经营体系

　　根据表 1 所对应的时间段,本文将新中国成立以来的农业产业组织变革轨迹,按照组织制度的维度,概括为三个重要阶段。

　　第一阶段是 1949—1978 年,也就是新中国成立至改革开放。这期间,通过农业的社会主义改造,我国农业产业组织制度与组织形式从农户所有的家庭经营与初级合作组织并存,逐渐演变成农村集体所有并且由集体统一经营的农业组织制度。这一演变是渐进的,但却是本质性的变革,它不仅将农村土地产权制度从农户家庭所有变为农村集体所有,而且将农业的家庭经营制度变为农村集体统一的经营制度,并且还异化了农业合作组织,使 20 世纪 50 年代初期由农民建立、农民拥有的农业生产合作社(即初级合作组织)、农业信用合作社和农业供销合作社,异化为由集体或集体企业统一经营,而农民已经不是所有者社员,而仅仅是集体组织成员,但这些组织仍是冠名为合作社的农业生产、农业信用、农业供销的合作组织。

　　第二阶段是 1978—2007 年,也就是从改革开放到国家实施《农民专业合作社法》的那一年。毫无疑问,起始于 1978 年的改革开放是新中国成立以来经济体制从计划体制开始转向市场体制的元年,并且改革首先从农业经营制度的变革开始。在这期间,伴随着我国农业家庭承包经营制度的推行,农业产业组织制度从农村集体所有和统一经营的制度,演变为土地仍然由集体所有,但经营权则由农户家庭承包的制度,土地归农民长期(二轮以后又改为长久)经营,形成了农村土地所有权和经营权相分离、村集体和承包农户相结合、双层化的农业经营体系,这一体系就是我们现在一直坚持,并且要巩固和完善的我国农村基本经营制度(习近平,2017)。20世纪80年代,农业家庭经营组织成为农业产业具有主导性的组织形式,然而随着城乡居民温饱问题的解决和农产品市场供给的不断增加,我国农产品开始出现持续性的结构性过剩,分散的农户家庭经营组织开始普遍面临农产品"卖难"问题。针对这一问题,1992—1993年期间,在总结山东潍坊寿光、诸城等地农业产业化发展实践与经验的基础上,国家出台了推进农业产业化经营的相关文件,鼓励农业龙头企业与农户建立紧密关系,帮助农民解决农产品"卖难"问题。由此,从农业产业化经营的组织体系看,我国出现了以"公司(企业)+农户"为主要特征的农业产业化组织体系和组织模式。

第三阶段是从2007年起一直到现在。之所以将2007年作为第三阶段的起点,原因在于农民合作组织是当今世界各国农业领域不可或缺的产业组织形式与制度,我国《农民专业合作社法》在2007年7月1日起施行,这无疑是我国农业产业组织制度变革的重要时间节点。相应地,从2007年开始,我国农业产业组织体系和经营体系都发生了重要变化,农业经营体系从村集体和承包农户双层化的经营体系,进一步演变为农户家庭与农民专业合作社相结合、双层化的新型农业经营体系。从农业产业化经营的组织体系看,则出现了以"公司(企业)+合作社+农户"为主要特征的农业产业化组织体系和组织模式。

(二)中国农民合作组织的变革与演化

对于我国农民合作组织发展问题的研究,有必要基于三个方面的考虑。首先,要将农民合作组织置于整个农业产业组织体系中去观察和研究。其次,要上升到产业组织理论的高度去观察和研究农民合作组织。最后,要从新中国近七十年的历史长度来观察和研究我国农民合作组织近十年的发展。换言之,鉴于农民合作组织在整个农业产业组织体系中的重要性、在产业组织理论研究中的独特性和在我国合作社发展历史中的曲折性,研究当前我国农民合作组织的发展问题,不能就合作社论合作社,不能弱化理论指导,不能脱离我国历史和现实情景,而是要用系统观、理论观和历史观去观察、分析与把握。

1.改革开放前三十年我国农民合作组织的形成与异化

20 世纪 50 年代中期,在政府的支持下,我国农民先后建立了农业生产合作社、农业供销合作社和农业信用合作社,这些合作组织在一开始都是真正意义上的农民合作组织,在农业生产、农资供销和农民信贷等方面发挥了重要作用。但在当时,由于对农民合作组织的本质以及社会主义的阶段性的特征缺乏科学的认识,社会主义公有制生产关系的先行在整个经济社会发展中占据主导地位,政府在农村很快开启了合作化运动,仅用了短短一两年时间,就将绝大多数的农民所有、农民惠顾的初级合作社演变成了集体所有、集体统一经营的高级合作社,与此同时,农业供销合作社和农业信用合作社也逐渐演变成了由乡镇集体所有并统一营运的组织,尽管这些组织仍然冠有合作社的牌子,但实际上已偏离合作社的农民所有、农民惠顾的合作本质,异化成了"一大二公"、产权不清、农民激励不足的集体化组织。20 世纪五六十年代我国农业产业组织异化的教训是深刻的,它直接导致了农民产权和主体性的失去、农业生产的低效率和基本农产品供给的持续匮乏。回顾这一历程,当年农民合作组织异化的基本原因可以归结为:在追求社会主义理想的过程中,公有制生产关系的强势先行大大超越了农业生产力的水平。

2.改革开放后三十年中国农民合作组织的缺位与成因

从 1978 年开启农村改革到 2007 年颁布《农民专业合作社法》,法律意义上的农民合作组织在这三十年是缺位的。作为农业家庭经营孪生体的农民合作组织在这一期间之所以没能在我国得到法律层面的支持和相应的发展,原因主要在于两个方面,一是相比于过剩市场,短缺市场对产业组织变革的内在压力不大。从产业组织和供给侧的演变规律看,在供大于求市场,或者说买方市场的情况下,供方竞争往往会加大,进而产业组织变革的内在压力也会加大,反之则相反。从 20 世纪 80 年代中国的情况来看,计划经济遗留的市场供给短缺和卖方市场现象是整体经济的基本特征,农产品市场也是如此,供给不足是普遍现象。当改革引入家庭承包经营制度后,农民生产积极性被充分激发,尽管当时农户很分散并且经营规模不大,但效率仍很高,基本不存在农产品"卖难"问题,在这种情况下,农民对合作组织的需求并不大。二是对合作组织的发展存在认识误区。20 世纪 90 年代以后,随着农产品供给的不断增加和居民温饱问题的解决,我国农产品供给开始出现比较普遍的结构性过剩现象,解决农产品过剩和农民农产品"卖难"问题提到了政府重要议事日程。主要的举措是推进农业产业化经营,在产业组织层面,则是培育农业龙头企业,寄希望于下游的农业龙头企业与农民结成利益链接,形成"公司+农户"的产业组织模式,帮助农民解决农产品"卖难"问题。尽管这一产业组织模式对缓解农产品"卖难"矛盾发挥了一定的作用,但仍然存在农户和企业的合约成本偏高、交易不确定性较大等问题。按理农民合作组织在这时候应该应运而生,并且充分发展,但实践中却并非如此,尽管当时一些地区有农民合作组织的存在,但在法律层面却得不到认可。其原因主要在于,政府和学界在当时对农民合作组织的认识仍存在一定的误区,存在"谈合色变"心理,认为发展合作社可能是走过去合作社发展的老路,以至于我国农民合作组织在改革后农产品买方市场的情况下,依然处于法律缺位的状态。

3. 近十年中国农民合作组织的迅速发展及其特征

应该说,浙江对改革后我国农民合作组织的新发展做出了重要贡献,2004 年 5 月,台州市人民政府和浙江大学农业现代化与农村发展研究中心在台州联合举办了"农民专业合作组织制度建设和立法安排国际研讨会",有 16 位国内外著名的合作社专家从法律、理论和实践角度研讨了合作社发展与立法的必要性,并向政府部门提出建议。2005 年 1 月,浙江在全国率先颁布了《浙江省农民合作社条例》这一地方性法规,这在一定意义上推动了《农民专业合作社法》的出台。近十年来,中国农民合作组织开启了新的发展历程。农民合作组织近十年之所以能获得迅速发展,有两个基本原因,一是各级政府的大力支持。尽管合作社的法律体系还不是很完善,但总体上地方政府在政策层面对农民合作组织的发展还是支持的。二是市场竞争环境的变化对产业组织变革的压力。一方面,分散的农户家庭经营难以适应买方市场的竞争;另一方面,"公司＋农户"的产业组织模式存在企业与农户交易成本过高和交易不确定性的问题,而"农户与村集体"的双层经营体系则存在村集体功能受制于社区空间以及村集体功能多样,难以倾力于经济活动等问题。

近十年来,我国农业合作组织在数量规模(见表 2)、行业分布、类型与功能方面形成了一定特征。这些特征既体现了农民合作组织发展的一般性,又体现了农民合作组织发展的中国制度特征。

表 2　2007—2017 年中国农民合作组织发展

年份	合作组织总数 (万家)	注册资产 (100 亿)	成员数量 (万户)	平均成员 数量(户)
2007	2.60	30	35	13
2008	11.09	90	142	13
2009	24.64	250	392	16
2010	37.91	450	716	19
2011	52.17	720	1196	23
2012	68.89	1100	2373	34
2013	98.24	1890	2951	30
2014	128.88	2730	9227	72
2015	153.11	3230	10090	66
2016	179.40	—	10667	59
2017(截至 7 月)	193.30	—	11243	58

数据来源:根据国家工商行政管理总局公布的统计数据汇总。

在数量变化上,自 2007 年《农民专业合作社法》实施以来,我国农民合作组织经历了快速发展。从 2007 年到 2017 年 7 月底,农民合作组织数量从 2.60 万家增加到 193.30 万家(2018 年已超过 200 万家);单个合作组织平均成员数量从略大于 13 户增加到约 60 户;超过 1 亿户的农户加入了各类合作组织,占全国农户总数的 46.8%。合作组织成员数超过 100 户的比例从 2008 年的 1.8% 上升至 2016 年的 3.8%。

在行业分布上,2017 年,种植业、畜牧业、服务业、林业、渔业和其他行业内的合作组织数量占比分别为 53.2%、24.3%、8.1%、5.9%、3.4%、5.1%。其中,在所有种植业的合作组织中,38.9% 为粮食合作组织,18.0%为蔬菜合作组织。此外,还有:专门提供生产服务的合作组织,如农机服务合作组织;生产与加工相结合的合作组织;以某一产业为主,兼顾关联产业活动的合作组织;等等。

在类型特征上,主要存在三种类型。一是传统合作组织。二是股份合作组织,包括土地股份合作组织和其他要素入股的股份合作组织,其中,土地股份合作组织是以集体土地与农户承包地入股,截至 2015 年底,全国已有 8.52 万家土地股份合作组织,占当年合作组织总数的6.4%。三是联合组织,包括:专业合作与专业合作相联合的联合组织;生产合作、供销合作、信用合作"三位一体"的联合组织;专业合作与社区合作相联合的联合组织;等等。这几种合作组织在这期间都得到了不同程度的发展。

在功能特征上,除了为成员提供产销的基本服务外,不少农民合作组织通过对自身产权制度和治理结构的不断完善,已成为集新型农业经营主体与传统农户于一体、融生产与多种服务功能为一体的开放性载体和多功能、多形式的农业产业组织,并且逐步形成了参与主体多元、利益分配多样、管理决策灵活、农户与合作组织分工清晰的农业新型双层经营和产业化经营的组织载体,并且在此基础上形成了以"公司(企业)+合作组织+农户(社员)"为基本特征的农业产业组织体系。

三、中国农业产业组织发展的问题与发展前瞻

(一)当前中国农业产业组织发展值得研究与解决的问题

当前,我国农业产业组织在发展过程中主要存在以下五个需要进一步研究与解决的问题。

1. 产业组织异化现象和主体行为扭曲的问题

近些年来,在我国农业的发展过程中,多种类型的产业组织得到蓬勃发展,其中不乏产业组织创新的探索,但也有产业组织异化的现象。这种异化现象主要在家庭农场和合作社中有所体现,也即存在不少"挂

羊头卖狗肉"的产业组织:不少家庭农场不是家庭经营,而是雇工经营;不少合作组织不是合作主导,而是公司主导,甚至于成员不是合作组织的所有者,而是被雇佣的农业劳动力。近年来我国农业产业组织所出现的异化现象,与改革前的农业产业组织异化的原因有所不同,那时的农业产业组织异化主要源于组织发展中的生产关系意识形态化,而现在的农业产业组织异化主要源于组织发展中的政策推动诱导偏差,即政府在鼓励家庭农场和合作组织发展的过程中对这些产业组织的本质内涵缺乏科学认定,致使其有利可图,异化的组织应运而生。产业组织的异化将会引致不利后果,导致组织制度失效、组织利益失衡、主体行为扭曲和组织创新受阻。因此,如何在农业产业组织发展中既鼓励组织创新,又防止组织异化,是一个亟待研究与解决的问题。

2. 转型过程中异质性农民的组织化滞后问题

尽管我国改革开放已有四十年,但我国仍处在渐进式的改革与转型中,在这一过程中,农民的分化和异质化现象比较明显。农民分化是农民异质化的前因,农民的分化主要体现为农民职业的分化和收入的分化,农民的异质化则主要体现为同一产业领域从业农民特征的差异化。当前我国从事农业经营的农民的异质化主要表现在小规模经营与规模经营农户的并存、兼业与专业农户的并存、低收入与高收入农户的并存、老年与年轻农民的并存以及低文化层次与高文化层次农民的并存等。在"物以类聚,人以群分"的定律作用下,农民的异质化会导致农民诉求的离散化和农民组织化的困难,进而使得小农在农业转型发展过程中处于边缘化的境地,难以与现代农业发展有机衔接。当前我国农民组织化过程中小农组织化的相对滞后,以及小农和贫困农户难以融入新型农业经营主体的组织体系这些现象,是一个很值得关注和研究的问题。

3. 产业融合发展中不同组织的利益连接机制问题

近年来,政府积极推进农业产业融合发展和多功能发展,鼓励工商企业和资本投资农业,进入农业的适宜领域,取得了显著的进展。但与此同时,在产业的融合发展中,尤其是农业三次产业融合发展的过程中,仍然存在组织协同不够、交易费用过高、利益分享悬殊、小农利益受损的情况。因此,如何从产业组织、产权与交易制度安排的角度,建立不同组织相互之间有效连接的利益机制,降低不同经营主体,如普通农民、家庭农场、专业大户、合作社、工商企业、互联网中介等主体相互关联的交易费用,提高不同组织的协同度和利益共享度,确保农民,尤其是小农在产业横向与纵向融合中的利益不受损害,并且将小农引入和融入现代农业的发展轨道,以实现小农户与现代农业发展的有机衔接,是需要进一步深化研究和解决的问题。

4. 信息化与互联网发展对农业产业组织的影响问题

我国已经入信息化与互联网迅速发展的时代,信息化及其在经济社会各领域的渗透和应用,已深刻改变了人际交互的关系与方式。总体而言,多种类型的互联网技术和交易方式,目前对消费者层面的影响相对明显,但对生产者及其组织层面的影响还不是很明了。就农业而言,多种类型的电商和交易方式这些年来发展极为迅速,几乎覆盖了所有的农产品领域,深刻改变着传统的市场营销与物流体系。而从研究进展来看,目前学界比较关注农业互联网技术发展及其实践运用和提升方面的问题研究,并且取得了不少成果,但对互联网技术和电商化发展对农业生产者行为、农业与农业产业组织发展的影响的研究,还显得相对不足。因此,有必要依据农业产业特性和产品性状的差异,深入研究不同互联网技术和交易方式对农业生产者生产与交易方式的影响、对农业产业组织形式与组织制度的影响,以得出科学结论和指导实践。

5. 集体经济组织与农民合作组织的兼容问题

党的十九大报告和历年的中央一号文件都强调要坚持、巩固、完善我国农村基本经营制度,要保障农民财产权利和发展壮大村集体经济。我国农村基本经营制度的本质是农村社区集体所有下的农户家庭承包经营制度,并且我国的农村社区集体经济组织还具有两大功能,一是经济发展功能,二是社会管理功能。因此应该意识到,在现阶段的我国农村,保障农民财产权利并不单纯是为了增加农民财产性收入,更重要的是要让农民成为真正的市场经济主体;发展壮大农村集体经济也并不仅仅是追求农村社区集体经济的发展,而且更要增强农村集体对基层社区的服务功能和公共管理能力。改革开放以来,由于农民专业合作组织的发展,我国农民已不仅仅是农村社区集体经济组织的成员,而且相当多的农民也成了农民专业合作组织的成员,但这两种农村与农业组织的功能既有互补性,又有互异性,因此,在这样的"一主两仆"组织架构下,如何通过农村集体经济制度的深化改革,使农村社区集体经济组织与农民专业合作组织相互融合和共生发展,进而既使农民成为真正的市场经营主体,又使农民成为现代农村社区的治理主体,是一个很值得深化研究和关注的问题。

(二)中国农业产业组织进一步发展的前瞻

1.农业产业组织的演化还将进一步深化

就政府而言,一是既要支持农业产业组织的创新发展,又要防止政府干预过多而导致产业组织的不断异化。科学辨析某种产业组织是异化还是创新,关键是要把握不同产业组织的本质内涵。比如,家庭农场的本质就是家庭经营,而不是雇工经营,雇工经营是企业的本质。又如,农民合作组织的本质就是合作社的所有者是社员,并且社员是相对独立的农业经营主体。二是鼓励小规模合作社的联合发展。原因是我国农民合作社的规模普遍太小,不利于合作社的服务功能发挥和市场谈判力增强,而合作社的联合发展则可以突破小规模合作社在这些方面的局限,并且能有效融入合作组织的其他功能,拓展合作组织的发展空间,如合作融资、合作保险、合作抵押等金融功能的融入和合作组织的多功能发展。三是推进生产合作、信用合作、供销合作"三位一体"的区域性农合联组织发展。"三位一体"农合联组织的建构有两条基本路径:外生化路径,即由政府主导,自上而下推进;内生化路径,即由市场主导,自下而上推进。选择适合于当地实际的路径,加快政府职能转换,赋权农合联组织以及推进供销社的改革与转型发展,是"三位一体"农合联组织健康发展的关键。

2.多类型农业产业组织的并存格局将继续存在

在合作制基础上引入股份制的股份合作组织还将进一步发展。具体来说,随着农村土地股份合作改革的深化,村集体和农民承包土地的股份合作组织会获得较快的发展。此外,在产业化经营的发展过程中,纵向一体的股份合作组织也将进一步发展。就农业供给侧结构性改革而言,通过政府职能的进一步转换,既发挥市场机制的作用,又发挥行业组织的作用,建立政府、市场、行业组织"三位一体"的农业供给侧调控结构是必然趋势。我国农业产业组织能否在三足鼎立的调控结构中真正起到应有的作用,不仅取决于政府职能的转换,而且还取决于政府对农业产业组织的赋权,使产业组织能在农业产业发展中有效发挥行业自律、区域协调、竞争有序、贸易协调、质量管控、信息传导与服务等方面的作用。

3.农业产业融合发展将促使产业组织融合发展

产业融合发展与组织融合密不可分,组织融合是产业融合发展的基础。与我国农业产业融合相适应的组织融合将呈现两条路径。第一条是下游公司(企业)向上游延伸的路径。这种延伸主要呈现出公司(企业)主导、自下而上的特点和"公司+合作社+农户"的产业组织模式。在这一过程中,下游的公司(企业)相对强势,因此,政府政策杠杆需把握公司(企业)向上游延伸的范围和适宜的领域,要引导公司(企业)与上游农民或农民合作组织建立共赢利益机制,避免农民利益受损。同时,上游农民的组织化和横向融合也应加快,尤其是重视小农的组织化,使小农融入产业融合发展,使农民组织和企业组织在上下游融合与交易中形成均衡状态。第二条路径是上游合作组织向下游延伸的路径。这种延伸主要呈现出合作组织主导、自上而下的特点和"合作社+农户+公司"的产业组织模式。农民合作组织向下游延伸在我国某些农业产业领域,如生猪产业领域已有呈现,这种自上而下的延伸能否有效,一是与合作社的联合发展有关,二是与下游产业链的特点有关,如果下游环节对资本需求和技术要求相对不高,则有助于上游合作组织向下游的延伸。

4.互联网技术对产业组织发展将产生多重效应

互联网技术对产业组织发展的效应总体上将呈现为两个不同的方向。一是增强组织功能的效应,比如,互联网功能有助于产业组织的扁平化,进而会大大提高组织的传递效率和平台功能。二是替代组织功能的效应,例如,不少互联网交易具有进入门槛低和交易便捷化的特点,这会有助于个体化和个性化的运营,因而在一定程度上会产生去组织化的效应。此外,互联网的线上交易活动一方面会对某些线下交易活动产生替代效应,如对传统批发交易和零售交易的取代;另一方面又会对某些线下交易活动产生带动效应,如促使个性化交易、快递式交易的加快发展。而这两种效应也会引致农业产业组织和组织体系的进一步变化,比如,促使农业产业组织及其组织体系朝网络化、虚拟化、智能化以及线上与线下相结合的方向转变。

5. 农村集体经济改革将决定农业产业组织发展方向

我国农村社区集体经济的改革正在不断深化,这一改革不仅对巩固和完善我国农村基本经营制度、保障农民财产权益、发展壮大村集体经济具有决定性意义,而且对我国农业产业组织的发展方向具有决定性影响。就农村集体的各类产权制度改革而言,"三权分置"基础上的集体和农户混合所有以及确权颁证基础上的股份合作制,应该成为我国农村集体产权制度深化改革的方向,这一改革要与城乡一体的社保制度建立和城市化对农业富余劳动力的充分吸纳相同步。同时,我国农村社区集体经济组织还需要在有条件的村社区,如在城中村、镇中村和中心村进一步推进"股社分离"的改革,也就是对改革后的农村集体股份合作社与农村社区进行组织分离和功能分离。通过这样的系列化改革和配套,既使农村基层社会有明确的管理主体,又使村集体经济有明确的营运主体,以完善和优化农民主体、社区股份合作组织与农民专业合作组织功能互补、相互融合、"一主两仆"的农民组织制度,形成产权明晰、市场主导、政府引导、行业协调、多种类型产业组织融入的现代农业产业组织体系与农业家庭经营、合作经营、集体经营和公司经营相互协调、共生发展的现代农业经营体系。

参考文献

[1]黄祖辉,中国农民合作组织发展的若干理论与实践问题,中国农村经济,2008 年第 11 期。

[2]黄祖辉,农业产业组织制度要创新而不是异化,中国乡村发现,2014 年第 4 期。

[3]科斯,R H,阿尔钦 A,诺斯 D. 1994,财产权利与制度变迁,上海人民出版社,刘守英等(译)。

[4]梁巧,吴闻,刘敏,卢海阳,社会资本对农民合作社社员参与行为及

绩效的影响,农业经济问题,2014 年第 11 期。

[5]斯密德,A. 1996,财产、权力与公共选择,上海三联书店、上海人民出版社,黄祖辉等(译)。

[6]习近平,党的十九大报告:决胜全面建成小康社会夺取新时代中国特色社会主义伟大胜利,2017 年 10 月 18 日,中国政府网。

[7]Granovetter, M S, 1985, Economic action and social structure: The problem and social embeddedness, American Journal of Sociology, (3):481-510.

[8]Halinen, A, Tornroos, J A, 1988, The role of embeddedness in the evolution of business networks, Scandinavian Journal of Management, (3):187-205.

[9]Huang Zuhui, Liang Qiao, 2018, Agricultural industrial organizations and the role of farmer cooperatives in China since 1978: Past and future, China Agricultural Economic Review,(1):48-64.

[10]Jensen, M C, Meckling, W H, 1976, Theory of the firm: Managerial behavior, agency costs and ownership structure, Journal of financial economics, (4): 305-360.

[11] Tirole, J, 1988, The theory of industrial organization, Cambridge: MIT Press.

[12]Williamson, O. E, 1981,The economics of organization: The transaction cost approach, The American Journal of Sociology, (3): 548-577.

[13]Williamson, O E, 1985, The Economic Institutions of Capitalism, New York: Free Press.

[14]Zukin D, 1990, Structures of Capital: The Social Organization of the Economy, Cambridge: CUP Archive.

农业和农村发展的制度透视
及其对中国的政策含义[①]

对于发展中国家和转型国家而言,仅有宏观经济的稳定、生产和国际贸易的自由化、消除对农产品的价格控制是不够的。这些国家必须同时引入一整套新的解决办法,其中主要是制度改革和创新,方能实现所期望的农业和农村发展。

一、农业和农村发展的十个方面制度透视

本文所提供的农业和农村十个方面的制度透视,前三个方面涉及制度和制度分析,紧接着的五个方面涉及制度改革的实质,最后两个方面是关于制度改革的过程。

(一)从组织上升到制度

制度经常与组织相混淆。农业部、农民合作社或农技推广部门这样的组织是制度的范畴,但制度的含义要比此深刻得多。制度是"游戏规则",它禁止、允许或要求某种明确的行动。不论是正式的还是非正式的,制度总是被一个共同体的成员所认同和遵循。只要人们表现出一定的行为模式,常常是制度在起作用。

---

① 本文作者为克里斯托福 D. 捷拉德(Christopher D. Gerrard)(世界银行项目评估部高级农业经济专家)、黄祖辉、蒋文华。本文内容发表在《中国农村经济》2001 年第 5 期。

把制度理解为"游戏规则",有助于我们理解为何过去那些期望改善公共部门绩效的"制度强化"努力并没有带来农业和农村的持续发展。现在,公共部门的规模在缩小,控制在减弱,私人部门替代了以前公共部门所起的许多作用。社区组织填补了公共部门与私人部门之间的空隙。在这种多元化的环境下,制度改进的任务变得更加艰巨起来。

(二)从政策上升到制度

政策是一个被广泛使用的概念,在不同的地方有不同的含义。有时指所建立的政策框架,为政策改革提出一种战略性方向;有时是指特定的政策干预,如进口配额或食品补贴,意在影响人们的日常行为。但是,如果得不到制度上的支撑,特定的政策干预往往不会见效。中央政府宣布一项新的公共政策后,如果这是人们的个人利益所在,人们就会遵从它。因此,如果中央政府希望地方政府、私人部门或社区能够为农业和农村提供各种服务,它就必须借助制度改革和资源分配来支持它的政策主张。

(三)从技术上升到制度

制度分析是要试图解释给定制度条件下的各种结果,这种分析主要是着眼于制度角度的分析,而不是着眼于技术或物理特性的分析。人们把效率、公平和可持续性这样的东西看作是三个方面相互作用的结果。这三个方面是:①系统的物理特性,如产品和服务的性质;②系统内行为主体的动机和能力;③决定系统内不同行为者间相互作用形式的制度或规则。要提高系统的绩效,要么是改变产品和服务的性质(通过研究和技术进步实现),要么是改变行为主体的动机和能力,要么是改变游戏规则。

制度分析涉及经济整体的某些方面(如财政部与中央银行的关系)、某个行业(如健康、教育或农业)、某个部门或组织的某些制度安排。在对农业和农村发展的制度分析中,各个部门被证明是制度分析最有效的分析对象,这是因为这些部门是依产品或服务的性质加以区分(如土地、种子、化肥或农业技术这些投入部门,玉米、咖啡、棉花或糖类这些产出部门)的,而产品或服务的性质对各部门的组织和运转会产生影响。

(四)超越公共物品和私人物品

由于制度分析总是把系统的物理特性视为给定,因而第一步是弄清这些物理特性。经济学家现在能够更好地理解把公共物品和私人物品区分开来的两个物理特性,即排他性和竞争性。排他性是指物品或服务的提供者能排除不愿付费者的消费。竞争性是指一方对物品和服务的使用或消费会减少他人的使用或消费。

如图1所示,私人物品具有高排他性和高竞争性,公共物品具有低排他性和低竞争性。不幸的是,许多年来人们一直存在着混淆。有些人(最典型的如萨缪尔森)依据低竞争性来界定公共物品,有些人(最典型的如奥尔森)则依据低排他性来界定公共物品。[①] 结果,人们简单地把物品分成私人物品和公共物品两类,而不管它是否真的是公共物品、收费物品还是共有物品,并且还经常进一步得出结论:如果是公共物品,就应公共提供。

排他性

	高	低
竞争性 高低	私人物品	共有物品
竞争性 低高	收费物品	公共物品

图 1　物品和服务的分类

然而,收费物品[②]不同于共有物品,两者也不同于公共物品。收费物品的最好例子在交通运输业,如收费的道路和桥梁、飞机、火车和巴士(在运力饱和之前)。共有物品的最好例子在自然资源方面,如森林、草

---

① Samuelson, "The Pure Theory of Public Expenditures", *Review of Economics and Statistics* (1954); Mancur Olson, *The Logic of Collective Action* (1965).

② J. M. Buchanan, "An Economic Theory of Clubs", *Economica* (1965). 收费物品也被称为俱乐部物品。

原、地下水和鱼类资源等。

(五)超越国家和市场

排他性和竞争性并不是物品与服务仅有的两种特性。但很适合从这开始进行制度分析,因为这两种特性直接与人类经济中存在的三种基本协调机制,即市场、科层组织和集体行动相关。市场通过交换协调,双方进行一对一的自愿交换。科层组织通过命令和控制来协调,这里存在着权威,一对多,通过不同层次从上到下进行传递。集体行动通过共同利益来协调,一群人共同行动,多对多,追求一种共同利益。

高排他性使得运用市场机制相对容易,而低排他性需要某种形式的集体行动,不论是自愿的,还是强迫的,以使免费搭车者付费。高竞争性意味着一种物品或服务由个人消费,而低竞争性则允许共同消费。不论是在公共部门还是私人部门,由于共同消费,低竞争性物品和服务的生产倾向于在一个大的范围内进行,因而无论是在公共部门还是私人部门,此时通常伴随着比较大的科层组织。

(六)超越公共部门和私人部门

把物品和服务的供给单纯划分为由公共部门或私人部门提供是不够的。政府已更能接受(甚至支持)私人通过集体行动来提供公共物品和共有资源。20世纪90年代,在发展中国家和转型国家,社区组织有了明显的增长。社区组织是私人性质的,不同于政府,但它们又是非商业性的,不同于商业性的私人部门。它们也会有一些商业运作的东西(涉及资产、负债、收益和支出),但常常是非营利的、慈善性质的,或成员组织性质的,并不追求利润最大化。

超越对私人部门和公共部门的简单二分法,也可以使我们更好地理解在发展中国家和转型国家中存在的各种各样的组织形式。事实上,所有组织都包含一定程度上的市场交易、科层结构和集体行动,只是在程度上有区别。在纯粹的公共部门,如政府部门和机构,科层制是主导性的协调机制。在一些小规模的私人部门,如家庭企业,市场导向占主导地位。在小规模的社区组织中,集体行动占据主导。此外,如图2所示,公用事业(公共公司或受管制的私人公司)是科层制和市场交易的混合体。大学这样的公共团体是科层制和集体行动的混合体(其中的一些也变得趋于市场导向)。合作社和贸易联盟是集体行动与市场导向的混合体。事实上,人们可以把组织的类型看作一个拼盘,其依赖于三个部分,即科层结构、市场交易和集体行动的组合。

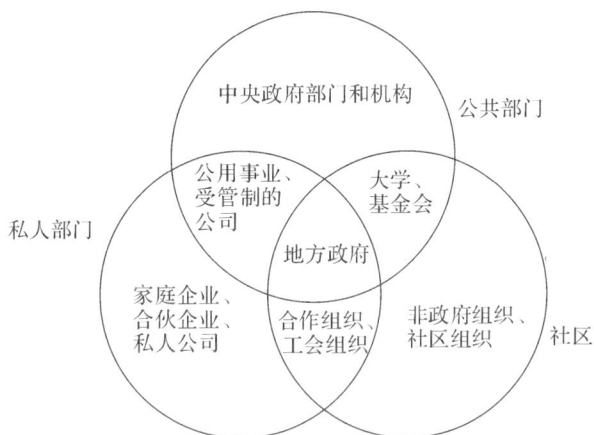

图 2 组织的分类

(七)从集权上升到分权

许多国家的中央政府开始选择分权,把许多公共服务转移到了下级政府,甚至图 2 也不再足以描述农业和农村发展中涉及的组织类型。作为世界性的趋势,分权的目标是赋予和强化地方政府提供地方性公共物品(或公共资源)的能力,如道路、水源、公共卫生、基础教育、基础健康服务、自然资源管理、农业科技推广和地方安全。但是,分权并不能很快地带来这些基本服务的提供。这涉及两方面的制度挑战。

一方面,要建立一个分权的国家框架,这涉及管理上的、政治上的和财政上的分权及其恰当的组合。另一方面,要建立与各种服务相关的具体的制度安排。一般说来,这些制度安排涉及四个主要行为主体之间的共同生产或共同管理,即地方政府、与其合作的地方社区、支持其运作的中央政府机构以及与其签约的商业性私人部门。

(八)从生产上升到供应

生产活动指的是从投入到产出的转化,如在村里建立供水系统、维护地方道路,而供应活动是指诸如决定基础设施投资的规模和质量、安排生产和筹集资金、监察生产和使用等这类活动。生产活动经常指的是"交付",而供应活动通常指的是"提供资金"或"筹集资金"。然而,无论是在国家层次,还是地方层次,公共服务的提供总要涉及一系列任务,在不同的供应或生产方面,不同类型的组织往往具有各自的相对优势。因此,不论是中央政府,还是地方政府,都没有必要去利用它们自己的劳动力。把任务发包出去可以使地方政府拥有更大的灵活性,并使承包方(其为许多地方政府做事)获得地方政府无法获取的规模经济。

但是,任一种手段都必须加以制度化。两种手段都涉及在合同谈判和实施中的激励与监督问题。承包方和雇主都可以有偷懒这样的机会主义行为。任一种安排的制度化都需要权衡。机会主义行为导致产出损失,但为减少机会主义行为而搜集更多信息,同样要花成本。正如威廉姆森所言,市场和科层组织彼此替代。组织(如企业或地方政府)应被看作是交易成本最小化的单位。① 组织会理性地选择,会内在化那些也可以在市场中完成的经济交易,只要这样做能够减少整个交易成本、信息成本和监督成本的总和。

从以上分析可以得到的结论是:在发展中国家和转型国家,政府应寻求农业和农村发展的四个方面的制度改革战略,这涉及农业和农村发展中的各个部门。这四个方面的战略是:①经济的市场化和民营化。这使商业性私人部门拥有更多的权力。②民主化和共同参与。这使社区组织和农村社区拥有更多的权力。③政治的、管理的和财政的分权。这使地方政府拥有更多的权力。④政府职能的转变。这涉及与私人部门和社区建立合作关系,使中央政府能在某些领域继续发挥重要的作用。

在农业和农村发展的各个不同领域,针对不同产品或服务的性质,应该选择不同的制度改革战略。市场化和民营化趋向于与农产品销售、

---

① Oliver E. Williamson, *Markets and Hierarchies*: *Analysis and Antitrust Implications*(1975).

农村金融和土地市场相联系;政府职能趋向于与农业科技研究、推广和畜产服务相联系;分权管理则趋向于与农村基础设施相联系;社区功能的发挥趋向于与可恢复的自然资源(如草原、森林和鱼类)的管理相联系。

这样的配合并非都是完美的,但这说明了把不同的制度改革战略与不同领域产品或服务的性质相联系的重要性。在不同的国家,这些联系也会不同。不管怎样,理想的制度改革战略,或某一领域的主导战略和相关战略的结合,也将依赖于该国经济和政治改革的程度。例如,在一些国家完全可以对农业推广机构下放权力,在另一些国家,则可以把地方的灌溉授权给社区来管理。中央政府也可以保留一些重要的职能,如国家范围的协调、建立人力资源库、管理转移支付、制定和实施切实可行的服务标准。

(九)从实质上升到过程

建议实施新规则是一回事,为提高制度体系的绩效而真正改变规则,则是另一回事。规则本身也是公共物品,虽然是抽象的公共物品。规则具有低竞争性,因为它们被共同消费。规则如果被公平地应用,则具有低排他性。如果规则被有效实施,人们会难以从中退出。所以,新的规则会碰到具体公共物品所碰到的所有问题,有些还会更严重,这包括集体行动、交易成本、不可见性和路径依赖等问题。虽然如此,众多发达国家在解决这些问题上都取得了这样或那样的成功。

我们需要认识到所有制度体系都有三个层次。一是操作层次,指的是日常规则。在任何系统和绝大多数时间中,日常规则对绝大多数人起着作用。二是治理层次,指的是治理整个系统的规则,即制定和实施日常规则的规则。三是宪法层次,它决定谁应该对制定和实施这些日常规则负责。制度改革的实质更多地与操作层次相连,制度改革的过程则更多与治理层次和宪法层次相连,如果问题出在缺乏法制或宪法,就应先解决这一问题。

(十)从专家咨询上升到共同参与

一旦某一部门的制度改革策略获得通过,政治家和政府高层会为具体负责日常改革的管理者提供政治上的支持与保障。他们都必须有推动改革的明确方向和权威。他们应以一种符合逻辑的顺序在关键领域采取行动。此外,除了咨询专家外,他们在改革过程中应有目的地让所有合法的利益相关团体共同参与。

这样的共同参与对于让人们相信政府所提议的改革、集结相关的信息、阻止寻租活动、灌输改革中的主人翁观念是有帮助的和非常重要的。从另一个角度看,共同参与相当于政府拿自己的权力和权威换取信息,并由此灌输了主人翁观念和可持续发展观念。培养真正的主人翁精神,就应让利益相关者在实施阶段之前就参与进来。

与利益相关团体一起有效工作是一门艺术而不是科学。尽管如此,改革的管理者必须与所有的利益相关团体一起熟练地工作,认识到它们的相对重要性和影响力。管理者们还必须做好那些潜在的利益受损者的工作,他们有可能会损害改革。要知道即使改革从长远看是双赢的,也会存在短期的利益受损者。改革的管理者与利益相关团体共同协作的方式本身也会形成新的惯例,以及在治理层次,甚至宪法层次上形成新的规则。

综上所述,制度是决定不同行为主体在某一领域相互作用方式的"游戏规则"。能够增加某一特定部门产品和服务供应的最好的制度改革战略,或者说主导战略和相关战略的结合,依赖于建立提供或生产这些产品和服务的最优组织,也就是说,依赖于最优的协调机制(市场、科层,或者集体行动)以及产品和服务本身的性质。任何战略的成功也依赖于在每个制度体系的治理层次、宪法层次和操作层次建立起有效的制度安排。

二、对中国农业和农村发展的若干政策建议

依据本文所提供的分析框架,针对中国当前农业和农村发展的实际,我们认为,以下四个方面的制度改革和创新将有助于推动新世纪中国农业和农村的进一步发展。

（一）农业生产经营活动的市场化和要素供给的制度匹配

在农业生产经营中，需要投入各种各样的生产要素，依据这些生产要素的排他性和竞争性特点，可以把它们分成四类（见表1）。

表1　农业生产中的主要投入要素和要素属性

农业生产中的投入要素	私人物品	收费物品	共有物品	公共物品
土地	√		√	
资金	√			
劳动力	√			
机械	√	√		
良种	√			
农药	√			
化肥	√			
水（排灌）		√		
生产技术	√			√
信息				√
自然资源			√	

从表1中不难发现，作为农业生产的投入要素绝大部分都具有私人物品的性质，可以由私人部门来提供。在投入要素中，小型农用机械和大型农业机械有所不同，在中国农村普遍的小规模家庭经营条件下，前者的竞争性程度比后者要高，后者可以通过家庭之间的合作，作为收费物品来利用，以发挥其更大的使用效益。就农业生产技术而言，有的在使用中具有明显的可排他性，因而具有私人物品的属性，如动植物基因控制技术等，可以由私人部门来提供；有的在使用中则具有明显的非排他性，从而具有公共物品的属性，如栽培技术等，因而应由非私人部门来提供，或通过补贴机制来实现有效供给。

对化肥、种子和农药的经营,中国政府在现阶段还进行着相当多的管制,尤其是农药经营,实行比较严格的市场准入。这无形中提高了农业生产的成本,进一步放开经营应成为今后改革的方向。

在以市场为导向的农村改革中,作为农业生产最重要的两大要素——土地和资金的市场化进程却较慢。中国农村的土地归村集体所有,农民拥有长期承包权和使用权,但没有最终所有权。中国农村土地的这种产权特性,使农村土地既有共有(社区集体所有)物品的属性,又具有私人(承包农民长期占有)物品的属性。由于实践中缺乏明晰的、受法律保护的上述土地产权关系,因而尽管农民的承包权具有部分所有权的性质,但这种权利极易受到其他各方的侵害。在这种情况下,也难以形成公开和有效的土地流转机制,进而难以形成真正反映土地相对稀缺性的租金和价格。这在很大程度上影响了农村土地资源的优化配置和充分利用。事实上,中国政府只要对农村土地的用途进行有效的管制,并从产权和法律的角度明确土地所有权、承包权、使用权的内涵与相互关系,引入土地流转的市场机制,就一定会提高土地资源的价值,使广大农民从中获益。

中国农村金融市场的培育重点在于进一步放松政府管制,包括放松经营上的限制和放松对利率的管制,引入更广泛的竞争,并通过让利率自由浮动,来反映资金的相对稀缺性,从金融抑制走向金融深化。

(二)建立鼓励各类合作组织创新和发展的制度环境

无论是发展中国家还是发达国家,农业普遍以家庭经营为基础,这种制度安排最适合农业生产的自身特点和规律,可以使农户根据市场、气候、环境和农作物生长情况及时做出决策,保证生产顺利进行,也有利于农户自主安排剩余劳动和剩余劳动时间,同时能够有效地解决农业劳动的控制问题和剩余索取问题,形成理想的自我激励与约束机制。

然而,在中国农村,由于人多地少,家庭经营的规模普遍很小,由此带来的问题是:①农户缺乏收集和加工市场信息的充分激励,生产的盲目性和自发性强,极易造成农业生产"一哄而上、一哄而散"的无序现象;②农户在日常交易中,往往处于劣势,很难有等价交换和平等竞争的能力；③生产中"小规模、高工本、低效益"的弊端难以消除，农业劳动生产率难以提高；④由于单个家庭经济实力较弱，承受风险的能力不强，农户不敢投入较大的成本来采用新技术和改善生产条件。

在家庭经营长期不变的情况下，克服农户小规模分散经营的局限性，有序地引导农户和市场接轨，走向专业化、商品化、现代化，实现农业增产、农民增收，其根本出路是在农产品生产、加工、流通领域大力发展各种类型的合作组织，从而把家庭经营与合作经营的优势有效地结合起来。

农业的家庭经营制度与合作制度的结合，是迄今为止最为有效的农业制度安排。这种制度安排既发挥了家庭制度在劳动控制、剩余分配、激励与约束方面的独特优势，又发挥了合作组织在农业产销协同、外部性内化、风险弱化、利益均沾等方面的功能。

从新制度经济学的角度看，农民合作组织是一种介于市场与科层之间的制度安排。各国农业发展的经验表明，纯粹的市场安排与纯粹的科层安排，均不是一种最理想的农业制度安排。前者往往容易导致过高的交易成本或市场失灵现象，后者往往导致过高的组织与控制成本，而合作制度的安排，能够带来交易成本与控制成本的降低。

在中国沿海各地，各种类型的农民合作组织已有了很大的发展。例如，到1999年底，浙江省农村各类专业协会、研究会、合作社共有4500多个，这些农业合作组织围绕当地农业主导产业的发展，为广大农户提供农资供应、产品加工与销售、市场信息、技术交流与培训、生产指导等服务，有的还起到了统一品牌、调控生产与价格的作用，它们有效地解决了农户分散生产与大市场的连接问题，在农业结构调整、农民增收、农业增效方面发挥了很好的作用。

但是，从整个中国范围看，农民合作组织的发展却显得十分缓慢，其滞后性已严重制约农业的进一步发展和农业市场体系的建立，危及农业的家庭经营基础和农民的积极性。因此，在农业家庭经营基础上，引导和推动农民的合作，尽快建立农业家庭经营制度与农民合作制度相融合的农业制度与组织体系，已成当务之急。

农民合作组织的发展及其在经济社会中的地位，离不开三个层次制度体系的支撑与保障，尤其是宪法层次的支撑和保障。这些制度体系涉及合作组织的性质、法律地位、税赋关系、会员制度、分配原则等的确定。在此基础上,各个合作组织根据自身的特点,再制定具体的细则。目前中国还缺乏这方面的专门法律与条款,这对中国农民合作组织的创新和发展极为不利。因此,有必要尽快制定中国农民合作组织的相关法律法规,以促进中国农民合作组织的发展。

(三)赋予和强化地方政府与非政府组织提供公共物品的能力

提及公共物品,人们很自然地认为应由政府提供。其实,公共物品的私人提供问题既可能是一种囚犯困境,也可能是"智猪博弈"或"斗鸡博弈"[①]。虽然无论是哪种状况,公共物品私人提供的纳什均衡供给均小于帕累托最优供给,但在后两种状况下,由商业性私人部门提供,政府给予一定数量的补助以使其供给达到帕累托最优,将比由政府直接提供公共物品更可取。只有在囚徒困境的条件下,由政府通过征税提供公共物品,强制人们消费才成为迫不得已的选择。此外,由于公共物品私人提供的纳什均衡供给与帕累托最优供给之间的差距随社区居民人数的增加而扩大,赋予和强化地方政府提供地方性公共物品(或公共资源)的能力,将是一种更有效率的选择。

在中国农村,地方性公共物品包括乡村道路、供水(灌溉)、公共卫生、基础教育、自然资源管理、农业科技在当地的推广和地方安全等众多方面。对于公共物品的提供所遵循的基本原则是,首先是允许和鼓励非政府组织(社区、合作组织、企业、个人等)的私人提供,如乡村道路的修建、农村中小学校的私人开办、农业科技在当地的推广。当然,需要政府给予相应的政策和财政支持。其次是赋予和强化地方政府提供公共物品的能力,如地方安全、公共卫生、自然资源管理、地方性水利设施的修建等。最后,对于前面两者都难以有效供给的公共物品,才由中央政府提供,如大江、大河、大湖的治理,农业科技的基础研究等。

赋予和强化地方政府和非政府组织提供公共物品的能力会涉及两

---

① "智猪博弈"是指作为私人的某一方出于自身利益考虑愿意提供一定数量的公共物品,"斗鸡博弈"是指参与各方出于自身利益考虑都愿意提供一定数量的公共物品。具体可参见张维迎,《博弈论和信息经济学》,第85-90页,上海人民出版社,1996年。

方面的制度挑战。一方面,需要建立一个分权的国家框架,这涉及管理上的、政治上的和财政上的分权及其恰当的组合。另一方面,还需要建立与各种服务相关的具体的制度安排。

即将在中国农村全面实施的农村税费制度改革,被称为第三次中国农村革命,其目的是从根本上减轻农民负担。然而,农村税费制度改革的结果可能会削弱地方政府提供公共物品的能力,使得在减轻农民负担的同时,影响了农村社会经济的整体发展。轻税重费、乱收费、乱罚款、集资摊派繁多导致农民负担过重问题,其实质是农民家庭在获得公共部门产品时,支付了过高的价格,农民收入降低,社会经济效率受损。其根源在于中国农村公共权力构架上的制度缺陷,治本之道在于削减官僚机构,完善农村的政治民主建设。

(四)从经济民主到政治民主

在中国农村进一步的制度改革和创新过程中,所有合法的相关利益群体共同参与已变得十分重要。共同参与的形式应是多种多样的。共同参与的程度也可以有所不同,包括:①信息发布——信息的单向流动;②政策咨询——信息的双向流动;③共同磋商——共同参与政策制定;④授权——让相关利益群体负责实施新制定公共政策的某些方面或内容。这样的共同参与对于让农民信任政府所提议的制度改革和所制定的农业、农村政策,集结农民对公共物品、收费物品、共有物品的私人偏好信息,阻止政府官员的寻租活动,建立改革中的主人翁观念都是非常有帮助的,也是非常重要的。

以政府的权威去管理生产、交换和分配的官员必定握有其他人所不拥有的权力。权力虽不等于腐败,但一切腐败都由权力产生。所以在由政府提供物品(不论是哪种类型的物品)的经济活动(或政治活动)中,如果缺乏民主监督,几乎必然会发生腐败。即使政府的管理活动是高效率的,其效果也往往会在很大程度上被伴随的腐败所抵消。

中国政府在近些年一直致力于农村基层的民主法制建设。1998年全国人大常委会通过的《村民委员会组织法》以法律的形式规定了在中国农村民主选举村民委员会,要求推行村务公开、财务公开的监督制度。后来又进一步全面推行乡镇政务公开制度。这些努力取得了良好的成效,但离真正建立一种自下而上的政治权力结构,最大限度地让相关利益群体参与公共事务,让农村的公共权力部门依据公共利益行事,还有许多困难需要克服。这需要在每个制度体系的治理层次、宪法层次和操作层次建立起有效的制度安排。

在中国西南云贵川三省进行的参与式农村评估(participatory rural appraisal,PRA)实验①,充分强调来自农户、依靠农户、与农户一道学习、了解农村、发展农村,虽然仅在很小的范围进行,但就其取得的绩效看,已展示出深远的历史意义。

---

① 参见《有民主有尊严共谋发展,知识分子乡村实验 PRA》,《南方周末》,2001 年 2 月 1 日,第 1 版。

第二篇
农民合作组织与制度

农民合作：必然性、变革态势与启示①

一、农民合作的必然性

农民(或农业)合作在大多数西方国家已有 100 多年的历史。当今世界,无论是发达国家,还是欠发达国家,凡是受市场经济支配的农业,都存在农民的合作组织,并且这种组织在经济社会中扮演了重要的角色。农民加入合作组织如此普遍,并非偶然现象,而是具有内在的必然性。

第一,无论农户的经营规模多大,相对于农户的交易对象而言,单个的农户(农民)总是微不足道的。因此,如果单个的农户仅靠自身的力量从事市场交易,其在谈判中必然处在弱者的地位。

第二,与此相关,农产品市场呈现的是一种人数少,但购买规模相对大的买者(中间商)与人数多,但生产规模相对小的生产者的交易格局。

第三,通过大量小规模农户的联合,将会更好地满足中间商的需求。

第四,农业生产具有生物特性,因而其产品并不具备完全的同质性,进而在交易时存在不确定性。

第五,由于农业的地域分散性,接近市场中心的往往是少数农民。这种地域的分散性,意味着单个的农民仅能与有限的购买者交易,但如果把他们联合起来,农民就可能面对更多的买者。

---

① 本文作者为黄祖辉。本文内容发表在《中国农村经济》2000 年第 8 期。

第六,农民生产、生活与自然的紧密联系性,造就了农民独特的生活方式与工作环境,通过某种方式把他们连接在一起,将有助于某些社区公共性问题的解决。

从上述特性出发,可以得出农民普遍愿意加入农民合作组织的基本理由。

一是通过农民之间的合作,可以形成一种抗衡力量,以改变单个农民在市场谈判中的弱势地位。与此同时,农民独立的经营者地位在合作组织中依然存在,这又符合农业分散独立经营的基本要求。

二是在某些情况下,当市场机制不能构建满意的市场关系时,合作能够发挥它的独特作用,如为成员提供市场或公共部门不愿提供的服务或要素等。

三是通过分散的个体力量在合作组织框架下的整合,能够使农民的生产更好地适应市场的需求,进而提高市场本身的效率,这不仅可以使农民受益,而且也可以使社区乃至整个国民经济受益。

四是通过单个资源在合作制度框架内的整合,可以使农民更好地应对由农业生产的生物特性,如气候的变异、产品质量的波动以及地域分散性所导致的风险。

五是农民的合作还能够对合作成员及其所在社区的就业与收入增长发挥积极的作用。

六是从交易费用与制度安排的角度看,农民合作组织是一种介于市场与科层之间的制度安排。历史的经验表明,纯粹的市场安排与纯粹的科层安排,均不是一种最理想的农业制度安排。前者往往容易导致过高的交易成本或市场失灵现象,后者往往导致过高的组织与控制成本,而合作制度的安排,能够带来交易成本与控制成本的降低。

总之,只要农业生产中最基本的特点,生产的生物性、地域的分散性以及规模的不均匀性存在,同时,农业经营是建立在家庭经营基础之上,农民的合作就有存在的必然性,其不仅对于农业人口的地位,而且对于农产品市场更好地运行,对一个国家乃至国际经济的发展,具有重要的作用。

二、农民合作的变革态势

尽管农民合作组织与制度有其存在的内在必然性,但并非意味着这种制度是一成不变的。正如任何企业组织形式都必须不断适应变化的环境一样,农民合作组织与制度也会不断演进。当今世界,北美、欧盟等一些发达国家的农民合作,已出现一系列明显的变革态势。

(一)组织结构方面的变革态势

1.合作联合会的作用正在减弱

许多国家都存在合作联合会的组织结构,这种合作联合会在政府的农业保护政策实施以及农民利益保护方面曾发挥重要的作用,但近些年来,由于不少西方发达国家农业保护政策的调整和农业市场化的推进,这一组织结构的功能已逐渐减弱。这是因为,与独立的农民合作组织相比,这种庞大的合作联合会对市场竞争的适应能力并不强,并且其在传递市场信息方面的效率并不高,往往是环节多、易失真,这又导致了合作成员对上级合作组织的有效控制问题。

2.持续的合并浪潮

合作组织与合作组织的合并已有多年的历史,合并产生了大规模的区域性合作组织。有些合并是合作联合会成员的意愿,他们愿意用实体性、单一性的合作组织来取代联合式的合作组织。合并的浪潮有可能进一步加剧,甚至于存在某个行业内的合作组织合并成一个全行业的合作组织的可能性。跨国之间的合作组织合并尽管还没出现,但这一思想已经出现。各种形式的合并动机,在于通过大规模的经营,增强市场竞争力。对巨额资本的需求是农民合作组织合并的另一诱因,尤其是合作企业介入食品加工领域,需要大量资本,同时合作组织成员又想保持对经营收入控制的情况下,合并似乎是一种选择。

3.收购其他企业

增强合作企业竞争力的另一重要途径是收购其他企业。一种形式是收购同类产品企业,以实现规模经济;另一种形式是收购相关产品企业,以实现范围经济。

4.愈来愈重视纵向一体化

农民(农业)合作之间的纵向一体化,不仅包括农业生产资料供给合作与农业生产合作的一体化,而且还包括农业生产合作与农产品营销、深加工合作的一体化。后者是近年来农民合作纵向一体化的主要标志。其基本动因是,在激烈的市场竞争中,农民合作如仅仅介入农产品的收购、集散和初始加工领域,既不能获得理想的利润,又不能有效地控制消费市场,只有介入到深加工,甚至渗透到消费者的餐桌,农民合作组织才能获得高额的利润。

尽管纵向一体化的好处很明显,但也存在某些风险。主要是,如果一体化组织的财务负担过重,合作成员就难以控制其企业。如果从加工环节中获得的利润是通过提高交售产品价格的形式返还给成员,则会传递给成员失真的价格信号,导致成员过度生产。此外,农民往往缺乏现代企业管理与营销的技能,因而往往难以胜任纵向一体化合作企业的决策与管理职位。

5.新的合作企业模式

20世纪90年代以来,许多合作企业,尤其是那些介入农产品深加工领域的合作企业的组织结构发生了深刻的变革。一种形式是传统的合作企业转变成公共有限公司(PLC),这种公共有限公司的股份,有的完全由原合作成员控制,有的则吸收了外部的股东,如其他的合作企业、合作联合会或有关的单位机构、私人投资者等。另一种形式是引入可交易股份,它包括允许在成员内部转让的股份和允许非成员拥有的股份。这种新型的合作企业结构在某种程度上使传统的合作企业走出了融资方面的困境,但使人们对其本身的合作性质提出了疑问。也有些合作企业引入了市场交易股、优先股,同时采取控制生产总量的措施,以生产高附加值产品,提高成员收益。

这些所谓的新一代合作模式,在欧洲以及北美等发达国家发展很快,正受到学术界的关注。

(二)合作成员及其制度的变革态势

1.合作组织与成员间的商业化交易态势

由于市场竞争的压力,合作组织与其成员的交易关系愈来愈趋向于商业化,普遍运用严格的成本核算原则。如果合作组织不遵循这样的原则,那些最有效率的成员就有可能退出合作组织,以致危及合作组织的生存。

2.愈来愈严格的交货条件

不少欧盟国家的农业合作企业对其成员的产品交售,提出了愈来愈严格的条件,以确保产品的质量,这种控制在纵向一体化的合作企业中尤为明显。很显然,在市场竞争环境下,没有确切的数量、规格、品质、种类等方面的要求,下游加工企业就不能生产出符合消费者需求的产品,最终损失的不仅是加工企业,还有包括农民在内的整个合作企业。为此,不少国家通过法律或者合作条例,明确交货责任,以适应市场需求,确保加工环节的效率。

3.与非成员、非成员企业的交易增多

市场竞争的加剧,迫使合作企业不得不开展与非合作成员或非成员企业的交易。其好处在于:可以充分利用闲置的设施;通过规模经营降低平均成本;填平农产品供销的季节差;改变产品单一的经营格局;实现范围经济;等等。由于有些国家对合作企业与非合作企业实施不同的税收政策,开展对非合作企业的交易,对税收征管带来了一些困难。此外,由于与非合作成员交易量的扩大,合作成员对其企业的控制与融资管理的难度也会增大。另外,如果合作企业内部的利润分配是以提高交货价格的方式进行,就会出现失真的信息,导致合作成员盲目扩大生产。

4.成员控制与管理控制

在竞争市场下,合作成员要想对其企业实施有效的监控,愈来愈需要具备良好的管理素养,及时掌握准确的信息,否则,很难在投资、定价、营销等决策中做出科学决断,对于那些规模大、综合经营的合作企业尤为如此。近些年来,在这些新型的合作企业中,传统的成员控制模式已逐渐为专业的管理控制所代替。

(三)融资手段方面的变革态势

1.关于不可分配的公共资产

在大多数合作企业中,不可分配的资产(集体拥有资本)往往已占总资产的相当大比重。然而对于那些经营国际化,或者介入资本密集型的合作企业来说,资本短缺矛盾仍然很突出。不少合作企业开始寻求非成员的投资,但却要冒失去控制权的风险。就这部分不可分割的资产而言,尽管其有效使用会带来利润,但其分配如果是通过前面所说的办法来实现(即提高内部结算价格),就有可能刺激生产总量,而过度的供给,反过来会降低市场价格,结果合作成员反而得不到这块不可分割资产的好处。为此,不少国家的农民合作组织已开始引入新的融资手段。

2.新的融资手段

近些年来,在拓展新的融资手段和旧制度新应用方面,国外的立法机构和合作企业都有不少创新。这些融资手段包括引入成员参股证和债券、集体资产部分量化到个人、传统合作企业转变为 PLC 结构等。但从总体上讲,合作成员(农民)仍然拥有多数的股份,因而控制着企业。

3.发展子公司

不少国家的农民合作组织将 PLC 作为自己的子公司。这些子公司有的是通过收购其他企业的形式建立,有的则是合作企业内部某些经营环节的分离。对于一个农业合作组织而言,建立 PLC 式的子公司有不少好处。一是在相互关系界定清楚的情况下,能够改进合作企业的内部控制。二是由于子公司承担了一部分责任,母公司的风险相应减少。三是可以使非合作成员出任总经理成为可能。四是母公司的影响会减弱。这在外部投资者介入的情况下尤为必要。

4.非成员资产的增加

非成员资金进入合作企业的好处在于增强合作企业的融资能力,进而进入投资需求量较大的深加工领域。可能存在的问题是,如果这种外来资本占有过大比重,则会影响合作企业的性质与身份。这是因为来自外部的资本所有者往往不能接受合作制的收益分配规则。但在市场竞争不断加剧的情况下,合作成员的利益所得将服从于竞争,很难获得高于市场价格的分配(交货)价格,因而可以克服这种不协调。

(四)税赋与法律环境的变革态势

1.不尽相同的合作立法制度

在西方国家,农民合作组织的法律环境并不完全相同,这既涉及合作企业的税赋制度,又涉及与合作企业相关的竞争和保护方面的法律。这种差异性不利于平等竞争。此外,在是否允许,或在多大程度上鼓励农民合作组织以利润为导向方面,不同国家的立法也不尽相同。在有些国家,立法要求农民合作组织偏向于某种意识形态的、文化的、社会的或历史的准则,对利润导向有所限制,而大多数的国家法律视农业合作企业为一般的投资所有者企业。

2.更自由的法律环境

虽然各国对农业合作的法律规定不尽相同,但有一点是相同的,那就是各国有关合作制度方面的法律规定,正在朝更自由、更宽松的方向转变,尽管这种转变过程仍很缓慢。这种转变在合作的文化、社会层面并不明显,主要体现在经济,尤其是金融方面。例如,与非合作成员或非成员企业的交易活动已愈来愈为大多数国家的法律所接受,上述所讲的一系列新的融资手段已被合法化。从合作的社会层面看,法律条款的变化不大。如大多数国家的农民合作企业仍实行一人一票制(荷兰、比利时是例外)。即使有些合作组织内的会员份额分布已很不均衡,比如不足10%的成员拥有高于90%的份额,但一般仍然不采用复合投票制。此外,大多数国家的法律仍然要求农民合作组织实行开放式的会员制,即允许农民自由地加入或退出合作组织。不过,要求改变上述条款的呼声在一些国家已比较强烈。

(五)合作企业的国际化态势

1.成员的国际化态势

如卢森堡不少肉牛饲养者是其邻国合作组织的成员,德国的乳制品合作企业中有比利时的成员,等等。尽管这一趋势目前还不十分明显,但如果这一趋势进一步发展(欧洲一体化趋势会加快这种态势发展),则会带来合作企业的控制和不同国家立法差异所导致的不公平竞争问题。合作组织成员国际化态势的基本成因是扩大经营规模,以谋求规模经济或范围经济。

2.营销的国际化态势

几乎所有的欧盟成员国的农民合作组织都参与国际营销活动,包括在国外建立销售机构,与国外合作伙伴建立战略联盟、合资企业等。

3.直接的境外投资态势

不少合作企业都在境外建立或购买生产性企业,与当地的农民进行市场交易。合作企业在境外直接投资的主要动机是为其成员的产品打开销售渠道,以及获得规模经济。

三、结论与启示

第一,农民合作的普遍性在于农业生产的自然性、分散性和经营基础的家庭性。农民合作并不是代替或排斥农业的家庭经营,相反,农业的家庭经营是农民合作的前提。换言之,没有农业的家庭经营,就没有农民合作的必然性与普遍性。

农业的家庭经营制度与合作制度的结合,是迄今为止最为有效的农业制度安排。这种制度安排既发挥了家庭制度在劳动控制、剩余分配、激励与约束方面的独特优势,又发挥了合作组织在农业产销协同、外部性内化、风险弱化、利益均沾等方面的功能。

我国自改革以来确立了农业的家庭经营制度,但农民的合作制度与组织却发展缓慢,其滞后性已严重制约农业的进一步发展和农业市场体系的建立,危及农业的家庭经营基础和农民的积极性。因此,在农业家庭经营基础上,引导和推动农民的合作,尽快建立农业家庭经营制度与农民合作制度相融合的农业制度和组织体系,已是我国农业与农村发展的一个关键。

第二,农民合作可以是横向的合作,也可以是纵向的合作,即农业生产资料供给,农业生产,农产品储藏、加工、销售等环节的合作。从西方发达国家农民合作的历史进程看,传统的农民合作,大多体现为水平的合作,这种合作组织与制度着眼于将分散的农民联合起来,以形成对市场的抗衡力量,并保护农民的基本利益。以纵向一体化为特点的农民合作,是传统农业合作的进一步发展,它与市场竞争相联系,被称为新型的或新一代的农民合作模式。这种合作引入了现代企业的运作机制,更着眼于市场竞争与扩张。农民的纵向合作为正在探索中的我国农业产业化经营提供了一条可供选择的制度路径。

第三,国外农民合作的变革态势表明,农业的国际化趋势、农产品市场竞争的加剧、政府对农业保护程度的逐渐降低,是农民合作制度与组织变革的主要原因。农民合作的形式与具体的制度安排并非一种模式。新型的或新一代的农民合作模式的出现,对传统的农民合作制度与合作观念提出了挑战,理论界对其应有所回应。

第四,农民合作的发展及其在经济社会中的地位,离不开法律的支撑与保障,它涉及合作组织的性质、法律地位、税赋关系、会员制度、分配原则等的确定。在此基础上,各个合作组织根据自身的特点,再制定具体的细则。目前我国还缺乏这方面的专门法律与规定,这对正在探索中的我国农民合作组织的发展不利,因此,有必要尽快制定农民合作与组织法或条例,以促进农民合作组织的发展。

参考文献

[1] Bekkum,V and Dijk,V(eds.),Agricultural Cooperatives in the European Union,Nijenrode University,1997.

[2] Karin,H,Famer Cooperatives in the 21st Century,Journal of Rural Cooperation,27:31- 54.

[3] Ollila, P, "Famer's Co-operatives as Market Coordinating

Institution", Annals of Public and Cooperative Economics, 65:81-101.

[4] Willianson, O E, Market and Hierarchies: Analysis and Ant rust Implications, Free Press, 1975.

农民专业合作组织发展的影响因素

——基于浙江省的探讨①

一、浙江省农民专业合作组织发展现状

(一)从组织发展看,发展速度较快,但覆盖面较小

20 世纪 90 年代后期以来,浙江省各地农民专业合作组织呈现出较快的发展速度,目前的大部分农民专业合作组织都是在这一时期发展起来的。截止到 2000 年底,浙江省各种类型的农民专业合作组织共有 2667 个,参加农户 201794 户,平均每个专业合作组织为 75.66 户,但参加农户仅占全省农户总数的 1.88%。

(二)从组织创建看,其他力量介入的较多,农民自己组建的较少

目前浙江省农民专业合作组织的兴办形式呈多样化态势,但大体上可分为两大类(见表 1)。

---

① 本文作者为黄祖辉、徐旭初、冯冠胜。本文内容发表在《中国农村经济》2002 年第 3 期。

表1　浙江省农民专业合作组织的组建情况

统计量	总数	存在依托					不存在依托
		农业部门组建	供销部门组建	科协部门组建	政府其他部门组建	其他力量组建	农民自己
数量(个)	2667	1204	90	340	362	142	529
比例(%)	100	45.14	3.38	12.75	13.57	5.32	19.84

　　一是存在依托的农民专业合作组织。这类专业合作组织或者依托于供销社,如金华市磐安县蚕桑专业合作社就是由新屋镇供销社牵头组建的,湖州市安吉县家禽生产服务社也属于这一类,目前这种类型的专业合作组织占3.38%;或者依托于农业部门或政府其他部门,如温州市瓯海区类桥镇蔬菜协会是由政府创办的,嘉兴市海盐县元通兔业生产合作社是以农技站为依托组建的,目前这种类型的专业合作组织中,完全由政府组建的占13.57%,由农业部门组建的占45.14%,由科协组建的占12.75%;或者依托于企业,如温州市永嘉县乌牛镇乌牛早茶叶协会就是以四家民营企业为核心,联合茶农建立茶叶生产基地,从事产、加、销等活动及提供信息、物资等服务的专业合作组织,嘉兴市桐庐县肉兔养殖专业合作社、舟山市国际水产城渔运协会等都属于这一类型;或者在一个专业合作组织中,不同依托同时并存,如云和县农产品专业合作社是由县农办、供销社、种养大户三方以股份制形式组建的,慈溪市胜山镇的农业产业协会是农业销售企业、加工企业、农业大户、信用社、农技站等共同参与组建的,其他如奉化市桐照镇海水网箱养殖业协会、衢州市开化县食用菌协会等专业合作组织的成员中既有企业,也有农业主管部门。目前,以企业为依托以及不同依托同时并存的农民专业合作组织约占5.32%。每一种依托的介入都有其特定的利益动机,这在一定程度上影响着专业合作组织与农户之间联系的疏密,以及这种专业合作组织生命力的强弱。

　　二是不存在依托的农民专业合作组织,即完全是由农民自己组建的,没有任何外界力量的介入。如兰溪市兰江镇养鸭协会是由47个养鸭户为相互进行生产、技术和销售等信息交流而组建的,现已有会员312个。温岭市联树果蔬合作社是由果蔬贩运大户、种植大户、科技示范户、镇农技人员等以股份形式组建的,其中农技人员的参与是因为其具有的技术资本能够为社员服务,而不是由于其是政府部门的工作人员,这与其他依托力量尤其是政府部门或人员的介入有着本质的不同。应该说在这种专业合作组织中真正居支配地位的仍然是农民,而在其他依托力量介入的专业合作组织中,农民的主体地位就值得怀疑了。目前这一类型的专业合作组织占 19.84%。

(三)从产业分布看,以种养业居多

调查资料显示,在浙江省农民专业合作组织中,种植业占 35.66%,养殖业占 16.50%,两者合计达到 52.16%(见表 2),这主要是种养业的商品率较高,农户承担的市场风险较大,因而对合作的需求较强。目前从事种养业的主要集中在蔬菜、果蔗、水产、家禽、蚕桑等行业,而在粮食生产与经营上分布极少。这既由于浙江省并不是粮食主产区,种植粮食的成本优势并不明显,更重要的是因为长期的粮食购销国家垄断经营,使合作组织的产生缺乏必要的政策空间。当前,浙江省粮食购销市场放开后,一方面从事多种经营项目的专业合作组织将得到更快的发展,另一方面也必将为从事粮食生产与经营的专业合作组织的产生释放巨大的政策和市场空间。可以预见,尽管浙江省粮食生产的优势并不明显,但从事粮食生产与经营的农民专业合作组织的数量仍将有相当数量的增长。从表 2 可以看出,从事加工业和运输业的专业合作组织还只占较小的比例,这说明浙江省农民专业合作组织的分布更多地还停留在初级产品上,在加工业上合作较少,这主要是由于加工业对资金、设备、技术等要求较高,同时也说明目前农民对农产品加工这方面的需求还不是很强烈。

表 2　浙江省农民专业合作组织的产业分布

统计量	总数	种植业	养殖业	加工业	运输业	其他
数量(个)	2667	951	440	205	121	950
比例(%)	100	35.66	16.50	7.68	4.54	35.62

(四)从农户分布看,区域跨度较小

调查资料显示:农户成员集中在乡范围内的专业合作组织有 2230

个,占 83.61%;农户成员跨乡的专业合作组织有 412 个,占 15.45%;农户成员跨县的专业合作组织有 25 个,占 0.94%。专业合作组织较多集中在乡的范围内,说明传统的区域界限尚未被打破,依然是专业合作组织发展的潜在约束框架之一。专业合作组织发展的局域性,也在一定程度上反映其带动性还不是很强,其示范性及辐射性还局限在原有的行政区界内。

(五)从服务内容看,以低成本的技术、信息服务为主

调查资料显示,65.24%的农民专业合作组织以提供技术、信息服务为主,而提供加工服务的专业合作组织只有 11.51%,提供供销服务的专业合作组织占 11.21%(见表 3)。从一方面说,这在相当程度上是受制于专业合作组织自身的经济实力。但从另一方面说,在农民专业合作组织发展的初期阶段,这种提供服务的状态也是较为合理的。毕竟对于农民来说,目前最重要的是掌握增收致富的信息、技术和把生产的产品卖出去。只有在上述要求得到满足之后,农户才会自发地进一步产生对加工的服务要求。此外,目前提供供销服务的专业合作组织所占比例也较小,应对激烈竞争的市场还相当不足。

表 3 浙江省农民专业合作组织的服务内容

统计量	总数	以技术信息为主	以生产加工为主	以供销为主	其他
数量(个)	2667	1740	307	299	321
比例(%)	100	65.24	11.51	11.21	12.04

(六)从资金来源看,主要以农民自筹和各种形式的混合出资为主

从表 4 可以看出,目前农民专业合作组织中,其经费以农民自筹和各种形式混合出资为主的分别占 38.13%、32.58%,以政府拨款或部门拨款为主的分别占 7.13%和 7.05%,以实体支付为主的占 15.11%。

表4　浙江省农民专业合作组织的资金来源

项目	总数	政府拨款	部门拨款	实体支付	农民自筹	混合出资
数量(个)	2667	190	188	403	1017	869
比例(%)	100	7.13	7.05	15.11	38.13	32.58

专业合作组织资金的主要来源状况,既说明了当前农民专业合作组织的发展主要受到农民自有资金规模的制约,同时也预示了混合出资所组成的农民专业合作组织因其资金构成的复杂,将导致其稳定性的减弱,其发展将受到更多的内、外因素的制约。

二、农民专业合作组织发展的影响因素

从理论上讲,不对称的市场弱势(通常表现为难以抗衡的低水平价格或市场失灵效应)和境况类似的同业者,就构成了生产者进行某种专业性集体行动的动力或倾向。而单个农户面对较大规模的市场时天然地处于弱势地位,因此,只要农业生产中最基本的特点——生产的生物性、地域的分散性以及规模的不均匀性存在,农民的合作就有存在的必然性。然而问题在于,各种农民间的初始性的联合并不能必然地发展成为实质性的专业合作组织,而且,即使是一开始就创建实质性的专业合作组织(这在经济发达地区或有合作传统的地区是完全可能的),其也未必能顺利地发展下去。

现实也表明,尽管农民专业合作组织具有若干显明的制度优势,但在全国范围内仍发展不足。目前,仅山东、四川等省建社较多,并且,全国农户的总体覆盖率明显偏低,1998年仅为3.5%,而浙江省至2000年底覆盖率也仅为1.88%。那么,在确认农民专业合作组织是推进我国农村产业化和现代化的必然载体的前提下,我们不禁要问:作为一种创新组织制度,农民专业合作组织的创建和发展究竟取决于哪些因素?换言之,其制度创新成本究竟取决于哪些因素?

我们认为,影响农民专业合作组织发展的因素大致可归结为产品特性因素、生产集群因素、组织成员因素和制度环境因素等。

(一)产品特性因素

这里的产品特性因素主要是指农民专业合作组织进行生产、交易或服务的"那一种"产品的生产技术特性和市场交易特性。无疑,产品特性是许多农产品领域中交易费用产生的主要原因。

就生产技术特性而言,一方面,除了不可预知的自然灾害的影响之外,许多农产品的季节性和易损性,造成了某种资产特殊性和农业生产、交易中对时间与季节的特殊依赖,进而也容易在这些农产品领域诱致专业合作要求。另一方面,生产过程中的技术要求的高低、资产要求的高低对专业合作组织也有显著影响。一般来说,随着技术要求的提高和资产专用性的增强,专业合作组织的必要性也随之增强。此外,投资额高低、机械化操作的可能性等,都对专业合作组织的必要性和结构有一定的影响。

就市场交易特性而言,农产品供求特性是影响农民专业合作组织的主要因素,因为农产品供求特性影响着供求双方的博弈关系,进而影响专业合作组织的创建的必要性及其组织形式。一般来说,当农产品供给价格弹性较小、需求价格弹性较大时,作为供给者的农户有着比较强烈的合作组织倾向,并可能进一步向产品的加工、销售领域渗透。而当农产品供给弹性和需求价格弹性均较小时,作为供给方的农户和作为需求方的企业可能有双方合作以共同避免市场风险的愿望,如奶业。此外,交易频率也是重要影响因素之一。交易频率意味着交易中的经济规模,高的交易频率可以使交易费用分摊到连续的交易阶段中,也使得投机行为变得困难。

总之,就产品特性因素而言,农民专业合作组织通常率先兴起于农产品商品率较高、农业剩余较多、市场风险较大、单个农户博弈弱势较明显的情况下,兴起于具有较明显季节或时间约束、易损性较强的农产品领域内,兴起于规模经济较显著、专业化程度较高、资产专有性较强的行业中。

从这一点,我们可以解释为什么农民专业合作组织相对兴盛于山东省、四川省、浙江省等农业发达地区,为什么浙江省农民专业合作组织以从事种养业居多,为什么我国总数不多的农民专业合作组织多是在原先农村中的专业户、重点户、生产大户、科技示范户中间发展起来。这一点也可以从国际经验中得到佐证。欧盟国家农民专业合作组织也大多涉及牛奶、水果、蔬菜、肉类、谷物等产品领域,即使近年出现的特大型合作社也大多从事奶业、肉业或多种经营。

(二)生产集群因素

生产集群因素是指某产品的生产、交易或服务在空间或地域上具有一定的产业集中度。作为一种制度创新,农民专业合作组织的创建和发展实质上是对单个农户独自面对市场时的交易行为的替代过程,是对农业产业中市场关系的质的改进,而这种市场关系的质的改进必定是以量的扩张为基本前提的。对于近乎完全竞争产业的农业来说,任何基于市场目标的联合或合作行为,都必须以在一定区域内具有一定的生产群体或集群为条件,同时又必将以该区域产业集中度的提高为结果。而且,这种生产集群因素不仅取决于集群中个体成员的数量,还取决于个体成员的规模。这就是为什么目前我国农民专业合作组织总是诞生于一些农业专业化生产比较发达的地区的缘故。例如,四川射洪县棉花协会的产生离不开该县是四川主要棉花产地之一,浙江省新昌兔业合作社的兴起也与该县养兔生产已有 40 多年的历史直接有关。

其实,农民专业合作组织的成功创建和发展,必然是一个立足于区域经济,并与之相磨合,进而融入其中的过程。这不仅因为农业生产本身就具有地域性特点,还由于地域资源优势将在相当程度上保证现实经济利益的获得和制度创新成本的节约,此外,充分利用地域共同体(多为村、乡、县共同体)的传统组织制度资源也能在一定程度上节约制度成本。

所以,目前浙江省乃至我国农民专业合作组织的区域跨度较小的现状是可以理解的。可以认为,我国农民专业合作组织在形成之初通常是不太可能跨区域的,多为封闭性运作,目前也多不可能迅速有大改观,但以后它们必将走向跨区域的开放经营格局。

(三)组织成员因素

组织成员的结构及其素质在极大程度上影响着农民专业合作组织

的创建水平和发展水平。其一,作为介于市场与科层之间的制度安排,尽管农民专业合作组织强调"民管"原则,但实际上还是存在着关键成员(通常是发起者、领导者和大股东)与普通成员之分,而这些关键成员无论在最初的制度订立还是日常的管理决策中都拥有着突出的影响力,因此,这些关键成员的素质、水平甚至个性就直接影响到农民专业合作组织的创建和发展。正是在此意义上,有些学者认为,建立合作社的可能性不会自发地转变为现实性,没有合作社企业家就不会有合作社。其二,许多专业合作组织在生产经营活动中将组织成员分为"核心会员"部分和"联系会员"部分,甚至会员之间股份也不同,这就客观上形成专业合作组织"全体成员所有型"中的"部分成员所有型"阶层。这部分成员不仅在决策上更在财产关系上有着非同一般的分量,与"联系会员"之间实际上往往形成了一定程度的商品交易关系,他们必然极大地影响组织的经营与管理。其三,组织成员的经济实力通常决定专业合作组织的经济实力,因而,这些成员自身的经济实力以及其融资能力就构成了专业合作组织的规模边界甚至业务边界。其四,毕竟合作组织的创建、运营和发展不同于一般企业,而一般农民通常缺乏有关合作组织的知识,因此,组织成员是否具有合作精神、合作意识、合作知识和合作传统也是十分重要的。

在一定意义上,中国农民专业合作组织的发展历程就是中国农民不断学习农业现代化知识的历程,以及不断改造传统小农的自我超越历程。

(四)制度环境因素

任何制度供给和制度创新都是在既定的制度环境中实现的。就制度创新而言,制度环境既决定着外部利润的存在空间,也同时决定着通过制度创新将外部利润内部化的可能路径。不难看出,目前我国农民专业合作组织的兴起和发展,就整体而言,既非政府推行的强制性制度创新,但也不是农民在逐利动机驱使下自发行动所能实现的诱致性创新,而是介于两者之间的政府主导性制度创新。正因如此,制度环境因素对于农民专业合作组织的创建和发展是至关重要的。这里所指的制度环境因素大体包括宏观体制、法律法规、行政介入、文化影响等方面。

总之,产品特性因素使农民专业合作组织具有了原初的必要性,生产集群因素使农民专业合作组织具有了可能性,而组织成员因素和制度环境因素则从内、外两方面共同决定了农民专业合作组织的创建水平、组织制度、运营机制、发展路径等。

三、农民专业合作组织发展的制度环境及其影响的进一步分析

鉴于制度环境因素对于农民专业合作组织的创建和发展是至关重要的,在此,我们结合浙江省农民专业合作组织发展现状,较为详细地加以分析。

(一)宏观体制

一方面,迅速推进的市场化进程为农民专业合作组织的创建和发展提供了良好的宏观环境;另一方面,国家流通体制和对合作组织融资限制等方面因素目前依然制约着农民专业合作组织的创建和发展。

由于国家对粮棉等大宗农产品实行计划性购销体制,因而在大宗作物尤其是国家收购任务重的粮棉产区,若非政府主动强势组织,为成员专业生产提供系列服务的农民专业合作组织一般很难找到生存空间。在这些地区,协会活动只能维持在技术普及和推广这一层次,很少进入商品流通领域。在浙江省农民专业合作组织中,从事种养业的达52.16%,而其中从事粮食生产和经营的极少,其原因除了浙江省粮食生产缺乏比较优势,更重要的是长期的粮食购销国家垄断经营,使专业合作组织的产生缺乏必要的政策空间。也恰恰由于目前浙江省粮食购销市场放开,使浙江省农民专业合作组织的发展更具迫切性。

在很多地区,农民专业合作组织发展的最大瓶颈就是资金匮乏。而这也是因为合作组织的法律地位还没有被确立,无法得到信贷支持,因此大多数专业合作组织运作资金来源比较单一,主要靠农民自筹。如湖州市菱湖镇的鲈鱼生产专业协会就是在协会无法进行银行贷款的情况下,由协会中的个人去贷款,然后协会再从个人手中借过来,集中使用。东林镇的甲鱼养殖协会则成立了一个营销公司,为会员贷款进行担保。

相比之下,那些存在依托的专业合作组织在信贷方面则有很大优势,如磐安县蚕桑专业合作社利用供销社的固定资产作为抵押,就可以解决1/3的收购资金来源问题。

(二)法律法规

农民专业合作组织作为"民办、民管、民收益"的新型专业合作组织,其法律地位未被明确,在法人登记、征缴赋税等方面还缺乏必要的法律依据,这不仅给其经营活动带来种种不便,而且使其合法权益难以得到法律保护。就法人登记来说,农民专业合作组织应该具有法人地位这一点是毋庸置疑的,但究竟是按企业法人还是按社团法人对待,至今还没有明确的法律界定,这使得一些急于发展的专业合作组织在登记受阻后,不得不走迂回道路。如湖州市菱湖镇的鲈鱼生产专业协会,在协会无法登记的情况下,由协会下设的中介信息服务站进行工商登记,然后以中介信息服务站的名义与外界签订销售协议。目前浙江省的农民专业合作组织中,45.89%是作为企业法人在工商部门登记,一部分作为社团法人在民政部门登记,其余大部分还没有经民政、工商部门的核准登记,还不具有合法的法律地位。而作为企业法人登记,必然要具备企业法人的资格,并承担企业法人应承担的责任与义务,这对于农民专业合作组织这种公益性更强、有别于真正意义上的企业法人的农民合作组织来说,是不公正的,对其发展也是不利的。世界上大多数国家都有完整的合作组织方面的法律、法规,通常把农民合作组织作为合作社法人对待,并对合作社法人在注册、税收等方面给予一定的优惠。而我国在农民合作组织方面的立法还相对滞后,还没有一部有关农民合作组织的大法,使农民专业合作组织难以依法成立、依法运行,其规范性必然受到破坏。而且,由于缺乏必要的法律保障,在既定的制度框架下,农民专业合作组织往往寻求政府或其他社会力量的庇护,其独立性必然受到影响。从根本上说,农民专业合作组织的法律地位问题得不到解决,其发展就很难进入正轨。

(三)行政介入

作为一种政府主导性制度创新,农民专业合作组织从一开始就与各级政府部门衍生出十分复杂的联系。有别于西方国家以宽松的政策环境来支持专业合作组织发展,我国各级政府更多地采取行政介入方式。一方面,农委、科协、农技站、经管站、供销社等职能部门和实体往往通过兴办专业合作组织以有效行使其职责;另一方面,农民专业合作组织也通过依托或挂靠这些部门和实体寻求庇护与支持。其实,基于我国农村社会经济发展的历史现实,行政组织的介入与影响(特别是在农民专业合作组织发展初期)是可以理解的,问题的关键在于政府部门对在农民专业合作组织创建和发展过程中自身角色定位的认识与介入方式的把握。目前浙江省70%以上的农民专业合作组织是在政府部门的直接或间接推动下组建的,其中相当部分的政府部门领导还存在着对政府角色定位不适当的问题。或者是在扶持过程中行政介入过多,力度过大,在管理上没有很好尊重农民意愿,从而事与愿违(需要指出的是,对农民加入、退出自愿这一问题的认识还是比较统一的);或者是因精力有限,由政府牵头组建以后就无暇顾及,使其处于松散状态,难以发挥应有的作用;或者是不加干预也不加扶持,因其民办而任其自生。从某种程度上说,农民专业合作组织是在当地政府的制度框架下创建与发展的,它需要政府的扶持。在浙江省由政府牵头组建或参与组建的专业合作组织占很大比例的情况下,政府对这种新生事物的认识程度及角色定位,对专业合作组织的发展是至关重要的。

行政介入对农民专业合作组织的影响突出反映在对"民办、民管、民受益"的合作原则的扭曲上。目前浙江省完全由农民自己组建的农民专业合作组织只占19.84%,但我们不能由此就说浙江省农民专业合作组织的民办性程度不高,关键要看在其余80.16%的各种创建形式中,"民办、民管、民受益"的合作原则得到怎样的体现? 总体来看,浙江省农民专业合作组织,基本上都实现了农民参与的主体地位,但在管理决策以及利益分配上还存在相当的不足。一般来说,在各种力量介入的专业合作组织中,介入力量往往居于支配地位,利益驱动使其不可能在管理决策及利益分配上给予农民很多的行使权利的机会。尤其是对于依托企业或供销社的专业合作组织而言,企业或供销社是作为一个实体加入的,与农民或是一次买断关系或是合同契约关系,其优势地位使得专业合作组织的管理与决策在相当程度上也就是企业或供销社原有管理与决策方式的一种延伸。如果在专业合作组织中把管理与决策的权利按照平等原则真正落实到每个加入专业合作组织的农民,那么在一定程度上也就是把企业或供销社自身生存、发展的权利与责任,分割给了那些并不属于企业或供销社的人员手中,从而很容易使企业或供销社的既得或将得利益受到损害。对于企业或供销社来说,至少在目前还不存在这样行动的动机。在这种情况下,农户所得到的民主权利的大小一般是与农户数量、农户自身实力及在组织中的地位相关的。如磐安县蚕桑专业合作社是由供销社与730户蚕农组建的,合作社的管理决策基本上都是由供销社做出的。而在供销社与110个种养大户共同组建的云和农产品专业合作社中,大户成员所得到的民主权利相对来说就有所增加,但与真正的农民专业合作组织相比,还是有一定差距,毕竟供销社在组织内部博弈中的优势地位是明显的。至于在政府牵头组建的农民专业合作组织中,政府介入大多不是出于经济利益动机,民办性、民管性的体现,主要取决于行政干预的强度。

当然,尽管在这些存在依托的合作组织中,农民真正享受到的民主管理权利有限,但农民毕竟享受到组织提供的服务,使其境况有所改善,受到影响的只是农民与这些组织之间联系的紧密程度以及由此决定的组织的生命力。

(四)文化影响

作为非正式制度,文化常常以知识、惯例、习俗等方式出现,影响着文化环境中人(或组织)的认识,调节着他们之间或者与外部交往中的行为关系。现代市场关系侵入的程度、专业化分工的程序以及正式组织能够规范和干预的程度,决定了这些非法律意义上的知行规范所能够调节的行为关系的范围。

从文化的角度看,农民专业合作组织比较容易在两类地区兴起:一是具有比较深厚的合作组织传统的地区,因为这类地区不乏合作组织知识和经验,能有效节约制度创建成本和制度发展成本。只是我国农村大多拥有的是原来建立在"一大二公"基础上的"政社合一"的社区合作传统,故而,在具有浓厚行政组织色彩的社区合作经济占据主导地位的地区,反而难以创建和发展专业合作组织。二是区域亚文化与社会主文化整合度不高,且区域亚文化中的商品经济成分和内在凝聚力较强的地区。浙江省很多地区农民专业合作组织的创建和发展都属于此类情况。

四、几点政策性建议

(一)坚持民办性质,减少政府行政干预

农民专业合作组织必须坚持民办性质。在推动其产生、引导其发展的过程中,政府必须对自身角色正确定位,即要推动而不强迫、扶持而不干预、参与而不包办。政府不要代替专业合作组织决策,不要任命专业合作组织的负责人,而且政府部门的干部不宜去专业合作组织兼职。政府应更多地运用经济手段和优惠政策为专业合作组织服务,对其进行推动、扶持、引导。

(二)因地因时制宜,鼓励多种形式发展

目前农民专业合作组织尚处于发展的初期阶段,由于各地自然、经济、社会条件不同,其创建和发展不可能采用统一的模式,因此要因地因时制宜,尊重农民的创造,坚持多种形式共同发展。应该看到,凡是存在的就有一定的生命力,就对农民有一定的好处。只要能够解决农民的实际困难,改善农民的境况,就让农民专业合作组织自由发展,而不必看重在兴办形式上是否存在依托或者存在何种依托,不宜过分强调什么或反对什么。在专业合作组织服务的内容和手段上,不要强求一律,也应坚持多种多样,毕竟各地经济社会发展程度不一样,农民的需求不一样,专业合作组织的实力也不一样。

(三)积极组织培训,普及合作组织知识

农民专业合作组织作为市场经济发展过程中的一种新生事物,对其认识是一个不断深化的过程,而培训则是深化认识的重要手段之一。可对各市、县、乡的农业部门主管领导,合作组织的负责人,从每个合作组

织选取的一定比例的农户成员,分期分批进行培训。这样既培养了一大批有合作思想、懂得如何指导合作组织发展的领导干部,又培养了一大批具体管理合作组织的负责人和参与合作组织的农户,通过他们的切身体验和传播,使更多的基层干部和农民了解什么是专业合作组织,为什么要办专业合作组织以及怎样把专业合作组织办好。可考虑先对一些示范性的农民专业合作组织的负责人、部分农户成员及所在地的主管农业的领导进行培训。

(四)抓好试点示范,总结推广成功经验

实践证明,扶持农民专业合作组织健康发展最有效途径就是先抓典型,开展试点示范,然后在试点成果和经验总结的基础上,再逐步推开,稳步地办好农民专业合作组织。这样通过典型示范、总结推广,既使广大农民亲自体验或亲自看到参加农民专业合作组织的好处,从而调动更多农民参与的积极性,也使政府部门领导在实践中掌握指导专业合作组织发展的经验,然后再去指导实践,还可增强对有意兴办或参与农民专业合作组织的各种社会力量的吸引力。

需要提出的是,在推广经验时,政府不能搞强迫,要以总结经验、宣传经验为任务重心,要让农民自觉地去接受这个新事物,自愿地选择各种发展类型,自己对号入座,这样才最有生命力。

(五)出台示范章程,促其规范运作管理

在鼓励农民专业合作组织多种形式发展的同时,政府要逐步促使其走向规范化,通过规范促进发展。当前重点是出台一部示范性的合作章程,根据示范性合作章程来引导专业合作组织走向规范化发展。合作章程是健全专业合作组织内部管理的基本手段,也是保证其健康运行的基本准则。如果在实际中出台一部示范性的合作章程难度较大,可以向各地公布与章程内容相关的项目、指标,作为考核其章程是否规范的标准,使将成立的专业合作组织或已有的专业合作组织在制定或修改章程时有例可循。

(六)加强立法工作,营造良好外部环境

农民专业合作组织的健康发展离不开法律的支撑和保障,因此,有必要尽快制定有关农民合作组织的法律。在当前国家有关合作组织的法律还没有出台之前,应根据各地情况,尽快出台有关农民专业合作组织发展扶持政策的暂行条例,为农民专业合作组织的发展创造宽松的外部环境。其内容大致应包括:明确法人地位及注册登记机关;对审批、注册的扶持措施;税收上的扶持措施;财政上的支持;信贷上的支持;用地、用水、用电上的支持;交通运输上的扶持;理顺管理体制,明确主管部门;等等。

参考文献

[1] Huang Zuhui: Farmer Cooperatives in the EU Countries, Working paper, 2000, Uppsala, Sweden.

[2] Huang Zuhui, Olof Bolin: Is There a Future for Farmer Cooperatives in China? Working paper, 2001, Uppsala, Sweden.

[3]奥尔森:《集体行动的逻辑》,上海三联书店、上海人民出版社, 1995 年。

[4]郭红东等:《以免业合作社为龙头,促进农业产业化经营》,《中国农村经济》2001 年第 4 期。

[5]国鲁来:《合作社制度及专业协会实践的制度经济学分析》,《中国农村观察》2001 年第 4 期。

[6]黄祖辉:《农民合作:必然性、变革态势与启示》,《中国农村经济》2000 年第 8 期。

[7]课题组:《中国农村合作组织经济行为的制约因素》,《农业经济问题》1997 年第 8 期。

[8]诺斯等:《财产权利与制度变迁》,上海三联书店,1991 年。

[9]张晓山等:《两种组织资源的碰撞与对接》,《中国农村经济》2001 年第 4 期。

大力发展农民专业合作经济组织[①]

一、农民专业合作经济组织的发展现状和重要意义

20 世纪 90 年代以来,我国农业与农村经济发生了深刻的变化,农产品市场格局由卖方市场向买方市场转变,农产品竞争由国内市场转向日趋全球化的市场,我国农业进入了战略性结构调整和发展的新阶段。如何在这一背景下,提高农民进入市场的组织化程度,引导广大农民与大市场有效对接,不断提高农民的收入水平,加快农业产业化经营,优化农业的综合效益和整体竞争力,是当前我国农业与农村经济工作亟待解决的重要战略和现实问题。在这种形势下,作为当前我国农业与农村经营体制的重要创新——农民专业合作经济组织的发展,已势在必行。

农业生产的基本特点决定了农业存在着自然和市场的双重风险,这意味着农业与其他产业相比,处于天然的弱势地位。增强政府对农业的支持和提高农民的组织化程度,是改变农业弱势地位的两条重要途径,而发展农民专业合作经济组织则是提高农民组织化程度的有效途径。

从国际上看,农民合作组织的发展很普遍,其作用极为重要。许多发达国家农场主生产的农产品 80% 左右由合作社加工和销售;在农场规模较大的美国,参加合作社的农民约占农场总数的 90%;邻国韩国的农民合作组织也发展得不错。借助于这些合作组织,这些国家的农民利

---

① 本文作者为黄祖辉、徐旭初。本文内容发表在《农业经济问题》2003 年第 5 期。

益得到了比较好的保护,农业生产走上了产业化、商品化和现代化的道路。

从国内来看,随着农业产业化经营的发展,农村出现了多种形式的农民联合与合作。据统计,全国具有一定规模、运行比较规范的各类农民专业合作经济组织已达14万个左右,带动农户400多万户。就浙江省而言,据省农业厅统计,到2000年底,全省有各类农民专业合作经济组织2667家,社(会)员20.18万个,而到2002年底,全省各类农民专业合作经济组织已达到3400个,社(会)员达到25万个,分别比2000年底增加27%和24%。这些农民专业合作经济组织围绕当地农业的发展,为广大农户提供农资供应、产品加工、产品销售、市场信息、技术交流等服务,有的还起到了统一品牌、调控价格和利益协调的作用,不仅保护了农民的利益,而且增强了农业的竞争力。实践表明,发展农民专业合作经济组织具有重要意义。

首先,发展农民专业合作经济组织有利于提高农民进入市场的组织化程度。可以认为,通过家庭联产承包责任制和粮食购销市场化等一系列农村经济体制的改革,农民的市场主体地位已基本确立。然而,随着农业市场化程度的进一步提高和农产品供求结构的不断变化,农业经济的基本矛盾——千家万户小生产与千变万化大市场的矛盾却日益加剧。解决这一矛盾的基本途径有两条,一是扩大农业的经营规模,二是提高农民的组织化程度。前者可以通过农业劳动力的转移和土地的合理流转来实现,后者则主要是通过发展农民专业合作经济组织来实现。

其次,发展农民专业合作经济组织有助于推进农业的产业化经营。农业产业化经营的核心是农业的纵向一体化。各类龙头企业和中介带动的"公司＋农户"模式是农业产业化经营的一种形式,它在实践中既发挥了积极作用,又暴露出了一些问题。主要是绝大多数龙头企业或中介与农户基本上是相互独立的利益主体,它们的利益联结缺乏有效的制度保障,大多停留在一般的市场合约基础上,难以在市场波动时结成真正的利益共同体。而农民合作经济组织根植于广大农民之中,既能保持农户家庭的独立经营,又可以按照合作制的规则,克服单家独户在经营中的局限性,维护农民的利益,使入社农民形成利益共同体。合作组织是农业产业化经营的理想载体,它既可以通过在组织内部发展龙头企业来实现产业化经营，又可以依托自身的组织优势，在龙头企业和农民之间发挥中介作用，推进农业的产业化经营。

再次，发展农民专业合作经济组织有助于提高农民自身的素质。以农民为主体的专业合作经济组织实际上也是一种学习型组织。通过农民专业合作经济组织的建设和合作制的运作，可以使农民在科技推广、分工协作、组织管理、市场营销、对外联系以及民主决策等方面得到锻炼，这既有利于农民科技意识、营销能力和合作精神的培育，又可以增强农民的民主意识与参与意识，提高农民自我组织、自我服务、自我管理、自我教育的能力，进而推进农村基层民主制度建设，促进农村社会稳定和发展。从这一意义上讲，农民专业合作经济组织是农民学习市场经济、科学技术、民主管理，提高自身素质的好学校。

最后，发展农民专业合作经济组织有助于改善政府对农业的管理。农民专业合作经济组织的兴起和发展，是市场经济环境下农村微观经济组织的再造和创新，它不仅架起了联结农民与市场的桥梁，也架起了联结政府与农民的桥梁。一方面，政府可以通过专业合作经济组织这一中介来指导或引导农民，把国家的产业政策和措施落在实处，减少农民生产的盲目性和无序性。另一方面，农民通过专业合作经济组织，可以把自己的愿望和要求及时反映给政府，并及时得到由政府发布的真实可靠的农业产销、科技和政策等信息，从而大大提高政府对农业与农村经济调控的针对性和实效性。特别是我国加入WTO后，政府在实施"绿箱"政策和"黄箱"政策时，可以通过专业合作经济组织这一载体，加大对农民与农业扶持力度，如通过农业科研、技术推广、人员培训、基础设施建设等投资，以及在食品安全、作物保险、灾害救济、区域开发、环境保护等方面的补贴措施，合法有效地支持农业发展和保护农民利益。

需要特别指出的是，农民专业合作经济组织作为市场经济条件下推进农业产业化和农业现代化的重要组织形式，既是对邓小平关于"两个飞跃"理论构想的有力证明，也是在我国农业和农村工作中全面贯彻"三个代表"重要思想的具体实践。

农民专业合作经济组织通过提高农民组织化程度而获得的效率主要表现在：其一，通过专业合作经济组织，农民可以共享大型农用生产资料，采用农业科技成果，从而提高农业生产率和农产品附加值。其二，专业合作经济组织可以统一为其成员开辟、扩大和深化市场,从而节约流通成本。其三,专业合作经济组织可以统一为其成员搜寻市场信息,进行市场谈判,处理市场纠纷,从而减少单家独户进入市场的交易费用。这些由农民专业合作经济组织所实现的基于经营合作的规模经济和基于土地流转的规模经济,是提高农业综合效益和整体竞争力的有效途径。从这一意义上讲,农民专业合作经济组织作为一种农业家庭承包经营基础上的农业经营体制创新,无疑有助于实现邓小平所预言的"两个飞跃"。

此外,农民专业合作经济组织作为兼顾公平与效率的农民组织,既能推进农业产业化经营,提高农民进入市场的组织化程度和农业综合效益,又倡导了自愿、平等、民主和团结的价值观,进而促进农村社会的稳定和发展,更能切实改善农民的生产经营条件,提高农民的市场交易地位,维护农民的经济利益,符合广大农民的根本利益。从这一意义上讲,大力发展农民专业合作经济组织是贯彻落实"三个代表"重要思想的重要体现。

二、发展农民专业合作经济组织应遵循的原则

第一,必须坚持以家庭承包经营为基础、统分结合的双层经营体制的原则。我们现在所倡导的农民专业合作经济组织与过去的合作化运动有着根本的区别。过去的合作化运动是把农民土地所有和家庭经营改造成土地集体所有与集体统一经营,而今天的农民专业合作经济组织的发展则是建立在农民家庭承包经营制度基础上的。这样的农民专业合作经济组织不仅不会动摇农民的家庭承包经营制度,反而会在新的层次和意义上深化与完善以家庭承包经营为基础、统分结合的双层经营体制。因此,在引导和发展农民专业合作经济组织的过程中,要坚定不移地贯彻"入社自愿、退社自由"的原则,农民加入专业合作经济组织后,不改变土地承包关系,不影响生产经营自主权和家庭财产所有权,不仅如此,还要明晰专业合作经济组织与合作社成员的产权关系,使专业合作经济组织得到健康的发展。

第二，必须坚持以市场为导向，围绕农业产业化经营来培育和发展农民专业合作经济组织的原则。如果说过去的农业合作化运动是在计划经济体制中发生和发展的，不存在经营问题，因而可以看成是在计划指令和统购统销下的生产联合体，那么，今天的农民专业合作经济组织是发生和发展于市场经济体制中的，它们直接面对市场进行生产和经营，是建立在分散生产、统一服务和平等交易基础上的经营联合体。因此，在培育和发展农民专业合作经济组织的过程中，一定要坚持以市场为导向，围绕主导产业、特色产品和重点区域发展专业合作经济组织，以形成农业产业化经营与专业合作经济组织相互兼容、互为促进的发展局面。

第三，必须坚持"民办、民管、民受益"的合作组织原则。农民专业合作经济组织作为农民自己的组织，必须体现"民办、民管、民受益"原则。各地在培育和发展农民专业合作经济组织时：在"民办"上，要突出以农民为主体的指导思想，尊重农民意愿，使其独立自主、进出自由地开展劳动合作、资本合作、技术合作和营销合作；在"民管"上，应注重"一人一票"的原则，实行民主决策、民主管理和民主监督，重大事项由社员大会讨论决定；在"民受益"上，要坚持专业合作经济组织对内服务不以赢利为目的，通过有效服务、保护价、最低价收购或二次返利等办法，使社员享受到真正的经济实惠。

第四，必须坚持尊重农民创造性、鼓励多种形式共同发展的原则。目前，农民专业合作经济组织尚处于初期发展阶段，由于各地的自然、经济和社会条件不尽相同，在其创建和发展过程中，不宜强求统一的模式或简单地照搬国际经验，而应该因时和因地制宜，尊重农民的创造精神，鼓励大胆探索和开拓创新，积极扶持其发展，以形成多渠道、多层次、多形式的农民合作经济发展格局。在此基础上，再按照"边发展、边引导、边规范"的工作方针，加强对农民专业经济合作组织的管理和引导。

三、发展农民专业合作经济组织的若干建议

（一）统一认识，加强领导，大力发展农民专业合作经济组织

应从落实党的十六大精神、贯彻"三个代表"重要思想、深化农村改革、有效解决"三农"问题和全面建设小康社会的高度，充分认识农民专业合作经济组织的重要地位和作用，将大力发展农民专业合作经济组织放在重要位置，摆上议事日程，明确指导思想和发展思路。从实践看，当前迫切需要达成以下几点共识。

第一，将发展农民专业合作经济组织作为深化农村改革的重要工作来抓。如果说前一时期农村改革的重点是坚持和完善农户家庭承包经营制度，那么下一步农村改革的重点就是推动农业经营体制的再创新，大力发展农民专业合作经济组织和农业行业协会是其中的主要内容。要用改革的思路，走出既坚持合作思想，又符合我国特点的农民专业合作经济组织发展的新路子。

第二，深刻认识农民专业合作经济组织的性质、地位和作用，不要谈"合"色变。作为一种农业经济组织形式，农民专业合作经济组织不仅符合农业生产经营特点，也符合世界农业发展规律，更符合我国农业和农村经济发展现状，是农业现代化、市场化进程的必然产物。它与过去的合作化运动在土地制度、经营体制、政社关系等诸方面均有着本质的区别。因此，应打消疑虑，积极支持农民专业合作经济组织的发展。

第三，充分尊重农民的自主性和创造性，坚持民办性质，减少政府干预。在发展农民专业合作经济组织的过程中，政府必须对自身角色正确定位，要推动而不强迫、扶持而不干预、参与而不包办。只要能够解决农民的实际困难，改善农民的境况，就应允许其存在和发展，不必看重在兴办形式上是否存在依托或者存在何种依托，不宜过分强调应该怎样或不应该怎样，不要强求服务经营的内容和手段一律，应允许、鼓励和坚持多种形式发展。政府不应代替专业合作经济组织决策，不要任命专业合作经济组织的负责人。政府部门的在职干部不宜去专业合作经济组织兼

职。政府应更多地运用经济手段和优惠政策为专业合作经济组织服务，对其进行推动、扶持、引导。切忌操之过急，搞统一模式和一哄而上。

(二)加强立法工作，尽快给予农民专业合作经济组织必要的法律支撑

国际经验表明：凡是合作社立法比较完备的国家，合作社事业都取得了持续稳定的发展。我国搞合作经济已届 50 年，至今还没有一部专门的合作经济法律，这使得不论是农村社区性合作经济组织，还是农民专业合作经济组织，在发展和经营中都遇到了不少困难，尤其是法律地位问题。因此，应尽快制定有关专业合作经济组织的法律。在国家相关法律还没有出台之前，建议地方政府先出台有关农民专业合作经济组织的地方性法规或政府规章。

关于农民专业合作经济组织的立法问题，关键是对合作社的科学的界定。

第一，合作社既不同于一般企业，也不同于一般社会团体，是一种比较特殊的法人主体，是一种"用户所有、用户控制和用户受益"的企业。这一点必须明确。

第二，在界定合作社法人地位时，必须充分尊重国际合作经济界的主流界定以及世界各国对合作社法人的基本界定，换言之，必须充分尊重"自愿、自治和独立"、"所有者与惠顾者同一"、"成员民主控制"、"按惠顾额返利"等合作社的本质规定。之所以如此，是因为既要尊重合作社作为保障和增加弱势群体利益的经济组织的人文意蕴，又要考虑对合作社法人界定的法定扶持措施与世界主流惯例的接轨，同时，在一定程度上也可以减少政府对其的管理成本和扶持费用。

第三，对合作社法人地位的界定，也应充分考虑我国农业专业合作经济组织发展的实际情况。目前，国际上一些"新一代合作社"的发展模式比较符合我国农民专业合作经济组织发展的实际。因此，参照"新一代合作社"模式来界定和规范目前的专业合作社，将是一种更为现实和符合趋势的选择。如果这样，则相关法规应对成员资格和进出限制、资本报酬的有限程度、公共积累的处理和分配、按惠顾额返利的具体方式、一人一票的具体实施形式以及对一股独大的限制等诸方面有一定程度

的宽容和变通。

第四,对合作社法人地位的界定,必须有助于廓清国家与合作社的关系、合作社与产业协会或行业协会等的关系。

(三)加大政府扶持力度,构建农民专业合作经济组织的良好政策环境

在农民专业合作经济组织的发展过程中,特别是在发展初期,政府应加大对农民专业合作经济组织的扶持。建议采取以下几条措施:一是各级财政安排一定数量的资金建立农业合作发展基金,用以支持符合政府产业政策的农民专业合作经济组织的生产发展、技术进步、贷款贴息、教育培训等。二是允许农民专业合作经济组织进行工商登记,以确立其经营主体地位,维护其合法权益。三是在农民专业合作经济组织自产自销、产品加工、社会服务、增值税抵扣、出口退税、"绿色通道"、生产经营用地等方面给予切实的税费优惠。四是加大信贷投入。各级农业银行或信用社应提供农民专业合作经济组织生产经营所需贷款,对农民专业合作经济组织扩大经营规模、增加设施投资等,也应给予相应支持。五是允许农民专业合作经济组织经营与本专业有关的生产资料,包括种子、苗木、肥料、农药、原材料等,支持农民专业合作经济组织创建农产品批发市场,经销合作社生产的产品。

(四)切实加强对农民专业合作组织的指导和服务

第一,理顺管理体制,搞好指导和服务。为了加强对农民专业合作经济组织的规范管理,消除政出多门、多头管理的体制弊端,建议在政府机构改革与功能整合基础上,明确由政府农业综合部门牵头主管,切实承担起农民专业合作经济组织的情况调研、政策制定、组织建设等工作。工商、科协、财税、金融、民政等各有关部门应围绕各自的工作职能,为农民专业合作经济组织排忧解难,提供方便,搞好服务。

第二,积极组织培训,普及合作组织知识。应对各市、县、乡的农业部门主管领导、合作组织的负责人,以及从每个农民专业合作经济组织选取一定比例的农户成员,进行分期分批的培训。要培养一大批有合作

思想、懂得如何指导农民专业合作经济组织发展的领导干部以及一大批具体管理农民专业合作经济组织的负责人和参与农民专业合作经济组织的农户,通过他们的切身体验和传播,使更多的基层干部和农民了解农民专业合作经济组织的性质、规则与功能。为此,要充分利用政府的农村社会化服务网络体系和教育资源,结合农业技术普及与推广工作,对广大农民开展合作教育。

第三,抓好试点示范,推广成功经验。从 2001 年起,浙江省已陆续确定了 2 批 45 家省级示范农民专业合作经济组织,并给予大力扶持,这一措施极大地鼓励和促进了农民专业合作经济组织的发展。建议要及时总结经验,有效扩大示范面,同时,应根据省级示范组织的界定去认真规范和完善这些合作社。需要指出的是,在推广经验时,不要搞强迫,要以总结经验、宣传经验为主,要让农民自觉地去接受这个新事物,自愿地选择各种发展类型,自己对号入座。

中国的农民专业合作社与制度安排①

　　自 20 世纪 90 年代以来,中国农业和农村经济发展发生了深刻的变化,这种变化不仅源于中国农产品市场格局已由卖方市场向买方市场的急剧转变,更因加入 WTO 以后中国农业正逐步与世界农业全面接轨。在此背景下,农民生产经营的风险性和不确定性进一步加大,农民对联合起来增强市场竞争力的需求更为迫切,从而,以合作社为主要形式的农民专业合作组织应运而生,迅猛发展。本文试图重点分析中国农民专业合作社发生发展的制约因素以及东部沿海地区农民专业合作社的相应的制度安排。

一、中国农民专业合作社的整体发展情况

　　如果不考虑毛泽东时代或者更前面的中国农民合作社运动,这一次中国农民合作社运动开始于 20 世纪 80 年代中期,蓬勃发展于 90 年代中期。目前,据农业部统计,中国农民专业合作社和农产品行业协会的总数已经超过 15 万个,比较规范的农民专业合作组织已经超过 14 万个。据农业部 2004 年初提供的材料,全国 30 个省份(不含西藏)共有 95330 个,会员 1150 多万人。目前,农民专业合作组织在全国各地的发展并不平衡,浙江、山东、江苏、北京、河北、河南、湖南、陕西、吉林等省份

　　①　本文作者为黄祖辉、徐旭初。本文内容发表在《山东农业大学学报》2005 年第 4 期。本文研究得到国家社会科学基金重大项目"解决中国'三农'问题的理念、思路与对策研究"(04ZD012)的资助。

发展较快。从数量上看,最多的 5 个省份依次为山东(15395 个)、湖南(10438 个)、陕西(9800 个)、河南(8473 个)、湖北(6513 个);从会员数占乡村总户数的比例看,26 个省份的平均比例为 5.27％,其中,比例最高的 5 个省份依次为北京(34.92％)、陕西(13.93％)、吉林(11.11％)、河南(9.16％)、黑龙江(9.10％)。18 个省份农产品行业协会、专业合作社的平均比例为 59.74％、39.70％,其中,专业合作社比例最高的 5 个省份依次为山东(47.50％)、北京(42.08％)、浙江(39.82％)、江苏(35.15％)和广东(30.65％),最低的 5 个省份依次为甘肃(3.57％)、云南(8.35％)、贵州(11.03％)、吉林(12.55％)和内蒙古(13.59％)。[①] 从合作领域看,合作业务范围扩展到生产、加工、储藏、运销、开发等各环节,合作社为社员提供购销、技术、信息、贷款担保等多项服务。从合作形式看,有以提供技术、信息、销售服务为主的农产品行业协会,有直接与社员签订购销合同,统一提供生产资料、技术服务,统一收购产品,统一结算的专业合作社,还有股份合作社等具有经济实体的合作经济组织。从兴办方式上看,有农民自己兴办的,也有外部主体(如农技推广单位、农业企业等)兴办的。

近年来,中国各级政府对于发展农民专业合作社的态度和行动也逐渐积极起来。现在,不仅中央政府在政府工作报告中强调要发展农民专业合作社,而且全国人大也正在努力推进有关立法程序,浙江、山东、江苏、四川、河北等省份的地方政府则更是大力提倡和支持当地农民专业合作社的发展。浙江省已率先出台了新中国第一部有关农民专业合作社的地方性法规《浙江省农民专业合作社条例》。

但就整体而言,中国农民专业合作社还处于比较低的发展层次,这主要表现在这些农民专业合作社大多规模较小,结构松散,管理不规范,市场竞争力还很弱,也缺少有关法律法规的保护。

---

① 全国人大农业与农村委员会课题组:《农民合作经济组织法立法专题研究报告》,《农村经营管理》2004 年第 9 期。

二、中国农民专业合作社发生和发展的制约因素

作为地处东亚地区的发展中国家,中国的农业和农村经济发展有着与欧美地区截然不同的情况。这些情况在很大程度上制约着中国农民专业合作社的发生和发展,并不断影响着中国农民专业合作社的发展趋势。

(一)土地细碎化

土地细碎化是农业发展的一大障碍,它阻碍农业机械的采用,限制农业生产效率,进而影响农业现代化的实现。中国土地细碎化的状况较其他一些国家更为严重(见表1)。土地细碎化极大地影响了农民通过合作社追求规模经济收益的冲动和可能性。可以设想,如果中国一定数量的农户组成一个合作社,其经营规模(耕地面积)只是美国相同数量的农户组成的合作社的经营规模(耕地面积)的十几分之一甚至几十分之一,那么,中国农民专业合作社在市场中的竞争力和讨价还价的能力就不会很强,这就会大大减弱农民组织和参与合作社的热情与积极性。

表1　各国土地细碎化的状况与比较

国家	年份	平均地块大小(公顷)	户均地块数(块)	家庭经营规模(公顷)
印度	1960—1961	0.46	5.7	2.6
荷兰	1950	2.30	3.2	7.4
比利时	1950	1.10	6.8	7.5
西德	1949	0.70	10.0	7.0
罗马尼亚	1948	0.90	6.6	5.9
希腊	1950	0.50	5.6	2.8
西班牙	1945	1.60	7.0	11.2

续表

国家	年份	平均地块大小(公顷)	户均地块数(块)	家庭经营规模(公顷)
中国	1929—1933	0.38	5.6	2.1
	1999	0.09	6.1	0.53

资料来源:谭淑豪等:《土地细碎化的成因及其影响因素分析》,《中国农村观察》2003年第6期。

(二)农民分化

中国自20世纪80年代以来的市场化进程,不仅是激烈的经济改革进程,同时也是深刻的社会变革过程。随着我国工业化和市场化进程的展开与深入,农村社会分层化现象日趋明显。不同于毛泽东时代的收入平均状况,如今中国农村贫富悬殊现象已十分明显(见表2)。以浙江为例,2003年,收入最高的20%农民家庭的人均年纯收入是11693元,而收入最低的20%农民家庭的人均年纯收入只有1704元,高低"两极"收入之比为6.86:1,比2002年的6.16:1又有明显的扩大。一般而言,富起来的农民往往是拥有一定的政治、经济或文化资源的"农村精英",而贫困的往往是那些依旧耕种几亩地、缺乏各类社会经济资源的家庭。这种农民的分化现象在很大程度上决定着农村产权主体的异质性,而正是这种产权主体的异质性影响着合作社发生和发展中的产权结构、治理结构等。

表2　2003年浙江等7省份农民家庭最高、最低人均年纯收入差距比较

项目	江苏	浙江	广东	山东	福建	陕西	四川
高低比值	5.80	6.16	5.12	5.10	5.72	6.00	4.19
高低差额(元)	7204	8766	6841	4934	6482	4123	3354

资料来源:根据各省份2004年统计年鉴计算。收入按五等分组。

(三)合作社企业家和合作社知识匮乏

无疑,合作社企业家是合作社成功发展之关键。就发展农民专业合作社而言,具有创新精神的合作社企业家往往内生于农村经济社会系统

中。这些人往往是一些具有合作意识和合作知识的"农村精英",他们扎根于乡村复杂的社会关系中,便于与交易者(农民)沟通,或是自己拥有一定的资本积累,或是比较能够获得要素资源。然而,尽管中国曾经在毛泽东时代经历过轰轰烈烈的农业合作化运动,但由于过去那种合作化运动与现在的农民专业合作社的发展有着本质的区别,所以,目前在中国农村中具有合作精神的企业家严重不足,而且农民以及广大社会成员(包括政府官员)对真正的合作社制度也缺乏基本的了解和认识。这是制约中国农民专业合作社发生和发展的重要因素之一。

(四)政府顾虑

时至今日,中国各级政府对经济社会事务仍然拥有着毋庸置疑的影响力。因此,仅有市场化进程所引发的经济合理性,并不能必然导致合作社的发生和发展,还需要有基于意识形态和政治考虑的合理性。并且在某些情况下,即使没有形成适宜合作社生成的客观条件,但意识形态的作用和政府的强力介入也会导致合作社的引入。应该坦言,中国各级政府对农民专业合作社还是存有顾虑的:一方面,对20世纪50—60年代农业合作化运动的历史惊悸犹存,害怕再重现那种开始于合作组织、终结于无效率的集体经济的历史;另一方面,对目前各类农民专业合作社竞相发展的局面和后果心存疑虑,担心农民通过合作社形成利益集团,成为一种强有力的抗衡国家政策制定者的政治力量。这些顾虑客观上对中国农民专业合作社的发生和发展产生着微妙但重要的影响。

(五)中国农业经济发展路径独特

自市场化进程开始以来,中国农业经济发展就呈现出与欧美国家不同的路径。如果说欧美国家的通常路径是农民先进行初级农产品购销层面上的横向联合,而后进行价值链的纵向延伸,那么,中国则是在推行农业家庭联产承包制10多年后,在20世纪80年代末和90年代初开始了农业的产业化运动,再在90年代中后期开始发展合作社,即先纵向联合,后发展合作社,这就与不少西方国家的发展路径不同。这种制度路径的差异,使得我国目前的农民专业合作社从一开始就具有了股份化的色彩,这种色彩愈是在产业化经营较发达的沿海地区就愈浓重。

(六)相关法律制度缺失

由于种种原因,中国自 1949 年以来一直没有关于农民合作社的专门法律制度。近年来,随着农民合作组织蓬勃发展,数量激增,在主体地位、经营内容、政策优惠等方面遇到的问题也日益明显。事实上,相关法律制度的缺失,不仅直接制约了农民专业合作社经营活动的正常开展,也大大影响了合作运动知识的有效传播,更事关农民专业合作社的法律合法性。这一问题已成为中国农民专业合作社进一步发展的瓶颈所在。

(七)与相关组织的潜在矛盾

在当前中国农村的现实的社会政治格局中,村组织事实上承担了大量行政性事务,充当了当地政府的延伸。而农民专业合作社的产生和发展将可能潜在地改变中国乡村治理秩序,这就意味着建立一个不依赖于村组织的纯粹的农民专业合作组织或许与村组织有着利益上的或功能上的冲突。此外,供销社和农村信用合作社这两个业已异化的经济组织在经营业务上都与农民专业合作社有着或明或暗的利益冲突。因此,如何看待和处理既有的组织资源与新兴的中国农民专业合作社的关系,将直接决定农民专业合作社进一步发展的空间。

三、中国农民专业合作社的组织形式

(一)组织类型

中国农民专业合作社的组织类型大致可以分为三类:比较经典的合作社(A 型)、具有股份化倾向的合作社(B 型)和相对松散的专业协会(C 型)。

所谓 A 型合作社是指比较符合合作社主流原则的合作社,是一种管理比较规范、与社员联系比较紧密的合作社形式。在 A 型合作社中,社员一般交纳大致相等的股金,通常实行一人一票,主要按照社员惠顾额返还利润。A 型合作社多数在工商管理部门登记为企业法人,约占全国合作社总数的 10%。

所谓 B 型合作社是指股份制与合作制相结合的股份合作社。与 A 型合作社相比,B 型合作社与其说是一种合作化形式的制度安排,倒不如说是一种一体化的企业安排。B 型合作社通常由农业企业、基层农技服务部门、基层供销社和比较具有企业家素质的"农村精英"等出资作为股东,再吸收少量的社员股金组建成股份合作社。B 型合作社多数有相关的企业,在工商管理部门登记为企业法人。目前 B 型合作社约占全国合作社总数的 5%。

所谓 C 型合作社在中国通常被称为专业协会。它们是中国农村改革开放以来最早出现的在农民自愿基础上建立的专业服务组织,主要开展农业技术推广和技术服务。最初它们并不是真正意义上的合作经济组织,但随着其自身实力的不断增强,也逐渐涉及其他产前、产后服务,技术经济合作色彩逐渐浓重,所以,它们实际上也可被当作比较松散的农民专业合作社。多数 C 型合作社在民政部门登记,注册为社团组织。目前 C 型合作社约占中国农民专业合作社总数的 85%。[①] C 型合作社与 A 型、B 型合作社的根本区别在于,前者是非产权结合基础上的服务联合,后两者是基于产权结合的交易合作。这也正是不少人认为 C 型合作社(专业协会)不是合作社的原因。然而,如果我们不仅仅将合作社认定为企业,还可以是兼有社团性的特殊企业,那么,专业协会作为致力于提高农民组织化程度、增强农民整体竞争力的联合体,无疑可被视为合作社或是合作社雏形。

(二)社员资格

农民专业合作社的组织基础是社员。关于社员的资格认定关键,一是成员是否需要认购股份,二是非农业生产主体是否可以成为社员。

大多数合作社(多为 C 型合作社)对成员的资格认定比较宽泛,只

---

① 数据引自陈晓华:《农村专业合作经济组织的建设》,《农民日报》2003 年 2 月 14 日。

要农户提出申请即可成为社员,无须认购股份。有的合作社(多为 A 型和 B 型合作社)则规定得较为严格,不仅社员必须认购股份,而且有时对社员从事专业生产的规模也有最低限定,只有达到规定标准的才能被接纳为社员。有的合作社(多为 B 型合作社)社员异质性比较明显,他们将社员分为"核心社员"(有时称"所有者社员")与"一般社员"(有时称"使用者社员"),前者必须认购股份,而后者无须认购股份,只须交售农产品或再交点会费。而相当一部分合作社虽然在章程上对社员资格并无特别限定,但在实际操作上仍然有所选择,比如,它们往往倾向于接受同社区的农户、有一定生产规模的农户或是有一定经营特长的农户入社。

由于前述农民分化、合作社企业家匮乏、合作社发展路径独特、相关法律制度缺失等制约因素,中国农民专业合作社(尤其是 B 型合作社)往往由一些非农业生产主体发起,因而也不刻意限制成员异质性和"一股独大"的现象。近年来有些地方比较注意这个问题,如浙江在其前不久出台的《浙江省农民专业合作社条例》中明确规定,"从事生产的社员认购股金应当占股金总额的一半以上。单个社员或者社员联合认购的股金最多不得超过股金总额的百分之二十"。

在入社自愿的同时,绝大多数合作社实行退出自由。不过,也有一部分合作社主张退出有限制,主要是限制合作组织骨干的退出。

(三)对 B 型合作社的进一步解释

从近几年浙江农民专业合作社的组织现状来看,有一个现象值得特别关注,即虽然有很多比较松散的 C 型合作社,也不乏较为规范的 A 型合作社,但合作社的股份化(资本化)倾向从一开始就比较明显,即 B 型合作社比较普遍。而且,这种现象在中国沿海地区也较普遍。

其实,这种现象并不难理解。因为最有生命力的企业制度并不是那些理论上能够创造最大组织租金或最小交易费用的企业制度,而是那些能够吸引关键性生产要素所有者的企业制度。

其一,"资本之所以雇佣劳动,是因为资本比劳动更为稀缺"。而当前中国农村经济的现状是资本相对稀缺而劳动比较充裕,资本作为稀缺的生产要素,边际生产率往往较高,理应得到较高的回报,因而在实践中,在大部分农民专业合作社中,资本仍占据控制地位,资本所有者与一般社员的身份很难同一,即使身份同一,也很难使一般社员持有资本的数量达到对合作社拥有平等话语权的水平。

其二,在当前中国农村中,农民企业家或具有企业家素质的人是最宝贵的人力资源,他们富于创造性和具有经营能力,也最可能拥有资本。因此在合作社中,这些关键成员(通常是发起者、领导者或大股东),有着远多于一般农户的货币资本和远胜于一般农户的人力资本;他们一般都不从事生产,从一开始就从产业链中的销售环节切入;他们从本意上就是通过兴办专业合作社来获得自身利益,他们常常是把合作社当作企业来办。因此,他们作为合作社的制度创设者和实际控制者,无论在最初的产权建构、制度设计上,还是在日常的管理决策中,都拥有着突出的影响力,这就难免使合作社走上股份合作的道路。

其三,与国外合作社最初发生于横向合作不同,中国合作社兴起于产业化经营的浪潮中,从一开始就具有了纵向合作的色彩,而以各种生产要素联合为核心内容的纵向合作很容易倾向于股份化,而非合作化的选择。

其四,当代农民(特别是浙江农民)参加合作社的目的很明确,不是为了纯粹的公平,而是为了纯粹的利益,他们关心的是合作社能否给自身带来利益以及相关的本利核算,换言之,他们追求帕累托改进,而非帕累托最优,因此他们并不十分在意合作社的股份化倾向。

其五,这与浙江有着丰富的股份合作制度资源有一定关系。浙江是全国股份合作制最早产生、最为普遍的地区,因此,人们在创建合作社时,很容易产生路径依赖和制度借鉴效应。

四、中国农民专业合作社的利益机制

农民专业合作社的利益机制,主要涉及两方面的问题:一是合作社与其成员的利益关联方式,二是合作社的利益分配机制。

（一）关于利益关联方式

主要存在三种农民专业合作社与其成员的利益关联方式。

服务关联型。这类合作社主要为农户提供技术培训、信息交流、种禽种苗、生产资料采购等服务，有些也帮助农户运销农产品，这是目前大多数 C 型合作社（即专业协会）与其成员的关联方式。这类组织一般自身经济实力较弱，也没有什么经济实体，每年向社员收取一定数量的会费，或主要依靠当地政府或职能部门、某个农业企业的有限资助。而入社农户只要缴纳社费和遵守章程，就可享受其提供的服务。这类组织对农户既无太多要求，也无太多责任，更不存在什么分红或返利的问题。目前中国农民专业合作社中这类组织占大多数。可以预料，随着农产品市场竞争的加剧和农业产业化经营的深入，这类比较松散的合作社要么趋于更为稳定的契约关联型或更为紧密的产权关联型，要么走向消亡。

契约关联型。这类合作社（主要存在于 B 型合作社）主要通过签订合同，以相对稳定的价格或者保护价格，在合作社与社员之间建立起稳定的购销关系。这类合作社一般由产业大户（能人）、农业企业或供销社牵头创办，有较强的营销能力和通畅的销售渠道，规模较大。这类合作社往往客观上有"核心社员"与"一般社员"之别，在分配上，与一般社员采取购销契约结算，在股东（即核心社员）之间以股份分红为主。应该说这类合作社有着浓重的股份合作制色彩，与其成员的利益关联并不怎么紧密，但比较稳定，在一定程度上做到互惠互利。目前大多数 B 型合作社是按保护价收购农产品，或者按月或按季或按生产批次结算，年底按股金分红。少部分 B 型合作社除主要按股金分红外，年底也按交易量适当进行利润返还。

产权关联型。就合作社与成员的利益关联方式而言，关联紧密与否，根本在于处于合作状态的经济主体是否共同存在于一个经济实体之内，相互间是否结成以共有产权为基础和纽带的利益关系。这类合作社是比较规范的 A 型合作社，或具有股份化倾向的 B 型合作社。这类合作社的社员均为股东，同时也是交易者，因而通常根据产权关系进行"二次分配"，既按股份分红，又按惠顾额返利。显然，这类组织比较符合合作社原则。不过,目前中国的农民专业合作社中,从章程上看这类合作社还有一些,但实际上真正按章程运行的,也即真正实行"资本报酬有限"和"按惠顾额返利"的很少,即使返利,比重也很小。值得一提的是,浙江台州不少合作社对社员("使用者社员")根据其生产规模或投售数量,相应地确定其股份比例,比较类似于北美的"新一代合作社"。

(二)关于利益分配问题

利益分配是农民专业合作社利益机制的关键问题。归根结底,农民专业合作社是追求成员利益最大化的组织,农户对合作社的制度需求源于对其维护和增进社员利益的预期。

合作社的利益分配机制的核心问题在于其在多大程度上体现合作社的本质规定性,也即如何使社员不仅能得到农产品原料的收益,还能得到加工和销售环节中返还的一部分利润,从而真正实现通过合作社来提高农民组织化程度,解决对农户的利益维护和增进问题。众所周知,"资本报酬有限"、"按惠顾额返利"是合作社的本质规定性。然而,目前浙江(乃至中国)农民专业合作社中较少有忠实遵守这些重要原则的,这也就是如前所述的合作社股份化(资本化)倾向问题。

就农户偏好或心理来说,他们必然既关心资本的贡献收益,又关心惠顾的贡献收益。那么为什么对于多数合作社来说难以贯彻合作社原则呢?

其一,农户充分意识到资金的稀缺性,以及非高回报不足以吸引资本拥有者加盟。其二,目前中国农产品普遍处于过剩阶段,卖难问题十分突出。合作社解决产品销路问题,也就解决了农民的头等大事。卖得越多,得到的实惠也越多,所以农民很少想到在卖出产品后还要参与"二次分配"。即使一些合作社实行了按交易额返还盈余,其返还比例也很低,远逊于按股份分红的比例。其三,目前合作社对不少技术、信息,甚至运销服务实行免费或价格优惠的现象比较普遍,这也可以视为盈余返还的另一种表现。实际上,有些合作社的产品代销服务也含有按交易额返还盈余的内涵。其四,农民对按交易额分配不甚了解,且操作比较烦琐,需记录每一笔业务量,而按股分配,则简便易行,容易接受。况且,许多合作社在采购生产资料或销售农产品时已对成员进行了优惠或让利，对于中国农民来说，这种在事前真实的给予要比在事后承诺的给予更实在。

五、中国农民专业合作社的决策机制

作为一个"民办、民管、民受益"的经济组织，农民专业合作社要真正做到"民受益"，就必须解决好"民管"问题，也就是民主决策问题，以确保社员的主人翁地位、主体地位和经济利益。这里的关键一是"举手机制"，二是实际控制权。

从理论上讲，基层合作社的决策原则应是"一人一票"。然而，由于实践中农民专业合作社的股份化倾向，这种"一人一票"制度在实际中往往让位于"一股一票"制度。"一人一票"与"一股一票"的最大区别，就是前者强调的是社员的权利，体现的是平等的原则（社员收益最大化的原则），而后者则强调了资本的权利，体现了效率的原则（资本收益最大化的原则）。由于突出了资本的权利，也就可以顺理成章地产生按股分红等制度安排。此外，在不少专业合作社中，由于客观存在着农村产权主体的异质性，其成员也相应分成"核心成员"（股东）和"一般成员"（非股东）两部分，两种成员的权利和义务存在明显差异。"核心成员"通常是发起者、领导者和关键性生产要素的所有者，他们无论在最初的产权建构、制度设计上，还是日常管理决策中，都拥有着突出的影响力，是拥有合作社实际控制权的"内部人"。既然"核心成员"（股东）较多地承担了组织义务，其他的权利也就更多地向他们倾斜。因此，尽管许多合作社在章程中明确规定了社员（代表）大会是最高权力机构、"一人一票"等民主管理的条款，但大多数情况下，社员们受"核心成员"影响很大，不免出现"选举不过是确认，讨论不过是告知，监督不过是附议"的现象。不过，我们应该明确指出，在一定意义上，虽然中国合作社目前几乎没有聘请职业经理的情况，但"核心成员"控制不失为一种专家治理的形式。实际上，问题不在于是否允许"一股一票"，而在于如何将"一股一票"限制在一定范围内。《浙江省农民专业合作社条例》中就明确规定，"社员（代表)大会表决一般应当实行一人一票,也可以按交易额与股金额结合实行一人多票等方式进行。实行一人多票方式的,单个社员最多不得超过总票数的百分之二十"。

六、小结和展望

第一,中国农民专业合作社的总体现状是,组织形式丰富,制度绩效初显,但尚在起步阶段,大有发展空间。

第二,在土地细碎化、农民分化、合作社企业家和合作社知识匮乏、政府顾虑、农村经济发展路径独特、相关法律制度缺失、与相关组织的潜在矛盾等制约因素的影响下,自20世纪90年代以来的中国农民专业合作社从一开始就呈现出与传统合作社的原则和形式不同的状态,至少在以浙江为代表的沿海地区呈现出鲜明的类似于"新一代合作社"的制度安排和发展趋势。

第三,中国农民专业合作社将呈现较大的变革和分化态势,合作层次将有较大提高,将日趋成为紧密的组织形式。在未来一段时间中,C型合作社(即专业协会)大多数将演变为比较规范的A型合作社或具有鲜明的股份化色彩的B型合作社。就全国而言,A型合作社和B型合作社将是中国农民专业合作社的主流形式。而在以浙江为代表的沿海地区,B型合作社将是农民专业合作社的主流形式。

第四,中国农民专业合作社将呈现一定程度的联合趋势,在一定的区域内将出现一些诸如合作社联社、产业协会、农会的合作社联合体。

第五,中国各级政府及其职能部门将继续对农民专业合作社的培育和发展保持相当程度的介入,并对农民专业合作社的可能的联合趋势保持关注。

第六,关于农民专业合作社的立法进程和结果将极大地影响中国农民专业合作社的发展走向。

参考文献

[1]国家统计局编:《中国统计年鉴(2005)》,北京:中国统计出版社,

2005 年。

[2]回良玉:《努力推进社会主义新农村建设》,《人民日报》2005 年 10 月 28 日第 2 版。

[3]雷海章:《对我国城乡统筹发展几个问题的认识》,《论城乡统筹发展与政策调整》,北京:中国农业出版社,2004 年:127-132。

[4]《西南地区第四次国家督学会议纪要》,教育部网站,2005 年 6 月 29 日。

农民的合作：
是经济学家的过度热情吗？

——兼与郭玮先生商榷①

一、农民专业合作组织是经济学家呼吁起来的吗？

自 20 世纪 80 年代，特别是近 10 多年来，农民专业合作组织在我国农村悄然兴起，并迅速发展起来。郭玮先生的《农民的合作：经济学家不应过度热情》一文（见本报 2005 年 6 月 17 日）认为，我国农民专业合作组织的发展，在很大程度上是由于经济学家"自打人民公社解散以来"的"特殊关爱"和"长期坚持"。我们不太认同这种说法。我们认为，我国农民专业合作组织的兴起和发展，是我国农村基本经济制度及其经营体制在新的历史时期既具必然性又具时代性的制度变迁及创新。

事实上，"只要农业生产中最基本的特点——生产的生物性、地域的分散性以及规模的不均匀性存在，农民的合作就具有内在的必然性"。农业生产的基本特点从根本上决定着农业在不同产业相互关系中处于"天然"的弱势地位，因而必须提高农民的组织化程度。当今世界，无论是发达国家，还是发展中国家，凡是受市场经济支配的农业，都存在农民合作组织（或称农民合作社），而且这种组织已经成为农村社会经济发展中不可替代的重要力量。迄今为止，在欧美、日本各国的农用物品和农

①　本文作者为黄祖辉、徐旭初。本文内容发表在《经济学消息报》2005 年 9 月 2 日。

产品市场上,农民合作社与其他非合作社企业制度相比,其市场份额一直占据着相对优势。"在美国,由合作社加工的农产品占农产品总量的80%,合作社提供的化肥、石油占44%,贷款占40%。在法国,由合作社收购的农产品,牛奶占50%以上,谷物占71%。法国食品出口中,通过合作社出口的谷物占45%,鲜果占80%,肉类占35%,家禽占40%。在日本,市场销售农产品绝大部分是由农协提供,其中米面占95%,水果占80%,家禽占80%,畜产品占51%,提供生产资料,肥料为92%,饲料为40%,农机为47%,农药为70%。合作社在金融和保险以及社会服务等领域也占有重要地位,发挥重要作用。"韩国的农民合作组织也发展得不错。通过这些合作组织,这些国家和地区农民的利益得到了保护,农业生产也走上了产业化、专业化、商品化和现代化的道路。

当然,分析农业合作的一般逻辑,并不能完全说明我国农民专业合作组织的兴起和发展的现实逻辑。我国农民专业合作组织的兴起和发展,既有符合农业合作一般逻辑的内在动因,也有基于我国农业与农村发展的基本情况的客观必然,更有我国农业与农村经济进入新阶段的现实要求。

从根本上说,我国农民专业合作组织的兴起和发展是农村家庭联产承包责任制的建立与社会主义市场经济进程推进的必然结果。农村家庭联产承包责任制的建立使农民获得了农业生产的自主权和收益权,社会主义市场经济进程的推进则使农民获得了依照市场经济规律走向市场化、商品化的广阔发展空间。伴随农村家庭联产承包责任制和社会主义市场经济的深入发展,我国现阶段农业和农村经济必然面临小生产与大市场之间的矛盾。这一矛盾集中体现在两个方面:一是小规模的、分散经营的农户如何进入市场的问题;二是农户如何在市场中保护自身利益的问题。

更为现实的是,近些年来我国农业经济所面临的市场格局发生了深刻变化,农产品供给相对过剩,农产品买方市场的特征不断明显,农业发展已从单纯的受自然资源约束向受自然资源与市场需求的双重约束转变,特别是市场约束已越来越成为矛盾的主要方面。此外,加入WTO正逐步带来农产品市场的整体开放。因此有理由认为,市场格局的深刻变化正在导致我国小农与市场之间矛盾的尖锐化和全面爆发。

实际上,我国农民专业合作经济组织兴起和发展的直接诱因还在于农民生产经营利益的显著流失与农村组织制度供给的严重不足。在我国小农与市场之间的矛盾逐渐积累、尖锐化和全面爆发的过程中,农民利益的流失是十分触目的。有研究表明,我国农户在流通环节损失的利润每年高达 200 亿元。还有研究表明,农民从生产的农产品当中所应该得到的利益,有 43% 左右在加工和流通两个环节流失掉了。与此同时,各种农业和农村经济组织制度供给又严重不足,难以承担组织农民进入市场、提供农业社会化服务、维护农民合法利益的重任。

所以,农民渴求有效走出这种利益流失、服务缺失的困境,盼望建立新型组织,满足各项服务需求。因而,20 世纪 80 年代农民对技术的迫切需求,促成了专业技术协会的大发展;90 年代的农产品卖难,又促进了以提供农产品销售服务为主的专业合作社的产生;近年来随着加入WTO 后国际市场对农产品质量标准要求的提高,从事农产品加工、销售等一体化服务的综合性合作经济组织在各地兴起。

迄今为止,我国农民合作社运动大致有三次:如果说国民党时期的农民合作社运动基本是梁漱溟、晏阳初等知识分子推动所致,毛泽东时代的农民合作社运动则主要是政府推动的强制性制度变迁,是政府实现国家发展战略的主观产物,而今天的农民专业合作组织的兴起和发展绝非政府推行的强制性制度变迁,而是农民在市场诱致和政府引导下的制度创新,是我国农业走向商品化、产业化和现代化的客观产物。诚然,在此过程中,不少经济学家对发展农民专业合作组织给予了积极的呼吁和推动,但这种呼吁和推动,并不能成为我国农民专业合作经济组织发生与发展的原因。

二、我国农民专业合作组织的现状究竟如何?

郭玮说农民专业合作组织的发展现状是"总量不多"、"分布不广"、"影响不大"、"寿命不长"。应该说,目前,"总量不多"、"分布不广"是事实,这主要是因为我国农民专业合作组织尚处于初期发展阶段。至于"影响不大"、"寿命不长"的判断就失之轻率了。研究结果表明,在农民专业合作组织发展较早的浙江、山东、四川等省份,农民专业合作组织一直稳步发展,"影响"不断增强,"寿命"普遍不错。我们认为,我国农民专业合作组织的总体现状是:组织形式丰富,制度绩效初显,尚在起步阶段,大有发展空间,完全不必有"不如人愿"的感慨。

也许有人觉得农民专业合作组织的发展应该遍地开花,轰轰烈烈,才算事如人愿。但在区域经济社会文化差异显著的我国,什么事情如果是遍地开花,轰轰烈烈,那才是不正常的。实际上,我国农民专业合作组织只可能是各个地区根据各地情况差异发展,有快有慢,有多有少,有大有小,逐步成为我国农村微观经济基础的重要组成部分。应该看到,现在,全国大多数省份已从"要不要办"专业合作组织的阶段,逐步走向"怎么办"、"怎么支持办"的阶段。以浙江为例,该省自 2004 年 11 月 11 日出台新中国第一个关于农民合作组织的地方性法规《浙江省农民专业合作社条例》以来,切实落实各项支持合作社发展的政策,如允许工商登记、领取发票,颁布示范章程、财务制度、会计核算办法,免征增值税,加大财政支持力度,扩大对合作社骨干的培训,将合作社列入承担政府农业建设项目的主体,等等。因此,浙江的农民专业合作社正在稳步发展、壮大,越来越具有市场竞争力。所以,我们不能以合作社发展先进地区的发展势头来要求欠发展地区,也不能以欠发展地区的现状来否定先进地区和总体上的进展。

郭玮说"最令经济学家不能满意的是,大多数农民合作经济组织都不是他们所提倡的严格意义上的合作社"。这涉及一个关键问题,即对新型农民专业合作组织的制度特征及其形式的认识问题。首先,我们接触到的国内不少支持发展农民专业合作组织的经济学家们,极少有提倡在我国搞所谓"严格意义上的合作社",相反,他们大多主张在尊重国际合作社基本原则的同时,积极发展具有中国特色的农民专业合作组织(要顺便提及的是,我们接触到的若干位国际合作社权威学者,无一例外地希望我国农民专业合作组织要走出自己的特色,不要照搬经典合作社模式)。其次,与许多人想象的不同,当今世界上的众多农民合作社早已不是所谓的"严格意义上的合作社",它们正顺应世界农业发展的新形势,不断进行制度创新和调整,进而提高市场竞争力和组织吸引力。"新一代合作社"的出现就是明证。最后,更应该指出的是,由于我国农民分化严重,合作社企业家匮乏,合作社发展路径独特,相关法律制度缺失,大多数农民专业合作组织不太可能是"严格意义上的合作社",但它们又确实是农民合作社,只不过不是"传统的"合作社,而是"改良的"合作社(譬如是比例合作社、社员投资合作社、新一代合作社、投资股份合作社)或专业协会(比如中不少类似于国外的讨价还价合作社)而已。在目前我国农村经济社会发展条件下,农民以及各类涉农主体的利益和能力的异质性与耦合性,深刻影响着农民专业合作组织的制度安排,直接决定着我国农民专业合作组织制度安排的多样性和复杂性。目前我国农民专业合作组织(特别是以浙江为代表的东部沿海地区)往往由一些政府涉农部门、农业龙头企业、农业(生产、贩销)大户发起,并不刻意限制成员异质性,因此,其制度安排具有显著的分层性和分群性,剩余索取权和剩余控制权格局是倾斜的。换言之,产权安排往往是偏向资本化,治理结构往往偏向于大户、企业或外部主导型组织。并且可以预见,在较长一段时间里,这种制度状态难以发生根本性改变。未来可能的改变将取决于纯农户博弈能力的提高、合作组织之间以及与其他经营主体之间的竞争、政府的规制和导向、农村民主政治进程等。

我们应该充分肯定这些合作组织的竞争力、生命力和绩效,因为在目前的农产品市场格局和合作组织发展初期,由拥有资本、市场和社会关系等资源的企业、大户或相关组织主导合作组织,显然更能使合作组织得到市场地位和发展。可以认为,我国一些地区的合作社在一定程度上已超越了国外传统合作社的发展阶段,直接面对和适应农产品市场格局、终端消费者需求多样化、农业生产技术发展等现代农业的发展趋势,成为类似"新一代合作社"的农民合作经济组织。当然,这些合作经济组织在实践中面临着如何规范发展的问题,但是这种规范的主旨应是在保持和提高合作社现有竞争力的前提下,通过调整合作社内部制度安排(特别是股权安排和治理结构)和加强外部规制来巩固合作社的性质与功能,而不是其他。所以,当我们审视今天的农民专业合作组织时,既不能将其盲目地等同于毛泽东时代的合作社,也不能机械地以国际合作社的经典模式来生搬硬套。

三、农民对专业合作组织的需求真的有限吗？

郭玮文中有句话说得很对，"对农户来说，不论是什么组织，只要能够提供低成本、高质量的服务，农民就欢迎"。可是，了解我国农村实际情况的人都知道，问题就在于，农民现在很难得到"低成本、高质量的服务"。因此，在发展专业合作组织问题上，农民（那些规模小的纯农户）不主动，完全具有可能，但这绝不意味着他们不情愿、不着急，只是他们缺乏某种能力，特别是发起、建立合作组织的能力，或者说，他们不愿承担组织的成本，而宁愿搭便车。实际上，农民盼望建立新型组织以满足各项服务需求，所以，他们愿意接受各种"由企业买单、政府买单、购销大户买单"等并非"严格意义上的合作社"的制度安排，只要这些制度能够提供较以前有所改善的服务。

我们不能由目前农民专业合作组织"总量不多"、"分布不广"的现状简单地得出"农民对专业合作的需求有限"的结论，因为农民专业合作组织发生和发展是由产品特性、生产集群、合作成员与制度环境等诸方面因素复合作用决定的。许多地区专业合作组织发展不起来，恰恰不是因为农民对合作的需求有限，而是源于其他原因。譬如说，有些地区专业合作组织发展缓慢主要是因为该地区农产品产业集聚性较低，农业专业化生产不发达。再譬如，不少地区专业合作组织发展缓慢恰恰是因为当地政府缺乏切实的指导和扶持。诚如郭玮文中所言，政府及其有关部门态度积极，下发文件，有的还有扶持措施。但事实上，又有多少地方真正采取了实实在在的扶持措施呢？在市场竞争激烈的今天，工商企业生存尚且艰难，更不必说处于初期阶段的农民合作社了，如果没有政府的支持，农民合作社很容易自生自灭。实际上，世界各国农民合作社的发展都经历了一个漫长的政府扶持过程。所以，出错的肯定不是农民，而且，他们肯定是着急的。

其实，更进一步的问题是，许多农民之所以愿意接受各种"由企业买单、政府买单、购销大户买单"等并非"严格意义上的合作社"的制度安排，在于他们的经济利益动机，他们对经济利益的关心远胜于对其他利益(如民主权利等)的关心。

其主要原因,第一,目前我国农产品普遍处于过剩阶段,卖难问题十分突出,因而对于大多数农民(纯农户)来说,市场进入、价格提升几乎是他们最基本或最大的利益。若合作组织能解决其产品销路,也就解决了农民的头等大事。卖得越多,得到的实惠也越多,所以农民很少想到在卖出产品后还要参与"二次分配"。即使一些合作社实行了按交易额返还盈余,其返还比例也很低,远逊于按股份分红的比例,农民意见也不大。第二,当然这并不等于农民(纯农户)不希望获得更多的利益,而是他们不奢望获得更多的利益。这些农户充分意识到资金、市场和社会关系资源的稀缺性,意识到非有高回报不足以吸引这些生产要素所有者加盟,因此,他们愿意放弃一部分剩余索取权以换取只有这些生产要素所有者才能带来的市场进入等收益。第三,目前合作组织对不少技术、信息甚至运销服务实行免费或价格优惠的现象比较普遍,有些合作社的产品代销服务也含有按交易额返还盈余的内涵。这表明,对于现阶段的大多数我国农民来说,这种在事前真实的给予要比在事后承诺的给予更实在。第四,在一些股份化(资本化)倾向比较显著的合作社或结构比较松散的专业协会中,有些农户未入股或入股很少,只是与合作社保持相对稳定的使用(交易)关系。其原因是在他们心目中,合作社并非他们自己的组织,而是一个中间商,与龙头企业或集贸市场上的任何一个购买者没有特别区别,无非与这个购买者的交易频度较大,比较稳定罢了。所以,只要合作社稳定收购,再给予一定的价格优惠,他们就没有什么意见。事实上,大多数合作社对农户要有起码的市场进入和价格提升的功效,否则将难以得到农户的基本认可。总之,现阶段我国农民参加合作组织的目的很明确,他们不是为了纯粹的公平,而是为了纯粹的利益,他们关心的是合作社能否给自身带来什么利益,并且,他们追求的是帕累托改进,而不是帕累托最优。

四、不要笼统地说"经济学家的过度热情是有害的"

郭玮全文的中心意思是说:"经济学家的过度热情是有害的。"应该说,这句话本身并不错,但问题是我们不应笼统地说"经济学家的过度热情是有害的"。相反地,笼统地说"经济学家的过度热情是有害的"是有害的。

在经济转型过程中,经济学家应该起到的作用一是解释,二是建言,两者不可或缺。当然,建言应建立在科学解释的基础上。经济学家的责任在于解释和建言,而意见采纳与否的权利在于行政主体和市场主体。如果说在赞同经济学家的建言的基础上,行政主体决策有误,市场主体处事不当,就该怪罪于经济学家,这未免太不公平了。例如农业产业化,郭玮认为农业产业化龙头企业在连接市场和农户方面"作用日益显现,并在促进农村经济发展中发挥着越来越大的作用,发展的势头、对经济产生的影响都是巨大的"。我们知道,前些年提倡农业产业化经营的经济学家众多(大概远多于提倡发展农民专业合作组织的经济学家)。那么,按照郭玮的逻辑,我们应该称赞当初那些积极建言农业产业化的经济学家,还是批评他们的过度热情呢?经济学家固然不能利用自己的话语权力向社会强行灌输自己的主观意见,但也不应忘却利用自身专业知识向社会建言献策的责任。无论如何,一个成熟的现代社会,恰恰应是学术主体独立建言、行政主体科学决策、市场主体自由选择的社会。

我们应该感谢郭玮先生的提醒。当前,经济学家应该更多地关注发展农民专业合作组织的社会经济文化基础,更多地关注农民专业合作组织的现实制度安排,更多地关注农民专业合作组织与现代农业发展的契合。对于经济学家来说,热情与理性都不可或缺。

基于能力和关系的合作治理

——对浙江省农民专业合作组织治理结构的解释①

如果不考虑毛泽东时代或者更前面的农民合作化运动,这一次我国农民合作社运动开始于 20 世纪 80 年代中期,蓬勃发展于 90 年代中期。90 年代以来,我国农业与农村经济发生了深刻的变化,这种变化不仅源于我国农产品市场格局由卖方市场向买方市场的急剧转变,更因加入 WTO 以后我国农业逐步与世界农业的全面接轨。在这一背景下,迅速发展起来的农民专业合作组织,被人们视为是应对形势变化的有效途径。

在我国,浙江省属于农民专业合作组织发展比较先进的省份,2003 年被农业部确定为全国唯一的农民专业合作组织试点省。在一定程度上,浙江省农民专业合作组织的制度安排,既反映了我国东部沿海地区农民专业合作社的普遍情况,也代表了我国农民专业合作组织的发展趋势。

首先,本文简要描述浙江省专业农民合作组织制度安排的一些基本事实;其次,简要回顾关于农民合作社的治理理论;再次,提出一个关于合作社剩余控制权的研究框架;然后,分别分析能力、关系对于我国农民专业合作组织的治理结构的独特作用;最后,进行简要的总结。

---

① 本文作者为黄祖辉、徐旭初。本文内容发表在《浙江社会科学》2006 年第 1 期。

一、浙江省农民专业合作组织的一些基本事实

与我国其他地区一样,浙江省农民专业合作组织主要有专业合作社和专业协会两类(见表1)。

表1　浙江省农民专业合作组织的数量及构成

年份	总数(个)	专业合作社(个)	专业协会(个)	加入农户数(万)	带动农户数(万)
2002	1969	791	1178	22.80	132.90
2003	2335	1183	1152	25.00	135.00
2004	2808	1789	1019	55.40	202.95

资料来源:浙江省农业厅。

我们在其中随机选取了66家专业合作社。这些合作社的股东数、社员数、股金总额、人均股金额、社员入股比例、股份集中度[①]等几方面数据如表2—表8所示。

表2　66家样本合作社股份结构的基本情况

变量	股东数	社员数	股金总额(元)	人均股金额(元)	股东数/社员数	R1	R3	R5	R8	R10
最大值	812.00	1000.00	7010000.00	584166.67	1.00	0.82	1.00	1.00	1.00	1.00
最小值	2.00	36.00	6800.00	47.22	0.01	0.00	0.01	0.01	0.02	0.02
平均值	102.49	259.32	365089.00	23001.77	0.45	0.25	0.44	0.55	0.64	0.67
均方差	144.91	216.94	896312.41	75027.32	0.42	0.22	0.29	0.32	0.32	0.32

①　股份集中度是指在合作社中,股份额度排在前 m 位的社员出资总额占合作社全部股金的份额,即股份集中度 $(R_m) = \dfrac{X_1 + X_2 + \cdots + X_m}{X_1 + X_2 + \cdots + X_n}(m \leqslant n)$。其中, X_i 表示把单个社员的出资额从大到小排序,排在第 i 位的社员的出资额, n 表示合作社的社员数。

表3 66家样本合作社社员数区间分布情况

项目	>800	>500	>300	>200	>100	>50	>0
累计个数（家）	4	8	20	27	62	65	66
累计频度（%）	6.06	12.12	30.30	40.91	93.94	98.48	100.00

表4 66家样本合作社股东数区间分布情况

项目	>200	>100	>50	>30	>10	>5	>0
累计个数（家）	9	29	31	34	48	60	66
累计频度（%）	13.64	43.94	46.97	51.52	72.73	90.91	100.00

表5 66家样本合作社社员入股比例区间分布情况

项目	>0.9	>0.8	>0.7	>0.6	>0.5	>0.4	>0.3	>0.2	>0.1
累计个数（家）	21	23	25	27	27	28	28	36	42
累计频度（%）	54.55	63.64	37.88	40.91	40.91	42.42	42.42	54.55	63.64

表6 66家样本合作社股份集中度情况

项目	$Rn>$ 0.9	$Rn>$ 0.8	$Rn>$ 0.7	$Rn>$ 0.6	$Rn>$ 0.5	$Rn>$ 0.4	$Rn>$ 0.3	$Rn>$ 0.2	$Rn>$ 0.1
R1	0	1	4	5	11	17	21	26	45
R3	5	9	15	20	25	31	39	47	59
R5	14	18	24	28	33	40	47	57	59
R8	22	26	31	37	40	49	53	58	60
R10	26	31	35	40	42	51	55	58	62

表7 66家样本合作社股金总额区间分布情况

项目	>100元	>50元	>20元	>10元	>5元	>1元	>0元
累计数目（家）	2	8	27	42	54	65	66
累计频度（%）	3.03	12.12	40.91	63.64	81.82	98.48	100.00

表 8　66 家样本合作社人均股金额区间分布情况

项目	>10000 元	>5000 元	>1000 元	>500 元	>200 元	>100 元	>0 元
累计数目(家)	21	26	54	60	62	65	66
累计频度(%)	31.82	39.39	81.82	90.91	93.94	98.48	100.00

　　根据以上浙江省农民专业合作社的材料,我们可以获得这样一些印象:①合作社规模普遍偏小,而且,合作社规模差异很大。②合作社成员构成呈现出比较鲜明的少数核心社员(通常是大股东)与多数一般社员(多为使用者或惠顾者社员)并存的格局。③这些合作社大致可以分为少数股东型合作社和多数(或全体)股东型合作社两大类。前者更多的是具有股份制色彩的合作社,后者更多的是传统的合作社或比较松散的专业协会。④这些合作社的产权安排呈现出比较显著的股份化(资本化)结构。

　　实际上,近几年浙江省农民专业合作社比较显著的股份化(资本化)特点,在我国沿海地区也比较普遍。因此,我们不禁要问,当大多数合作社(57.58%)的社员入股比例不超过三成,当大多数合作社(63.64%)前十大股东的股本占总股本的一半以上,那么这些合作社还是合作社吗?这些未入股或入股少的社员还是合作社社员吗?这些合作社的治理结构究竟如何?这些社员又为什么认可这种制度现状?我们如何看待浙江省农民专业合作社的这一现实?

二、关于农民合作组织的治理理论

　　当我们根据 Williamson(1985)的观点把治理结构视为市场、科层制和混合体的集合时,合作社就是一种治理结构,一种将农户外部交易内部化以避免加工企业或其他农产品购买者的机会主义行为的治理结构。在此视角下,交易费用经济学(或治理理论)着重关注:①合作社属于哪一种治理结构?②在什么情况下合作社是最低成本的治理结构?

　　一些学者认为合作社不是市场也不是科层制,而是"同时具有市场和内部(一体化)协调的特征的第三种协调组织方式"(Shaffer,1987;

Staata,1987)。显然,他们认为合作社是一个混合的治理结构,合作社与社员的关系就像市场上的一个连续合约。利用威廉姆森的交易费用理论,Staata(1987)检验了在什么情况下农户会从集体活动(例如组织一个合作社)中获益。他指出:①当资产专用性很高或市场相对集中时,农户可能会尝试组织合作社来讨价还价,或加强合约确定性,以消除"敲竹杠"的危险。②相对于 IOF 或者议价联盟来说,合作社这种混合结构提供了多种方式来处理不确定性以及高成本的缔约活动和可能增加的投机行为。③当附近市场的参与者提供负的外部性时,企业就有纵向一体化的倾向。譬如,当忽略产品控制会损坏农产品声誉或生产要素品质很难测量时,农户会通过合作社(一体化)来防止投机行为。④等级分解原则可以解释为什么农户向下纵向一体化为营销合作社而不是 IOF 向上纵向一体化为农业行为。

而根据委托代理理论,一个组织,像合作社一样的,是一个将资源提供给经济生产活动以实现不同的价值目的独立经济代理人之间的"合约集"①(Fama,1980)。

Fama & Jensen(1983)指出,在任何组织中起最重要作用的合约是明确剩余索取权(谁索取收益和损失)和代理人之间决策过程(谁决定什么)的合约。合作社的剩余索取权具有显著的特点,特别是涉及代理关系时(Vitaliano,1983)。合作社剩余索取权最主要的特征是:①剩余索取权被限定在惠顾群体(比如合作社成员);②合作社剩余索取权是选择性权利,只有当成员保持对合作社的惠顾时才发生;③合作社中的剩余索取权既不可转让,也不可分离,它们不能市场化。因此,这些特征就在合作社内部产生了许多代理(或控制)问题。譬如:合作社剩余索取权限制了合作社的效率和经理人的应变控制,因为它们既不能市场化,也难以完全赎回;现有和可能的成员通常不能提供足够的关于合作社绩效的市场价值的信息;内部决策科层系统或许使合作社能控制代理问题,但是合作社的董事会的非专业来源以及对外部管理介入的排斥又使得合作社控制大打折扣;合作社经营者难以平衡内部不同成员的有限的计划

---

①　Milgrom & Roberts(1992)定义"合约集"是"在供应者、顾客和成员之间的合约关系的联结群(a connected group)"。

视野;集体所有权的特质可能令组织成员丧失管理企业的兴趣和能力，同时，经理层却可以通过控制企业而满足自己的利益需求；不同个体或团体尽量使其兴趣转向影响其受益的决策，经营者难以决策到底该听谁的；等等。

不过，也有学者对合作社企业的委托代理关系抱有信心。汉斯曼(2001)指出，"很显然，合作社低得超乎寻常的所有权成本可能正是我们要找的答案"。他对此的解释之一是"实践中很少有合作社同时经营一种以上的农产品，这一事实本身就在很大程度上证明了利益同质性的重要性"。显然，他对合作社的信心来自对合作社利益同质性的强调。①

相对于一些学者对合作社代理问题的低调和沮丧，不少学者认为一些社会因素有助于合作社治理。他们认为：共同价值观、组织精神、共同问题等，有利于建立一种团结一致的感觉，降低成员之间的交易成本。在某种程度上，成员之间有一种大家庭的感觉。成员之间的低交易成本应被视为一个合作社的正常状态。不过，这些看法实际上是建立在成员同质性基础上的。问题在于：①如果合作社成员的同质性减弱（即异质性增强），会对合作社治理中的社会因素产生什么影响？可以肯定，如果合作社成员的异质性增强，成员之间的一些相互理解、对共同体的感觉、对公共问题的界定等将随之削弱。②随着农产品市场格局发生转变，农业产业化经营成为农业发展主流，农业技术进步迅速，终端消费者需求日趋多样化，这些社会因素又能在多大程度上抵消合作社意识形态的减弱呢？这也正是有些学者认为合作社在新时代必将遭遇很多难以克服的挑战的部分原因。

相对于国外学者关于合作社的治理理论，我国学者至今尚未出现比较突出的研究成果。

---

① 但是，即使合作社是专业的（即同质的），成员的利益和能力也不完全相同，甚至差异很大。我们可以注意到，我国农民现在分化严重，不仅有生产者与非生产者（从事营销、技术、加工和服务等）之分，还有大户与小户之分，有时，同为生产者的大户与小户之间的矛盾并不比生产者与其他群体之间矛盾小。实际上，合作社可能在大多数情况下是一种治理能力不很强，并且治理成本不很高也不算低的组织形式。

三、一个关于剩余控制权的理论框架

为此，我们试图以一个新的分析视角——基于能力和关系的视角——来研究农民合作社的治理结构。

治理结构一方面表明谁拥有正式的决策权，另一方面反映收益和成本是如何分配的（Hansmann，1996）。因此，治理结构可以通过决策权的拥有者来加以区别。而对于一个在不确定环境中的不完全合约而言：剩余索取权固然重要，但剩余控制权更加重要；连续控制权（continuous control rights）固然重要，但权变控制权（contingent control rights）更加重要。在此意义上，治理问题就可以简化为控制权问题。因此，农民合作社治理结构的核心问题就在于：①在既定的组织环境中，在既定的所有权结构中，社员们选择谁来拥有控制权，特别是权变控制权；②社员们如何控制他们选择的控制权的拥有者。

最有生命力的企业制度并不是那些理论上能够创造最大组织租金或最小交易费用的企业制度，而是那些最能吸引关键性生产要素所有者的企业制度。因此，应该把控制权配置给关键性生产要素的所有者。当然，关键性生产要素可能是非人力资本，也可能是人力资本。

社员们在确认在一定的组织环境下的关键性生产要素或组织能力是什么之后，会尽量选择那些与其最具同质性的关键性生产要素的所有者，将控制权部分或全部赋予他。最根本的同质性必定是利益的同质性。在合作社问题上，最可能产生利益同质性的则首先是合作社成员与合作社之间交易种类的相似性。与此同时，成员间在其他个人方面产生的认同感，也是一个相当重要的因素。对于农民社员而言，这里的"其他个人方面"，首先应是关系。

基于以上考虑，我们提出了一个基于能力和关系的分析框架（见图1）。

"合作社是特殊的。它是双面的：一面是社员共同体，另一面是企业。"（Hendrikse & Veerman，2004）我们认为，农民合作社的治理结构是基于能力和关系之上的共同治理结构。也就是说：①社员（委托人）行使控制权的主要途径是投票（vote）、异议（voice）和退出（exit）。②影响

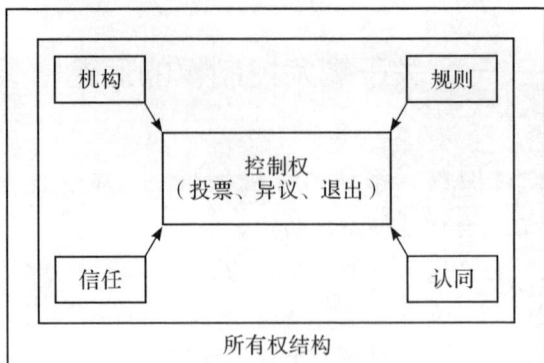

图 1　基于能力和关系的分析框架

农民合作社的控制权的因素主要有机构、规则、信任、认同，以及所有权结构和组织环境。③在一定的组织环境下，在一定的所有权结构中，机构和规则的建构、运作主要建立在能力的基础上，换言之，主要是成员能力决定着机构和规则的建构、运作。④在一定的组织环境下，在一定的所有权结构中，成员之间的信任和对合作社的认同或承诺，主要是建立在关系的基础上，换言之，主要是成员关系决定着信任和认同的形成、嬗变。

四、能力与合作组织治理结构

作为一种处于市场竞争环境中的经济组织，农民合作组织及其成员基本的、首要的目的，必然是生存、赢利和存续，因此，从根本上讲，农民合作组织必须是竞争导向的、能力导向的。

根据上述研究框架，在分析合作社企业控制权结构时，一是要确认相对于组织环境（特别是市场环境）的关键性生产要素（合用知识），二是要确认关键性生产要素在企业中的分布状况。对于不同的企业，关键性生产要素在企业中的分布状况不同，决定了必须采取不同的组织结构。

当我们认真审视农民合作社在市场竞争环境中的境遇时，不难发现：农民合作社的核心任务，是对下游业务活动及其基础设施的社员控制。因此，对下游活动（资产）的所有权是合作社的基本特征之一。显然,在当今的合作社企业中,谁对终端产品市场有知识、有远见,对下游活动(资产)具有相对的控制力,那么,谁就拥有合作社企业的控制权(特别是权变决策权)。

于是,我们可以理解:①农民合作组织的领导者(合作社的"职业经理人")的被选择,无非是因为他或他们对下游活动的控制能力。②同样显然的是,当把合作社控制权交给"职业经理人"——那些拥有较高市场合用性和资产专用性的能力的大户、企业或一些相关组织——要比交给社员们更有效时,合作社的治理结构将富有自由度和创造性。③如果这些"职业经理人"也是社员中的一分子,而且与其他社员之间具有相当高的关系专用性,则一般社员将愿意让渡自己的部分或全部剩余控制权(或权变控制权)。④当一般纯农户几乎没有什么具有市场合用性的能力(知识、资源、禀赋),而市场进入又是他们最大的利益时,如果没有一定的外部规制的话,任何形式的治理结构出现在农民合作社中,都是毋庸诧异的。⑤这种基于能力的治理机构将明显反映在合作社企业的机构和准则上。

这里所说的机构是指在既定的所有权结构下合作社内部的组织结构,它通常包括社员(代表)大会、董事会、监事会。在规模很小的传统合作社中,所有者与经营者是合一的,几乎不存在代理问题。而在规模扩大的合作社中,必然出现少数所有者与经营者合一、多数所有者与经营者分离的情况。问题在于与经营者合一的所有者,也就是实际掌握剩余控制权和权变控制权的少数所有者,究竟应该是哪些所有者。我们的回答是:他们应该是那些在既定组织环境下,所拥有的资源、知识禀赋等能力最具环境合用性(特别是市场合用性)的人。

这里所说的准则包括两层意思:一层是指社会互动准则(主要是指乡村社会互动准则)。当我们把握一个组织的治理结构和合作状况时,必须首先考虑合作各方所达成的(或相互冲突的)互动准则架构。这种框架中的内容更多地被认为是非正式制度或社会文化传统。另一层是指合作社章程。在国际合作社界日益强调"章程规制"重于"法律规制"的今天,合作社章程的意义无疑是极端重要的。章程是合作社的组织制度基础,是合作社"组织宪章",它提供了成员们所依据的规则、所向往的图景以及所可能的选择,它集中反映了合作社组织中各种不同契约关系的基本含义和样式。

在我国现实中,特别是在一个并不成熟的制度环境中,由于农民分化、合作社企业家匮乏、合作社发展路径独特、相关法律制度缺失等制约因素,农民专业合作社往往由一些非农业生产主体发起,并不刻意限制成员异质性和"一股独大"或"数股独大",因此,其产权安排必然呈现出比较鲜明的少数核心社员(通常是大股东)与多数一般社员(多为使用者或惠顾者社员)并存的股份化(资本化)的格局。在这种格局中,对于小农户或一般社员而言,组织结构和章程都不是内生的,而是外生的。换言之,章程是被"赋予"的,而不是被"谈判"的。在这种"赋予"或"再赋予"中,一般社员往往将他们的全部或部分的剩余控制权让渡给合作社企业家或准企业家。

五、关系与合作组织治理结构

"在某种意义上,合作社是被良好组织的信任结构。"(Hendrikse & Veerman,2004)当我们站在我国农村乡土上,面对农民专业合作组织治理行为时,必然会想到信任问题。

在我国农村社会中,基本的规则就是信任源于关系。显然,在新制度经济学视野里,生发于我国乡土社会土壤中的关系和信任,是有专用性的,有抵押性的,是有"租"或"准租"的。因此,农民合作组织的治理结构必然基于关系之上。

人的存在居于关系之中,这是中国人的基本特点。中国人的意义一方面体现在社会关系中,另一方面是人与人的互动,大多是通过关系而不是其他途径的,这在一定程度上就是中国人的生活本身。

中国人参与社会的三个基本的途径是:第一,血缘或家庭(族)关系,即夫妻及其父母、兄妹、父母的兄妹等之间的关系。第二,社会关系,即一个人从小长大逐渐进入社会的过程中所建立起来的与小朋友、同学、同事(幼儿园、学校、单位)的关系。第三,陌生者关系或潜在的关系,个人可以决定是否同陌生者建立和维持一定的关系,而这种关系只能经由家庭(族)和社会关系的介绍而发生。事实上,每个中国人既不得不也情不自禁地通过这三个途径来形成、维持和发展人际关系。而一个生在农村、长在农村的我国农民则更可能主要依赖第一种途径,即亲缘关系来建构其基本的人际关系和社会资本。

农民专业合作组织的发生和发展,从一开始就具有这种基于关系的我国农村社会的非正式制度背景。农民们选定某一组织形式(治理结构),他们考虑的就是该组织形式如何能实现他们最具体的切身利益,而文化中的亲缘关系在组织内部治理过程中充当了一种"润滑剂"。在农民专业合作社的制度实践中,亲缘关系实在是功不可没。

首先,作为在农村社区基础上建立起来的一种组织,农民专业合作社具有先天的亲缘关系特征。其次,亲缘关系是农民获取各种资源的重要途径和手段,这在农民专业合作社最初的产生过程中表现得尤为明显。最后,农民专业合作社的内部治理和运营也遵循了亲缘关系规则。当然,这种亲缘关系规则也有别于任人唯亲的亲情原则,它所依据的是一种亲缘、忠诚和能力相结合的原则。由此我们看出,我国农民专业合作社的发育成长和内部治理过程,势必带有某些传统社会关系的特征,同时呈现出一种亲缘关系和市场规则相交织的新的农村社会关系。不难发现,浙江省相当部分农民专业合作社的发展正是在这种新的社会关系中寻找到一种有效率的均衡。这些基于关系以及因关系而致的合作、信任,其内部交易费用通常较低。

六、简要的结论

通过以上分析,我们可以得到以下结论。

第一,在目前我国农村经济社会发展条件下,农产品生产经营者(农民以及各类涉农主体)的利益和能力的异质性,深刻影响了我国农民专业合作组织的制度安排,直接决定了我国农民专业合作组织的产权安排和治理结构的多样性与复杂性。实际上,浙江省农民专业合作组织除了极少数属于合伙制企业之外,绝大多数都是农民专业合作组织,只不过不是传统合作组织,而是社员投资合作组织、新一代合作组织、投资股份合作组织或讨价还价合作组织而已。

第二,在当前我国农产品市场格局中,农民专业合作组织必须是竞争导向的、能力导向的,所以,其治理结构必然是关键性生产要素所有者(大户、农业企业或一些相关组织)主导的。在目前的农产品市场格局和合作组织发展初期,由拥有比较显著的资本、市场和社会关系等资源和能力的企业、大户或相关组织来主导合作社,更可能使合作组织得到市场地位和组织发展。在一定意义上,虽然我国农民专业合作组织目前几乎没有聘请职业经理的情况,但核心社员控制不失为一种专家治理的形式。

第三,一般农民社员通常是那些未入股或入股少的社员,他们不是传统意义上的使用者、惠顾者、所有者和控制者合一的社员,而是在惠顾者(甚至只是使用者)意义上的社员,也就是说,他们只拥有基本的社员资格或"资格股"。他们往往迫于自身利益和能力的限制,在拥有对合作组织的使用权与一些惠顾者和控制者的权利的同时,实际上放弃或让渡了组织决策权和剩余控制权,以换取他们比较看重的市场进入和价格改进等利益,实现与关键性生产要素所有者的利益均衡。

第四,我国农民专业合作组织从一开始就根植于以人际关系为核心的我国传统文化土壤中,因此,合作社的发生和发展不仅取决于各类成员的能力耦合,还在相当程度上服从基于关系的非正式制度。在我国农民专业合作组织治理中,很大程度上是基于人际关系或情感,而不是正式制度和对合作组织理念的认同。在一定意义上,农民社员之间的关系网络构成了对核心社员控制的有效约束;换言之,核心社员控制与社员关系约束构建了我国农民专业合作组织的合作治理的基本样式。

第五,可以认为,浙江省相当部分农民专业合作组织在一定程度上已超越了国外传统合作组织的发展阶段,它们直接面对和适应农产品市场格局、终端消费者需求多样化、农业生产技术发展等现代农业发展趋势,已成为类似"新一代合作组织"的农民合作经济组织。

第六,不可否认,目前浙江省农民专业合作社比较强的股份化倾向,使得合作社的治理结构的缺陷正在逐渐显现出来。譬如,一般社员对合作社长期发展缺乏关怀,合作社的内部监督被虚置,民主控制有时失去基础,等等。更为深远的影响还在于,农民专业合作组织长此以往的股份化色彩,可能极大地影响这方土地上的本就稀缺的集体主义文化基因。因此,政府有必要对合作社的内部组织建设进行必要的引导和规制。事实上,2004 年底通过的《浙江省农民专业合作社条例》正在推动浙江省农民专业合作经济组织的进一步健康发展。

参考文献

［1］Chaddad,F. R. & Cook,M. L. (2003). "The Emergence of Non-Traditional Cooperative Structures: Public and Private Policy." Paper presented at the NCR-194 Research on Cooperatives Annual Meeting, Kansas City, Missouri.

［2］Cook, M. L. (1995). "The Future of U. S. Agriculture Co-operatives: A Neo-institutional Approach." *American Journal of Agricultural Economics*, 77:5,1153-1159.

［3］Hansmann, H. (1996). *The Ownership of Enterprise*. The Belknap Press.

［4］Hendrikse, G. W. J. & Veerman, C. P. (2004). "On the Future of Cooperatives: Taking Stock,Looking Ahead."in *Restructuring Agricultural Cooperatives*, Hendrikse (ed.), Erasmus University Rotterdam.

［5］Shaffer, J. D. (1987). "Thinking About Farmers' Cooperatives, Contracts, and Economic Coordination." *Cooperative Theory: New Approaches*, Jeffrey S. Royer(ed.), USDA.

［6］Williamson, O. E. (1985). *The Economic Institutions of Capitalism*. The Free Press.

［7］亨利·汉斯曼:《企业所有权论》,中国政法大学出版社,2001 年版。

［8］徐旭初:《中国农民专业合作经济组织的制度分析》,经济科学出版社,2005 年版。

小农户参与大市场的集体行动

——以浙江箬横西瓜合作社为例的分析①

一、前言

当今发展中国家的农产品市场都正在经历着结构和管理上的变化，这不仅是关系到农村经济的持续发展和贫困减少的重要因素，而且影响着农业对整体经济发展所起的作用。发展中国家大量存在的小规模农户为主体的生产和流通方式，对农产品贸易自由化和流通全球化来说，都是一个巨大的限制。目前中国的农产品供应链体系表现出形式多样化的特征，既有由小规模的农户、贩销户、加工企业、批发商、零售摊贩等，依靠产地、销地批发市场衔接形成的传统产供销体系，又有由连锁超市等新型零售业态拉动而形成的以新型营销终端为依托、以技术和标准为约束、以组织合作与流通增值为特征的现代供应链。分散的小规模农户远远不足以应付目前千变万化的农产品市场，出现了"小农户面对大市场"的各种困境，主要表现为：

第一，农产品供应链的利益分配机制不健全、不完善，利润和风险的分配与分担不均衡，小规模农户承担着自然和市场的双重风险，其利益所得明显与其风险和劳动不相应。处于弱势地位的农民往往只获得生

---

① 本文作者为黄祖辉、梁巧。本文内容发表在《农业经济问题》2007 年第 9 期。本文研究为国家社科基金重大项目"解决中国'三农'问题的理论、思路与对策研究"（04ZD012）的一个专题。

产环节中很少的增值部分,而绝大部分的农产品价值为供应链中的其他主体所占有。

第二,超市等新型农产品供应链主体的加入和迅速发展,带来了农产品供应链体系的各种变革。农户要脱贫致富,必须从传统的农村市场进入新(对于农户来说)的城市市场,这个"新市场"充满了各种新型的供应链主体,20世纪90年代以后迅速发展起来的各种连锁综合超市、生鲜超市和水果超市及其设置的各种私人标准,都为农户接近或进入这个市场设置了门槛。农户必须满足新市场所要求的一系列标准和交易特征,不仅包括外观、质量、口感、包装、安全等产品标准,而且包括交易量、交易时间等特征和要求。这是分散的小规模农户的能力之外的。

第三,现代物流业的不断发展及农产品配送中心的建立,降低了农产品的运输成本和交易成本,也为农产品提供了价格降低的空间和可能性。分散的小规模农户显然很难加入这种农产品流通链,当然也无法享受交易成本的降低,却可能要面临价格降低的压力。

在超市、物流配送中心等新型农产品供应链主体兴起和农产品流通全球化的各种背景下,农产品生产组织也不断进行创新,以适应供应链和市场的变化与完善。农民合作社是其中的一种被理论和实践所肯定的新型农产品产业组织,合作社在一定程度上缓解或消除了小规模农户参与市场的困境,将分散的小规模农户组织起来进入农产品供应链,以应对现代市场所要求的各种产品标准和交易特征。本文通过案例分析,以浙江箬横西瓜合作社为对象,对该合作社存在的意义和发展的原因等进行分析,并得到了若干启示。

二、案例分析

(一)浙江箬横西瓜合作社简介及其发展原因和现状

浙江温岭箬横西瓜合作社成立于浙江温岭箬横镇长山村。2001年7月,经温岭市农业林业局批准成立,2002年2月经工商行政管理局参照股份合作企业进行注册登记,注册资金5.22万元。2005年12月,按照《浙江省农民专业合作社条例》的规定进行了重新登记注册,注册资金50万元。合作社按社员生产经营能力和贡献业绩大小的比例确定社员的经营面积与认购股份,每股金额为1000元,一个社员占有的股份不能超过总股份的20%。

该合作社的产生有着其特殊的背景,是在西瓜生产与市场难以实现有效对接的矛盾下产生的。从20世纪90年代后期开始,当地农户纷纷从粮食作物转向西瓜种植,但一方面,缺乏有效提供技术服务的组织,许多农户种植的西瓜品质不佳、产量不高,绝大多数西瓜只能在当地廉价销售,无法实现经济效益。另一方面,瓜农难以有效连接市场,西瓜出现卖难,相当一部分瓜农因此遭受重大经济损失。面对各种矛盾和困境,急需一个能为农户提供技术服务、制定统一的生产标准、依托质量和品牌联结市场的产业组织,在彭友达为首的29户西瓜种植大户的带领和当地政府的帮助与支持下,箬横西瓜合作社成立。

至2005年底,合作社拥有正式社员152人,准社员130多人,固定资产296万元,西瓜生产基地13个,其中本市1个,海南2个,广东3个,广西2个,江西3个,安徽1个,云南1个,面积达1.3万多亩,联接农户9200户,在国内20个省份50多个水果批发市场建立销售网点,先后在各大中城市设立150多个专卖店,为"玉麟"西瓜流通建成了一条高速通道。2005年,该合作社销售"玉麟"西瓜2.6万吨,销售额达7820万元,返还社员盈余1050万元。

该合作社以法人身份对外进行经济活动,而对内的管理则既不同于企业又不同于社会团体。合作社为"玉麟"西瓜制定统一的地方技术质量标准,社员按照该标准严格进行生产、初加工和包装。在人事管理上,合作社每月向社员和非社员劳动力发放固定工资及相应奖金。合作社以生产基地为单位统一进行财务核算,扣除生产经营费用后的年终盈余,提取10%作为公积公益金,主要用于生产规模的扩大和福利开支;另外提取5%作为风险保障金,用于应付台风等自然灾害和其他突发性事件等,如有需要,这部分资金将会在各个基地之间相互调动使用;剩余的盈余则按照社员股份和贡献双重返利于社员,即在按经营面积(股份)进行盈余分配的基础上,根据每个社员所负责的种植面积上收获的西瓜产量(交易额)进行再次返利,以提高社员的投资积极性和生产积极性。

(二)相关成本与收益分析

本文的实证研究采用问卷调查和访谈调查的形式,调查地点为篛横西瓜合作社的温岭基地,调查对象为篛横西瓜合作社社长、部分社员和5个非社员农户,主要通过对合作社社长和5个非社员农户进行较细致的访谈调查,获取研究所需的成本、收益数据及其他相关信息。以下将通过分别描述合作社社员和非社员农户的成本与收益情况,并将两者进行比较来说明该合作社的存在是否产生了效益。

1. 几点说明和假设

在进行数据描述之前,需要进行以下几点说明和假设。

① 西瓜的生产销售过程大致为:11月浸种、育苗,12月初移苗于大田,次年5月可收获头茬瓜,其销售时间一直可持续到11月。也就是说,西瓜从生产到销售的一个完整周期刚好是一个年度。

② 合作社支付给社员的工资是1000元/月,每个社员平均负责种植5亩西瓜,这样每月每亩的工资收入为200元,以一年12个月计算,该年每个社员所得的每亩西瓜的工资收益为2400元。本文将非社员农户的劳动力成本也以1000元/月来计算。另外,非社员农户的劳动力成本和社员的工资收入都将被列为农户收益。

③ 本文在调查时通过对调查地点和调查对象的控制,排除了合作社社员和非社员农户在西瓜基地上存在的地域、土壤、气温等自然条件的差异。

④ 在合作社社员和非社员农户的成本数据中,有些可重复使用的生产资料的费用应该分几年来分摊,比如塑料薄膜、竹片等,本文为了简化将这些成本统一全部计入2005年成本中,因而合作社社员和非社员农户各自的净收益是偏小的,但两者的净收益仍具有可比较性。

⑤ 本文选择了具有3年以上种瓜经验的5个非社员农户进行调查,他们对西瓜种植技术和成本收益有较确切的了解。值得一提的是,对5个农户的调查所得的成本、收益等数据具有一致性,由此可说明这些数据具有典型性和可信性。

⑥ 据调查,非社员农户在整个西瓜生产周期中,平均每亩每年需雇

佣 0.9 个工作日的劳动力,每个工作日平均支付劳务费 50 元,这样每年每亩的雇佣劳动力成本为 45 元,计入西瓜的生产成本。

2.合作社社员和非社员农户的成本与收益描述

2005 年,箬横西瓜合作社社员和非社员农户的非劳动力成本如表 1 所示。

表 1 非劳动力成本

项目	合作社社员农户	非社员农户	差异
种子(元)	45	27	18
化肥、农药(元)	1100	1100	0
塑料薄膜(元)	1100	1100	0
竹片(元)	800	432	368
机械费用(元)	250	110	140
包装费(元)	1500		1500
滴管(元)		80	−80
雇佣劳动力成本(元)		45	−45
土地租赁费(元)	850	850	0
每亩总成本(元/亩)	5645	3744	1901
西瓜平均售价(元/公斤)	3.0	1.2	1.8
平均亩产量(公斤)	2600	2500	100
每亩收益(元/亩)	7800	3000	4800
每亩净收益(元/亩)	2155	−744	2899

西瓜的生产成本上,合作社社员和非社员农户分别为 5645 元、3744 元,合作社社员投入了更多的费用,最大的差距来源是合作社对西瓜的初加工耗费,即包装所用的标签、网袋和纸箱等品牌维护费用,这产生了 1500 元的成本差异。其他的一些生产资料如竹片及机械费用等也是差异的来源。两者的种子和化肥农药、塑料大棚等投入的费用几乎相同。

合作社社员虽然多投入了 1901 元的成本,但这直接带来了西瓜售价的明显不同,非社员农户的西瓜售价为每公斤 1.2 元,而合作社的西瓜售价达到 3.0 元/公斤,这 1.8 元/公斤的差距显然不是偶然,而是合作社的标准化生产与较高投入所形成的外观、包装、质量、口感和安全上的优势及其品牌效应所带来的高回报。在亩产量和价格差异的共同作用下,合作社社员和非社员农户的每亩收益产生了显著的不同,分别是7800 元和 3000 元。最后可得到合作社和非社员农户的每亩净收益差异为 2899 元。

3. 合作社社员和非社员农户的收益比较分析

以上描述了合作社社员与非社员农户之间的每亩成本、收益、净收益及其差异情况,但本文的研究目的不只在于分析该合作社是否创造了高收益,还在于了解该合作社社员是否获得了比非社员农户更高水平的收益,即该合作社是否为社员带来了增收效益。

为了更直接地说明社员们和非社员农户所得的比较,我们建立这样一个简单的成本收益函数:

$$r = (R - C)。$$

其中,r 表示社员的每亩净收益,R 表示合作社社员的每亩收益,C 表示合作社社员的每亩成本,I 表示合作社的留存金率(公积公益金和风险基金之比)。

这样,将对应的非社员农户的数据分别表示为 $r1$、$R1$、$C1$,则可以得到以下一组方程式:

$$r1 = R1 - C1,$$
$$r = (R - C)(1 - I)。$$

要证明合作社的社员能够得到比分散的非社员农户更高的收益水平,必须满足 $r > r1$,即 $(R - C)(1 - I) > R1 - C1$,将以上的调查数据代入,可得:

$$(r1 + 2899) \times (1 - 15\%) > r1,$$

则 $r1 < 16427.7$。

从上文的调查数据中可知 $R1 = 3000$,而 $r1 = R1 - C1$,则 $r1 < 3000$,因而 $r1 < 16427.7$ 是显然和必然的,也就意味着在提取 10% 的公积公益金和 5% 的风险基金后,能够肯定合作社社员农户的收益水平还

是高于非社员农户的收益水平。由此可见,该西瓜合作社为社员所带来的效益是明显的和实在的。

三、箬横西瓜合作社的发展成因和进一步发展的思考

(一)箬横西瓜合作社成功运作的成因

箬横西瓜合作社所取得的成效和良好的发展模式,除了当地政府对合作社的支持和指导外,更重要的是该合作社具有适合本身发展的制度结构和运作模式,它在坚持服务于社员、返利于社员的基础上,采取了新型合作社的一些典型原则,并对此进行恰当的创新以更适合自己的发展模式。该合作社不断提升的技术水平和良好的品牌形象也为其发展注入了生命力。

1.对新型农民合作社原则的恰当运用和创新

传统的"罗虚代尔原则"所包括的入社自由、退社自由、民主管理、一人一票、公平交易、利润返回等原则,新一代合作社已不再严格遵守,新型农民合作社对传统的合作社原则进行了一系列修正和创新,使其更适合于市场经济的发展和农民增收的目标。该西瓜合作社对这些新型合作社原则的恰当运用,是其良好发展状态的基本保证。

准社员制(社员资格不开放)。箬横西瓜合作社吸纳社员时的考核条件有:具有3年以上种瓜经验,基本上掌握"玉麟"牌西瓜的生产技术,并具有领导农民组织生产的能力等。在成为合作社的正式社员之前,农民须经过一个实习期和试用期的考核,考核通过后才能成为正式社员。该西瓜合作社在吸纳社员时采取准社员制,而且并不是对所有瓜农开放社员资格,这并没有改变合作社服务于民的宗旨,而是有计划、合理地吸收农户。准社员制一方面优化了合作社对农民的技术培训和服务的效果,另一方面使合作社社员数量和生产基地(面积)在规模上同步扩大,避免了低效率的"陷阱",并保证了原有社员的利益。

一人一票制。箬横西瓜合作社进行重大决定或选举时,通常采用全

体股东(社员)的一人一票制。一人一票和一股多票的差异也就是公平与效率的选择,合作社作为一个经济主体对外参与市场竞争,追逐利润,对内则应以服务为宗旨,不以赢利为目的,对所有成员一律平等,执行一人一票制以保证决策的民主性,避免少数股东联合操纵合作社的现象。

社员财产的明确性和股份的内部性。在该合作社中,所有的股份是由社员拥有的,但是每个社员的股数有一定限制,避免少数人控股的情况,从而违反合作社的服务性质。每个社员所拥有的各自的股份和财产是明确的,是"看得见,摸得着"的,社员拥有自由退股的权利,但是股权不能转让,以保证股份的内部性。对于知识水平较低、风险意识和抗风险能力相对较弱的农民来说,保证其财产的明确性和透明度显然是相当重要的。

按股份和交易额双重返利。按股份和交易额双重返利的原则也是该合作社发展与良好运行的重要保证,更多的资本和劳动投入带来了直接的效益回报,这不仅可以鼓励社员投资,更是提高了社员的生产积极性,避免了搭便车心理所造成的低效率,大大节省了合作社对社员的激励成本和监督成本。

2. 不断改善的生产技术和良好的品牌形象

对于任何一个企业来说,生产技术的不断改善和创新是保证生命力与可持续发展的必要条件。合作社不仅是一种制度创新,同时也能通过"知识溢出效应"促进技术进步推广。箬横西瓜合作社所在的长山村及其邻近村庄,甚至扩展到温岭市,西瓜种植户的比例相当高,形成了一个"社区"。在该社区中,人们相互联系密切,信息高度分享,并且又汇聚了大量的技术能人,一个人的技术创新或获得的信息,可以几乎毫无成本地被迅速推广和交流,其知识利用效率非常高,新技术的推广非常迅速。尤其在该合作社内部,依靠在研发上的人力和资金投入,实现了西瓜生产资料的不断更新、完善和生产技术的不断提高。

品牌是企业发展和产品升级的重要原因,一家一户做不出好品牌,农业合作社可以克服农户家庭在这方面的弱点。该合作社正是意识到了品牌的重要性,着力创建"玉麟"品牌,在统一生产、包装的前提下,为"玉麟"西瓜制定了关于外观、质量、口感、安全等各方面的标准,使西瓜的销售价格和知名度大幅提高。箬横西瓜合作社是在"一村(镇)一品"

的基础上建立和发展起来的,这一品牌不仅是合作社的品牌形象,而且已成为一种区域性的品牌。区域性品牌与单个企业的品牌相比,形象更直接,更具有更广泛和持续的品牌效应,它是一定区域内所有农户可以共享的无形资产。这一区域性品牌吸引了广大的批发商和消费者,在促进本社西瓜销售的同时,也为非社员的分散农户提供了买卖信息,建立了销售渠道,减少了交易成本。这就是区域品牌的连带效应,这种品牌效应是强大而广泛的。

(二)合作社规模扩大的有效性及其阻力

1.箬横西瓜合作社规模扩大的有效性

该合作社不断地开辟新的生产基地和扩大规模,营销网络随之不断扩展,市场占有率也在进一步提高,促使了交易费用的减少。但规模的扩大必然有一定的限度,这个规模限度取决于合作社创建所带来的收益增加和制度创新、维护成本的相对大小,在前者与后者之差达到最大时,实现了最优规模经济。

箬横西瓜合作社根据西瓜生产季节性强、不能连作、销售半径不大等特点,在当地稳定发展的基础上,实施"走出去"战略,在省外建立西瓜生产基地,进行异地开发和错位发展,努力拓展发展空间,不但拉长了"玉麟"牌西瓜的销售时间,实现了"玉麟"西瓜的全年供应,扩大了销售半径,而且大大减少了经营费用,增加了规模经济效益。

2.箬横西瓜合作社在规模扩大中的阻力

就该西瓜合作社而言,规模扩大的最大阻力并不是来自资金,而是技术人才的短缺、管理上的力不从心以及土地的稀缺。良好的生产技术对西瓜生产和合作社发展来说是关键的,当合作社规模扩大到一定程度后,继续不断地吸收具有合作社所要求的种瓜经验的能人已经显得有些困难,通过对农民进行必要的培训,并使农民在扎实的技术基础上进行积极的创新,是合作社得以不断发展的必要条件。

箬横西瓜合作社规模的不断扩大对合作社的管理提出了挑战。在合作社处于小规模和较强社区性状态时,其管理和内部交易秩序主要靠干部或领头人的威信来保证,同社区成员在文化、技能和期望上的同质性及对传统规矩与惯例的遵守，也便利了各种管理和交易的进行，所需的管理水平和成本都比较低。随着合作社规模的扩大，管理对象扩展到了省外（甚至国外）基地的农户，加上各个基地之间的资金调配和平衡、不同基地间完全相异的自然条件和相应的不同生产技术等，大大增加了管理的复杂性和困难性。这对于教育水平相对较低、知识体系相对较弱的农民企业家提出了巨大的挑战。

土地的有限性对于箬横西瓜合作社规模的进一步扩大也产生了一定程度上的阻碍。在本案例中，由于西瓜种植具有不能连种只能轮种的特殊性，种植过西瓜的土地至少要轮种其他作物3年以上才能够恢复继续种植西瓜所需的土壤，因此，合作社必须每年不断寻找新的土地来进行下一年度的西瓜生产。而西瓜种植对于土壤的酸碱度、温度、湿度等指标都具有一定的要求，这些都是合作社规模继续扩大和持续发展中所需要解决的问题。

四、启示和建议

第一，农民合作社为分散的小规模农户提供信息和技术的渠道，并代替小规模农户进入市场。这不仅增强了农民的安全感和抗风险能力，而且通过规模化生产、农产品质量的保证以及产品的品牌效益等提高了农民的谈判能力和地位，使农民获得了农产品价值链中的更大份额，农民也不再是单纯的价格接受者。农民合作社降低了小规模农户在市场中的高昂的交易费用，而且把交易成本节约所形成的经济剩余保留在农业内部，以增强农业自身的积累和发展能力，对农民增收和整个农业的发展都具有不可忽视的作用。

第二，在"一村（镇）一品"的基础上建立农民合作社是一种较好的发展模式。相对于农产品种类全，但规模小的发展状态，"一村（镇）一品"这种千家万户生产品种集中的发展模式更加有利于提升农产品质量，也更易于进入市场。若能将合作社建立在"一村（镇）一品"的基础上，将会大大节省其制度创新成本和交易费用。另外，在具有"一村（镇）一品"特色的区域内，该产品的生产技术往往已经趋于成熟和稳定，通过合作社的建立为该产品制定统一的生产技术或创立一个品牌,相对于一个没有发展基础的产品,会容易得多。

第三,实现产品的持续和批量供应应当成为合作社发展的一个目标。超市作为主要主体之一进入农产品供应链后,带来了一系列的变革。超市通过消费者信息的反馈和各种私人标准的实施引导着农产品的生产。无论是消费者传递的需求还是超市的私人标准,除了对产品本身质量、包装等有所要求外,都对农产品的持续和大批量供应提出了要求。若有必要,合作社应建立所需的仓储设施以保证对批发商需求的快速反应,保证农产品的持续供应。

第四,对农民进行教育培训可促进合作社的发展。我国农民合作社的发展在相当大程度上受制于农民的观念水平和文化素质,合作社推广和健康发展的前提之一在于农民对合作社这一组织的认可与接受。当地政府开展对农民的一些教育培训,提高他们的市场意识,增进他们对合作社的了解,并对他们进行技术上的指导和帮助,才能引导和促进合作社的发展。只有让农民自己转变观念,理性地进行收益和成本的比较,他们才会有自发成立或加入合作社的意愿,才会真正促进合作社的健康发展。

第五,要考虑合作社的适度规模。无限制地吸纳社员虽然没有违背合作社服务于民的宗旨,但很多合作社致力于吸收尽量多的农户,却没有建立起相应的管理机制和运行机制,进而并没有代替农民进入市场进行交易,只是形式上地组织生产,这实际上是一种低级状态的"产业集聚",对农民而言并没有实质性的增收效益。这样的合作形式不会带来合作的效率。因此,在现阶段的合作社的运行和管理中,应避免过度吸收社员,在合作社管理能力的范围内进行规模扩大和社员吸收,带动农民分批逐渐致富,急于求成反而会阻碍合作社功能的发挥。

第六,政府不宜过多干预合作社的日常管理。合作社的领头人往往是技术能人、村干部或当地乡镇干部,以干部的威望来建立和管理合作社,对于合作社的管理是有益的,但一些干部将合作社的管理和政府工作相混淆,常常运用政府的权力过多地干预甚至控制合作社的运作,这就会违背合作社的民主管理原则,最终受害的是农民。因此,地方政府不宜过多介入合作社的日常管理,而应对合作社进行支持、鼓励和适当的指导,这样会有利于合作社的健康发展。

参考文献

[1]Gereffi G. International trade and industrial upgrading in the apparel commodity chain [J]. Journal of International Economics,1999 (48):37-70.

[2]Jim Bingen,Alex Serrani,Julie Howard. Linking farmer to market:Different approaches to human capital development [J]. Food Policy,2003(28):405-419.

[3]Litch,et al. Agricultural trade labialisation and proved dynamics in three developing countries [J]. American Journal of Agricultural Economics,2003(12):1285-1291.

[4]Stockbridge M. Farmer organization for market access:Learning from success[J]. Literature Review,London:Wye College,2003.

[5]Weatherspoon D D,Reardon T. The rise of supermarkets in Africa:Implications for agrifood system and the rural poor [J]. Development Policy Review,2003(3):333-355.

[6]黄祖辉,蒋文华.农业于农村发展的制度透视——理论述评与应用分析[M].北京:中国农业出版社,2002.

[7]黄祖辉,刘东英.我国农产品物流体系建设与制度分析[J].农业经济问题,2005(4):49-53.

[8]金波,关海玲.产业集聚形成机制分析[J].山西高等学校社会科学学报,2005(3):53-55.

[9]刘从九.基于供应链的农产品流通组织重构[J].中国合作经济,2004(5):53-56.

[10]刘东明.农业产业化与农产品流通[M].北京:中国审计出版社,2001.

[11]马跃峰,赵予.农产品流通中农户组织问题的研究[J].研究与探索,2004(120):53-55.

[12]谭涛,朱毅华.农产品供应链组织模式研究[J].现代经济探讨,2004(5):24-27.

买方垄断农产品市场下的
农民专业合作社发展①

一、引言

新一轮的我国农民专业合作社发展始于 20 世纪 90 年代后期,截至 2008 年 9 月底,依法新登记并领取法人营业执照的农民专业合作社已达到 7.96 万户,实有成员数 108.15 万个,其中农民成员 104.09 万个。② 这些农民专业合作社围绕当地农业主导产业的发展,为广大农户提供农资供应、产品销售、产品加工、市场信息、技术交流等各类服务,在农民增收、农业增效方面发挥了很好的作用(许行贯等,2004)。我国农民专业合作社的快速发展引起了理论界的广泛关注,并产生了诸多研究成果(苑鹏,2001;黄祖辉、徐旭初、冯冠胜,2002;孔祥智,2003;张晓山,2004;杜吟棠,2005;应瑞瑶,2006;林坚、黄胜忠,2007;任大鹏、郭海霞,2008)。但也许是我国目前仍然处于农民专业合作社的发展初期,其规模和市场竞争力仍然有限,使得欧美诸国农业合作社在改变农业行业竞争格局,特别是在买方垄断市场中所发挥的重要的"竞争尺度"(competitive yardstick)功能并没有引起我国理论界的足够关注。

---

① 本文作者为黄祖辉、邵科。本文内容发表在《农村经营管理》2010 年第 10 期。本文为笔者在"新形势下海峡两岸农业合作与发展"学术研讨会(2009 年 8 月 18 日,北京)上的发言论文。
② 源于农业部经管司司长孙中华在《农民专业合作社法》执法检查总结交流会议上的讲话,见中国农民专业合作社网。

　　基于我国农民专业合作社的良好发展态势以及其在可以预见的将来将会发挥的重要的竞争尺度功能,本文首先对买方垄断市场和合作社在其中所发挥的竞争尺度等功能进行理论探讨,然后从买方政府垄断和买方市场垄断两个维度探讨我国农民专业合作社的生存空间和理论上的竞争尺度等功能,最后探讨在农产品买方垄断市场下的我国农民专业合作社的发展前景。

二、买方垄断农产品市场与合作社的竞争尺度功能

　　在一个完全竞争的环境下,市场上存有许多买者与卖者,没有谁能够控制价格;但是随着市场中买、卖双方个体规模的扩大和市场集中度的提高,市场结构开始偏离完全竞争的状态,并出现包括卖方独家垄断市场、卖方寡头垄断市场、买方寡头垄断市场和买方独家垄断市场等在内的不同市场结构状态(Raper et al.,2000)。

　　虽然主流的现代经济学教科书一般都认为,农业是现实世界中为数不多的接近于完全竞争市场的产业之一。但实际上,在一个典型的农业市场中,初级农产品的生产通常是由数量众多但分布较散的农民所承担,他们扮演了价格接受者的角色,而初级农产品的加工者一般由数量相对较少的企业所担当(Sexton,1990),这就使得初级农产品交易市场中出现了明显的买、卖双方力量不均,特别是考虑到农产品的低需求弹性,以及农产品的笨重性和易腐烂等特性,很多时候农产品必须在短期内运到交易市场或者出售给加工商,因此,在农产品市场上,买方往往拥有更强的市场力量。美国的鲶鱼生产者和加工部门之间的关系就是这种力量对比的典型(Kinnucan & Sullivan,1986)。

　　对于东亚小农国家,尤其是我国而言,由于两千多年来农村和农民的高度"破碎化"状态(刘祖云、曲福田,2007),在多数时候,小农承担不起昂贵的运输费用,甚至有些地方连运输农产品的基本交通条件都不具备;此外,虽然我国在诸多农产品行业中并不存在非常有实力的农产品加工企业,但它们仍然在与由这些"破碎化"的小农所构成的生产者的博弈中占据绝对优势。特别是在本地加工企业只有一家或者非常少的情

况下,完全有可能出现地区性的买方独家垄断局面(Noll,2005),出现敲竹杠问题(黄祖辉、王祖锁,2002)。因此本文倾向于认为,我国的农产品市场至少在一些农产品方面呈现买方垄断的格局。

在这种买方垄断的农产品市场中,追求效益最大化的垄断者将会以比竞争市场水平条件下更低的价格水平来购买农产品原料,从而使得农业生产者只能获得较低的销售价格而使经营状况恶化(Novkovic,2008)。而作为农民用以进行自我服务并实行民主控制的合作社,被视为有助于提升初级农产品市场不完全竞争态势的绩效,并增加总体经济福利(Sexon & Iskow,1993)。与之相关的一个极为重要的概念是"竞争尺度",它是由诺斯在 20 世纪 40 年代提出(Hogeland,2003),它被视为维持了合作社在市场当中的存在,并且会促使以效益最大化为目标的企业表现得更有竞争性。竞争尺度背后的逻辑是合作社能够给农民提供更加优惠的价格,甚至以成本价格给合作社成员提供服务,参与竞争的企业必须匹配合作社的绩效以避免其业务的丢失,因此市场将会朝着竞争均衡方向发展(Hoffman. & Royer,1997)。

虽然此后曾有研究者质疑过合作社竞争尺度对市场福利增进的传统观点(Helmberger,1964)。但是包括 Duft(2009)在内的更多研究者坚信合作社仍然会在 21 世纪发挥重要的竞争尺度功能。而近年来更多的研究者都通过各自的研究证明了合作社竞争尺度功能的存在(Milford,2004;Zhang et al. ,2007;Tribl,2009)。因此本文也将在对合作社竞争尺度功能持肯定态度的基础上,分析我国农民专业合作社在买方垄断农产品市场环境下的发展问题。

三、买方垄断农产品市场与合作社的发展空间

我国的买方垄断农产品市场,实际上可以分为两种典型类型:一种是计划经济时期的诸如蚕茧、粮食产业,以及现行的烟叶种植业,它们具有明显的买方政府垄断特征;一种是通常的农产品产业,由于下游企业的强势等因素,具有明显的买方市场垄断特征。这两种买方垄断市场虽然产业上游都是由数量众多、规模较小的农民所组成,但是其下游买方

却有着鲜明区别。在前一种类型中,由于国家的法律赋予,使得下游买方具有合法的买方垄断特征,并且这些下游买方基本为政府部门所控制,如同一个准政府部门。而后一种类型的买方垄断市场形成则不是政府力量作用的结果,更多的是市场结构不均衡的结果。

(一)买方政府垄断与合作社的发展空间

在我国,烟草行业具有典型的买方政府垄断特性。由于烟草制品的顽固嗜好消费品特性、卷烟产品旺盛需求下的高税收收益特征,以及由此决定的我国烟草行业"统一领导、垂直管理、专卖专营"的特殊管理体制(刘建贵,2005),我国的烟叶购销具有鲜明的买方政府垄断特性,并且这种买方垄断还是一种极为少见的完全买方垄断市场。也就是说,烟农在生产出烟叶后,烟草公司按照政府规定的烟叶收购计划、价格和烟叶国家标准对烟农提交的烟叶进行等级检验和收购,其他任何部门和个人不得私自收购。这就决定了烟叶的销售价格刚性,处于生产环节上的分散烟农,在短期内对自己所生产的烟叶并不具有一般商品生产者所拥有的议价能力。[①] 并且由于烟叶购销环节是完全的买方政府垄断,烟叶收购市场上根本不可能形成第三方力量来充当烟叶收购、加工商的角色,从而打破这种完全买方垄断。不过,国家对烟叶产业的完全垄断主要体现在烟叶购销环节,烟草部门并不强制要求农户都种植烟叶。因此,尽管烟叶购销环节具有完全的买方政府垄断特征,但烟叶种植却是放开的,也就是说,烟农可以选择"用脚投票",如不从事烟叶生产,转从他业。如果农民放弃种烟的话,那么就会影响烟草部门完成烟叶生产计划,进而影响到政府的税收收入。

从理论上讲,烟农可以通过组织化的集体行动,如建立烟农合作社,与烟草管理部门进行各种层次的谈判与博弈,进而促使烟草部门提供更多优惠的生产物资,提供更多的专业化服务和提高烟叶收购价格等,最终保障烟农的权益。在此意义上,烟农合作社对于买方政府垄断局面的改变起着正面作用,因为它能发挥竞争尺度的功能。因此,烟农合作社

---

① 　至多拥有向烟草部门表示异议和进行提价反映的权利,这种反映对烟草部门的定价往往作用不大,尤其在短期内不会起到作用。

应该具有发展的空间,农民也具有发展烟农合作社的意愿。

此外,我国的烟农种植群体绝大多数是传统烟农,尽管他们有较丰富的种植经验,但基本上处于小农生产状态。这些烟农很少拥有各种种植烟叶所需的机械设备;缺乏用以扩大生产规模的资本;烟草种植的各个环节主要依赖于家庭劳动力完成,无法获得系统、有效的社会化专业技术服务;在家里年轻一代外出务工的情况下,他们也有可能面临着劳动力短缺的问题。以上因素导致烟叶生产的标准化水平不高,生产出来的烟叶质量等级偏低,进而种植烟叶的获利空间十分有限。通过合作社组织功能,有可能帮助传统小规模烟农克服这些困难。事实上,农业合作社在国内外的成功发展经验,也证实了其在提供各种专业技术、信息甚至用工服务等方面,都发挥了重要作用。这表明,即使就技术层面而言,在买方政府垄断市场情况下,烟农专业合作社也应该具有发展的空间。

(二)买方市场垄断与合作社的发展空间

与买方政府垄断农产品产业不同,买方市场垄断农产品产业更加体现其下游的市场竞争方式和竞争机制,并且这种买方市场垄断更多的是一种买方寡头垄断市场或者买方垄断竞争市场。

我国买方市场垄断的农产品市场中最为典型的是鲜奶市场。改革开放以后,我国首先发展起来的鲜奶加工厂是国有、合资以及民营等规模不等的非合作社型牛奶加工企业;而与此同时,哪怕经历了去年的三鹿奶粉事件,我国的奶牛养殖者占主体的仍然是小而散的奶农,他们本身并不具有鲜奶加工能力,必须每天把鲜奶卖给牛奶加工企业。因此,鲜奶市场上呈现的是大量的、弱小与分散的奶农和相对少量的、具有一定规模的牛奶加工企业的交易格局。在大多数情况下,鲜奶市场的定价权掌握在加工企业一方手中。

在这种市场竞争格局下,奶农不但很难分享产品加工增值的利润,而且有时连基本的养殖收益都难以得到保证,不仅如此,每一次奶制品市场价格波动所带来的风险和损失,最后都会传递给奶农。以三鹿奶粉事件为例,虽然三鹿公司本身是以破产的形式得到了惩罚,但实际上损失更大的仍是处于产业上游的众多奶农。因此,分散的奶农具有组织化、建立合作社,甚至组建牛奶加工厂的动力,因为这同样能发挥竞争尺度的功能。可以说,与买方政府垄断的烟农相比,在奶牛养殖者中,合作社应该具有更大的发展空间。

世界上许多国家的实践表明,乳制品产业是合作社发展最好的农业产业之一。新西兰的恒天然集团(Fonterra Co-operative Group)、荷兰的皇家菲仕兰坎皮纳公司(Friesland Campina)都是奶农合作社发展的成功典范。这些国家的奶农合作社在与其他类型牛奶加工企业的竞争中取得了相当程度的胜利,奶农合作社在鲜奶收购市场上发挥着巨大的竞争尺度功能。因此,对于我国而言,通过成立奶农合作社,让奶农介入鲜奶收购与加工的下游产业链,比如介入奶站经营,甚至进一步参股和组建鲜奶加工厂、介入奶制品终端销售市场等,不仅有助于奶农利益的维系,而且也有助于乳制品质量的提高。

此外,除了发挥竞争尺度功能外,奶农合作社在奶牛病虫害防止、标准化奶牛养殖技术推广、养殖饲料和养殖设备的集体采购或共享等方面,也能发挥非常重要的作用。

四、买方垄断农产品市场下合作社发展的前景

在我国的买方垄断农产品市场中,下游产业链环节的主体力量要明显强于产业链上游的农民群体,因此,当农民想要通过组织化的集体行动来保障和提升自己的收益,发挥合作社的竞争尺度功能,将会比非垄断性的农业产业面临更大的发展压力。

以我国的烟草产业为例,由于上文已经提及的我国烟草行业的特殊管理体制,在很大程度上限制了烟农集体化行动的空间,大多烟农已经习惯于这种政府买方垄断的市场格局。烟草公司也不太可能主动放弃这种政府垄断格局。再加上,我国从事烟叶生产的农民大多处于经济欠发达地区,文化教育水平较低,自给自足的小农意识较浓,能人也相对缺乏,因而也缺乏自组织的动力与能力。值得关注的是,不少省份的烟草公司正在开始扶持烟农合作社的发展,但烟草公司支持烟农组建合作社的重要动机,一是想通过合作社来确保烟叶计划的完成,二是想利用合

作社来替烟草公司与烟农进行对话,降低烟草公司直接和分散烟农打交道的交易成本。尽管如此,烟草公司的这种扶持,客观上会给烟农一次不可多得的自我组织化的机会,同时,合作社在对烟农进行生产技术培训与服务、种烟物资配送等方面能发挥重要作用。因此,我国烟农合作社的发展与走向,很值得关注。

就奶业而言,尽管实践中我国已有不少的奶农合作社,但由于我国奶农普遍经营规模小,缺乏经营资金和管理能力,奶农的触角只能延伸到奶站(基地)环节,很难介入鲜奶加工环节,更谈不上持有或者控制公司的股份。不仅如此,由于我国奶业龙头企业主导的奶业产业化格局要先于农民主导的奶农合作社发展,牛奶加工环节已经形成了相当高的进入门槛。因而,即使有了奶农合作社,奶农在整个奶业中的弱势地位仍将难以改变,奶农合作社要发挥其竞争尺度功能还任重道远。

总之,一方面,买方垄断农产品市场存在农民组织化的内在需要,但另一方面,农民组织化在现实中又面临种种困难,因此,无论从改善农民生存境遇和提高农民整体福利水平的角度,还是从改善市场竞争态势的角度,政府部门都应该积极扶持农民合作社的发展,如:进一步宣传和推广示范合作社,普及相关知识;加强对合作社核心成员的专业培训力度;加大合作社在税收、贷款获得等方面的优惠力度;等等——以促使农民合作社的发展壮大,发挥其竞争尺度功能,改变不利于农民的农产品买方垄断市场格局。

参考文献

[1] Bauchowitz A U, 2005. "Psychosocial Evaluation of Bariatric Surgery Candidates: A Survey of Present Practices". Psychosomatic Medicine: 825-832.

[2] Helmberger P G, 1964. "Cooperative Enterprise as a Structural Dimension of Farm Markets". Journal of Farm Economics, (3):603-617.

[3] Hoffman S H, Royer J S, 1997. "Evaluating the Competitive Yardstick Effect of Cooperatives on Imperfect Markets: A Simulation Analysis". Paper presented at Western Agricultural Economics Association Annual Meeting.

[4]Hogeland J A，2003．"How Culture Drives Economic Behavior in Cooperatives"．Journal of Rural Cooperation，(1)：19-36．

[5]Kinnucan H，Sullivan G，1986．"Monopsonistic Food Processing and Farm Prices：The Case of the West Alabama Catfish Industry"．Southern Journal of Agricultural Economics，(2)：15-24．

[6]Milford A，2004．"Coffee，Co-operatives and Competition：The Impact of Fair Trade"．CMI Report，(6)．

[7]Noll R G，2005．"Buyer Power and Economic Policy"．Antitrust Law Journal，(2)：589-624．

[8]Novkovic S，2008．"Defining the Co-operative Difference"．Journal of Socio-economics，(6)：2168-2177．

[9]Raper K C，Love H A，Shumway C R，2000．"Determining Market Power Exertion between Buyers and Sellers"．Journal of Applied Econometrics，(3)：225-252．

[10]Sexton R J，1990．"Imperfect Competition in Agricultural Markets and the Role of Cooperatives：A Spatial Analysis"．American Journal of Agricultural Economics，(3)：709-720．

[11]Sexton R J，Iskow J，1993．"The Competitive Role of Cooperatives in Market-Oriented Economies：A Policy Analysis"．in Csaki C，kislev Y（eds.），Agricultural Cooperatives in Transition，Boulder，Colo.：West View Press：55-83．

[12]Tribl C，2009．"Spatial Competition in a Mixed Market of Food Processors：the Case of Uniform Delivered Pricing"．Paper prepared for presentation at the International Workshop "Rural Cooperation in the 21st Century：Lessons from the Past，Pathways to Future"．

[13]Zhang J，Goddard E，Lerohl M，2007．"Estimating Pricing Games in the Wheat-Handling Market in Saskatchewan：The Role of A Major Cooperative"．Advances in the Economic Analysis of Participatory and Labor-Managed Firms：157-191．

[14]杜吟棠，2005.农业产业化经营和农民组织创新对农民收入的影响.中国农村观察，(3)：9-18．

[15]黄祖辉、王祖锁，2002.从不完全合约看农业产业化经营的组织方

式.农业经济问题,(3):28-31.

[16]黄祖辉、徐旭初、冯冠胜,2002.农民专业合作组织发展的影响因素分析——对浙江省农民专业合作组织发展现状的探讨.中国农村经济,(3):13-21.

[17]孔祥智,2003.农民专业合作经济组织:认识、问题及对策.山西财经大学学报,(5):1-5.

[18]林坚、黄胜忠,2007.成员异质性与农民专业合作社的所有权分析.农业经济问题,(10):12-17.

[19]刘建贵,2005.当前烟草转折时期的哲学思考——如何以科学发展观指导烟草行业持续发展.中国烟草学会论文集.

[20]刘祖云、曲福田,2007.由"碎片化"走向"组织化"——中国新农村建设的战略构想.社会科学,(6):54-63.

[21]任大鹏、郭海霞,2008.合作社制度的理想主义与现实主义——基于集体行动理论视角的思考.农业经济问题,(3):90-94.

[22]许行贯等,2004.创新农村经营体制的探索与实践,杭州:浙江人民出版社.

[23]应瑞瑶,2006.农民专业合作社的成长路径——以江苏省泰兴市七贤家禽产销合作社为例.中国农村经济,(6):18-23.

[24]苑鹏,2001.中国农村市场化进程中的农民合作组织研究.中国社会科学,(6):63-73,205-206.

[25]张晓山,2004.促进以农产品生产专业户为主体的合作社的发展——以浙江省农民专业合作社的发展为例.中国农村经济,(11):4-10,23.

台湾农会的发展经验与启示

——兼议大陆农民合作组织的发展方向①

一、引言

自 20 世纪 90 年代,特别是 2007 年《农民专业合作社法》实施以来,作为新型农业双层经营体制重要组织载体的农民专业合作组织,得到了迅速发展。截至 2009 年底,大陆依法在工商行政管理部门登记的农民专业合作社已达 24.64 万家,实有入社农户约 2100 万户,已占全国农户总数的 8.2%。② 然而,在这些年里,关于农民合作组织的专业化与综合化发展道路的争议从未停止。一些研究者认为,以加强国家介入、发展多层次综合合作体系为目标的农民合作化新道路才适合当前的国情③,也有

---

① 本文作者为黄祖辉、邵科、徐旭初。本文内容发表在《台湾研究》2010 年第 5 期。

② 彭丹梅:《大力发展农民专业合作社》,《农民日报》,2010 年 2 月 10 日。

③ 仝志辉、温铁军:《资本和部门下乡与小农户经济的组织化道路——兼对专业合作社道路提出质疑》,《开放时代》,2009 年第 4 期,5-26 页;"建设社会主义新农村目标、重点与政策研究"课题组:《部门和资本"下乡"与农民专业合作经济组织的发展》,《经济理论与经济管理》,2009 年第 7 期,5-12 页。

一些地方进行了综合农协模式的积极探索①。这种综合农协发展思路的重要支撑源于东亚日、韩两国农协以及我国台湾地区农会的发展经验。

鉴于农民合作组织的发展道路问题关系到小农户进入大市场的战略路径选择问题,关系到整个农民群体的组织化方式,将对我国"三农"问题产生重大影响,本文将以我国台湾地区农会发展经验为基础,讨论我国下一步农民合作组织的发展道路问题。

二、台湾地区农会的历史演变

(一)日据时期(1900—1945年)

日据时期的台湾农会系官制、官治农会。在1908年台湾农会规则与台湾农会规则实施细则颁布之后,农会就开始由日本官吏主导筹组,其设立均与州厅或全岛行政机关栉比并存,由政府由上而下设立而成,以协助推动殖民政策为目的。② 农民会员的需求与意愿并未受到农会重视。③ 其时,农会实施强制入会及征收会费制度,农民不能不参加农会。随着全面抗战以及太平洋战争的爆发,日本对粮食等战略物资的需求日益增加,也为进一步贯彻"工业日本、农业台湾"的统治策略,日本政府在1937年发布台湾农会令,形成台湾农会——州厅农会的二级制农会;1944年,日本进一步强化农会统治,将各地农会和各种同业组合合

---

① 陈林:《瑞安农协:新农村建设的"温州模式"》,《中华合作时报》,2006年8月15日,A11版;陈林:《瑞安农协:新型合作化之路》,《人民论坛》,2006年第9(A)期,37-38页;袁亚平、鄂平玲:《瑞安农协:农村"三位一体"新实验》,《中国经济周刊》,2006年第47期,36-38页;魏登峰:《农民合作新径——记瑞安大农协与它的实践者》,《农村工作通讯》,2008年第2期,30-32页。

② 目前各界公认的台湾地区第一个农会是成立于1900年的台北县三峡农会。

③ 胡忠一:《日据时期台湾农会之研究》,《农民组织学刊》,1996年第1期,77-125页。

并成全岛、州厅、市街庄三级制农会。① 回顾日据时期的台湾农会史,农会基本上是日本殖民统治当局渗透台湾农村社会、榨取农业资源的机制②,在日本殖民统治末期更是被日本侵略战争所捆绑。

(二)台湾光复后变动时期(1945—1949 年)

当年的国民政府在光复台湾以后,因受国民党在大陆发展农民组织的影响,将合作社从农会中分离出来,专营经济、金融业务,农会则专办推广事业③。但是,台湾当局对台湾农民组织现实缺乏足够了解,导致农会改革计划失当,引来合作社与农会之间的财产纠纷④;而且,农会核心成员被乡绅地主阶级所把持,且农会亏损累累,各项业务大幅萎缩,几近停顿⑤,严重影响到农会正常运营和整个乡村地区的稳定。

另外,随着国民党败退台湾,台湾地区作为国民党的最后生存场所,其社会经济生活安定重要性凸显,当局意识到必须进一步加强对台湾基层农村的控制,并获得农民支持,而土地改革正是争取广大农民认同的重要内容;此外,土地改革也是改进租佃关系、改善佃农生活、提高佃农生产积极性、实现粮食增产的重要手段。为了确保土地改革成功,为了掌控并促进农村稳定发展,日本殖民政府遗留下来的农会组织便成为当局改革的首要目标⑥,恢复日据时期战时统管制度

---

① 林欣宜:《三峡农会志》,台北:台北县政府文化局,2004 年,18-30 页。

② 黄俊杰:《农复会与台湾经验:1949—1979》,台北:三民书局股份有限公司,1991 年,106-130 页。

③ 程朝云:《光复初期台湾农会与合作社分合问题》,《台湾研究集刊》,2006 年第 2 期,57-65 页;廖树宏:《台湾农会新合作化经营》,台北:商讯文化出版社,2008 年,12-23 页。

④ 程朝云:《光复初期台湾农会与合作社分合问题》,《台湾研究集刊》,2006 年第 2 期,57-65 页。

⑤ 黄俊杰:《农复会与台湾经验:1949—1979》,台北:三民书局股份有限公司,1991 年,106-130 页;邱涌忠:《100 岁农会的省思》,《农政与农情》,2000 年第 5 期,48-51 页。

⑥ 廖坤荣:《台湾农会经营管理的困境:网络理论的分析》,《政治科学论丛》,2002 年第 16 期,163-190 页;程朝云:《光复初期台湾农会与合作社分合问题》,《台湾研究集刊》,2006 年第 2 期,57-65 页。

也就成为最方便、省事而且有效的统治手段①，于是，农会和合作社很快又再次合并。

（三）台湾地区各级农会改进时期（1949—1974 年）

1949 年，由陈诚任主席的台湾当局在农复会的建议下，决定由农会与合作社进行合并改组，成为多目标经营的农会组织，由台湾地区农林事务主管部门主管。1950 年，农复会又邀请美国康奈尔大学教授安德生（W. A. Anderson）赴台进行农会调研，其所做报告的主体内容为台湾当局所接受，并且体现在 1952 年颁布的改进台湾地区各级农会的暂行办法中。这次改革总体上是成功的，确立了台湾农会的基本体制（多功能性和农村独占等）②。在随后近 20 年时间里，农会一直扮演着台湾当局特殊代理人的角色，配合当局实施肥料换壳，促进农业生产技术应用推广等，赢得了农民的支持，为台湾当局制定"以农业培养工业，以工业发展农业"的长期经济发展策略做出了特殊的贡献，奠定了战后台湾地区经济奇迹的基础。

（四）台湾地区新农会有关规定实施以来时期（1974 年至今）

台湾地区在 1974 年通过新农会有关规定，其最大特色是赋予农会办理金融业务特殊权力，使得农会透过独占事业（信用部门）与诸多农业行政机能直接或间接地衔接，加之当局的指导控制，农会成为当局治理农村的重要乡村代理机构，即政治上的威权侍从体、经济上的资源统制代理与发展机构、行政上的农业事务代理机构，以及社会动员上的组织代理机构。③

此后，农会作为地方盟主的基础受到了冲击。一方面，台湾地区农

① 林宝安：《战后台湾农会变迁与政府之关系》，郝志东、廖坤荣：《两岸乡村治理比较》，北京：社会科学文献出版社，2008 年，280-294 页。

② 林宝安：《农会改进：战后初期台湾农会体制的建构》，《人文及社会科学集刊》，2009 年第 1 期，143-188 页。

③ 林宝安：《战后台湾农会变迁与政府之关系》，郝志东、廖坤荣：《两岸乡村治理比较》，北京：社会科学文献出版社，2008 年，280-294 页。

会不断牵连到政治中,时有黑金丑闻发生;另一方面,受到 20 世纪 90 年代中后期泡沫经济破灭和亚洲金融风暴的双重影响,农会信用部门发生了一连串挤兑事件,农会一度风雨飘摇,进而引发了 2001 年台湾当局强制 36 家农渔会信用部门将财产让与 10 家银行接管,2002 年 12 万农渔民大游行等事件①。

虽然农会近年来在不断调整变革,农会有关规定 1974—2009 年历经了 13 次修订,以应对农业产业结构调整,适应社会经济总体发展变迁,适应中国台北单独关税区加入 WTO 的外部环境,但却难以摆脱社会形象欠佳局面,还常被与地方派系画上等号,外界常常将其与政治联系起来,农会面临内在危机与外在挞伐的双重挑战②。

三、台湾地区农会的定位、特征与成功要素

(一)台湾地区农会的组织定位

自从日本政府认识到农会组织对于其构建稳定之台湾殖民统治、获取台湾丰富农业资源之作用,并且于 1908 年对农会组织进行立法,使之合法化之后,农会便成为政府公权力深入民间社会的一种力量③,其作为政府代理人、配合政府开展活动的组织定位从日据时期后一直被延续下来。农会作为农民互助性合作组织特征虽曾隐约浮现,但是始终未成为农会主要组织属性。不仅如此,1974 年农会有关规定修改后,台湾当局还对农会的威权统合主义体制给予制度化的确认,并废除农会股金制

①　邱涌忠:《100 岁农会的省思》,《农政与农情》,2000 年第 5 期,48-51 页;林宝安:《农会金融改革——事件或结构》,2003 年台湾社会学会年会暨迈向新世纪的公平社会——社群、风险与不平等研讨会;廖树宏:《台湾农会新合作化经营》,台北:商讯文化出版社,2008 年,12-23 页。

②　廖坤荣:《台湾农会的社会资本形成与政策绩效》,《政治科学论丛》,2004 年第 22 期,181-220 页。

③　黄俊杰:《农复会与台湾经验:1949—1979》,台北:三民书局股份有限公司,1991 年,106-130 页。

度,使得农会更加脱离农民合作组织的本质。

(二)台湾地区农会的组织特征

农会的台湾当局代理人定位,广泛体现在各个县(市)以及乡(镇、市)基层。

1.组织设置普遍性

台湾地区农会,分为县(市),以及乡(镇、市)等多个层级,虽然 20 世纪 70 年代以后出现过一些农会的合并,但是台湾地区至今仍拥有 302 家农会,其组织区域基本覆盖台湾地区所有行政区域[①],加上分布于村级层面的农事小组,台湾地区农会组织极具普遍性。

2.组织功能多样性

台湾地区农会有关规定明确规定"农会以保障农民权益、提高农民知识技能、促进农业现代化、增加生产收益、改善农民生活、发展农村经济为宗旨",使得农会组织功能呈多样性,涵盖政治、经济、社会、教育四大功能,成为一个集公共组织、企业组织和非营利组织于一体的多功能综合性组织。[②]

3.组织业务互补性

与上述四大功能相适应,台湾地区农会的组织业务多达 21 项。其中与政治功能相对应的业务包括农民权益保障和当局委托业务执行等;与经济功能相对应的业务包括农产品运销、仓储、加工、制造业务等;与社会功能相对应的业务包括农村文化、医疗卫生、福利及救济事业业务等;与教育功能相对应的业务包括农业推广、训练,农事指导、示范等。农会的四大功能与其所对应的业务之间呈现紧密的关系(见图 1)。

---

① 萧景楷:《农会整合转型之研究》,台湾当局农业事务主管部门 2004 年科技研究计划研究报告,2004 年。

② 廖坤荣:《台湾农会与农村永续发展:公私伙伴途径分析》,郝志东、廖坤荣:《两岸乡村治理比较》,北京:社会科学文献出版社,2008 年,295-311 页。

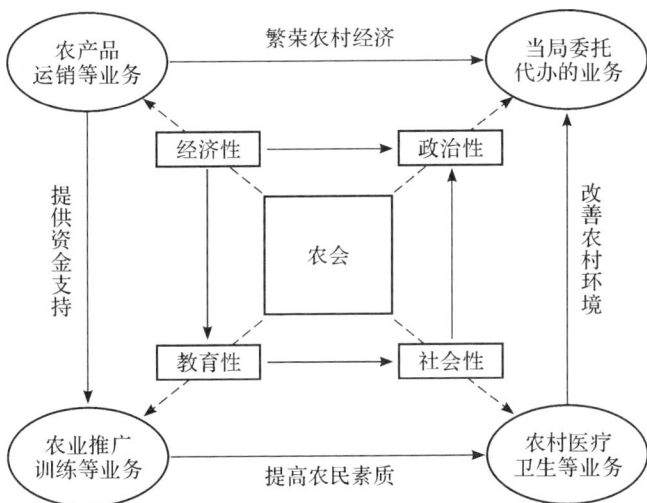

图 1　台湾地区农会功能、业务与农村发展关系①

4.组织人员控制性

早在日据时期,农会的正副会长就由各级政府首长兼任,重要职务由日本政府任命,组织人员受政府控制色彩浓厚。② 台湾光复后,虽然有过地方乡绅介入并控制农会的情况,但总体上仍然是当局控制农会。典型的一个例子是 1954 年农会改组后,在农会 3743 位理事中,国民党员有 3607 人,占 96％;在 1530 位监事中,国民党员有 1503 人,占 98％;总干事则 100％是国民党员,可以说是国民党完全掌握了对农会的控制权。③ 在 1974 年的农会有关规定修订过程中,规定总干事遴选先由主管机关遴选,再交理事会遴选和聘任,在法律上保证当局对农会和农会核心决策者的掌控。④

---

① 廖坤荣:《台湾农会经营管理的困境:网络理论的分析》,《政治科学论丛》,2002年第 16 期,163-190 页。

② 根据廖坤荣《台湾农会的社会资本形成与政策绩效》中图 4 改编(廖坤荣:《台湾农会的社会资本形成与政策绩效》,《政治科学论丛》,2004 年第 22 期,181-220 页)。

③ 林欣宜:《三峡农会志》,台北:台北县政府文化局,2004 年,18-30 页。

④ 黄德福、刘华宗:《农会与地方政治:以台中县与高雄县为例》,《选举研究》,1995 年第 2 期,63-82 页。

(三)台湾地区农会的成功要素

1. 日据时期打下基础

应该说,台湾地区农会在日据时期发展得相当出色,这可以从台湾光复后的《台湾省农业组织调查报告》中看出:"台湾省农业会机构健全、运用灵活,实为今世不可多见之农业组织,台湾农业能有今日之发达,实得益于农会之制度。日人数十年来锐意扶持农会事业,借以加强其控制,虽其居心不良,但其用力可佩。"[①]从这一意义上讲,台湾地区农会的成功是得益于日据时期打下的基础。[②]

2. 农会改革有关规定比较得当

台湾光复后,当局针对农会组织进行了两次大的政策调整和规定修改,尤其是 1954 年完成的农会暂行规定,起到了净化会员资格、树立权责划分制度、导入合作意识的效果,使得多功能目标的农会组织与当时的农民和社会经济环境比较吻合。而且,当局在有关规定上限制信用合作社及商业银行在乡镇设立,使得农会信用部门在大部分乡村成为唯一的金融机构,农会可以在相对封闭、稳定和安全的环境中发展,无人与其进行竞争,农会信用部门因此获得了大量收入,并且成为农会收益的主要来源[③],充足的资金推动了农业技术推广等农会活动的开展,促进了农会的多功能发展。

3. 相关改革和当局强力推动

台湾当局从 1949 年开始实行三七五减租、公地放领、耕者有其田等

---

① 黄俊杰:《农复会与台湾经验:1949—1979》,台北:三民书局股份有限公司,1991 年,106-130 页。

② 而且日本对于台湾地区农会的影响还不止在日据时期。在二战后安德生博士考察台湾地区农会期间,他还于 1950 年 11 月抽空前往日本三周,考察战后之农村改革成果。而当时的日本考察成果实际上写入了他提交的台湾农会考察报告中(林宝安:《农会改进:战后初期台湾农会体制的建构》,《人文及社会科学集刊》,2009 第 1 期,143-188 页)。

③ 刘清榕、刘怡君:《台湾农会发展与功能:评价借鉴与反省》,《农民组织学刊》,2005 年第 7 期,1-27 页。

土地改革,改革了旧有的土地租佃制度,扶持了自耕农,激发了农民生产积极性,对农民加入农会后,能获得农业技术服务、动植物苗种、农业生产物资、农业生产资金贷款等起到了推动作用。同时,台湾当局的强力推动也起到了作用。农民和地主不敢轻易对当局推行的制度进行质疑或反抗,当局可以有效控制农会运作,可以按照预定政策设想推行农会业务,农会业务推进比较顺利。

4.农民的同质性和乡村的封闭性

在 20 世纪 60 年代前,台湾地区工商业还没有起飞,以农业经济为主,农民以农业为主要收入来源,没有太多的非农就业机会,同质性较高,发展意向比较一致。与此同时,当时的乡村也比较封闭,交通道路相对不便,普通农民缺乏跨区域长距离经济活动的能力。这使得农民只能更多地与本区域的农会发生多种业务交往,农会经营活动由此旺盛,并不断发展壮大。

四、台湾地区农会面临的问题

1.外部环境变化与影响

从 1963 年起,台湾地区的工业产值开始高于农业产值,在随后几十年时间里,台湾地区工业化进一步加速,农业与农村不断被边缘化[1];农产品生产成本由于劳动力、土地等生产要素价格的不断提高而提高;随着全球化的加快和中国台北单独关税区加入 WTO,农产品市场竞争越来越激烈,境外农产品开始进入台湾地区。与此同时,台湾地区农产品产业链整合加快,农业合作社和农业企业实力不断增强。随着交通通信等设施的改善和台湾地区社会的整体进步,乡村封闭格局被打破,外部发展环境开始影响农会经营活动。

2.竞争力减弱与治理结构失衡

外部环境变革对台湾地区农会的影响主要表现为:①很多农产品产

---

[1]　刘清榕、刘怡君:《台湾农会发展与功能:评价借鉴与反省》,《农民组织学刊》,2005 年第 7 期,1-27 页。

供销业务规模出现萎缩;②不少农产品在价格竞争上处于劣势;③农会在本地区的垄断竞争优势开始丧失。就农会组织结构与治理结构而言,农会中以农业为主的会员数量大幅减少,并呈高龄化趋势,兼业型会员和赞助型会员数量不断上升,农会会员异质化态势明显。① 在治理结构安排上,1974 年农会有关规定中对股金制的废除,导致农民股份权的丧失,向心力淡化,加之总干事遴选制度的变化,内部监督机制不断弱化,农会会员及其会员(代表)大会对农会的监督控制作用形同虚设。

3.政治路径锁定与退出机制失灵

一方面,与农民利益关系日渐疏远且寡头领导的多功能农会,在台湾地区特殊的政治文化下,已被政治势力捆绑,并且诱发农会经营管理者的寻租行为和掠夺式管理模式。② 另一方面,农会成员数量庞大,是任何政党不可小视的票仓,导致市场经济优胜劣汰法则难以适用于农会组织,任何可能触及农会利益的改革都有可能在特殊的政治性操盘下而遭农会系统否决。比较典型的例子是 2001 年农渔会 36 家信用部门财产强制接管案。总之,当前台湾地区农会最大的问题在于难以从政治中解套,出现政治化路径锁定现象,退出机制失灵,农会变得非市场化、非专业化,丧失了企业化的绩效激励机制。

五、台湾地区农会发展的启示

台湾地区农会的成功经验和面临的问题,对大陆农民合作组织的发展具有重要启示意义。

---

① 陈昭郎:《改进农会组织结构与功能调查报告》,《改进农会组织与功能研讨会会议实录》,1995 年,49-74 页。

② 廖坤荣:《台湾农会经营管理的困境:网络理论的分析》,《政治科学论丛》,2002年第 16 期,163-190 页。

(一)大陆发展综合性农民组织的社会环境还不成熟

1. 大陆政治经济社会环境已发生巨变

第一，全球已处一体化进程中，我国亦已加入 WTO，身处全球化、市场化、工业化、城市化、信息化之复合进程中，开放、动态和竞争的社会主义市场经济体制已基本确立，发展综合性农民组织所需的稳定封闭环境条件已不存在。

第二，经过 30 多年的改革开放，农业经济比重已大幅下降，农业收入占农户家庭收入比重已大幅降低；许多农村地区已经城市化，或者已属于城市的辐射范围；大量的农民已离土进城成为产业工人，农民的兼业化非常明显，构建以乡镇为基础的综合性农民组织系统，将面临异质化农民的多样化需求的巨大挑战。

2. 大陆综合性农民组织难以获得垄断地位

审视当今的大陆农村，在金融信贷领域，已经有了信用社、农业银行和邮政银行等强力竞争对手，并且村镇银行和民间金融也开始逐步兴起；在农产品产后领域，已经出现了大量的商贩、专业市场、农业加工企业等；在保险领域，也有了众多实力雄厚的保险公司；至于政府委托的准政府性业务，大多已由遍布全国的村组织和村干部代理。很显然，综合性农民组织在大陆难以获得区域性的垄断地位。

(二)大陆难以定位综合性农民组织组织属性、治理结构与业务功能

1. 组织与人员定位难以有效达成

大陆如果模仿台湾地区构建以乡镇为基础的综合性农民组织系统，将面临组织定位和人员安排难题。如果以政府来定位综合农民组织，不但会增加乡镇基层人员和财政开支，而且综合性农民组织也面临如何克服政府部门官僚习气等难题。如果以准政府组织定位或者按照专业合作社的市场经济主体定位，那么综合性农民组织将面临核心成员产生难题。尤其是在一个乡镇一个农会的设置原则下，无论采取类似公务员招

考方式还是如台湾地区的理监事会选举、总干事遴选制度,或者通过农民直选方式,都将引起利益纷争,一旦有重要利益方感觉选举不公,其后续负面活动将极大挑战基层政府和农会组织的公信力,影响地方稳定态势。

2.组织治理结构难以有效安排

在综合性农民组织领导人产生充满争议的情况下,即使综合性农民组织有规章制度约束领导行为,但实际上仍存在农民组织治理结构如何有效安排的问题。在综合性农民组织会员数量众多,但资源、能力有限的情况下,普通会员难以发挥实质性的监督作用,在这种情况下,如何避免综合性农民组织可能出现的"精英俘获"以及"官商勾结"问题,将成为长期性难题。

3.组织业务功能难以妥善设置

如果大陆农会要开展多种业务,将需要巨大的人力与物力支持,虽然理论上可以通过信用业务等高盈利业务来弥补其他业务的亏损,但是与台湾地区农会不同的是,大陆新成立的综合农民组织从一开始就会面临相关业务领域专业化、高效率、有雄厚经营资本支持的诸多市场主体的竞争,面临诸多行业既得利益者的挑战。此外,农民的原始股金积累很难满足多业务开展对资金的需要,其需要政府扶持,这就会挑战政府财政资源的分配格局。

4.与相关组织难以安稳相处

放眼大陆现状,各种市场经济主体和政府机构组织已经普遍存在,要在这些组织丛林中开拓出生存空间,综合性农民组织将面临来自其他组织的竞争。虽然综合农民组织可以求得政府保护,但在政府利益部门化和公共权利私人化的情况下,维护农会组织的利益需要很好的协调。

(三)构建大陆农民专业合作社网络体系

现阶段,大陆应着重考虑完善农民专业合作社的发展思路,要在坚持农业家庭经营的基础上,以独立的农户为农业的基本经营单位,构建和完善以农民专业合作社为基础,以区域性农民专业合作社联盟或区域性农民专业合作社联合社为支撑,以全域性农民专业合作社联盟(联合会)与全域性农业产业协会为龙头,以市场化、专业化、合作化为价值取向的合作社网络体系,实现农民收入增加、地位和权益得以维护、主体性和现代性得以彰显的目标。这种发展道路既可调动农民的生产经营积极性、发挥市场经济规律,又可避开综合性农民组织的上述不足,更可使政府部门不用介入太深。

至于很多专业合作社存在的"精英俘获"问题,我们应该从容看待。因为任何制度只要有很大的获利空间,必然会有趋利者进入,各行业概莫能外。关键是要进一步完善专业合作社的体制机制和政府政策,事实上,只要市场是动态、开放和竞争的,农民就会自主创办真正属于自己的合作社。当前所出现的大户或龙头企业对合作社的控制问题,可以看成是小规模农户的妥协,他们和大户或领办型龙头企业达成的这种妥协对双方来讲都是一种改进。只要一般社员愿意,只要大户控制型和龙头企业领办型合作社不违法违规,就应该允许此类合作社的存在。

总之,构建起农民专业合作社的网络体系,即使会有一些合作社为精英所俘获,但仍会有不少民有、民治、民享的合作社可以生存下来,并为广大农民群体开展有效服务。

(四)加快大陆涉农部门职能转变与机构改革

对当前大陆农民专业合作社发展更为重要的是,应该彻底改变政府部门政出多门、对合作社多头领导,进而行政效率偏低等方面的问题。因此,转变政府职能、对政府机构进行整合、建立公共服务型的政府已极为关键。与农民专业合作社发展相关联的是:政府部门应针对农民合作组织成立专门的辅导部门,配备基层辅导人员;应加快农民专业合作社发展教育中心及其培训业务的发展;要在各地建立分中心,重点培养好基层辅导员和合作社核心成员。

农民专业合作社的效率
及其影响因素分析①

一、引言

农业合作社②是市场经济条件下世界各国农业领域的重要组织形式。其基本原因在于合作社能实现单个农户所无法实现的集体功能（例如提高农户在市场中的谈判力量、降低市场风险和生产成本等）(Warman and Kennedy,1998)。随着农产品销售渠道的不断集中和世界市场的不断开放,农业生产与农产品市场的联系已越来越紧密,这有助于农产品直接进入销售中心,农业合作社在其中可以扮演重要角色(Galdeano et al.,2006)。作为市场经济环境下的经济组织,竞争优势是农业合作社具有生命力的必要条件,因此,对外追求经济效率是合作社的必然选择。长期以来,农业合作社的经济效率问题一直是西方农业经济学研究的热点之一,对合作社效率的测量及其影响因素的分析又是其中的一个重点(Ariyaratne et al.,2000)。

在中国,随着2007年7月1日《农民专业合作社法》的实施,农民专业合作社得到了较快的发展。截至2010年6月底,全国已有超过31万家农民专业合作社,涉及粮食、油料、蔬菜、水果等农产品。预计到"十二

① 本文作者为黄祖辉、扶玉枝、徐旭初。本文内容发表在《中国农村经济》2011年第7期。本文研究得到国家自然科学基金重大国际合作项目"全球化背景下中国农民合作组织发展:运营模式、治理结构与比较研究"(71020107028)资助。
② 在中国称之为农民专业合作社。

五"末,合作社统一销售农户成员的农产品产值将占农业生产总值的30％以上。①

农民专业合作社在中国的产生与发展顺应市场经济的发展趋势,也符合中国现代农业发展的需要。它不仅能节约农产品从产出到消费过程的中间交易成本,而且能把由交易成本节约而形成的经济剩余保留在农业内部,从而增强农业自身的积累和发展能力(杜吟棠,1998)。但是,作为市场经济环境下的经济组织,农民专业合作社直接面临国际、国内同业的竞争压力,因此,如何提高其经济效率,增强其市场竞争力,是中国农民专业合作社面临的重要课题。

本文在理论分析的基础上,重点考察营销类农民专业合作社(以下简称农民专业合作社)的效率问题,主要分析该类合作社的效率水平以及影响效率的因素。② 本文采用两阶段分析方法。首先,采用Bootstrap-DEA方法测量农民专业合作社的技术效率,包括纯技术效率和规模效率;然后,运用截断 Bootstrap 模型检验效率的影响因素。

本文的实证分析以浙江为例,其原因在于浙江是全国市场化程度较高的省份。就农民专业合作社发展而言,浙江农民专业合作社发展时间较长,门类比较全,运营较规范,基础数据相对齐全。浙江还是中国最早出台农民专业合作社专门性法规的省份。因此,以浙江为例,分析农民专业合作社的效率,不仅可信度较高,而且对全国其他地区农民专业合作社的发展具有指导意义。

本文其余部分安排如下:第二部分是相关文献回顾和农民专业合作社效率的测算方法的介绍;第三部分是浙江农民专业合作社效率的测量结果及分析;第四部分是农民专业合作社效率影响因素的分析;第五部分是本文的研究结论和政策启示。

---

① 《"十二五"末我国农民专业合作社将覆盖45％的农户》,新华网,2010 年 9 月27 日。

② 效率分数是一个相对值,样本需要具有同质性和可比性,但不同业务类型的合作社之间存在较大异质性;而营销类农民专业合作社是中国农民专业合作社中数量最多、发展最快、重要程度最高的合作社类型。

二、文献回顾与效率测量方法

效率包括技术效率和配置效率(Farrell,1957)。前者指企业最优利用现有资源的能力,即在给定各种投入要素的条件下企业实现最大产出,或者在既定产出下实现最小投入的能力[①];后者描述企业在一定要素价格条件下实现投入(产出)最优组合的能力。在一般情况下,企业往往首先利用现有资源而不是对其进行重新组合进而从降低成本中获益,因此,更多情况下对效率的测量都是针对技术效率的。遵循这一思路,本文具体考察农民专业合作社的技术效率。

严密的效率测量方法是准确评价农民专业合作社效率的必要条件。已有文献主要使用的是基于前沿理论的参数法(Boyle,2004;Hailu et al.,2007)和非参数法(Ariyaratne et al.,2000;Galdeano et al.,2006),这两种方法各有其优缺点。前者的优点是考虑到了随机误差并对假设进行统计检验,缺陷是在假定前沿面之前就确定了具体的函数形式,且局限于单一产出。后者(主要是 DEA 方法)能克服前者的缺点。但是,传统 DEA 方法的缺陷也是非常明显的:①没有考虑随机误差;②难以确定所估计的效率值渐进分布的一般情形,其效率值对于总体效率水平的估计来说是有偏的、不一致的(Kniep et al.,2003);③在估计置信区间时,对有限分布的未知参数的估计将产生额外噪音(Simar and Wilson,2000)。由 Simar and Wilson(1998;2000)发展起来的 Bootstrap 方法在某种程度上克服了传统 DEA 方法的缺陷。该方法采用重复自抽样方法来推断 DEA 估计量的经验分布,所得到的估计量在比较宽松的条件下与实际值具有一致性。实际上,到目前为止,Bootstrap 方法仍然是弥补 DEA 方法缺陷的唯一可行方法(Wilson,2006)。因此,本文采

---

① 技术效率通常和生产前沿面联系在一起,其值为经济单元的实际生产活动与前沿面的相对距离。在可变规模报酬条件下,技术效率(TE)可分解为纯技术效率(PTE)和规模效率(SE),且有 $TE = PTE \times SE$。纯技术效率测度的是规模报酬可变时生产单元当前的生产点与生产前沿面之间的差距;而规模效率衡量的是规模报酬不变时生产前沿与规模报酬变化的生产前沿之间的距离。

用 Bootstrap-DEA 方法测量合作社的效率。

基于前沿理论,本文把每一个农民专业合作社看作一个生产决策单位,设 p 为投入向量(记 $x \in R_+^p$),q 为产出向量(记 $y \in R_+^q$),x 能生产 y,则生产可能点 (x,y) 构成生产集合 $\Psi = \{(x,y) \in R_+^{p+q}\}$。

根据 Simar and Wilson(2000)的假设,即 Ψ 是凸的,可以构造生产可行性集 $\hat{\Psi}$ 替代 Ψ,有:

$$\hat{\Psi}(x_n) = \left\{(x,y) \in R_+^{p+q} \;\middle|\; y \leqslant \sum_{i=1}^{n} \gamma_i y_i, x \geqslant \sum_{i=1}^{n} \gamma_i x_i \right\} \tag{1}$$

(1)式中,X_n 为可观察的合作社样本,且有 $X_n = \{(x_i, y_i), i = 1, 2, \cdots, n\}$,$(x_i, y_i) \in \Psi, i = 1, 2, \cdots, n$;$\gamma$ 表示投入与产出的比重,有 $\sum_{i=1}^{n} \gamma_i = 1$,$\gamma_i \geqslant 0, \forall i = 1, 2, \cdots, n$。对于给定的合作社投入-产出组合 (x_k, y_k),容易得到 DEA 方法估计的效率值为 $\hat{\theta}(x_k, y_k)$。[①]

Bootstrap 方法的基本思想是:通过重复抽样来模拟数据生成过程(data generating process,DGP),并且在模拟样本中应用原始估计值[②],从而可以近似地得到原始估计值的样本分布(Simar and Wilson,1998)。假设 ξ 是 $\Phi\{(x_i, y_i) \mid i = 1, 2, \cdots, n\}$ 的数据生成过程,如果 $\hat{\xi}$ 是 ξ 的一个一致估计值,则可以用已知的 Bootstrap 分布模拟未知的原始分布,有:

$$(\hat{\theta}^*(x,y) - \hat{\theta}(x,y)) \mid \hat{\xi} \sim (\hat{\theta}(x,y) - \theta(x,y)) \mid \xi \tag{2}$$

(2)式中,$\theta^*(x,y)$ 是真实的效率测度值,$\hat{\theta}^*(x,y)$ 是 $\hat{\xi}$ 由 Bootstrap 方法生成的伪样本 $\Phi^* = \{(x_i^*, y_i^*) \mid i = 1, 2, \cdots, n\}$ 的效率值。[③]

可以计算原始估计值 $\hat{\theta}(x,y)$ 的 Bootstrap 偏差估计:

$$\text{bias}_B[\hat{\theta}(x,y)] = B^{-1} \sum_{b=1}^{B} \hat{\theta}_b^*(x,y) - \hat{\theta}(x,y) \tag{3}$$

(3)式中,B 是重复抽样得到的样本个数。进一步地,计算得到 $\theta(x,y)$

---

① 由于 DEA 模型已经是一种较为成熟的方法,这里就不再赘述其数学原理及计算步骤。

② 即 DEA 方法估计的效率值 $\hat{\theta}(x,y)$。

③ Bootstrap-DEA 的具体算法步骤详见 Simar and Wilson(2000)。

的纠偏估计值为：

$$\hat{\hat{\theta}}(x,y) = \hat{\theta}(x,y) - \text{bias}_B[\hat{\theta}(x,y)]$$

$$= 2\hat{\theta}(x,y) - B^{-1}\sum_{b=1}^{B}\hat{\theta}_b^*(x,y) \tag{4}$$

效率测量中的另一个重要问题是投入和产出的界定。像其他行业一样,资本和劳动是农民专业合作社主要的投入。[①] 此外,另有一些学者还将原材料(种子、化肥、农药、小型机械等)列为投入指标(Ariyaratne et al.,2000;Galdeano,2008)。选取更多的投入指标可将细节问题考虑周全,但这会增加指标之间多重共线性的风险。为在避免多重共线性的情况下尽可能准确地反映现实,本文具体选取的投入指标为资本、劳动和其他投入。其中:资本用固定资产净值(万元)来反映;劳动投入可用劳动时间或劳动力数量来衡量,考虑到劳动时间的数据难以获得,本文用劳动力数量即合作社成员数量(个)来表示;其他投入用合作社用于统一购买生产投入品的支出、管理费用等的总计额来表示。产出指标为当年合作社总收入(万元)。

三、测量结果及经济分析

本文所使用的数据来源于实地调查、浙江省农业厅向全省合作社收集的年度财务数据,以及《浙江统计年鉴 2010》和 2010 年浙江各地(市)的统计年鉴,涉及浙江 896 家农民专业合作社。样本合作社分布于全省87 县(市、区),其中:合作社分布最少的是舟山市的嵊泗县,仅有 2 家;分布最多的为台州市的椒江区,有 97 家。各地样本合作社的数量比例与该地区在全省合作社发展中的情况基本相符。因此,可以认为样本合作社具有代表性,能反映浙江农民专业合作社的整体发展情况。

投入、产出指标的描述性统计量见表 1。从中可以得知,目前浙江农民专业合作社规模不等,且多数合作社规模较小;收益不均,且大多数

---

① 现有文献一般用劳动成本或劳动力数量指标来表示劳动投入,用固定资产或资本总额指标代表资本投入。

合作社收入额较少。由此可以初步判断,浙江农民专业合作社发展不平衡。

表 1　农民专业合作社投入、产出指标的描述性统计量

	变量	均值	标准差	最小值	最大值
投入变量	合作社成员(LD,人)	72.78	17006.94	5.00	1509.00
	固定资产净值(FZ,万元)	97.10	215216.48	1.00	8666.63
	其他投入(TR,万元)	494.95	1297063.51	1.73	18690.47
产出变量(总收入 ZY,万元)		554.61	1502105.29	3.50	19000.00

本文用 R 软件计算浙江 896 家农民专业合作社 2009 年在规模报酬不变条件下的技术效率(TE),以及规模报酬可变条件下的纯技术效率(PTE)和规模效率(SE)。

在对估计结果进行经济分析之前,本文采用两样本 t 检验(假设方差不相等)方法考察传统 DEA 估计的效率值与 Bootstrap-DEA 估计的效率值的差异①。根据表 2 中的结果,在规模报酬不变和规模报酬可变两种条件下,均拒绝了两种方法估计的效率均值相等的原假设(在 95% 水平下),即使用 Bootstrap-DEA 方法所估计的效率值与使用传统 DEA 方法所估计的效率值存在显著差异。这个结论同时还证明了在样本量较大(例如,本文的样本量为 896 个)的情况下,Bootstrap 方法的优点也是明显的。②

表 2　合作社平均效率值的两样本 t 检验(假设方差不相等)

统计量	θ_c	θ'_c	θ_v	θ'_v
均值	0.4949	0.4607	0.6340	0.5939
方差	0.1896	0.1693	0.2346	0.2182
原假设均值差	0.0000	0.0000		
均值差	0.0342	0.0401		

---

①　因为规模效率非 Bootstrap 的直接结果,所以,这里没有对规模效率值进行比较。

②　一般认为,Bootstrap 方法用于小样本分析时优势更明显。

续表

统计量	θ_c	θ'_c	θ_v	θ^t_v
t 值	4.0264	3.7440		
显著性水平	0.0000	0.0001		

注:θ_c、θ'_c 和 θ_v、θ^t_v 分别表示运用传统 DEA 方法、Bootstrap-DEA 方法所估计的规模报酬不变条件下的技术效率与规模报酬可变条件下的纯技术效率。

表 3 报告了运用 Bootstrap-DEA 方法测量的浙江农民专业合作社效率结果。在规模报酬不变条件下,2009 年,浙江农民专业合作社的平均技术效率为 0.4613。这说明,浙江农民专业合作社的平均技术效率水平较低,多数合作社利用现有资源的能力较差。需要强调的是,用 Bootstrap-DEA 方法测得的效率值实质上仍是相对值。因此,较低的平均技术效率水平也说明了各合作社实现投入–产出最大化的能力差异较大,合作社之间发展不平衡。此外,使用 Bootstrap-DEA 方法的分析结果可以帮助合作社管理者了解本行业合作社最好的做法,而且效率较高的合作社还为效率较低的合作社提供了提高效率的途径,显示了提高效率的潜力。

表 3　浙江省农民专业合作社效率(2009 年)

效率范围	技术效率		纯技术效率		规模效率	
	数量	比重(%)	数量	比重(%)	数量	比重(%)
$(0,0.2]$	49	5.47	14	1.56	2	0.22
$(0.2,0.3]$	102	11.38	76	8.48	8	0.89
$(0.3,0.4]$	188	20.98	111	12.39	29	3.24
$(0.4,0.5]$	234	26.12	148	16.52	47	5.25
$(0.5,0.6]$	125	13.95	101	11.27	56	6.25
$(0.6,0.7]$	97	10.83	124	13.84	85	9.48
$(0.7,0.8]$	80	8.93	140	15.63	122	13.62
$(0.8,0.9]$	18	2.01	93	10.38	149	16.63
$(0.9,1]$	3	0.33	89	9.93	398	44.42

效率范围	技术效率		纯技术效率		规模效率	
	数量	比重(%)	数量	比重(%)	数量	比重(%)
总数	896	100	896	100	896	100

注:技术效率均值为 0.4613,纯技术效率均值为 0.5939,规模效率均值为 0.7767。

在规模报酬可变条件下,本文将浙江农民专业合作社 2009 年的技术效率分解为纯技术效率和规模效率,其值分别为 0.5939 和 0.7767,纯技术效率低于规模效率。可以看出,浙江农民专业合作社平均技术效率较低主要是由于纯技术效率较低,而不是规模效率低。可能的原因是固定资产投入相对于收益水平而言过多,或者经营不力、管理不善。

从效率值的分布情况来看,649 家合作社的技术效率值分布在 0.2~0.6,另 49 家小于等于 0.2,仅 3 家大于 0.9。纯技术效率值主要分布在 0.3~0.8,另 14 家小于等于 0.2,89 家大于 0.9。规模效率值主要集中在 0.7 以上,只有 2 家在 0.2 及以下,398 家大于 0.9。这些结果说明:大多数合作社的技术效率水平较低,只有少数合作社具有较高的技术效率;多数合作社的纯技术效率一般;多数合作社具有相对较高的规模效率。

从另一个角度看,浙江农民专业合作社也存在规模效率低的问题。分析规模效率低的原因,本文发现,农民专业合作社存在规模经济,具有较大规模的合作社才会达到较高的规模效率。从这一角度看,合作社数目众多,位置分散,而且规模小,是其规模效率低的根源。这将在后文的影响因素分析中得到证实。

四、效率的影响因素分析

Bootstrap-DEA 效率估计值的主要作用体现为:它较准确地测量了农民专业合作社效率水平,确定了提高效率的潜力。然而,单一的效率值还不能回答为什么农民专业合作社之间会存在效率差异。回答这一问题,需要建立回归模型。于是,进入本文效率分析的第二阶段。

(一)理论基础、研究假设与模型设定

效率与许多因素相关。在已有的国外文献中,下列因素对农民专业合作社的效率有重要影响:外部环境、合作社规模、财务杠杆、理事会结构等。Krasachat and Chimkul(2009)发现,不同地区的合作社存在效率差异,因此,外部环境是影响合作社效率的重要因素;他们还分析了规模(资本总额)与泰国农业合作社效率的一次性关系,发现合作社规模与其纯技术效率正相关,但与规模效率负相关。Hailu et al.(2005;2007)认为,较高的财务杠杆将导致合作社较低的成本效率。Henehan and Anderson(1999)认为,理事会结构特征影响农业合作社的绩效。国内黄胜忠等(2008)、徐旭初、吴彬(2010)发现,理事会人数正向影响合作社绩效,合作社负责人担任的社会职务显著影响合作社绩效(徐旭初、吴彬,2010)。此外,苑鹏(2001)还认为,对合作社成员进行培训可提高成员的人力资本,进而推动合作社发展。基于以上分析,本文提出下列农民专业合作社效率影响因素假说。

假说1:地区经济发展水平正向影响合作社效率。合作社的成功创建和发展,是一个立足于区域经济并与之相磨合、进而融入其中的过程,因此,地区经济发展水平对合作社发展具有积极影响(黄祖辉等,2002)。

假说2:合作社规模影响其效率。一般而言,规模较大的合作社更有实力对产品进行加工、品牌推广、差别化销售等。但是,小规模合作社具有反应敏捷、善于把握市场机会等优点。因此,农民专业合作社规模如何影响其技术效率只能在进行了计量检验之后才能做出回答。

假说3:合作社财务杠杆对其效率有负向影响。原因在于,较高的财务杠杆将增加委托-代理成本,即为了解决由于信息不对称和双方利益失调等问题而产生委托-代理人之间的监督、合约与激励成本(Jensen and Meckling,1976)。此外,债务还将使投入要素配置不当,进而导致较低的效率水平(Featherstone and Kheraiji,1995)。

假说4:理事会规模影响合作社效率。较多的理事会成员,可以集思广益,提高绩效(黄胜忠等,2008;徐旭初、吴彬,2010)。但是,理事会人数的增多,也将增加成员之间的协调成本。

假说5:负责人的企业家才能较高的合作社,其效率较高。合作社

负责人的社会职务对合作社绩效的积极作用远大于其股份比例和文化程度的影响（徐旭初、吴彬，2010）。相比于一般农民，拥有社会职务的负责人更可能具有较高的合作社企业家才能。

假说 6：增加成员的人力资本可以提高合作社效率。对成员进行培训，一方面能提高合作社成员的经营管理知识水平，另一方面也能加强成员的合作意识（苑鹏，2001）。因此，加强对合作社成员的培训有利于提高合作社效率。

基于上述假说，本文中合作社所处地区的经济发展水平用合作所在县（市）当年农民人均纯收入来代表，合作社规模[①]用其资产总额来表示，财务杠杆用资产总额与所有者权益之比来表示，理事会规模用理事会人数来代表，负责人的企业家才能用一个哑变量来表示，成员的人力资本用合作社成员人均培训次数来代表。

当分析效率的影响因素时，通常用到标准 DEA 两阶段方法，主要有 DEA-Tobit 和 DEA-OLS 模型。但是，这种传统方法存在一些问题：①第一阶段测量的效率值并不是真实值而是相互依赖的经验估计值，这将使以误差项独立分布为假设的传统方法失效（Barros et al.，2008）；②更为严重的是，用传统 DEA 方法测得的估计值是有偏的，这将导致第二阶段的回归无效（Simar and Wilson，2007）；③第一阶段测得的效率值不能对第二阶段的估计值给出统计上的解释（Simar and Wilson，2007）；④估计所用的样本只是全体样本中的一小部分，并且其估计值在 0～1 区间内。因此，OLS 模型的估计结果是有偏的，而 Tobit 模型的估计结果具有不一致性。[②] 截断 Bootstrap（truncated Bootstrap）程序可以克服以上缺陷。[③] 因此，本文采用单侧截断 Bootstrap（single truncated Bootstrap）方法分析上述因素对农民专业合作社技术效率的影响。

根据 Simar and Wilson（2007）的研究，本文定义农民专业合作社技

---

①　农民专业合作社规模的度量指标一般有资产总额、销售总量（额）和合作社总人数（Hailu et al.，2007）。

②　Maddala（1983）对 OLS、Tobit 与截断回归模型的特点、适用条件等进行了详细论述。

③　Simar and Wilson（2007）的实例研究证明了在第二阶段运用 Tobit 回归的失败和采用截断回归模型的成功。

术效率影响因素模型为：

$$T\hat{E}_j = a + \beta_1 \ln(RJS)_j + \beta_2 \ln(ZZC)_j + \beta_3(RZ)_j +$$
$$\beta_4(LR)_j + \beta_5(CN)_j + \beta_6(PX)_j + \varepsilon_j \tag{5}$$

(5)式中：$j=1,\cdots,n$；$T\hat{E}_j$ 为在第一阶段测得的第 j 家合作社的技术效率值（因变量），$\ln(RJS)$ 为合作社所在县（市）当年农民人均纯收入的对数；$\ln(ZZC)$ 表示资产总额的对数；RZ 为资产总额与所有者权益之比；LR 是理事会人数；CN 是代表合作社负责人的企业家才能的哑变量，当负责人担有社会职务时，CN 等于 1，否则为 0；PX 表示合作社成员人均培训次数。$\beta_1,\cdots,\beta_6$ 为被估计系数，a 是常数项，ε_j 是统计噪声。

对于上面的统计噪声，有 $\varepsilon_j \sim N(0,\sigma_\delta^2)$；又 ε_j 的分布受到条件 $\varepsilon_j \geqslant 1-a-Z_j\delta$ 约束，其分布是被截断（truncated）的，未知方差与左边截断点由这一条件决定。本文将运用最大似然函数估计得出 (δ,σ_δ^2)，并使用参数 Bootstrap 回归方法构造参数 (δ,σ_δ^2) 估计值的置信区间。[①]

考虑到各变量之间可能存在多重共线性，本文对各解释变量进行皮尔逊相关性检验。结果表明，各变量间的相关系数均较低，意味着不存在多重共线性（见表 4）。

表 4　各解释变量的相关性矩阵

解释变量	$\ln(RJS)$	$\ln(ZZC)$	RZ	LR	CN	PX
$\ln(RJS)$	1.0000	—	—	—	—	—
$\ln(ZZC)$	0.1396	1.0000	—	—	—	—
RZ	0.0091	0.2053	1.0000	—	—	—
LR	−0.0499	0.1068	−0.003	1.0000	—	—
CN	0.0789	0.1621	0.0292	0.1058	1.0000	—
PX	−0.0758	−0.0096	−0.0301	−0.0027	0.0562	1.0000

---

① $Z_j\delta$ 代表 $\beta_1 \ln(RJS)_j + \beta_2 \ln(ZZC)_j + \beta_3(RZ)_j + \beta_4(LR)_j + \beta_5(CN)_j + \beta_6(PX)_j$。截断 Bootstrap 的具体法则详见 Simar and Wilson(2007)。

(二)计量结果分析

表 5 给出了各因素分别对浙江农民专业合作社技术效率、纯技术效率和规模效率影响的计量结果。系数的正负符号表示影响的方向。当 0 值不在置信区间里面时,系数估计值才有意义。

表 5　单侧截断 Bootstrap 回归结果

解释变量	技术效率	技术效率置信区间	纯技术效率	纯技术效率置信区间	规模效率	规模效率置信区间
$\ln(RJS)$	0.0647***	[0.0375; 0.0918]	0.0436***	[0.0123; 0.0750]	0.0330*	[0.0061; 0.0598]
$\ln(ZZC)$	0.0000	[−0.0096; 0.0096]	−0.0368***	[−0.0478; −0.0258]	0.0389***	[0.0270; 0.0509]
RZ	−0.0049	[−0.0109; 0.0011]	−0.0091**	[−0.0163; −0.0020]	0.0040	[−0.0007; 0.0087]
LR	−0.0052	[−0.0120; 0.0015]	−0.0140***	[−0.0228; −0.0052]	0.0059	[−0.0015; 0.0134]
CN	0.0574***	[0.0227; 0.0921]	0.0521**	[0.0102; 0.0941]	0.0188	[−0.0199; 0.0575]
PX	0.0008**	[0.0001; 0.0015]	0.0014***	[0.0008; 0.0020]	−0.0005	[−0.0011; 0.0001]
常数	−0.0987	[−0.3383; 0.1410]	0.4127**	[0.1270; 0.6984]	0.3215**	[0.0783; 0.5646]

注:***、**、*分别表示在 1%、5%、10%水平上显著;由于篇幅原因,这里只列出在 95%水平上的置信区间值。

合作社所在县(市)的经济发展水平显著正向影响其技术效率、纯技术效率和规模效率,与本文前面的假说一致。经济发展水平越高的地区,信息传播越快,人们越容易接受新事物、新观念。在目前阶段,理解农民专业合作社的本质所在,以及其合作精神对合作社的发展具有重要作用。同时,经济发展水平越高的地区,往往消费需求的层次越高,这也是合作社开展产品品牌化、差别化等营销战略的有利条件。因此,合作社所在县(市)的经济发展水平越高,合作社效率越高。

合作社规模并不显著影响其技术效率,但是显著负向影响其纯技术效率,显著正向影响其规模效率。这个结果富有深层意义。一方面,合作社随着规模扩大,能够拥有更先进的设备,具有更强的获取资金能力,但如果其经营、管理人员的素质并没有随之上一个台阶,不能合理利用资源,则可能导致投入过度,产生资源浪费,进而导致合作社纯技术效率降低。因此,合作社规模越大,其纯技术效率越低。另一方面,由于规模经济的存在,合作社扩大规模有利于提高其规模效率。规模对纯技术效率和规模效率的相反作用使之对技术效率的影响不显著。因此,规模只是合作社提高效率的必要条件,并非充分条件。其中,经营管理人才的人力资本因素不可忽视。

合作社财务杠杆和理事会人数对其技术效率和规模效率影响不显著,但是显著负向影响其纯技术效率。财务杠杆对纯技术效率的负向影响说明,在目前阶段,负债的增加对合作社纯技术效率的提高起着阻碍作用。这是因为一方面,不论是通过正规信贷途径,还是非正规信贷途径所获取的资金,都需要付出一定的交易成本;另一方面,由于合作社现有规模较小,经营管理人员的人力资本水平不高,并不一定能将贷款资金"好钢用在刀刃上"。

而对理事会人数显著负向影响纯技术效率水平的一个可能解释是,目前合作社的发展决策往往来自少数几个甚至一两个思路开阔、精明能干的核心成员。在这种现实情况下,理事会人数的增加,不但不能集思广益,反而增加了成员之间的协调成本,降低了纯技术效率。但必须指出的是,并不能由此认为应该通过尽量减少理事会成员数量来提高纯技术效率,因为这将增加合作社由少数人控制的风险。另外,虽然财务杠杆和理事会人数在统计上显著负向影响合作社纯技术效率,但由于作用较小,表现为对技术效率的影响不显著。

负责人的企业家才能和成员的人力资本提高显著正向影响合作社的技术效率和纯技术效率。负责人担任社会职务的合作社,其技术效率和纯技术效率水平显著高于负责人为普通农民的合作社,这与徐旭初、吴彬(2010)的结论一致。本文的解释是,担任社会职务的合作社负责人较普通农民负责人而言,一方面,他们在合作社的经营管理方面能力较强,也较有经验;另一方面,他们获取外部市场信息、利用各种资源、应对各种风险等更有优势。此外,合作社发展在相当程度上是嵌入在社会政治体制中的,具有社会职务的负责人比较容易获得政府和社会的支持,从而提高合作社绩效(徐旭初、吴彬,2010)。

加强对合作社成员的培训,将提高合作社的技术效率和纯技术效率,说明人力资本投资有较好的回报。相比于没有对成员开展相关培训的合作社,对成员进行了经营管理、产品营销等方面知识培训的合作社,使成员学到了经营管理之术、市场营销之道,进而提高了合作社的技术效率和纯技术效率。此外,在实地调查中发现,对成员进行了合作思想、合作原则等方面教育和培训的合作社,其成员通常具有更积极的合作态度和精神,工作效率更高。同时,这一结果也说明,目前合作社成员的人力资本水平较低,具有合作社经营管理等知识和合作思想的成员比较稀缺。

五、研究结论与政策启示

通过上述分析,本文得到如下结论与政策启示:

第一,目前农民专业合作社总体上效率较低,而且,较低的纯技术效率是合作社整体上效率较低的重要原因。同时,近年来农民专业合作社在数量上发展迅速,规模普遍较小,这是合作社规模效率较低的根源。然而,要改变这一现状,既不能盲目普遍扩大规模,也不能继续追求数量增加,而是应该整合现有合作社资源(要素),避免浪费。

第二,合作社负责人的企业家才能和成员的人力资本提高对合作社技术效率、纯技术效率的提高具有重要影响,而资本规模、财务杠杆和理事会人数均显著负向影响纯技术效率。这表明,合作社内部存在比较严重的经营不力和管理不善。农民专业合作社既不同于其他组织,也有别于农业企业。它对内服务成员,以成员满意为宗旨;对外销售成员产品,以利润最大化为目标。因此,合作社负责人的企业家才能是一种合作社企业家才能,他们除需具有一般的企业家才能外,还需具有合作精神,具有号召能力和合理配置、利用社会资源的能力。合作社成员则除需具有专业技能之外,还需要有"自有、自治、自享"的思想意识,有合作精神,面对问题时能一起想办法解决。这不但对提高合作社的效率至关重要,从长远来看,也关系着合作社的持续发展。

据此,政府对合作社的扶持若仅停留于立法和资金支持的层面,将难以实现其预期效果。要从根本上提高农民专业合作社的整体经营效率,一方面,可通过合理引导和指导合作社的发展,整合各类农民专业合作社的资源,防止盲目增加数量或扩大规模,避免资源浪费;另一方面,应将扶持资金用于提高合作社负责人和成员的人力资本水平,以及培育合作社企业家人才。

此外,环境因素显著影响合作社效率。这意味着,地方政府在引导合作社发展时,借鉴国内外的经验固然重要,但根据当地实际制定相应政策更为重要。

参考文献

[1]Ariyaratne, C. B. , Featherstone, A. M. , Langemeier, M. R. and Bartone, D. G.: Measuring X-Efficiency and Scale Efficiency for a Sample of Agricultural Cooperatives, *Agricultural Resource Economics Review*, 29(2): 198-207, 2000.

[2]Boyle, G. E.: The Economic Efficiency of Irish Dairy Marketing Cooperatives, *Agribusiness*, 20(2): 143-153, 2004.

[3]Barros, C. P. , Caporale, G. M. and Abreu, M.: Productivity Drivers in European Banking: Country Effects, Legal Tradition and Market Dynamics, Economics and Finance Discussion Papers, Brunel University, 2008.

[4]Farrell, M.: The Measurement of Productive Efficiency, *Journal of the Royal Statistical Society*, Series A, 120(3): 253-281, 1957.

[5] Featherstone, A. M. and Kheraiji, A. A.: Debt and Input Misallocation of Agricultural Supply and Marketing Cooperatives, *Applied Economics*, 27(9): 871-878, 1995.

[6] Galdeano-Gómez, E. , Céspedes-Lorente, J. and Rodríguez-Rodríguez, M.: Productivity and Environmental Performance in Marketing Cooperatives: An Analysis of the Spanish Horticultural Sector, *Journal of Agricultural Economics*, 57(3): 479-500, 2006.

[7] Galdeano-Gómez, E.: Productivity Effects of Environmental Performance: Evidence from TFP Analysis on Marketing Cooperatives,

Applied Economics, 40(14): 1873-1888, 2008.

　[8]Hailu, G., Jeffrey, S. R. and Goddard, E. W.: Efficiency, Economic Performance and Financial Leverage of Agribusiness Marketing Co-operatives in Canada, in Novkovic, S. and Sena, V. (eds.): *Cooperative Firms in Global Markets: Incidence, Viability and Economic Performance*, Emerald Group Publishing Limited, 2007.

　[9]Hailu, G., Goddard, E. W. and Jeffrey, S. R.: Measuring Efficiency in Fruit and Vegetable Marketing Co-operatives with Heterogeneous Technologies in Canada, selected paper prepared for presentation at the American Agricultural Economics Association Annual Meeting, Providence, Rhode Island, 2005.

　[10]Henehan, B. A. and Anderson, B. L.: Evaluating the Performance of Agricultural Cooperative Boards of Directors, a paper presented at the NCR 194 Committee meeting, Kansas City, MO, 1999.

　[11]Jensen, M. C. and Meckling, W. H.: Theory of the Firm: Managerial Behavior, Agency Costs and Ownership Structure, *Journal of Financial Economics*, 3(4): 305-360, 1976.

　[12]Kneip, A., Simar, L. and Wilson, P. W.: Asymptotics for DEA Estimators in Nonparametric Frontier Models, discussion paper, Institutde Statistique, Universite Catholiquede Louvain, Louvain-la-Neuve, Belgium, 2003.

　[13]Krasachat, W. and Chimkul, K.: Performance Measurement of Agricultural Cooperatives in Thailand: An Accounting-based Data Envelopment Analysis, in Lee, J.-D. and Heshmati, A. (eds.): *Productivity, Efficiency and Economic Growth in the Asia-Pacific Region*, Springer-Verlag Berlin and Heidelberg, 2009.

　[14]Maddala, G. S.: Limited-dependent and Qualitative Variables in Econometrics, Cambridge University Press, 1983.

　[15]Simar, L. and Wilson, P. W.: Sensitivity Analysis of Efficiency Scores: How to Bootstrap in Nonparametric Frontier Models, *Management Science*, 44(1): 49-61, 1998.

　[16]Simar, L. and Wilson, P. W.: A General Methodology for

Bootstrapping in Non-parametric Frontier Models，*Journal of Applied Statistics*，27(6)：779-802，2000.

[17]Simar，L. and Wilson，P. W.：Estimation and Inference in Two-stage，Semi-parametric Models of Production Processes，*Journal of Econometrics*，136：31-64，2007.

[18]Warman，M. and Kennedy，T. L.：*Understanding Cooperatives*：*Agricultural Marketing Cooperatives*，US Department of Agriculture，1998.

[19]Wilson，P. W.：*FEAR*：*A Software Package for Frontier Efficiency Analysis with R*，Elsevier，2006.

[20]杜吟棠:《论农业中的现代企业制度》,《管理世界》1998 年第 5 期。

[21]黄祖辉、徐旭初、冯冠胜:《农民专业合作组织发展的影响因素分析——对浙江省农民专业合作组织发展现状的探讨》,《中国农村经济》2002 年第 3 期。

[22]黄胜忠、林坚、徐旭初:《农民专业合作社治理机制及其绩效实证分析》,《中国农村经济》2008 年第 3 期。

[23]徐旭初、吴彬:《治理机制对农民专业合作社绩效的影响——基于浙江省 526 家农民专业合作社的实证分析》,《中国农村经济》2010 年第 5 期。

[24]苑鹏:《中国农村市场化进程中的农民合作组织研究》,《中国社会科学》2001 年第 6 期。

创新与合作社效率^①

一、引言

　　家庭联产承包责任制的实行和农副产品市场化的改革为农民专业合作社的产生提供了基础条件,而政府职能的转变和 2007 年《农民专业合作社法》的实施则为合作社的发展提供了广阔的空间。截至 2011 年底,全国经工商注册登记的农民专业合作社有 52.17 万家,实有入社农户达 4100 万户,占全国农户总数的 16.4%^②,而 2007 年底的合作社数量仅为 2.64 万家^③。然而,在市场化、全球化、一体化的浪潮中,农民专业合作社的各种缺陷(如产权不清晰、激励机制缺乏、产品科技含量较低等)也逐渐突显出来,并直接影响到合作社的进一步发展。因此,合作社为了拓展其生存空间,增强其在国内和国际市场上的竞争力,需要在发展过程中通过各种形式的创新,不断完善制度和改进技术。

　　学术界主要从技术创新和制度创新这两个方面探讨创新对合作社

---

　　① 本文作者为黄祖辉、扶玉枝。本文内容发表在《农业技术经济》2012 年第 9 期,被中国人民大学期刊复印资料《农业经济研究》2012 年第 12 期全文转载。

　　② 农业部经管司司长孙中华在"推动农业社会化服务体系惠及合作社发展座谈会"[由北京大学汇丰商学院同学会农业产业投融资专业委员会(农金社)和合作社专家沙龙共同主办,2010 年 2 月 25 日]上的发言。

　　③ 农业部农村经济体制与经营管理司、农业部农村合作经济经营管理总站、农业部管理干部学院编著:《中国农民专业合作社发展报告(2006—2010)》,北京:中国农业出版社,2011 年。

绩效的影响。关于技术创新,Beverland(2005)发现,合作社在拍卖中通过产品创新来提高产品价格,进而提高合作社绩效。Beverland(2007)通过对新西兰农业合作社的案例研究发现,产品创新有利于合作社与消费者维持长期关系,并提升市场竞争力。郭红东(2009)对浙江省246家农民专业合作社的实证研究发现,产品品牌建设是影响合作社成长的重要因素之一。关于制度创新,多数经济学家认为不清晰的产权导致合作社运营效率低下(如:Fama and Jensen,1983;Porter and Scully,1987;等等)。因此,合作社的出路在于对产权问题的解决(Cook,1995),即通过产权制度创新来提高合作社效率。Beverland(2007)发现,从长期来看,产权制度创新能使合作社提升市场份额和回报率,并有利于其进一步成为市场领导者。我国学者认为,合作社的产权制度具体体现为盈余分配制度,因此,盈余分配制度创新是合作社制度创新的关键所在(米新丽,2008;夏冬泓、杨杰,2010;郑丹,2011)。但一种观点主张以股份分红为主;另一种观点却认为应该以按交易额(量)返还为主(郑丹,2011)。郭红东(2011)发现,按交易量(额)返利和按股分红相结合的方式有利于提高社员满意度,进而起到促进合作社发展的作用。

上述文献从理论或者实证角度分别探讨了技术或制度创新对合作社绩效或效率的重要影响。然而,这些文献并没有比较研究技术和制度创新两种模式各自对合作社效率的影响,更没有考虑技术创新和制度创新对合作社效率的协同作用[①],而这项研究具有重要意义。鉴于此,本文使用浙江省营销合作社的微观数据,将合作社细分为粮食和一般经济作物类、蔬菜水果类、畜禽水产养殖类三类,运用 Bootstrap-DEA 两阶段模型,比较研究了三类营销合作社进行产品技术创新、分配制度创新和同时进行产品技术、分配制度创新三种创新模式的经济效果,在此基础上得出的启示对提高各类营销合作社的市场竞争力和促进其进一步发展具有重要意义。

本文以下部分的结构安排如下:第二部分为研究设计;第三部分为实证结果与分析讨论;第四部分为总结。

---

① 徐英吉(2008)通过构建理论模型,得出企业同时进行技术创新和制度创新时的效率最高。

二、研究设计

（一）数据

本文研究样本为浙江省的营销合作社，数据来源于浙江省农业厅收集的全省农民专业合作社 2009 年度财务数据库中的营销合作社数据。该数据库基本上包括了浙江省全省范围内所有合作社，数量庞大，那些发展并不规范甚至名存实亡的合作社也包括在内，因此，有必要对数据做进一步处理。首先，采取随机抽样的方式抽取 1500 家营销合作社。然后，将那些数据（即农业厅所要求填报的所有指标数据）不完整和当年总收入为负的合作社从样本中删除。这样，共得到 1041 家样本合作社。由于不同农产品生产经营的交易费用与产品类别和特性密切相关（黄祖辉等，2002），经营不同产品类型的合作社具有较大异质性。本文根据黄季焜等（2010）的分类方法，将总样本根据产品类别分为粮食和一般经济作物类、蔬菜水果类、畜禽水产养殖类三类。[①] 这样，各类营销合作社样本量分别为 267、322 和 452 家。

以该数据进行研究的原因在于：第一，在世界各市场经济发达国家中，农产品营销合作社是一种重要的经济组织形式，已成为农产品销售的主要渠道（张晓山、苑鹏，2009）。该类合作社不仅能节约农产品从产出到消费过程的中间交易成本，而且能把由交易成本节约而形成的经济剩余保留在农业内部，以增强农业自身的积累和发展能力（杜吟棠，1998）。在我国，营销合作社已成为全国农民专业合作社中数量最多、发展最快、重要程度最高的类型（黄祖辉等，2011）。第二，浙江省是全国市场化程度较高、最早出台农民专业合作社专门性法规、合作社发展时间较长、门类比较全、基础数据相对齐全的省份。因此，对浙江省营销合作社的效率进行研究，不仅可信度较高，而且对全国其他地区合作社的发展具有借鉴意义。

---

① 将样本分类能提高同一组样本中研究对象之间的同质性和可比性。

(二)模型设定

本文的实证分析包括两大部分,首先测量合作社的技术效率,然后考察技术、制度创新对合作社技术效率的影响。严密的效率测量方法是准确评价合作社效率的必要条件,本文在第一阶段运用 Bootstrap-DEA 方法测算合作社的技术效率[①]。假定三类合作社均有自己的生产前沿,因此,需要分别测算各类合作社的技术效率。

效率测量中的另一个重要问题是投入和产出的界定。像其他行业一样,资本和劳动是合作社主要的投入。此外,另有一些学者还将原材料(种子、化肥、农药、小型机械等)列为投入指标(例如:Ariyaratne et al.,2000;Galdeano,2008)。选取更多的投入指标可将细节问题考虑得更周全,但这会增加指标之间多重共线性的风险。为在避免多重共线性的情况下尽可能准确地反映现实,本文选取的投入指标为资本、劳动和其他投入。其中:资本用固定资产净值(万元)来反映;劳动投入用劳动时间或劳动力数量来衡量,考虑到劳动时间的数据难以获得,本文用劳动力数量即合作社成员数量(个)来表示;其他投入用合作社用于统一购买生产投入品的支出、管理费用等的总额来表示。产出指标为当年合作社总收入(万元)。

本文重点关注产品技术创新[②]、分配制度创新和兼有产品、分配制度创新对合作社效率的影响。于是,第二阶段采用 Single Tuncated Bootstrap 模型分析创新对效率的影响[③],建立了如下模型:

$$T\hat{E}_i = \beta_0 + \beta_1 CP_i + \beta_2 FP_i + \beta_3 ZJ_i + \Phi\delta \tag{1}$$

模型(1)中,$T\hat{E}$ 为第一阶段所估计的技术效率值。CP、FP、ZJ 分别表示产品创新、分配制度创新和兼有产品、分配制度创新合作社,它们均为虚拟变量,参照变量为没有进行创新的合作社。β_1、β_2 和 β_3 分别代表相

---

① 黄祖辉等(2011)详细说明了 Bootstrap-DEA 模型的优点和具体步骤。限于篇幅,本文不再详细阐述。

② 后文将产品技术创新简称为产品创新。

③ 黄祖辉等(2011)详细阐述了 Single Tuncated Bootstrap 方法的适用条件和优点,限于篇幅,这里不再赘述。

应变量的参数估计值。Φ 为控制变量，δ 为参数估计值向量。需要注意的是，在 Single Tuncated Bootstrap 模型中，只有当 0 值不在置信区间里面时，参数估计值才有意义。

根据前文的分析，预期产品创新有利于提高合作社效率。目前我国合作社的发展层次较低，规模较小，资金缺乏，通过申请专利权来进行产品创新的非常少。相比较而言，商标更便宜，审批速度更快，故现阶段合作社更多的是选择注册商标的形式进行产品创新。商标是将技术创新优势转化为市场竞争优势的主要载体，在市场创新过程中发挥了重要作用，是产品创新的一个潜在指标。因此，在本文中，产品创新的具体指标采用合作社产品是否拥有注册商标虚拟变量。盈余分配制度创新主要针对我国《农民专业合作社法》中所规定的单一分配方式而言，考察多种分配方式是否优于目前的单一分配方式。本文用可分配盈余按成员与本社的交易量（额）返还比例低于总额的 60% 作为分配制度创新的具体指标，该变量是虚拟变量。产品创新和分配制度创新还可能同时发生在合作社中，共同影响合作社效率。合作社分配制度创新有利于吸引更多投资，而更多的资金又有助于产品创新。因此，预期同时进行产品创新和分配制度创新的合作社效率更高。

为准确估计创新对合作社效率的影响，还必须控制其他可能影响技术效率的因素。参照 Hailu et al.（2005；2007），Krasachat and Chimkul（2009），徐旭初、吴彬（2010）和黄祖辉等（2011）等研究成果和相关理论，本文的控制变量包括合作社规模、资本结构、社长背景特征和地区经济差异。

合作社规模

合作社规模的扩大能使合作社进行更好的市场营销，因此，预期合作社规模正向影响效率。本文中，按总资产把合作社分为小型和大中型两类。总资产小于 100 万元的为小型合作社，否则为大中型合作社。以小型合作社为参照变量，设置了大中型合作社虚拟变量。

资本结构

本文选取负债率，即合作社负债总额与总资产之比，来考察其对合作社效率的影响。负债率对合作社效率的影响是复杂的，可能具有两方面的效应。本文认为适度的负债率或许更有利于提升合作社效率。在本文模型中,以负债率为 0 为参照变量,分别设置了低负债率($0 <$ 负债率 $\leqslant 0.33$)和高负债率(负债率 > 0.33)虚拟变量。

社长背景特征

在我国实践中,合作社社长承担合作社负责人和最高管理者。本文预期社长具有非农背景有利于合作社效率提高。本文模型以合作社社长背景是农民为参照变量,设置社长背景非农虚拟变量。

地区经济差异

本文预期地区经济发展水平正向影响合作社效率。以合作社所在县的农民年人均纯收入少于 9000 元为参照变量,设置高于 9000 元为高收入地区虚拟变量。

(三)描述性统计

表 1 对本文所涉及的主要变量进行了描述性统计分析,可以看出,三类合作社各变量之间存在较大差异性。粮食和一般经济作物类合作社的社员数、仅分配制度创新比重的均值高于其他两类,为 74.8727 和 42.70%,但仅产品创新比重的均值在三类合作社中最小,只有 11.24%。畜禽水产养殖类合作社固定资产净值、其他投入和总收入的均值都远远高于其他两类,其规模也明显大于其他两类。

表 1 各类合作社样本的描述性统计

变量	粮食和一般经济作物类		蔬菜水果类		畜禽水产养殖类	
	均值	标准差	均值	标准差	均值	标准差
社员数(个)	74.8727	164.1252	58.2367	99.1530	53.8603	96.9061
固定资产净值(万元)	54.1200	86.7786	53.4981	94.2261	192.0407	727.4111
其他投入(万元)	255.5170	540.5774	258.9494	367.9405	604.0929	1214.0500
总收入(万元)	281.1164	558.7746	283.6823	383.6833	694.4042	1408.1060
仅产品创新比重	0.1124	0.0194	0.2434	0.0202	0.2360	0.0237

续表

变量	粮食和一般经济作物类		蔬菜水果类		畜禽水产养殖类	
	均值	标准差	均值	标准差	均值	标准差
仅分配制度创新比重	0.4270	0.0303	0.1991	0.0188	0.2671	0.0247
兼有产品、分配制度创新比重	0.1648	0.0227	0.1350	0.0161	0.1056	0.0172
大中型规模比重	0.2772	0.4484	0.2810	0.0212	0.4472	0.4980
低负债率比重	0.2846	0.4521	0.3097	0.0218	0.3137	0.4647
高负债率比重	0.2622	0.4406	0.3119	0.0218	0.2795	0.4495
非农背景比重	0.1124	0.3164	0.1040	0.0144	0.1118	0.3156
高收入地区比重	0.3596	0.4808	0.3916	0.0230	0.5621	0.4969

数据来源:笔者计算。

此外,通过 Pearson 检验可以发现,这些变量之间的相关系数的绝对值都小于 0.5,这说明变量之间不存在严重多重共线性问题。

三、实证结果与分析讨论

(一)技术效率估计结果

本文运用 Bootstrap-DEA 模型分别估计三类合作社的技术效率。表 2 报告了各类合作社的 DEA 和 Bootstrap-DEA 估计均值。根据表 2,三类合作社技术效率的 Bootstrap-DEA 估计均值明显小于 DEA 估计均值。[①] 从估计值来看,三类合作社的技术效率均值存在差异。但需要注意的是,由于各类合作社具有不同的前沿面,即比较的基准不同,因而各类合作社之间的技术效率均值大小比较是无意义的。有价值的结

---

① 本文采用两样本 t 检验(假设方差不相等)方法得出该结论,这个结论同时还证明了在样本量较大(例如,本文的三类合作社样本量分别为 267、452 和 322 个)的情况下,Bootstrap-DEA 方法的优点也是明显的。限于篇幅,具体过程从略。

论是,粮食和一般经济作物类合作社的技术效率均值高于另外两类,说明该类合作社之间的技术效率差距相对较小,发展相对均衡些。相对较为缓和的市场竞争以及产品相对较难腐烂是其缺乏提高效率动力的原因。

表 2 各类合作社的技术效率估计均值

合作社类型	合作社数	DEA	bias	Bootstrap-DEA	95%水平上的置信区间
粮食和一般经济作物类	267	0.6810	0.0770	0.6041	[0.5839,0.6242]
蔬菜水果类	452	0.6189	0.0740	0.5449	[0.5298,0.5599]
畜禽水产养殖类	322	0.6231	0.0965	0.5266	[0.5109,0.5423]

数据来源:笔者计算。

表 3 列出了不同创新模式合作社的技术效率均值和标准差。总体上,各类合作社中进行了创新的合作社技术效率均值高于无创新的合作社技术效率均值。具体而言,各类合作社中同时进行产品、分配制度创新的技术效率均值最高,其次是仅进行产品创新的合作社,再次是仅进行分配制度创新的合作社。此外,还可以初步得出,创新对不同产品类型合作社技术效率的影响存在差异。

表 3 不同创新模式合作社的技术效率比较

根据创新模式分类	粮食和一般经济作物类		蔬菜水果类		畜禽水产养殖类	
	均值	标准差	均值	标准差	均值	标准差
无创新	0.5512	0.0206	0.4846	0.0117	0.4726	0.0122
仅产品创新	0.6352	0.0314	0.6067	0.0137	0.5898	0.0143
仅分配制度创新	0.6076	0.0144	0.5459	0.0144	0.5204	0.0143
兼有产品、分配制度创新	0.6687	0.0213	0.6208	0.0209	0.6012	0.0250

数据来源:笔者计算。

(二)创新对各类合作社效率的影响

表 4 至表 6 为粮食和一般经济作物类、蔬菜水果类、畜禽水产养殖

类三类合作社分别运用 R 软件得到的 Single Truncated Bootstrap 模型估计结果。首先只考虑创新对各类合作社技术效率的影响,估计结果分别见表 4 至表 6 中的模型 1。从表中可见,三种创新模式均有利于三类合作社技术效率的提高。从系数估计值的大小还可以发现:三类合作社中,同时进行产品、分配制度创新对技术效率的影响最大,仅进行产品创新次之,而仅进行分配制度创新对技术效率的影响最小;产品创新对粮食和一般经济作物类合作社的技术效率影响明显小于其他两类合作社。

由于创新对合作社技术效率的影响可能与其他多种因素纠缠在一起,因此本文采取在模型 1 的基础上逐次加入控制变量的逐步回归法来检验估计结果的稳健性。表 4 至表 6 中的模型 2 为各类合作社控制资本规模后的估计结果,模型 3 为各类合作社控制资本规模和负债率后的估计结果,模型 4 在模型 3 的基础上加入了社长非农背景控制变量,模型 5 则在模型 4 的基础上加入了高收入地区虚拟变量。由上述四个模型均可以看到,在三类合作社的技术效率的影响因素中,三种创新模式的系数估计值仍为正,且在统计上显著,说明它们均对提高合作社技术效率有积极作用。从具体的系数估计值来看,三类合作社表现出高度一致的是,同时进行产品、分配制度创新的合作社的技术效率最高,只进行产品创新的合作社次之,只进行分配制度创新合作社的技术效率再次,这与模型 1 的估计结果一致。同时还可以发现,在三类合作社中,模型2 至模型 5 中三种创新模式的系数估计值均比模型 1 中相应变量的系数估计值有不同程度的降低,这是因为规模、负债率、社长背景特征和地区经济差异对合作社技术效率也有重要影响。显然,在控制了这些因素后,估计出的创新模式对技术效率的影响更为可靠。

表 4　粮食和一般经济作物类合作社的 Single Truncated Bootstrap 估计结果

项目	模型 1	模型 2	模型 3	模型 4	模型 5
常数项	0.5510***	0.5212***	0.5133***	0.5163***	0.4979***
仅产品创新	0.0842**	0.0766**	0.0704**	0.0703**	0.0626**
仅分配制度创新	0.0565**	0.0657***	0.0578**	0.0570**	0.0610**
兼有产品、分配制度创新	0.1177***	0.0914**	0.0798***	0.0858***	0.0845***

续表

项目	模型 1	模型 2	模型 3	模型 4	模型 5
大中型规模		0.1121***	0.1056***	0.1110***	0.1069***
低负债率			0.0489**	0.0470**	0.0566**
高负债率			0.0069	0.0062	0.0074
非农背景				−0.0394	−0.0309
高收入地区					0.0415**
Wald 检验值	16.60***	44.67***	50.21***	52.12***	57.09***
对数似然函数值	107.5007	120.1101	122.4645	123.2663	125.3359
样本数量	267	267	267	267	267

注：**、***分别表示参数估计值在 5% 和 1% 水平上显著,且其值分别在显著水平上有意义。

表 5　蔬菜水果类合作社的 Single Truncated Bootstrap 估计结果

项目	模型 1	模型 2	模型 3	模型 4	模型 5
常数项	0.4842***	0.4737***	0.4449***	0.4425***	0.4338***
仅产品创新	0.1224***	0.0970***	0.0928***	0.0871***	0.0766***
仅分配制度创新	0.0615***	0.0522***	0.0553***	0.0511***	0.0377**
兼有产品、分配制度创新	0.1366***	0.1128***	0.1183***	0.1159***	0.1041***
大中型规模		0.0776***	0.0673***	0.0642***	0.0654***
低负债率			0.0579***	0.0599***	0.0613***
高负债率			0.0430**	0.0414**	0.0432**
非农背景				0.0553**	0.0547**
高收入地区					0.0362*
Wald 检验值	63.01***	88.28***	103.08***	110.16***	117.54***
对数似然函数值	209.3259	220.1662	226.3229	229.1874	232.1395
样本数量	452	452	452	452	452

注：*、**、***分别表示参数估计值在 10%、5% 和 1% 水平上显著,且其值分别在显著水平上有意义。

表 6　畜禽水产养殖类合作社的 Single Truncated Bootstrap 估计结果

项目	模型 1	模型 2	模型 3	模型 4	模型 5
常数项	0.4725***	0.4586***	0.4475***	0.4460***	0.4267***
仅产品创新	0.1173***	0.1064***	0.1069***	0.1015***	0.0986***
仅分配制度创新	0.0478**	0.0423**	0.0453**	0.0470**	0.0468**
兼有产品、分配制度创新	0.1286***	0.1174***	0.1193***	0.1171***	0.1092***
大中型规模		0.0429**	0.0400**	0.0375**	0.0321**
低负债率			0.0328*	0.0301*	0.0304*
高负债率			0.0036	0.0019	0.0032
非农背景				0.0444*	0.0403*
高收入地区					0.0414**
Wald 检验值	48.55***	57.77***	62.40***	66.56***	76.02***
对数似然函数值	192.0645	196.0245	197.9841	199.7141	203.5979
样本数量	322	322	322	322	322

注：*、**、*** 分别表示参数估计值在 10％、5％和 1％水平上显著，且其值分别在显著水平上有意义。

（三）分析与讨论

综合上述结果可以发现，不同的创新模式对合作社技术效率的影响存在较大差异，这种差异还体现在不同产品类型的合作社之间，为什么会存在这些差异？结合创新模式本身的特性、合作社的产品特点以及外部环境因素，本文对此做出如下解释。

当前，商品经济高度发达，"商标成为竞争的精髓所在"[①]，消费者对农产品商标的关注度也愈来愈高。合作社通过注册商标，将自己的产品同其他合作社或企业产品区别开来，可以进一步形成一种独特的品牌形象，能够使合作社有重点地进行宣传，并使消费者熟悉产品并形成偏好，这种偏好一旦形成，将阻止同类产品抢占市场份额。这样，能使合作社

---

① 转引自郭之祥（2009）。

摆脱低层次的价格竞争,形成独特的产品优势和维持长久的市场地位,从而更好地满足市场需要,扩大产品销售量,实现收入增长,提高合作社效率。此外,经注册之后的产品,成为合作社的一种特有的资源,受到法律保护,其他合作社或企业不得仿冒和使用,显然,这有利于合作社的长期发展。综上,产品创新能在较大幅度上提高合作社技术效率就不足为奇了。

虽然我国《农民专业合作社法》规定的盈余分配制度体现了合作社的根本特质,有利于鼓励社员与合作社进行交易,但是,随着市场竞争的加剧、加工技术的发展和消费者需求的多样化,合作社为了应对不断变化的外部环境,取得有利的竞争地位,资本成为不可缺少的要素。然而,《农民专业合作社法》确定的分配方式是不利于吸引更多投资的,并且仅仅通过交纳"身份股"和有限的政府资助难以满足合作社的资本需求。在这种情况下,为解决合作社发展的资本需要,一些合作社开始灵活应用法律所规定的单一分配方式,采取按交易量(额)返还(低于法律规定盈余的60%)与按股分红相结合方式分配盈余。股金参与分红有利于吸引资金,从而能在一定程度上缓解合作社发展的资金紧张。

问题是,既然本文发现,同时进行产品和分配制度创新的合作社比仅进行产品或分配制度创新的合作社效率更高,那么在本文的观测样本中为何绝大多数的合作社并没有选择这种创新模式?或者根本就没有创新?此类原因可能较为复杂。其中,一个重要的原因是,任何一种创新都需要成本,需要一定条件,合作社只有在能够支付得起这些成本的前提下,才有进行创新的可能。一方面,商标的创设、登记,广告宣传,产品质量改进,以及顾客在消费产品过程中对商标的认可,无一不是成本问题,而许多合作社成员甚至负责人并不清楚商标的内涵和作用,降低了合作社的商标需求。另一方面,分配制度创新作为一种制度变迁,需要在制度需求和制度供给的条件同时满足时才有可能发生,而这受到多种因素的制约。比如:现阶段许多合作社社员对合作社分配制度并不了解(郑丹,2011);政府政策的努力方向为规范合作社制度;等等。因此,并不是每个合作社都可以随心所欲地决定采取何种创新模式。

为什么产品创新对粮食和一般经济作物类合作社提升技术效率的效应最弱,对畜禽水产养殖类合作社提升技术效率的效应最强?这与合作社所经营的产品有关。一方面,粮食和一般经济作物类合作社的产品,比如大米,消费者可能更关注产地,或者价格而不是商标。畜禽产品却不同,尤其是加工过的产品,消费者更看重商标。水果的商标效应近年来逐渐凸显。另一方面,粮食和一般经济作物类合作社的产品相比于另外两类合作社产品的市场竞争程度较低,不易腐烂,这使得该类合作社进行产品创新的动力小于其他两类合作社。

此外,为什么分配制度创新对粮食和一般经济作物类合作社提升技术效率的效应最强,其次是畜禽水产养殖类合作社,再次是蔬菜水果类合作社?从表1中可见,粮食和一般经济作物类合作社的平均固定资产净值较低,远远低于畜禽水产养殖类合作社,而实际情况是粮食和一般经济作物类合作社对固定资产如农机具、运输工具的需求是比较大的,从后文分析的资本规模对合作社的影响分析中也可以看出,粮食和一般经济作物类合作社对资本的需求较大,换言之,受资金的约束比较大。因此,该类合作社中进行分配制度创新的需求远远大于其他两类,分配制度创新提升技术效率的效应也最强。

(四)控制变量对效率的影响

在本文的控制变量中,合作社规模和地区经济差异对各类合作社效率的影响符合理论预期,但负债率和社长背景特征对不同产品类型合作社效率的影响方向不同。关于合作社资本规模,表4至表6中模型2至模型5中的计算结果显示,各类合作社大中型规模的系数估计值均显著为正,表明各类合作社中,大中型合作社相比于小型合作社具有更高的技术效率。从具体的系数估计值来看,粮食和一般经济作物类合作社的技术效率受规模因素的影响最大,其次为蔬菜水果类合作社,再次为畜禽水产养殖类合作社。从另一角度来看,这也意味着目前营销类合作社中粮食和一般经济作物类合作社效率受资本约束的作用最大。

从表4至表6中模型2至模型5负债率的估计结果可见,负债率对粮食和一般经济作物类、畜禽水产养殖类两类合作社技术效率的影响符合预期,即无负债率的合作社技术效率低于低负债率(小于等于0.33)的合作社,但高于高负债率(大于0.33)的合作社。但蔬菜水果类合作社中,低负债率和高负债率合作社的技术效率均显著高于无负债率的合作社。这说明蔬菜水果类合作社的杠杆效应最大,即具有较强的债务偿还能力。

社长非农背景对不同类型合作社技术效率的影响也值得关注。由表4至表6可见,社长非农背景对粮食和一般经济作物类合作社技术效率的影响在1%、5%、10%水平上均不显著,与理论预期相悖,但显著正向影响蔬菜水果类和畜禽水产类合作社的技术效率,符合预期。为什么粮食和一般经济作物类合作社的技术效率不受社长背景特征的影响?相对于蔬菜水果类和畜禽水产养殖类合作社产品而言,粮食和一般经济作物类合作社产品的市场竞争程度较低,价格波动较小,产品保质期较长,卖难问题不突出,等等。因此,社长的非农背景优势在产品销售环节并不明显,而在产品生产环节,社长非农背景显然不利于效率提高。此外,高收入地区合作社的技术效率更高,与理论预期一致。

四、总结

本文运用浙江省营销合作社的微观数据,实证研究了仅产品技术创新、仅分配制度创新和兼有产品技术、分配制度创新三种创新模式分别对粮食和一般经济作物类、蔬菜水果类、畜禽水产养殖类三类营销合作社技术效率的影响。Bootstrap-DEA的两阶段模型估计结果表明,相对于无创新,三种创新模式均有利于三类合作社技术效率的提高,其中同时进行产品、分配制度创新对技术效率的影响最大,仅产品创新次之,仅分配制度创新的作用最小。同一创新模式对不同类型合作社技术效率的影响不同。此外,扩大规模和适度的负债率也有利于合作社提高技术效率。

经验研究结果表明,根据产品特征开展产品技术创新的同时实行多种盈余分配方式是营销合作社提高效率和增强竞争力的最佳模式。然而,在合作社的发展尚处于逐步规范、资金缺乏普遍存在的现实情况下,合作社采取该模式困难重重。现实情况是更多的合作社根据所经营的产品特性以及内外部条件,采取适宜自身条件的创新模式,或者放弃创新。为促进合作社的进一步发展和提高市场竞争力,有必要逐步扫除合作社创新的障碍,为合作社创新创造有利的外部环境和条件。目前阶段,针对产品技术创新,除为合作社注册商标提供优惠外,增强合作社成员对商标作用的认识也非常重要。而针对分配制度创新,首先需要解决的问题是,在体现"按惠顾额分配盈余"的基础上,如何做到"资本报酬有限"?"限"的边界在哪里?显然这是难以把握的,对所有合作社进行一刀切的做法未必科学。那么,如何解决?还有另一条道路吗?本文认为,如果合作社的决策者是理性的,那政府的努力方向或许可以转为为合作社提供足够多的信息,以尽可能减少合作社的决策成本,而不是代其决策。

参考文献

[1]Acemoglu, D., Simon, J. and James R., "The Rise of Europe: Atlantic Trade, Institutional Change, and Economic Growth", American Economic Review, 2005, 95: 546-579.

[2]Ariyaratne, C. B., Featherstone, A. M., Langemeier, M. R. and Bartone, D. G., "Measuring X-Efficiency and Scale Efficiency for a Sample of Agricultural Cooperatives", Agricultural Resource Economics Review, 2000, 29: 198-207.

[3] Beverland, M. B., "Beverland, Repositioning New Zealand Venison: from Commodity to Brand", Australasian Marketing Journal, 2005, 13: 62-67.

[4] Beverland, M. B., "Can Cooperatives Brand? Exploring the Interplay Between Cooperative Structure and Sustained Brand Marketing Success", Food Policy, 2007, 32: 480-495.

[5]Carpenter, G. S. and Nakamoto, K., "Consumer Preference Formation and Pioneering Advantage", Journal of Marketing Research, 1989, 3: 285-298.

[6]Cook, M. L., "The Future of U. S. Agricultural Cooperatives: A Neo-Institutional Approach ", American Journal of Agricultural Economics, 1995, 77: 1153-1159.

[7] Fama, E. F. and Jensen, M. C, "Seperation Ownership and Control", Journal of Law & Economics, 1983, 26: 301-325.

[8] Galdeano-Gómez, E. , "Productivity Effects of Environmental Performance: Evidence from TFP Analysis on Marketing Cooperatives", Applied Economics, 2008,40: 1873-1888.

[9] Hansmann, H. , "The Ownership of Enterprise", Harvard University Press, 1996.

[10] Hall, R. E. and Jones, C. I. , "Why Do Some Countries Reduce So Much Output Per Worker than Others", Quarterly Journal of Economics, 1999, 114: 83-116.

[11] Hailu, G. , Goddard, E. W. and Jeffrey, S. R. , "Measuring Efficiency in Fruit and Vegetable Marketing Co-operatives with Heterogeneous Technologies in Canada", elected aper repared for resentation at the American Agricultural Economics Association Annual Meeting, Providence, Rhode Island, 2005.

[12] Hailu, G. , Jeffrey, S. R. and Goddard, E. W. , "Efficiency, Economic Performance and Financial Leverage of Agribusiness Marketing Co-operatives in Canada", in Novkovic, S. and Sena, V. (eds.): Cooperative Firms in Global Markets: Incidence, Viability and Economic Performance, Emerald Group Publishing Limited, 2007.

[13] Krasachat, W. and Chimkul, K. , "Performance Measurement of Agricultural Cooperatives in Thailand: An Accounting-based Data Envelopment Analysis", in Lee, J. -D. and Heshmati, A. (eds.): Productivity, Efficiency and Economic Growth in the Asia-Pacific Region, Springer-Verlag Berlin and Heidelberg, 2009.

[14] Kevin, J. L. , "Market Share, Profits and Business Strategy", Management Decision, 2001, 39: 607-618.

[15] North, D. C. , "Institutions, Institutional Change, and Economic Performance", Harvard University Press, 1990.

[16] Porter, P. K. and Scully, G. W. , "Economic Efficiency in Cooperatives", Journal of Law and Economics, 1987, 30: 489-512.

[17] Humpeter, J. A. , "Theory of Economic Development", Harvard University Press, 1934.

[18] Vitaliano, P. , "Cooperative Enterprise: An Alternative

Conceptual Basis for Analyzing A Complex Institution", American Journal of Agricultural Economics，1983，65：1078-1083.

[19]蔡昉,费思兰.蒙德拉贡合作公司的发展绩效与制度创新——兼论现代合作制度的外部环境与治理结构.中国工业经济,1999(9).

[20]杜吟棠.论农业中的现代企业制度.管理世界,1998(5).

[21]郭红东.中国农民专业合作社发展——理论与实证研究.浙江大学出版社,2011.

[22]郭之祥.商标与企业竞争行为.山东大学博士学位论文,2009.

[23]黄季焜,邓衡山,徐志刚.中国农民专业合作经济组织的服务功能及其影响因素.管理世界,2010(5).

[24]米新丽.论农民专业合作社的盈余分配制度——兼评我国《农民专业合作社法》相关规定.法律科学(西北政法大学学报),2008(6).

[25]徐英吉.基于技术创新与制度创新协同的企业持续成长研究.山东大学博士学位论文,2008.

[26]夏冬泓,杨杰.合作社收益及其归属新探.农业经济问题,2010(4).

[27]亚当·斯密.国民财富的性质和原因的研究(下卷).商务印书馆,1997.

[28]郑丹.农民专业合作社盈余分配状况探究.中国农村经济,2011(4).

[29]张晓山,苑鹏.合作经济理论与中国农民合作社的实践.首都经济贸易大学出版社,2009.

农民专业合作社民主管理
与外部介入的均衡

——成员利益至上 [①]

　　20 世纪 90 年代中后期以来,农民专业合作社在我国农村迅速发展起来,截至 2011 年上半年,全国农民专业合作社实有 44.6 万个,比 2010 年底增长 17.66%,实有入社农户 3000 万户左右,约占全国农户总数的 12%。随着农民专业合作社数量和入社农户数量的快速增长,对合作社的各种争议也愈演愈烈,其中有个重要的争议是:由于我国的特殊国情,外部力量对合作社的介入比较普遍,这在一定程度上会影响合作社的民主管理,合作社如何在两者之间寻求平衡?

一、农民专业合作社:民主管理与外部介入之辩

　　民主管理作为合作社的本质规定性之一,一直被国际合作社界所倡导。所谓民主管理,就是说成员们无论是否出资,是否理事、监事,都是权利平等的,都是以“一人一票”为基础的。罗虚代尔原则、1966 年原则和 1995 年原则以及北美的新一代合作社,都对合作社的民主管理有所要求。国内学者对合作社的民主管理问题也是各有所见:孔祥智等(2009)认为“要在农民专业合作经济组织中实现民主决策、民主管理的

　　①　本文作者为黄祖辉、高钰玲、邓启明。本文内容发表在《福建论坛》2012 年第 2 期,被中国人民大学期刊复印资料《农业经济研究》2012 年第 8 期全文转载。本文研究得到国家自然科学基金重大国际合作项目(71020107028)、国家烟草总公司“烟农专业合作社运作机制研究”以及浙江省自然科学基金项目(Y6090528)的资助,特此致谢!

原则";国鲁来(2010)认为"如果农民专业合作社不能依法建立规范的组织制度,不能实行民主治理,不能有效保护组织成员的民主权利和经济利益,那么也就失去了大力发展农民专业合作社的意义";黄祖辉等(2009)指出,"在我国农民专业合作社的发展过程中,一方面,要充分认识合作社有别于其他组织的本质规定性,但又要看到其正在发生的本质规定性的漂移的不可避免性;另一方面,不必强制性干预这种漂移的发生,合作社成员可以通过合作社章程自主选择是否允许以及在多大程度上允许这种漂移的发生";黄胜忠等(2008)认为,"在规范发展过程中,对于农民专业合作社存在的'功利主义'和'标准规范'双重认定,一方面要有清楚明确的认识,不可顾此失彼;另一方面要尊重成员的选择,合理引导"。

合作社在市场经济环境下,实现效率、得到经济利益是赖以生存和发展的基本条件。但是,合作社的民主管理有时会导致合作社的决策效率低下,随着合作社的发展壮大,这样的情况会经常出现。此外,与其他市场主体相比,合作社"资本报酬有限"原则导致的资本回报率不充分的情况,以及"自愿入社、自愿退社"原则导致的合作社经营不稳定的状态,使得原本由社会弱势群体组成的农民专业合作社并不能改变他们的弱势地位。为了更好地体现农民专业合作社的制度优势,充分发挥农民专业合作社天然的益贫性,农民专业合作社的发展需要有一个良好的环境,政策的扶持与引导和其他主体对农民专业合作社的"支持"必不可少,这就使得外部对合作社的介入成为可能。所谓外部介入,就是合作社成员以外的力量对合作社资本、业务、管理等方面的引导、扶持、干预等。介入的方式和程度不一样,对合作社运行产生的影响也不一样,引导扶持可理解为弱介入,干预则可看作是强介入,但无论是弱介入还是强介入,都会对合作社的营运与发展产生一定的影响。外部对合作社介入的影响,具有两面性,不少学者从理论与实证的角度对其进行了研究。苑鹏(2009)对农民专业合作社财政专项扶持资金的直接经济效果和社会溢出效应进行了初步分析,认为财政专项资金补贴将合作组织制度本身所具有的作用更好地体现出来。张晓山(2005)认为,在我国当前,政府扶持合作社不失为一种理性选择,但是应该逐渐淡化部门和行政色彩。王曙光(2010)认为,政府扶持引导合作社要适度,并提出了应注意的三点内容和应遵循的四大原则。从实践看,我国《农民专业合作社法》颁布实施以来,国家对农民专业合作社的发展确实也出台了一系列扶持政策,包括税收优惠、金融支持、财政扶持、涉农项目支持、农产品流通、人才支持等。

尽管从理论上讲,农民专业合作社广泛适用于种植、畜牧、渔业、农机、林业等各个农业产业,可以为广大农户提供种苗培育、农资供应、技术指导、产品销售、产品加工、市场信息等各类服务,可以为农民进入市场、增强市场竞争能力、增加收入等方面发挥积极作用,但从实践上看,我国农民专业合作社发展仍处在初期阶段,力量不强,即使是在经济发展水平较高的地区,农民专业合作社缺乏人才、缺少资金的情况仍然非常普遍。

2011年7月至8月,笔者对黑龙江、四川两省的58个省级农民专业合作社示范社进行深度调研时发现,这些"经营规模大、服务能力强、产品质量优、民主管理好"的合作社无一例外地认为资金问题是合作社发展最主要瓶颈之一,迫切地需要政策支持与外部扶持。示范社尚且如此,其他一般性的合作社就更是如此。但是,外部扶持或多或少会影响到合作社的民主管理程度。从对58个合作社成员调研的结果看,58个合作社中贯彻执行"一人一票"民主管理原则的只有7个,有且只有1个合作社的成员认为他的举手(即投票)是有效的,可见我国农民专业合作社的民主管理程度确实令人担忧。可见,一方面,我国农民专业合作社要坚持民主管理的呼声很高;但另一方面,现阶段的我国农民专业合作社又离不开与外部介入有关的各种支持或干预。

本文以我国烟农专业合作社为例,通过对烟农专业合作社中民主管理与外部介入并存的效应和成因的简要分析,阐明合作社成员的利益发展是农民专业合作社民主管理与外部介入能够并存的基本原因。

二、烟农专业合作社:
民主管理与外部介入相并存的典型

目前,我国烟农专业合作社尚处于起步阶段,还是个新生事物。但毋庸置疑,烟农专业合作社是农民专业合作社的一种类型,具有农民专业合作社所必备的特征,遵循农民专业合作社所必须遵循的原则,也出现了农民专业合作社所面临的问题——民主管理与外部介入的平衡问题,并且由于烟农专业合作社的特殊性,这一问题显得更加突出,更具代表性,更有研究的价值。

(一)烟农专业合作社的内涵

烟农专业合作社是指在烟田家庭承包经营的基础上,烟叶生产者自愿联合、自主管理、自我服务、统分结合、双层经营的烟农专业合作经济组织(见图 1)。

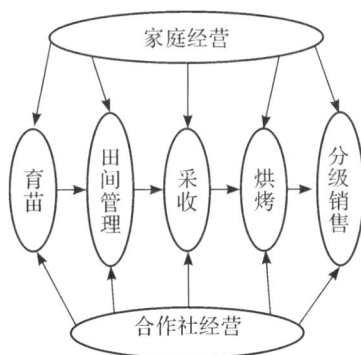

图 1　烟农专业合作社经营模式

(二)烟农专业合作社的类型

按职能来划分,我国目前的烟农专业合作社可分为生产型、服务型和混合型三大类型。生产型烟农专业合作社以土地统一生产经营为主要特征;服务型烟农专业合作社以提供烟叶生产过程中所需服务为主要特征;混合型烟农专业合作社则兼有两者之特征。由于家庭经营在农业生产中具有鲜明的优势,因而生产型合作社往往因生产过程中的监督难问题而发展空间不大,覆盖范围较小。在某些小范围内,也可能出现一些以烟农间自发的互助换工为基础的生产型合作社,此类合作社虽然规模不大,但却有明显的减工降本效果,这一类型尽管不是主流,但值得支持与肯定。

可以确认的是,为成员提供自我服务或为非成员提供社会化服务的服务型合作社规模效率明显,具有较大的发展空间,是烟农专业合作社的主流模式。从 2010 年笔者对云南等 7 省 27 个烟农专业合作社调研数据可得出:服务型、混合型、生产型烟农专业合作社样本数占样本总数的比重分别为 78%、7% 和 15%(见图 2),表明服务型合作社是当前我国烟农专业合作社的主流模式。

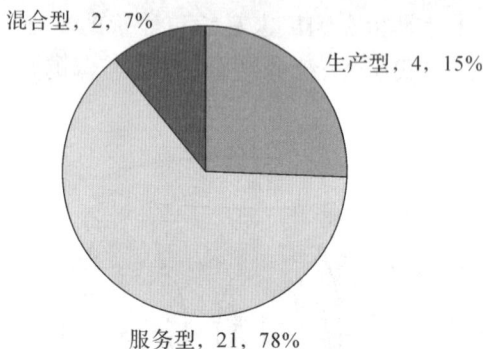

混合型, 2, 7%

生产型, 4, 15%

服务型, 21, 78%

图 2 烟农专业合作社类型分布情况

(三)烟农专业合作社的制度特征

由于我国烟草经营体制的独特性,烟农专业合作社是一种比较特殊的农民专业合作社,它的制度安排有农民专业合作社的一般性,也有其特殊性。

1. 烟农专业合作社的组织功能比较单一

我国《烟草专卖法》明确规定:烟叶由国家专买专卖,其他单位和个人不得从事烟叶的买卖活动;烟叶收购计划由县级以上地方政府部门根据国务院相关部门下达的计划下达,其他单位和个人不得变更。烟草部门或者其委托单位应当与烟叶种植者签订烟叶收购合同。烟叶收购价格由国务院物价主管部门会同国务院烟草专卖行政主管部门按照分等定价的原则制定。因此,烟农专业合作社面临的是一个买方垄断的市场,烟农直接与烟草部门签订生产、收购合同,每年一签,价格明确。烟农专业合作社无须像一般大农类农民专业合作社那样,需要对合作社产品进行营销。烟农专业合作社的主流形式——服务型合作社主要承担的就是烟农生产环节的服务职能,组织功能比较单一。

2.烟农专业合作社的产权安排比较模糊

一般说来,服务型合作社的产权安排比较简单,但烟农专业合作社则不同,通常拥有烟草部门投资的生产服务设施(譬如烤房、育苗工场、农机具等),并且这些资产的价值往往很大。这些资产的使用与产权安排,直接涉及资产的管护、合作社利益的分配、成员权益的分享,从目前来看,烟草部门与烟农专业合作社仍没有找到非常理想的投资资产的产权制度,以至于这类资产的产权比较模糊。

3.烟农专业合作社的治理结构比较复杂

我国烟农专业合作社是在国家《农民专业合作社法》颁布生效、烟草部门大力推进合作社建设之后发展起来的,因此,烟农专业合作社的创建应该说是有法可依、有法可循的。现实中,大多数烟农专业合作社的组织机构确实也比较规范,基本能够按照法律法规来设置,具有理事会、监事会、成员代表大会(人数较多的合作社),人员配备也比较齐全,但是,组织机构运转的规范程度却不尽人意。在笔者调研中发现,27个样本合作社中,至少有8个合作社的理、监事会成员中有烟站职工,甚至烟站的正、副站长,还有至少5个合作社的理、监事长是由村干部来担任的。外部介入的普遍化使烟农专业合作社在民主管理方面存在着不足。但不难理解,如果没有烟草部门的引导和扶持,我国烟农专业合作社很难在短期内得到很快的发展。目前我国烟农专业合作社的发展处在两难境地:一方面,如果烟草部门不加以大力引导和扶持,烟农专业合作社难以自发形成与发展;另一方面,烟草部门为了加快烟农专业合作社的发展,不得不介入合作社的运营与管理,这对合作社的民主管理与自我发展是一种隐患。

4.烟农专业合作社的盈余分配比较多元

烟农专业合作社的盈余分配由于其产权结构比较复杂,较大农类的合作社有所不同。在笔者调查的27个样本合作社中,有14个存在按股份数分配的约定,其中以云南、贵州的合作社为典型,它们的股份构成里面包括了土地、现金、机械设备、烟草补贴等形式,而其他几个省份的烟农合作社中,不少合作社没有把劳动力、土地等要素进行作价,而是把这些非现金要素单独进行盈余分配,不过,这两种盈余分配方式在本质上是一致的,即都是依据多元要素进行盈余分配。

(四)烟农专业合作社民主管理与外部介入的均衡

基于我国农村经济发展的历史现实、现行烟草产业的体制背景以及烟草部门功能强大、覆盖广泛、干预直接的运营惯性,特别是在现阶段我国合作社企业家供给短缺、烟农缺乏合作社知识和相关资源的情况下,烟草部门的强势介入与影响(特别是在烟农专业合作社发展初期)既是必然,又是必需的。从表1中,我们可以看出,27个样本烟农专业合作社的成立都是在2006年之后,也即是《农民专业合作社法》颁布和烟草部门大力推进发展合作社之后,并且随着烟草部门对合作社认识的深入和推进力度的加大,合作社数量迅速上升。此外,根据云南的调研资料显示,按股份方式组建和经营的云南禄丰县洪流村烘烤服务社服务烟农成员共有374户,涉及基本烟田2100亩。合作社的股金由两部分构成:一是发起人投资入股39股,9个发起人投资24万元现金,按1万元/股折算,折合24股,另以出让烘烤工场所占用土地15亩的方式投入,按1股/亩折算,折合15股;二是烟草行业投入烤房基础建设资金补贴240万元,按1万元/股,折算量化到烤房受益的基本烟田(2100亩)的全体烟农,折合240股,由烟农持股入社。烘烤工场产权归洪流村村委会所有,由洪流村村委会与合作社签订协议,合作社零租金使用烘烤工场。可见,烟草部门没有像传统的公司领办型合作社中的公司那样直接入股,而是通过其他多种途径对烟农专业合作社进行了扶持,对烟农专业合作社的形成与发展起着重要作用。

表1 烟农专业合作社成立时间分布情况

单位:个

成立年份	2007	2008	2009	2010
成立数量	1	4	8	14

在烟草部门介入合作社创建、运行与管理的过程中,烟农专业合作

社在一定程度上坚持并体现了民主管理,烟草部门也理解尊重烟农专业合作社的相关决策。一般而言,烟草部门为了体现惠农政策,往往严格限定烟农专业合作社提供的各种专业化服务的价格,导致合作社基本上是基于成本价(还相对忽略了烟草部门资助设施的折旧费用)为烟农社员提供服务,无法产生收益。因此合作社大多通过涉足大农业生产经营获得收益,多种经营的方向和方式都由合作社成员根据合作社规章制度来进行民主管理。基层烟草部门也允许合作社通过自主经营,或通过承包、转租等形式经营育苗大棚、烤房等设施设备,如从事菌菇、果蔬等生产,并引导、鼓励合作社为非烟类农业提供营利性的机耕服务等,使得烟农合作社成员能够从中获得收益。这表明,烟草部门的介入基于成员利益发展至上的原则。

　　尽管,只要农业生产中最基本的特点——生产的生物性、地域的分散性以及规模的不均衡性存在,农民的合作就有其存在的必然性,但这并不意味着烟农的联合就必然会产生理想的专业合作社,尤其是烟叶生产需要大量烤房、育苗工场等固定资产的投入,设施的资产专用性强,管理维护费用高,单凭烟农专业合作社的一己之力显然不够。从现实来看,我们不得不承认,烟草部门的强势介入是烟农专业合作社迅速发展的重要原因,是现阶段烟农专业合作社成功运营的前提条件,但我们也应看到,是从长远看,烟农专业合作社在多种经营中体现的民主管理和科学运营,是烟农专业合作社可持续发展的重要保障。主要表现在:①烟农专业合作社的多种经营由合作社进行民主决策和管理,而民主管理可以调动成员的积极性,促使其学习锻炼生产经营管理的能力,并对合作社产生归属感;②民主管理下的多种经营使成员获得经济利益,满足合作社既是所有者也是惠顾者的成员受益目标。

　　总之,烟农愿意、烟草行业需要是烟农专业合作社存在的原因,外部介入是烟农专业合作社成立的动力,民主管理是烟农专业合作社可持续发展的根本,民主管理与外部介入都必须基于成员利益发展至上的原则,这样才能促成共赢发展局面。

三、合作社民主管理与外部介入
并存的支点：成员利益至上

我国《农民专业合作社法》第一章第三条规定了合作社应当遵循的原则：成员以农民为主体；以服务成员为宗旨，谋求全体成员的共同利益；入社自愿，退社自由；成员地位平等，实行民主管理；盈余主要按照成员与农民专业合作社的交易量（额）比例返还。各省市级的农民专业合作社政策法规也明确提出合作社应坚持"民办、民管、民受益"、"服务成员"的基本原则。民主管理原则经过一个多世纪的考验，仍然是合作社不可摒弃的本质规定性，固然有其内在性道理。但是在合作社的实际操作中，不应对其进行简单的教条化理解，应该结合实际情况，尊重农民选择。农民作为市场的参与主体，是理性的，在入社自愿、退社自由的原则下，选择加入合作社有其自己的理由，在合作社发展的初期阶段，大多数农民入社的直接动因是获得经济利益。仍以我国现阶段的烟农专业合作社为例，尽管其存在对烟草部门的过度依赖问题，进而合作社的自主性体现得不够充分，但只要广大烟农能从这样的合作社中得到利益，如实现生产成本的降低、劳动强度的减轻，能在合作社的发展过程中学到技术、增长才干，那么这种合作社仍不失为一种成员利益至上的农民专业合作组织。

简言之，要以成员利益至上为支点，将有能力的民主管理和有前提的外部介入融为一体，寻求两者的均衡。在我国农民专业合作社快速发展的今天，对合作社的发展质量应该也必须有所要求，要提升合作社的民主管理意识并且培养其民主管理的能力。同时应注意，在不少经济欠发达地区，政府的政策扶持体系和落实体系都未健全，因此，在合作社发展的初期阶段，我们不宜完全按照条条框框走，而应以成员利益至上为支点，利用好外部介入的力量，发挥好民主管理的优势，不断创新农民专业合作社的营运模式和管理机制。

参考文献

[1]国鲁来:《合作社既要依法规范,也要制度创新》,《农村经营管理》2010 年第 10 期,第 17-19 页。

[2]黄胜忠,贾金荣:《农民专业合作社的认定与规范发展——基于浙江省的实证》,《西北农林科技大学学报(社会科学版)》2008 年第 1 期,第 24-28 页。

[3]黄祖辉:《农民合作:必然性、变革态势与启示》,《中国农村经济》2000 年第 8 期,第 4-8 页。

[4]黄祖辉,邵科:《合作社的本质规定性及其漂移》,《浙江大学学报(人文社会科学版)》2009 年第 1 期,第 10-15 页。

[5]孔祥智,史冰清:《当前农民专业合作组织的运行机制、基本作用及影响因素分析》,《农村经济》2009 年第 1 期,第 3-9 页。

[6]李海涛:《全国实有农民专业合作社 44.6 万个》,《农民日报》2011 年 8 月 10 日。

[7]王曙光:《政府扶持引导合作社要适度》,《农村经营管理》2010 年第 10 期,第 29 页。

[8]苑鹏:《农民专业合作组织的财政扶持政策研究》,《学习与实践》2009 年第 8 期,第 1、4-18 页。

[9]张晓山:《有关中国农民专业合作组织发展的几个问题》,《农村经济》2005 年第 1 期,第 4-7 页。

农民专业合作社服务功能的
实现程度及其影响因素①

一、研究背景

过去百余年时间里,欧美发达国家的农业现代化进程普遍经历了农民数量不断减少,农业生产不断专业化、规模化,农产品竞争不断加剧等转变(王震江,2003;益智,2004),农业合作社②自始至终在其中扮演了重要的角色,也发挥了重要的作用(Chaddad and Cook,2004;徐旭初等,2008)。在我国,农民专业合作社作为引领农民参与国内外市场竞争的现代农业组织,自2007年《农民专业合作社法》实施以来,得到了迅速的发展。截至2011年底,全国经工商注册登记的农民专业合作社已有52.17万家,实有入社农户4100万户,占全国农户总数的16.4%。③ 据

---

① 本文作者为黄祖辉、高钰玲。本文内容发表在《中国农村经济》2012年第7期。本文研究得到国家自然科学基金重大国际(地区)合作项目"全球化背景下中国农民合作组织发展:运营模式、治理结构与比较研究"(71020107028)的资助。

② 我国现行立法中的相应概念是"农民专业合作社",国际上也有"agricultural cooperative"(农业合作社)的概念,本文描述我国合作社的相关情况,故使用"农民专业合作社"的概念,在文中有时简称"合作社"。

③ 李二超:《推动农业社会化服务体系惠及合作社发展座谈会在京举行》,中国农民专业合作社网,2012年2月29日。

统计,从 2008 年第三季度到现在,合作社数量平均每月增长 1 万家。①合作社涉及种植、养殖、农机、林业、植保、乡村旅游等农村各个产业,服务内容从生产领域逐步向生产、流通、加工一体化经营发展。② 我国的农民专业合作社已经从合作领域狭隘、服务功能单一向合作领域逐渐宽广、服务功能多样的格局发展,不少合作社已初步形成了以种苗供应、农资采购、生产管理、产品加工、产品销售、教育培训等服务为主要内容的多元化服务功能体系。多元化服务功能体系的形成提高了生产效率,降低了成员的市场风险,保障了成员收益的长期稳定性(郭勇,2009)。

　　合作社之所以在世界上出现,其重要原因就是人们需要它提供的服务(唐宗焜,2007),服务成员也是合作社的本质规定性之一。这里的"服务",可以看成是专业化分工基础上的一种交易。就农业生产而言,这种专业化分工基础上的服务大体涉及产前、产中和产后的服务;从产业组织的视角看,包括内在化服务(即非市场化的、组织内的服务)与外在化服务(即市场化的、组织外的服务)。在传统的家庭经营模式中,家庭只是一个生产单位,主要经营活动是农产品的生产与产品销售。农民专业合作社在保持农业家庭经营效率的基础上,通过专业化分工和服务内部化,以内部的横向一体化替代外部的纵向一体化(张晓山,2009),既降低了服务外在化的不确定性及其产生的交易成本,又提高了农业的分工与合作的效率。从农业产业化的角度看,以种植业为例,合作社可以在产前阶段为社员提供的服务主要有种苗供应、农资采购,在产中阶段可以为社员提供生产管理服务(包括技术服务、栽培服务、收获服务)等,在产后阶段可以为社员提供收购、加工和营销等服务。基于此,我们把合作社对社员的服务功能概括为五个方面:种苗供应服务、物资采购服务、生产管理服务③、产品加工服务、产品销售服务。但在实践中,并不是每个合作社都能完整实现这些服务功能,而且即使有些合作社具备了这些服务功能,这些服务功能能否被社员接受及其接受的程度也不尽相同。

　　近些年来,对合作社问题的研究,政府与学者大多关注合作社的治

---

　　①　吴霞:《三大难题困扰农民专业合作社发展》,《西南商报》,2012 年 2 月 1 日。

　　②　赵经平:《农民专业合作社蓬勃发展》,《农民日报》,2011 年 12 月 13 日。

　　③　本文中的生产管理服务主要是指对成员生产过程中的前期投入品、产中技术使用,以及产品质量等进行统一的要求、指导。

理结构以及帮助农民进入市场的功能与效率问题,对合作社在生产环节对社员的服务功能及其效率与影响因素的分析还不很充分。基于此,本文在调研基础上,利用我国 3 省(黑龙江、四川、浙江)241 个示范性农民专业合作社的样本调查数据,以种植业和养殖业两大产品类示范性农民专业合作社为对象,从合作社服务功能的宽度与深度两个维度,对其种苗供应、农资采购、生产管理、产品加工、产品销售等 5 项服务功能的实现程度进行统计描述,并采用德尔菲法,编制了服务功能实现指数,以此综合评价合作社的服务功能实现程度。随后从产品特性因素、经营条件因素、组织成员因素和制度环境因素 4 个方面,揭示不同合作社服务功能实现程度差异的影响因素(分析框架见图 1)。最后,给出研究结论,并从优化农民专业合作社内部化服务功能的角度,给出相关发展的启示。

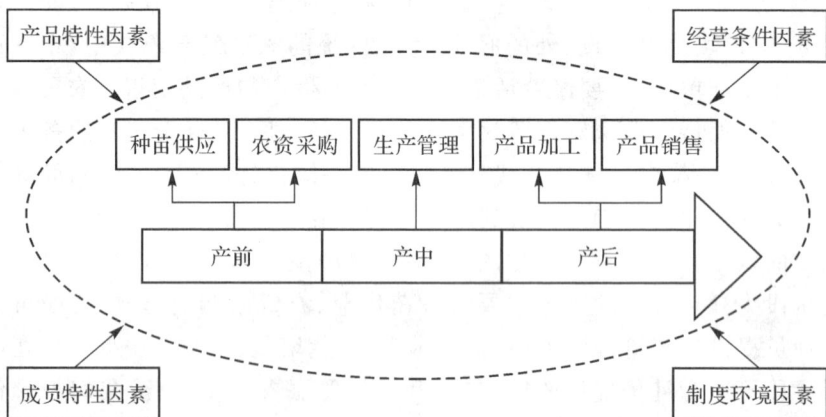

图 1　基于农业产业化视角的合作社服务功能分析框架

二、合作社服务功能的实现程度

(一)分析数据来源说明

本文所用数据来源于 2011 年 7—8 月进行的实地调查。根据区域经济发展水平和农业产业特点,笔者在浙江、四川和黑龙江3省各选取了3个地级市,然后根据当地农业主管部门提供的省级示范社名单,在下辖县(市、区)依据判断抽样法抽取了2~5个不等的合作社进行实地考察与问卷访谈。调查总共发放问卷850份,实际收回有效问卷823份(其中,合作社层面问卷266份,社员层面问卷557份),回收有效率为96.82%。所有问卷均由调查员采用一问一答的方式或由被调查者自行填写的方式完成。鉴于本文是以粮油、蔬菜、水果、猪和鸡等产品类别的合作社为研究对象,故最终选用了241家样本合作社数据。

(二)合作社服务功能的实现程度

实践中,合作社服务功能的实现程度①可以体现为两个维度:一是服务功能的宽度,即合作社具备多少项服务功能,显示合作社服务功能辐射该产业相关环节的广度;二是服务功能的深度,即合作社某一项服务功能被社员采用或接受的社员数占合作社总社员的比重,显示合作社服务功能对社员的覆盖程度。本文首先从合作社服务功能的宽度和深度两个维度出发,分别描述样本合作社服务功能的实现情况,然后再通过建立合作社服务功能实现指数来综合评价合作社服务功能的实现程度。

1.合作社服务功能的宽度

调查表明,当前我国示范性农民专业合作社的服务功能已从技术和信息的单一服务转变为多功能的服务(见表1)。绝大多数合作社(96.68%)具有2项及以上的服务功能,2/3以上的合作社具有4项及以上的服务功能,具备服务完全内部化的合作社比重接近1/4。其中,蔬菜类合作社的服务功能宽度为5的合作社比例最高,为44.19%。

---

①　所谓"合作社服务功能的实现程度",是指合作社能提供并能实现的服务功能。如果合作社的某项服务功能实现率为0,则认为该合作社不具备此项服务功能。

表 1 合作社的服务功能宽度①

合作社类型	宽度＝1		宽度＝2		宽度＝3		宽度＝4		宽度＝5		合计	
	数量（家）	比重（%）	数量（家）	比重（%）	数量（家）	比重（%）	数量（家）	比重（%）	数量（家）	比重（%）	数量（家）	比重（%）
粮油	1	1.19	6	7.14	16	19.05	41	48.81	20	23.81	84	100
蔬菜	1	2.33	1	2.33	3	6.98	19	44.19	19	44.19	43	100
水果	1	1.92	2	3.85	15	28.85	25	48.08	9	17.31	52	100
猪	5	13.51	7	18.92	5	13.51	16	43.24	4	10.81	37	100
鸡	0	0.00	2	8.00	4	16.00	11	44.00	8	32.00	25	100
合计	8	3.32	18	7.47	43	17.84	112	46.47	60	24.90	241	100

从表 2 可以看出,在 241 家合作社中:具备产品销售服务功能的比例最高,各个产业均为 100%;具备加工服务功能的比例最低,为 41.49%,特别是养猪类合作社仅为 10.81%;具备种苗供应服务功能的合作社占总样本数的 67.22%,其中水果类合作社的比例最低,为 42.31%;具备农资采购服务功能的合作社占总合作社数的 82.16%,其中比例最低的是养猪类合作社,为 62.16%。

表 2 合作社的服务功能类别

合作社类型	种苗供应		农资采购		生产管理		产品加工		产品销售	
	数量（家）	比重（%）	数量（家）	比重（%）	数量（家）	比重（%）	数量（家）	比重（%）	数量（家）	比重（%）
粮油	61	72.62	73	86.90	74	88.10	33	39.29	84	100
蔬菜	37	86.05	35	81.40	40	93.02	28	65.12	43	100
水果	22	42.31	45	86.54	51	98.08	25	48.08	52	100
猪	23	62.16	23	62.16	31	83.78	4	10.81	37	100
鸡	19	76.00	22	88.00	24	96.00	10	40.00	25	100
合计	162	67.22	198	82.16	220	91.29	100	41.49	241	100

---

① 在本文中,我们给出 5 项内在服务功能,因此,合作社的最大服务功能宽度为 5。理论上应该存在服务功能宽度为 0 的合作社,但实际调研中并未发现此类合作社,这可能与我们调研对象是生产经营状态良好的示范性合作社有关。

2.合作社服务功能的深度

在对调查数据的进一步分析后,至少可以看出两点:第一,合作社不同服务功能的实现深度差异较大。销售服务功能的实现深度最大,比例为74.7%,加工服务功能的深度最小,仅为30.8%,特别是养猪类合作社,其加工服务功能的实现深度仅为8.1%。第二,不同产业类别的合作社的服务功能之间存在差异。差异较小是销售服务功能,功能实现深度平均值为74.7%,最大值与最小值分别为80.4%、70.9%(见表3)。差别较大的是粮油类和水果类合作社的种苗供应的服务功能实现深度、水果类和养猪类合作社的生产管理的服务功能实现深度,以及蔬菜类和养猪类合作社的加工服务功能的实现深度。

表3　合作社服务功能的深度状况

单位:%

合作社类型	种苗供应	农资采购	生产管理	产品加工	产品销售
粮油	65.7	73.9	72.5	30.1	74.7
蔬菜	58.2	61.4	71.9	43.7	75.4
水果	31.3	73.3	80.8	38.3	73.9
猪	42.2	50.2	61.2	8.1	70.9
鸡	53.6	74.2	79.6	29.2	80.4
合计	52.1	67.9	73.2	30.8	74.7

3.合作社服务功能实现程度的综合评价:服务功能实现指数建构

仅仅分别从合作社服务功能的宽度与服务功能的深度来衡量合作社服务功能的实现程度是不够的,必须采用综合评价指数来衡量。为此,本文在合作社服务功能宽度和深度研究的基础上,编制了合作社服务功能的实现指数,以此来综合衡量合作社服务功能的差异和实现程度。

(1)服务功能实现指数编制方法

首先是确定每项服务功能的权重,然后对每个合作社的5项服务功能深度的得分进行加权求和,进而得到合作社的服务功能实现指数。服

务功能实现指数具体计算公式如下:

$$F_i = f_{1i}w_1 + f_{2i}w_2 + f_{3i}w_3 + f_{4i}w_4 + f_{5i}w_5 \quad i = 1,2,3\cdots241 \quad (1)$$

其中:F_i 代表第 i 个合作社的服务功能实现指数,并且 $F_i \in (0,1]$;f_{1i}—f_{5i} 代表第 i 个合作社在种苗供应、农资采购、生产管理、产品加工、产品销售 5 项服务功能的深度,若合作社不具备某项服务功能,则此项服务功能深度值为 0;w_1—w_5 分别表示每项服务功能的权重。

在对每项服务功能进行赋值时,涉及 5 个对应的服务功能,在设定权重时,本文采用了层次分析法过程中的判断矩阵方法。具体步骤如下:

① 构造判断矩阵

判断矩阵用于确定各准则的权重。在缺少确定的统一标度的情况下,对权重的判断可通过两两比较来实现,本文通过表 4 建立一个判断尺度,进而建立判断矩阵。

表 4　判断尺度与含义

尺度 W_{AB}	含义
1	A 和 B 同等重要
3	A 比 B 稍重要
5	A 比 B 重要
7	A 比 B 明显重要
9	A 比 B 极端重要
2、4、6、8	介于上述相邻之间

② 计算各层次中因素的权重

判断矩阵提供的信息,求解各矩阵的特征根和特征向量,将最大特征根所对应的特征向量 $W = [W_1, W_2, \cdots, W_n]^T$ 做归一化处理,$W_i = \dfrac{W_i}{\sum W_i}(i = 1,2,3,\cdots,n)$,该特征向量就代表了该层中各因素对上一层其所属因素影响大小的权重。

③一致性检验

对人为赋予的判断矩阵，为判断其可靠性，需要进行一致性检验。

首先，计算随机一致性指标 CI：

$$CI = \frac{\lambda_{\max} - n}{n - 1} \tag{2}$$

式中，$\lambda_{\max}$ 为判断矩阵的最大特征值，n 为判断矩阵的阶数。

其次，计算一致性比 CR：

$$CR = \frac{CI}{RI} \tag{3}$$

式中，RI 为平均随机一致性矩阵，可由表 5 查得。

表 5　平均随机一致性指标表

阶数	1	2	3	4	5	6	7	8	9	10
RI	0.00	0.00	0.58	0.90	1.12	1.24	1.32	1.41	1.45	1.49

当 $CR < 0.1$ 时，判断矩阵的一致性可以接受；当 $CR > 0.1$ 时，应对判断矩阵做适当的修正。

④判断矩阵、一致性检验和权重结果

本文采用德尔菲法建立判断矩阵，并利用 YAAHP 软件得出判断矩阵一致性比例：0.0217 < 0.1，一致性可以接受。判断矩阵及权重结果如表 6 所示。

表 6　判断矩阵及相关权重

判断矩阵	f_1	f_2	f_3	f_4	f_5	权重
f_1	1	2	1/4	1/3	1/5	0.1348
f_2	1/2	1	1/3	1/4	1/6	0.1196
f_3	4	2	1	1/5	1/4	0.1714
f_4	3	4	5	1	1/4	0.2360
f_5	5	6	5	4	1	0.3382

注：其中 f_1—f_5 分别代表合作社统一种苗供应服务功能、统一农资采购服务功能、统一生产管理服务功能、统一产品加工服务功能、统一产品销售服务功能。

（2）合作社服务功能实现指数计算结果

根据上文得出的权重结果和式（1），可以计算出每个合作社的服务功能实现指数，如表 7 所示。

表 7　合作社服务功能实现指数描述性统计

合作社类型	平均数	标准差	最小值	最大值
粮油	0.625	0.215	0.068	1.000
蔬菜	0.633	0.220	0.061	0.991
水果	0.609	0.203	0.068	0.988
猪	0.481	0.203	0.034	0.890
鸡	0.638	0.185	0.163	0.974
合计	0.602	0.213	0.034	1.000

从表 7 中我们可以看出，合作社的服务功能实现指数最大值为1.000，说明其服务功能宽度为 5，并且每项服务功能的深度都为 100％，也即该合作社完全实现了相关服务的内部化，服务体系很完善。此外，测算结果表明，所有合作社服务功能的指数平均值为 0.602，养猪类合作社的平均值最低，仅为 0.481，这从上述有关合作社服务功能宽度和深度的分析可知，养猪类合作社服务功能实现指数偏低的原因，主要是与其对社员的产品加工服务的深度不够有关。

三、合作社服务功能实现程度的影响因素分析

（一）模型选择

农民专业合作社的服务功能及其实现程度要受到一系列因素的影响，其中，产品特性、经营条件、成员特性、制度环境等因素对合作社服务功能的实现程度具有重要影响。为此，本文建构如下分析模型：

$$Function = f(Product, Operations, Members, Policy) \qquad (4)$$

其中，$Function$ 表示合作社服务功能的实现程度，$Product$、$Operations$、$Members$ 和 $Policy$ 分别表示合作社的产品特性因素、经营

条件因素、成员特性因素和制度环境因素。

由于本文以服务功能实现指数来综合衡量合作社服务功能的实现程度,而服务功能实现指数为(0,1]的连续型变量,因此,本文尝试使用多元回归方法来对影响合作社服务功能实现程度的因素进行分析。该分析模型的计量方程设定如下:

$$y = \beta_0 + \beta_j x_j + \varepsilon \quad j = 1,2,3,\cdots,19 \tag{5}$$

式中,y 表示合作社的服务功能实现指数,x_j 是上述 4 类影响因素的 19 个具体变量,β_0 是常数项,β_j 是自变量系数,ε 为随机扰动项。

(二)变量选择

1. 因变量

因变量为合作社服务功能的实现程度。合作社服务功能的实现程度可以从不同视角、多个维度去考察,本文主要从农业组织和产业链的视角,着重考察合作社这一组织的内在化服务功能,其实现程度由本文所建构的服务功能实现指数来表示。

2. 自变量

该自变量也即影响合作社服务功能实现程度的因素。黄祖辉等(2002)将影响农民专业合作社发展的主要因素归结为产品特性因素、生产集群因素、组织成员因素以及制度环境因素。现实中,合作社服务功能的实现程度是合作社发展的重要体现,因此,从一定意义上讲,这些因素在很大程度上也影响合作社服务功能的实现程度。

本文结合实际调研情况,进一步将影响合作社服务功能实现程度的影响因素归纳为产品特性因素、经营条件因素、成员特性因素以及制度环境因素这四个方面。其中,每一类变量都分别选取若干具体的、可测度的变量作为替代变量。变量的选取主要遵循以下原则:①与研究主题相一致;②以相关文献为基础;③结合样本情况和调研中被调查对象的反馈意见进行适当调整。

表 8 是这些变量的名称、含义、赋值以及课题调查基础上对相关数据的描述性统计。

表 8 主要变量的名称与描述

类别	名称	代码	含义及赋值
产品特性因素	产品类别	x_1	是否是蔬菜类合作社(是＝1;否＝0)
		x_2	是否是水果类合作社(是＝1;否＝0)
		x_3	是否是养猪类合作社(是＝1;否＝0)
		x_4	是否是养鸡类合作社(是＝1;否＝0)
	资产专用性	x_5	用于生产经营活动的资产的专用性程度弱＝1;一般＝2;强＝3)
	不确定性	x_6	主营产品承受市场风险的大小(小＝1;一般＝2;较大＝3;非常大＝4)
	交易频率	x_7	主营农产品的交易频率(低＝1;中＝2;高＝3)
经营条件因素	产业集群	x_8	主营产品产业集中度状况(差＝1;中＝2;良＝3;优＝4)
	社员数量	x_9	成立之初的社员数(百户)
	人均规模①	x_{10}	社员人均生产经营规模(去量纲化)
	市场距离	x_{11}	距集贸市场的远近(3km 以内＝1;3～10km＝2;10km 以上＝3)
	产品认证②	x_{12}	主营产品是获得相关产品认证(是＝1;否＝0)
成员特性因素	社长经历③	x_{13}	社长具备其他社会工作经历的种类
	社长酬金	x_{14}	社长是否领取工资或误工补贴等(是＝1;否＝0)
	社员出资④	x_{15}	成立之初社员出资额(万元;取自然对数)
	社员组成	x_{16}	是否有企业、事业单位或者社会团体成员(是＝1;否＝0)
制度环境因素	资金扶持⑤	x_{17}	是否获得政府资金扶持(是＝1;否＝0)
	政策法规	x_{18}	当地有关合作社政策法规的完善及执行程度(低＝1;中＝2;高＝3)
	合作传统	x_{19}	成立之前当地农户是否有合作或互助基础(是＝1;否＝0)

注:①由于产品类别不同,人均经营规模不具有可比性,故使用极值化方法进行去量纲化处理,具体处理公式为 $x=(x_i-\min)/(\max-\min)$,其中 min 为所在项最小值,max 为所在项最大值。②产品认证主要包括无公害、绿色食品、有机食品、森林产品、质量安全等认证。③社长经历主要包括是否曾为个体经营户(含农村经纪人)、私营企业主、村集体企业管理人员、乡镇政府工作人员(含"七站八所"等派出机构)、村干部(特指村支书和村主任)、其他社会团体负责人等工作。④调研获得的成员出资数据差异较大,为缩小取值范围,故对其取对数。⑤资金扶持主要指实际获得并已投入使用的扶持资金。

（1）产品特性变量

本文所指的产品特性主要是指合作社主营产品的技术特性和交易特性。前者以产品类别来衡量；后者从资产专用性、不确定性、交易频率三个交易维度（Williamson，1985）来考察。

（2）经营条件变量

本文所指的经营条件主要包括生产集群和市场条件两个方面。生产集群因素不仅取决于集群中个体成员的数量，还取决于个体成员的"规模"（奥尔森，1995）。本文以产业集群衡量合作社外部的生产集群条件，以合作社成员数量和人均规模衡量合作社内部的生产集群条件，以市场距离和产品认证衡量产品的市场条件。

（3）成员特性变量

本文所指的成员特性主要从社长和社员两个层面展开。以社长经历衡量合作社是否具备企业家才能的状况；以社长酬金衡量合作社对管理层的激励状况；以社员出资衡量合作社的发展动力以及成员对合作社的信任；以社员组成衡量合作社成员的异质性程度。实践中，企业、事业单位或者社会团体成员的参与，一方面可以给合作社提供人力支持、经济支持，并且还可为合作社带来广泛的社会资源，但另一方面也会导致合作社成员的异质性，进而影响合作社的"纯洁性"和治理结构。

（4）制度环境变量

本文所指的制度环境涉及正规制度和非正规制度两大类。很显然，合作社的制度环境对合作社的服务功能实现程度有直接影响。在本文中，合作社的正规制度环境变量，一是资金扶持，二是政策法规。非正规制度环境变量是合作传统，主要以合作社成立之前当地农户是否有合作或互助基础来衡量。

（三）估计结果

本文运用 Stata10.0 分析软件对合作社服务功能实现程度模型进行估计，估计结果见表 9。此外，为确保模型的可靠性，本文对回归方程的多重共线性和异方差性进行了怀特检验和方差膨胀因子检验。前者

所得 p 值不能拒绝同方差的检验($p=0.52>0.05$);后者所得 VIF 均值为 1.64,且自变量的最大 VIF 值为 3.07,说明模型的多重共线性问题并不严重,模型相对比较可靠,可进一步分析利用。根据模型估计结果可以看出,产品特性变量、经营条件变量、成员特性变量、制度环境变量都从某些方面影响了合作社服务功能的实现程度。

表 9　合作社服务功能实现程度的模型估计结果

变量		代码	系数	标准差
产品特性变量	产品类别	x_1	-0.0766^*	0.0453
		x_2	-0.0834^*	0.0429
		x_3	-0.3159^{***}	0.0461
		x_4	-0.2055^{***}	0.0499
	资产专用性	x_5	0.0323^{**}	0.0145
	不确定性	x_6	0.1011^{***}	0.0137
	交易频率	x_7	0.0170	0.0195
经营条件变量	产业集群	x_8	0.0376^{**}	0.0170
	成员数量	x_9	-0.0063	0.0057
	人均规模	x_{10}	0.0239	0.0479
	市场距离	x_{11}	0.0230	0.0141
	产品认证	x_{12}	0.0590^{**}	0.0291
成员特性变量	社长经历	x_{13}	0.0275^{**}	0.0122
	社长酬金	x_{14}	0.0553^{**}	0.0259
	社员出资	x_{15}	0.0067	0.0069
	社员组成	x_{16}	0.0513^{**}	0.0216
制度环境变量	资金扶持	x_{17}	0.0553^{**}	0.0245
	政策法规	x_{18}	0.0200	0.0143
	合作传统	x_{19}	0.0177	0.0217
常数项			-0.0003	0.0826
观察值数			241	

续表

变量	代码	系数	标准差
R^2		0.5053	
修正 R^2		0.4628	

注：*、** 和 *** 分别表示在 10％、5％、1％水平上显著。

1. 产品特性因素

模型估计结果显示，在其他因素水平相同的情况下，蔬菜、水果、养猪、养鸡类合作社与粮油类合作社相比，合作社服务功能实现程度更低，特别是养猪和养鸡类合作社，与粮油类合作社的服务功能实现程度平均差异分别为 0.3159、0.2055，这表明，在其他条件相同情况下，不同类型农产品，如种植业产品和养殖业产品，相应合作社在服务体系和功能实现方面存在差异性。结果还显示，农产品交易特性对合作社服务功能实现程度有影响，其中资产专用性对合作社服务功能实现指数的影响在 5％ 水平上显著，而交易不确定性在 1％ 水平上显著，这说明在其他因素水平相同的情况下，农业资产专用性和交易不确定性越高的合作社，其内在服务功能的实现程度越高。这是因为在资产专用性和不确定性较高的情况下，非组织化的农户面对其市场交易对手时，容易遭遇"敲竹杠"和"锁定"问题，而合作社所建立的服务体系，能够将外部交易转化为内部交易，因而可以在很大程度上降低分散农户在生产经营活动中的不确定性，并化解市场交易过程中被"敲竹杠"和"锁定"的风险。

2. 经营条件因素

模型估计结果显示，产业集群、产品认证对合作社服务功能实现指数的影响都为正，在 5％ 水平上显著。第一，主营产品产业集中度越高的合作社，其服务功能越强。这一现象表明，产业集中度高的地区，农户生产经营的专业化程度和标准化程度往往较高，进而愿意接受合作社服务的社员数量就较多。同时，专业化服务规模的扩大会带来服务的规模效应，既促进平均服务成本降低，又会进一步促进合作社服务程度的提高。农业产业集群程度对合作社服务功能的积极影响，也解释了为什么我国农民专业合作社大多是创建于农业专业化生产比较发达的地区，发展于农业资源区域优势比较明显的地区这一现象。第二，产品获得资格认证的合作社比未获得资格认证的合作社的服务功能要强。这表明,产品认证过程不仅对合作社的产品质量提升有促进作用,而且会有助于合作社增强对社员的服务功能,以确保合作社生产的产品质量符合认证标准。

3. 成员特性因素

模型估计结果显示,在成员特性因素中,社长经历在 5‰ 水平上显著,其对合作社服务功能实现指数的影响显著为正,换言之,在其他因素水平不变的条件下,合作社社长的经历越丰富,合作社越能实现其服务功能。合作社社长是合作社可持续发展的关键因素。社长作为合作社的领导者,相当于企业家,无论在最初的制度确立,还是在日常的管理决策中,都拥有着突出的影响力,因此,他们的素质、水平甚至个性就直接影响到合作社的创建、运行和发展(徐旭初,2006)。

社长酬金在 5‰ 水平上显著。由表 9 可知,在同等条件下,社长领取工资或补贴的合作社与社长不领取工资或者补贴的合作社相比,服务功能实现程度的平均差异为 0.0553。这或许应该引起我们对合作社社长激励的重视。激励不足通常被认为是合作社的固有问题(Borgen,2004),激励的对象不仅仅是社员,更应该包括合作社的领导者。

模型估计结果还显示,成员组成对合作社服务功能的实现指数具有显著正影响。这表明,企事业单位比农户拥有更多的经济资源、人力资源及社会资源,对合作社的发展和服务功能实现有积极的促进作用,尤其是对某些农业产业,如养猪业,其加工(生猪屠宰、分割等)服务功能能否实现往往要取决于合作社内部是否具有从事畜禽加工的企业成员。

4. 制度环境因素

模型估计结果显示,资金扶持因素在 1‰ 水平上显著,表明在其他因素水平不变情况下,合作社是否获得政府扶持资金,对合作社服务功能的实现程度有显著影响,获得政府扶持资金的合作社比未获得政府扶持资金的合作社在服务功能实现程度方面要平均高出 0.0553。很显然,在资金匮乏是合作社发展重要瓶颈的情况下,资金已成为合作社为社员提供各项服务的稀缺性资源,政府对合作社发展的资金扶持必然会对其服务功能的发挥和实现程度产生显著的影响。

四、主要结论与启示

综上所述，可以得出三点基本结论。

第一，目前我国合作社已基本形成内部化、多元化的服务功能体系。以本文研究的 241 家样本合作社为例，70％以上的合作社具有 4 项及以上的服务功能，能够实现 5 项服务功能的样本合作社也已占总样本数的 24.9％。

第二，不同农产品类型的合作社在服务功能实现指数、服务功能宽度以及各项服务功能的深度方面的差异不小。一方面，所有合作社都具备了销售服务功能，并且其深度也最大。这印证了当前我国绝大多数农民加入合作社的基本动机，即解决农产品的"卖难"问题。合作社通过为社员提供统一的销售服务，可以消除农民自行销售农产品的压力。另一方面，与合作社普遍提供销售服务功能相反的是，具备统一加工服务功能的合作社数量很少，其深度也很小。这至少表明，我国现阶段农民专业合作社主要仍是以农产品的种植与养殖为主，涉及产后加工，尤其是深加工的合作社并不多。其原因是目前我国大多数农民对农产品深加工和营销的熟悉程度较低，同时，大多数合作社普遍存在缺乏运转资金、缺少经营管理人才的问题，这对于需要较多资金与管理投入的加工环节来说，无疑是一种进入制约。

第三，与分散农户相比，合作社不仅在营销服务环节具有效率，而且在生产服务环节同样具有效率。这体现在合作社的统一生产管理服务功能的深度较大，对社员合理施肥用药、农机耕地收割、植物保护、农产品检测和质量控制等方面的服务覆盖率较高两个方面。合作社生产服务效率的体现具有重要意义，它将有助于吸引更多的农民加入合作社，很显然，通过合作社生产环节服务体系的建立和服务功能的发挥，既助于促进农业生产的标准化作业和规范化管理，又有助于降低农民劳动强度和农户生产成本，提高入社农户的收益。

需要说明的是，尽管本文所得出的结论与调查样本大多为示范性合作社有关，但这不仅反映了当前我国比较优秀的合作社的发展现状，而且也代表了我国合作社的发展趋势,因而对其他还不成熟和规范的合作社的发展具有借鉴意义。

通过对农民专业合作社内部化服务功能实现程度的影响因素分析,还可以得出若干启示。首先,合作社服务体系的建立和服务功能的有效实现要考虑产品的技术特性、交易特性以及产业的个体规模与总体规模。其次,要重视合作社专门管理人才的培养和激励,因为服务体系的建立与运行并不单纯是个农业生产活动,还涉及专业化分工,需要管理与协调,除了社长外,具有规模的合作社,应考虑引入职业经理。最后,要加大对合作社的专项扶持,尤其应帮助合作社完善服务体系,增强其对社员的专业化服务的能力,以形成适应我国国情的新型农业双层经营体制和生产小规模、服务规模化的现代农业体系。

参考文献

[1]Borgen, S. O.: "Rethinking Incentive Problems in Cooperative Organizations", Journal of Socio-economics, 33(4):383-393, 2004.

[2]Chaddad, F. R. and Cook, M. L.: "Understanding New Cooperative Models: An OwnershipControl Rights Typology", Applied Economic Perspectives and Policy, 26 (3): 348, 2004.

[3]Cook, M. L.: "The Future of US Agricultural Cooperatives: A Neo-institutional Approach", American Journal of Agricultural Economics, 77(5): 1153-1159,1995.

[4]Crémer, J.: "Risk Sharing, CEO Incentives, and Quality Differentiation in Agricultural Cooperatives: Discussion", American Journal of Agricultural Economics, 91(5):1233-1234, 2009.

[5]Hueth, B. and Marcoul, P.: "Incentive Pay for CEOs in Cooperative Firms", American Journal of Agricultural Economics, 91 (5): 1218-1223, 2009.

[6]White, T. F.:Livestock, Wool, Poultry and Meat Cooperatives: Function, Marketing and Services, USDA/ACS Research Report, No. 118, 1993.

[7] Williamson, O. E.: The Economic Institutions of Capitalism: Firms, Markets, Relational Contracting, New York: Macmillan,1985.

[8]Zhang, M. and Guo, X. Y.：Study on Functions of the Agriculture Cooperative in Food Safety, Agriculture and Agricultural Science Procedia,1：477-482,2010.

[9]郭勇：《在政府服务与农民主体的互动中发展农民组织——基于双峰县农村科技合作社实践的思考》,《农业经济问题》2009年第9期。

[10]黄季焜、邓衡山、徐志刚：《中国农民专业合作经济组织的服务功能及其影响因素》,《管理世界》2010年第5期。

[11]黄祖辉、邵科：《基于产品特性视角的农民专业合作社组织结构与运营绩效分析》,《学术交流》2010年第7期。

[12]黄祖辉、徐旭初、冯冠胜：《农民专业合作组织发展的影响因素分析——对浙江省农民专业合作组织发展现状的探讨》,《中国农村经济》2002年第3期。

[13]孔祥智：《支持合作社发展 政府应多管齐下》,《中国合作经济》2011年第1期。

[14]雷兴虎、刘观来：《激励机制视野下我国农业合作社治理结构之立法完善》,《法学评论》2011年第6期。

[15]李莉、陈忠：《管理定量分析：决策中常用的定量分析方法》,上海交通大学出版社,2007年。

[16]吕东辉、李涛、吕新业：《对我国农民销售合作组织的实验检验：以吉林省梨树县为例》,《农业经济问题》2010年第12期。

[17][美]道格拉斯·C诺思：《制度、制度变迁与经济绩效》,杭行译,格致出版社、上海三联书店、上海人民出版社,2008年。

[18][美]曼瑟尔·奥尔森：《集体行动的逻辑》,陈郁、郭宇峰、李崇新译,格致出版社、上海三联书店、上海人民出版社,1995年。

[19]欧阳仁根：《试论我国合作经济法律体系的构建》,《中国农村观察》2003年第2期。

[20]孙亚范、王凯：《农民生产服务合作社的发展和运行机制分析——基于江苏省的调查》,《农业经济问题》2010年第11期。

[21]唐华仓：《农民专业合作社运作中的经验与问题——第四届农业政策理论与实践研讨会(河南会议)综述》,《农业经济问题》2008年第1期。

[22]唐宗焜：《合作社的真谛》,知识产权出版社,2012年。

[23]唐宗焜：《农民专业合作社功能和社会主义市场经济》,《经济研

究》2007 年第 12 期。

　　[24]王文献:《我国新型农民专业合作社融资问题研究》,西南财经大学博士学位论文,2007 年。

　　[25]王震江:《美国新一代农民专业合作社透视》,《中国农村经济》2003 年第 11 期。

　　[26]徐旭初、贾广东、刘继红:《德国农业合作社发展及对中国的几点启示》,《农村经营管理》2008 年第 5 期。

　　[27]徐旭初:《浅谈我国蔬菜合作经济组织的影响要素》,《蔬菜》2006年第 9 期。

　　[28]徐旭初、邵科:《新形势下中国农民合作经济组织的发展与变革——"中国农村改革 30 年:中国农民合作经济组织发展"国际研讨会综述》,《中国农村经济》2009 年第 1 期。

　　[29]徐旭初:《中国农民专业合作经济组织的制度分析》,经济科学出版社,2005 年。

　　[30]益智:《美国的扶农政策与农业生产率——基于二战后美国农业发展的实证研究》,《中国农村经济》2004 年第 9 期。

　　[31]苑鹏:《农民专业合作组织与农业社会化服务体系建设》,《农村经济》2011 年第 1 期。

　　[32]苑鹏:《试论合作社的本质属性及中国农民专业合作经济组织发展的基本条件》,《农村经营管理》2006 年第 8 期。

　　[33]张晓山:《中国农民专业合作社的实践与面临的挑战》,《农村工作通讯》2009 年第 10 期。

合作社效率评价：
一个理论分析框架①

效率是任何经济组织需要关注的永恒命题。在现代市场经济社会中，没有效率就意味着没有竞争力。20 世纪 90 年代以来，随着我国市场化改革的推进，农民专业合作社在我国蓬勃发展。作为市场经济条件下，"在农村家庭承包经营基础上，同类农产品的生产经营者或者同类农业生产经营服务的提供者、利用者，自愿联合、民主管理的互助性经济组织"②，合作社具有生命力的必要条件是竞争优势。因此，合作社对经济效率的追求具有必然性，同时也具有合理性。

合作社的效率问题是经济学界长期关注的热点。[1]-[4]我国学者对合作社效率的讨论已经取得了一些进展。[5]-[7]但是尚待解释的现象和需要回答的问题仍然很多，更重要的是，还没有形成一个具有解释力的理论分析框架。本文旨在于总结以往理论研究的基础上，为下一步的研究提供一个分析框架，以期对今后合作社效率的理论和实证研究有所帮助。具体而言，本文将讨论的问题包括：什么是合作社效率？如何准确衡量合作社效率？哪些因素影响了合作社效率？如何提高合作社效率？

有两个重要问题需要说明一下：①本文重点讨论的是农业合作社的

---

① 本文作者为黄祖辉、扶玉枝。本文内容发表在《浙江大学学报（人文社会科学版）》2013 年第 1 期。本文研究得到国家自然科学基金重大国际（地区）合作研究项目"全球化背景下的中国农民合作组织发展：运营模式、治理结构与比较研究"（71020107028）的资助。

② 我国《农民专业合作社法》中对农民专业合作社的定义。后文将农民专业合作社简称为合作社，与国际上的农业合作社具有一致性。

投入产出效率①;②本文既暂不涉及合作社与投资者所有企业(IOF)的效率比较,也不将合作社本身的制度缺陷(如产权不明晰)对其效率的影响作为讨论重点②。

一、合作社效率的内涵

(一)效率的概念

探讨合作社效率之前,需要厘清建立在理论基础上的经济效率的概念。[3]经济学理论界在效率的内涵方面做了许多研究工作,至今没有对"效率"一词给出确定统一的定义,经济学者往往从不同的角度,采用不同的方式对其进行界定。如帕累托在 1906 年的《政治经济学教程》一书中提出帕累托效率:"对于某种资源的配置,如果不存在其他生产上可行的配置,使得该经济中的所有个人至少和他们的初始时情况一样良好,而且至少有一个人的情况比初始时严格地更好,那么资源配置就是最优的。"帕累托效率从资源配置的角度界定效率。萨缪尔森在其《经济学》一书中将"经济效率"定义为"效率意味着不存在浪费,即经济在不减少一种物品生产的情况下,就不增加另一种物品的生产,它的运行便是有效率的,有效率的经济位于其生产可能性边界上"[7]。我国经济学家厉以宁认为效率是资源的有效使用与配置,一定的投入有较多的产出或一定的产出只需要较少的投入,意味着效率的增长。[8]此外,许多经济学者还从经济效率形成的源泉上,将其分为技术效率、配置效率、规模效率、范围效率、X-效率、组织效率等。虽然如此,但从效率的本源意义来看,效率既可以理解成一种追求低投入、高产出的经济行为,也可以认为是一种实现"帕累托最优"的内在能力。

---

① 合作社效率分为内部效率和外部效率,投入产出效率属于内部效率,投入产出效率又分为静态效率(无时间变量)和动态效率(加入时间变量)。本文主要分析合作社投入产出的静态效率,其原因将在后文说明。

② 关于这两个方面的研究,已有学者在理论上论述得较为充分。[8]-[9]

(二)合作社效率的界定

基于以上分析,本文认为,合作社的效率应该包含两个方面:一方面可以理解为合作社的投入-产出效率,指合作社在既定的要素资源投入条件下获得最大产出的能力,或者是在一定产出水平下实现最小投入的能力,属于合作社的内部效率;另一方面可视为合作社的外部效率,即合作社在追求内部效率的过程中促进了社会资源在各部门之间的合理配置,从而对整个社会经济发展所贡献的综合效率水平,简言之,合作社的外部效率指合作社对社会总福利的贡献度。由此可知,外部效率标准是一种最佳的资源配置状态,既可以使单个合作社实现资源利用最优,也能使全社会的资源得到充分合理利用,不存在浪费和闲置。因此,从理论上来说,合作社在追求自身内部效率最优的同时,也应该考虑外部效率,以实现社会总福利最大化。

然而,合作社的外部效率标准,即帕累托最优的理想状态在现实中并不存在,也难以进行定量评价。并且,投入-产出效率是实现外部效率的基础和前提,在没有实现内部效率的情况下一味追求外部效率最终将成为一种虚无缥缈的幻想。因此,现实中的合作社往往追求的是内部效率,以往的经济学者也主要从投入产出的角度讨论合作社效率问题。如塞克斯顿和伊斯科将合作社的经济效率分解为含技术效率、配置效率和规模或价格效率。[3]其中,技术效率指在投入一定的条件下,合作社获得最大产出的能力;配置效率考察的是在产出一定的条件下,合作社所能够选择的成本最小的生产方式的能力;规模或价格效率描述的是合作社选择"合理的"产出水平的能力;而技术效率和配置效率是合作社必须追求的合理目标。博伊尔则指出合作社实现经济效率的必要条件是技术和配置均处于有效率的状态。[9]阿里亚拉特内等研究了合作社的 X-效率和规模效率。[10]其中,X-效率考察的是合作社对投入品进行最优利用的能力,而规模效率描述的是合作社是否在最优规模上运营。

综合以上分析,本文的研究聚焦于合作社的投入产出效率,即本文所研究的合作社效率在实质上就是指合作社在既定的资源投入条件下,其产出是否达到合作社生产前沿面水平。① 具体来说,包括合作社的配置、技术、纯技术、规模效率等。需要特别说明的是:①投入-产出效率包含短时期的静态效率和跨时期的动态效率,本文重点以前者为例进行讨论,后者的分析需要在前者基础上对随时间变动的价格加以调整,还需要考虑规模经济与技术进步的影响;②效率值是相对效率,通过与前沿面比较得出。[14] 因此,合作社的效率为相对效率,通过与其他各合作社的比较而得出,这就需要进行比较的这些合作社具有某些质的同一性。

二、合作社效率的衡量

(一)前提条件

合作社效率由其所选择的目标函数决定。[4] 然而,合作社的目标函数是一个复杂问题,需要从合作社的本质谈起。从本质上来说,合作社是社员(惠顾者)拥有并控制的组织,它既是追求利益最大化的企业,也是自愿结合的联盟。[3] 正是合作社的这种双重属性,使得它与以投资者利益最大化为唯一目标的投资者所有企业(IOF)在组织功能与组织结构上存在根本区别,其目标函数也复杂得多。一方面,不同功能类型的合作社②,其目标函数不同。这并不难以理解,如购买合作社的目标是使每单位的成本最小化,而营销合作社的目标则为每单位的回报最大化。因此,购买合作社和营销合作社的效率标准不同。[1]

另一方面,即使是对相同功能类型的合作社,各学派所理解的目标

---

① 根据生产前沿面理论,生产前沿面描述的是,在生产可能集内,所有有效生产活动所构成的空间中的超曲面,也可以理解为,在给定生产要素和产出品价格条件下,选择投入品的最佳组合,在适度的经济规模下充分发挥生产技术水平和经营管理水平,由总产出最大值的组合所构成的曲面。[14] 法雷尔完整提出了生产前沿面的概念并进行了详细阐述。[15]

② 合作社的结构类型具体包括五种分类方法,即地域范围结构类型、治理(控制)结构类型、资本结构类型、功能结构类型和其他结构类型,其中功能结构类型分为营销合作社、服务合作社和购买合作社三类。[16]

函数迥异。虽然理论学界对合作社的目标有一个共识,即以全体社员的共同利益为目标,但研究视角却差别很大,如垂直一体化的企业、独立经营的企业和企业联盟等。因此,理论学界一直存在单一目标和多目标之争。一般视合作社为独立企业的学者认为合作社具有单一目标,而视合作社为企业联盟的学派认为合作社具有多目标特点。[4]显然,单一目标和多目标观点下的合作社目标函数是不同的。

总之,不论合作社的功能类型相同与否,只要目标函数不同,衡量效率的标准就不同。因此,合作社效率衡量的前提条件是,具有相同的目标函数。①

(二)实现条件

合作社如何才能实现投入产出效率最优? 塞克斯顿和伊斯科建立了衡量合作社投入产出效率的理论模型。该模型假设 Q 为合作社的产出, $X=\{X_1,\cdots,X_n\}$ 为投入向量, $W=\{W_1,\cdots,W_n\}$ 为投入价格向量, P 为产出价格。将 X 分解为 $X=\{X_1,X_{\sim 1}\}$,这里 X_1 代表合作社社员投入的初级产品, $X_{\sim 1}=\{X_2,\cdots,X_n\}$ 表示其他投入要素。投入与产出之间的效率转换可由生产函数 $Q=f(X)$ 表示,该函数表明在生产前沿面上不同投入组合下可获得的最大产出。如果投入向量为 X_0 ,产出为 Q_0 ,则当且仅当 $Q_0=f(X_0)$ 时,合作社才是技术有效率的,如果 $Q_0<f(X_0)$,则是技术低效率的。

技术有效率并不一定能实现配置有效率。当且仅当所有各投入变量的边际产出与其价格之比相等时,即

$$[\partial f(X)/\partial X_1]/W_1=[\partial f(X)/\partial X_2]/W_2=\cdots$$
$$=[\partial f(X)/\partial X_n]/W_n \tag{1}$$

当(1)式满足时,合作社才能实现配置有效率,否则,是配置低效率的。需要说明的是,在衡量营销合作社的配置效率时,(1)式中的 X_1 项应除外,即其投入向量中不包括合作社社员投入的初始产品。配置效率

---

① 不同理论视角下的合作社目标函数存在较大差异,限于篇幅,本文暂不展开讨论合作社的目标函数。

(AE)可用 $W'X^*/W'X_0$ 表示，X^* 指现有产出水平下使成本最小化的投入变量，X_0 指实际的投入变量，因此有 $AE = W'X^*/W'X_0 \leqslant 1$。

关于规模效率，塞克斯顿和伊斯科认为由于规模效率描述的是企业选择"合适的"产出水平的能力，与合作社对产出水平的具体选择有关，因而准确评价规模效率比较困难。[3] 而关于"合适的"产出水平存在两种不同观点，第一种观点认为对于一个竞争性的合作社来说，规模效率等同于使产出或利润最大化。[17]-[18] 而另一种观点认为，当且仅当某一产出水平下的平均成本最小时，才是规模有效率的。[2][19]

塞克斯顿和伊斯科等学者运用边际分析方法，从理论上给出了合作社实现技术、配置、规模效率的条件，这在逻辑上是无懈可击的。然而，在现实中，合作社的这种有效率状态只可能是一种偶然现象。[1] 换言之，合作社低效率才是一种常态。因此，对合作社效率值的测度将更有意义。

（三）基本模型

关于合作社效率值的测度，自从 1957 年 Farrell 在他的《生产效率的测量》一文中首次阐述了技术效率和配置效率模型之后，各种模型在其基础上迅速发展起来，如确定性边界生产函数（deterministic production frontier）、随机性边界生产函数（stochastic production frontier）①等。本文主要借鉴法雷尔的理论成果用于分析合作社的效率测度问题。首先分析合作社在规模报酬不变条件下的情形，其技术效率和配置效率可从图 1 中得到说明（投入导向②）。

AA' 表示投入要素的价格比。P 点是技术无效率点，线段 QP 代表了合作社的技术无效率，投入由 P 点等比例降低到 Q 点，产出相同。通常用 QP/OP 表示产出相同的情况下投入可以缩小的比例，故合作社的技术效率（TE）可由下述比例得出：

———————

① 前者的研究大多使用的是线性规划法，而后者的研究依靠的是计量经济学的估计方法。

② 即专注于投入的减少。[15]

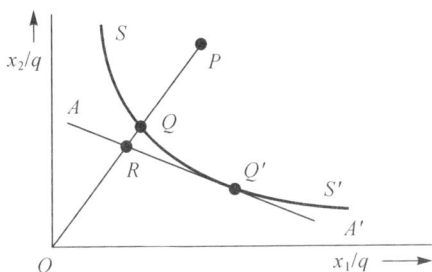

图 1　技术效率和配置效率

$$TE = \frac{OQ}{OP} = 1 - \frac{QP}{OP} \tag{2}$$

TE 的取值在 0 和 1 之间，TE 的值越小，表示技术效率越低，而 TE 值越大，表示技术效率越高，当 TE 等于 1 时，则表示合作社是完全技术有效率的。技术有效率的所有点构成生产前沿面，即曲线 SS'。

如果已知投入价格比（如图 1 中 AA'），则 P 点的配置效率（AE）为：

$$AE = \frac{OR}{OQ} \tag{3}$$

RQ 代表 Q' 点（同时技术有效和配置有效）与 Q 点（仅技术有效）相比所能节省的生产成本。

放松规模报酬不变这一假设，技术效率可进一步分解为纯技术效率（pure technology efficiency）和规模效率（scale efficiency）。纯技术效率测度的是当规模报酬可变时，合作社当前的生产点与生产前沿面之间的差距；而规模报酬衡量的是规模报酬不变时，生产前沿与规模报酬变化的生产前沿之间的距离。为便于图示说明，在这里我们仅考虑一种投入（X）和一种产出（Y）的情况（见图 2）。

QBC 为规模报酬不变的生产前沿面，RBD 表示规模报酬可变的生产前沿面。假设某企业在 P 点生产，则考虑了规模报酬可变的合作社纯技术效率（PTE）为：

$$PTE = \frac{AR}{AP} \tag{4}$$

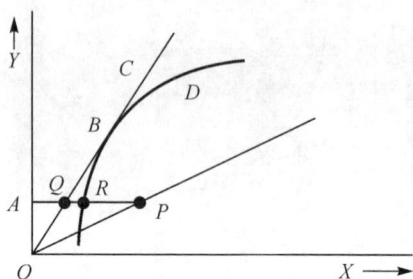

图 2 纯技术效率和规模效率

规模效率(SE)为：

$$SE = \frac{AQ}{AR} \tag{5}$$

因此,技术效率(TE)为：

$$TE = \frac{AQ}{AP} = \frac{AR}{AP} \times \frac{AQ}{AR} = PTE \times SE \tag{6}$$

该模型建立在前沿理论基础之上,通过设定合作社效率的前沿面水平,可以测量合作社与前沿面的距离,进而得出合作社的效率值。正是该模型将理论与实践连接起来,可以说,该模型对后来各种组织(包括合作社)效率的实证研究具有决定性意义。此外,该模型暗含着,各合作社与前沿面的距离并不相同,即各合作社的效率值存在差异。[①]

三、合作社效率的影响因素

如前所述,合作社实现有效率是一种偶然,并且各合作社存在效率差异。那么,这些差异的原因是什么? 或者,哪些因素影响了合作社效率? 因此,在测量合作社效率值的基础上进一步分析其影响因素是必不可少的。[20]在本部分中,我们将主要讨论合作社规模、内部治理、外部环

---

① 各种用于实证测量效率的具体模型,如 DEA 方法、SFA 模型等,在这里不具体展开讨论。

境等因素对合作社效率的影响。

(一)规模与合作社效率

规模是衡量合作社实力的重要指标之一。合作社的规模扩大可以分为横向和纵向两个方面。横向方面,主要指合作社社员经济规模的扩大。一般来说,通过扩大经济规模,可以形成规模经济,获取更大的市场份额,提升合作社的竞争力,但是,规模的扩大对组织制度成本和管理水平的要求更高。[21]换言之,社员经济规模的扩大在促进收益增加的同时也将增加成本。纵向方面,指合作社的业务向产前或者产后延伸。产前延伸是指向上游的农业生产资料生产环节延伸,如养鸡和养猪合作社农户需要大量的饲料。一般而言,生产设备要求和技术含量不太高的上游企业可以内部化到合作社一体化系统中来。这样做既可以节约生产成本和交易成本,也不会承担太大的市场风险。产后延伸是指向农产品加工业发展。一般认为,农产品的深加工可以获得更高的附加值,但也需要更多的资金投入,面临更多的市场风险和更高的人力资本要求。[22]

总之,合作社横向和纵向规模的扩大,一方面,可以节约费用,获取更大的市场份额,增强合作社与同一产业链上下游企业的谈判能力,有助于提高合作社效率;但另一方面,随着规模的扩大,将会增加合作社的管理成本、协调成本、市场风险等,导致效率下降。从理论上来说,合作社存在一个最佳规模点,即规模效率最高的点。在达到这个最佳规模之前,合作社规模的扩大能促进效率提高,但超过这个点之后,规模的扩大将降低合作社效率。

这里需要特别指出的是,合作社本身还存在一个适宜规模的问题,而且这种适宜规模被要求随着社会经济活动规模的扩大而相应扩大,合作社只有具有规模的动态适应性,才能在日益激烈的全球竞争中实现较高的效率。[21]

(二)内部治理与合作社效率

合作社的治理是一套制度安排,用来支配若干在合作社中有重大利害关系的团体,包括投资者、经营者、惠顾者之间的关系,并从这种制度安排中实现各自的经济利益。[23]而合作社治理功能的发挥在于，作用于合作社的资源配置和经营管理过程，从而影响资源的使用和流动，进而对合作社的效率产生重要影响。具体而言，合作社治理中哪些因素对合作社效率产生影响？这是本部分需要回答的问题。需要特别指出的是，合作社的治理包括内部治理和外部治理，这里所探讨的是内部治理，其基本框架以 2007 年《农民专业合作社法》为蓝本。

合作社的内部治理机构包括社员大会、理事会（理事长）、监事会（执行监事）、经理层四个方面。① 其基本关系是，社员通过社员大会决定合作社的重大事宜，选举理事会成员，由理事会（理事长）进行合作社的战略管理和重大决策，选聘和考核经理，经理负责具体的生产经营活动，在理事会（理事长）的领导下工作，对理事会（理事长）负责，并最终通过经理人的经营管理直接作用于合作社效率。因此，合作社内部治理效率是实现合作社整体有效率的关键。本文认为，影响合作社内部治理效率的因素主要包括社员、理事会、监事会、经理。

1. 社员

合作社社员（代表）大会的表决效率取决于其表决载体——社员。社员通过社员（代表）大会行使其表决权力。而合作社的本质特性决定了社员提高表决效率需要考虑如下几个矛盾。

个人利益与共有产权的矛盾

社员对合作社的财产享有联合所有的权益，即社员不仅拥有个人股金的所有权，还同其他社员一起拥有共同财产的所有权。这种产权的模糊性极容易产生库克所谓的搭便车问题、眼界问题、投资组合问题、控制问题、影响成本问题等五大类问题。[9]而在奥尔森看来，在一个集体中，个人利益与集体利益往往不完全一致，因此，对集体有益的目标难以自动实现，这就是所谓的"集体行动的逻辑"。[20]合作社作为一个集体组织，同样摆脱不了集体行动的逻辑。虽然合作社通过所有社员的共同努

---

① 依据《农民专业合作社法》，理事会、监事会和经理不是合作社的必设机构，但发展较为成熟和规范的合作社一般均设有理事会、监事会，经理人员则可能是理事长、理事、其他社员或外聘人员。本文考虑的是合作社设立了理事会、监事会和聘用经理的情况。

力可以实现集体的共同目标以及社员的个人目标,但作为有限理性的个体,社员一般只能意识到个人的努力不会对合作社产生显著的影响,而个人的不作为也照样能得到集体的好处,因此,社员的最优选择是什么也不做。[25]显然,这种集体行动的困难会降低社员(代表)大会的决策效率。

按劳分配与资本约束的矛盾

合作社是劳动支配资本而不是资本支配劳动的经济组织,社员通过民主管理的方式行使其控制决策权,盈余主要按惠顾额而不是股份进行分配。但这种"资本报酬有限"的原则将使合作社很难吸引社会资本。资本约束成为制约合作社发展的重要因素。

民主原则与管理低效之间的矛盾

社员主要通过两种方式,即在社员大会上直接对合作社的事务进行表决或选举产生理事会,将决策权委托给理事会,来实现其决策权。而"一人一票"的民主决策机制可能会增加达成最优的统一决策的难度,也存在一部分社员侵占另一部分社员利益的风险。因此,这种制度也可能降低社员(代表)大会的决策效率。从理论上来看,许多研究赞成通过制度创新,如明晰产权、多样化的盈余分配方式、"一人一票"与"一人多票"相结合的控制权结构等来解决合作社的上述矛盾,进而提高其效率。[2][3][24][26][27]

本文认为,从根源上来看,合作社社员的结构及其素质在很大程度上影响着合作社效率。需要特别说明的是,对于上述学者的研究成果,本文无意否决强调制度创新对提高合作社效率的重要性,只是尝试从社员角度来重新审视这一问题。合作社是一个由社员独立自治的组织,社员是经营、管理合作社的主体,因而即便是制度创新,其主体也应该是社员,而不是通过外界强制。因此,考虑社员对合作社效率的影响是必要的。首先,尽管合作社强调"民管"原则,但实际上还是存在着关键社员(通常是发起者、领导者和大股东)与普通社员之分,而这些关键社员无论在最初的制度确立还是日常的管理决策中都拥有着突出的影响力。[28]因此,这些关键社员的素质、能力、个性直接影响到合作社在多大程度上陷入"集体行动的困境",进而影响到社员大会的决策效率。其次,社员的经济实力通常决定合作社的经济实力,换言之,社员的资本决定了合作社受资本约束的程度有多大。最后,社员是否具有合作精神、合作意识、合作知识和合作传统对合作社效率的提高也是非常重要的。此外,社员对社长的信任程度、人力资源状况和社员组成结构对合作社发展具有重要作用。[29]

总之,在一定意义上,合作社效率的提高过程就是社员不断提高自身素质和能力的过程。

2. 理事会

合作社理事会是由社员选举和任命、接受全体社员的委托、承担受托责任的权力机构。根据代理理论的观点,理事会是社员的代理人,社员是委托人,因此,理事会应该向社员负责,为社员利益最大化服务。虽然理事会不是合作社的必设机构,其在合作社治理结构中的地位不如公司中的地位那么高,但理事会(针对设立了理事会的合作社而言)是合作社对外投资项目、经营服务内容、经营管理的决策中心,凡是社员(代表)大会权限以外的业务事项,理事会都有决定的权力。因此,理事会是合作社重要的内部治理机构,其决策效率对合作社的整个运行效率产生影响。一般地,理事会应当设置一定的理事,因为一定数量的理事相比于较少的理事更有助于理事会的科学决策,从而有利于提高合作社效率,但超过一定数量的理事,将会降低合作社效率,因为较多的理事要么容易形成利益集团,增加损害其他非理事会社员利益的动机与行为,要么容易在个人利益的驱动下产生利益冲突,影响决策的客观、科学及效率。总之,理事会成员规模影响合作社效率,并在理论上存在最佳规模。

3. 经理

经理是合作社的经营管理者,负责合作社的生产经营活动,对合作社的运行具有决定作用。① 管理者的经验、所受的培训、判断力、智力、人际关系以及个人思想理念等是合作社正常开展各项业务活动的重要前提条件。[30]这就要求合作社的经理人员具有相比一般社员更多的人力资源和社会资源。第一是人力资源,即具有较高的合作社企业家才

---

① 需要注意的是,这里的经理指实际承担经理职责的人员,不是指经理这一职位,如目前多数合作社的理事长承担了经理的职责。

能,主要包括组织领导才能、合作精神、经营头脑、从商经验等。经理人员较多的人力资源有助于提高合作社内部的管理经营效率。第二是社会资源,主要是在相关产品销售领域或当地政府部门中有良好的社会关系。经理人员较宽广的社会关系将有助于合作社外部业务活动的开展,能够降低合作社与市场的交易费用等。总之,具有较多的人力资源和社会资源的经理人员将在相当程度上促进合作社效率的提高。

4.监事会

监事会作为合作社内部的专职监督机构,是社员行使监督权的主体,代表全体社员监督合作社的一切经营活动,对社员(代表)大会负责。监事会具有完全独立性,主要监督理事会和经理人员,监事会成员必须出席理事会会议,对合作社的业务活动进行全面监督。因此,设立监事会能够防止理事会、经理等的机会主义行为和道德风险,从而有利于提高合作社效率。

(三)外部环境与合作社效率

"环境因素既决定着组织形式的选择,又影响着组织效率的发挥。适应性效能,而不是配置性效能是长期经济增长的关键。"[①]诺斯的这一论断说明了外部环境对组织效率的重要影响。因此,合作社的效率既取决于合作社的内部治理,也取决于合作社内部治理与外部环境的相容性。这里的环境不仅指制度环境,而且还包括合作社运行的资源环境和市场环境。

1.制度环境

制度环境是指一系列用来建立生产、交换与分配机制的基本的政治、社会和法律基础规则,如法律制度、政治体制、经济体制、社会传统等。埃格斯托姆运用波特的竞争优势理论分析了政治制度环境、文化环境等对合作社发展的影响,制度环境可能对处于该环境中的合作社提供正向激励或者负向抑制。[28]由于制度处于不断变迁之中,制度环境也是

---

① 诺思:《时间历程中的经济绩效》,诺思、张五常等:《制度变革的经验研究》,北京:经济科学出版社,2003年。

不断变化的,组织适应制度环境的能力也会因此而不断增强。这就有必要引出"制度化"的概念。鲍威尔认为:"新老制度主义……都认为制度化是一种状态依赖的过程,这种过程通过限制组织可以进行的选择,而使组织减少了工具理性的色彩。"[29]制度化是一个历史过程。应用到合作社,制度化是指合作社的制度和行为受到所有这些制度环境的影响,不断地做出适应性的改变,使自己在这种制度环境中的生存能力不断提高。[33]因此,制度环境及其变化对合作社的效率乃至生存有着重要作用。

2. 资源环境

本文的资源环境主要是指区域资源环境,即在合作社所进行生产经营活动的区域内,与合作社组织相关的各种资源的种类、数量,更为重要的是这些资源的属性(公共物品、准公共物品、私人物品),当然,也涉及资产的专用性程度、规模经济性、范围经济性等。黄祖辉等认为,"合作社的成功创建和发展,必然是一个立足于区域经济并与之相磨合,进而融入其中的过程。这不仅因为农业生产本身就具有地域性特点,还由于地域资源优势将在相当程度上保证现实经济利益的获得和制度创新成本的节约。"[24]由此可见,区域资源环境是合作社的产生、发展的土壤,对合作社的效率必然产生影响。区域资源优势能促进合作社效率提高,反之,区域资源劣势将阻碍合作社效率的提高。

3. 市场环境

市场环境主要是指合作社产品交易的市场特征、市场规模、市场结构以及市场体系的成熟度和有效性。这里重点阐述市场环境对合作社效率的影响,隐含的是竞争与效率的关系问题。合作社所在行业的进入退出壁垒、竞争强度、相关及支持产业和潜在替代者等影响着合作社的获利水平。[31]通常进入退出壁垒少的行业合作社较易进入,但竞争强度较大、竞争激烈使合作社难以保持长久的竞争优势,除非改进生产技术和经营管理,设法提高其效率。反之,进入退出壁垒较多的行业合作社进入较难,但竞争压力相对较小,获利机会却较多。但处于宽松环境下的合作社并不一定能由于生存压力而有提高效率的动力。因此,市场竞争对合作社效率产生重要影响,但作用可能是双重的。

总之,合作社所处的外部环境是影响合作社效率的重要因素,它由制度环境、资源环境和市场环境构成,这些因素作为外因,作用于合作社的内部治理要素,通过影响合作社的资源配置与利用,对合作社效率产生实质性作用。因此,一个能够实现投入-产出效率目标的合作社必须依赖于内部治理机制与外部环境的协调配合运行。

四、合作社效率的提高

如何提高合作社效率? 可以说,这是讨论合作社效率问题的终极目标。因为资源稀缺总是无所不在的,而帕累托效率却是从不存在的,所以追求高效率必定是永恒的。然而,前面的讨论虽然涉及这个问题,但基本上是在纯理论的层面展开的,少有涉及政策层面。因此,在这一部分,我们将从政策角度提出一些建议或看法。在很大程度上,这一部分是对前面各部分的一个总结。

从前面各部分的分析可以看出,对合作社效率的评价应该至少包括以下几方面。

1. 合作社效率的内涵

合作社的效率包含内部效率和外部效率,但帕累托效率在现实中并不存在,因此,合作社对投入产出效率的追求,具有现实合理性。

2. 合作社效率的衡量

相同的目标函数是衡量合作社效率的前提条件。因为合作社实现有效率状态是一种偶然现象,所以,采用有效方法对合作社效率值的测度更有意义。

3. 合作社效率的影响因素

首先,规模对合作社效率产生影响是确定的。一般认为合作社存在一个最佳规模,即合作社具有最大规模效率的点。然而,我们并不能确定这个最佳点的具体位置,这需要理论和实证上的进一步研究。其次,内部治理因素对合作社效率的影响是至关重要的。其中,社员结构及素质、经理(管理者)的人力资本是关键。在一定意义上,合作社效率的提高过程就是社员和经理(管理者)不断提高自身素质与能力的过程。当然,一定的理事会成员规模与监事会(执行监事)的监督也有利于合作社效率的提高。最后,制度环境、资源环境和市场环境等外部环境通过作用于合作社的内部治理要素,影响合作社的资源配置与利用,进而影响合作社效率。然而,关于市场环境方面,是完全竞争下的市场环境有利于合作社效率,还是垄断下的合作社效率更高? 在这里,由于缺乏我国的实证数量研究,因此,我们并不能做出一个确定答案。

在决定一种促进合作社效率提高的制度时,政府应重点考虑影响合作社效率的关键因素。其中,向合作社社员(包括经理)投资是一个关键问题。1964年,舒尔茨提出改造传统农业,提高农业生产率的关键在于向农民投资。因为农业生产的主体——农民的能力差别是农业生产率差异的最重要原因。"一旦农民有了投资机会和有效的刺激,农民将会点石成金。"[34]舒尔茨认为教育和培训是非常重要的投资方式。本文认为,舒尔茨的论断同样适用于合作社。针对我国合作社社员多数为合作意识较为薄弱、管理能力较弱的传统小农这一现实,对社员投资就显得尤其重要。具体而言,可以通过教育和培训方式提高社员的人力资本,提升其合作意识、议事能力、管理能力、对环境的反应速度,进而提高合作社效率。

此外,有必要考虑外部环境的重要性。无疑,《农民专业合作社法》的制定和实施对合作社效率的提高起到了有效的促进作用。那么,下一步的方向除了继续完善相关法律法规,以创造一个良好的大的制度环境外,还应该将区域资源环境考虑进来,根据各地区的资源因素来制定相应的政策,以对合作社的发展产生正向激励作用。

参考文献

[1] E. Clark, "Farmer Cooperatives and Economic Welfare", *Journal of Farm Economics*, No. 1(1952), pp. 35-51.

[2] P. K. Porter & G. W. Scully, "Economic Efficiency in Cooperatives", *Journal of Law and Economics*, No. 2(1987), pp. 489-512.

[3] R. J. Sexton, J. Iskow, "What Do We Know about the

Economic Efficiency of Cooperatives: An Evaluative Survey", *Journal of Agricultural Cooperation*, Vol. 8(1993), pp. 15-27.

[4] R. A. M. E. Soboh, A. O. Lansink, G. V. Giesen et al., "Performance Measurement of the Agricultural Marketing Cooperatives: The Gap between Theory and Practice", *Review of Agricultural Economics*, No. 3(2009), pp. 446-469.

[5] 黄祖辉、扶玉枝、徐旭初:《农民专业合作社的效率及其影响因素分析》,《中国农村经济》2011 年第 7 期,第 4-13 页。

[6] V. Pareto, *Manual of Political Economy*, trans. by A. S. Schwier, New York: Augustus M. Kelley, 1971.

[7] [美]保罗·萨缪尔森、[美]威廉·诺德豪斯:《经济学》,萧琛译,北京:人民邮电出版社,2008 年。

[8] 厉以宁:《经济学的伦理问题》,上海:上海三联书店,1999 年。

[9] G. E. Boyle, "The Economic Efficiency of Irish Dairy Marketing Cooperatives", *Agribusiness*, No. 2(2004), pp. 143-153.

[10] C. B. Ariyaratne, A. M. Featherstone, M. R. Langemeier et al., "Measuring X-efficiency and Scale Efficiency for a Sample of Agricultural Cooperatives", *Agricultural Resource Economics Review*, No. 2(2000), pp. 198-207.

[11] [澳]蒂莫西·J. 科埃利、[澳]D. S. 普拉萨德·拉奥、[澳]克里斯托弗·J. 奥唐奈等:《效率与生产率分析引论(第二版)》,王忠玉译,北京:中国人民大学出版社,2008 年。

[12] S. E. Atkinson, R. Halvorsen, "A Test of Relative and Absolute Price Efficiency in Regulated Utilities", *The Review of Economics and Statistics*, No. 1(1980), pp. 81-88.

[13] S. C. Kumbhakar, B. Biswas, D. Bailey, "A Study of Economic Efficiency of Utah Dairy Farmers: A Systems Approach", *The Review of Economics and Statistics*, No. 4(1989), pp. 595-604.

[14] G. D. Ferrier, P. K. Porter, "The Productive Efficiency of U. S. Milk Processing Cooperatives", *Journal of Agricultural Economics*, No. 2(1991), pp. 161-173.

[15] S. C. Kumbhakar, C. A. Lovell, *Stochastic Frontier*

Analysis，Cambridge：Cambridge University Press，2000.

［16］何秀荣：《公司农场：中国农业微观组织的未来选择》，《中国农村经济》2009 年第 11 期，第 4-16 页。

［17］应瑞瑶：《农民专业合作社的成长路径——以江苏省泰兴市七贤家禽产销合作社为例》，《中国农村经济》2006 年第 6 期，第 18-23 页。

［18］徐旭初：《中国农民专业合作经济组织的制度分析》，北京：经济科学出版社，2005 年。

［19］M. L. Cook，"The Future of U. S. Agricultural Cooperatives：A Neo-Institutional Approach"，*American Journal of Agricultural Economics*，No. 10(1995)，pp. 1153-1159.

［20］［美］曼瑟尔·奥尔森：《集体行动的逻辑》，陈郁等译，上海：上海人民出版社，1995 年。

［21］马彦丽：《我国农民专业合作社的制度解析》，北京：中国社会科学出版社，2007 年。

［22］A. A. Alchian，H. Demseta，"Production，Information Costs，and Economic Organization"，*American Economic Review*，No. 5 (1972)，pp. 777-795.

［23］E. F. Fama，M. C. Jensen，"Seperation of Ownership and Control"，*The Journal of Law & Economics*，No. 2（1983），pp. 301-325.

［24］黄祖辉、徐旭初、冯冠胜：《农民专业合作组织发展的影响因素分析——对浙江省农民专业合作组织发展现状的探讨》，《中国农村经济》2002 年第 3 期，第 13-21 页。

［25］I. Pulfer，A. Mohring，M. Dobricki et al. ，"Success Factors for Farming Collectives"，http：//ageconsearch. umn. edu/bitstream/43942/2/158. pdf，2012-05-12.

［26］郭红东、楼栋、胡卓红等：《影响农民专业合作社成长的因素分析——基于浙江省部分农民专业合作社的调查》，《中国农村经济》2009 年第 8 期，第 24-31 页。

［27］［美］道格拉斯·C. 诺斯：《时间历程中的经济绩效》，见［美］道格拉斯·C. 诺斯、张五常等：《制度变革的经验研究》，罗仲伟译，北京：经济

科学出版社,2003 年,第 415-431 页。

　　[28] L. Egerstrom，"Obstacles to Cooperation，in Christopher"，in C.D. Merrett，N. Walzer(eds.)，*Cooperatives and Local Development：Theory and Applications for the 21st Century*，New York：M. E. Shape Inc.，2004，pp. 70-91.

　　[29] [美]保罗·迪马吉奥、[美]沃尔特·鲍威尔:《导言》,见[美]沃尔特·鲍威尔、[美]保罗·迪马吉奥主编:《组织分析的新制度主义》,姚伟译,上海:上海人民出版社,2008 年,第 1-42 页。

　　[30] 熊万胜:《合作社:作为制度化进程的意外后果》,《社会学研究》2009 年第 5 期,第 83-109 页。

　　[31] [美]西奥多·舒尔茨:《改造传统农业》,梁小民译,北京:商务印书馆,2007 年。

合作社的"理想类型"及其实践逻辑①

一、引言

自 2007 年我国《农民专业合作社法》正式颁布实施以来,我国农民专业合作社步入了加速发展的新阶段。② 据国家工商总局统计,全国历年实有农民专业合作社的数量为:2008 年底,11.09 万家;2009 年底,24.64 万家;2010 年底,37.90 万家;2011 年底,52.17 万家;2012 年底,68.90 万家;2013 年底,98.24 万家。③ 六年间增长了近 8 倍,平均年增 58%。另据最新统计,截至 2014 年 4 月底,全国实有农民专业合作社的总数已突破百万大关,达 110.27 万家,出资总额则突破了 2 万亿元关

① 本文作者为黄祖辉、吴彬、徐旭初。本文内容发表在《农业经济问题》2014 年第 10 期。本文研究受到国家自然科学基金重点学科群项目(71333011)、国家自然科学基金面上项目(71373063)以及农村改革发展协同创新中心的支持。

② 需要指出,自 2013 年中央一号文件开始,政府文件中便纷纷以更具包容性的"农民合作社"一词替代了"农民专业合作社"。不难看出,对于合作社提法的改变意味着政府开始倾向于倡导发展多元化、多类型的合作社,而《农民专业合作社法》也将做出相应调整。但是,一则,可以肯定的是,专业合作社仍然是主流,其他类型的农民合作社若要进一步发展壮大,也必须要实现专业化,必须面向市场;二则,在现有法律框架下,即还未实现修法之前,"农民专业合作社"依旧是统一的法定名称。基于此,本文仍坚持以"农民专业合作社"作为直接意指的研究对象。

③ 数据来源:国家工商总局办公厅统计处于各相应年度发布的《全国市场主体发展总体情况报告》(详见 http://www. saic. gov. cn/)。

口,达 2.23 万亿元。① 此外,各级示范性农民专业合作社已超过 10 万家,联合社也达到了 6000 多家,合作社在农业、林业、水利、供销等领域竞相发展,大大激发了农业的发展活力。② 然而,也正是因为合作社发展之快、数量之多,且类型繁杂、良莠难辨,尤其是出现了种种所谓的"假合作社"、"空壳合作社"、"翻牌合作社",以致近年来公议纷纷。而来自社会各界的种种质疑,最终又归咎于"什么是合作社"、"什么样的合作社才是合作社"、"我国的合作社是什么样的合作社"等指涉合作社质性规定(或本质规定性)的界别问题。③

与此同时,在国际上,始于 1844 年罗虚代尔公平先锋社的合作社原则在合作社事业 170 年的发展过程中也是几经变更,从最初的十二条原则精简为当前的七条原则,尽管如此,仍然恪守一些最为基本的原则。④ 这些历久弥坚的"基本原则"主要包括"成员民主控制"(democratic member control)、"资本报酬有限"(limited return on equity)以及"按惠顾额返还盈余"(Net income is distributed to patrons as patronage refunds),这三大基本原则分别从控制权(或治理权)、所有权以及收益权三个方面确保合作社的质性底线。在 Barton(1989)看来,这些基本原则可以统称为传统合作社的硬核原则(hard-core principle)。⑤ 但需要意识到,随着合作社的实践和发展,其质性规定正悄然发生着不可避免的漂移(黄祖辉和邵科,2009),这在我国更为明显。

由此,在我国农民专业合作社事业处于快速发展的同时,理论的诠

---

① 国家工商总局. 2014 年 4 月全国市场主体发展报告. http://www. saic. gov. cnzwgktjzlzhtjxxzx /201405/P020140512381873057203. pdf,2014-05-12.

② 农业部新闻办公室.全国农民合作社发展部际联席会议第二次全体会议强调促进农民合作社健康快速发展. http://www. moa. gov. cn/zwllmzwdt201402/t20140213_3762438. htm,2014-02-13.

③ 所谓质性规定(qualitative provision),就是"排除了那些……就没有一个组织能称为合作社"的制度特性(徐旭初,2005)。

④ 注意,是恪守(谨慎地遵守),而非刻守(刻板地遵守)。

⑤ 巴顿指出的传统合作社硬核原则包括:成员民主投票("一人一票")(即成员民主控制——作者注)、成员资格平等、在成本运行基础上按惠顾额分配盈余、限制权益资本分红(即资本报酬有限——作者注)。本文之所以未单列"成员资格平等"原则,是因为认为可以将这一原则视作"成员民主控制"内化的前提条件。

释和操作指导就显得极为必要。本文通过对合作社"理想类型"及其治理结构的建构,力图通过现实比照,对我国农民专业合作社的本土性实践与发展给出有说服力的阐释。

二、合作社"理想类型"的建构

何谓"理想类型"?"理想类型"(ideal type,德文原文为 ideal typus)是社会学巨匠韦伯(Weber,1947)积极倡导的重要概念工具,也可译为纯粹类型(pure type)。"理想类型"并不是对经验现实的真实描述,而只是用以表示某种现象是接近于典型的现象,例如物理学中的"真空"和经济学中的"经济人"等典型化概念一样。当然,"理想类型"作为现实的某种抽象形式,与现实本身必然保持一定的距离。

从一定意义上讲,所有的现实类型都与"理想类型"存在差异性("接近或离开现实的程度")。通过比照合作社的现实类型与"理想类型"的接近或离开的程度,可以较好地辨析现实合作社的类型及其质性问题。徐旭初(2005)曾将合作社的"理想类型"描述为:"①成员完全同质;②成员均等持股;③成员自愿进出;④一人一票,理事会成员和监事从成员中选出;⑤成员的资本金不享受分红;⑥提取一定量的公共积累;⑦完全根据惠顾额来返还盈余。"可以看出,他是以罗虚代尔原则为基础,在传统合作社原则中抽离了部分重要原则,并将其进行了理想化。本文认为,这些理想化原则还可以进一步抽象并予以模型化,由此,本文提出一个新的"三位一体"的"理想类型"合作社,即成员资格的同质性(homogeneity of membership)、成员角色的同一性(identity of member roles)以及治理结构的耦合性(coupling of governance structure),详见图 1。①

① 为方便区分,本文暂将徐旭初(2005)的前一描述改称为合作社的"经典类型"抑或"经典型合作社"。

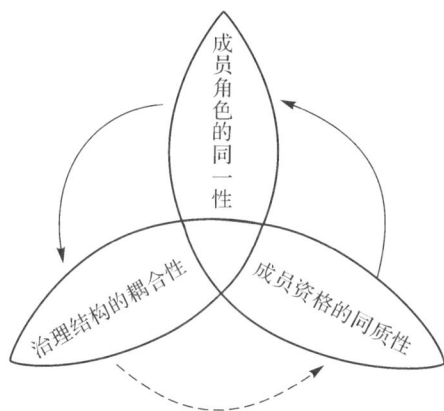

图 1　"三位一体"的"理想类型"合作社

(一)成员资格的同质性

在现实中,合作社作为一种组织,其自然特性往往被忽视了,那就是合作社的准公共物品特性。一般而言,纯公共物品(如空气、国防)和纯私人物品(如个人的衣物)为数极少,更多的物品介于两者之间。而这种介于纯公共物品和纯私人物品之间的多数派即准公共物品(quasi-public goods),或者更准确地说即 Buchanan(1992)所谓的俱乐部物品(club goods)。无疑,合作社就是一个典型的与准公共物品相关的俱乐部物品,或者更准确地说是一个典型的生产型"俱乐部"(张靖会,2012),因为合作社的产品和服务只限于其成员享受,其内部具有非竞争性,对外则具有排他性。

因此,作为俱乐部物品的合作社能够形成,前提条件就是其潜在成员具有同质化的禀赋(包括个人所具有的各种资本,如经济资本、人力资本、社会资本)和偏好(既可以是经济利益的偏好,也可以是兴趣爱好的偏好)。而国际合作社原则在关乎成员资格方面自始至终也一直在强调:"对于只要有能力使用合作社提供的服务并有意愿承担成员资格的相应责任的个人,合作社都将予以接纳。"①成员资格的同质性确保了各个成员都有同等的能力和意愿支付等额的俱乐部费用,相应也就能享受到同等的俱乐部提供的产品和服务。所以,成员的同质性对于合作社运行的流畅性至关重要。

整体而言,一则,从合作社的企业属性面来看,成员禀赋和偏好的同质性不仅可以有效降低合作社的内部交易成本,成员间可以达成高度一致的集体行动,而且作为一个同质整体的合作社,对外一个"声音",利益耗散水平降至最低,可以大大降低合作社的市场交易成本;二则,从合作社的共同体属性来看,共同的禀赋和偏好决定了一致的价值观、组织精神和关注倾向等,有利于建立团结一致的形象,进而能达成成员经济需求满足之上的对社会、文化的更高需求与抱负的组织宗旨,使合作社成为其乐融融的大家庭(Ouchi,1979)。

成员资格的同质性还体现在成员在加入合作社之时或之后的出资的同质性以及从业产品的同质性。从最初版的罗虚代尔原则开始,"限制性"的成员出资或入股就一直是国际合作社原则列表上的常客,而到了最新的1995年的修订版中,对于资本分红的严格限制被删除了,合作社应对资本和劳动都给予合理的补偿。而在我国的《农民专业合作社法》中,虽未明确要求成员出资是入社条件,但无疑,"持有股份是成员身份的重要标志,也是成员行使民主权利的基础"(潘劲,2011)。确实,作为"使用者"的联合体,成员若要享受合作社的使用权,基本条件是先要出资。伴随着合作社对资金需求日益增加的趋势,成员出资不仅可以成为合作社筹集资金和抵御风险的重要来源,而且可以有效增加合作社与成员之间的利益黏性,以此提高合作社的组织稳定性。当然,如果成员的资源禀赋和利益偏好存在较大差异,那么是否出资和如何出资将变成一个复杂的问题。因此,只有在成员禀赋和偏好的同质性基础上,成员出资的一致性才能达成。

合作社的形成和发展对成员的投入品与产出品的同质性也提出了

---

① 详见国际合作社原则第一条"自愿和开放的成员资格"(voluntary and open membership)的官方解释(http://ica.coop/en/whats-co-op/co-operative-identity-values-principles)。

严格的要求。在《农民专业合作社法》中,对于成员的界定就是"同类农产品的生产经营者或者同类农业生产经营服务的提供者、利用者"[①]。可以看出,成员所交付的产品或服务应该是同质的,这是合作社得以创建并获得发展的基础条件之一,而这也是为什么要将合作社冠以"专业"两字的原因。

简言之,基于俱乐部物品理论对合作社成员同质性的基本假设,一种理想类型的合作社,其成员在禀赋、偏好、出资及产品等基本方面应维系高度同质化的成员资格。

(二)成员角色的同一性

在与合作社的关系中,作为使用者的成员(user-member)实际上时刻扮演着多种角色。一般认为,成员主要扮演着四类角色,分别是顾客(customer)、惠顾者(patron)、所有者(owner)和控制者(controller)(Coltrain et al. ,2000;Barton,2004),而每种角色均代表着一种特殊的商业关系或特性。

具体而言,顾客是那些通过使用合作社来采购投入品或售卖产品的人;惠顾者是那些有资格分享合作社收益(一般表现为惠顾返还)的人;所有者是那些对合作社进行投资并享有一定股份的人;而控制者则是那些拥有投票权来行使合作社治理权和控制权的人,这些投票权主要体现在选举理事、采纳章程以及表决事项,诸如并购、解散等重大事项。一般来说,合作社的使用者往往具有这些角色的各种组合方式。例如,许多使用者可能只是单纯的顾客,但不是惠顾者、所有者或控制者;再比如,一些使用者可能是顾客、惠顾者和所有者,但不具备投票权,他们就被称为非成员顾客或非成员惠顾者。此外,由于惠顾者角色可等同于使用者角色,因而视同于内部顾客角色,因此,在合作社语境下,"顾客"这个术语可以被内含于"惠顾者"。由此,合作社成员的主要角色分别是惠顾者、投资者[②]和控制者,而"理想类型"的合作社,其成员角色必定是此三

---

① 详见《农民专业合作社法》第一章第二条之规定。

② 为便于在各角色之间进行清晰比较,本文倾向于将一般化的"所有者"概念改换为更具针对性的"投资者"概念。

大角色的高度一致的体现,即角色的同一性①。换言之,合作社与其他经济组织的本质区别在于成员角色身份的高度同一性,他们既是合作社的投资者(所有者),又是合作社的惠顾者(使用者),也当是合作社的实际控制者。

(三)治理结构的耦合性

在新制度经济学的努力下,企业逐步从"阿罗-德布鲁"(Arrow-Debreu)②的一般经济均衡体系中析离出来,不再被视为一个在预算约束下单纯吸收各种要素投入并进行着利润最大化行为的"黑箱",而是被重新概念化为一种治理结构,即与"市场"相对应的"科层"结构(Williamson,1991)。而合作社,作为一种将农户外部交易内部化,以避免加工企业或其他农产品购买者机会主义行为的治理结构,其归属于兼具"市场"和"科层"属性的混合形态(hybrid)的治理结构。因此,"合作社治理结构"实际上包含着两层意思,一是指"合作社作为一种特殊的混合形态的治理结构",二是指"合作社具有特殊的治理结构",具体地说,合作社是具有"特殊的内部治理结构"。在"理想类型"合作社的建构中,着重的是其第二层含义,即要回答一个"理想类型"的合作社的内部治理结构是如何可能的。

在一定意义上,合作社的内部治理结构表现为合作社成员的权力关系,或者说是成员(行使内部控制)的权力过程,而理想化的"成员民主控制"权力过程,从逻辑关系上讲,必须既与前向的成员财产关系,又与后向的成员分配关系保持严格的耦合性。

因此,在"理想类型"合作社的内部治理过程中,其在纵向上必须确保与合作社的财产关系及分配关系相互耦合,主要特征表现如下:

①合作社以谋求、维护和增加成员自身利益为目的,主要以劳动联

---

① 对于这几种成员角色的详细介绍详见《合作社治理结构:一个新的分析框架》一文。

② 阿罗-德布鲁模型(Arrow & Debreu,1954)是一个关于对瓦尔拉斯一般均衡存在性的数学证明(瓦尔拉斯自己的数学证明有误),指出在一些特殊条件得到满足的情况下,市场能够达到一般均衡状态,即瓦尔拉斯的一般均衡方程组在某些特殊假设下有解。

合为基础,"资本只是合作社的'仆人'而非'主人'"。①

②合作社由惠顾者成员均衡持股(即使股份有所差异),不允许非成员持股。重要的是,成员的股份不能随意转让,也就是说,合作社要对既有的成员剩余索取权进行严格限定。

③合作社的公共积累(一般表现为公积金形式)不能用于分配。国际合作社联盟强调指出,"社员盈余可以用于建立公积金来发展他们的合作社,而公积金至少有一部分是不可分割的"②,换言之,合作社必须要有一部分完整的共有财产(或集体资产)。

④合作社盈余依据成员的惠顾额或交易量进行分配,而不是根据成员的投资额。这意味着,成员的惠顾者身份而非其投资者身份才是合作社剩余索取权的持有主体。

⑤成员的入股份额(即股金)不享受分红,但成员旨在推动合作社未来发展所贡献的额外资本金可以获得一定的利息(但不高于同期银行利息率)。

可见,成员角色的同一性必然会带来合作社内部治理结构的耦合性。然而在现实情况下,作为"成员民主控制"代名词的"一人一票"制已存在某些嬗变。例如,在美国的《凯波-沃尔斯蒂德法案》中曾指出,"一人一票"与"股息率不得超过8%或州法定股息率"是可以相互替代的。③换言之,如果合作社坚持"一人一票",那么股息率可以高于"8%或州法定股息率",如果合作社不坚持"一人一票",那么"股息率不得超过8%或州法定股息率"。而《加拿大合作社法案》则更为明确,在坚持"一人一票"的同时,"任何成员的贷款利息"、"任何成员的红利"、"成员提供合作

---

① 详见国际合作社原则第三条"成员经济参与"(member economic participation)的官方解释(http://ica.coop/en/whats-co-op/co-operative-identity-values-principles)。

② 详见国际合作社原则第三条"成员经济参与"(member economic participation)的官方解释(http://ica.coop/en/whats-co-op/co-operative-identity-values-principles)。

③ The Capper-Volstead Act: An Act to Authorize Association of Producers of Agricultural Products. Public-No. 146-67th Congress,(42 Stat. 388) 7 U.S.C.A., 291-192,February 18,1922.

社要求的资金,按资本返还利润",都"不得超过章程中规定的最大比例"①,即服从章程规定,不硬性做出法律规定。这些说明至少在北美地区,合作社作为一个约定的共营制度,只要坚持"一人一票"式的"成员民主控制",资本报酬也就能够服从合作社自身的约定。因而,既然"按惠顾额分配盈余"是确保合作社治理结构耦合性的核心设计,那么,合作社内部治理结构(核心是决策结构)的基本特征或许就不应是"一人一票"的决策方式,而是同样基于成员惠顾额进行投票权的分配。换言之,"一人一票"制只是在成员资格同质性前提下,按惠顾额确定投票权的一种特例罢了。

综上,并从图1可以看出,就"理想类型"的合作社而言,成员资格的同质性、成员角色的同一性以及治理结构的耦合性是相辅相成的,三者形成了递进的环状结构。首先,成员资格(禀赋、偏好、出资、产品)的同质性状况是其角色身份(惠顾者、投资者、控制者)同一性状况的基础,如果成员资格的同质性降低,那么成员角色的同一性也将降低;其次,成员角色身份的同一性是内部治理结构(即成员权力过程)耦合性的基础,而差异性的角色结构将导致非耦合性的治理结构;最后,耦合性的治理结构将反作用于成员资格,以促其同质性程度进一步提升。

三、合作社"理想类型"的实践逻辑

如前所述,"理想类型"合作社所隐含的制度核心是合作社成员身份的高度同一性。换言之,合作社的成员首先是作为合作社的惠顾者(行使使用权),然后作为合作社的投资者(行使所有权),同时也是合作社的决策者(行使控制权)。因此,合作社的现实形态或类型衍化就在于其与"理想类型"成员身份同一性的差异。基于此,在既有合作社产权类型分析框架基础上(Cook & Chaddad,2004;Nilsson,2001;徐旭初,2005),笔者从合作社成员三种身份同一性的视角出发,构建了一个能反映理想与

---

① 详见"合作社基础"第7(1)节(http://laws-lois.justice.gc.ca/engactsc-1.7/page-3.html#h-6)。

现实差异的合作社治理结构的分析框架(见图2)。

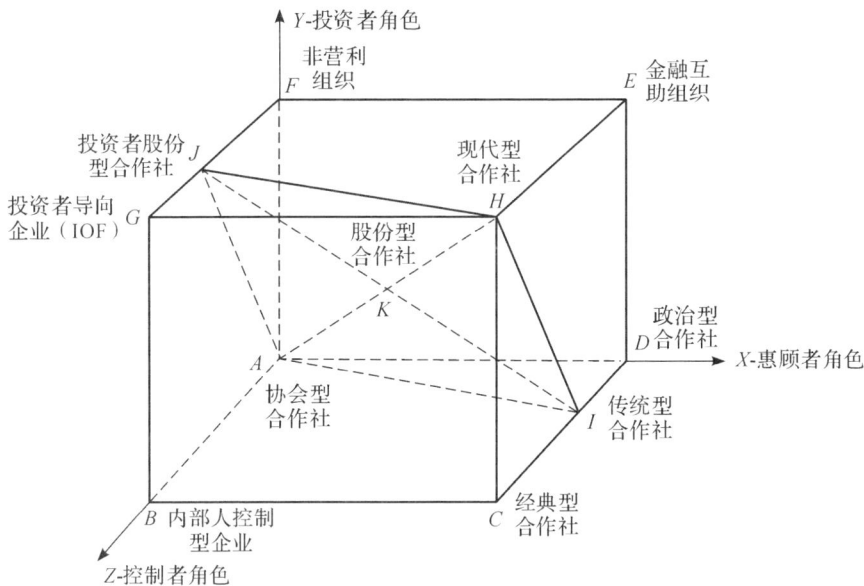

图2　基于成员角色匹配度的合作社治理结构分析框架

(一)多元化的合作社治理结构何以形成

现代经济学先驱马歇尔在其《经济学原理》中谈及不同企业制度的特征时曾指出,合作制度可以有效避免私人合伙组织和股份公司组织这两种企业管理方法的弊端。他认为最理想的组织是合作社,股东即雇员,具有努力工作的良好动力,便于监督和协作。那么,作为一种理想类型,在治理结构上具有特殊优势的合作社是如何发生的呢?从组织发生学的角度看,其形成原因(至少在中国语境下)大致包括三大决定因素,分别是合作需求、合作策略及合作环境(见图3)。

从图3可以看出,潜在成员之间的合作性(即存在合作需求)是合作社产生的原始推动力,而合作社企业家的介入和普通成员的追从(即各自选定合作策略),以及与合作环境的互动(主要指合法性①的获取),引

---

① 合法性(legitimacy),也可译为正统性、正确性、合理性或正当性。

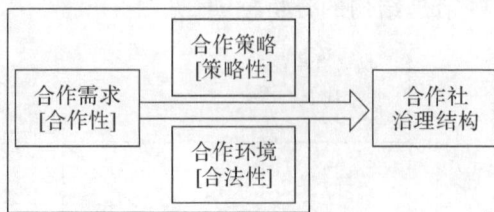

图3 合作社治理结构的发生学路径

发了合作社治理结构的演进,合作社治理结构的演进又对合作社成员的行为约束产生影响,进而对合作社成员的合作性和策略性行为以及组织合法性的环境耦合产生影响,并最终决定或改变合作社的治理结构。具体而言,可以体现在如下方面。

首先,合作需求如何产生?农业生产不仅是经济再生产的过程,而且也是自然再生产的过程,这使农业生产呈现出时间上的非连续性(季节性、周期性)和空间上的分散性(地域性),以及农业生产者的努力程度与农业产出的不对称性等特点,农业生产的这些特点使得农业生产者的相对独立性和自主性具有必要性。

农业生产的集体劳动被证明是效率低下的劳动形式①,而作为经济社会基本构成单位的家庭组织,由于其内在关系紧密,利益诉求相对一致,其内部的监督成本最低,因而成为最适宜农业生产的组织形式。尽管家庭经营在农业中具有独特的效率,但从整个农业产业链来看,家庭经营在农业生产资料供应、农产品购销及加工、农业技术推广、农业基础设施建设等方面并不具备优势,此外,单个的农业家庭经营在规模扩张和市场谈判与竞争方面也具有局限性。如何既发挥家庭经营在农业中的独特优势,又克服其局限性?合作组织是唯一的选择。也就是说,只要农业生产中一些最为基本的特点——生产的生物性、地域的分散性以及规模的不均匀性存在,农民的合作就具有内在的必然性(黄祖辉,2000)。

在家庭经营基础上通过互助与合作,可以获得包括规模经济、市场

---

① 在此问题上,Alchian & Demsetz(1972)有着著名的分析,而林毅夫(1990、1993)则基于类似的认识对1959—1961年我国农业危机进行了著名的研究。

进入、减工降本、产品增值、集体归属感等合作的"红利"。农民为了有效应对自然及市场风险并改善自身状况,势必会产生强烈的合作需求。

其次,合作策略如何寻求?农民产生了合作需求并不意味着就能够产生合作社,合作社付诸实现的必然前提是两个方面的成员合作策略行为。

一方面,合作社企业家,这是成员中具备一定社会活动能力并富有奉献精神的发起人,其寻求的是旨在寻租(经济租)的合作策略(行为)。有学者甚至认为,"建立合作社的可能性不会自发地转变为现实性,没有合作社企业家就不会有合作社"(Röpke,1992;转引自国鲁来,2001)。因为相比普通农户或专业大户,村组干部等潜在的关键成员(或称村庄精英),不仅自身存在合作需求,而且具备领办能力。因此,作为关键要素(经济资本、政治资本、人力资本、社会资本)的拥有者,他们自身的经济实力就直接构成了合作社的规模边界以至业务边界。由于我国合作社企业家相对稀缺,与政府相关的涉农机构(如供销社、农技站、经管站)和农业龙头企业等,为了寻求自身的发展出路或寻求原材料的稳定供给,积极扮演着准合作社企业家的角色。

另一方面,对于普通成员而言,其合作策略更多的是依附或追从作为企业家的合作社发起人。在著名合作经济学家库克看来,作为抵御市场失灵的应激性组织,合作社在本质上就是一种"集体企业家精神"的体现,是一种通过由分散的农业生产者所组成的正式群体来展现寻租行为的方式,它融合了投资者驱动的股份公司和惠顾者驱动的集体行动这两大制度性框架(Cook & Plunkett,2006)。

最后,合作环境如何适应?March & Simon(1958)很早就指出,受技术发展的影响,我们现在的生活环境已经不再是单纯的市场经济,而是组织经济。由于合作社深深嵌入在社会政治结构之中(徐旭初,2008),作为一种经济组织而出现的合作社,其首要任务是获得组织的合法性(或者说是外部合法性),得到权威机构的认知和许可。高丙中(2000)曾将社团的合法性分解为社会(文化)合法性、法律合法性、政治合法性和行政合法性四大类。① 因此,在合作环境中,一方面,合作社必须努力获得社会认可的合法性基础,包括文化制度、观念制度、社会期待等(Meyer & Brian,1977);另一方面,如果说合作社赖以继续的社会合法性得益于市场经济"天然"赋予其的经济合理性,那么,合作社就必须获得其法律合法性、政治合法性及行政合法性,而这些合法性(尤其是法律合法性)更多的是要从政府那里获得。

我国政府一直以来都是包括政治合法性、法律合法性和行政合法性的强势的赋予者(苑鹏,2001、2009;夏英,2008)。我国是整体型社会,实行的是强势政府的全面治理体制,因此,一个新生组织获取来自政府的合法性支持尤为关键。近些年来,无论是中央还是地方各级政府,农民专业合作社在其眼中都成了肩负农业农村经济发展重任的重要载体。尤其是《农民专业合作社法》正式赋予农民专业合作社以法律合法性之后,各级政府介入日深,影响很大。政府的强势介入,虽然有利于合作社的顺利组建和快速扩展,并对其内部管理进行规制,但也很容易将政府的一些经济或社会功能强加给合作社,以此破坏合作社的独立性和自主性(郭红东,2002;任大鹏和郭海霞,2009)。实际上,政府扶持合作社是将其视为小型或微型企业,希望借助它们带动当地农村经济社会的发展,而对合作社的成员资格、民主控制等内部合法性问题关注并不多,因此,只要合作社确实具有一定的带动能力,即便不甚规范,与法律有些出入,政府也会采取容忍的态度。

综合上述分析,可以认为,企业家寻租、普通成员的策略性参与以及政府的策略性容忍,是当前我国多元化合作社治理结构的重要成因。

(二)多元化的合作社治理结构何以演化

正如前文所提出的那样,成员资格的同质性是成员角色身份同一性的基础,而合作社的治理结构与成员的角色结构则互为映衬,实为一体两面。成员资格同质性的逐渐弱化或异质性的逐渐增长,是当前多元化合作社治理结构演化的根本驱动因素。

---

① 作为人的组合,合作社与公司、各类协会或学会一起通常被视为社团法人(corporation aggregate)。

社会学先驱涂尔干(Emile Durkheim)在其博士论文《社会分工论》中曾指出,随着工业化和社会分工的逐步发展,社会成员之间的共同生活形态将逐步从"机械团结"走向"有机团结",两者的不同之处在于,机械团结通过强烈的集体意识将同质性的个体结合在一起,而有机团结则建立在社会成员异质性和相互依赖的基础上。①

就农民而言,在传统的封闭社会中,阡陌交通的小小村庄就是他们的整个世界,但进入现代社会后,全世界却开始变成了一个村庄。② 农村在向现代社会过渡的过程中,往往难以得到强有力的外部支持,即便能够得到支持,大多是滞后支持,这也是农民产生集体合作的原因之一,只有这样,他们才能同舟共济、共渡难关。一般来说,外部世界施予的压力越大,群体内部的合作性就越强。不过,作为一种封闭的同质性集体合作,这一合作过程并不能够促使新的要素生长和发育,因此其发展终点只能是一种低水平的均等化社会(徐勇,2007)。

随着经济社会的发展,农民群体逐步分化分层,合作社成员的异质性程度日益提升并开始出现区隔化的现象。所谓成员的区隔化是指合作社内部沿着产业链或价值链进行分工,在对接市场的具体过程中,逐步从"一致合作"走向了"非一致合作"(见图4)。

从图4可以看出,作为农民对接市场的中介,合作社内部分工存在"一致合作"和"非一致合作"两种情况。在一致合作中,合作社成员的身份和权力均等,都同时身为生产者和经营者,合作社中只存在职位分工;而在非一致合作中,成员分化为生产者成员(主要为规模化农户)与经营者成员,合作社出现具有内部利益区隔的职能分工。很显然,在我国目前许多合作社中,作为普通成员的生产者成员与作为核心成员的经营者成员之间,在合作社的任务分配和功能承担上已具有明显的差异性,合

---

① 涂尔干关于社会团结的二分法与同期的另一位社会学大家滕尼斯(Ferdinand Tönnies)所提的"共同体"(Gemeinschaft,译为community)与"社会"(Gesellschaft,译为society)概念具有异曲同工之妙,差别之处在于涂尔干更关注从实证主义出发看待个人对于社会整合与社会秩序的功能和作用,而滕尼斯偏向于浪漫主义,更加关注的是个人的情感和意志。

② 在麦克卢汉看来,"地球村"并不单纯是指发达的传媒技术使地球"变小"了,更重要的是指人们的交往方式以及社会和文化形态发生了重大变化(McLuhan,1968)。

一致合作

生产经营者

合作社

市场

生产者 | 经营者

非一致合作

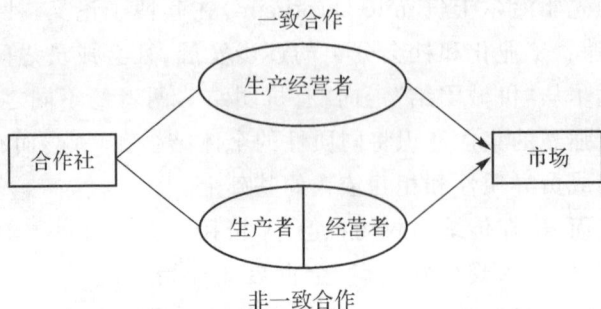

图 4　合作社成员的区隔化现象

作社经营者(即实际的控制者)已经逐渐从纯粹的务农者(farmer)转变为营农者(agri-businessman)。合作社成员的异质化、区隔化最终表现为合作社与成员间"利益距离"(interests distance)的差异化。"利益距离"是本文新创的概念,旨在说明,作为地域性或区域性组织的合作社,成员与合作社之间的时空距离固然不一,但在作为最终落脚点的"利益"(包括但不限于经济利益)中心点周围,呈现出不同半径的利益圈层①,成员之间的利益和利益配置就具有鲜明的差异性。

事实上,成员异质性问题已经成为一个公认的影响合作社发展的前置要素,这不仅撼动了经典合作社的成员同质性前提,而且这种异质性将长期存在,并左右合作社治理结构的演化。这意味着,成员异质性问题的走向已成为合作社治理结构演化的一个关键。

四、结论

本文构建了一个"三位一体"的合作社"理想类型",通过比照合作社的现实类型与"理想类型"的接近或离开的程度,对合作社的类型及其质性问题进行辨析。如果在一个完全自愿进出和没有外部规制的情境中,那么成员资格条件不同质,其内部治理结构就不可能建立在"一人一票"的基础上;而如果成员身份不同一,其收益分配也不可能建立在"按惠顾

①　此处借鉴了费孝通(1998)的"差序格局"概念。

额返还盈余"的基础上。换言之,任何现实类型接近或偏离"理想类型"的可能,都源于成员的同质性和同一性在不同程度上的松弛、消解与漂移。

从本质上说,作为一种"理想类型"的合作社的治理结构,其效率或特殊性在于其成员资格的同质性所带来的成员身份的同一性,即成员既是惠顾者,又是投资者,还应是控制者。而合作社成员身份同一性状况的松弛、消解和漂移所带来的合作社内部治理结构的失合,最终会诱致"大治理结构",即合作社类型谱系的不断演变,这实际上也是合作社努力适应新情势、新环境的必然。

可以认为,由同质成员所组成的成员角色系,进而能确保耦合性的合作社治理结构,旨在表征合作社的形式凝聚力。可以想象,在同质、同一的适宜土壤中,理想的合作社治理结构是可以自然生长出来的,然而,这种"理想类型"的合作社治理结构的土壤在现实中已经难以找到。

参考文献

[1] Alchian A A, Demsetz H. "Production, Information Costs, and Economic Organization". *The American Economic Review*, 1972, 62(5): 777-795.

[2] Arrow K J, Debreu G. "Existence of an Equilibrium for a Competitive Economy". *Econometric*, 1954, 22(3): 209-265.

[3] Barton D. "Agricultural Cooperatives: An American Economic and Management Perspective". International Symposium on Institutional Arrangements and Legislative Issues of Farmer Cooperatives. Taizhou, Zhejiang, China, 2004.

[4] Barton D. "Principles". in D W Cobia(eds.). *Cooperatives in Agriculture*. New Jersey: Prentice-Hall, Inc., 1989.

[5] Buchanan J M. "An Economic Theory of Clubs". *Economica*, 1992, 32(125): 1-14.

[6] Coltrain D, Barton D, Boland M. "Differences Between New Generation Cooperatives and Traditional Cooperatives". Risk and Profit 2000 Conference. Manhattan, Kansas: Kansas State University, 2000.

[7] Cook M L, Chaddad F R. "Redesigning Cooperative Boundaries:

The Emergence of New Models". *American Journal of Agricultural Economics*, 2004, 86(5): 1249-1253.

[8] Cook M L, Plunkett B. "Collective Entrepreneurship: An Emerging Phenomenon in Producer-Owned Organizations". *Journal of Agricultural and Applied Economics*, 2006, 38(2): 421-428.

[9] Lin J Y. "Collectivization and China's Agricultural Crisis in 1959-1961". *Journal of Political Economy*, 1990, 98(6): 1228-1252.

[10] Lin J Y. "Exit Rights, Exit Costs, and Shirking in Agricultural Cooperatives: A Reply". *Journal of Comparative Economics*, 1993, 17 (2): 504-520.

[11] March J G, Simon H A. *Organizations*. New York: John Wiley & Sons, 1958.

[12] Mcluhan M, Fiore Q, Agel J. *War and Peace in the Global Village*. New York: Bantam Books, 1968.

[13] Meyer J W, Rowan B. "Institutionalized Organizations: Formal Structure as Myth and Ceremony". *American Journal of Sociology*, 1977, 83(2): 340-363.

[14] Nilsson J. "Organisational Principles for Co-operative Firms". *Scandinavian Journal of Management*, 2001, 17(3): 329-356.

[15] Ouchi W G. "A Conceptual Framework for the Design of Organizational Control Mechanisms". *Management Science*, 1979, 25 (9): 833-848.

[16] Röpke J. "Cooperative Entrepreneurship: Entrepreneurial Dynamics and Their Promotion in Self-help Organizations". Marburg: Marburg Consult for Self-help Promotion, 1992.

[17] Weber M. *The Theory of Social and Economic Organization*. New York: Oxford University Press, 1947.

[18] Williamson O E. "Comparative Economic Organization: The Analysis of Discrete Structural Alternatives". *Administrative Science Quarterly*, 1991, 36: 269-296.

[19] 阿尔弗雷德·马歇尔. 经济学原理(上卷). 朱志泰译. 北京:商务印书馆,1964:316.

[20] 爱弥尔·涂尔干.社会分工论.渠敬东译.北京:生活·读书·新知三联书店,2000.

[21] 斐迪南·滕尼斯.共同体与社会.林荣远译.北京:商务印书馆,1999.

[22] 费孝通.乡土中国与生育制度.北京:北京大学出版社,1998:24—30.

[23] 高丙中.社会团体的合法性问题.中国社会科学,2000(2):100—109.

[24] 郭红东.当前我国政府扶持农村专业合作经济组织发展的行为选择.农村合作经济经营管理,2002(5):37—38.

[25] 国鲁来.合作社制度及专业协会实践的制度经济学分析.中国农村观察,2001(4):36—48.

[26] 黄祖辉,邵科.合作社的本质规定性及其漂移.浙江大学学报(人文社会科学版),2009(4):11—16.

[27] 黄祖辉.农民合作:必然性、变革态势与启示.中国农村经济,2000(8):4—8.

[28] 潘劲.中国农民专业合作社:数据背后的解读.中国农村观察,2011(6):2—11.

[29] 任大鹏,郭海霞.多主体干预下的合作社发展态势.农村经营管理,2009(3):22—24.

[30] 吴彬,徐旭初.合作社治理结构:一个新的分析框架.经济学家,2013(10):79—88.

[31] 夏英.我国农民专业合作经济组织发展中的政府行为与相关政策法规.农村经营管理,2008(11):17—21.

[32] 徐旭初.新情势下我国农民专业合作社的制度安排.农村经营管理,2008(12):12—14.

[33] 徐旭初.中国农民专业合作经济组织的制度分析.北京:经济科学出版社,2005:56,76,263—264.

[34] 徐勇.如何认识当今的农民、农民合作与农民组织.华中师范大学学报(人文社会科学版),2007(1):1—3.

[35] 苑鹏.部分西方发达国家政府与合作社关系的历史演变及其对中国的启示.中国农村经济,2009(8):89—96.

[36] 苑鹏.中国农村市场化进程中的农民合作组织研究.中国社会科学,2001(6):63—73.

[37] 张靖会.同质性与异质性对农民专业合作社的影响——基于俱乐部理论的研究.齐鲁学刊,2012(1):86—90.

我国现行农民合作社的
生产技术效率评析及其相关讨论[①]

一、引言

赋权于民的家庭联产承包责任制一直被认为是改革开放以来最成功的制度(黄祖辉等,2002),它重新奠定了农户家庭作为农业生产基本组织单元的地位,从而极大地调动了微观经济主体的积极性,促进了农业生产的发展(周立群、曹利群,2003)。有研究表明,1978 年至 1984 年,在各项改革中,家庭联产承包责任制改革所致的生产率变化构成了产出增长的 46.89%(林毅夫,1992)。然而,随着家庭联产承包责任制改革的推进和我国市场化改革与经济全球化的日益深化,现有农地制度决定的小规模、分散土地经营模式在新技术采用与实施、标准化生产、食品安全和与现代市场对接方面的冲突不断显现(邓衡山等,2010)。在这种背景下,农民专业合作社(以下简称合作社)作为为满足社员共同需求服务的自助型经济组织(唐宗焜,2007)受到广泛的关注。2007 年,我国首部《农民专业合作社法》出台,由此,合作社的法人地位得以确立;2012年至 2016 年连续五年,中央一号文件提出要鼓励和支持合作社发展。

近 10 余年来,国内学术界围绕合作社的形成动因(邓衡山等,2010;徐志刚等,2011)、服务功能(黄季焜等,2010;黄祖辉等,2012)、内部治理(黄祖辉等,2006;徐旭初等,2010;崔宝玉等,2012,2014;吴彬,2013a、

[①] 本文作者为黄祖辉、朋文欢。本文内容发表在《农业技术经济》2016 年第 8 期。

2013b)、绩效(黄宗胜等,2008;徐旭初等,2009、2010)、质性规定性(徐旭初,2003;黄祖辉等,2009;马彦丽,2013;邓衡山等,2014)等做了大量的富有启发性的研究。然而,多数学者的研究仍局限于"就合作社论合作社"的既定框架,鲜有学者从微观农户的视角审视合作社究竟给农户带来了哪些好处。根据 Williamson(1985)的观点,任何经济组织在本质上都是一种追求利润最大化的装置,要实现利润最大化目标,通常,可通过两种途径:一是在维持总收入不变的情况下,通过节约成本实现利润最大化;二是在维持总成本不变的前提下,通过增加产出来实现收益最大化。从这种意义上说,经济组织的本质在于追求更高的效率。而作为一种组织制度创新,合作社在努力提升自身投入产出效率的同时,是否以及多大程度上有助于提升社员农户的生产效率?目前,学界还停留于定性讨论阶段。

张晓山(2009)认为合作社在保持农业家庭经营效率的基础上,能通过专业化分工与服务,以内部横向一体化替代外部纵向一体化,这既降低了外部化服务的不确定性及由此产生的交易费用,又提高了农业分工和合作的效率。苗小玲(2005)则表示合作社可以为农民提供产前、产中和产后环节的技术信息服务,在技术开发、培训、推广和应用等方面发挥重要作用,这有助于提高农民的技术经济效率。当前,我国合作社已经从服务功能单一向服务功能多样的格局发展(黄祖辉、高钰玲,2012),不少合作社已初步具备了以种苗供应、农资采购、生产管理、产品加工与销售为主要内容的多元化服务功能,正是这些多元化的服务提高了合作社成员的生产效率,降低了成员的市场风险,保障了成员收益的长期稳定(唐宗焜,2007;郭勇,2009;王太祥、周应恒,2012)。

目前,尽管学界对农户参与合作社是否有助于提高其生产技术效率给予了肯定回答,并从分工和提供社会化服务的角度对合作社提高农户技术效率的机制做了具体阐释,但基于农户微观调研数据的实证研究仍然薄弱。在已有的为数不多的实证研究中,梁巧(2010)比较了合作社社员和非社员的规模效率,王太祥、周应恒(2012),管曦、谢向英(2013)则分别借助冀、新两省份梨农和福建茶农的调研数据评价了农户参与合作社对其生产技术效率的作用效果,结果表明农户参与合作社能显著提高其生产技术效率,社员农户较非社员农户的生产效率分别高 14.17% 和

2.33％。但遗憾的是,两项研究均忽视了样本选择性偏差,从而使得研究结论存疑。对农户参与合作社能提高其生产技术效率的实证检验仍有待规范与深入。

此外,自 2007 年首部《农民专业合作社法》颁布,并伴随着一系列扶持优惠政策出台以来,我国合作社开始呈现出加速发展的态势,截至 2015 年 2 月,全国在工商部门登记注册的合作社数量已达 133.74 万家(王军,2015)。然而,在数量扩大的同时,合作社"假、空、死"等异化现象备受诟病,合作社的功能性也遭受诸多质疑。因此,本文从微观农户视角考察农户参与合作社对其生产技术效率的影响,从某种程度上说,这是对现阶段我国合作社规范性和功能性的审视,具有很强的现实意义。

借助安徽砀山县水果种植户的调研数据,本文将运用异质性随机前沿函数模型,并结合倾向得分匹配法,在消除样本选择偏差的前提下,实证考察果农参与合作社对其生产效率的影响,文中农户的生产效率特指投入-产出效率。

二、模型与方法

(一)异质性随机前沿函数模型

本文采用异质性随机前沿函数模型(heteroscedastic stochastic frontier analysis,HSFA)(Kumbhakar,2003)测算果农的生产技术效率值,并考察在不考虑样本选择偏差的情况下,果农参与合作社对其生产效率的影响。作为一种参数估计法,HSFA 能通过估计生产函数来描述生产过程,其结果有助于指导农户提高生产效率并取得最大化收益。此外,HSFA 在估计农户的生产技术效率时,能同时估计外生变量对效率损失的影响,由此解决了两步估计法[①]中第一步估计结果有偏的问题(Wang & Schmidt,2002;Battese & Coelli,1995;Coelli,1996)。

---

① 两步估计法的原理是:首先在忽略生产效率影响因素的前提下估计生产函数和技术效率值,然后对技术效率的影响因素进行回归(Chen et al. ,2009)。

　　然而,作为一种参数估计法,HSFA 需要事先设定生产函数的具体形式。科布道格拉斯生产函数(C-D 函数)和超越对数函数(Translog 函数)是较常用的两种函数形式,其中,前者假定技术中性并要求要素间的替代弹性固定,后者作为一种变弹性生产函数模型,尽管能较好地反映生产函数中投入要素的相互影响和各种投入的技术进步差异,但由于文中要素投入项较多,采用 Translog 函数形式,会产生很多交互项,从而导致估计结果有偏。本文将采用 C-D 函数形式。Taylor & Shonkwiler(1986)认为,如果研究旨在技术效率的测量而非具体的生产技术形式,C-D 函数可充分代表一般的生产技术。

　　设:

$$Y_i = f(X_{ij}; \beta_j) e^{v_i - u_i} = A \prod_{j=1}^{n} X_{ij}^{\beta_j} e^{v_i - u_i} \tag{1}$$

(1)式中:Y_i 表示第 i 个农户的水果产量[①](单位:斤);X_{ij} 表示农户 i 的第 j 种要素投入,包括农药支出、化肥支出、农家肥支出、家庭劳动投入、雇工劳动和水果种植面积;β_i 为各要素的估计系数。

　　(1)式两边取对数,即为:

$$\ln Y_i = A_0 + \sum_{j=1}^{n} \beta_j X_{ij} + v_i - u_i \tag{2}$$

其中,v_i 为通常意义上的随机干扰项,且 $v_i \sim \text{Normal}(0, \sigma_{vi}^2)$;$-u_i$ 表示方程无效率项,即生产效率函数,且 $u_i \sim N^+(\omega_i, \sigma_{ui}^2)$。

　　u_i 的异质性设定如下:

$$\omega_i = \exp(b_0 + \sum_i \delta_i z_i), \sigma_{ui}^2 = \exp(b_1 + \sum_i \gamma_i w_i) \tag{3}$$

　　(2)式和(3)式构成了 HSFA 模型。

　　(3)式中 b_0 和 b_1 均为常数;z_i、w_i 分别表示影响效率损失和效率波动(σ_{ui}^2)的外生变量;δ_i 和 γ_i 为对应的估计系数。

---

　　① 　在实际调研中,多数农户种植不同种类的水果,由于不同的水果亩产和对要素投入要求存在较大差异,故对不同水果的产量加总,研究可能造成估计结果偏差,因此,在调研中,笔者仅询问了农户种植面积最大的水果的产量和投入信息。模型中,笔者将设水果种类虚拟变量加以控制。

(二)倾向得分匹配法

倾向得分匹配法(propensity score matching,PSM)最早由Rosenbaum & Rubin(1983)提出,该方法是将处理组和对照组[①]的多个特征进行"降维","浓缩"成一个指标,即倾向得分值(propensity score值,PS值),通过匹配PS值,匹配出与处理组最具可比性的农户(来自对照组)作为处理组的对照组,两组农户的平均效率差值即为参与合作社对农户生产技术效率的净影响。通常,PSM法包括4个基本步骤。

1. 计算PS值

PS值是指在给定样本特征 X 的情况下,农户参与合作社的条件概率,通常采用Logit(或Probit)模型进行估计(Dehejia & Wahba,2002),即

$$PS_i = P(X_i) = \Pr[D = 1 \mid X_i] = \frac{\exp(X_i'\beta)}{1 + \exp(X_i'\beta)} \tag{4}$$

(4)式中, X_i 表示农户 i 的特征变量构成的向量, β 为对应的系数向量。D 为0~1变量,表示农户参与合作社与否, $D = 1$ 表示农户参与合作社,否则不参与。

2. 平衡性和共同支撑性假设检验

本文根据计算出的PS值,将样本农户分为 K 组,在每个细分组中,检验处理组和对照组的平均PS值是否存在显著差异,若存在,则需重新细分组别,并进行上述检验,直到每个细分组中两组的平均PS值不存在显著差异。此外,在每个细分组中,检验处理组和对照组中各个解释变量的均值是否存在显著差异,如果一个或多个解释变量的均值在处理组和对照组中存在显著差异,则需返回第1步,重新设定第1步中Logit或Probit的模型形式。

3. 选择匹配方法

最近邻匹配(nearest neighbor matching)、半径匹配(radius

---

① 本文将农户参与合作社作为一种干预处理,将参与合作社的农户划分为处理组样本,将未参与合作社的农户划分为对照组。

matching)和核匹配(kernel matching)是三种最常用的匹配方法,其匹配原则和平均处理效果(average effect of treatment on treatment)估计方法见表1。

表 1 匹配原则和平均处理效果估计式

匹配方法	匹配原则	平均处理效果估计式
最近邻匹配	$C(i) = \min_j \| p_i - p_j \|$	$\tau = \dfrac{1}{N^T} \sum_{i \in T} Y_i^T - \dfrac{1}{N^T} \sum_{j \in C} w_j Y_j^C$
半径匹配	$C(i) = \{p_j \mid \| p_i - p_j \| < r\}$	
核匹配	—	$\tau^K = \dfrac{1}{N^T} \sum_{i \in T} \left\{ Y_i^T - \dfrac{\sum_{j \in C} Y_j^C G[(p_j - p_i)/h_n]}{\sum_{K \in C} G[(p_K - p_i)/h_n]} \right\}$

表 1 中:$C(i)$ 表示与处理组中样本 i 对应的匹配样本(来自对照组)构成的集合;p 为倾向得分值;r 为匹配半径,取正实数;N^T 表示处理组中观测对象的数量;Y_i^T 表示处理组中样本 i 的效率值;Y_j^C 表示对照组中样本 j 的效率值;w_j 为权重,若 $j \in C(i)$,则 $w_j = 1/N_i^C$,否则为 0。在核匹配平均处理效果估计式中,$G(\cdot)$ 表示核函数,h_n 为"宽带参数"。

4. 计算平均处理效应

若 TE 为农户的生产技术效率值,则农户参与合作社对其生产技术效率的平均处理效果(ATT)可表示为:

$$
\begin{aligned}
ATT &= E[TE_{1i} - TE_{0i} \mid D_i = 1] \\
&= E\{E[TE_{1i} - TE_{0i} \mid D_i = 1, p(X_i)]\} \\
&= E\Big\{ E[TE_{1i} \mid D_i = 1, p(X_i)] \\
&\quad - E[TE_{0i} \mid D_i = 0, p(X_i) \mid D_i = 1] \Big\}
\end{aligned}
$$

三、数据来源及描述性统计

本文以水果种植户为考察对象,选取安徽砀山县为样本采集点。砀山县位于安徽最北端,地处皖、苏、鲁、豫四省交界处,原黄河流经地,属于近海内陆温暖带半湿润季风气候,独特的地理气候环境造就了砀山县得天独厚的水果种植条件。砀山县是全国"水果生产十强县"之一,2013年末全县实有果园面积合计 47730 公顷,园林水果产量达 125.54 万吨,产值 21.55 亿元,占全县第一产业产值 54.43%。[①] 2007 年《农民专业合作社法》颁布实施以来,砀山县合作社迅速发展,截至 2014 年 6 月,全县在工商部门登记的合作社累计达到 2203 家,入社农户达 13.5 万户,占全县农户总额的 58.7%(李晓燕,2014)。

　　此次调研始于 2015 年 7 月上旬,止于 8 月下旬。其间,笔者进行了为期两周的预调研,修改调研问卷,并确定最终的样本采集点(具体到自然村)。需要强调的是,此次调研笔者仅选取已经成立合作社的自然村作为样本采集点,目的在于排除农户因所在自然村未成立合作社而无法参与的情形。尽管在村庄层面样本的选择不具随机性,但村庄内部的个体抽样严格遵循随机原则。根据各村民小组提供的电话黄页并结合随机数表,笔者共抽取 400 名水果种植户(主要是户主)展开问卷调研,最后回收有效问卷 329 份,有效率达 82.25%,其中合作社社员共 117 名。此次调研,样本分布于砀山县园艺场乡、良梨镇、葛集镇、唐寨镇、高铁新区 5 个乡镇。

　　表 2 比较了合作社社员和非社员基本统计特征的差异。

表 2　变量说明及均值 t 检验

变量名称	赋值及单位	均值		
		全样本	非社员	社员
性别	男＝1;女＝0	0.70	0.71	0.64
年龄	(年)	50.67	50.38	53.11
受教育年限	(年)	7.45	7.40	7.81
党员	是＝1;否＝0	0.06	0.05	0.17***

①　数据来源:安徽省经济社会发展统计数据库(http://tongji. cnki. net/kns55/digarea. aspx? areacode＝xj12)。

续表

变量名称	赋值	均值		
		全样本	非社员	社员
村干部	是＝1;否＝0	0.05	0.04	0.14 ***
家庭农业劳动人数	（人）	2.19	2.20	2.17
到镇(乡)中心路况	很差＝1,较差＝2,一般＝3,较好＝4,很好＝5	3.49	3.55	3.06 ***
地块灌溉条件		2.99	2.97	3.17
水果收入占比	2014 年水果收入占家庭收入比重(%)	76.01	75.59	79.39
地块数	水果种植地块数(块)	2.88	2.84	3.22
种植面积	（亩）	4.80	4.68	5.75 ***

注:*** 表示在 1% 的水平上显著。

表 2 显示,合作社社员农户和非社员农户在性别、年龄和平均受教育年限方面并未表现出显著差异。相比非社员农户,社员农户具有更丰富的"政治资本",社员农户中党员和村干部的比重明显高于非社员农户,且在 1% 的水平上显著。平均而言,社员农户的家庭农业劳动人数、地块灌溉条件以及地块数和非社员基本相同;非社员农户到镇(乡)中心的路况明显优于社员农户,克服交通障碍可能是果农参与(或组建)合作社的一大诱因。此外,合作社更偏好种植大户,尽管样本农户的平均种植规模不超过 6 亩,但社员农户平均种植面积比非社员农户多 1.07 亩,且在 1% 的水平上显著。

表 3 比较了社员农户和非社员农户在亩均投入-产出上的差异。结果表明:社员农户的亩均产值在 1% 的水平上显著高于非社员农户(平均高出 1000 斤/亩),这和王太祥、周应恒(2012)等的调研结果类似;而在亩均化肥、农药和农家肥支出方面,社员农户和非社员农户并未表现出显著差异;非社员农户更倾向于使用家庭劳动,而社员农户则偏向外部雇工,以弥补家庭劳动的相对稀缺。

表 3 合作社社员与非社员亩均投入与产出比较

变量名称	变量说明	均值	
		非社员	社员
亩均产量	2014 年每亩地的水果产量(斤/亩)	4978.68	6073.88***
亩均化肥支出	2014 年每亩地化肥支出(元/亩)	543.36	471.96
亩均农药支出	2014 年每亩地农药支出(元/亩)	846.08	940.27
亩均农家肥支出	2014 年每亩地农家肥支出(元/亩)	510.12	525.09
亩均家庭劳动时间①	2014 年每亩地家庭劳动时间(月/亩)	5.14	3.85***
亩均雇工人次	2014 年每亩地雇工人次(人次/亩)	0.70	1.75***

注:*** 表示在 1% 的水平上显著。

四、模型估计结果及效率比较

实证研究的基本思路是:①在不考虑样本选择偏差的情况下,考察果农参与合作社对其生产技术效率的影响。具体的做法是将果农是否参与合作社作为一个变量纳入 HSFA 模型,考察该变量对农户效率损失的影响。②重新估计 HSFA 模型,和前次估计不同的是,此次估计并不包含果农是否参与合作社变量。根据模型估计结果计算每个农户的效率值(TE),并采用 PSM 法对社员果农和非社员果农进行匹配,计算平均处理效果(ATT),即为消除样本选择偏差后农户参与合作社对其技术效率的净影响。

(一)HSFA 模型估计结果

表 4 是采用 STATA 12.0 软件估计的 HSFA 模型。Model 1 显示,果农农药投入越多,种植规模越大,水果产出越多,并且,种植面积变量 0.929 的高弹性充分说明在调研区,土地作为一种稀缺资源对产出的贡

---

① 亩均家庭劳动时间＝农户家庭实际从事水果种植人数×每人投入月份/种植面积。

献(黄祖辉等,2014)。然而,和理论预期存在差异的是雇工人次的产出弹性在 5% 的水平上显著为负。

当然,本文讨论的重点是农户参与合作社是否有助于提高其生产技术效率。从 Model 1 的效率损失函数可知,是否参与合作社变量在 1% 的水平上显著为负,表明农户参与合作社能显著提高其生产技术效率,这和王太祥、周应恒(2012),管曦、谢向英(2013)等的研究结论一致。并且,和受教育年限、到镇(乡)中心的路况变量相比,"是否参与合作社"变量的系数绝对值最大,说明其对农户生产技术效率的影响最明显。此外,Model 1 还给出了影响农户生产技术效率稳定性的因素,但结果令人费解:农户受教育水平越高,到镇(乡)中心的路况越好,参与合作社的积极性越高,其效率波动越明显。造成这一现象的原因有待进一步探讨,但由于本文采用的是截面数据,只能描述农户之间的效率变动,而无法从动态的视角考察同一农户生产效率的波动,这是后续研究需要改进的地方。

表 4　HSFA 模型估计结果及检验

函数名称	变量	Model 1	Model 2
生产函数模型	化肥支出	0.015(0.014)	0.015(0.014)
	农药支出	0.156***(0.044)	0.178***(0.043)
	农家肥支出	−0.014(0.011)	−0.015(0.012)
	种植面积	0.929***(0.060)	0.943***(0.059)
	雇工人次	−0.057**(0.025)	−0.054**(0.024)
	自家劳动时间	0.019(0.082)	−0.006(0.077)
	_cons	8.026***(0.353)	7.696***(0.346)
效率损失(ω)函数模型	受教育年限	−0.045**(0.023)	−0.073*(0.041)
	到镇(乡)中心路况	−0.130*(0.068)	−0.081(0.105)
	是否参与合作社	−1.253**(0.464)	—
	水果种类	yes	yes
	_cons	1.558***(0.477)	−3.636(4.636)

续表

函数名称	变量	Model 1	Model 2
效率波动(σ_u^2) 函数模型	性别	$-0.588^{**}(0.286)$	$-0.275(0.243)$
	年龄	$0.017(0.012)$	$-0.021^{*}(0.012)$
	受教育年限	$0.104^{**}(0.045)$	$0.075^{*}(0.043)$
	到镇(乡)中心路况	$0.590^{***}(0.144)$	$0.238^{*}(0.124)$
	是否参与合作社	$1.496^{**}(0.615)$	—
	水果种类	yes	yes
	_cons	$-3.813^{***}(1.042)$	$0.927(1.538)$

注：*、**、***分别表示在 10％、5％和 1％的水平上显著。在效率损失函数和效率波动函数中，自变量包括性别、年龄、受教育年限、到镇(乡)中心的路况、灌溉条件、地块数、是否参与合作社、水果种类虚拟变量，为节省篇幅，本文略去了不显著的变量。

值得注意的是，表 4 中的 Model 1 并没有考虑样本选择问题给估计结果造成的偏差，对此，本文在 Model 1 的基础上剔除"是否参与合作社"变量，重新估计 HSFA 模型，结果见 Model 2。在 Model 2 的基础上，本文计算出每个农户的生产技术效率值，并采用 PSM 法匹配出与处理组农户最具可比性的农户(来自原对照组)组成新的对照组，最后比较二者的效率差值。

(二)倾向得分匹配结果[①]

在计算 PS 值(即果农参与合作社的条件概率)时，本文参照了郭红东(2004)、蔡荣等(2012)的研究结论，在 Logit 模型中引入了农户户主及家庭特征、生产经营特征和外部环境特征，并且，考虑到农户的参与行为和部分特征变量间可能存在因果反馈关系，从而导致内生性问题，本文根据农户回顾数据，对农户年龄、是否党员、是否村干部、家庭农业劳动人数、水果收入占比、地块数、种植面积、地块灌溉条件、到镇(乡)中心路况等变量做了前定变量处理。

此外，由于本文的样本量偏小，为保证结果的稳健性，在匹配的过程

---

① 为节省篇幅，本文仅给出了倾向得分匹配法的最终结果，PS 值的计算、平衡性和共同支撑性假设检验结果略去，有兴趣者可向作者索取。

中,笔者采用了新近发展的"自抽样法"(Bootstrap)来推断总体的标准误,其基本思路是:①从总样本中重复随机抽取 n 个样本,构成子样本群;②根据所选取的匹配方法计算该子样本群的平均处理效果 ATT;③重复上述两个步骤 K 次(文中 K 取 300),得到 K 个平均处理效果 ATT,即为 ATT_1、ATT_2、……、ATT_K;④计算 ATT_1、ATT_2、……、ATT_K 的标准差(SD),即为原始样本 ATT 的标准误(SE),然后对 ATT 进行 t 检验(Efron & Tibshirani,1994),这样就可以得到一个更加稳健的检验结果。在匹配处理组和对照组时,本文综合采用此前介绍的三种匹配方法。匹配的结果见表 5。

表 5 倾向得分匹配前后的干预处理效果

项目	匹配前	匹配后				
		最近邻匹配	半径匹配			核匹配宽带系数=0.01
			$r=0.01$	$r=0.005$	$r=0.001$	
处理组(社员)	0.671	0.671	0.651	0.651	0.642	0.651
对照组(非社员)	0.601	0.647	0.609	0.622	0.623	0.616
ATT	0.070* (0.038)	0.024 (0.042)	0.042 (0.046)	0.029 (0.046)	0.019 (0.043)	0.035 (0.041)

注:*表示在 10% 水平上显著;匹配前是指未实施倾向得分匹配前的样本,匹配后是指经过匹配后的样本。括号内为标准误,经过 300 次可重复自抽样得到。

从表 5 可知,样本农户的平均生产效率较低,其中,合作社社员农户为 67.1%,非社员农户的为 60.1%。在匹配之前,合作社社员农户的平均生产效率较非社员农户高出 7.0%,且在 10% 的水平上显著,这和表 4 的回归结果表现一致。然而,采用 PSM 法进行匹配,控制样本选择偏差后,合作社社员农户和非社员农户的平均生产效率值并不呈显著性差异。由此,基于本文所采用的调研数据,并没有发现参与合作社有助于提高农户生产技术效率的证据。

五、结论与进一步的讨论

我国合作社的数量快速扩大。然而,在合作社覆盖面迅速铺开的同时,由于组建门槛低、后期监管不到位等,合作社的异化现象日益凸显,并备受诟病。对此,本文借助安徽砀山县水果种植户的调研数据,重点考察果农参与合作社对其生产技术效率的影响,以借此审视合作社的规范性和功能性。根据异质性随机前沿函数模型和倾向得分匹配法的结果,本文发现:第一,在调研区域,无论是社员农户,还是非社员农户,其生产技术效率都明显偏低,二者的平均生产技术效率分别为 67.1% 和 60.1%,在不控制样本选择偏差的情况下,参与合作社能显著提高果农的生产技术效率,社员农户的平均生产技术效率较非社员农户高 7.0%;第二,然而在采用 PSM 法消除样本选择偏差后,果农参与合作社对其生产效率的作用明显减弱,社员农户的平均技术效率仅比非合作社社员高 2.4%,并且在统计上不显著。这说明,调研区合作社提高农户生产效率的作用尚未完全发挥,进一步推断可知,已有研究对样本选择偏差的忽视可能使其明显地高估了合作社在提高农户生产效率方面的作用。

根据以上的研究结论并结合当前我国合作社发展的现状,可以说合作社相关法律及政策出台的效果主要体现在扩大合作社覆盖面,后期则应转换政策重心,在保证增量的同时,重点优化存量,通过制定激励和监管并重的合作社发展政策,适时引导,防止其异化,实现我国合作社发展从数量扩大到质量提升的转变。当然,在肯定加大对合作社的监管考核以促使其规范化运作的必要性的同时,将何种指标纳入考核体系则显得尤为关键,是参考国际合作社联盟制定的合作社七项基本原则? 还是合作社的投入产出效率? 又抑或合作社的绩效? 本文认为立足社员,考察合作社能否带动农户增收才是根本,而其中提高农户生产效率则是重要的环节。诚如徐旭初(2006)所言,现实中的合作社是否为合作社,不在于它们理论上是否符合某种原则,而在于实践上究竟如何。

当然,我们并不能根据本文的研究结论对合作社的作用持全盘否定的态度,毕竟本文是基于安徽砀山县 5 镇(乡)的调研数据,不能依此推断全国。并且,本文仅仅关注了农户参与合作社对其投入-产出效率的影响,而忽视其他。一般而言,合作社对社员效率的影响主要体现在三个方面:一是生产技术效率。这主要取决于农户参与合作社对其生产方式的改变,如通过参与合作社获得产前、产中服务,参与农业横向分工,实现规模化生产等。二是政府优惠政策的效率,包括税收减免或补贴。自《农民专业合作社法》出台以来,以追求政策效率而组建或参与合作社的情形尤为凸显。三是市场交易效率,主要表现为减少交易的不确定性和降低交易费用等。提高市场交易效率是合作社最主要的功能,也是20世纪90年代合作社产生的最初动因。只有同时考虑以上三者,才是对合作社效率较全面的考察。

此外,根据本文的研究结论,我们还能引申出一个值得讨论的话题,即合作社是否真是如学者(国鲁来,2006)所言,是社会弱势群体之间的联合? 合作社是否真的能带动小农户? 换言之,农民合作究竟是哪些人的合作? 本文的研究结果表明,农民合作更多地体现为"精英",或弱势群体中的"精英"份子的合作,存在"精英俘获"问题。样本选择偏差导致参与合作社对农户生产技术效率高估的事实是对这一现象的有力证明,并且,社员农户与非社员农户特征变量的均值比较也可适当地反映出这一问题。因此,在保证合作社规范运作的前提下,如何带动小农户也值得深思。此外,如果政府将合作社作为增加农民收入的一个重要手段,那么需要谨慎地看到政策受益对象群体的局限性。

参考文献

[1]Battese G E, Coelli T J. A model for technical inefficiency effects in a stochastic frontier production function for panel data. Empirical Economics,1995(2):325-332.

[2]Chen Z, Huffman W E, Rozelle S. Farm technology and technical efficiency: Evidence from four regions in China, China Economic Review, 2009(2):153-161.

[3]Coase R H. The nature of the firm. Economica, 1937(16):386-405.

[4]Coelli T J. Measurement of total factor productivity growth and biases in technological change in Western Australian agriculture. Journal of Applied Econometrics,1996(1):77-91.

[5]Dehejia R H, Wahba S. Propensity score-matching methods for nonexperimental causal studies. Review of Economics and Statistics,2002(1):151-161.

[6]Efron B，Tibshirani R J. An ntroduction to the ootstrap. CRC press，1994.

[7] Kumbhakar S C，Lovell C A K. Stochasticrontier nalysis. Cambridge University Press，2003.

[8]Rosenbaum P R，Rubin D B. The central role of the propensity score in observational studies for causal effects. Biometrika，1983(1)：41-55.

[9]Taylor T G，Shonkwiler J S. Alternative stochastic specifications of the frontier production function in the analysis of agricultural credit programs and technical efficiency. Journal of Development Economics，1986(1)：149-160.

[10]Wang H J，Schmidt P. One-step and two-step estimation of the effects of exogenous variables on technical efficiency levels. Journal of Productivity Analysis，2002(2)：129-144.

[11] Williamson O E. The economic intstitutions of capitalism. Simon and Schuster，1985.

[12]崔宝玉,刘峰,杨模荣. 内部人控制下的农民专业合作社治理——现实图景、政府规制与制度选择. 经济学家,2012(6):85-92.

[13]崔宝玉,谢煜. 农民专业合作社:"双重控制"机制及其治理效应. 农业经济问题,2014(6):60-67,111-112.

[14]邓衡山,徐志刚,黄季焜,宋一青. 组织化潜在利润对农民专业合作组织形成发展的影响. 经济学,2011(4):1515-1532.

[15]扶玉枝,徐旭初. 技术进步、技术效率与合作社生产率增长. 财贸研究,2013(6):46-55.

[16]管曦,谢向英. 参与农民专业合作社对农户生产效率的影响——基于福建省的实证分析. 福建农林大学学报(哲学社会科学版),2013(3):6-10.

[17]郭红东,蒋文华. 影响农户参与专业合作经济组织行为的因素分析——基于对浙江省农户的实证研究. 中国农村经济,2004(5):10-16,30.

[18]郭勇. 在政府服务与农民主体的互动中发展农民组织——基于双峰县农村科技合作社实践的思考. 农业经济问题,2009(9):37-44,111.

[19]黄季焜,邓衡山,徐志刚. 中国农民专业合作经济组织的服务功能

及其影响因素. 管理世界,2010(5):75-81.

[20]黄祖辉,扶玉枝. 创新与合作社效率. 农业技术经济,2012(9):117-127.

[21]黄祖辉,扶玉枝. 合作社效率评价:一个理论分析框架. 浙江大学学报(人文社会科学版),2013(1):73-84.

[22]黄祖辉,徐旭初. 基于能力和关系的合作治理——对浙江省农民专业合作社治理结构的解释. 浙江社会科学,2006(1):60-66.

[23]李晓艳. 砀山县农民专业合作社发展实践与探索. 当代农村财经,2014(10):58-59.

[24]梁巧. 合作社对农户生产效益和规模效率的影响. 浙江大学博士学位论文,2011.

[25]苗小玲. 农民合作经济组织产生的成本——收益分析. 经济经纬,2005(6).

[26]石绍宾. 农民专业合作社与农业科技服务提供——基于公共经济学视角的分析. 经济体制改革,2009(3):94-98.

[27]唐宗焜. 合作社功能和社会主义市场经济. 经济研究,2007(12):11-23.

[28]王军. 我国农民合作社变异的原因分析及对策建议. 农业经济导刊,2015(1):81-86.

[29]王太祥,周应恒. "合作社+农户"模式真的能提高农户的生产技术效率吗——来自河北、新疆两省区387户梨农的证据. 石河子大学学报(哲学社会科学版),2012(1):73-77.

[30]吴彬,徐旭初. 合作社的状态特性对治理结构类型的影响研究——基于中国3省80县266家农民专业合作社的调查. 农业技术经济,2013(1):107-119.

[31]吴彬,徐旭初. 合作社治理结构:一个新的分析框架. 经济学家,2013(10):79-88.

[32]徐旭初. 农民专业合作:基于组织能力的产权安排——对浙江省农民专业合作社产权安排的一种解释. 浙江学刊,2006(3):177-182.

[33]徐志刚,张森,邓衡山,黄季焜. 社会信任:组织产生、存续和发展的必要条件?——来自中国农民专业合作经济组织发展的经验. 中国软科学,2011(1):47-58,192.

[34]苑鹏. 试论合作社的本质属性及中国农民专业合作经济组织发展的基本条件. 农村经营管理,2006(8):16-21,15.

[35]苑鹏. 中国农村市场化进程中的农民合作组织研究. 中国社会科学,2001(6):63-73.

[36]张晓山. 农民专业合作社的发展趋势探析. 管理世界,2009(5):89-96.

第三篇
农业纵向体系与制度

浙江省农业产业化经营:实践与对策[①]

一、浙江省农业产业化发展历史与现状

(一)浙江省农业产业化的发展历史

农业产业化是生产力发展的必然产物,并带有不断发展演进的性质。从浙江省农业产业化的发展轨迹来看,它是伴随着农村改革的深入和农村商品经济的发展而逐渐形成与发展起来的,大体上经历了四个阶段。

1.专业户、专业村阶段

20世纪80年代初,随着家庭联产承包责任制的普遍推行,农民的生产积极性和劳动生产率大大提高,大量农业剩余劳动力开始从土地中转移出来,向农林牧副渔、多种经营领域发展,向山地、水面、滩涂、丘陵等全部国土资源开发利用拓展,向生产的广度和深度进军,涌现出了一大批种植业、养殖业、加工业、运销业等方面的专业户,促进了农村的商品生产和分工分业。到1984年,浙江省农村已有各类专业户37.72万户,占农户总数的4.3%。与此同时,"一村一品"的专业村和"一乡一业"的专业乡也开始在各地出现。在这些专业户、专业村、专业乡的带动

---

①　本文作者为黄祖辉、郭红东、蔡新光。本文内容发表在《浙江学刊》1999年第5期。本文为国家自然科学基金、省经济与社会发展研究基金资助项目"加快浙江省农业产业化发展的途径与对策"主报告的部分内容。

下,以某项骨干产品或主导产业为特征的较大规模的商品生产基地在各地逐渐形成,农村经济开始朝着专业化、商品化、规模化的方向发展,为日后的农业产业化发展打下了产业基础。

2. 经济联合体阶段

20世纪80年代中后期,随着农产品统派购制度的改革和农产品价格的放开,阻隔农民进入流通领域的樊篱被拆除,农民从事商品生产的积极性进一步高涨,农村生产要素开始了流动和重新组合,商品生产的规模日益扩大,围绕农产品经营而形成的多种经济成分参与、多层次组合、多种形式的经济联合体,在专业户、专业村的基础上蓬勃发展起来,到1986年底,浙江省各类经济联合体已达4.45万个,从业人员达36.76万人。这些经济联合体,既有通过生产要素的组合,在生产、加工、运输、储存、购销等各个环节上协作和联合,又有通过合同的形式,把农户和加工企业、购销组织联结起来的产供销一条龙的经营实体,如农垦农工商联合体、山区林工商联合体。这些经济联合体是浙江省农业产业化的雏形。

3. 农业龙头企业和专业批发市场阶段

20世纪80年代末以来,以市场为取向的农村改革进一步深化,全省农业综合开发高潮迭起,农产品供给大大增加。为了进一步拓宽农产品的市场销路,提高产品的附加值和农业经济效益,各地开始普遍重视以农产品加工和销售为重点的农业龙头企业与农产品专业批发市场的建设。如今,全省各类龙头企业已达5000余家,各类农产品专业市场达860家。农业龙头企业的迅速崛起和全省农村市场体系的逐步形成,为全面推进农业产业化创造了条件。

4. 农业产业化实施与推进阶段

1995年以来,浙江省农业产业化进入了正式实施的新阶段。根据发展社会主义市场经济的要求和浙江省的实际情况,省委、省政府明确提出,要按照产业化思路组织农业生产,大力发展农业龙头企业,积极引导农民与市场接轨。同时做出了实施"百龙工程"的决策,即"九五"期间内,在全省范围内重点扶持培育100家符合产业政策,有较强带动能力,辐射面广,实行产供销一条龙、贸工农一体化的农业龙头企业,使之成为带动全省农业产业化发展的"排头兵"。在"百龙工程"的带动下,全省各地也因地制宜相继出台了扶持农业龙头企业、推进农业产业化发展的规划和措施,并已开始付诸实施。1998年,省政府又制定了我省农业产业化经营的发展规划,标志着我省农业产业化进程进入了全面发展的阶段。

(二)浙江省农业产业化发展的现状

经过多年努力,浙江省农业产业化已经开始从农民的自发到政府有规划的引导,从农业的个别领域向农林牧副渔各业发展,从沿海经济发达地区向全省推进,主要体现在以下几个方面。

1. 农业主导产业日趋明显

近几年,各地通过产业结构调整,生产开始向规模化、专业化方向发展,逐步形成了一大批具有地方特色的主导产业,如嘉兴的仔猪、衢州的椪柑、黄岩的蜜橘、庆元和磐安的食用菌、德清和临安的竹笋、宁海的蛋鸭、玉环的玉环柚、常山的胡柚、新昌的茶叶、天台和临安的高山蔬菜等,这些主导产业已成为推动一个地区农村经济健康发展的重要支柱。在专业化方面已从过去的"一乡一业"、"一村一品"向"数乡一业"、"多村一品"的方向发展,不断提高规模化、专业化水平。如嘉兴市随着农产品生产基地的建设,推动了专业化生产,全市以种养业为主的专业乡镇已近30个,专业村200余个。

2. 农业龙头企业得到发展

1994年8月政府出台《关于扶持农业龙头企业发展若干政策问题的通知》之后,有力地促进了全省农业龙头企业的发展,产业链不断延伸,一体化经营初见成效。目前,全省各类农业龙头企业已达5200余家,总资产达442亿元,创产值632亿元,利税46亿元,带动各类农产品基地789万亩。据萧山速冻厂、常山胡柚集团公司、庆元县食用菌开发公司等20家农业龙头企业的典型调查,1996年总产值达到9亿元,上缴利税8453万元,创汇2458万美元,通过实行保护价或优惠价收购农产品、提供系列化服务、入股分红等方式带动农户5.96万户,农民从企业带动中新增加收入逾1亿元。

3. 农产品市场体系建设初具规模

全省已建成各类农产品专业批发市场 860 家,这些专业市场的大量涌现,有效地带动了区域性专业生产,培育和发展了当地的主导产业与骨干产品,促进了产加销一条龙、贸工农一体化经营方式的发展。据庆元中国香菇城、浙南农产品市场、浙东名茶市场、浙西家禽市场、宁波中国水产城等 5 家专业批发市场的典型调查,1996 年固定资产总值达 1 亿元,年成交额 11 亿元,带动农户 11.70 万户,产品辐射到全国各地。

4. 品牌意识增强

各地在发展农业产业化经营中,注重品牌意识,以名牌为突破口,走优质高效的路子。全省现有近百个农产品注册了商标,如常山"天子"牌胡柚、新昌"大佛"牌龙井茶、衢县"一品红"柑、开化"龙顶"茶叶、建德"新安江"牌草莓等,这些品牌的树立,大大提高了市场竞争力,取得了较好的经济效益。

5. 服务体系不断健全

基层农技等部门利用自身技术指导、服务、协调农业生产的职能,以及与农民联系紧密等优势,与农户共同建立生产基地,抓好良种、农资供应、技术指导、产品推销等,推动了当地资源的合理开发利用。全省目前已有一大批"五有"乡镇农技站(服务有队伍、办公有场所、试验规范有基地、服务有设施、创收有实体)通过省级验收,它们既开方子又卖药,把社会化服务与农业产业化经营紧密结合起来,深受农民欢迎。

6. 产业化组织形式日趋多样

从浙江省农业产业化的实践来看,在全省各地涌现出了多种多样的组织形式,这些组织形式都是各地根据实际情况创造的,它们各具特点,概括起来,主要有如下几类形式。

第一,龙头企业带动型,主要形式是"龙头企业+基地+农户"。它是以实力较强的企业为龙头,围绕一种或几种农产品的生产、加工、销售,与生产基地和农户实行有机的联合,进行一体化经营,形成"风险共担、利益共享"的经济共同体。在实际运行中,"龙头"企业联基地,基地联农户,进行专业协作。具体做法是,公司或企业与农户实行双向承包,层层签订责任合同。公司或企业为农户提供生产资料供应、技术指导、信息提供、产品加工、销售等产前、产中、产后多项服务,农户负责具体生产。如浙江省的台州兔业开发公司,以"办龙头企业、建龙头大户、扶龙头大户、育龙头基地"为指导思想,在当地政府的扶持下,积极推进贸工农一体化生产,创办了良种兔繁育场和颗粒兔用饲料厂,在当地邻近县(市、区)58个乡镇建立稳固的生产基地,并与广州、上海、福建等地6家外贸公司和一些毛纺企业建立供销关系,形成从良种推广、饲料供应到兔毛经营的产销网络,促进当地兔业的蓬勃发展,如今专业户养兔70多万只,年产值1亿多元,兔农增收近千万元。

第二,市场带动型,主要形式是"专业市场＋农户",如新昌县浙东名茶市场、庆元县香菇市场等。它是围绕当地产业优势,通过培育市场,健全完善市场体系,运用市场机制和导向作用,带动优势产业扩大生产规模,农户主要以市场为窗口销售,从而形成产、加、销一条龙的生产经营体系。

第三,中介组织引导型,主要形式是"中介组织＋农户"。这里的中介组织主要是指基层农技部门,它们利用自身指导、服务、协调农业生产的职能和技术、资金优势,与农户签订有关协议或合同,共同建立生产基地。基层农技部门负责种子(种苗)、农资供应、产品销售、技术指导,农户负责生产管理,利益均沾,风险共担,以推动当地资源的合理利用。如义乌市农业局畜禽服务公司聘请畜禽专家,与科研单位、技术推广部门结合成科研生产联合体,以科技为先导,开展以规模化养鸡为主要内容的优质全程服务。目前公司有种鸡场、孵化房、全价饲料厂、鲜蛋收购部、肉鸡推销部、禽蛋门市部、饲料和疫病化验室等配置服务机构,为全市养鸡专业户提供种蛋、种苗、疫病防治、技术培训、饲料供应、产品收购运销等系列服务。现在,公司扶持全市养鸡专业户1269户,饲养量达190万羽,为社会提供鲜蛋3000万公斤左右,肉鸡250万公斤。

第四,农村合作经济组织带动型,主要形式是"农村合作经济组织＋农户"。这类农村合作经济组织是指在农户家庭经营的基础上,建立一系列跨户、跨村、跨乡镇的农村经济合作组织。它既包括原有的社区性合作组织或以供销社为依托形成的合作经济组织,也包括以乡村经济技术服务实体为依托,或以农村专业技术人员、能工巧匠、专业户为骨干,与从事某一专业生产的农户自愿联合起来组成的各种农民专业协会,还包括农户或家庭企业自愿组成的各类股份合作经济组织或股份合作企业。在浙江省,这类组织形式特别是以农民专业协会为主的农村合作经济组织发展很快。据统计,全省现有各类农民专业协会组织 3000 多个,这些组织为农民商品生产提供技术服务和市场信息,有力地促进了农民与市场的联结和产、供、销一体化。如新昌县按照自愿参加、利益共享、风险共担的原则,组建了由养兔大户、科研部门、销售企业共同参与组成的兔业生产合作社,入社的养兔大户已达 200 多户。合作社在提供技术、信息等服务的同时,统一收购销售会员生产的兔毛,并实行股金分红、产品售后年终盈利返还、亏损按股金分摊的经济利益分配机制,实现了生产、科研、加工、销售的紧密结合,初步形成了产、供、销一体化的养兔业产业化经营新格局。目前,全县兔群存栏数达到 45 万只,建成千兔场 4 个,有 300 多户农户正在兴建"三百式"(百只笼、百只兔、百公斤)的规模养兔场。又如,慈溪市长河蔬菜专业协会依托经营蔬菜加工出口的慈溪市蔬菜开发公司为龙头,提供种子和市场信息,开展技术培训、合同收购,把千家万户的原料生产、加工、销售以共同的利益纽带相联结,形成有效的规模经营,推动了当地以蔬菜出口为支柱产业的农业产业化经营,增加了当地农民的经济收入。1996 年,全镇蔬菜总产值达 5500 万元,占全镇农业总产值的 63%,亩均蔬菜产值达到 3500 多元。

第五,科技推动型,主要形式是"科技项目＋农户"。如湖州市农业局的明源公司与日本合作开发的农业项目,应用科技项目和现有设施,积极引导、推广优良品种和先进实用技术,建立示范基地,进行名特优新产品开发和传统农产品的更新换代,推动生产、加工配套发展,形成以科技为先导的贸工农一体化生产经营体系。虽然浙江省农业产业组织形式多种多样,但都具有一些明显的共同之处。一是所有牵头组织都充分利用了当地的自然资源、产业优势,合理进行开发利用。二是从市场营销角度出发,组织农户进行生产,开展有效服务,把农业生产、农产品加工和流通等环节有机地结合起来。三是与农户结成一定的利益关系,引导农民进入市场,提高抗风险能力,增加收入。四是在发展上突破了多重界限的制约:突破了所有制界限,将国有、集体、个体经营者联结起来;突破了行政区域界限,将省内外、国内外企业衔接起来;突破了土地地区行业隶属界限,将农工商贸科诸行业结合;突破了城乡分割的旧体制,把城市与乡村紧密地结合起来——促进了生产要素的优化组合和产业结构的合理调整,促进了城乡之间的优势互补,并实现了系统内的利益互补,因而有旺盛的生命力。

二、浙江省农业产业化发展中的主要问题与原因

尽管浙江省农业产业化经营有了较快的发展,但从总体上看,仍处在起步阶段,与一些先进省份相比尚存在一些问题和难点。

(一)传统的农业管理体制仍然制约着农业产业化的发展

农业产业化经营是纵向的一体化过程,是将产、供、销等环节紧密地连接起来,进行一体化经营,这就要求与之相应的管理体制在机构安排上进行调整。然而在现阶段,相应的农业管理体制并没有从机构安排上得以改进,计划经济体制下形成的农业管理体制,条块分割、职能分散的局面,尚未得到根本改变。概括而言,农业经济再生产过程的生产、加工、购销和服务等各个环节是相互分离的,政府对其实行多部门的分段管理,但又相互间不协调,使得农业产业被人为地分割。农业主管部门——农业部以及省农业厅等部门的调控职能十分有限,以抓生产、保产量为主要内容,而涉及农产品内外贸易、购销、加工、贮存等产前、产中后环节管理职能,则属于不同的政府职能部门。这种计划体制下政府对农业的宏观管理构架,在市场经济不断发展的今天,表现出诸多不适应,行政管理成本大,效能低,在部门利益的梗阻下,政出多门,难于协调,形不成合力,这在农业产业化发展中暴露得很明显,产、加、销脱节与这种体制有密切联系。由此看来,对于农业产业化:一个集农业生产、农产品加工、销售等于一体的综合协调发展系统工程,要求有一个高效综合的农业管理部门发挥作用,统一制定产业政策,系统调控农业供产销各个环节,这样方能做到反应灵敏、调适得当,提高政府的工作效率。

(二)政府职能转变跟不上农业产业化发展的需要

农业产业化经营是源于实践的诱导性制度创新活动,是自发的市场

行为,从 20 世纪 90 年代初兴起以来,其作用日益显著,其影响也日渐扩大,受到企业界、农户的普遍欢迎,同时也得到了全省各级政府的认同。然而,在我国现阶段经济体制转轨时期,来自旧体制的束缚或干扰犹在,政府职能不规范,以及行为不当在农业产业化经营过程经常出现,主要表现在行政计划干预行为上。这是目前各地农业产业化实施中出现的较具代表性的一类的政府行为,主要表现是,地方政府过于强调本地区农业产业化发展的速度和整体水平,采取行政推进的办法加快发展。比如,在不少地方制定的发展农业产业化的实施意见或方案中,可以经常看到这样的要求:"要把推进农业产业化经营、发展高效农业纳入各级党委或政府的考核目标,建立责任制,严格考核,对有突出贡献的先进单位或个人给予表彰鼓励。"这种把农业产业化发展作为政绩考核内容的做法,具有变相的强制性,不利于农业产业化的健康发展。这是因为农业产业化的发展有其自身的规律,其发展是与农村生产力发展水平、市场经济发展程度以及农产品种类相联系的,外部干预应有限度,带有强制性行政计划手段的干预,有悖于农业产业化这种透致性制度变迁可能遵循的规律,可能造成一哄而上,盲目上项目,陷入低水平重复建设的困境。这一点,应该及早得到地方政府的认识和纠正。

(三)龙头企业实力不强,带动力不大

浙江省虽已有 5200 余家农业龙头企业,数量不少,但从总体看,"小而散"、"档次低"的问题很突出,如桐乡、海宁两地蔬菜加工企业有百余家,但它们绝大多数是加工技术设备落后、产品档次较低、品种单一的小企业,真正上规模、上档次的骨干龙头企业很少,而且从龙头企业的产品结构来看:初加工的产品比较多,深加工、精加工的少;产品一次增值、两次增值的多,多次增值的少;产品中科技含量还比较低,并且缺乏品牌意识和名牌意识,真正称得上名牌产品、拳头产品的还不多。由于龙头企业实力不强,这些龙头企业虽然有获得稳定的原料来源的愿望、建立一体化组织的愿望,但是却又往往不具备深度参与农业资源开发、技术开发和市场开发的能力,也就难以按照产业化的要求完成产、加、销全部生产环节的一体化过程,从而形成"小马拉大车"、心有余而力不足的尴尬局面。

(四)经营一体化程度较低,产、加、销脱节现象仍比较突出

这主要表现为参与农业产业化经营的各利益主体之间,特别是龙头企业与农户之间的利益连接比较松散,多数尚未形成"风险共担、利益均沾"的经济共同体。产、供、销一条龙和贸、工、农一体化更多地体现在文章、文件、汇报材料之中。多数龙头企业与基地、与农户的连接停留在产品买卖基础上的低层次产销合作,即使龙头企业与农户有合同相连接,但在实际运行中,企业和农户经常发生不同程度的违约现象,特别是市场供求发生波动时,企业与农户的摩擦增多,矛盾加大,以至于组织解体。产生这种现象的原因,主要在于各利益主体之间没能建立起"风险共担、利益均沾"的利益共享机制和风险分摊机制以及运作这种机制的保障机制,从而使各方利益不能共享、风险不能共担,产业组织凝聚力不强。

(五)经营方式粗放,农产品竞争力不强

这主要表现在浙江省大多数农产品,仍旧是大路货多,初级产品多,真正质量出众、有市场竞争力的还很少。一些基层干部、科技人员、农民的思维习惯、工作方式、栽培方法等还只围着产量转。面对当前多数产品供求平衡甚至供过于求的状况,面对加入 WTO 后,国外优质农产品大量涌入的可能,缺乏应变措施。如果农业生产方式仍追求数量型粗放经营,那么按照区域化布局、专业化生产,大规模发展起来的农产品,所结出的很可能不是甜果而是苦果。近几年,浙江省柑橘等农产品卖难问题就是例证。对于人均耕地只有 0.56 亩的浙江省来看,资源优势缺乏,仅靠数量的增长来发展农业没有出路。根本出路在于转变增长方式,从追求数量型向追求质量型转变,慈溪台逸公司一只梨卖 5 元钱以及衢县柑橘"一品红"的畅销,都说明了农产品优质生产的效益和潜力有多大!

(六)具有浙江特色的农业主导产业和产品不多

尽管近年来浙江省农业产业化经营中涌现了一批具有地方特色的

主导产业,但从全国范围来看,真正有浙江特色,并已具有市场优势的主导产业和产品并不多,这个问题的原因,一方面在于浙江省一些地方在进行农业产业化经营、选择主导产业和主导产品时,没有很好地进行资源调查、市场调查和区域优势分析,竞相仿效现象比较突出,诸如你种柑橘,我也种柑橘,你养鳖,我也养鳖等现象极为普遍;另一方面在于信息不畅,农民的视线只集中在自己周围很小的范围内,没有宏观方面的信息引导,而政府部门又没有建立起有效的信息网络系统,及时向农民提供信息,致使农民生产与市场需求脱节,跟风种植或养殖,其结果是产业趋同,企业类同,区域重叠,产品过剩,产品低水平无序竞争,到头来是农民抱怨,企业叫苦,产业化"化"不起来。至于一些具有地方特色的名、特、优、稀、珍品种的开发,则力度很不够,而一些传统优势农产品正逐步失去竞争力。如柑橘这种产量虽至今仍属国内首位的产品,在南方广柑、芦柑的冲击下,已在竞争中处于越来越不利的地位。

(七)农业社会化服务体系建设跟不上农业产业化发展的需要

农业产业化的发展是以社会的充分分工为前提的,它的发展需要有完备的农业社会化服务体系来支持,这种服务体系应该体现在多个方面。从服务过程看,应包括产前、产中、产后的全程服务;从服务性质看,包括有偿服务、无偿服务或优惠服务;从服务的组织体系看,包括政府部门、龙头企业、社区集体经济组织和其他各类专业组织提供的服务;从服务的具体内容看,包括生产资料如种子、农药、化肥等供给的服务,产品的购销服务,农用公共设施和生产技术的服务,信贷与保险方面的服务,各类信息如技术信息、价格信息、政策信息等方面的咨询服务以及人员培训方面的服务等。从浙江省目前的农业社会化服务体系来看,问题主要表现在以下两个方面。第一,尚没有形成完善的社会化服务的组织体系,这主要体现在:一是农民自身建立的服务组织发展相对缓慢;二是作为农村双层经营体制一方的社区集体经济组织发展不很平衡,不少是名存实亡,难以提供有效的社会化服务;三是从政府提供的服务的机构来看,还难以形成一个有机的社会服务体系,综合协调能力薄弱,其根本原因仍在于传统的农业计划管理体制所形成的各自为战、各有利益、难以协调的管理结构,如化肥生产在化工部门,农资供应在供销社,资金掌握在信用社,水利服务在水利部门,生产服务在农业局,粮食购销在粮食局,政策制定在农经委,但这些部门往往难以形成一种合力,相互制约。第二,市场规则不完善,服务合约不规范,进而服务体系的运作成本高,效率低,损农、坑农的情况时有发生。

三、浙江省农业产业化经营进一步发展的重点和对策

(一)发展思路与重点

浙江省农业产业化发展的总体思路是:以党的十五大和十五届三中全会的决定为指针,把农业的产业化经营作为浙江省率先基本实现现代化的重要途径。以市场为导向,以效益型农业为中心,通过主导产业的确立、商品基地的建设、龙头企业发展和中介组织的培育,构建适应社会主义市场经济发展的产、加、销一条龙,贸、工、农一体化的农业经营体系,实现农产品的有效供给和农民收入的持续增长。

从长期看,浙江省农业产业化经营的目标是:通过农业产业化经营对传统农业进行彻底改造,逐步实现农业生产的专业化、系列化、市场化和社会化,最终实现农产品有效供给的稳定增长、农民人均收入的稳定增长和政府财政收入的稳定增长,达到富民强省的目的。就近期而言,应从浙江省实际出发,根据本省农业和农村现代化发展纲要与农业产业化经营发展规划,重点围绕粮油、水产、茧丝、果品、竹木、畜产品、蔬菜、茶叶、食用菌、花卉等十大主导产业,建设一批高质量的农产品商品基地,发展一批高水平的农业龙头企业和农民专业合作经济组织,完善一批区域性农副产品批发市场,争取到 2005 年,使全省农业基本上形成农业产业化经营体系,农产品商品率、加工率、增值率显著提高,建成上述主导产业商品基地 1000 万亩,创出省级以上优质名牌农产品 100 个以上,这十大产业化经营的产业产值要占农业总产值的 50％以上,平均产后增值率达 150％以上。

(二)发展对策与措施

要实现浙江省农业产业化经营的发展目标和重点,应采取如下对策和措施。

1. 深化农业管理体制改革,消除体制障碍

传统的计划经济时期形成的宏观管理体制,即各部门"条条"分割管理体制早已过时,是农业产业化的经营的体制障碍,应当加速改革,尽量将农业的产前、产中、产后相关环节,归于一个农业系统,实行农业产、供、销的一体化管理。由于形成新的宏观管理体制还需要一个过程,在这期间,省、市、县各级可针对自己的实际,建立农业产业化的领导小组(或协调委员会)及其具体工作班子,专门负责抓这项工作,研究解决实施农业产业化过程中的重要问题,制定政策,协调有关产、加、销、贸各个方面的利益关系。这方面,山东省提出的"五个一",即"一个产业、一套班子、一个规划、一套政策、一套实施办法"的一体化管理体系,很值得借鉴。如潍坊市政府成立了实施农业产业化战略领导小组,各产业分别成立了专门领导小组,由各有关领导和部门参加,具体负责各产业的行政领导、技术指导、政策引导、组织调控和科学规划,使产业化管理日趋系统化、规范化和科学化,同时较好地消除了目前管理体制条块分割、部门制约的体制障碍。

2. 加快政府职能转变,规范政府行为,为农业产业化创造良好的外部环境

各级政府要明确自己在农业产业化发展中的角色和作用,转变自己的职能,从由计划经济体制下的直接管理转向市场经济的间接管理,由单纯管理型转变成服务管理型,由单纯行政干预转向综合运用经济手段,把自己的角色定位在发挥好"引导、支持、保护、调控"作用上,定位在为农业产业化经营的自主发展创造必要的外部环境上。具体说来,要做好以下几项工作。

第一,引导。农业产业化经营是一种市场行为,是广大农户及有关企业在市场利益的诱导下而进行的自发性行为,政府的作用要着重于引导而不是行政命令的整合与推动。对于政府来说,要着重做好以下几项

引导工作：一是规划引导。各级政府都应根据农业资源和农业区划，按照因地制宜和因市制宜的原则，确定重点扶持的农业主导产业和主导产品，将其作为农业产业化的重点加以培育，通过规划引导农民进行区域化布局、专业化生产。二是信息引导。由于信息具有公共产品的性质，私人部门往往不愿意投资兴办，作为政府应该担负起有关农产品信息的收集、加工与发布工作，通过信息引导农民生产什么，生产多少，从而避免一哄而起。对于政府来说，当前重要的任务是要投资大量的人力、物力，搞好农业信息网络的建设，这也是农业的基础设施建设，政府要舍得投资。三是典型示范引导。政府要对农业产业化经营的典型进行总结和宣传推广，以典型示范引导农户进行产业化经营。四是教育培训工作。农业产业化经营离不开一大批既懂经营又懂技术的高素质干部、农民，政府要做好教育培训工作，使更多的人懂得和了解什么是产业化，如何指导和实施产业化，这是产业化健康发展、长盛不衰的治本之策。

第二，支持。这主要是指在资金、税收、资源利用等政策上对农业产业化经营予以支持，优化农业产业化发展的外部环境。目前，全国不少省份以省委、省政府的名义出台了支持农业产业化发展的政策性文件。在这方面，湖北、安徽两省的扶持政策有一定的代表性。湖北在其政策文件中明确："对大型龙头企业、高科技企业，特别是进入省级代表队的企业，实行重点支持，做到五个从优，即信贷从优、资金投入从优、项目审批从优、产品出口从优、股票上市从优。"对于农业产业化所需资金，湖北省强调通过调整财政支农资金和信贷资金投入结构加以调剂，再结合一定的增量资金，加大对农业产业化项目的奖金投入，使各种资金尽量向农业产业化集中，最大限度地发挥投资效益。安徽省除了设立农业产业化专项资金外，对于龙头企业，明确其在资金投入、计划审批、工商登记、征用土地、聘用人才、物资供应、产品购销等方面要实行优先、优惠；对于为农业生产提供产前、产中、产后服务的组织（包括农民专业协会、专业合作社等）取得的劳务收入，暂不征收所得税。浙江省虽然也已推出了一些支持农业产业化发展的政策性文件，但与一些先进兄弟省份相比，与农业产业化发展的要求相比，支持的力度、支持的范围还不够大，同时贯彻不很有力。应根据本省农业产业化发展的实际情况，适时推出支持力度更大、内容更全面和明确的政策性文件，并要很好地贯彻和落实。

第三，保护。这主要指的是对龙头企业、基地、农户以及整个产业体系的保护，要有切实的法律、法规，尤其是对基地建设，要像建立基本农田保护区那样，确保其不被随意侵占或变更用途。同时也要重视对农户利益的保护，要鼓励和扶持龙头企业从利润中提取一定比例设立风险保障基金，以应付市场经济的波动，实行保护价收购。要积极发展农业合作保险，对自然风险和市场风险较大的种植业、渔业与林果业等开展保险，实现社会共担风险。政府应对农业保险提供财政补贴并实行税收优惠政策。为保证农业产业化经营有序发展，使之逐步走上规范化，应当在各种经验和地方性法规基础上尽快研究拟定有关法律法规，例如农产品批发市场管理法、农产品市场公平交易法、农产品民间运销反垄断法、农民经济社团法、农业产业化合作经济组织示范章程、农业产业化经营发展条例，等等，从而为公平竞争、合理分享市场交易利益，创造良好的宏观环境。

第四，调控。政府除了在健全农产品市场信息系统上发挥重要作用外，还应当通过组织农产品批发市场、期货市场，调控主要农产品价格。为此，政府应该重视农产品市场体系的建设，在积极扶持各种农产品市场建设的同时，还要搞好市场流通秩序的建设。对于浙江省来说，目前已出现了交易量很大的农产品批发市场，如庆元香菇市场等，接下去的工作，在于对这些大市场进行重点扶持，使其从一般的集散型市场转变为集信息、交易、拍卖以及多项服务于一体的市场中介。此外，还应重视对全省农产品市场发展的科学规划，使其布局合理，功能齐全。

3. 抓好龙头企业建设，增强辐射与带动能力

在农业产业化链条中，龙头企业起至关重要的作用。它内联千家万户，外接国内外市场，具有开拓市场、引导生产、深化加工、搞好服务的综合功能。因此，建设带动能力强的龙头企业，是实施农业产业化的关键。

办好龙头企业，要坚持"大（规模大、带动面大）、高（技术水平高、附加值高）、外（面向国内外大市场）、新（名特优新产品）、多（多种所有制、多种组织形式）"的原则，进一步拓宽龙头企业建设的路子。具体说来，在龙头企业建设中要注重以下几个方面的问题：一是项目选择上，根据不同资源优势，因地制宜，量力而行，着眼于群众参与面大、资源支撑面广、群众受益面广的项目。二是在产业结构上，突出种植业和养殖业，相

应发展与之相关的深度加工业来提高农产品附加值。三是在产品结构上，要把名、特、优、新产品作为重点，科技含量要高，规模要适度。四是在形式上，提倡多种所有制、多种形式并存，按照"谁有本领，谁牵头"的原则，鼓励农户特别是专业大户组织起来兴办各种形式的农业龙头，把初级产品从生产拓展到加工、流通领域；鼓励现有的农产品加工、流通企业到农村建基地，逐步发展为"公司＋基地＋农户"的农业龙头企业；鼓励国家经济技术部门特别是农、林、水、商、粮供等部门，充分发挥自己的优势，与农民合办各种专业合作社、专业协会；鼓励外商投资兴办、中外合作、中外合资或外商独资创办大型农产品加工和流通企业；鼓励已有的龙头企业围绕一个或多个产品或主导产业，进行生产和加工，形成加工群体优势。要像工业部门鼓励和推行大型化（集团化）战略一样，以低成本扩张、收购、兼并或强强联合等形式推动农产品生产、加工等企业的联合，组成"联合舰队"，形成大型化、集团化企业，提高科技水平，增强竞争能力。五是在管理上，要按照现代企业制度的要求，加强科学管理，充分发挥龙头企业在农业产业化中的聚合与辐射功能。六是在发展方向上，以市场为导向，面向国内外大市场，积极发展适销对路、潜在需求大的产品。七是在与农户利益关系上，龙头企业与农户要建立新型的利益机制，利农益民。具体说，就是要建立一种能兼顾各方利益、调动各方积极性的利益分配机制。这种机制以"互为利益、风险共担"为原则，按照市场牵龙头、龙头带基地、基地带农户实施一体化经营。八是在政策上，要集中必要的资金、人才、技术、设备，扶持重点龙头企业上规模、上档次、上水平。要进一步落实省政府出台的扶持农业龙头企业发展的政策意见，在财政、银行信贷、税收、资源使用等方面加大扶持力度。

4. 鼓励各种农业产业化组织形式，特别是一体化合作组织的发展

目前浙江省的农业产业化形式主要是"公司＋农户"和"合作社＋农户"两大类，在此基础上还派生出了"公司＋合作社＋农户"等形式。从国内外农业产业化发展的实践来看，"合作社（公司）＋农户"这种一体化组织形式是很有发展前景的一种形式，特别是在家庭联产承包责任制长期不变、农户家庭分散经营长期存在的情况下，在浙江省人多地少、农户小规模经营的条件下，农民自主创办的合作社和专业协会在引导农户走

向市场方面有着独特的优势。应鼓励人们多做这方面的尝试,要明确支持农民自由联合创办合作社和专业协会,在适当时候,可考虑出台一个专业合作条例,使浙江省农业专业合作社的发展能较快地走上规范化发展的道路。

5.完善机制,增强产业化发展的内在动力

完善机制的核心是处理好生产、加工、销售诸环节的利益分配关系。当前来说,关键是要进一步探索龙头企业或某种中介组织与农户之间利益连接的各种有效途径,重点要做好两方面的工作。

第一,要推广和完善合同制。引导农业龙头企业和服务组织与农户签订合同契约,合理确定双方的责、权、利,建立起比较稳固、比较紧密的经济关系。实践证明,在市场经济条件下,用行政措施来要求龙头企业对农户实行保护是很难奏效的,只有遵循互惠互利的原则,并辅以必要的合同契约,才能保证产业化组织的正常运行。在推行合同制时,一方面要完善合同内容,以免合同内容漏洞造成的当产品市场价格高时,农民违约卖高价,市场价格低时,企业拒收拒购、压级压价、拖欠货款等现象的发生;另一方面要建立健全监督约束机制,严格合同执法,强化合同管理,以保护参与产业经营各方的利益。

第二,要积极鼓励集体和农户、农户与农户、工商企业和村、户之间以股份制的形式,开发农业资源,发展商品基地,兴办农业龙头企业。由于股份合作制既能发挥股份制产权明晰的优点,又能保留合作制劳动联合的特点,使各参与主体的积极性能得到较好的发挥,真正形成互利、互惠、兴衰与共的一体化经济实体,这是从根本上强化各主体之间利益联结的措施,在指导农业产业化工作时,可以按此方向积极加以引导。

6.依靠科技,走"精品农业"的发展路子

要使浙江省农业从粗放经营向集约经营转变,必须依靠科技,走"精品农业"之路。所谓"精品农业"就是把农产品当作精品来经营,严格按照标准,组织生产和销售,追求质量和效益。为此,要深入贯彻科技兴农的战略方针,按照产业化、社会化的思路,重新构造农业、科技、教育、推广体制,充分发挥浙江省现有农业科技教育推广队伍的作用。具体说来,要采取如下对策:第一,农、科、教各方面要加强协调,合力开展科研攻关,加快农技推广工作,推进农业科技成果产业化,使农业产业化各环节能及时应用新品种、新技术、新设施。第二,抓好农业科技队伍建设。一方面,要落实科技人员的有关优惠政策,稳定农技队伍。另一方面,要鼓励农业科技人员以技术入股等形式深入农业产业化经营。为此,要抓紧制定有关农业科研人员技术入股、技术转让的管理条例。第三,要加强对农民的培训,帮助他们提高文化素质,掌握各种农业科技知识和实用技术。第四,农产品加工企业要瞄准国内外同行的先进技术,以提高产品质量、产品竞争力为目标,以提高经济效益为中心,加快技术改造,增加科技投入,积极引进新技术。第五,要充分利用现有名、特、优产品的优势,继续加大对产品的包装、宣传等营销力度,提高产品知名度,努力把它们培育成名牌产品。第六,要研究和推广各种名牌农产品的技术规范模式。每一种名牌农产品都要有一套比较成熟的从生产到加工、销售的技术规范模式来保证农产品的优质化。此外,还要建立品牌竞争机制,建立定期评审、定期发播制度,体现优胜劣汰。

7. 大力扶持农业行业协会的发展

通过建立行业协会,制定行业内竞争与合作的规则,统一协调,协同发展,可以避免在生产、加工、销售中的盲目和无序竞争,避免种子、技术、设备和产品的重复引进,以减少企业和农民的损失。我国首家农业行业协会是"山东省农产品生产加工销售联席会议"(农产联)。该协会以蔬菜为主导产品,是山东莱阳市倡议,与莱西、昌乐、临沭、金乡、寿光、泰安郊区 7 个县(市、区)共同发起,于 1994 年 5 月成立的。几年的实践表明,该行业协会对农业产业化经营有较大的推动作用:一是沟通信息,通过沟通信息,为政府和企业及时提供国内市场、原料生产、加工企业、科学技术与经营管理等方面的动态信息,避免了在生产、加工、销售中的盲目和无序竞争,避免种子、技术、设备和产品的重复引进,减少了企业和农民的损失。二是协调关系,通过协调与上级部门、政府之间的关系,一方面争取省级和国家有关部门的支持;另一方面避免不正当竞争,以扬长避短,发挥各自优势,加快市场农业的发展。三是合作开发,目前农产联正在市场、产品、人才和生产企业四个方面进行合作开发,以期进一步提高企业素质、人才素质和产品素质,更高效地开发国内、国际市场。农产联在信息共享、关系协调、合作开发等方面充分发挥了行业协会的作用。对于浙江省来说,像茶叶、柑橘、蔬菜等大宗农产品,亟须建立行业协会,政府要鼓励行业内的龙头企业、生产大户按照自愿的原则,成立全省范围内的行业协会,以便沟通信息,搞好协调,避免无序竞争。为此,政府要制定有关农业行业协会的管理法规,促使农业行业协会健康发展。

8.面向国际市场,以城郊型、外向型农业为导向,组建优势产业,营造农业产业化经营的区位优势

经过十多年的改革开放和市场竞争的筛选,浙江省农业在生产成本方面已不具优势,但农业资源有水面和丘陵的优势,地理位置地处长江下游,紧邻上海、苏南,这一带城镇密集、市场广阔,具有发展城郊型农业的优势。同时,浙江省又处沿海,港口众多,具有发展外向型农业的优势,这些区位优势和资源优势,使浙江省农业产业化主导产业的选择重点应放在多种资源的综合利用上,以"有限资源、无限创意"的思路,结合我国加入 WTO 后,浙江省农业发展面临的机遇和挑战,发展适合上海以及国际市场上需要的特色水产、林果和家畜家禽等主导产业与产品。

9.加强农业社会化服务,促进农业产业化发展

建立多种经济成分、多渠道、多层次的服务体系,把社会化服务与农业产业化紧密结合起来,是农业产业化经营不可缺少的内容。由于农业社会化服务涉及各行业、各部门,需要社会各方面协调推进。政府有关部门要转变职能,打破条块分割,树立全局服务观点,做好组织协调工作。现有的农业服务部门,要转变观念,调整服务内容和方式,走"农技服务产业化、服务组织实体化、实体管理企业化、企业发展集团化"的路子。同时要充分发挥各种民营组织的作用,总结农村专业协会等成功经验,建立农民自我服务的专业系统。

参考文献

［1］丁贤吉等:"着力推进农业优势产业的产业化进程",《浙江经济》1997 年第 9 期。

［2］黄祖辉等:"公司＋农户:农业组织的一种创新——基于新制度经济学层面的分析",《浙江学刊》1997 年第 4 期。

［3］夏英:"农业产业化:政府职能与作用",《农村经济文稿》1999 年

3 期。

　　[4]谢力群等:"加快转变农业增长方式,推进我省农业产业化经营",《农村信息报》1998 年 1 月 16 日。

　　[5]浙江省人民政府经济建设咨询委员会:"浙江省推进农业产业化研讨会综述",《浙江经济》1997 年第 11 期。

我国农业产业化经营组织的基本类型①

在目前我国农业产业化经营过程中,人们探索出了多种类型的产业化经营组织形式,这些组织形式各具特色,有力地推动了我国农业产业化的进程。但人们对于这些组织类型的划分尚有不同认识。本文首先从国内外实践角度,提出农业产业化经营组织的一般模式,然后归纳我国农业产业化经营组织的类型。

一、农业产业化经营组织的含义与基本模式

(一)农业产业化经营组织的含义

农业产业化经营组织的含义可以从动态和静态两个方面来理解。从动态的角度来看,农业产业化经营组织可理解为从组织上把农业生产企业同与其关联的部门在供应、生产、销售等方面活动结合为一个统一体的过程。从静态角度来看,农业产业化经营组织可理解为农业生产企业同与其关联的部门在供应、生产、销售等方面活动具体结合的形式。本文主要从静态的角度理解农业产业化经营组织。

---

① 本文作者为黄祖辉、郭红东,为本人主持的国家自然科学基金资助项目"转型时期我国农业产业化经营的组织创新与制度安排"(79870074)总报告(2001年)的第一章内容。

(二)农业产业化经营组织的基本模式

农业产业化,作为现代农业发展的客观必然趋势,是一切拥有发达农业的国家,不论其社会-经济制度如何都普遍存在的。但是从组织上推行农业产业化的具体形式,则各有千秋。从农业产业化经营组织形式的构成来看,不管哪个国家的产业化经营组织,其主体和基础都是农户(农场),其实质都是农户(农场)通过某种中介组织(如企业、公司、合作社等经济组织),把自己与市场联结起来,在从事农业生产的同时,通过贸、工、农一体化,参与农产品的加工和流通,从而使自己生产的农产品在市场上顺利卖出,不再为时而短缺、时而卖难的波动而苦恼。此外,还能打破旧的不合理的利益分配格局,分享在流通、加工过程中增值的平均利润。因此,农业产业化经营组织的基本形式应该是"农户(农场)+中介组织+市场"。这里"+"是指中介组织联结农户(农场)的组织、制度和利益的代号。

二、农业产业化经营组织的类型

纵观国内外农业产业化的实践,农业产业化经营组织的类型多种多样,根据不同的标准,可以划分出不同的类型。

(一)按中介组织不同划分

与农户联结的中介组织根据不同标准,也可划分为许多类型。为了便于研究本文,根据农户(农场)在中介组织形成中的作用和地位不同,把中介组织分为两大类:一类是广大农户(农场)为了参与市场,获得相应的经济效益,而自愿组织起来,以农户(农场)为农业合作社主要成员的农户合作中介组织,如日本的农协、我国的农民专业协会、美国的农场主合作社等;另一类是为了追求自身的经济利益或整个社会公众的利益,通过与农户结成各种比较稳定的关系,而成为引导农户进入市场的不是以农户(农场)为主的中介组织。按这类中介组织与农户、农业的业务关系,它又可分为以下几小类:一是与农业有关的政府职能部门兴办的实体;二是与农业产前、产中、产后相关联的各类工商企业,如生产资料供应公司、农副产品加工与运销企业等;三是与农业不直接关联,当看到农业有利可图时,而跻身农业的其他大中型工商企业。这样就可以把农业产业化经营组织分为"农户(农场)+农户(农场)合作组织+市场"型和"农户(农场)+公司+市场"型两大类,具体表示如图1所示。

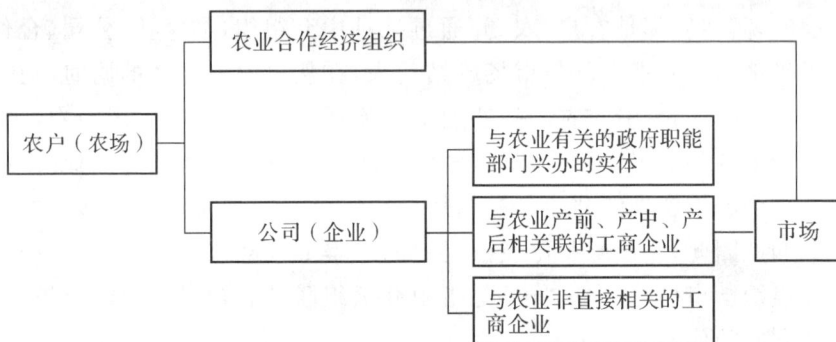

图 1　按与农户(农场)连接的不同中介组织划分的农业产业化经营组织类型

(二)按中介组织与农户(农场)联结和发育程度划分

按中介组织与农户(农场)联结和发育程度划分,农业产业化经营组织可划分为以下三种类型:一是松散型的组织形式。中介组织凭其信誉为农户(农场)提供各种服务,联结农户(农场)主要是通过市场化关系,没有其他约束关系。二是半紧密型的组织形式。这是指中介组织与农户(农场)通过合同(契约)关系,而联结起来的一体化组织形式。在这类一体化组织形式中,农户与中介组织作为各自独立的经营者和利益主体,在自愿互利、平等的前提下,签订合同,以明确双方的经济利益。三是紧密型的组织形式。这是指中介组织与农户(农场)通过股份合作,股份制等产权纽带结为一体的组织形式,这种类型的组织形式中,农户(农场)与中介组织有共同资产关系,属于高级紧密型的产业一体化(见图2)。

```
                  ┌── 松散型（市场交易）──┐
┌─────────┐      │                          │      ┌─────────┐
│农户（农场）├──────┼── 半紧密型（合同契约）──┼──────┤中介组织  │
└─────────┘      │                          │      └─────────┘
                  └── 紧密型（股份合作、股份──┘
                      制、租赁等形式）
```

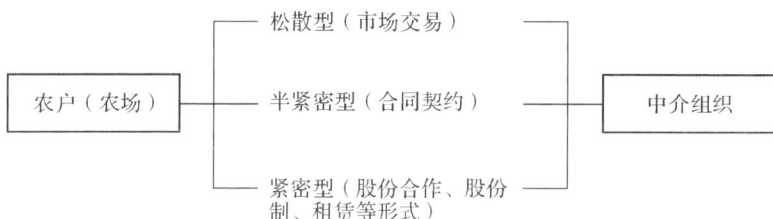

图 2　按中介组织与农户(农场)的联结和发育程度划分的农业产业化经营组织类型

三、我国目前农业产业化经营组织的基本类型

近年来,我国农业产业化经营实践中涌现出了多种多样的组织形式,这些组织形式,它们各具特点,概括起来,主要有以下几类形式。

(一)龙头企业带动型:农户+公司+市场

龙头企业带动型是指以公司或集团企业为主导,以农产品加工、运销企业为龙头,重点围绕一种或几种产品的生产、加工、销售,与生产基地和农户实行有机的联合,进行一体化经营。在实际运行中,公司企业联基地,基地联农户,进行专业协作。这种形式在种植业、养殖业特别是外向型创汇农业中最为流行,各地都有比较普遍的发展。

根据龙头企业与农户利益联结机制的不同,它在实际运行中,又具体表现为如下几类形式(见图 3)。

1.市场联结方式

市场联结方式指的是公司根据市场行情和自己加工的需要量,凭借自己的信誉,在市场上随机收购农户生产的农产品,双方不预先签订合同,自由买卖,价格随行就市。龙头企业与农户是纯粹通过市场价格竞争发生交易。这种利益关系的好处是农户与龙头企业都可凭自己的意愿自由决定交易对象,并选择出价高的对象,获取最大的市场利益。但这种利益连接方式让广大农户基本上处于原料提供地位,一方面为了寻找交易对象往往会出很大的市场交易费用,另一方面还要独立承担市场

```
                  ┌─────────────┐      ┌──────────────┐
                  │ 市场随机交易型 │──────│ 市场信誉价格竞争 │──────┐
                  │ （松散型）   │      └──────────────┘      │
                  └─────────────┘                           │
                                    ┌──────────────┐         │
                              ┌─────│  市场保证价   │         │
         ┌────────┐           │     └──────────────┘         │
         │        │           │     ┌──────────────┐         │
┌──────┐ │ 以合同（契约）为 │─────│  市场保护价   │         │ ┌────┐
│ 农业 │─│ 纽带（半紧密型）│     └──────────────┘         ├─│ 农 │
│ 龙头 │ │        │           │ ┌──────────────────┐     │ │ 户 │
│ 企业 │ └────────┘           ├─│ 市场保护价+优惠服务 │     │ └────┘
└──────┘                      │ └──────────────────┘     │
         │                    │     ┌──────────────┐     │
         │                    └─────│  市场保护+返利  │─────┘
         │                          └──────────────┘
         │     ┌──────┐     ┌──────────────┐
         └─────│ 紧密型 │─────│  参股联结方式  │
               └──────┘     └──────────────┘
                            ┌──────────────┐
                            │  专业承包制    │
                            └──────────────┘
```

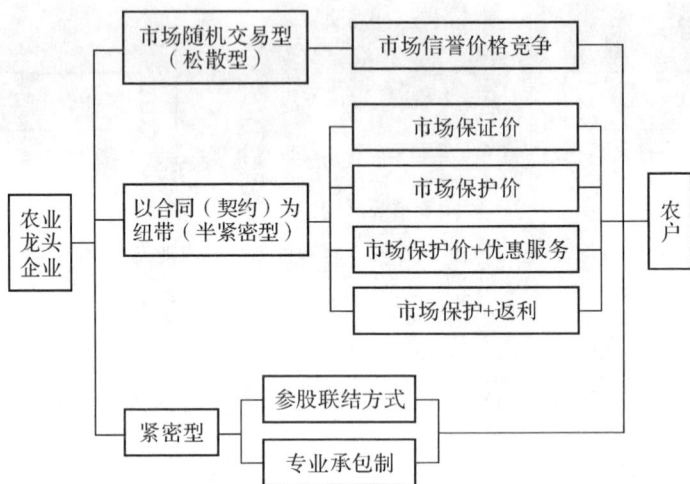

图 3　我国农业龙头企业与农户利益联结机制

波动所带来的风险。而对于龙头企业来说，为了寻找交易对象也要重复付出很大的市场费用，同时由于没有稳定的关系，收购原料农产品的规格与品质难以统一，从而不利于保证加工后产品的质量一致性。因此，这种交易方式一般适合于龙头企业用于直接鲜销并且市场价格波动较大的大众农产品，如新鲜蔬菜等。这种市场联结的利益关系，从严格意义上来说，只能算作农业产业化经营的初级形式。

2.合同契约联结方式

合同契约联结方式指的是龙头企业根据自己对农产品的需要，通过与基地（村）、农户签订具有法律效力的产销合同，明确规定双方的责、权、利，以契约关系为纽带，进入市场，参与竞争，谋求发展。这种联结方式也叫"订单农业"。其基本特点是：①不改变联合各方经营的独立性；②以契约为制度和法律保护，界定了有关企业与农户之间的利益分配关系。这种联结方式的优势在于：农户经营的不确定性因素相对减少，可在一定程度上降低双方的市场风险和市场交易费用；联合体内部的组织成本（指起草合同、谈判和监督合同履行的成本）相对市场交易方式要高，但由于不改变联合各方的经营独立性，因而可以避免所有权、经营权集中体制下管理的种种弊端。不足之处在于：市场交易费用虽低于直接进入市场但高于完全一体化模式，极易出现农业产业化经营合同附和化问题(附和化合同指合同内容由当事人一方确定,他方当事人只能表示同意或不同意的合同)。由于龙头企业一般处于强势地位,分散的农户不具备有利的谈判地位,加之缺乏法律上的有效监督,合同规定的权利、义务容易失衡,不利于保护农户权益。

目前龙头企业与农户签订的合同主要有以下几种。

(1)保证价合同

这是指龙头企业与农户签订的按保证价收购的合同。保证价基准是"生产成本＋平均利润",以保证农户与龙头企业都赚得利益。通过签订保证价合同,签约农户的利益就有了保证,龙头企业所需原料也有了稳定的来源。但按保证价签约,双方能否履行合同与市场价格波动有很大关系,因为保证价在合同有效期内是稳定不变的,而市场价格则随市场供求关系的变化而波动。当市场价格低于保证价时,农户不会违约,但企业可能不会履行合约,转而向市场收购。而当市场价格高于保证价时,农户极有可能将签约农产品投入市场出售,龙头企业要么按照市场价格收购农产品,即遵循市场机制配置资源的基础作用行事,要么面临农户可能违约的威胁。保证价合同一般只适用于用途较单一、需求者数量少、供求关系紧密、具有买方定价特点的农产品。

(2)市场保护价合同

市场保护价是指龙头企业与农户按一定标准核定保护价格,作为收购的最低基准收购价格。合同规定,当市场价格高于保护价时,按市场价格收购,但市场价格低于保护价时,按保护价收购。这种合同定价方式对于农户具有很强的保护作用,其市场风险完全由龙头企业承担了,这要求龙头企业要具有很强的实力,才能承担起市场波动造成的风险,但企业毕竟是以利润最大化为目标的,如市场价格远远低于保护价,那么企业将承受巨大的压力。要使市场保护价能真正履行,必须配套相应的风险基金制度,将由价格波动而对龙头企业造成的风险损失控制在最低程度,对风险损失能有所补偿。

(3)"市场保护价＋优惠服务"合同

在这种利益连接方式中,龙头企业除了与农户签订定市场保护价合同外,还优惠供应供种苗、技术、信息等服务项目。双方的经济责任明确,经济联系紧密,互为对方负责,并在一定时期内保持稳定。龙头企业通过开展服务,对农户利益进行补偿。农户在农业产业化经营中得到了龙头企业在资金、物力、技术等方面的扶持,减少了农业生产的成本和相应的风险。这种联结方式使农户与龙头企业之间的关系趋于稳定化、长期化,同时龙头企业也可以保质保量地收购到农产品。

(4)"市场保护价＋返利型"合同

返利是指龙头企业拿出一部分加工、流通环节利润以各种方式返还给农户。双方签订合同时,确定农户提供农产品的数量、质量、价格和龙头企业的返利方式方法。龙头企业对农产品按合同规定价全部收购;年终结算时,按农户提供农产品数量和质量返还利润,有的拿出一部分利润反哺农业,用于农产品基地建设。企业与农户双方建立了紧密的经济联系,并保持较长时期的稳定。农户对龙头企业的经营效益格外关心,在农产品生产、储藏、销售环节对龙头企业高度负责;龙头企业对农户还注意在技术、资金等方面给予扶持。这种利益分配机制改变了农户单纯提供原料的地位,分享了加工流通环节的利润,充分调动了农民的积极性,保护了农民的利益,但对于龙头企业来说风险加大了,而且返利操作程序复杂,大大加大了组织管理的费用。

3.参股联结方式

参股联结方式是指参与产业化经营的龙头企业与农户互相参股,以股权为纽带结成利益关系。在这种方式下,龙头企业一般演化成为股份合作制法人实体,而入股农户则成为企业的股东和企业"车间型"经营单位,相互拥有,共兴共荣。入股农户不仅可以按股分红,而且还能享受到龙头企业的一系列服务。这种联结方式真正使农户与龙头企业之间形成了"风险共担、利益共享"的关系,这对于稳定双方之间的关系,具有十分大的作用。这种利益联结方式,使农户不再只是单纯的原料提供者,而且已成为产、供、销环节中平均利润的分享者。

4.承包约束机制

这是指龙头企业将已分给农户的土地"反租"回来,再倒包给农户经营,使之成为企业的一个生产车间,生产的产品全部由企业收购。

(二)合作经济组织带动型:农户+农业合作经济组织+市场

农业合作经济组织是指在农户家庭经营的基础上,建立一系列跨户、跨村、跨乡镇的组织。它既包括原有的社区性合作组织或以供销社为依托形成的合作经济组织,也包括以乡村经济技术服务实体为依托,或以农村专业技术人员、能工巧匠、专业户为骨干,与从事某一专业生产的农户自愿联合起来组成的各种农民专业协会,还包括农户或家庭企业自愿组成的各类股份合作经济组织或者股份合作企业。近年来,各地出现的农民自办或在政府引导下办起的各种专业协会、合作专业协会、专业合作社等经济组织登上了农业产业一体化经营的前台。所谓合作经济组织带动型,是指以各种农业合作组织为依托,通过为农户提供生产、加工、销售方面的服务,有力地促进了农民与市场的联结和产、供、销一体化经营。由于农业合作经济组织是广大农民联合自助性组织,组织农民共同进入社会化大市场,将市场关系内部化,形成合作机制,能有效调节和实现成员之间的合法权益,合理分享市场交易利益,比其他组织更为直接,更为农民所信赖,目前在我国农业产业化经营中表现出了较好的发展趋势。

根据农业合作经济组织参与产业化经营的模式不同,其具体运作可分为三种模式。

1."嵌入式"结合模式

这是说在龙头企业和农户之间嵌入专业合作经济组织,形成"市场+龙头企业+专业合作经济组织+农户"的运作模式。这种运作模式对企业来说,可以减少交易成本,保证原料稳定供应;对农户来说,可以通过合作经济组织与企业对话,维护自身利益,改变对企业的依附地位。

由于牵头创办合作经济组织的主体不同,这种模式可进一步细分为"垄断嵌入式结合"和"竞争嵌入式结合"两种类型。前者的核心在于企业创办合作经济组织,社员产品由合作经济组织收购后全部交给企业进行加工,一般不能卖给非领办企业。其基本做法是,由农产品加工、运销龙头企业向原料生产延伸,通过引导和扶持的办法,组织从事原料生产的农民建立原料生产合作社(或其他合作经济组织形式),龙头企业与合作经济组织以合同契约相联结。合作经济组织按合同要求,以销定产,有计划地给社员下达种植计划,组织农产品收购和供应加工龙头企业。

这种"垄断嵌入式结合"的优点,在于龙头企业扶持的农民创办的农业专业合作经济组织起步快,能实现快速对接。但不足是排斥合作经济组织在出售农产品和企业在选购农产品时的公开、公平竞争与多项选择。"竞争嵌入式结合"的关键,在于农民是牵头创办合作经济组织的主体,出于维护自身利益的需要,他们成立的合作经济组织与龙头企业的关系是在竞争和谈判中实现的,不是事先定好的,也不是单一性的,往往是一个合作经济组织对应着几个龙头企业,这无疑增加了合作经济组织的选择空间和机会(一旦谈判成功,即以合同契约的关系相联结),弥补了"垄断嵌入式结合"的缺陷。

显而易见,在"嵌入式"结合模式中,其联结纽带就是合同契约。与此相关联,这种模式一般按保护价收购的原则体现利益分配关系,即龙头企业与合作经济组织签订市场保护价合同,合作经济组织再与其组织成员签订市场保护价合同(一般情况下,前者保护价略高于后者保护价)。在保护价收购原则下,三方的利益关系是:当产品市场价格超过保护价时,企业按市场价格收购合作组织的产品,合作经济组织以略低于市场价格的价格收购社员的产品;当产品市场价格低于保护价时,企业按保护价收购合作经济组织的产品,合作经济组织按保护价收购社员产品。这样,当市场价格高时,社员的利益随之提高,当市场价格低时,社员的利益也得到保护。但应该看到,当双方合同履行结束,就完成了一次交易,再签订新的合同,又将是新的一次交易,缺乏稳定性。另外,在这一模式中,合作经济组织与其社员的分配关系一般按以交易量为主的原则进行分配,即合作经济组织的盈利在扣除组织积累后,一部分按入股资金分红(一般相当于银行同期存款利息),其余全部按与社员的交易量进行分配。

2."产权式"结合模式

这是说以农副产品加工、运销龙头企业为依托,吸收有关服务单位和广大农户投资入股,建立股份合作经济组织,实现龙头企业、农户和服务单位的紧密结合,形成"互惠互利、配套联动"的利益共同体。其运作模式是"市场＋股份合作经济组织（即龙头企业）＋农户"。这种结合方式不仅通过合同稳定了购销关系，而且还通过分红的方式使农民得到加工环节增值的利益。因此可以说，这种结合模式是农业产业化组织联结的较高级形式。它突破了公司与农产、企业与农户之间那种仅仅只是分工协作意义上的联合，通过股份合作制的原则和机制，把各方的资产紧密地结合起来。这种体现个人和法人财产利益的资产共同占有关系，不仅在一体化组织内部建立起了一种有效的利益均衡机制，极大地平衡了各方的利益关系，增强了组织内部的合作性，而且可以在较短的时间内广泛筹集社会闲散资金，实现生产要素的合理配置，壮大龙头企业实力。财产的共同占有关系还使得一体化组织各方必须共同面对市场，承担相应的市场风险，这无疑会激发一体化组织各方整合的市场行为取向，提高一体化组织的竞争力。很明显，这种模式的联结纽带既有合同契约又有产权。与合同契约相关联的利益分配原则与"嵌入式"结合模式相类同，此处不再赘述。与产权纽带相关联的利益分配是按照"风险共担、利益共享"的原则进行的，即各参与主体之间是以资产联合和劳动联合为主的，各成员的权利和责任都是平等的，只有股份多少不同，每一环节上出现的盈余或亏损，都与各成员的利益紧密相连。在分配方式上，除支付劳动报酬外，股份合作制企业的利润实行按股分红，若出现风险，按股承担责任。

这种形式联心联利，有利于调动每个成员的积极性，使其都来关心股份合作制企业的经营管理。

这种模式最典型的是山东莱阳市，1995年以来，当地农民已与供销合作社等国合流通企业和农口服务部门联合办了一大批合作经济组织。由于国合流通企业有一定经济实力，专业农户在组建合作经济组织时可以引入它们一部分资本，所以这类合作经济组织的特点是规模都比较大，能较快地形成生产、加工、销售一体化经营的经济实体。采用这种资本和劳动相结合的股份合作制的形式组建的合作经济组织，目前具体有三种形式：①农民组建的合作经济组织介入农产品加工企业，或由加工企业、专业大户牵头组建合作经济组织。由于专业大户连带所办的经济实体一起与农民联合兴办合作经济组织，专业大户的股本数额较大，可采取先按股分红的原则办。②国合商业部门与农民联合，共同发起、组建新的合作社。如果国合商业部门投入的资金数量较多,可以先按股分红,再在社员内部按交易量原则分配。③县、乡涉农部门(乡农技站、畜牧兽医站等)拿出一部分资本和技术力量,参与到农民组织的合作经济组织中去,为农民提供服务。以上三种形式,往往由于供销合作社、县乡涉农部门、农产品加工企业、专业大户投入的资金数量较多,可以先按股分红,再在社员内部按交易量进行分配。山东宁津县等地农民把它称之为"一社两制",实际上是按比较典型的股份合作制原则办的合作经济组织。④原来采取"公司+农户",或"公司+合作社+农户"这种类型也有两种具体做法:一是公司向农户"让利",让利部分不支付现金,把它记账转为社员股金,待股金积累到一定程度,条件比较成熟,公司和农民联合起来组建成合作经济组织。山东禹城的养猪专业户与饲料加工企业联合组建的合作经济组织,已出现了这种做法。二是公司与农户办的合作经济组织联合,公司与农户之间原来是一般的合同购销、让利服务关系,利益联结松散,待农户对加工企业有了信任,公司分期将固定资产以股金形式出让给农户,逐步变成由合作经济组织成员员参股办的加工企业。比较典型的是山东莱阳市宏达果蔬加工合作社。这个合作社是1995年4月由宏达食品公司联合18个村的283个蔬菜、水果种植大户组建的,目前已拥有蔬菜基地5200亩,果园4600亩。开始是公司将实现利润的10%返还给合作社,合作社留下一部分积累后,大部分按交售额返还给社员。1997年4月,公司已将200万元股本出让给合作社社员,1998年又将500万元股份转让给社员,现在386户社员已拥有的股份占公司总股份的51%。这样,合作社社员不仅可以得到二次分配的利润,还可以获得企业的股金分红。利益关系更趋紧密,公司与农户之间真正成为"风险共担、利益共享"的经济共同体。

3."衍生式"结合模式

这是说以合作经济组织为基础创办龙头企业,其运作模式是"市场+合作经济组织+龙头企业+农户"。基本做法是,根据市场经济发展的客观要求,发育各种合作经济组织,包括各类协会、研究会,当合作经济组织发展到一定规模,拥有相当的经济实力时,由合作经济组织直接建设龙头企业,或购并别的加工企业,以此带领农户进入产业化轨道。这种模式的出现意味着农业产业化的组织形态开始向更加内部化的方向发展。企业与农民的关系已由农民合作经济组织的外部企业变为农民合作经济组织的内部企业,组织资产已完全内部化。这种变化标志着一种产业化特征的形成,即在农业领域内的某种产业已完全具备了自我激励、自我发展的能力。它很可能预示着中国式农业产业化的前景。当然,这种模式也有不足之处,由于农民自己组织的合作经济组织资金有限,人才短缺,创办的龙头企业一般规模较小,对农户的带动能力和带动范围有限,市场竞争能力往往比不上外在化的龙头企业,因此发展起来比较困难和缓慢。这种模式的联结纽带有合同契约、产权,与此相对应的分配方式既有保护价收购、按交易量分配,又有"风险共担、利益共享"。

(三)其他类型

除了以上两种基本类型外,还有其他一些类型,如专业市场带动型、专业大户带动型等,但从上面对产业经营组织的界定来看,其实这些组织类型只是以上两种类型的初级阶段或变种。如:专业市场带动型中的专业市场往往是以公司形式存在的,从这种意义上理解,其实也应属于龙头企业带动型;专业大户带动型发展到一定阶段,也会向以上两种形式逐步转变。

四、现阶段我国农业产业化经营组织类型总体构造特征分析

根据农业部产业化办公室 2000 年对全国 31 个省、自治区和直辖市的第三次调查,我国农业产业化经营组织数量不断增加,2000 年末农业产业化经营组织总数比 1996 年增加近 5 倍,加盟农户增加近 2 倍,加盟农户占全国农户总数的份额相应地从 1/10 增加至 1/4。我国农业产业化经营组织的发展具有以下特征。

从农业产业化经营组织类型来看,居于首位的是龙头企业带动型。不论从经济实力、经营规模、技术和管理水平,还是从组织带动作用方面看,龙头企业带动型都是最强的,所占比例也最大,五年间其组织数量增

加了 4.0 倍。居第二位的是合作经济组织带动型,在多种组织形式中占到 1/3,而且所占比例逐年增加,五年间其组织个数增加 5.5 倍。第三位是专业市场带动型,五年间其所占比例先增后减,比重变化不大,但其组织数量却增加 4 倍多(见表 1)。

表 1 我国农业产业化经营组织类型

组织类型	统计量	1996 年	1998 年	2000 年
龙头企业带动型	组织数目(个)	5381	15088	27000
	占组织总个数的比例(%)	45.5	49.9	41.0
合作经济等中介组织带动型	组织数目(个)	3384	8024	22000
	占组织总个数的比例(%)	28.6	26.4	33.0
专业市场带动型	组织数目(个)	1450	4848	7600
	占组织总个数的比例(%)	12.3	16.0	12.0
其他	组织数目(个)	1600	2384	9600①
	占组织总个数的比例(%)	13.6	7.9	14.0

注:①该数为运销商和专业大户带动型,与前两次调查不可比。
资料来源:牛若峰:《中国农业产业化经营的发展特点与方向》,《中国农村经济》2002 年第 5 期,第 5 页。

从农业产业化经营组织与加盟农户之间的利益联结形式来看,合同(契约)关系是农业产业化组织与加盟农户利益联结的最主要方式,但其组织总数的比例相继从 1996 年的 70.8% 下降为 1998 年的 55.7% 和 2000 年的 49.0%。与此同时,采取合作制关系和股份合作制关系的组织比重在增加,2000 年与 1998 年相比,分别增加近 5 个百分点和近 2 个百分点。2000 年,合同(契约)、合作、股份合作三种较为稳定的利益联结方式所占比例达到 76.0%(见表 2)。许多龙头企业对加盟农户实行保证价和市场保护价,或将加工、销售的利润返还农民,尤其一些地方积极发展农民合作经济组织,更加密切了组织与加盟农户的利益关系。

表 2　农业产业化经营组织与加盟农户的利益联结关系

数据年份	联结方式		组织数目(个)	占组织总数的比例(%)
1996	合同(契约)关系	实行保证价格	2673	31.9[①]
		实行市场保护价格	1591	19.0[①]
		规定价格之外还提供系列化服务	4113	49.1[①]
		小计	8377	70.8
	利润返还或二次结算		1255	13.3
	按股分红		2222	18.8
	总计		11824	100.0
1998	合同(契约)关系	实行保证价格	3096	18.3[①]
		实行市场保护价格	2274	13.4[①]
		提供系列化服务	6457	38.1[①]
		其他支持措施	5121	30.2[①]
		小计	16948	55.7
	合作制关系		2791	9.2
	股份合作制关系		3396	11.2
	协议关系[②]		7209	23.8
	总计		30344	100.0
2000[③]	合同(契约)关系		32340	49.0
	合作制关系		9240	14.0
	股份合作制关系		8580	13.0
	其他		15840	24.0
	总计		66000	100.0

注:①该数为占合同(契约)关系的比例;②这里指产销协议,有文字备案;③各种联结方式的组织数目是按农业部农业产业化办公室调查综述所列各占组织总数比例推算出来的。

资料来源:牛若峰:《中国农业产业化经营的发展特点与方向》,《中国农村经济》2002 年第 5 期,第 6 页。

　　农业产业化经营组织的地区分布看,农业部农业产业化办公室三次调查表明,全国不同地区农业产业化经营的发展是不平衡的,总的来看,从东到西呈递减趋势,这与区域经济发展的不平衡吻合。从 1996 年起的五年间,各地区农业产业化经营组织数量都有较大幅度的增加,其中东、中部增幅相同,但所占比例分别下降 7.2 个百分点和 4.9 个百分点,而西部增幅却高达近 14%,所占比例上升 12.3 个百分点(见表 3)。

表 3　农业产业化经营组织地区分布特征

年份	统计量	东部	中部	西部	合计
1996	组织数目(个)	6613	4334	877	11824
	地区分布(%)	55.9	36.7	7.4	100.0
1998	组织数目(个)	14588	13588	2188	30344
	地区分布(%)	48.1	44.8	7.2	100.0
2000	组织数目(个)	32344	21198	13146	66000
	地区分布(%)	48.5	31.8	19.7	100.0

资料来源:牛若峰:《中国农业产业化经营的发展特点与方向》,《中国农村经济》2002 年第 5 期,第 7 页。

从产业分布来看,我国的农业产业化经营组织主要出现在果品蔬菜业、畜牧业和粮油糖业(见表 4)。

表 4　农业产业化经营组织(按产业分类)

产业	统计量	东部	中部	西部	合计
粮油糖业	组织数目(个,占总个数的 21.00%)	1213	1072	198	2483
	区域分布(%)	48.85	43.17	7.98	100.00
果品蔬菜业	组织数目(个,占总个数的 26.68%)	2143	807	206	3155
	区域分布(%)	67.92	25.58	6.50	100.00
畜牧业	组织数目(个,占总个数的 25.08%)	1358	1370	323	3051
	区域分布(%)	44.51	44.90	10.59	100.00

产业	统计量	东部	中部	西部	合计
水产业	组织数目（个，占总个数的 6.45%）	493	250	21	763
	区域分布（%）	64.6l	32.77	2.62	100.00
其他	组织数目（个，占总个数的 20.06%）	1408	835	129	2372
	区域分布（%）	59.35	35.20	5.45	100.00

资料来源：农业部农业产业化领导小组办公室：《农业产业化经营概论》，中国农业科技出版社，1998年，第179页。

以兔业合作社为龙头
促进农业产业化经营①

——浙江新昌兔业合作社的实践与启示

新昌地处浙江东部,属绍兴管辖,全县面积 1200 平方公里,人口 43 万,是一个多山少田的山区县,养兔生产已有 40 多年的历史,素有"长毛兔之乡"美称。近几年来,该县以兔业合作社为龙头,通过实行"科研服务＋经营公司＋养兔大户"的经营模式,为兔农提供良种、技术、信息、物资、储藏、运输、销售等系列服务,形成了兔业科养销一条龙。在兔业合作社的带动下,新昌养兔规模达到了 70 多万只,年产值达 6000 万元,占全县农业总产值 15％左右,成为全县农业的主导产业,有力地推动了该县农村经济的发展。

一、兔业合作社的产生背景

新昌兔业合作社的产生完全是需求诱制性的制度创新。1992 年以来,由于国内外市场的萎缩,兔毛价格急剧下跌,但同时饲料价格却上涨,兔农养兔的比较效益急剧下降,到 1995 年,全县年饲养量从高峰时的 100 万只减少到 44 万只。面对全县兔业生产的严重滑坡,该县长毛兔研究所与供销社的有关人员,对当时的兔业生产与销售的有关情况做了调查,发现问题的症结之一在于全县兔业的产供销相脱离,分散的小

① 本文作者为郭红东、黄祖辉。本文内容发表在《中国农村经济》2001 年第 4 期。本文研究得到国家自然科学基金资助项目"转型时期我国农业产业化经营的组织创新与制度安排"(79870074)和浙江省社科联重点项目的资助。

生产难以与千变万化的大市场相适应,同时兔业科研服务、饲料供应也各自为政,难以降低生产成本和提供有效的技术服务。如果能够把全县从事兔业生产、加工、销售与技术服务的有关单位和兔农结成一个利益共同体,实现生产、科研、加工、销售的紧密结合,增加兔产品的附加值,增强兔农抵御市场波动的能力,那么新昌兔业完全有可能走出低谷。在县委、县政府的大力支持下,以县供销社为牵头单位,本着自愿参加、利益共享、风险共担的原则,由 67 户养兔大户、县畜产品公司、县长毛兔研究所、县饲料公司共同出资的兔业合作社于 1996 年 10 月正式成立。通过几年的发展,到 2000 年 8 月,入社兔农已达 349 户。

二、兔业合作社的组织原则与运作方式

(一)组织原则

新昌兔业合作社在组建过程中,注意吸取我国 20 世纪 50 年代办合作社的经验,并借鉴了经典合作制的有关原则,在具体办社过程中,突出了以下几项原则。

1.入社自愿和有限制退社的原则

合作社章程规定:凡从事兔业生产的农民、贩销户、集体及本社工作人员,只要承认章程,经本人申请,理事会同意后,即可入社,合作社完全实行门户开放的做法;合作社允许一般社员自由退社,但对于合作社职工以及理、监事会成员退社则有限制,规定其在职或任期内不能退社,须在任期满后方可退社,这不同于一般的合作社所规定的自由退社原则。

2.民主管理的原则

合作社章程规定:所有社员,不论是集体,还是个体社员,无论股金多少,均实行一人一票制,实行民主决策、民主管理。这种规定主要是为了保证合作社的社员控制,保证合作社不被少数持股量大的团体成员所控制,较好地体现了合作社的宗旨,不过也增加了持大股的团体成员对自己股金控制权的担心。

3. 利益共享、风险共担的原则

合作社章程规定:入社社员必须交纳股金和入社费。股金以 500 元为一股,入社费每个社员 100 元,团体成员入股额从 1 万到几万元不受限制。合作社在有所盈余时,先提取一定比例的合作社发展基金、扶持生产基金,余下部分按股金先保息(以银行一年期计息),最后的盈余按社员与合作社的交易额返还,当发生亏损时按股分摊。同时,团体成员单位如长毛兔研究所、县供销社与畜产品公司的所入社股金,只参与股息分配,不参与分红。从这一规定可以看出,团体成员单位与一般社员在利益分配与风险分摊方面明显存在不对称的现象,这与一般的股份制按股分红的原则有很大差别。这些团体成员单位之所以能在这种不对称的规则下入股入社,主要原因在于它们入股入社的主要目的不在于股金分红,而在于通过入股入社,联络自己与广大兔农的感情,提高自己在兔农中的信誉,从而更好地便于自己以合作社为中间载体,开展各项经营业务,从中获得更好的收益。如:长毛兔研究所入社后使自己有了更明确的服务对象,科技成果得到了广泛利用;县饲料公司入社后扩大了销量,增加了利润;县供销社入社后也使自己闲置的人员、仓储设备得到了利用。当然股金分配的限制,限制了它们入大股的积极性。

4. "民办、民管、民受益"的原则

合作社虽然在组织上归县供销社领导和管理,但章程明确规定其依法享有独立的法人地位。社员大会为最高权力机构;理事会为社员(代表)大会闭会期间的常设机构,对社员(代表)大会负责,理事会主任是合作社的法定代表人;监事会是合作社的监督机构,对社员(代表)大会负责。为了既体现"民办",又有利于"民管",理事会 9 名成员中农民社员占了 5 名,监事会 3 名成员全为农民社员。合作社除章程以外,还根据需要制定了以下制度:①财务管理制度、生产经营各科室岗位职责、理事监事会议议事规则。②联络员制度。合作社先后聘用了 16 名社员为联络员,联络员制度明确了联络员的相关职责,并按社员分布情况,划片确定联络对象 200 多户。由于联络员生活在广大社员中间,能及时将合作社的有关事项传达给广大社员,又能及时反映社员对合作社的意见,加强了社员与合作社之间的沟通。③"社员接待日"制度。由理事会主任

（助理）、监事会主任（或监事）联合接待社员来访。④财务定期公开制度。合作社每季将财务情况上墙公布一次，让社员放心。为了体现"民受益"原则，社员除了能优先或优惠享受合作社提供的技术、信息、销售、生产资料供应等方面的服务外，还享有股金分息和产品售后年终盈余按交易额返还的权利，从而确保社员在生产和流通环节中均能获利。

（二）运作方式

合作社作为一个独立的法人组织，其运作资金主要来自成员单位、入社社员的股金以及新昌政府为扶持合作社发展所提供的扶持资金。日常运作主要由社员（代表）大会选举产生的理事会负责，理事会设主任1人，副主任、理事若干人，每届任期3年，可连选连任，理事会主任是本社的法定代表人，理事会实行民主决策下的主任负责制。合作社下设了生产技术开发部、兔毛经营部和行政财务部三个部门，其部门经理由理事会聘请，工作人员由经理提名，报理事会聘用，并签订用工合同，实行工资付酬。

合作社在运作过程中，主要从事以下几面的活动。

一是推销兔毛。为社员推销兔毛是合作社的主要业务。合作社在进行这项业务时，根据具体情况采取不同的经营方式，如代理推销、中介推销和保护价收购等。代理推销指根据社员意愿和市场行情协商定价，售后超利部分按一定比例在合作社与社员之间分成；中介推销指合作社作为中介人使供需方直接见面，业务成交后合作社收取社员和客商若干服务费；保护价收购即以保护价收购社员兔毛，当市场价低于保护价时，按保护价收购，当市场价高于保护价时，按市场价收购。合作社在初办时，曾采取这种方式收购社员兔毛，以真正规避社员的市场风险，但经过实践后发现这种购销方式，对于实力弱小及没有太多积累的合作社来说困难重重，主要原因是兔毛价格波动太大，保护价难以确定，经常发生市场价低于保护价的现象，在这种情况下，合作社按保护价收购时，没有能力提供差价补贴，因而最终还是放弃了这种收购方式。目前合作社主要通过代理推销与中介推销这两种方式帮助社员销售兔毛。

二是做好系列服务，调度左右关系，解决一家一户难以解决的难题。合作社在运作过程中，注意充分发挥各团体成员单位，如长毛兔研究所、畜产品公司、供销社的优势,联手为社员服务。如合作社以长毛兔研究所为技术依托,建立了生产科技网络,以合作社的生产科技开发部和长毛兔良种场为中心,以万兔村、千兔场、"三百式户"(百只笼、百只兔、百公斤毛)为基地,建立服务网点20个。近几年来,共举办科技培训班44期,受训2714人次,印发信息资料7300份,大大提高了兔农的技术素质。合作社以县饲料公司为核心,联结分布在全县各地的小型颗粒饲料厂,形成了饲料供应服务体系,入社兔农凭饲料公司发放的饲料优惠供应卡,享受优惠价。此外合作社还以设在县城的兔毛经营部为中心,以县供销社分布在各地的收购门市部为补充,形成了一个市场交易和上门收购相结合的收购服务网络,到目前为止已收购兔毛300多吨,成交额近3000万元。

三是抓合作社品牌建设。为了提高在兔毛销售中的竞争力,合作社非常重视自己品牌的建设。合作社成立后不久,就向国家商标局申请注册了"白雪公主"商标。为了使"白雪公主"商标从品牌变为名牌,合作社一方面制定了"白雪公主"兔毛生产、收购、加工的相关标准,具体宣传落实到兔毛生产、收购、加工的各个环节;另一方面又通过参加省内外农产品展销、招商会,并利用各种新闻媒介和因特网,进行全方位的宣传,使"白雪公主"这一品牌知名度不断提高,1998年"白雪公主"牌兔毛被评为浙江省农特名优新产品金奖,大大提高了合作社兔毛的市场竞争力。

三、兔业合作社发展过程中所面临的问题

尽管兔业合作社有了较大发展,但在其发展过程中也暴露出了许多问题,主要表现在以下几个方面。

(一)资金实力弱,综合竞争力不强

合作社的资金主要由社员入社股金组成,由于入社人数有限,一般数额不大,而且根据入退社自由原则,当社员退社时,合作社还要退还股金,由此造成股金不稳定,不利于有计划地长期使用,无法满足合作社发展的长远需要。另外,由于合作社的股金分配受限制,不能做到真正按

股分红,从而使得合作社在融资方面明显处于劣势,所有这些影响了合作社的筹资能力,从而影响了合作社业务的展开和综合竞争能力的提高,如目前兔业合作社流动资金仅有 100 万元左右,而出口一个集装箱兔毛的收购资金需 120 万元,流动资金不足影响了兔毛出口经营。同时,由于资金不足,合作社难以在延长产业链、提高附加值上经营业务,只能从事兔毛初级品的一般推销工作,不能使自己在当地的兔毛生产与市场销售竞争中占据有利地位。

(二)"搭便车"行为和自由退社机制影响合作社的稳定性

养兔户反映,入社主要是为了享受合作社给予的技术与信息服务,以及相信合作社在收购兔毛时能按质论价、公正、公平,而不是为了入股分红。由于信息与技术服务具有准公共产品性质,排他性使用成本较高,特别是在广大农村地区,非入社兔农完全可以凭借其乡邻亲戚关系找到入社兔农"搭便车",免费获得相应的技术和信息,这样使得养兔户,特别是小规模养兔户入社的积极性不高,而已入社的兔农也往往心里不平衡,有的干脆退社,也成为"搭便车"者。此外,由于合作社实行的是每户一股、每股 500 元、人人平均、平等持股的方法,这样随着合作社规模的不断扩大,每户社员在总股本中的比例不断减小,使社员有一种"人人有份,人人又没份"的感觉,都寄希望于别的社员把合作社管理好,而自己则从中得到好处,以致广大社员参与合作社事务的积极性不很高,合作社稳定性较差。

(三)管理上存在的委托代理问题,影响了合作社的经营绩效

在兔业合作社的管理上,实行的是"社员大会——理事会——经理班子"的层层委托代理制,由于理事会、监事会的成员与社员同股,其参与经营与监督的积极性不高,而主持具体日常经营工作的经理班子大部分成员是外聘的,不是社员股东,他们实行的是工资制。合作社经营的好坏与他们的收入关系不是很大,又由于广大社员对他们的监督存在信息上的不对称性,这样在合作社经营中,不可避免地出现失控现象,造成合作社非生产性开支增加,经营业绩下滑。

(四)税收问题

按照税法规定,农民投售自己生产的兔毛,其农特税由收购方缴纳,农民自己生产的兔毛在销售时可免交增值税,但农民组织成合作社后在税收方面很难体现这一制度。如兔业合作社是由 300 多名兔农组成的生产联合社,兔毛分散生产,统一销售,直接销往工厂或出口公司,年终利润返还。从理论上讲,这样可以减少中间环节,使兔农(社员)获得更多的实惠,但在实际操作中则存在问题。因为在合作社销售兔毛时,首先要缴纳 10% 的农特税(兔毛农特税为 10%),其次在与兔毛加工厂或出口公司交易时,对方要求合作社开增值税发票,开给厂方的税率为13%,出口公司为 17%,尽管根据有关政策,合作社在缴纳增值税时可抵扣 10%,但兔业合作社的总纳税额仍然达到 13%~17%。这样就形成了一种现象:同样的兔农,自产自销可免税,组织起来销售则要交高税。这显然不利于合作社的发展,不利于合作社为社员带来实惠,也难以体现自产自销"可免交增值税"和"农特税由收购者缴纳"的制度。若要厂方或公司缴纳上述两税,则势必压低兔农交售价格,兔农得不到实惠。

四、兔业合作社实践的启示

从浙江新昌兔业合作社的实践,我们至少可以得到如下启示。

第一,发展农民专业合作组织,有必要对经典的合作制进行制度上的创新。从新昌兔业合作社的实践看,专业合作组织确实是引导分散农户进入大市场的有效途径,是进行农业产业化经营的重要载体。但在发展专业合作组织时,是要遵循经典合作制原则,还是要有所创新,是个值得思考的问题。新昌兔业合作社的实践表明,经典合作制原则存在着许多缺陷,在现实经济条件下难以达到理想的效果,必须对其进行制度上的创新。从目前我国国情来看,今后在专业合作组织的发展过程中,一要充分吸收股份制的优点,要允许社员在自愿的基础上,根据其经营规模及与合作社的交易量,鼓励其认购多股,允许大户社员持大股,对股金的分配不进行限制，按股分红；二要在"一人一票"的基础上，适当按比例增加持股多和交易量多的社员的投票数；三要对社员的自由退出机制进行适当限制。其一是提高入社的门槛，把那些真正需要合作社的农户吸收进来，其二是提高退社的条件，以保持合作社的稳定。

第二，发展农民专业合作组织必须坚持"民办、民管、民享"的原则。这是办好合作社的关键。新昌兔业合作社在办社过程中，始终坚持"以农民为主体"这一指导思想，在理事会、监事会成员中，农民社员占了75%，合作社重大问题均提交理、监事会联席会议讨论，把社员拥护不拥护，愿意不愿意作为决策的主要依据。在利益分配上，使农民在生产过程中增收，在盈利中分红，同时合作社自身也应有所积累；在财务上，则要强调透明度，让社员放心。

第三，要充分发挥供销社在发展农民专业合作组织中的作用。专业合作社仅靠农民自己联合起来，其相互间的信任程度以及生产技术、参与市场流通等方面的权威性都存在问题，另外在市场信息、营销渠道、仓储条件等方面也会碰到困难。而供销社在流通、技术、组织、仓储条件等方面具有较大优势，以其为依托有利于加快专业合作组织的发展，同时也有利于供销社本身的发展。不过，在供销社的参与过程中，必须明确供销社与合作组织之间的产权关系，供销社不能代替合作社，也不能包办合作社，它的所作所为必须按照合作社章程，按照广大社员的意志，否则就有可能出现供销社侵占合作社资产等方面的问题。

第四，农民专业合作组织必须规范管理。作为一个专业合作经济组织，如果没有一个完整的章程和与之配套的各项管理制度，就难以进行科学、有效的管理和操作。要根据实际工作的需要，对章程进行完善，制定相应的规章制度。从兔业合作社的实践看，在专业合作组织管理制度制定时，要特别重视制定财务管理制度、生产经营各科室岗位职责以及合作社工作人员的业绩与收益挂钩的考核方法等一系列规章制度。在完善规章制度时，既要充分体现社员的民主权利，又要使合作社能够高效运转。

第五，发展农民专业合作组织必须要有良好的外部环境。外部环境对于合作社的发展具有十分重要的作用。在合作社的成立前，县长、副县长与30多位养兔大户代表一起座谈，征求意见，听取合作社筹建情况汇报,成立之时,县委书记、副县长到会祝贺、授牌。为了加快合作社的发展,县里出台了一系列优惠政策,指导和扶持合作社发展,并在生产辅导活动和贷款上给予多方支持,新闻、宣传部门及时报道合作社的有关情况,从而为合作社的发展和工作创造了一个浓厚的舆论氛围及外部环境。目前我国农民专业合作组织处于起始阶段,总体上看发展不是很快,数量不多。政府部门要为其发展创造良好的外部条件,要着手制定有关的法律、法规,明确其经济性质、合法地位。对于如兔业合作社这样有发展前景、运行机制比较完善、与农户结成较紧密的利益共同体的农民专业合作组织,政府部门要重点扶持,银行也要把它纳入信贷计划,实行低息贷款。在税收上,要制定一个真正可操作的方法,使国家规定的"可免交增值税"和"农特税由收购者缴纳"的政策真正落到实处,使入社农民得到更多实惠,合作社也能有一定的积累,有利于其发展壮大。此外,政府部门要做好典型的总结和宣传工作,帮助其提高知名度,使其健康发展。

第六,发展农民专业合作组织必须有好的带头人。新昌兔业合作社能发展起来,与首任社长高伯绿同志的带头作用是分不开的。高伯绿是新昌长毛兔研究所的所长,他不仅有丰富的养兔经验与技术,而且还善于经营与管理,乐于奉献,在新昌当地具有很高的威望,曾被评为全国劳动模范,许多兔农入社是冲着他的信誉而来的。当前我国广大农村专业合作组织难以发展,也与缺乏懂技术又懂管理、既有威望又有奉献精神的带头人有关。因此,要使专业合作组织发展起来,就应重视在基层农技干部、农民中挖掘与培养带头人。

从不完全合约看
农业产业化经营的组织方式①

一、引言

近些年来,一些传统的农业合作主体受到挑战。一部分正在向传统的利润最大化的企业转变,也有一部分正在放弃对其成员的一致对待,而引入股份制、个人金融股等其他成分。[1]在我国,由于市场经济初步建立,传统农业小生产与现代农业大市场的矛盾日益尖锐,去年卖粮难,今年卖瓜难……农户受到严重损失,农业受到严重冲击。因此,调整产业结构势在必行,寻求各种形式的市场营销合作,实行一体化经营,以提高农业相对效益,抵抗市场风险,成了当务之急。专业市场加农户、龙头企业加农户、合作经济组织加农户等市场营销合作形式层出不穷。

本文试从不完全合约的角度分析传统农业合作主体受到挑战的原因及我国几种市场营销合作形式之利弊。

二、不完全合约理论

由于现实世界的复杂性和人的有限理性,缔约者要想签订一个能够对付未来任何偶然事件的详尽的合约是不可能的,因而合约必定是不完

---

①　本文作者为黄祖辉、王祖锁。本文内容发表在《农业经济问题》2002 年第 3 期。

全的。合约的不完全性会妨碍合约双方事先对剩余的分割,而在事后分割中,专用性投资会降低投资者讨价还价的地位,另一方会索取比事先协商好的更多的事后剩余,这就是不完全合约导致的敲竹杠问题,这种事后机会主义行为将妨碍投资者选择高效率的专业化投资,而使缔约各方不愿做出专用性投资[2]。

三、农业生产和敲竹杠问题

农业生产是专用性很强的投资,化肥、农药、农业机械、设施及种养殖知识等都是专用性投资,加上农产品的易损性(或需加工性),在合约不完全的条件下,这些就成为农业生产敲竹杠问题的根源。图1、图2说明资产专用性、产品易损性(需加工性)与敲竹杠问题的关系(买方敲竹杠问题)。同样地,农户对加工者的专用性资产投资也会产生敲竹杠问题(卖方敲竹杠问题)(见图3)。

这里需要说明的是经过加工的差别化产品,其剩余 V 的增加将部分抵消专用性成本的影响。

解决农业生产和加工过程中的敲竹杠问题的经典办法是延长产业链(产业化经营),如农户合作兴办加工厂,或者加工者投资办农业。前

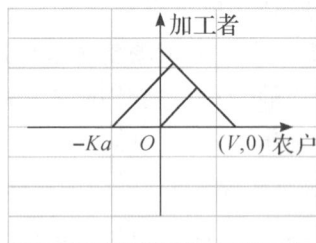

图1　农业生产资产专用性与敲竹杠问题

注:当没有专用性投资时,农户与加工者以 50:50 分割农业剩余,农户和加工者各得 $\dfrac{V}{2}$。当生产专用性投资的专用性成本为 Ka 时,农户将只得 $\dfrac{V-Ka}{2}$,加工者将得 $\dfrac{V+Kb}{2}$。如果 $Ka>V$,农户将不会投入。

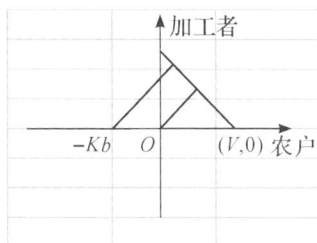

图 2 易损性（需加工性）与敲竹杠问题

注：对一般易损（需加工）产品，农户和加工者会达成双方可接受的剩余分割方式，即各得 $\dfrac{V}{2}$，而对于高度易损产品（设损耗成本为 Kb），农户将只得 $\dfrac{V-Kb}{2}$，加工者将得 $\dfrac{V+Kb}{2}$，如果 $Kb>V$，农户将不会投入。

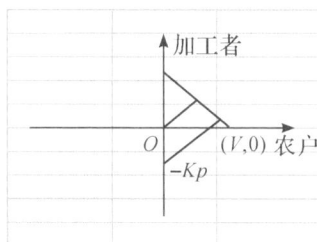

图 3 农产品加工资产专用性与敲竹杠问题

注：当加工阶段的专用性成本为 Kp 时，加工者只得 $\dfrac{V-Kp}{2}$，如果 $Kp>V$，加工者不会投入。

者解决了买方敲竹杠问题，但不能解决卖方敲竹杠问题。当农业生产的资产专用性水平很高，易损性很大时，农户更趋向于合作兴办加工厂，以使农产品不被加工者过分地分割（见图 4），这就是为什么产业化初期传统农业合作体蓬勃发展。但当加工的资产专用性水平大大高于生产的资产专用性水平，且产品易损性较小时，加工者将由于被合作组织各成员敲竹杠而无法生存。传统合作经济较为古板的规则及不完全合约条件下，资产专用性产生的敲竹杠问题是当前传统合作组织面临挑战的根本原因（见图 5）。

加工者投资办农业可以解决卖方敲竹杠问题，但由于加工者成为农

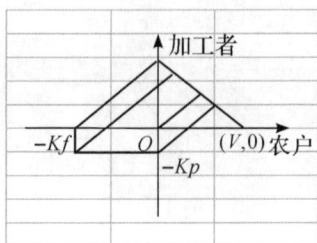

图 4 农户和加工者对农业剩余的分割（a）

注：当 $Kf > V$，$Kf \gg Kp$ 时，农户的剩余 < 0，农户不会生产这种农产品（$Kf = Ka + Kb$）。

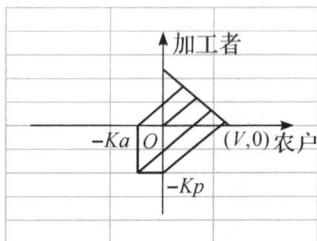

图 5 农户和加工者对农业剩余的分割（b）

注：当 $Kf > V$，$Kf \gg Kp$ 时，农户的剩余 < 0，农户不会生产这种农产品（$Kf = Ka + Kb$）。

业剩余索取者，将严重影响农民积极性，更为严重的是由于农业生产的特殊性，在当今的农业生产条件下，将会产生严重的委托-代理问题。

现在让我们看看当农业生产的专用性成本和易损性成本 K_f（$K_f = K_a + K_b$），加工的专用性成本 K_p 相似时的农业剩余的分割（见图6）。

从图6中可以看到，如果生产阶段的专用性成本与易损性成本为 Kf，加工阶段的专用性成本为 Kp，只要 Kf 和 Kp 相近，农户和加工者的讨价还价地位也就相似，对农业剩余的分割也较为公平。这时，加工者就会投资加工阶段的专用性资产，农户也有积极性投资生产阶段的专用性资产。

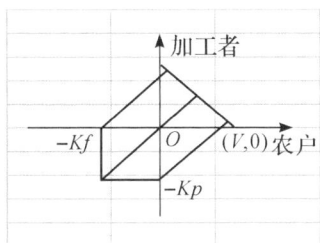

图 6 农户和加工者对农业剩余的分割(c)

注:当 $Kf \approx Kp$ 时,农户的剩余 $\approx$ 加工者的剩余,各为 $\dfrac{V}{2}$。

四、我国农业市场营销合作的几种主要方式

目前,我国农业产业化经营有四种基本组织模式:公司企业带动型("公司＋农户")、市场带动型("专业市场＋农户")、合作经济组织带动型("合作社＋农户")或("公司＋合作社＋农户")和专业协会带动型("专业协会＋农户")。[3]

市场营销合作就是生产者为实现和提高产品价值而以各种合作形式进入市场的行为,我国目前的农业产业化经营组织进行的都是市场营销合作行为。从生产和加工阶段的投资决策角度分析,这些组织模式可分为:农户支配型(农户支配生产阶段的专用资产投资和决策,农户通过合作社、专业协会支配加工阶段的专用性资产投资和决策)如"合作社＋农户"模式、"专业协会＋农户"模式;加工者(公司)支配型(加工者支配加工阶段与农业生产阶段专用性资产投资和决策),如云南阳光现代农业综合开发建设有限责任公司;各自支配型(农户支配农业生产阶段的专用性资产投资和决策,加工者支配农产品加工阶段的专用性资产投资和决策)。至于专业市场带动型,其实进行的是不完全的产业化经营,初级农产品没有经过加工增值即通过协会或专业市场或其他中介机构直接进入市场。

农户支配型,即农户支配农业生产阶段的专用资产投资和决策,农户通过合作社或专业协会支配农产品加工阶段的专用性资产投资和决

策。我国产业化经营中的"合作社＋农户"和"专业协会＋农户"属于这种农户支配型模式。由于加工厂是农户合作兴办的，因而这种模式避免了加工厂对农户的买方敲竹杠问题。但由于加工厂是合作组织的集体资产，各农户(合作组织成员)会对加工阶段的专用性资产产生敲竹杠行为(卖方敲竹杠问题)。当加工阶段的资产专用性水平大大高于生产的专用性水平，且产品易损性较小时，加工厂将由于被合作组织各成员敲竹杠而无法生存。因而，这种形式的市场营销合作将在农业生产投资高度专用(即生产阶段的专用性成本大于加工阶段专用性成本)农产品高度易损而加工阶段资产专用性不高的领域发挥较大的优势(见图1、图2、图4)，如诸城市(后官庄)绿宝蔬菜专业协会、莱阳宏达果蔬加工合作社。[4]随着市场的发展、产品的差别化水平和资产专用性程度的提高，以及合作社规模的扩大、合作社规则的呆板，这类市场营销合作将受到挑战。在社办加工厂引入股份制等(以减少农户对加工厂的敲竹杠行为)将会给这种市场营销合作形式注入活力。

各自支配型，即农户支配生产阶段的专用性资产投资和决策，而企业(公司)支配加工阶段的专用性投资和决策。"公司＋农户"是这种模式的典型代表。这种模式的长期均衡取决于各自的资产专用性程度，因而这种市场营销合作形式将在生产阶段的专用性成本与加工阶段的专用性成本相似、农产品易损程度一般的领域发挥重要作用(见图6)，如山东诸城外贸和上海大江模式[4]，在这种合作模式中，由于单个农户势单力薄，在与龙头企业的签约中往往处于弱势地位。如果这些农户能组织起来成立合作社或协会，并以合作社或协会的名义与龙头企业签约，则更能保护其利益。

加工者支配型，即公司办农业。由于公司支配农业生产的专用性投资，因而其避免了农户对加工者的卖方敲竹杠问题。这种形式的市场营销合作在加工阶段资产专用性较高而生产阶段资产的专用性较低且产品的易损性也较低的领域发挥优势。典型的案例是云南阳光现代农业综合开发建设有限公司，其做法是公司租用800公顷农民土地，种植蔬菜、水果，加工绿色食品，并兴办其他项目，出租土地的农民优先在开发区就业，经过培训合格录用。[4]如前所述，本文认为由于农业生产的特殊性，这种模式可能会遇到比较严重的委托-代理问题。

专业市场加农户的市场营销合作模式是初级农产品通过专业市场或其他中介机构直接进入市场的不完全的产业化模式,它只适合于专用性不高、易损性不大的农产品的生产销售。由于农产品没有经过加工增值,其剩余相对较小,且由于农业生产必定有一定的资产专用性和产品易损性,因此,极易受到几乎没有专用性投资的市场(如果是其他组织兴办的)或中介机构和消费者双重敲竹杠,因而本文认为它是产业化初期的市场营销合作的过渡形式,它将被农户支配型或各自支配型市场营销合作形式所取代。

参考文献

[1]George W. T. Hendrickse & Cees P. Veerma. "Marketing Co-operatives: An Incomplete Contracting Perspective", *Journal of Agricultural Economics*, 2001,52(1):53-64.

[2]科斯·哈特、斯蒂格利茨.契约经济学.李风圣,主译,经济科学出版社,1999:23-30.

[3]关锐捷.纵论华夏农村经济.中国经济出版社,2000:268-270.

[4]牛若峰.农业产业一体化经营的理论与实践.中国农业科技出版,1998:118-137.

农产品质量营销:理论与实证分析①

一、前言

20 世纪 90 年代中后期以来,中国农业发展进入新阶段,农产品供给由长期短缺变成总量基本平衡,主要农产品由供给制约的卖方市场,开始向由需求制约的买方市场转变(张红宇,2000)。因此,短缺经济时代形成的以产量为唯一目标的传统农业生产方式在买方市场条件下越来越表现出其不适应性:农业生产缺乏规范化标准,农产品质量不高,农产品安全问题突出;农产品卖难现象日益明显,农民增产不增收;在“绿色壁垒”政策下,质量问题导致的农产品出口受阻现象频频发生;等等。而从国际环境来看,随着中国加入 WTO 后,国际大量质优价廉的农产品将涌入中国市场,中国农产品的竞争出现国际化、全球化的趋势。当前的农业生产,已由过去纯粹的自然资源约束下的生产转向受到自然资源与市场需求的双重约束,其中市场的约束越来越成为主要的矛盾。因此,传统的农业生产模式及以产定销、以销定产的数量营销模式已远远不能满足现代市场发展的需要,以提高产品质量为核心辅以现代营销手段的农产品质量营销应运而生。

质量营销是在产品丰富、消费者选择多样且个性化的环境条件下的

① 本文作者为黄祖辉、吕佳、刘东英。本文内容发表在《福建论坛(人文社会科学版)》2004 年第 8 期。本文研究得到科技部和浙江省科技厅项目“食品安全问题及其治理体系研究”(2001BA804A25)的资助。农产品分为狭义农产品和广义农产品两类,本文的农产品主要指食用农产品。

营销创新,国内部分学者已开始将质量营销理论应用到房地产、饭店、电信、服装、保健品、药品等领域来解决实际问题。张询在结合国内外营销理论与实践的基础上,于 1996 年首先提出了质量营销理论(1997 年 10 月第 9 期在《中国经营报》连载),成功地解释了中国市场的诸多现象与问题,如巨人的破产、秦池的失误等,并提出了建立高质量竞争优势的理念和策略。于斐(2002)回顾了中国保健品发展史,提出"保健品要走以服务加技术为主的质量营销之路";龚艳萍(2003)基于电信服务产品的无形性等特点,提出了追求顾客满意的质量营销;李政权透视了房地产营销现状,提出根据购房者的购房关注因素,可重点分为质量营销、工期营销、物管营销等几大部分;谭守盛(2002)从饭店经营的实际出发,提出"以全面质量营销和品牌优势树立饭店形象"。

但是质量营销在农产品领域应用的研究几乎没有,农产品的质量仍然停留在传统的不是以顾客需求而是以生产者偏好为基础的产品质量阶段。本文从农产品的质量特点出发,结合质量营销理论与农业生产实践,试图对农产品质量营销进行可行性分析。

二、质量营销的概念及其内容阐述

质量营销是对传统生产导向型营销理念的一种新的突破。无论是在概念的定义上还是具体的营销过程的体现,质量营销都形成了一套独特的内容。

(一)质量的概念

质量营销对质量的理解是基于消费者需求的。具体地说,质量是一个产品的特色和品质的总和,这些特色与品质将影响到产品满足明显的或隐含的顾客需要的能力。质量体现为性能质量和适用质量。性能质量是产品本身的性能表现度,它可相对于同类产品间的比较而与顾客需要无关;不同的产品有不同的性能质量。适用质量是产品的性能质量对顾客期望的满足度。以适用质量为目标的性能质量是质量营销的关键。

(二)质量营销的内涵

20 世纪 60 年代,美国人 W. 爱德华兹·戴明(W. Edwards Deming)提出全面质量管理(TQM),这是一种由顾客需要和欲望驱动的管理哲学(罗宾斯,1996)。随后,许多美国公司为提高自身产品的国际市场份额,在质量管理的理论方面进行了大量有益的探索,其中突出贡献之一就是把全面质量管理运用到市场营销上,赋予全面质量管理以新的内涵,这就是质量营销(quality marketing)概念的最早提出和形成。

具体来说,质量营销是指个人和组织根据市场(顾客)需求,以顾客满意为导向,创造、提供并出售具有满足顾客需求质量的产品的一种社会和管理过程。质量营销的实质是从消费者需求角度定义产品质量,并在生产、流通等过程中实现、维持或提升质量,然后辅以营销手段将产品质量销售给消费者,从而满足其不断变化的多样化的需求。在这里,质量成为一种有价的产品。

换言之,质量营销就是使消费者"买到他要的产品",而它的实现有赖于两个条件:一是市场上存在满足消费者质量需求的产品;二是这个产品的价格是消费者所能接受的。质量和价格两者缺一不可,否则将导致"买不到他要的产品"或者是"买不起他要的产品"。而在现实的农产品市场中却往往出现这样的情况:质量水平普遍不高,消费者愿意支付更高的价格购买优质农产品但却无法买到,我们称之为质量供给不足;质量水平高但由于生产成本高,销售价格高,消费者需要但无法购买,我们称之为质量供给过剩。质量营销就要针对不同的目标客户,提高适用质量保证下的适用质量,从而避免农产品质量供给不足或质量供给过剩的发生。

(三)质量营销的一般过程

质量营销的产品质量形成过程是一种营销导向的质量形成过程,是对生产导向型的产品质量形成过程的创新,同时是一个复杂的多循环的过程(见图 1)。在 I 循环中,开展营销调研,发现市场机遇,确定目标客户,又根据目标客户需求变化不断开展营销调研;II 循环中,根据营销调研的结果,一方面开展营销计划,另一方面针对目标客户的需求开发产品,进行产品生产,并且建立生产与营销计划的联系,不断调整;Ⅲ循环是根据目标客户开展的一系列的营销调研、营销计划和营销活动,是质量营销的基础,是消费者质量定义的发现和满足的过程。Ⅰ、Ⅱ、Ⅲ循环同时又构成一个大循环,各个环节相互作用,从而保证了营销导向的产品质量形成过程。这种生产与市场紧密结合的产品质量形成过程,不仅可以更好地满足市场需求,而且有利于增强企业的竞争力。

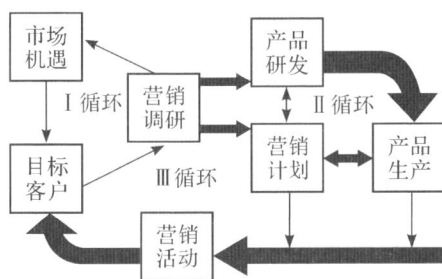

图 1 营销导向的产品质量形成过程

三、农产品质量营销的提出

农产品质量营销将农业生产特点和农产品质量特性与现代市场营销有机结合在一起,将顾客满意作为一切经营活动的准则,将全面提高产品和服务质量作为农业生产与经营的中心。在这里,农产品质量同样具备双重质量的含义:不仅是性能质量的含义,更是一个"餐桌——田头——餐桌"的适用质量含义。但是,作为最终形成的产品而言,农产品质量营销在适用质量营销这个意义上与一般工业品没什么差别,完全可以借鉴工业品的做法(与一般工业产品一样,提高农产品的适用质量有赖于图 1 的有效运转)。而由于农产品的生物学特性以及农业生产的季节性、自然性等的特点,农产品在性能质量上与一般工业品相比表现出很大的出入,因此,农产品质量营销(与工业品质量营销相比)的关键在于如何提高农产品的性能质量。那么,接下来的问题就是如何在保证适用质量基础上提高农产品性能质量。

(一)农产品的性能质量

农产品性能质量的内容包罗万象,如农产品安全(病菌含量、农药残留量等)、营养成分与水平、价值(口味和构成成分的完整程度等)、包装和生产过程(动物福利、环境影响)等。Nelson(1970)、Darby & Karni(1973)等认为农产品质量(确切说是性能质量)是搜寻品、经验品、和信任品的综合体(见表 1)。

表 1　农产品性能质量

农产品性能质量构成	内涵	
搜寻品特性	主要指消费者在消费之前可以直接了解的内外在特征	内在:颜色、光泽、大小、形状、成熟度、外伤、肥瘦、肉品肌理和新鲜程度 外在:商品品牌、标签、包装、销售场所、价格和产品产地等
经验品特性	主要指消费者在消费之后才能够了解的内在特征	如鲜嫩程度、汁的多寡、香味、口感、味道和烹饪特征等
信任品特性	主要指消费之后消费者自己也没能力了解的有关食品安全和营养水平等方面特征	涉及食品安全的激素、抗生素、胆固醇、沙门氏菌和农药残留量,以及营养与健康的营养成分含量和配合比例等

(二)性能质量的控制过程

与一般的工业品相比,大多数农产品具有鲜活、易腐、易烂、不易贮存运输的特性,以及生产过程受周围环境影响大、对环境质量要求高等特点。这些特点决定了农产品性能质量体系是一个复杂的、动态的、综合的系统:整个性能质量的过程控制是在保证适用质量的基础上开展的,即受消费者质量需求的影响。而性能质量受农业生产资料质量和生产地环境质量及生产、加工、贮藏、运输、销售、消费等过程的影响。性能质量的过程控制流程见图 2。图中 5 个过程的质量控制是提高农产品性能质量的保证,每个过程都分别存在着不同的质量控制主体,并要求各个质量控制主体完成不同的质量控制内容。在各个过程中,质量控制都力求质量维持,并在消费者需求的诱导下实现质量提升,从而实现适用质量条件下的性能质量最优化,满足消费者需求。

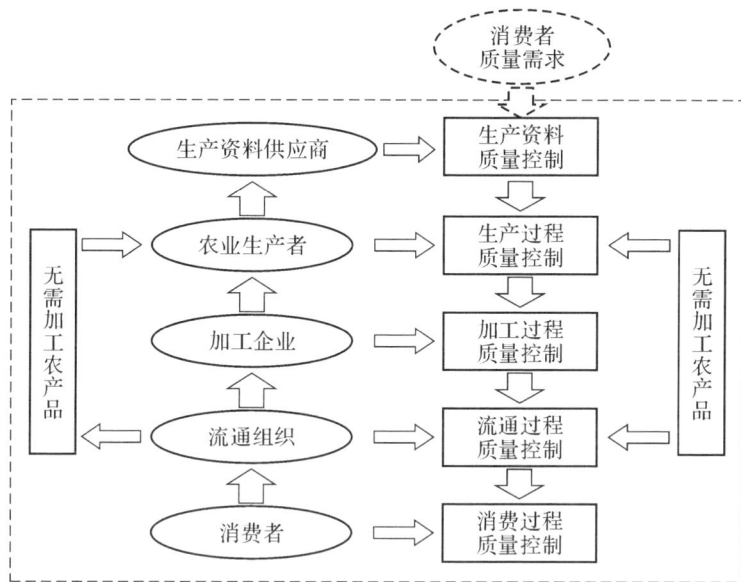

图2　农产品性能质量的过程控制流程

四、调查分析

农产品质量营销的重要环节是了解消费者需求和市场供给情况,只有明确了消费者对农产品质量的具体需求及市场的质量供给现状,并且比较其间差距,才能对农产品质量营销提出具体的对策建议。

(一)农产品市场的质量需求

总的来说,随着中国经济的快速发展和人民生活水平的不断提高,人们对农产品消费由原来短缺型(数量型)消费向选择型(质量型)消费发展,对农产品的性能质量尤其是食用安全性要求不断提高的同时,强调农产品的适用质量,即能满足其多样化、个性化的消费需求。

本文主要以杭州为例,以蔬菜为例,通过对杭州市民农产品消费现状调查①和样本的分析来研究消费者的质量需求状况与对现有农产品的质量评价,并研究消费行为的影响因素和城市居民的消费趋势。

1.农产品消费观念的革命:质量取代价格决定购买

(1)消费者购买农产品的影响因素分析

我们选择了影响购买决策的四种因素,分别为:购物场所环境、蔬菜质量、蔬菜价格、购买便捷程度。结果表明,其中最重要的是蔬菜质量,其次是购物便捷程度。一向认为比较重要的价格因素在重要性排列中仅排到了第三(见图3)。

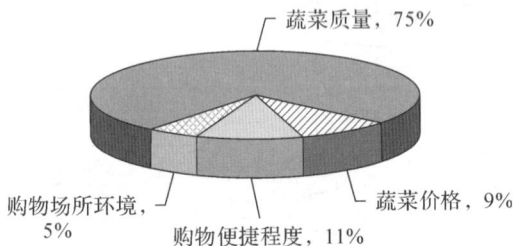

图 3　影响购买蔬菜的最主要因素

(2)消费者对高质农产品的支付意愿

我们对消费者对高质量的农产品支付意愿进行了调查,得到如下结果:

①在"是否愿意为高质量的农产品支付更高的价格"的问题中,近一半(48%)的消费者表示"愿意,质量好最为关键",极少数(6%)表示"不愿意,价格便宜就好"。另外,相当大部分消费者(46%)表示"不一定,视情况而定",这一方面是因为消费者对农产品质量的把握缺乏确定性,即"是否值高价",另一方面是因为消费者对价格的可承受性有限,即"值但买不起"。

②调查中我们还做了几种假设,试图发现消费者愿意为高质量农产品支付的最高价格的增幅。从表2得知,当普通农产品的价格分别在1元、5元、10元、20元时,绝大多数(44%~46%)的消费者认为高质量的

---

① 本文于2003年在杭州物美超市、好又多超市及附近居民区进行了81位消费者购买蔬菜行为的调查。

该农产品价格增幅在 21%～50% 是可以接受的。另外,消费者对本身价格较高的农产品的价格是比较敏感的,对高质量的同类农产品的最高支付价格增幅的接受度是比较有限的;而当普通农产品本身的价格较低时,消费者对于高质量同类农产品的较大价格增幅还是比较容易接受的。

表 2　消费者愿意支付的最大增幅

单位:%

普通价格	0%～20%	21%～50%	60%～100%	100%～200%	200%以上	合计
1 元	17.5	45.0	21.3	12.5	3.7	100.0
5 元	24.1	44.3	22.8	6.3	2.5	100.0
10 元	29.1	45.6	15.2	6.3	3.8	100.0
20 元	33.3	44.9	16.7	2.6	2.6	100.0

2.农产品质量观发生深刻变化:质量要求不断提高

(1)消费者购买农产品的不满

中国农产品质量水平不高,体现在一方面体现在性能质量不高,尤其是食用安全性方面;另一方面体现在农产品满足消费者需求方面,即适用质量。我们以蔬菜为例,就农产品性能质量状况开展调查,发现 43% 消费者购买蔬菜时最大的不满是农产品质量不高,且 77% 的消费者在购买农产品时有安全担忧,其中 24% 感觉很强烈。这些担忧主要集中在农药残留超标、激素含量高、过量使用化肥等(见图 4)。

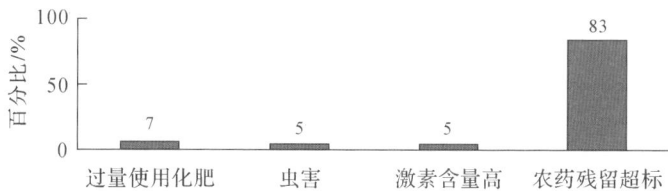

图 4　担忧蔬菜安全的原因

(2)消费者对农产品的质量要求

调查发现,消费者对农产品的性能质量要求不断提高且呈现多样性,当被问及"您认为高质量的农产品应该包含哪几方面特征"时,

28.4％的消费者认为是"3＋4＋5"，18.5％认为是"1＋2＋3＋4＋5"，11.1％认为是"1＋3＋4＋5"（见图5），由此不难发现消费者对农产品质量含义的理解是全面和深刻的，消费观也日趋成熟，并不仅仅停留于外观等表象。

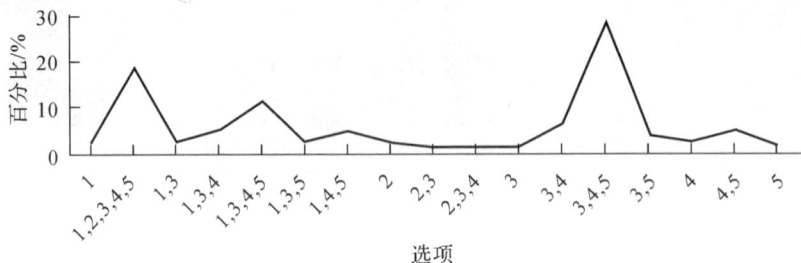

图 5　消费者对质量的理解

注：1＝外观好（颜色、大小）；2＝外包装讲究；3＝食用安全性高；4＝营养丰富；5＝味好。

（3）绿色食品的市场潜力

绝大多数消费者（97.5％）对绿色食品有不同程度的认识：只有2.5％表示从未听过；80.3％的消费者有购买绿色食品的经历，其中19.8％为经常购买。42.1％的消费者认为绿色食品"安全性更高（农药残留少）"，22.4％认为"营养更丰富且安全性更高"。当被问及对市场上的绿色食品是否满意时，81.4％的消费者是比较满意的，其中8.6％表示很满意，说明绿色食品的性能质量优势明显，市场潜力巨大。但是也存在着产品品种不够丰富、价格偏高、购买不方便等问题。

3.农产品购买场所的革命：超市将逐步取代农贸市场

调查发现，农贸市场仍是消费者购买蔬菜等农产品的最主要场所（见表3），但是近些年随着人们生活水平的提高和生活方式的转变，越来越多的人选择在环境舒适、质量有保证、售后服务完善的超市购买蔬菜等农产品。2000年，北京市民在超市购买的农产品（生鲜）占农产品（生鲜）消费总量的15％左右，在零售业最发达的上海，这个比例已经达到20％左右。① 当被问及"在农贸市场购买的最大原因"时，38.5％的消

---

① 　数据来源：2001年的《中国连锁经营年鉴》。

费者认为是"购买方便";当被问及"在超市购买的最大原因"时,50.0%
的消费者认为是"售后有保证"(见表4)。

表3　杭州消费者购买农产品的主要场所

主要购物场所	农贸市场	超市	街头小贩	不确定,常变换
比例(%)	65.2	35.1	1.4	1.4

表4　杭州消费者选择购物场所的原因

单位:%

购物场所	品种丰富	价格便宜	购买方便	购物环境好	售后有保证	合计
农贸市场	25.6	15.4	38.5	2.6	17.9	100.0
超市	0.0	4.2	29.2	16.7	50.0	100.0

(二)农产品市场的质量供给现状

对农产品质量供给现状的分析,涉及生产、流通、加工等各个环节,
本文仅对生产环节中质量供给状况做调查分析。

针对目前农产品市场农药残留等食用安全问题突出的情况,本文将
重点分析农产品生产过程中农药的使用安全问题。由于各种农产品的
农药施用情况具有趋同性,本文采用对浙江金华及嘉兴地区水稻生产过
程中农药使用情况的调查数据以做分析。调查采用问卷调查的方式,收
到有效问卷75份。

1. 农产品农药残留超标的问题日益严重

调查中问及"你是怎样确定农药用量的",22.7%的农民表示根据药
瓶说明施用,24.2%是凭经验施用的,6.1%是根据别人推荐确定用量
的,高达47.0%的农民是根据推荐量再加一点,并且农民普遍反映用药
量在不断增加(见图6)。这种加大农药用量的做法导致了当前农产品
农药残留超标的问题日益严重。

2.对于抗病虫品种、综合防治技术,农民普遍缺乏了解

调查中我们发现,69.5%的农民最喜欢的防治技术为化学农药防治
技术,只有17.4%的农民最喜欢通过种植抗病虫品种和13.0%的农民

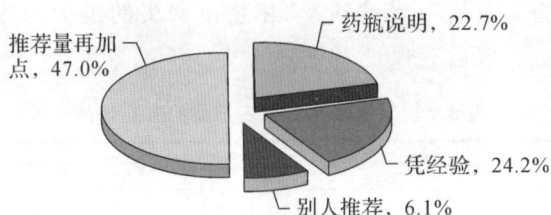

图 6 农药使用量的确定

最喜欢通过综合防治技术（栽培、水、肥等的调控）达到防治目的。另外，农民的安全生产意识淡薄，当问及"对毒性强、残留高、环境污染严重，但杀虫治病效果好的农药，你是否考虑施用"时，69.4%的农民表示会使用。

3. 农民片面追求产量，忽视质量，大量使用农药来增加农产品产量

调查中，69.3%的农民表示"喷药增产"对他们而言很重要，20.5%表示不重要，10.3%表示没意见，且 88.5%的农民同意"施用农药会提高作物产量"。另外当被问及对"使用杀虫剂可增加产量"的看法时，35.1% 农民认为可能对，5.4%的农民认为大多数情况下对，45.9%的农民认为肯定对。由此不难发现，农民在生产农产品时重视提高产品产量来增加农业收入，忽视了一些可能由施药带来的农产品质量下降的问题。

4. 农民环保观念淡薄，农业生产污染严重

调查中当被问及"你通常如何处理洗喷雾器的水"时，42%的农民表示将水直接倒在田里，37%表示倒入河中，17%表示倒入灌溉渠道，4%的农民用到哪倒到哪。由此可见，农民显然缺乏安全生产和环保意识，他们的这种做法不仅污染了环境，而且也是农药残留的间接来源。农民对空的农药容器的处置也突出反映了这方面问题（见表 5）。

表5 空的农药容器的处置方式

单位:%

农药容器	扔在田地里	回收卖掉	回收埋掉	合计
空农药玻璃瓶	95	0	5	100
空农药塑料瓶	95	0	5	100
空农药塑料袋、锡箔袋	95	0	5	100

(三)农产品质量需求供给的比较分析

通过对消费者和农民的调查,我们不难发现农产品的质量需求与供给之间是存在一定差距的,这具体体现在如下几个方面。

1. 对性能质量含义的理解不同

如今的消费者对农产品性能质量的理解,已不仅仅停留于对农产品搜寻品特性的关注,而是更注重其经验品特性和信任品特性,尤其是食用安全性,如83%的消费者对蔬菜质量最大的不满源于农药残留等安全问题。而农民对农产品质量的理解,仅停留于外观等搜寻品特性,这势必影响到农业生产:使用廉价的高毒禁用农药和超剂量使用农药,随急用药,不注意间隔期,在未达到农药安全期就急于将蔬菜采摘上市等。这显然与消费者的要求有很大差距。

2. 农民的产量追求和消费者的质量追求之间的矛盾

如今的消费者更重视产品的质量,尤其是安全性,他们甚至愿意支付更高的价格购买质量更好的产品。但农民显然没有意识到产品质量对于农业生产和经营的重要性,他们片面地追求提高产量来提高经济效应,而他们采取各种方式增加产量,如近六成的农民认为"喷药增产"对他们很重要。这不仅造成消费者有效需求得不到很好满足而大量低质农产品积压的矛盾现象,也造成增产不增收等问题,严重挫伤了农民的生产积极性。

3. 农产品的经验品特性和信任品特性面临严重的信息不对称

消费者在购买农产品之前无法了解其性能、质量,尤其是产品的经验品特性和信任品特性,只有生产者或销售者知道产品的质量状况。随着产业链条的不断延长,基于分工而产生的信息不对称也不断深化,农产品从田间到餐桌的各个环节都会存在明显的质量信息不对称问题:生物技术公司了解其种子是否为转基因品种而农民不一定知道;农民知道其产品生产中农药、化肥、兽药和饲料添加剂的使用状况而消费者与加工企业不知道;加工企业知道加工过程中的食品添加剂使用状况而零售商和消费者不知道;批发市场和零售市场上的商贩知道其产品在储运和销售过程中是否安全、卫生而消费者不知道。这种信息不对称的直接后果就是每个环节的消费者无法辨别好产品和坏产品,从而每个环节的好产品市场和坏产品市场合二为一,从而形成逆向选择,将好产品驱逐出市场。在只有卖者了解产品质量而买者不太了解质量的情况下,加上不存在对付信息不对称问题的专家系统等市场中介组织,逆向选择将导致高质量产品市场难以存在,或者市场只能提供低质量的产品,优质不能优价(Akerlof,1970)。

五、结论

农产品质量营销是质量营销在农产品领域的全新应用。本文通过对消费者质量需求的调查,发现质量已经成为影响消费者购买决策的极为重要的因素,消费者愿意支付高价购买食用安全性高、营养丰富、口味好的农产品,绿色食品市场潜力巨大。对质量供给的调查发现,生产者片面追求产量而忽视了对农产品质量的提升,农药使用安全方面存在较严重问题。通过对消费者和农民的调查,我们不难发现农产品的质量需求与供给之间是存在一定差距的:对质量含义的理解不同、生产者产量追求和消费者质量追求之间的矛盾,以及农产品的经验品特性和信任品特性面临的严重信息不对称问题。

参考文献

[1] Akerlof, G. A. (1970): "The Market for Lemons: Quality, Uncertainty and the Market Mechanism", *Quarterly Journal of Economics*, 84: 488-500.

〔2〕Darby，M. and Karni，E.(1973)："Free Competition and the Optimal Amount of Fraud"，*Journal of Law and Economics*，16：67-88.

〔3〕Nelson，P.(1970)："Information and Consumer Behavior"，*Journal of Political Economy*，78：253-279.

〔4〕程言清,黄祖辉:农产品流通现状、问题及发展趋势,《价格理论与实践》2002 年第 6 期。

〔5〕龚艳萍:质量营销在电信市场营销中的运用,中国电子行业投资信息网.

〔6〕李政权:探寻房地产营销新手,中国营销传播网。

〔7〕斯蒂芬•P.罗宾斯:《管理学》第四版,中国人民大学出版社,2003年,第 41 页。

〔8〕于斐:保健品,前方的路不凄迷,《行销视界》2002 年第 5 期。

〔9〕张红宇:农业结构调整与国民经济发展,《管理世界》2000 年第 5 期。

中国超市经营生鲜农产品和供应链管理的思考①

一、引言

超市农产品的兴起和发展,正深刻地影响着生鲜农产品的消费和流通。中国超市开始参与生鲜农产品经营的原因在于三个方面:第一,消费者需求的变化决定了生鲜农产品通过超市流通的趋势。随着居民生活水平的提高,消费者对生活质量的追求日益加强。测评生活质量的重要尺度是"食",它不仅包括食品的内容,也包括食品采购的方式。从这个角度看,环境差、品质无法保证的农贸市场已经不能满足追求高质量生活的消费者的需求,他们希望在充满现代气息的环境里采购称心的商品。近年来中国沿海一些城市进行的轰轰烈烈的"农改超"运动,虽然带有一定的政府推动色彩,但不能否认在一定程度上反映了消费者的需求变化。第二,超市经营成败在很大程度上与生鲜农产品的经营状况有关。根据发达国家的经验,生鲜农产品的 80%～95% 是通过超市和食品商店流通的。从超市经营的实践来看,生鲜农产品经营还具有战略上的意义,因为生鲜农产品是店面的形象中心和利润中心,也是消费者选择商店的第一标准。对中国的超市经营者来说,生鲜农产品的经营终将

① 本文作者为黄祖辉、鲁柏祥、刘东英、吕佳。本文内容发表在《商业经济与管理》2005 年第 1 期。本文研究得到国家自然科学基金项目"我国生鲜食品物流系统构建中的组织与制度研究"(70373022)资助。

成为它们获取竞争优势的重要手段。第三,生鲜农产品的供给需要有相应的流通终端为保证。据统计,目前中国粮食、蔬菜类产品的商品率已超过30%,畜产品、水产品的商品率已超过50%,水果的商品率接近90%。农产品商品率的提高与生产专业化程度的提高密切相关,在这样的背景下,传统的小半径、小额度的农产品交易已经无法满足大批量农产品的销售要求,因此,应在小规模的农户生产和城市居民的大食品市场之间构建一些新的商业通道。

但是,目前中国高效畅通的生鲜农产品流通体系尚未形成,消费者、零售商、生产者三方能否在实践环节最终实现"共赢",取决于生鲜农产品供应链的有效开发和管理。本文的目的就在于分析超市生鲜农产品供应链管理的内容,揭示管理实践中存在的问题,并分析其内在原因,为中国超市经营生鲜农产品和提高供应链管理水平提供思路。

二、超市生鲜农产品供应链管理要素

供应链管理是指计划、组织、控制物料和服务从供应商到终端用户或消费者链式流动的过程。链条的强度依赖于组成它的每一个链环的强度,即链条的强度受制于其中最弱的那一段链环。供应链管理与传统物流管理的重要区别在于:它不再仅仅关注产品物理实体的流动,而更关注通过寻找渠道成员间的相互依赖与支撑点,达到联结增值的目的。为实现这一目的,供应链管理的重点应该放在协调参与产品和服务买卖过程中的企业或组织之间的关系系统(也就是通产所说的渠道结构)的运行之上。

在业务领域中,配送或营销渠道组织的复杂分组总是让人眼花缭乱。渠道就是竞技场,从某种程度上说,它将决定一个厂商的最终成败。在实际操作中,专业经理们总是会面对多样的渠道选择,大量的计划和谈判发生在渠道结构确立之前,即使确立了渠道结构,渠道安排也会随着厂商不断寻求提升其相关的地位而动态变化。最终的追求是建立一个能够导致竞争优势的优越的渠道。目前,供应链管理的观念已经逐步深入人心,中国超市经营者在学习国外同行先进管理方法的过程中,正在积极尝试进行自身的供应链管理。

生鲜农产品不同于其他消费品：它的易腐特性提出了时效性要求；作为食品本身，它提出了安全性要求；而消费者的口味多变性，则提出品种多样性的要求。这些特性决定了对生鲜农产品进行供应链管理的基本特征与要求：①保证生鲜农产品以最短的时间实现从田间到餐桌的流动；②保证生鲜农产品在流通中实现品质的稳定或提升；③保证向消费者提供新鲜、安全的多样性食品；④降低整个物流过程中的损耗，控制逆向物流的生成率，全面节省成本；⑤使生鲜农产品经营成为同业竞争中的一项核心优势。

基于以上阐述，本文认为，超市生鲜农产品的供应链管理应主要包括两个方面的内容：一是对生鲜农产品物流作业的管理，包括品种的开发和管理，标准的推行，质量的监控，包装、运输、储存、流通加工、配送等环节的优化等内容。二是对关系或组织的管理，包括选择合适物流渠道和供应链合作伙伴、确定合约方式、分派产生的附加值、维护伙伴关系的持久性和链条运转的流畅性。

三、中国超市经营生鲜农产品和供应链管理现状

目前中国生鲜农产品的流通仍然主要是在三级市场体系下进行：产地批发市场、销地批发市场、零售农贸市场。随着超市、便利店等新型零售业态的兴起，传统的生鲜农产品流通渠道正在发生变化。图1描绘了当前中国生鲜农产品流通渠道及其所包含的主要参与者。

从图1可见，目前中国超市对生鲜农产品的采购渠道主要有四：生产基地、中间商、农户组织、批发市场。其中以中间商采购为主要渠道，但"生产基地—超市"型是主要发展目标，也存在一定量的批发市场供货，还有一些季节性或地域性较强的产品是直接从农户采购。

在以上渠道中，本文涉及的是主要的渠道参与者，也就是承担存货责任或金融风险的组织主体，除此之外，还有一些专业的渠道参与者，它们往往通过收取费用的形式为主要参与者提供必不可少的服务，并成为参与渠道的相关性组织（见表1）。

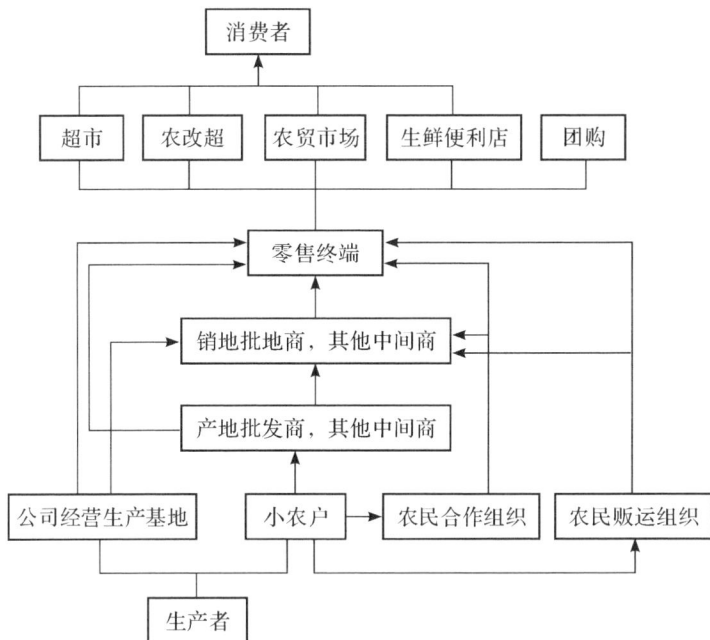

图 1　生鲜农产品流通渠道与主要参与者

表 1　生鲜农产品供应渠道参与者

类别	分工	
主要参与者	生产者	
	批发商	
	中间商	
	零售商	
专业参与者	功能专业人员	运输
		仓储
		包装装卸
		流通加工
		配送
	支持专业人员	金融
		保险
		信息
		咨询

在供应链管理中,这主要参与者与专业参与者都是被管理对象。就目前的实践来看,中国超市在生鲜农产品的经营中,并没有真正运用供应链的管理方法。其主要原因如下。

(一)生鲜农产品供应链上各环节的衔接并不连贯

供应链管理的关键是有能力在供应链的上下端建立可靠的、相互支持的关系。这需要对链条进行设计,也就是找到可以相互依赖和相互支撑的合作伙伴,并能够相对固定下来。从我们的实地调查结果看,目前大多数超市没有长期固定的生鲜产品供应商,而在诸如运输、包装、装卸等物流作业环节更是随机寻找合作伙伴。一次生鲜农产品采购的效率和成本的控制,往往是依赖于谈判的能力,而非供应链的平滑运转。

理想的供应链管理模式应建立在信息互连基础上,应是以相互信任为支撑的渠道参与组织之间的互惠合作,而中国目前超市供应链上的信息流基本是断裂的,物流支持也不很固定,并且由于组织间合作的临时性,信任与支撑无从谈起(见图 2、图 3)。

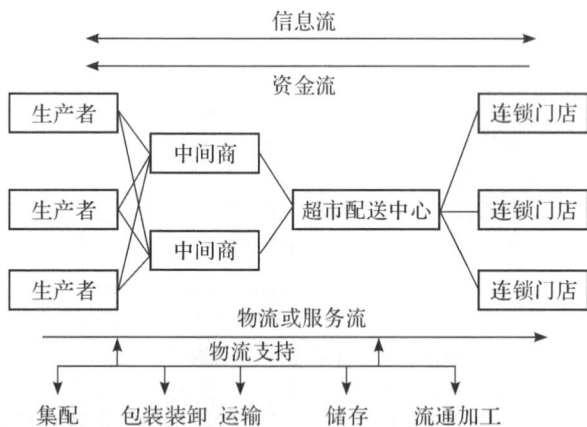

图 2 理想的超市生鲜农产品供应链结构模型

(二)在供应链上没有形成针对增值活动的分派体系

供应链管理是一种基于流程的集成化管理模式。在一个高效的供

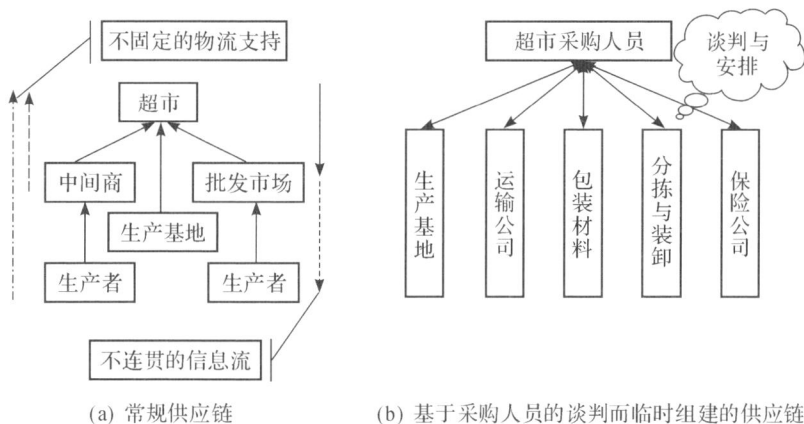

(a) 常规供应链　　　　(b) 基于采购人员的谈判而临时组建的供应链

图 3　现行的超市生鲜农产品供应链结构模型

应链中,链上的各环节组成了环环相扣的有机整体,彼此通过分工协作,达到共同的目标。增值意味着通过经济效用来优化顾客对于产品价值的感觉。通常情况下,四种经济效用会增加产品和服务的价值,即形式效用、拥有效用、时间效用、位置效用。这些效用是由不同的供应链参与者创造的,因此有必要根据各个参与者的核心能力将增值活动分派下去,以保证整个供应链的效率,实现供应链的管理目的。

目前中国超市生鲜农产品供应链上并没有形成这样的分派体系。中国超市从开始经营生鲜农产品到现在(2005 年左右)已经有七年多的历史。调查发现:超市对生鲜农产品的经营已越来越重视,但目前大多是无利可图。国外好的超市生鲜农产品经营的毛利在 20％左右,而国内仅为 0％～10％。这种情况一方面与我国消费者的生活水平与消费习惯有关,另一方面则与没有形成超市供应链体系有关,导致超市经营生鲜农产品成本较高,同时在价格、品质、鲜度、品种等方面又达不到应有标准。

四、中国超市经营生鲜农产品
和供应链管理的限制因素

实地调研发现,超市生鲜农产品采购人员为降低成本、保证效率付出了巨大努力,但真正把生鲜农产品供应链管理作为一个项目进行开发与实施的超市并不多,难道是它们不愿意接受新观念,采用先进的管理方法吗? 显然不是。实践中有不少力量在促进生鲜农产品的供应链管理,但也存在不少限制因素。主要体现在产品特性、技术支持、营销与竞争、组织成熟度和公共政策这五个方面(见图4)。

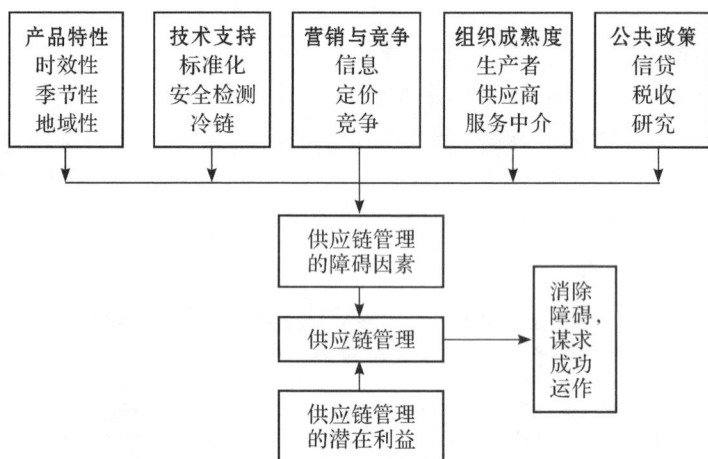

图 4 超市生鲜农产品经营与供应链管理的限制因素

(一)产品特性

目前超市经营的生鲜农产品主要有肉类、水产、蔬菜、水果等几大类。这几大类产品所具有的共同特性是时效性,与工业品物流的准时性相比,生鲜农产品物流的时效性要求源于产品本身的易腐特性,这一特点限制了采购半径;而季节性特性源于蔬菜水果等产品的生物生产周期属性,一旦到了成熟季节,就会形成大批量的供给,很难控制上市的节奏,因此很难配合超市的均衡经营与采购计划;生鲜农产品的地域性特性使得某些产品只在特定产地才有供货。这三方面的产品特性,使得超市在产品开发、供应商优选上受到很大限制。

(二)技术支持

生鲜农产品进超市的物流过程包括运输、包装、装卸搬运、储存、流通加工、配送等环节,每一个环节都面临着技术保证及管理优化的问题,可以说,生鲜农产品物流状态决定着超市经营的利润空间,或者说决定着各个中间环节的利润空间。在国外,农产品从采摘到运至超市出售,是一个品质不断提高的过程,但目前在中国却常常是品质不断下降的过程。之所以如此,是因为在生鲜农产品的采摘、分级、包装、运输等环节上缺乏相应技术的有效支持。而缺乏技术有效支持的重要原因是中国目前还没有建立起严密的、从生产到消费的农产品质量安全与管理体系。这些技术与管理上的限制,使得生鲜农产品的供应链管理很难发挥其效能。

(三)营销与竞争

营销与竞争方面的障碍主要表现在四个方面:一是信息的缺乏。农产品的生产是分散在千家万户的,因此供给方面的信息常常是零散的和不准确的,而来自零售终端的需求信息也很难直接到达基层的生产者。除了供求信息的不连贯外,食品安全信息也往往不对称,这使得超市实施生鲜农产品供应链管理面临巨大的信息搜寻费用。二是农产品价格的频繁波动。价格的频繁波动使得供应链上的利益分配经常面对不确定性,各个环节之间就价格和利益的谈判而导致的高昂交易成本大大降低了供应链管理的效率。三是与传统农贸市场的竞争使得超市经营生鲜农产品的利润大大降低。与农贸市场的竞争恐怕是中国超市经营者当前面临的最为棘手的事情,传统农贸市场依然巨大的吞吐量使得超市很难在量上寻求突破,降低成本,获得收益。供应链管理的效率是建立在对系统利益的共享上的,几乎无利可图的超市生鲜农产品经营,能拿什么与供应链上的合作伙伴分享? 不少超市不得不退出生鲜农产品的经营,甚至于关门。四是苛刻的供应商交易协定,我们在调查中经常听到供应商抱怨进入超市难。超市在定价、支付、质量控制程序、发货、上市费、促销费、广告费和有关折扣方面的要求,使得供应商与超市进行交易的成本很高。

(四)组织成熟度

实施供应链管理需要参与供应链的组织具有较高的成熟度,或者说比较规范。从工业物流与供应链管理的实践看,链条上的组织(或成员)大多具有独立的市场行为能力,专业化程度较高,能在自己承担的业务中具有核心能力。而在生鲜农产品流通领域,情况则很不一样。生产者,特别是小农,很难被纳入到超市的供应链管理系统中。农户经营的小规模和市场行为能力的不健全与总量上高比例供给的现实,着实为超市出了一道难题,这使得小规模农户与超市之间存在着高昂的交易成本。依据日本的经验,农协这一组织可以将这种交易成本降低下来,但是中国目前还缺乏这样的农民组织,而一些与农户有关联的龙头企业又往往不能真正代表农民的利益。除此以外,目前中国市场上还缺乏专业化水准较高的物流服务商,现代化的配送中心发展也不快。可以认为,生鲜配送体系的缺乏是中国继农产品"小生产与大市场"的产销衔接"盲区"后的又一个"盲区"。

(五)公共政策

目前在中国,超市经营生鲜农产品的税率是 13%,尽管这一税率与其他商品相比要低两个百分点,但是,相对于农贸市场上经营者的包税制来说,则高出很多,这使得农产品通过超市流通与经营的利润大大降低。此外,农产品运输过程中的过路、过桥费所增加的成本不能小视,尽管一些地方政府制定了农产品绿色通道的政策,但实际中执行得并不积极。另外,对农产品供应链管理研究的支持、对专业人才的培训、对具体供应链管理项目的扶持力度也不大。

五、基本结论

第一,中国已出现超市经营生鲜农产品的趋势,生鲜农产品的供应链管理应该被提上重要议事日程。

第二,从目前的实践来看,中国超市经营生鲜农产品和实施供应链管理还处于起步阶段。生鲜农产品供应链上各环节是不连贯的,还没有形成有效的增值活动和利益分派体系。

第三,现阶段中国超市在制定生鲜农产品供应链管理战略时,必须考虑到产品特性、技术支持、营销与竞争、组织成熟度、公共政策等方面的限制因素,而不能仅依据一般的现代物流管理思想与实践。生鲜农产品经营需要在消除这些限制因素的实际成本与实现供应链管理的潜在利益之间进行权衡与选择,以期通过成功运作获得实际利益。

参考文献

[1] Patiacia Aust Sterns, Jean-Marie Codron, Thomas Reardon: "Quality and Quality Assurance in the Fresh Produce Sector——A Case Study of European Retailers", Selected Paper, AAEA Annual Meeting Chicago, IL August 5-8, 2001.

[2]唐纳德·J. 鲍尔索克斯,戴维·J.克劳斯,《物流管理——供应链过程的一体化》,林国龙,宋柏,沙梅译,北京:机械工业出版社,1999 年。

我国农产品物流体系建设与制度分析①

一、引言

物流,这一与商业共生的古老活动,由于新的时代赋予了它新的能量而变得神秘而又充满诱惑。从 20 世纪 50 年代开始,首先是企业管理人员,而非专门从事物流的职业人士开始把目光聚焦于物流活动的可能改进,并将其看成能够显著增加股东和顾客价值的最后一个领域。从那时起,物流活动就逐渐摆脱其"纯粹是建立在功能基础上的后勤工作"的形象,而成为企业获得竞争优势的战略武器。对物流能力的挖掘也超出了专门从事物流工作的专业人员的作业领域,成为包括组织内流程改造、组织间关系定位以及制度创新等在内的一系列创新活动的动力及目标。

物流实践在 20 世纪 80 年代末和 90 年代初期经历了复兴时期,本时期有五类变化成为物流复兴的最重大驱动力:①规章制度的重大变化;②微处理器的商业化;③信息革命;④广泛采用质量创新理念;⑤合作伙伴和战略联盟的发展。如果考察这五类变化所包含的内容及其对整个社会与经济的意义,我们可以将其实质概括为制度、组织的创新与

① 本文作者为黄祖辉、刘东英。本文内容发表于《农业经济问题》2005 年第 4 期,被《新华文摘》2005 年第 14 期全文转载,被中国人民大学期刊复印资料《商贸经济》2005 年第 7 期全文转载。本文研究得到国家自然科学基金项目"我国生鲜食品物流系统构建中的组织与制度研究"(70373022)的资助。

技术的创新。那么不难判断,这五类变化与传统物流结合而衍生出来的现代物流,能为企业带来新利润的根源也必然在于制度、组织及技术的创新。发达国家的实践证明了新利润的可得,具体表现为在物流领域实施准时制战略、快速反应战略、连续补充战略、自动化补充战略、供应链管理战略等基于三种创新的战略管理,通过提供个性化服务,保证整体最佳,平衡效率与效果而从根本上提升了物流绩效,为企业带来了可观的收益。

自 20 世纪 80 年代,王之泰教授首次较为完整地将物流概念引入我国开始,关于现代物流的理论与实践都在迅速地发展,特别是在制造业和商业领域,大量的理论文献和案例研究为推动现代物流在我国的发展发挥着重要的作用。但是,我国现代物流的实践仍然处于起步阶段。在这个时期,冷静的思考现代物流带来利润增加的根源,了解自己的制度环境以及历史积淀,寻找发展现代物流的切入点十分重要,而仅仅停留在对成功案例的效仿,或者直接引用成熟的管理系统都是不够的。特别是当我们谈及农产品物流,几乎没有可以从发达国家借鉴的经验,因为发达国家对农产品物流并没有专门的研究,原因是其农业生产、运输手段、信息传递都已经实现现代化,与工业品物流没有太大差别。我们必须认识我国农产品流通环境的阶段性,了解农产品生产特点、需求特点,分析农产品物流体系的构成要素,要着眼于现代物流的实质——是制度、组织、技术的创新改变了物流绩效,从这里入手找到推动农产品物流体系演进的关键要素。

作为农业大国,我国农产品的物流量巨大,其中未经深加工的生鲜农产品占据较大比重。近年来,呼吁重视农产品物流的声音越来越大。农产品物流在国民经济发展中举足轻重,农产品物流涉及整个国民经济的运行效率与运行质量,涉及农业的现代化,涉及农民的根本利益。随着我国加入 WTO 和农村市场的对外开放,以及农业国际化进程的加快,我国的农业传统经营方式和技术导致的物流不畅、成本过高、农产品质量低劣等落后现状,如不迅速转变,作为国家第一产业基地的农村,必将陷于严重的经济恐慌,而改变这种现状的应急措施和长远战略,就是建立科学的农村物流体系。同时,一些学者提出了改善农产品物流的战略,包括:农业产业化经营战略;根据具体情况建立以生产者为中心的垂直一体化物流系统,或以商业为中心的垂直一体化物流系统的一体化战略;发展农产品第三方物流战略等。不管采取什么战略和措施,改善我国农产品物流,应该达到三个目的:一是使农民生产的任何农产品都能实现其价值和使用价值;二是使农产品在物流过程中增值;三是降低农产品的流通成本,提高农业产业化整体效益。

我国对农产品物流问题的研究已进入新的阶段,需要研究的问题很多。比如:究竟应该把农产品物流放在怎样的一个框架下进行分析?什么是合适的分析单位?能否找到农产品物流体系演进的内在规律?本文尝试用新制度经济学的相关理论为这些问题寻找答案。本文首先从分析农产品不同于工业品的物流特性入手,揭示这些物流特性所包含的制度含义,然后以现行生鲜农产品物流体系为对象,分析其制度结构和促使潜在利润形成的外在性因素,指出制度创新是我国农产品物流体系演进的基本途径。

二、农产品的物流特性及其制度含义①

无论什么产业,物流成本是普遍存在的。但相对于价值来讲,农产品物流耗费着更加巨大的成本,改善它,更能体现"物流是第三利润来源"原则。农产品不同于工业品,这种不同决定了农产品物流的特性,这些特性所具有的制度含义决定了物流体系制度结构的形成和演进,影响着农产品物流的绩效。

第一,农业生产不同于工业生产的特点,决定了农产品供应主体的分散性。德国的大卫在《社会主义与农业》第二章"有机生产与机械生产的本质差异"中,将机械生产的工业与有机生产的农业进行比较,把有机生产的农业的异质性归纳为9点:①劳动过程是季节性的,而非持续性的。②劳动形式呈现出多样性,并且不断地变化。③在田间的劳动和劳动手段必须移动。④生产过程必须遵循作物的自然生长规律。⑤作业

---

① 本文中的制度指的是制度安排,指管束特定行动模型和关系的一套行为规则,而制度结构则指一系列正式和不正式制度安排的总和。

场所开阔,即使雇佣农业劳动力,也不可能对其作业进行全面的监督。如果一定要进行监督,则需要大量的时间和成本。⑥在农业经营中人与自然全面结合。⑦受自然因素的制约,农业生产力的提高是缓慢的和有限的。⑧土地报酬呈现出递减规律。⑨农地的扩大(外延性扩大)将会导致与现有农地的竞争。①

　　农业生产的这种异质性的存在是客观的,它往往不随技术的进步而改变,也不随制度的更迭而改变。它直接导致的就是以家庭为单位的生产制度的普遍存在,实践已证明了家庭生产的效率。尽管美国、加拿大等少数发达国家的农业现代化水平很高,规模化成为农业生产的主流,但世界上绝大多数国家的农业生产模式并没有改变大卫 80 多年前的描述,特别是对于人多地少的我国,他的描述可以说是对我国农业生产的真实写照。这就意味着,农产品的初始供给者,必然是由相对分散的、小规模的、在一定范围内基本无差异的生产单位——农户组成。除了自己消费外,每个农户都要出售自己的剩余农产品,因此他们必须使自己进入农产品的物流(或流通)体系。显然,由众多小规模、分散的、无差异的农户组成物流主体的一部分是农产品物流的一个特性。这一特性具有两方面的制度含义:一是在以家庭为单位的生产制度下,小农户不能被排除在物流主体之外,与之相应的农产品物流过程中的一系列的初始制度安排都将打下这一烙印。二是农产品物流体系运行中的交易成本必然包含每一个农户独自参与农产品物流的交易成本,大量重复产生的交易成本是否能被降低,对整个农产品物流体系具有至关重要的意义。

　　第二,农产品,特别是生鲜农产品具有的生物特性,决定了其在物流上与工业品质的区别。这种生物特性体现在三个方面:一是蔬菜水果等由于采后仍有生命活动的延续而造成的易腐易损性;二是单位产品价值低,体积大;三是最初产品形状、规格、质量参差不齐,鱼龙混杂。

　　农产品的易腐易损性,规定了物流时间的上限,从而也限制了物流距离,并要求尽量减少装卸搬运次数。特别是一些鲜活农产品,需要特有的物流设备,比如冷库、冷藏车等,需要专门的技术,例如保鲜、包装、储藏技术等,对物流过程的要求非常苛刻。即使满足了这些条件,生鲜

---

① 转引自祖田修:《农学原论》,北京:中国人民大学出版社,2003 年,第 76 页。

农产品物流仍然具有非常大的风险。因此,在生鲜农产品物流领域,商物分流往往难以实现,而众多规模较小的物流主体,由于缺乏对专用资产投资的能力和动力,其直接后果就是成本高昂的原始物流方式普遍存在。

单位产品价值低,体积大,使得农产品物流中的运输费用巨大,特别是生鲜农产品,其物流对运输条件、运输政策环境较之工业产品,更为敏感。而初级农产品品质的参差不齐,决定了有助于农产品规格化、标准化的初加工具有十分重要的意义。

农产品的生物特性表明,农产品,特别是生鲜农产品的物流具有很大的风险。除非物流技术与物流装备达到一定的水平,除非物流环节的合约安排与制度设计比较合理,否则,农产品的物流过程很难成为增值的过程,物流的成本也不易降下来。农产品物流过程的制度含义在于:当物流绩效越来越依赖专有技术和专用设备的时候,资产专用性的概念将在农产品物流体系中变得越来越重要,并将成为影响制度安排的重要因素。

第三,从农产品的消费市场分析,供给和需求两个方面的特性,使得农产品物流无论是从承担的责任,还是从侧重的目标来看都不同于工业品的物流。从供给上看,农产品的生产对自然地理条件的依赖是明显的。尽管随着科技水平的提高,人类在农业生产上已经取得了很大进步,但是在农产品生产周期、水土依赖等方面的自然规律仍然起着主导作用,这使得农产品的供给弹性很小。从需求上看,农产品是生活必需品,属于生存资料,同时受到身体能量需求的限制,使得农产品需求弹性也很小,因为就每个人来说,与其收入水平相适应的食品的总量需求几乎是固定的,并且要求是均匀的。农产品的供给弹性和需求弹性都很小的特点,容易导致消费市场上价格的周期性波动,著名的蛛网模型清晰地描述了这一现象。过于剧烈的价格变动将会导致农产品物流的无序、无效或停滞,这对于生产者来说是致命的,对消费者来说也可能是无法承受的。

工业品物流的首要责任是过程优化,强调各环节匹配,而农产品物流首先要承担的责任是保持物流的持续有效,其目标就是达到量的均衡,从而保证农产品价值的有效实现。农产品物流的这一特性,特别强调了消费需求信息在整个物流过程中保持迅速有效的重要性,从而决定了距离消费者最近的主体在物流体系中的制度形成及变迁过程中具有强势地位。

第四,城市与乡村的分工是农产品物流存在的基础,农产品商品化程度越高,生产地与消费地的分割越明显,农产品物流就越重要。农产品物流的价值源于它所创造的四个效用。一是形态效用。农产品经过物流过程中的加工活动改变形态从而增加对消费者的效用,称为形态效用。二是空间效用。物流活动把农产品从无法销售或售价很低的地区运到其他地区,扩大了销路,增加了这些农产品的价值。三是时间效用。为了调剂余缺,改变季节性的供求不平衡关系,人们采取各种方法把农产品贮藏起来,使一时消费有余的农产品能够保存到以后时期去消费。四是转移效用。农产品从农民手中向中间商人、加工厂等一系列的转移,最后到达消费者手中,满足其需要。这种转移过程不仅要求保持农产品的使用价值,而且还能增大它的使用价值,实现它的价值增值。这四种效用是在农产品物流过程中产生的,它能否以价值的形式实现是衡量物流有效性的条件。

从产地与消费地的明确分隔来看,农产品物流的又一特性就是对产销地之间的通道畅达的依赖。一些地方存在的保护主义,使得农产品的物流通道被人为隔断,进而农产品流通不畅,无法实现上述所提到的四大效用,给交易各方造成了损失。而一些地区努力开通农产品运销的绿色通道,则提高了农产品物流的效率。这表明,农产品物流在某些方面的制度安排,存在对政府强制性权力的依赖。

三、我国现行农产品物流体系的制度结构分析

尽管不少文献分析了现行农产品物流体系存在的问题,但是如果考虑到经济行为对利润的追逐,我们仍然必须看到效率还是普遍存在的,即"没有一个有效率的市场不是处于由市场参与者参与其中的制度结构

之中"①。因此,对效率的看待是与特定的制度结构相联系的。

从 20 世纪 80 年代中期开始,国家开始逐步取消农产品的统购、派购制度,实行多家经营、多渠道流通,同时开放农产品市场,包括恢复农村集市贸易,建立城市农副产品市场和多种形式的农产品批发市场,进而形成了现行的农产品物流体系,并据此形成了一个相对稳定的农产品物流制度结构。

本文以生鲜农产品为例,绘制了我国现行的农产品物流体系模型的简图。从图 1 中可以看出,一个完整的生鲜农产品物流体系应该包括三个方面的要素:一是参与农产品生产和经营的主体(在现有的物流体系中,它们也是参与农产品物流的主体);二是农产品的物流通道(在商流和物流合一的情况下也就是流通渠道);三是功能性物流业务,包括运输、储存、包装、装卸搬运、流通加工、配送和物流信息传递。现行生鲜农产品物流体系的制度结构由与这三方面的要素相关的制度安排组成。

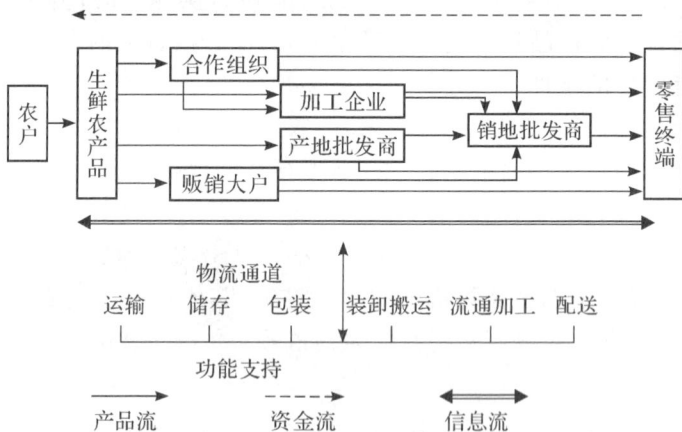

图 1　生鲜农产品物流体系模型

(一)物流主体

现行生鲜农产品物流主体包括以农户为主的生产者、贩销户、农民

① 道格拉斯·C.诺斯:《对制度的理解》,《制度、契约与组织》,北京:经济科学出版社,2003 年,第 16 页。

合作组织、加工企业和各种性质的中间商以及各种类型的零售终端。

在生鲜农产品物流体系形成过程中,小农户作为主体参与物流是初始的制度安排,其原因有二:第一,以家庭为单位的生产制度的存在;第二,在20世纪80年代农产品相对短缺的背景下,迅速扩大的农产品消费需求以及农村集市和城市农贸市场的发展,使小农户直接从事农产品营运并不需要很高的交易成本。

随着农产品商品化程度的提高,尤其是在农产品相对过剩情况下,不断扩大农产品的物流半径和开拓新的消费市场变得愈来愈重要。生产对需求信息的依赖加强,小农户的小规模以及在信息搜寻上的弱势,提高了其经营农产品的交易成本,一批专门从事农产品贩销的专业户从小农户中分离出来,成为重要的物流主体,从而改进了初始的物流制度安排。

同时,回应农户对改变市场地位、降低谈判费用的制度需求,农业产业协会和农民合作组织得到了发展,它们在一定程度上取代了部分小农户,成为新的物流主体。

很显然,旨在改变物流主体性质的制度安排是在不断变化中的。面对着农产品超市化的发展,数量众多、规模较小的农户、贩销户、农业龙头企业以及农民合作组织如何与其相适应?或者说,我国的农产品超市化进程如何与现行的多种物流主体相适应?这是我们在研究农产品物流体系与物流主体关系时必须要考虑的重点问题。

(二)物流通道

我国现行生鲜农产品的物流通道大致包括以下几条:

①农户——城市集贸市场;

②农户——产地批发商——销地批发商——零售终端(各类);

③农户——贩销户——零售终端(主要是城市集贸市场、集团购买者);

④农户——贩销户——销地批发商——零售终端(各类);

⑤农户——合作组织——销地批发商——零售终端(各类);

⑥农户——合作组织——零售终端(连锁超市、便利店、集团购买者);

⑦农户——加工企业——零售终端（连锁超市、便利店、各类食品店）；

⑧农户——合作组织——加工企业——零售终端（连锁超市、便利店、各类食品店）；

⑨农户——加工企业——销地批发商——零售终端（连锁超市、便利店、各类食品店）；

⑩农户——合作组织——加工企业——销地批发商——零售终端（连锁超市、便利店、各类食品店）。

在上述 10 个类型物流通道中，通道②、③、④的主体间的关系基本是纯粹的市场关系，在通道④中，销地批发商与贩销户之间有些具有相对稳定的合作关系，但仅限于作为交易对手的关系稳定，并无直接利益相关的合作。在通道⑤、⑥中，农户与合作组织之间联系较为紧密，通常有合作章程约束双方行为，保证双方利益，合作组织与其他主体间仍以市场关系为主，部分有合约关系的存在。通道⑦、⑧是目前农产品物流体系中，建立起最为紧密的主体间关系的物流通道，通常以加工企业为核心，与上下游主体间通过合约相连，或者直接走垂直一体化的道路，当然仍有相当一部分加工企业与上下游主体保持纯粹市场关系。通道⑨、⑩与⑦、⑧相比，加工企业与下游的主体间又回到以市场关系为主。综观以上 10 条主要的农产品物流通道的构成，可以看出，纯粹的市场交易关系是目前我国生鲜农产品物流的基本制度安排。

（三）功能性物流业务

与其他行业一样，农产品物流的功能性业务包括运输、储存、包装、装卸搬运、流通加工、配送等活动，但由于农产品物流特性的存在，对这些功能性活动的要求就有所不同。比如：在运输环节，要考虑到鲜活农产品的生命特征；在储存方面，要考虑到技术许可范围内，农产品的最佳保存期和最长保质期；装卸搬运要尽量减少农产品的损耗等。农产品，特别是生鲜农产品对物流的功能性活动的特殊要求，使得物流技术、物流装备水平至关重要。这些物流技术涉及运输、储存环节的保鲜技术、包装技术等，而物流装备主要指冷库、冷藏车、温控加工环境等保证生鲜农产品质量的物质条件。

在现行物流体系中,与物流主体、物流通道相关的制度安排决定了生鲜农产品商流和物流的不分现象,这导致了各类主体在物流业务上合作的困难,这种困难使得对有明显资产专用性特点的物流专有技术和专用设备的投资缺乏激励。

四、农产品物流体系建设中的制度创新

简言之,我国现行农产品物流体系的制度结构可以概括为:众多的主体从事小规模、孤立的物流活动;物流通道的上下游主体之间以纯粹的市场交易关系为主;交易常常是随机的,缺乏以长期合作为特征的稳定的物流链条。尽管我们已经看到改革以来我国农产品物流制度安排的一些变化,但是在传统物流体系下,潜在利润的有限性并没能导致这种制度的巨大变化。但是,从 20 世纪 90 年代中期以后,由于农产品过剩现象的出现和农产品超市化的逐渐呈现,我国生鲜农产品的物流体系正面临着变革的压力,制度进一步创新的时机已经来临。

(一)制度创新的压力

诺斯认为,制度安排之所以会被创新,是因为有许多外在性变化促成了利润的形成,而这些潜在的外部利润无法在现有的制度安排结构内实现,因而,原有制度安排下的某些主体为了获取潜在的利润,就会率先设法克服这种障碍,从而导致一种新的制度安排的形成。就生鲜农产品物流而言,以下一些因素正在成为突破原有制度结构的压力。

第一,农业本身的发展达到了一定的专业化和商品化程度。历史地看,农产品物流促进了农业生产的专业化和商品化,同时农业生产的商品化又对农产品的物流提出更高的要求。正如前面提到的,农产品商品化后,必须通过农产品物流过程所创造的时间效用和空间效用来实现其价值。而仅凭农民个体的力量融入物流链,其交易成本会十分高昂,因此,为了获得专业化生产带来的效益,农户本身具有了通过制度创新获得物流效益的动力。

第二,超市等新型零售业态的介入改变了原有体系下生鲜农产品的利润空间。但是,超市对所经营的生鲜农产品的规格、质量、等级及供货方式的要求是原有物流体系所不能达到的。为了能分享供应链管理下现代农产品物流的增加值,各类中间商会有动力通过制度的创新,努力成为连锁超市供应链上的结点。

第三,我国城市居民食物消费结构、消费方式的变化,为农产品物流增值提供了需求基础。通过对城市食品消费市场的调查分析,可以看到,当前城市居民对生鲜农产品在包装化、超市化、加工化、生态化等方面的要求已呈上升态势,这预示着集贸市场等传统的农产品市场将逐渐萎缩,以销售各类加工食品的超市、便利店等各种零售店为主体的店头经营会越来越普遍,同时,对生鲜农产品物流过程中,依靠技术与设备保证质量的要求越来越高。因此依托于传统经营方式的各类中间商需要通过制度创新来适应新的形势。

第四,计算机和因特网技术应用于物流实践,拓宽了农产品的物流活动空间。在这种技术发明和使用之前,由于农村和城市的分隔,生产与消费的匹配是周期性波动的,而且缺乏有效的解决方法,整个生鲜农产品物流活动带有习惯性和传统性。但是信息技术的发展有可能使物流更加贴近需求,并因此获得收益,由此,促使信息技术充分利用的物流制度安排将被创新出来。

(二)制度创新的取向

威廉姆森认为,各种经济制度的主要目标和作用都在于节省交易成本。换句话说,只要节省交易成本的可能性存在,制度创新的可能就存在。在农产品物流体系中,降低交易成本的可能性来源于:改变农户融入物流体系的组织形态;改变物流领域专有技术和专用设备的投资激励;丰富经营主体之间的合作关系,保持物流链的稳定;保持物流链上量的均衡,保证物流的有效性。基于此,现行生鲜农产品物流制度创新的主要取向体现在以下三个方面。

1. 旨在改变各物流主体融入物流链能力的制度创新

(1)农户组织创新

改变以分散农户为物流起点的现状,提高农户的组织化程度,推广现有的合作社和专业协会等农民合作组织的经验,提高合作组织对农户的覆盖范围。具体运作形式不要拘泥于国际经验或惯例,根据我国国情,或者以合作社的形式,或者以股份合作制的形式将农民组织起来,目的是让农户从生产开始,有明确的需求意向和收入预期作为保证,有清晰的技术标准作为指导,并能通过前向联合,保障种子和生产资料的供应。需要强调的是:农户组织创新的目的在于通过其融入现代物流体系,进而获得整个物流链中的增值收益,因此,组织必须致力于对农产品生产过程的控制,做到农产品从生产开始就具备现代物流所要求的定量、定标,彻底改变农产品采收之初的参差不齐、鱼龙混杂的现状,从起点上消除农产品物流的杂乱无序。

(2)中间商组织创新

农产品流通市场存在众多的中间商,在长期的经营实践中,这些中间商积累了丰富的经验,但是规模较小,运行方式传统,在扩大物流半径、开发物流过程的价值方面,难以有所突破。中间商组织的创新应该致力于在规模和功能上的突破,采用资本经营的方式,在相关产业中间实行联合,重新定位自己的功能,积极谋求与上下游交易伙伴的合作,主动融入物流链。

2. 旨在实现农产品物流过程增值的制度创新

从世界发达国家的农产品产值构成来看,农产品产值的 70% 以上是通过产后的储运、保鲜、加工等环节来实现的。20 世纪 90 年代初,产后产值与采收时自然产值的比例,美国为 3.7:1,日本为 2.2:1,我国仅为 0.38:1。[①] 发达国家农产品物流是一个价值增加的过程,而我国目前不少农产品的物流过程却是一个质量减损、价值降低的过程,技术与装备的落后成为提升农产品物流业务水平的瓶颈。农产品物流的专用技术和专门设备具有很强的资产专用性,一般是属于特定用途的资产,这在传统的农产品物流制度结构下,往往缺乏投资的激励。正如威廉姆森指出的,"除非这种投资可以降低成本或增加收入,否则不会有人投资"。在威廉姆森看来,存在资产专用性的情况下,组织要比其他的治

---

① 数据转引自修德仁:《我国农产品保鲜产业的发展策略》,《农产品加工》2003年第 10 期。

理结构(如市场)更有效。在越来越需要专用技术和设备来保障物流效益的情况下,投资是必需的,而能对这种投资提供激励的,将是一体化的组织形式,所以在生鲜农产品物流领域实行纵向一体化的组织形式将成为制度创新的一个方向。

3. 旨在获取农产品新利润的制度创新

生鲜农产品新利润空间的开拓主要来自连锁超市、便利店等新型业态的加盟,从事生鲜农产品物流的各类主体,将以它们为领导组建农产品供应链,按照供应链管理理论,在供应商以及供应商的供应商之间建立合作关系,充分利用现代信息技术,实现时需对应的准时制物流管理,促进生鲜农产品店头经营的发展,进而摆脱传统物流体系对传统市场的依赖,形成现代物流体系与现代市场的相互适应。

总之,上述一系列的生鲜农产品物流制度的创新,将改变原有制度结构的约束,推动生鲜农产品物流体系的演进(见图 2),使潜在的利润转化为现实收益。

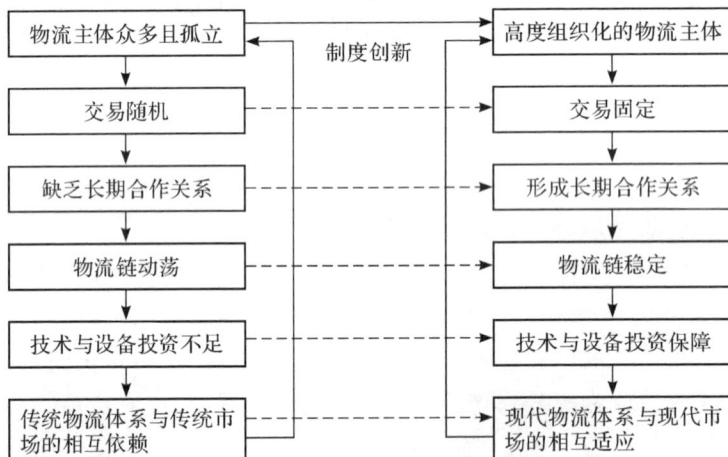

图 2 制度创新推动农产品物流体系演进

参考文献

[1]Aust Stems, Jean-Marie Codron, Thomas Reardon, "Quality and quality assurance in the fresh produce sector: a case study of European

retailers"，Selected Paper，AAEA Anual Meeting，Chicago，2001.

［2］Brown，J. R.，"A cross-channel comparison of supplier-retailer relations"，*Journal of Retailing*，1981(4).

［3］R. 科斯，A. 阿尔钦，D. 诺斯等. 财产权利与制度变迁，上海三联书店、上海人民出版社，1994.

［4］奥利弗·E. 威廉姆森. 资本主义的经济制度，商务印书馆，2002.

［5］丁俊发. 大力发展农产品物流，中国供销合作经济，2002(6).

［6］杜小芳，张金隆. 农产品的第三方物流管理模式，物流技术与应用，2003(12).

［7］黄祖辉，蒋文华. 农业与农村发展的制度透视，中国农业出版社，2002.

［8］孙剑，李艳军. 基于一体化战略的农产品物流系统模式，商业时代，2003(17).

［9］万寿桥，李小胜. 农产品物流的改善，中国物流与采购，2003(1).

［10］王新利，张襄英. 构建我国农村物流体系的必要性与可行性，农业现代化研究，2002(7).

［11］温思美，杨顺江. 论农业产业化进程中的农产品流通体制改革，农业经济问题，2000(10).

论生鲜农产品物流链的
类型与形成机理[①]

　　中国作为一个发展中的大国,在全球化的食品供应链条上,将怎样成为一个链环,又将成为怎样的一个链环? 这是非常值得研究的问题。目前国内对农产品供应链的研究还不是很深入。基于此,本文依托一个正在研究的课题——我国生鲜食品物流系统构建中的组织与制度研究,对中国目前的生鲜农产品物流情况做了大量的实地考察,在此基础上,对生鲜农产品物流链的形成及演变机理进行了理论解释。

　　本文将生鲜农产品物流体系的构成要素划分为物流主体、物流通路和功能性的物流业务,这三类要素以不同的方式进行组合,就形成了物流过程中的不同的组织形式。生鲜农产品生产、流通和消费上的特性,决定了任何一种组织形式都表现为从生产者到大众消费者之间由物流活动串起的一个链条,因此本文将这些组织形式称为生鲜农产品物流链。具体来说,不同的物流主体选择不同的通路,以不同的联系方式从事功能性的物流活动就形成了不同的物流链,这些不同的链条共同构成一个庞大的物流体系。

　　物流主体和物流通路的结构、物流功能的开发以及相互协调程度受到一定制度结构的约束,但是在一个相对较短的考察期内,可以认为制度结构处于相对稳定的状态,或者至少制度变迁的方向是可预期的,那么在这一前提下,可以揭示主体、通路和物流业务之间结合的内在机理。

　　① 本文作者为黄祖辉、刘东英。本文内容发表在《中国农村经济》2006 年第 11 期。本文研究得到国家自然科学基金项目"我国生鲜食品物流系统构建中的组织与制度研究"(70373022)资助。

一、生鲜农产品物流链形成的二维空间模型

从对真实世界的观察中,我们可以明显地看到生鲜农产品生产与流通领域的一些变化:在从生产者到消费者形成的整个价值链条上,在普遍的依靠开放的市场机制进行交易的形式之外,正在逐渐形成诸如联盟、共同投资、风险共担、合同治理直至一体化等以密切主体之间联系为特征的各种联系形式。物流不仅因为其作为流通的一个组成部分不可避免地被卷进这样一场变革当中,更因为其在满足客户需求、获取增值方面所具有的独特效用而成为这一趋势的重点发展领域。趋势是明显的,但是在物流链形成过程中,究竟是什么因素在发挥作用呢? 是某种形式将成为必然选择呢,还是会有多种形式并存? 这中间的决定因素是什么? 本文认为,生鲜农产品物流链组织的形成和发展分布在两个变量分割的二维空间中,这两个变量就是:物流主体的组织化程度和物流活动的综合程度。在这个二维空间里形成了四种典型的物流链形式,我们不能简单地比较四种形式谁优谁劣,但是却可以根据不同时期物流主体结构和不同层次物流需求的市场结构,判断哪一种物流链形式将成为主要的形式。

(一)物流主体的组织化程度

根据自组织理论的解释,如果原本分散的、彼此无关的、相对独立的各个事物形成了一个具有整体结构与功能的新的系统时,那么这个新的系统就可以被称为组织。这一过程被称为组织化,相反的过程是非组织化。按照这一解释,生鲜农产品物流主体的组织化程度可以被理解为,由分散的、相对独立的、从事生鲜农产品物流的个体形成一个具有整体结构与功能的新的系统的程度。

在生鲜农产品物流中,有两个特点不容忽视,那就是生鲜农产品物流的分段性和纵向性,所谓分段性是指与生鲜农产品流通过程相联系的,并且在不同的流通阶段会由不同的流通主体执行的物流活动,具体表现为物流的全过程被分割为收购、批发、零售等不同阶段。所谓纵向

性则是指生鲜农产品从生产者到消费者的流动是在一个纵向的组织体系中以不间断的形式完成的,生产和消费两端的变化都会在这个纵向的体系中不断传递,直至影响整个物流纵向体系。

由于农产品物流具有分段性和纵向性两个特点,因此,生鲜农产品物流主体的组织化程度包含两个层面的含义。第一,在横截面上,即在流通的不同环节,参与物流的主体的组织化程度,主要体现为农户的组织化程度、中间商的组织化程度、物流服务提供商的组织化程度、零售商的组织化程度等。第二,在纵向面上,体现为不同环节主体之间的组织化程度,也就是本文拟研究的生鲜农产品物流链的纵向组织化程度(见图1)。

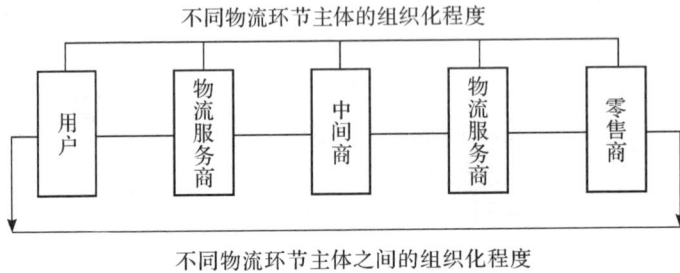

图 1　生鲜农产品物流主体的组织化程度

很显然,尽管生鲜农产品物流的纵向性是客观存在的,但是它毕竟表现为对多个环节的纵贯,因而这个组织体系既可以是相对松散型的,又可以是紧密型的,比如由多个环节的物流主体形成的网络组织形式或者战略联盟等。无论是网络组织结构还是战略联盟,都是企业在新形势下为更好参与竞争而对原组织进行的一种补充和创新。这种创新与以往单个企业的组织创新不同,它跨越了单个企业的界限,由多个企业来共同完成。因此,生鲜农产品物流链的组织化是一个较为复杂的过程,尽管如此,有一点是明确的,这一过程必须以各个物流环节主体的组织化为基础。本文以下所涉及的物流主体的组织化程度将主要强调农户的组织化程度。

（二）物流活动的综合程度

无论是不同环节的物流主体，还是由它们组成的物流链，以优化物流活动为努力方向是不变的。鲍尔索克斯认为，物流是作为一种能力在一个企业内部进行定位的，它对创造顾客价值的一般过程做出贡献。当物流作业被高度一体化，并定位成一种核心能力时，就能够对战略优势起到奠基石的作用。

20 世纪 50 年代以来，市场竞争的进一步激化以及经济气候的不稳定状态，使企业面临着利润空间不断被压缩的持续压力，这种压力使管理注意力集中在成本的内涵、回避和减少上面。在这个前提下，人们注意到开始职能分工在物流领域带来的效率，但却因为部门的分隔使物流工作缺乏跨部门职能的协调，从而导致被重复和浪费。然而在计算机技术和定量化技术的支撑下，通过综合物流来降低成本，并且改善功能的研究变得积极起来。

戴维·J. 布隆伯格等人给综合物流的定义是：对客户需要和欠缺的预期以及为了满足这种需求而获取资本、原料、人员、技术和信息的过程，为满足顾客的需求而对商品和服务生产网络的优化过程，以及利用这种网络及时满足顾客需求的过程。企业内部物流一体化所推动的综合物流与供应链管理实践在制造业领域取得了良好效果，并很快在世界范围内得以推广。但在生鲜农产品物流领域，综合物流的发展仍存在着很大的差异。在农业生产和流通现代化水平以及组织化程度较高的发达国家，食品供应链发展得很快，整个物流系统综合程度很高，达到了降低成本、提升服务质量的目的。而在生产和流通现代化水平以及组织化程度较低的发展中国家，生鲜农产品的物流活动仍然以以分工为特色的职能分割为主。

从原理上来讲，生鲜农产品物流的一体化或者综合化对有效控制物流过程中的不确定性风险，以及快速反映消费需求的变化同样有着不可替代的作用，同时在技术的发展以及基础设施的配套方面，很多是可以与其他行业物流共享的，但是生鲜农产品物流活动的综合化更重要的是体现在主体之间的合作上，除了有限的流通加工以外，在各个主体内部很少有标准化的作业转换活动，因此，企业内部物流的概念在生鲜农产品物流领域是不重要的。由此,综合物流所能产生的改善就必须通过物流主体的共同努力来实现,纯粹的物流功能的集成在这一领域是没有的。但无论如何,物流活动的综合程度仍是生鲜农产品物流链追寻的一个方向。

(三)二维空间中的生鲜农产品物流链类型

从以上分析可以看出,主体组织化程度和物流活动的综合程度从两个维度上给出了物流链的可能形式,主体组织化程度决定了物流链形成紧密型链条的可能性,而物流活动的综合程度决定了物流链功能整体优化的空间。无论哪个维度上的改变,都有可能改变物流链的总体效果。现实中,不同生鲜农产品物流链存在的理论基础就在于这两个维度的共同约束(见图 2)。

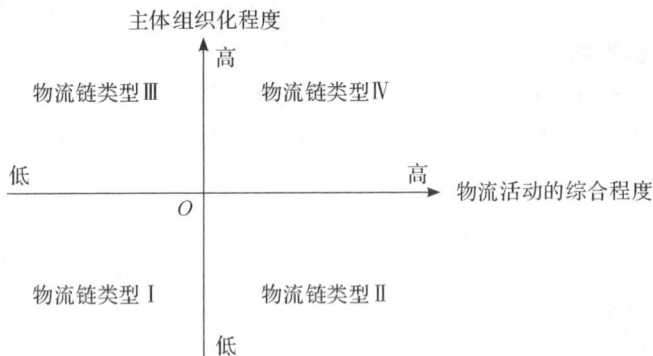

图 2　生鲜农产品物流链类型的二维空间模型

物流链类型Ⅰ:当物流主体的组织化程度较低,且物流活动的综合程度较低时,纵向的物流链表现为在生产和流通的每一个环节都有众多的小规模的主体参与,它们独自承担产品在自己这一阶段的特定物流活动,主体之间的交易关系是不确定的,交易是随机的。我们称这一形态为随机型物流链(如传统的"提篮小卖型"模式)。

物流链类型Ⅱ:在物流主体的组织化程度较低,但是却尽力追求物流活动综合化的过程中,谋求主体之间交易关系的相对固定成为一个主要目标,订单农业为这一目标的实现提供了可能。由于主体之间的交易有了订单的约束,交易关系稳定下来,那么主体之间物流活动的协调安排,比如说流向、流量和职能分担等就可以部分地实现。我们称这一形态为计划型物流链(如"订单式团体供货"模式)。

物流链类型 Ⅲ:当物流主体的组织化程度较高,特别是农户的组织化程度较高,但是物流活动的综合程度较低时,物流链表现为农户作用的增强,由农户组织分担的物流活动增多,从而将一部分物流增值利润留在初始物流阶段,我们称这一形态为农户自助型物流链(如"农贸市场型"模式)。

物流链类型 Ⅳ:当物流主体的组织化程度较高,而且物流活动的综合程度较高时,生鲜农产品物流链将和制造业物流链一样拥有实行供应链管理的平台,而且根据生鲜农产品的生物性质,发挥准时制物流所能带来的巨大效益,我们称这一形态为准时制物流链(如"超市型"模式)(见表1)。

表 1　四种典型的物流链类型

组织化程度	低物流活动综合程度	高物流活动综合程度
低组织化程度	随机型物流链	计划型物流链
高组织化程度	农户自助型物流链	准时制物流链

二、四种典型物流链类型的形成机理

以上给出的是一个物流链类型划分的理论模型。从理论上讲,在这几种物流链类型中,准时制物流链最具有现代物流的本质,从而应该最具有竞争性,如果存在准时制物流链,那么其他几种形式显然会在竞争中被淘汰。但事实上,这个问题涉及了中国生鲜农产品物流发展阶段的大问题。毫无疑问,现代物流业态是发展方向,但是在向现代物流业态发展的过程中,不能忽略需求层次的差异性和制度结构的复杂性。那么究竟是什么因素对这些物流链形态的形成与演化发生着作用呢？这有必要从模型中的两个维度谈起。

(一)物流主体组织化程度的变化

主体的组织化程度是某种制度结构的产物,其演进必然是在成本与收益的比较下进行的。如果组织化程度提高带来的收益大于成本,那么组织化就是一个必然趋势,否则就会停留在原状态。就生鲜农产品物流主体而言,其现有的小规模、分散的农户,小规模、大量的中间商和物流服务商,小规模、大量的零售摊贩的结构是在农村家庭联产承包责任制实行之后,在农产品开放与市场化流通条件下形成的。从纵向上看,这种结构具有内在的必然性。

农户分散生产和经营因其对生产承包制的依赖,可以看作一个初始状态,目前,改变这一状态的主要途径是建立农户合作组织,而影响农户选择以合作组织的形式还是市场形式参与交易的因素是交易成本与组织成本的比较。一般认为,农户合作组织在降低农户自己进入市场交易的交易成本方面有着非常大的优势,同时,合作组织在经济效益和社会效益双方面的使命,又使其组织成本十分高昂,因此农户合作组织的生存空间还值得进一步拓展。在生鲜农产品流通领域,如果农户能够有讨价还价的话语权,特别是当批发市场使得大量的买者和卖者有迅速达成交易的可能性时,可以认为交易成本并没有想象的那么高昂。显然,这里涉及农户的下一级主体:中间商和物流服务商。如果它们的规模也不大,上述前提就是成立的,如果它们的规模巨大,也就是说在批发市场上如果是极少数的买者存在的话,那么农户在交易中的地位就会发生变化,为了在令人满意的收益基础上成交,农户所要付出的交易成本将明显加大,甚至大到根本不可能在公平的水平上成交的程度,这时农户将转而倾向建立合作组织,以期与垄断的买方对抗。

中间商和物流功能服务商的组织化程度又与它的下游购买者的组织化程度相关,目前来看,与它们对接的主体主要是活跃在城市集贸市场的零售摊贩,这又是一支组织化程度相当低的队伍。在这样的条件下,小规模的中间商和物流功能服务商的活动是有效率的。

以城市集贸市场为依托的众多零售摊贩,则是在市场化改革后为适应消费需求的分散化和经常化的交易而自发形成的,在整体消费需求结构不发生根本性变化的时候,也将继续存在下去。

因此可以说,在以上的物流主体结构下,组织化过程未必能保证交易成本的降低可以大于组织成本的增加,但是当某种外在的力量(比如政府对合作组织的扶持)使得这一链条中任何一类主体的组织化程度改变时,整个物流链各个环节主体的组织化程度也将发生相应的变化。

(二)物流活动综合程度的变化

物流活动的综合程度则取决于最终需求的拉力,以及主体之间合作的难易程度。说到底,物流的综合性是为了提高物流的快速反应能力和柔性,最大限度地满足客户需求,它依赖于各个物流职能之间的通力合作以及整个过程的协调性和精确性。在蔬菜物流方面,物流活动是否需要在分工的基础上再度寻求合作,需要看需求是否有比较大的和经常的变化,而以何种合作形式完成物流综合化过程取决于资产专用性程度、任务的可分程度。

如果最终需求呈现出非常明显的个性化趋势,而且这种趋势是不断加强的,那么对物流活动的需求就表现为准确、快速反应、信息化等特征,而这些特征需要物流功能之间的紧密合作,也就是要求有较高的物流综合能力。而如果是相反,最终需求表现为大众化趋势,那么物流活动做到常规供应就可以,这样对物流活动的综合化就没有过高的要求,那么为组织综合物流所付出的组织成本就可能会大于服务程度的改善所带来的物流增值。显然,在这种情况下,物流的综合化是缺乏动力的。

根据最终需求的特征,可以确定物流任务的可分程度,从物流职能分工的角度,物流活动是可分的,比如说运输、存储、流通、加工等之间的分工,分工后的交易联系可以市场为媒介,但是最终需求的某些变化可能导致这种分工的低效率,产生从物流总体效率考虑的不可分性。比如说最终客户对蔬菜的鲜度、包装程度、具体提取时间都有十分明确的要求,那么尽管存储、运输、加工、包装等活动看起来仍是可分的,也可以由不同主体分别执行,但整体时间和质量控制计划却是一体的,这就会促成主体之间结成稳定的交易关系,那么它们将趋向于采用诸如战略联盟等合作关系。

资产专用性程度也是主体间以何种形式合作的一个重要影响变量。如果从事生鲜蔬菜物流活动的各类主体没有对专用性资产进行投资或投资程度很低,那么在物流活动综合化过程中彼此选择的余地就很大,在任务可分性特征下,依靠简单的合同关系甚至直接利用市场媒介进行交易的机会是存在的,但是如果主体进行了大量的专用性资产投资,则投资越大,越会要求更紧密的联系,甚至走向纵向一体化。将资产专用性投资因素与任务不可分性因素联系起来,有助于揭示生鲜农产品物流链治理形式形成的内在动因(见表 2)。

表 2　物流综合程度变化与物流链治理形式

物流综合程度	低任务不可分性		高任务不可分性	
	低资产专用性	高资产专用性	低资产专用性	高资产专用性
低物流综合程度	市场治理	—	—	战略联盟
高物流综合程度	短期或长期合同	长期合同	长期合同	纵向一体化

三、简要结论

上述分析表明,无论是物流主体的组织化程度还是物流活动的综合程度,都是一个动态的变化过程,因此,理论模型中所总结的四种典型物流链类型,在空间上完成了对物流链结构的分割,在时间上却暗含了演进的过程。这种复杂性在现实中得到了体现:主体的组织化程度或物流活动的综合化程度较高的那种物流链类型总是脱胎于较低的那种形式。而且,在这种演化过程中,几种典型的物流链之外还可能会有一些非主流形式,虽然在严格意义上是从属于某种典型的物流链类型,但是它们中却包含了演进的特征,一旦各种条件满足,就会演变成一种更高级的生鲜农产品物流链形态。

参考文献

[1] Trienekens J H and Willams S: Cross-border Agri Supply Chains in Mercurius Wageningen (edited): The Challenge of Global Chains——Integrating Developing Countries in to International Chains a Powtontaial Risk or an Opportunity? Wageningen Academic Publishers, 2002:63-68.

〔2〕戴维・J.布隆伯格、斯蒂芬・勒梅、乔・B.汉纳:《综合物流管理入门》,雷震甲、杨纳让译,机械工业出版社,2003 年。

〔3〕黄祖辉、刘东英:《我国农产品物流体系建设与制度分析》,《农业经济问题》2005 年第 4 期。

〔4〕唐纳德・J.鲍尔索克斯、戴维・J.克劳斯:《物流管理——供应链过程的一体化》,林国龙、宋柏、沙梅译,机械工业出版社,1999 年。

中国梨果产业价值链分析①

一、前言

(一)背景

梨是中国种植面积和产量最大的传统水果之一,也是种植区域最为广阔的水果。中国梨果产量位居世界第一,2006 年产量达 1260 万吨。梨果出口量也在迅速增长,位居世界第二,直追世界第一的阿根廷。尽管近年来梨果产量和出口量都在激增,但出口量仅为总产量的 3%。在中国,梨果生产仍然以典型的一家一户的小规模种植为主,规模种植较为罕见。因此,在中国这样的转型经济中洞悉市场变革给小农户带来的冲击和挑战十分必要。本文试图聚焦于梨果这一特定的产品,应用价值链分析工具,详细分析其价值链构成,并阐释小农户与大市场的联结机制和出路。

就有关梨果的研究而言,绝大多数研究集中在技术领域,除意大利学者就新疆库尔勒香梨的生产成本进行过研究(Sergio et al.,2005)外,有关其市场领域的研究鲜有耳闻,对梨果产业进行系统的价值链分析更是前所未有。当然,就有关农产品市场的研究而言,为数不少的研究关

① 本文作者为黄祖辉、张静、陈志钢。本文内容发表在《中国农村经济》2008 年第 7 期。本文研究得到教育部人文社科基地重大项目"全球化背景下的我国农业和食品供应链的发展及其政策选择"(05JJD810003)资助。

注了小农户与大市场的联结机制问题,其中,对现代零售业态和农民组织的关注最为集中。关注现代零售业态特别是现代超市的学者从各个转型经济的经验中得出结论,现代超市一方面改变了生产模式,另一方面也提高了农户的收入(Hu,2006)。然而,也有经验证据对此持反对意见(董晓霞等,2006;黄季焜等,2007)。对农民组织的研究也是百花齐放、众说纷纭,似乎很难判断小农户究竟是否从市场结构的变革中获益了。那么,能否从"解剖麻雀式"的案例分析中得出一些有意义的结论呢?

(二)目标与方法

本文试图通过对比两省梨果价值链的组织结构和制度安排,描述各种类型的梨果价值链,捕捉每条价值链上的增值活动和成本收益情况,剖析存在的问题并提出相应的改进思路。本文选择河北省和浙江省的两个县(市)为样本点。

河北省是中国最大的梨果生产省份,2006 年产量占全国总产量的27.8%,也是最大的梨果出口省份。辛集市是河北省最大梨果生产地区石家庄地区的一个县级市,其种植梨果的历史可以追溯到千年以前。辛集市梨果种植面积达 1.6 万公顷,主栽品种为黄冠和鸭梨。辛集市有 8 家规模不等的出口企业,每年向韩国、日本、东南亚国家及欧美国家出口梨果共计 2 万吨左右。

与河北省不同,浙江省种植的梨以早熟品种翠冠为主。浙江省进入本文视野的原因不仅在于浙江省是经济较为发达的沿海省份,是重要的梨果消费大省之一,更为重要的是,浙江省农民合作社的发展走在全国前列。样本点桐庐县是浙江省杭州市所辖的一个县,2006 年,该县梨果产量为 13544 吨,居浙江省县级梨果产量的第三位,桐庐县钟山乡是著名的蜜梨生产基地。

价值并不是一个新的概念,但对于价值链上的每一个参与者来讲,价值是其最为关注的东西。价值链分析作为一种工具,是分析产业纵向结构的重要手段。本文以河北省辛集市鸭梨销售和浙江省桐庐县翠冠梨的销售情况为例,分析每一条价值链的参与主体、价值流向、增值活动、成本收益等情况。本文中的"增值比例"指该产品从某一环节销售到下一环节的售价与购买价格(对农户而言为生产成本)的差额(即该环节的增值)占价值链各环节增值总和的比例。

除了统计数据来自年鉴资料以外,本文使用的数据均来自课题组2007年在样本点的多次实地调研。样本特征如表1所示。

表 1　样本特征

价值链环节		河北省	浙江省
生产者		30	30
中介组织	小计	7	1
	果品站	3	0
	专业经纪人	4	0
	合作社	0	1
批发商	小计	4	4
	本地批发商[本县(市)以内]	2	2
	外地批发商[本县(市)以外]	2	2
出口商		3	0
加工商		2	0
零售商	小计	4	6
	小型水果店	3	3
	专业水果超市	0	2
	大型综合超市	1	1

二、梨果产业价值链初览

为了对梨果产业有一个初步的认识,本文的分析从梨果价值链的构成入手。在本文中,样本县(市)以内的批发商定义为本地批发商,样本县(市)以外的批发商定义为外地批发商。如表2所示,河北省大多数梨果是通过"农户—果品站—外地批发商—外地零售市场"这一渠道销往全国各地,其销售量占辛集市两个样本村梨果销售量的70%以上。果品站是河北省梨果价值链中一个异常活跃的角色,超过九成的梨果通过果品站流向下一个环节。梨果汁加工企业和梨浓缩汁加工企业消化的梨果所占比例较小。

表 2　河北省梨果价值链类型及销量比例

价值链编号	价值链类型	销量比例
1	农户—果品站—外地批发商—外地零售市场	70.22%
2	农户—果品站—本地批发商—小型零售商(出口商、超市)	20.75%
3	农户—本地批发商—加工商—消费者	9.03%

浙江省的梨果价值链与河北省截然不同。由表 3 可见,在河北省梨果价值链中起关键作用的果品站在浙江省并没有出现,取而代之的是近年来发展迅速的农民合作社。随着农民合作社逐步发展壮大,"农户—农民合作社—下游客户"这一渠道成为桐庐县最为重要的梨果销售渠道。但是,到目前为止,该县梨果的销售半径仍然较短,以在杭州市及其周边地区销售为主,小部分梨果由桐庐县以外的批发商销售到温州市等地,极小部分梨果销往了上海市、福建省、广东省等邻近地区。以民营企业为代表的集团购买者是农民合作社及个体农户的重要客源。

表 3　浙江省梨果价值链类型及销量比例

价值链编号	价值链类型	销量比例
1	农户—农民合作社—下游客户	38.25%
2	农户—外地批发商—传统零售商	32.45%
3	农户—集团购买者	18.74%
4	农户—小贩	10.56%

总体上,由于技术和制度双重差异,浙江省梨果价值链的长度要短于河北省。浙江省梨果主栽品种为早熟沙梨——翠冠,翠冠梨的特点为上市时间早但不耐储运。由于产量远远少于河北省,浙江省的梨果以供应本省为主,梨果的销售半径较短。

三、组织结构、制度安排与增值分析

(一)河北省梨果价值链:以小型经纪人为主导的市场

1.组织结构与制度安排

如表2所示,果品站是联结小农户与批发商的重要中介。所谓的"果品站"是由乡村里的能人开办,按成交量收取中介费用,为本地及外地批发商收购梨果提供场所、信息,并帮助其组织货源和从事简易包装的小型梨果集散地。在被调查的两个项目村,果品站的数量达55家,超过九成的梨果经由果品站流向本省及外省市场。

河北省是传统的梨果种植地区,产区农户栽种的梨树大多是在分产到户时从集体果园分得。分地时过度强调公平、优等劣等梨园兼顾,因而农户的梨园大多没有集中连片,而是分散成多个面积极小的地块。单家独户有限的梨果生产能力无法吸引批发商,果品站便应运而生,并多年持续地发挥着将千家万户分散生产的梨果集中起来再销售的基本功能。果品站的经营者或是小型冷库的经营者,或是从事过水果贩运的小商贩,或是乡村干部。数目众多的果品站之间竞争激烈,果品站经营者以改善服务态度、在梨果集中收购季节为客商提供食宿等手段维持与客商之间的长期合作关系。手续费按交易量收取,与梨果品种及收购价格无关,在所调查的村庄按每公斤6分钱收取,与五年前相比有所下降。农户在选择果品站时最主要考虑收购价格,以果品站公告栏上公布的价格和果品站通过村委会广播站播报的价格为参考依据。由于果品站数量众多,加之来自销售地的市场信息能够通过电话方式迅速反馈到产地市场,梨果收购价格在一天之中变化非常频繁,农户选择的果品站并不固定,而是在出售梨果前了解多家果品站的收购价格。

2.鲜销梨果价值链

河北省的鲜销梨果有两种销售途径:一是"农户—果品站—外地批发商—外地零售市场",二是"农户—果品站—本地批发商—小型零售商

（出口商、超市）"。表 4 和表 5 分别表示了上述两条价值链各主体的成本收益与增值比例情况。

由表 4 可见：

第一，就增值比例而言，零售环节加价最多，批发环节次之，生产环节最少。从梨果生产环节到批发环节的加价仅占价值链总增值的 20%，批发环节到零售环节相应比例约为 25%，零售环节到最终消费者相应比例超过 50%。

第二，就成本构成而言，单位重量梨果的流通成本高于生产成本。批发环节和零售环节的成本高达每公斤 1.16～1.23 元，农户生产每公斤梨果的成本为 0.97 元。绝大部分梨果仍然是途经传统的小型水果店到达消费者，小型水果店遍布社区，为消费者购买水果提供便利，其梨果价格也能与大型超市相抗衡，甚至略低于大型综合超市，因此在竞争中占有优势。由于大部分大型综合超市是从批发市场采购梨果，采购成本难以控制，加之超市高昂的运营成本，大型综合超市在鸭梨等大宗水果经营方面并不具备竞争优势。

第三，就利润分配而言，单位重量梨果利润最大的是零售环节，批发环节次之。大型综合超市从单位重量梨果中的盈利不及小型水果店，只能以量取胜。表面看来，农户似乎也"获益良多"，然而，每公斤 0.40 元的"利润"并未扣除农户自有劳动投入的成本，也没有摊销梨园初期投资。如若考虑到农户付出的大量自有劳动，大部分农户将亏损。农户的成本收益将在后续的部分讨论。

表 4　"农户—果品站—外地批发商—外地零售市场"增值结构

编号	增值结构	农户	果品站	外地批发商	外地零售市场	
					小水果店	超市
a	购买价格（生产成本）（元/公斤）	0.97	0.00	1.37	1.80	2.00
b	平均售价（元/公斤）	1.37	0.06	1.80（2.00）	2.85	3.20
c	增值（元/公斤）	0.40	0.06	0.43（0.63）	1.05	1.20
d	新增成本（元/公斤）	0.00	0.01	0.37	0.78	0.85

续表

编号	增值结构	农户	果品站	外地批发商	外地零售市场	
					小水果店	超市
e	利润(元/公斤)	0.40	0.05	0.11	0.47	0.35
f	增值比例(%)	20.62	3.09	22.17	54.12	—
		17.47	2.62	27.51	—	52.40

注:表中数量关系为 $c=b-a,e=c-d,f=c/\sum c$。所有面临两个或以上下游客户的主体其利润都取加权平均利润。

表5 "农户—果品站—本地批发商—小型零售商店(出口商、超市)"增值结构

编号	增值结构	农户	果品站	本地批发商	零售或出口环节		
					小水果店(60%)	超市(20%)	出口商(20%)
a	购买价格(元/公斤)	0.79	0.00	1.35	1.85	1.80	2.50
b	平均售价(元/公斤)	1.35	0.06	1.85(1.80、2.50)	2.75	3.00	6.00
c	增值(元/公斤)	0.56	0.06	0.50(0.45、1.15)	0.90	1.20	3.50
d	新增成本(元/公斤)	0.00	0.01	0.20	0.62	1.03	2.04
e	利润(元/公斤)	0.56	0.05	0.24	0.28	0.17	1.46
f	增值比例(%)	27.72	2.97	24.75	44.55	—	—
		24.67	2.64	19.82	—	52.86	—
		10.63	1.14	21.82	—	—	66.41

注:表中数量关系为 $c=b-a,e=c-d,f=c/\sum c$。所有面临两个或以上下游客户的主体其利润都取加权平均利润。

由表5可见:

第一,就增值比例而言,在国内市场仍然是零售环节加价最多,批发环节增值比例低于生产环节增值比例,可能的原因在于产地批发市场竞争更为激烈,本地批发商不得不压缩利润空间,薄利多销。出口是增值最大的环节,其增值比例是生产环节的六倍,是批发环节的三倍。

第二,就成本构成而言,新增成本最多的环节是出口环节,梨果出口

需要支付较高的包装费用、冷藏费用、运输费用、人工费用以及海关税费。与外地批发商采购梨果后以鲜销为主、依靠长途贩运获取地区差价不同,本地批发商通过对梨果进行再次分等定级,将优质的梨果销售给诸如出口商等较为高端的市场,或是利用本地较为成熟的配套设施将梨果冷藏以获取时间差价。河北省内大型综合超市的梨果购买价格低于小型水果店,但梨果的单位销售成本仍高于小型水果店。

第三,就利润分配而言,出口商获取的单位利润远远高于其他销售方式,但出口市场的风险较大且销量相对较小。被调查的一家出口企业,2006 年的出口净利润为 700 万元,2007 年的亏损额却高达 800 万元。国际市场梨果价格和需求量的波动会迅速传递到产地收购市场,收购价格的降低会直接影响到生产者的收益。由于出口企业直接联系的基地农户的数量极其有限,出口的梨果大多经由本地批发商销售到出口企业,因此,绝大多数小农户难以从出口的增值中获益。

3.加工梨果价值链

加工企业所消化的梨果所占的市场份额很小,但由于加工企业所加工的是等外梨,加工企业的出现对于农户收入的提高起到了积极的作用。在五年以前,农户没有途径出售等外梨,大量不符合鲜销要求的梨果只能腐烂在梨园。尽管等外梨的收购价格不高,每公斤 0.20 元的收购价格低于梨果的平均生产成本,但对年收入不高的梨果种植户来讲也是一笔可观的净收入(见表 6)。加工企业也因生产梨汁、梨浓缩汁等高附加值产品而获利。然而,加工企业所能消化的梨果毕竟有限,单靠加工企业的发展,梨果种植农户并不能提高收入。从长远来看,改良技术、提高优质果比例才是提高梨果种植农户收入的主要途径。

表 6 "农户—本地批发商—加工商—消费者"增值结构

编号	增值结构	农户(5.0%)	本地批发商(7.5%)	加工企业(87.5%)
a	购买价格(元/公斤)	0.0	0.2	0.5
b	平均售价(元/公斤)	0.2	0.5	4.0
c	增值(元/公斤)	0.2	0.3	3.5
d	新增成本(元/公斤)	0.0	0.2	2.5

续表

编号	增值结构	农户(5.0%)	本地批发商(7.5%)	加工企业(87.5%)
e	利润(元/公斤)	0.2	0.1	1.0
f	增值比例(%)	5	7.5	87.5

注:表中数量关系为$c=b-a, e=c-d, f=c/\sum c$。所有面临两个或以上下游客户的主体其利润都取加权平均利润。

(二)浙江省梨果价值链:多元化市场

1.组织结构与制度安排

与河北省以小型经纪人和批发商为主导的市场结构不同,浙江省梨果价值链的市场主体更为多元化。除传统的批发商外,合作社、集团购买者、专业水果超市在浙江省梨果价值链中发挥着重要的作用。

浙江省桐庐县钟山蜜梨合作社成立于 2002 年,注册资本 39 万元,现有社员 104 人,社员均需持股,股金最低限额为 1 万元。合作社固定资产达到 387 万元,建成有完善的办公区域、交易市场、冷藏仓库、自动分级设备等。该合作社经营的主要梨果品种包括翠冠梨、清香梨、新世纪梨和黄花梨,不同上市时间和储藏性能的品种相结合,延长了合作社向市场供应水果的时间,从而获得了更好的经济效益。合作社社员生产的梨果均获得了国家无公害产品认证,部分梨果获得了 A 级绿色食品认证。2006 年,该合作社梨果总销售量为 5160 吨,占全县梨果总销售量的 39%,合作社产值达 1400 万元,实现利润 200 万元。为控制梨果质量,该合作社以低于市场平均价 10% 的价格向社员提供农药、肥料、纸袋等生产资料,并在相应的季节对农户进行生产技术培训。合作社成员享有优先销售梨果给合作社的权利,相同等级的梨果每公斤销售价格比非社员高出 0.10 元,并享有二次分红的权利。2006 年,该合作社累计分配盈余 59 万元。从 2007 年底开始,该合作社与农户签订书面销售合同。

集团购买者主要为浙江省内的民营企业以及学校、宾馆等企事业单位。集团购买者主要购买礼品装礼果作为会务用品或员工福利。与大型超市不同,在杭州市等经济发达地区快速发展的专业水果超市正在零售业态中异军突起。以杭州市群丰大果园连锁果品有限公司为例,该公司在杭州市区共有 7 家分店,各分店由公司统一配送水果。单家分店营业面积在 300 平方米左右,日均营业额为 1 万元。公司以薄利多销为经营策略,水果流通速度较快。群丰大果园以基地采购为主,尽量避免从本地批发市场进货以节省成本。钟山蜜梨合作社已与群丰大果园开展合作,钟山蜜梨在群丰大果园的平均售价接近每公斤 5 元。

　　2.合作社主导的价值链

　　从浙江省桐庐县的案例看,该县最主要的梨果价值链是"农户—农民合作社—下游客户",其增值结构如表 7、表 8、表 9 所示。

表 7　"农户—农民合作社—下游客户"增值结构(a)

编号	增值结构	农户	合作社	外地批发商(30%)	零售环节	
					小水果店(70%)	大型超市(30%)
a	购买价格(生产成本)(元/公斤)	1.01	1.81	2.43	3.50	3.50
b	平均售价(元/公斤)	1.81	2.43	3.50	5.96	6.16
c	增值(元/公斤)	0.80	0.62	1.07	2.46	2.66
d	新增成本(元/公斤)	0.00	0.33	0.62	1.88	2.33
e	利润(元/公斤)	0.80	0.29	0.45	0.58	0.33
f	增值比例(%)	15.97	12.38	22.55	49.10	—
		15.35	11.90	21.69	—	51.06

　　注:表中数量关系为 $c=b-a, e=c-d, f=c/\sum c$。所有面临两个或以上下游客户的主体其利润都取加权平均利润。

表 8　"农户—农民合作社—下游客户"增值结构(b)

编号	增值结构	农户	合作社	专业水果超市(10%)
a	购买价格(生产成本)(元/公斤)	1.01	2.23	3.20
b	平均售价(元/公斤)	2.23	3.20	5.00

续表

编号	增值结构	农户	合作社	专业水果超市(10%)
c	增值(元/公斤)	1.22	0.97	1.80
d	新增成本(元/公斤)	0.00	0.59	1.25
e	利润(元/公斤)	1.22	0.38	0.55
f	增值比例(%)	30.58	24.31	45.11

注:表中数量关系为 $c=b-a, e=c-d, f=c/\sum c$。所有面临两个或以上下游客户的主体其利润都取加权平均利润。

表9 "农户—农民合作社—下游客户"增值结构(c)

编号	增值结构	农户	合作社	集团购买者(60%)
a	购买价格(生产成本)(元/公斤)	1.01	3.14	4.80
b	平均售价(元/公斤)	3.14	4.80	—
c	增值(元/公斤)	2.13	1.66	—
d	新增成本(元/公斤)	0.00	1.10	—
e	利润(元/公斤)	2.13	0.56	—
f	增值比例(%)	56.20	43.80	—

注:表中数量关系为 $c=b-a, e=c-d, f=c/\sum c$。所有面临两个或以上下游客户的主体其利润都取加权平均利润。

第一,农民合作社取代了在河北省梨果价值链中发挥重要功能的果品站。合作社作为一种新的制度安排,在一定程度上起到了节省交易费用的作用,至少果品站收取的中介费用这一部分被节省下来。合作社的客户包括集团购买者、专业水果超市和外地批发商,这三类客户对梨果质量的要求并不相同。其中,集团购买者和专业水果超市对梨果质量的要求较高,而外地批发商对较为劣质的梨果也有需求。相应地,这三类客户支付给合作社的梨果购买价格也有差异,其中,集团购买者支付的价格最高,专业水果超市次之,外地批发商最低。

第二,就增值比例而言,越长的价值链,中间环节增值比例越高。由于浙江省民营经济发达,以民营企业为主的集团客户成为合作社的重要客源。合作社通过将梨果包装成礼品装后销售给集团购买者,极大地增加了梨果的价值。礼品装的梨果以精品梨为主,每箱6~8个梨,售价为25元。合作社与专业水果超市合作,省去批发环节,使得生产环节的增值比例得以提高。

第三,就成本构成而言,经由外地批发商销售的价值链中,零售环节新增成本最多,批发环节次之。不同类型的零售业态,其梨果购买价格和新增成本均有差异,其中,小型水果店和大型超市通过批发市场采购的购买价格略高于专业水果超市直接从合作社采购。就新增成本而言,小型水果店和大型综合超市均显著高于专业水果超市。

第四,就利润分配而言,每销售1公斤梨果,合作社从集团购买者处获利程度略高于专业水果超市,显著高于从外地批发商处的获利程度。合作社还可以通过二次分红,实现合作社收益的再分配。合作社和社员之间不是简单的市场买卖关系,合作社作为特殊的组织安排,使得其社员能够分享一部分产品增值所带来的利益。专业水果超市从单位重量的梨果中获利程度介于小型水果店与大型综合超市之间,但专业水果超市的梨果销量远远大于小型水果店和大型综合超市。

第五,钟山蜜梨合作社曾与某大型超市有过短暂的直接合作,两者的合作关系迅速破裂的原因是合作社很难从与大型超市的合作中获利。一方面,大型超市的购买价格远远低于集团购买者的出价,甚至低于外地批发商的购买价格;另一方面,大型超市要求合作社保障小批量日常供货,并要求合作社承担梨果在超市经营过程中的损耗。

3.集团购买价值链

由于合作社对优质高价梨果的需求量小于社员对优质梨果的供应量,社会活动能力较强或是与民营企业有着千丝万缕联系的农户倾向于自己直接将梨果销售给集团购买者。尽管农户销售梨果给集团购买者的平均价格低于合作社销售给集团购买者的平均价格,但对个体农户来讲,直接销售给集团购买者的平均价格要高于合作社的收购价格。农户直接销售梨果给集团购买者所获得的利润也高于通过合作社销售所获得的利润(见表10)。为调动社员的积极性和扩大合作社梨果的销路,合作社允许社员以成本价从合作社回购经过包装的梨果再由个人销售给客户。

表 10　"农户—集团购买者"增值结构

编号	增值结构	农户	集团购买者
a	购买价格(生产成本)(元/公斤)	1.10	3.76
b	平均售价(元/公斤)	3.76	0.00
c	增值(元/公斤)	2.66	0.00
d	新增成本(元/公斤)	0.00	3.76
e	利润(元/公斤)	2.66	0.00
f	增值比例(%)	100.00	0.00

注:表中数量关系为 $c=b-a, e=c-d, f=c/\sum c$。所有面临两个或以上下游客户的主体其利润都取加权平均利润。

4.传统价值链

较为成熟的合作社及购买力旺盛的集团购买者是浙江省梨果价值链的两大特点。与此同时,传统的梨果价值链并存于浙江市场。钟山地处浙江山区,道路交通设施的改善为外地批发商前往当地收购梨果以及乡村旅游的发展提供了便利。农户销售给外地批发商的梨果均未经包装,为达不到合作社最低收购标准的次级梨果或由于合作社销售能力有限而无法消化的部分。因此,外地批发商和小商贩仍然是小农户梨果的重要买主,但农户通过这两条价值链获利极少,大部分利润被中间环节占有(见表 11、表 12)。

表 11　"农户—小商贩—消费者"增值结构

编号	增值结构	农户	小商贩
a	购买价格(生产成本)(元/公斤)	1.02	1.11
b	平均售价(元/公斤)	1.11	2.50
c	增值(元/公斤)	0.09	1.39
d	新增成本(元/公斤)	0.00	1.11
e	利润(元/公斤)	0.09	0.28
f	增值比例(%)	6.00	94.00

注:表中数量关系为 $c=b-a, e=c-d, f=c/\sum c$。所有面临两个或以上下游客户的主体其利润都取加权平均利润。

表 12　"农户—外地批发商—外地零售市场—消费者"增值结构

编号	增值结构	农户	外地批发商	小型水果店
a	购买价格(生产成本)(元/公斤)	1.05	1.38	2.50
b	平均售价(元/公斤)	1.38	2.50	3.30
c	增值(元/公斤)	0.33	1.12	0.80
d	新增成本(元/公斤)	0.00	0.57	0.42
e	利润(元/公斤)	0.33	0.55	0.38
f	增值比例(%)	33.55	40.89	25.56

注:表中数量关系为 $c = b - a$，$e = c - d$，$f = c/\sum c$。所有面临两个或以上下游客户的主体其利润都取加权平均利润。

四、成本收益分析

本部分分析农户梨果生产的成本和收益,作为对价值链分析的补充。尽管访谈对象都是小规模农户,最大规模农户的梨果生产规模不超过 30 亩,但个体差异显著。本文预期,在既定的组织和制度安排下,小农户的生产成本和收益与其生产规模有关。于是,本文按规模大小将河北省和浙江省的样本农户分别分成三个组别加以分析,即每组 10 个农户,规模最小的 10 户为最小规模组,规模居中的 10 户为中等规模组,规模相对较大的 10 户为较大规模组。

(一)小农户生产成本分析

梨树是多年生木本植物,从幼苗移植到稳产期需要五年时间。在分析生产成本时,为了数据的可比性,本文不考虑梨园最初的投入成本。梨树进入稳产期后,每年的生产成本主要体现为土地租金、肥料支出、农药支出、除草剂支出、套袋纸支出、包装箱支出、雇佣劳动力支出、机器维修成本以及其他成本,诸如水电费、花粉费、植物激素支出等。不同规模农户生产成本的比较如表 13 所示。

表 13　河北省与浙江省农户梨果生产成本对比

统计量	最小规模组			中等规模组			较大规模组		
	河北	浙江	差异值	河北	浙江	差异值	河北	浙江	差异值
梨园面积（亩）	2.60	7.22	−4.62	4.83	10.80	−5.97	8.25	24.40	−16.15
专业化程度（%）	30.66	91.86	−61.20	36.45	85.58	−49.13	47.14	97.13	−49.99
生产成本（元/亩）	2002.80	1076.10	926.70	2122.46	1510.24	612.22	1487.79	984.48	503.31
土地租金（元/亩）	0.00	42.42	−42.42	0.00	90.66	−90.66	275.55	89.56	185.99
肥料成本（元/亩）	798.80	343.62	455.18	782.50	495.84	286.66	499.65	348.56	151.09
农药成本（元/亩）	309.02	99.08	209.94	240.22	163.88	76.34	100.08	70.50	29.58
除草剂成本（元/亩）	21.48	14.70	6.78	19.22	6.70	12.52	17.90	4.24	13.66
包装成本（元/亩）	490.00	515.42	−25.42	477.80	562.40	−84.60	322.60	309.26	13.34
雇工成本（元/亩）	265.84	60.86	204.98	380.40	175.26	205.14	131.75	161.96	−30.21
机器维修成本（元/亩）	23.00	0.00	23.00	52.65	15.50	37.15	21.93	0.40	21.53
其他成本（元/亩）	94.66	0.00	94.66	169.67	0.00	169.67	118.33	0.00	118.33

　　第一,浙江省农户的生产规模明显大于河北省农户,三个组别浙江省农户生产规模均为河北农户的 2～3 倍。若以梨园面积占土地总面积来衡量农户梨果生产的专业化程度,河北省农户的专业化程度低于 50%,而浙江省农户则高于 85%。这是因为河北省农户的梨园大多为责任田,由于梨果比较效益下降,在梨果生产老区,农户纷纷改种其他水果或作物。而浙江省农户大多承包山地发展梨园。

　　第二,河北省和浙江省的梨果亩均生产成本都呈现出随着生产规模的扩大先升后降的规律。大规模种植最节省成本,小规模种植相对中等规模种植更节约成本。

第三,河北省农户种植梨果的单位平均成本约为浙江省农户的 1.6 倍,对小规模组和中等规模组来讲,河北省农户除土地租金和包装成本外,其他成本项目均高于浙江省农户。对于较大规模组来讲,河北省唯一较低的是雇工成本。

第四,就农户生产成本的构成而言,不同规模组农户生产梨果最大的两部分支出均为肥料成本和包装成本。与浙江省农户相比,由于缺乏有机肥来源,河北省农户普遍施用大量化肥,较少施用价格相对便宜的生物肥料。在调查年份 2007 年,仅 40% 的河北省农户施用过少量的生物肥料,而浙江省 90% 的被调查农户都施用大量的生物肥料。化肥用量逐年增加,加之化肥价格上涨,一方面使得河北省农户梨果生产中的肥料成本难以降低,另一方面也降低了梨果的品质。到 2007 年底,河北省被调查农户中没有一户的梨果取得了无公害食品或以上的认证,而在浙江省,53% 的被调查农户生产的梨果取得了无公害食品认证,1/3 的被调查农户生产的梨果取得了绿色食品认证。就生产梨果的包装成本而言,河北省农户的包装成本主要为套袋用的纸袋的成本,而浙江省农户的包装成本主要是为了提高梨果销售价格而进行包装的成本。

第五,肥料成本、农药成本、包装成本和雇工支出是河北省与浙江省小农户梨果生产最主要的四项支出。与河北省农户从个体商户采购农业生产资料不同,浙江省农民合作社通过向农户提供相对低价的生产资料,起到了控制梨果质量安全的作用。

(二)小农户收益分析

不考虑梨园初期投资和农户自有劳动力投入的情况下,从销售收入中扣除生产成本、运输费用和通信费用后得到亩均净收入。如表 14 所示,亩均净收入随着规模扩大呈现下降的趋势。原因在于规模较大的梨园其管理精细程度不及规模较小的梨园,亩均产量和产品质量都有所下降。但就总的净收入而言,经营规模较大的农户其总净收入高于中小规模农户。同时,由于规模较大的梨园农户自有劳动力投入较中小规模梨园显著偏少,因此,就自有劳动力亩均报酬而言,较大规模组显著高于中小规模组。

表 14　河北省与浙江省农户梨果收益分析

统计量	最小规模组		中等规模组		较大规模组	
	河北	浙江	河北	浙江	河北	浙江
销售收入(元/亩)	4221.17	2701.37	4101.35	3488.29	3006.20	2878.62
生产成本(元/亩)	2002.80	1076.10	2122.46	1510.24	1487.79	984.48
运输费用(元/亩)	80.00	111.76	79.62	61.14	48.09	40.44
通信费用(元/亩)	8.33	10.23	20.24	11.86	7.97	2.65
亩均净收入(元)	2130.04	2503.28	1879.03	1905.35	1462.35	1851.05
自有劳动力投入（工·日）	126.16	164.76	125.83	79.85	40.90	15.77
自有劳动力亩均报酬[元/(工·日)]	16.88	15.19	14.93	23.86	35.75	117.38

注：亩均净收入＝销售收入－生产成本－运输费用－通信费用。

　　需要说明的是,大部分农户尤其是小规模和中等规模的农户,自有劳动力投入量巨大,自有劳动力的报酬非常低,均没有达到当地受雇劳动力的平均工资水平,更低于非农就业的平均工资水平。正因为如此,在河北省和浙江省的调研中均发现有部分农户放弃梨园转而从事非农工作。

五、结论与政策含义

　　第一,处于梨果产业价值链源头的小农户从增值中获益不多。在不考虑梨园初期投资和农户自有劳动力投入的情况下,农户的梨果通过批发环节后,其赢利水平业已极低,若考虑到梨果种植户巨大的家庭劳动力投入,大部分小农户将处于生产成本较高、收益较低甚至亏损的尴尬境地。

　　第二,价值链中间环节经营者占有大部分增值。在两个样本地区,零售环节均为成本较高、利润较多、增值比例较高的环节。大型综合超市对小农户收入增长的作用在本文讨论的传统大宗农产品中并未体现,相反,大型综合超市梨果采购成本和经营成本偏高,梨果销售价格难以降低,以致大型综合超市在梨果经营中获利较少。专业经营水果的超市在发达地区发展迅速,并在水果零售市场中体现出较大的竞争优势。

第三,农民合作社在帮助小农户获得增值收益方面发挥了积极作用。浙江省农民合作社在帮助小农户控制梨果质量、节约生产成本、提高梨果价值、增加农户收益等方面起到了积极作用。

第四,在考虑到农户自有劳动力投入的前提下,大规模经营农户的总净收入和自有劳动力亩均报酬都显著高于中小规模经营农户。因此,在土地制度、劳动力转移等配套条件允许的情况下,应鼓励有条件的农户进行大规模种植。在配套条件不具备的情况下,应通过农民合作社等组织形式提高农民的组织化程度,以优质精品梨果适应日益变化的市场需求。

参考文献

[1] Hu, D. et al.: "The Emergence of Supermarkets with Chinese Characteristics: Challenges and Opportunities for China's Agricultural Development", *Development Policy Review*, 2004(9), 557-586.

[2] Sergio M., Huliyeti H., Maurizio C.: "Production Costs of Pears and Apples in Xinjiang(China)", DEIAgra Working Papers, 2005.

[3] 董晓霞等:《北京超市发展及其周边地区农户果蔬生产和销售的特征分析》,《中国农村经济》2006 年第 11 期。

[4] 黄季焜等:《蔬菜生产和种植结构调整的影响因素分析》,《农业经济问题》2007 年第 7 期。

交易费用与农户契约选择①

——来自浙冀两省 15 县 30 个村梨农调查的经验证据

一、引言

　　随着全球化进程的推进,国际农业和食品体系经历着重大的变革。这种变革包括从自给自足到商品化生产,从沿街为市到现代零售业态,从食物短缺到饮食多样化,从食不果腹到注重营养健康等诸多方面。国际国内学界也对农业和食品供应链的发展给予了热切的关注,研究更多地集中在由零售业态的变革和消费者的质量安全需求等下游"拉力"因素引起的产业"共振",以及产业链中下游组织结构,对上游农户及农户直接面对的市场的关注相对较少。与此同时,不同性质的农产品由于交易方式不同而产生的交易费用亦不同。本文以梨农生产和销售行为为例,研究交易费用对于梨农契约模式选择的影响。

　　与传统的新古典经济理论认为无摩擦的经济中不存在商业活动不同,交易费用经济学认为任何交易都会产生成本,对交易费用外延的分析大多是把交易费用分为交易前、交易中和交易后的各种与交易有关的成本(威廉姆森,1979、1993、1996)。在已有的为数不同的经验研究中,学者们从信息成本、谈判成本、监督或执行成本三个方面,根据特定的研

　　① 本文作者为黄祖辉、张静、陈志刚。本文内容发表在《管理世界》2008 年第 9 期。本文研究为教育部人文社科基地重大项目"全球化背景下的我国农业和食品供应链的发展及其政策选择"(05JJD810003)阶段性成果。感谢梁巧、郭乙辉、王鑫鑫等同学在入户调查时提供的帮助。

究对象采用不同的指标量化交易费用及其影响（Hobbs，1997；Bailey and Hunnicutt，2002；Vakis and Sadoulet，2003；Lu，2006；Wen Gong，2007；屈小博等，2007）。在研究对象方面，前人已对肉牛、土豆、西红柿、谷物和苹果做了分析。在研究方法方面，已有的研究多采用 Tobit 或 Ordered Probit 模型将农户销往某一渠道的百分比作为因变量，这使得模型的解释力有所局限，只能分析交易费用对农产品销往某一特定渠道比例高低的影响。

　　本文与以往研究的不同之处在于，以传统水果梨为研究对象，模型的设置可以解释交易特征和农户特征对于农户选择不同的销售渠道的影响。下文的结构安排为：第二部分介绍数据来源与研究方法，第三部分为 DEA 技术效率分析，第四部分为交易特征与农户特征的统计描述，第五部分为模型估计结果及讨论，第六部分为结论与政策含义。

二、数据来源与研究方法

（一）数据来源

　　梨是中国种植面积和产量最大的传统水果之一，也是种植区域最为广阔的水果。中国梨果产量位居世界第一位，年产量达 1260 万吨。梨果出口量也在迅速增长，位居世界第二位，直追世界第一的阿根廷。但梨果仍然是典型的以一家一户的小规模种植为主的传统水果，大型的规模种植较为罕见，梨果的交易以少量多批次的交易为主。河北省是中国最大的梨果生产省份，2006 年其年产量占到全国总产量的 27.8%，是最大的梨果出口省份和传统的梨果种植大省。浙江省进入本文的视野不仅因为浙江省是经济较为发达的沿海省份，是梨果消费地的代表，更为重要的是浙江省梨果销售方式与传统种植省区有着显著的差异。

　　本文基于笔者前期在"中美合作课题：中国梨业价值链研究"项目中对浙冀两省梨果价值链的总体认识，并通过多次预调查修改问卷，最终在教育部人文社科基地重大项目"全球化背景下的我国农业和食品供应链的发展及其政策选择"的资助下，于 2007 年 11 月 7 日至 12 月 24 日在河北省和浙江省开展入户式梨农调查,并结合村级问卷调查和典型市场主体访谈。为保证样本质量,调查采用结构式问卷,由调查员入户进行面对面访谈,共涉及两省 15 县 30 个村,共计 331 户梨果种植户。剔除关键信息有矛盾的问卷 4 份,有效问卷为 327 份。样本分布按照最新的省级宏观数据,采取分层抽样的方法。由于本文的主要目的在于分析交易成本对市场渠道选择的影响,多样化的市场结构是关注的重点,因此与市场渠道更为多样化的浙江省相比,市场渠道较为单一的河北省样本分布量相对较少。具体地,本文选择了河北省种植面积和产量最大的石家庄市、沧州市作为样本地区,以石家庄所辖辛集市与沧州所辖泊头市作为样本县,随机抽取样该县所辖的 6 个行政村,根据该村梨农数量随机抽取 15~25 户。由于浙江省梨果种植更为分散,本文按梨果年产量高低,选择浙江省排名靠前的宁波、杭州、嘉兴、丽水、台州和金华等 6 个地级市,每个市选择梨果产量最大的 2 个县,每个样本县选择 1~2 个行政村,每个行政村随机抽取 10~15 户梨农。

本文所使用的数据的起止日期为 2007 生产年度,即 2006 年出售完梨果开始到 2007 年出售完梨果为止的一个周期。本文收集了 2007 和 2002 两个生产年度的信息,包括农户家庭概况、土地结构、梨园概况、梨果产量和等级、生产成本、交易情况、价格信息、技术沿革、专用资产投资、组织合同与信贷、家庭收入、社会资本等方面,形成了较为完整的数据库。本文将一次典型的交易作为分析单位,将各种市场销售渠道作为不同的契约方式。需要特别说明的是,本文仅就每户最主要的梨果品种的最重要的销售渠道开展初步讨论。

(二)研究方法

运用的主要方法包括数据包络分析(DEA)、描述性统计分析和离散选择模型。

DEA 方法运用于测算梨农生产阶段和销售阶段的技术效率。描述性统计主要展示按渠道分类的交易特征及选择以该渠道为主要销售方式的农户的特征,为进一步计量模型的建立提供依据。常见的离散选择模型包括 Logit、Probit、Tobit 等,本文根据需要选取了 Multinomial Logit 模型。

三、DEA 技术效率分析

问卷调查结果显示,梨农销售渠道主要包括在本地通过果品站等中介组织销售给本地或外地的批发商、通过批发市场销售给水果零售商、通过零售市场或沿街为市销售给个体消费者、利用各种社会关系销售给各类企事业单位,以及销售给合作社,再由合作社统一销售这五种。

在两阶段价值链模型中,梨果价值链被分成了生产和销售两个阶段。本文将梨农视为决策单位(DMUs),生产阶段作为次级决策单位(sub-DMU1),销售阶段作为另一个次级决策单位(sub-DMU2)。在第一阶段,梨果投入土地、肥料、农药、纸袋、人工等各项要素生产一定数量和质量的梨果。在第二阶段,既定产量的梨果作为中间产品在市场出售以获得最终收入。采用 DEAP 软件进行数据处理后,按市场渠道汇总的梨果生产阶段和销售阶段的技术效率如表 1 所示。

表 1　按市场渠道汇总的梨果生产和销售阶段技术效率

市场渠道	总技术效率	生产阶段技术效率	销售阶段技术效率
通过果品站或中介销售给批发商	0.24(0.17)	0.42(0.23)	0.15(0.07)
通过批发市场批发给零售商	0.22(0.16)	0.37(0.23)	0.18(0.16)
通过零售市场零售给消费者	0.29(0.26)	0.30(0.18)	0.20(0.08)
销售给集团客户	0.45(0.27)	0.37(0.22)	0.38(0.14)
销售给农民协会	0.37(0.17)	0.43(0.12)	0.24(0.04)
汇总	0.27(0.20)	0.40(0.22)	0.19(0.12)

注:括号内为标准差。

从表 1 可以看出,就全部农户汇总的情况而言,生产阶段的平均技术效率为 0.42,而销售阶段的平均技术效率仅为 0.19。就不同阶段技术效率的差异而言,销售阶段技术效率的差异大于生产阶段技术效率的差异。生产阶段技术效率最高的是以农民协会作为最主要销售渠道的农户组,最低的为以自行零售为主的农户组,该结果验证了农民协会在组织生产方面的作用。销售阶段技术效率最高的是以销售给集团客户为主要渠道的农户组,其次为以销往农民协会为主要方式的农户组,最低的是通过果品站或中介销售给批发商的农户组,这与我们对现实观察的感性认识一致。

四、交易特征与农户特征的统计描述

DEA测算结果显示了不同渠道销售阶段技术效率的差异,影响农户选择不同销售渠道的因素何在呢?按照现代契约理论的观点,所有的市场交易,无论是长期的还是短期的,显性的还是隐性的,都可以看作一种契约关系,并作为经济分析的基本要素。契约的不确定性是交易成本产生的基本原因,交易成本的差异是否影响农户的契约选择行为?由此,本文做出的基础假设在于交易成本是影响农户选择不同契约方式的重要因素。本文以不同的销售渠道作为被解释变量,以交易特征作为主要的解释变量,同时控制住不同农户特征和价格因素的影响,选取最为传统的交易方式即农户自行零售给个体消费者的销售方式为参照。表2、表3展示了交易特征和农户特征的统计描述,进入计量模型的指标及其预期影响方向一并标注于表中。

(一)交易特征

1. 交易前的信息成本

交易前的信息成本是农户搜寻潜在买主和了解市场价格的成本,农户在寻找市场信息时耗费的时间与精力越多,信息成本则越高。本文用三项指标反映农户的信息成本,包括:交易前是否认识买主、是否通过中介、(每次交易前)了解(其他市场)价格的次数。初步统计结果显示,销售产品给合作社和集团客户的农户在交易前认识买主的比例较其他渠道高。

表 2　不同销售渠道交易特征的统计描述

项目	预期方向	统计量	批发商 均值	批发商 标准差	零售商 均值	零售商 标准差	个体消费者 均值	个体消费者 标准差	集团客户 均值	集团客户 标准差	合作社 均值	合作社 标准差
价格	X1 +	平均价格（元/公斤）	1.51	0.72	1.77	1.55	2.01	0.77	3.77	1.38	2.40	0.44
信息成本	X2 +	交易前是否认识买主	0.28	0.45	0.25	0.65	0.07	0.26	0.60	0.50	0.94	0.25
	X3 +	是否通过中介	0.58	0.50	0.31	0.47	0.00	0.00	0.06	0.24	0.00	0.00
谈判成本	X4 −	了解价格的次数（次）	1.22	2.60	0.98	1.95	0.68	0.77	1.17	1.29	0.60	0.83
	X5 +	农户能否对质量提出异议	0.52	0.52	0.58	0.54	0.36	0.49	0.06	0.24	0.06	0.25
	X6 +	讨价还价回合（次）	1.59	1.05	2.35	1.03	2.68	0.98	1.17	0.71	1.56	2.53
	X7 −	电话通话次数（次）	1.07	2.25	2.06	8.29	0.00	0.00	2.09	3.35	1.06	0.77
执行成本	X8 +	每次成交量（公斤）	1799	7423	1378	1693	102	75	1381	1685	825	479
	X9 −	交易所需时间（小时）	5.09	6.51	14.26	21.18	5.58	3.60	3.20	6.37	2.75	1.91
	X10 −	现金支付比例（%）	81.07	37.74	92.31	26.91	100.00	0.00	51.86	44.19	31.25	47.87
运输成本	X11 −	到成交地点运输时间（分）	33.67	35.76	96.54	106.40	45.79	34.42	56.80	55.00	18.50	7.66
	X12 −	运输费用（元/50公斤）	1.12	5.60	4.56	6.77	1.54	0.57	1.92	0.92	0.68	0.13

表 3　不同销售渠道农户特征的统计描述

项目	预期方向	统计量	批发商 均值	批发商 标准差	零售商 均值	零售商 标准差	个体消费者 均值	个体消费者 标准差	集团客户 均值	集团客户 标准差	合作社 均值	合作社 标准差
规模	$X13$?	种植规模（亩）	10.85	25.04	28.18	72.04	4.19	3.66	22.44	42.99	12.99	9.86
		梨园占总土地的比例（%）	62.00	0.26	68.20	0.28	55.10	0.26	77.14	0.21	78.23	0.23
专用资产	$X14$ −	租入梨地的比例（%）	33.31	42.37	53.02	45.37	24.99	37.04	57.09	41.25	64.71	41.75
		固定资产折旧（元/年）	60.71	67.33	99.41	194.28	95.99	114.97	32.2	40.7	32.63	38.32
人力资本和社会资本	$X15$ +	受教育程度（年）	8.04	2.73	8.25	2.92	6.54	2.96	8.63	2.89	8.25	3.28
		种植年限（年）	14.83	8.87	13.40	9.83	9.21	4.20	9.89	5.21	7.81	2.69
		每年培训次数（次）	2.44	2.74	2.40	2.64	2.04	2.52	3.09	2.62	2.88	2.50
		从事过非农职业比例	0.56	0.5	0.69	0.47	0.64	0.49	0.86	0.36	0.75	0.45
		是否有亲友从事相关职业	0.28	0.45	0.23	0.43	0.29	0.46	0.29	0.46	0.19	0.40
		是否是合作社会员	0.22	0.42	0.42	0.50	0.69	0.47	0.69	0.47	0.88	0.34

果品站是连接小农户与批发商的重要中介。所谓的果品站是乡村里的能人开办的,按成交量收取中介费用的,为本地及外地批发商收购梨果提供场所、信息,并帮助其组织货源和从事简易包装的小型梨果集散地。另一类中介组织是在大型水果批发市场内提供场地的单位或个人。初步统计结果显示,在产地集散市场销售给批发商为主的农户半数以上通过当地中介组织,在大型水果批发市场销售给零售商为主的农户三成以上依靠于市场内的中介。

农户在每交易前了解其他市场价格信息的次数越多,付出的信息成本越高,对农户选择该渠道的负向影响越大。初步统计的结果显示,以产地集散市场为主要渠道的农户需要更多地了解市场价格,这与我们观察到的产地果品站价格变动极其频繁有关。以集团客户为主要销售渠道的农户需要参考其他市场的定价。

2. 交易时的谈判成本

交易时的谈判成本主要表现为农户与买主就梨果价格和质量的谈判。农户选择不同的销售渠道,价格可谈判的余地不同,"成交时与买主就价格的谈判回合"可反映农户是被动接受价格还是主动与买主谈判成交价格。"农户是否能对质量提出异议"可反映农户在质量方面的"发言权"。预计上述两项指标对农户选择相应的渠道有正向影响。由于部分渠道是通过电话的方式商谈,因此本文选用"双方电话通话次数"反映不可观测的其他谈判成本,通话次数越多,农户支付的谈判成本越高,预计该指标对农户选择相应的渠道有负向影响。

初步统计结果表明,不同渠道讨价还价的回合数不同,自行零售时农户可谈判的空间最大,销售给集团客户时一般为一口价交易,双方较少对质量产生异议。农户通过批发市场出售梨果给零售商时,双方就价格谈判的次数较多,农户也较多对质量认定提出异议。合作社一般采用明码标价和机器选果,价格不可商议,农户很少就质量提出异议。

3. 交易后的执行成本

交易后的执行成本主要包括三方面,以成交数量和交易时间反映交易执行的难易程度,以现金支付的比例反映结算方式,以体现农户遵守合约所耗费的成本。

初步统计结果显示,本地集散市场以其大批量和较高的现金支付率吸引农户,销售给合作社是最为快速的成交方式,但欠款比例较高,需要等到年终结算或合作社出售梨果以后付清。

4. 运输成本

运输成本是一类可单独观测的交易成本。由于道路交通条件不同以及农户采用的交通工具不同,本文以"果园到成交地点的运输时间"和"单位重量的运输费用"两个指标共同反映农户实际付出的交通成本,预计上述两项指标对农户选择相应的渠道有负向影响。

(二)农户特征

1. 农户种植规模

从样本总体看,被调查农户种植规模从 0.3~500.0 亩不等,其中 5.0 亩及以下农户占 47.40%,5.1~20.0 亩农户占 38.53%,20.1~50.0 亩的农户比例为 10.09%,种植面积 50.0 亩以上的农户比例为 3.98%。

按销售渠道看,以自行零售为主的农户种植规模普遍偏小,规模较大的农户必须寻求交易量较大的批发模式。具体表现为通过批发市场或本地中介组织进行批发销售,或批发给集团客户。

从专业化程度看,以梨园面积占农户全部土地面积的比例衡量其专业化程度,全部样本平均专业化程度为 64.67%,以合作社为主要市场渠道的农户专业化程度高达 78.23%,自行零售的农户专业化程度最低。

2. 农户专用资产投资

梨果的生产对专用性资产的要求并不高,主要表现为土地投资、农机具投资和运输工具投资。除农户自有土地以外,48.93% 的农户或多或少从不同途径租入土地进行梨果生产。以合作社为主要销售渠道的农户租入土地的积极性较高,这从侧面印证了合作社对于降低农户市场风险的作用。相反,越是采用传统的销售渠道,农户租入土地经营的积极性也越低。

从农户对农机具和运输工具的投资看,越是传统的销售渠道反而需要越多的专用资产投资。原因在于专用资产投资中运输工具的投资占到了较大的比例,农户自行零售或是运到批发市场销售时,由于交易地点距离果园较远,都需要依赖于运输工具。果品站和合作社距离果园较近,农户大多采用人力运输为主的方式。集团客户也往往在农户所在县范围内,小型运输工具即可。

3. 农户人力资本与社会资本

除自行零售的农户受教育程度较低外,各个销售渠道农户受教育程度相当。就农户种植经验而言,由于合作社是近年来发展起来的农民组织,以合作社为主要销售渠道的农户种植梨果的年限也偏短。类似地,河北省梨果种植年限长且种植地域集中,在所谓的专业村出现了专业梨果收购站。

被调查农户平均每年参加 2～3 次技术培训,但各个渠道农户培训次数的差异并不明显。培训多由当地政府农技部门组织,合作社也承担了培训农民的职责。

就农户的社会资本而言,将梨果销售给集团客户的农户绝大多数从事过非农职业,有相当比例的农户有亲友从事与梨果销售有关的职业。

合作社是提高农民组织化程度的重要方式,但合作社需要进一步规范和完善其组织形式与运行方式。调查发现并非所有合作社成员都将合作社作为最主要的销售渠道,将集团客户作为最主要的销售渠道的农户中也有相当比例是合作社成员。与此同时,12％的非合作社成员却以合作社作为主要销售渠道,由此说明合作社并没有严格界定成员与非成员的责权利关系。

五、模型估计结果及讨论

通过描述性统计分析,得到的直观印象在于不同渠道的交易成本确有差异。进一步的计量模型是为了验证在保持其他条件不变的前提下,各种类型的交易成本是否影响农户选择不同的销售渠道,影响的方向如何,以及在多大程度上能够通过统计检验。本文利用 Multinomial Logit 回归模型,选取最为传统的交易方式即农户自行零售给个体消费者的销售方式为参照,以解决"相对于传统自行零售而言,交易特征和农户特征如何影响农户的契约选择行为"这一核心问题。数据处理借助 Stata9.0

软件,为了控制住来自同一村庄的样本可能存在的相似性问题,在数据处理过程中按村进行 cluster 处理。得到的估计结果如表 4 所示。

表 4　模型估计结果

渠道	编号	解释变量	系数	标准误	Z 值	P 值
就近销售给批发商	X1	该渠道平均成交价格	−0.8188	0.3648	−2.2400	0.0250
	X2	在交易前是否认识买主	1.2517	0.9719	1.2900	0.0900
	X3	是否通过中介	13.1179	3.0772	4.2600	0.0000
	X5	农户能否对梨果质量提出异议	4.2167	1.5239	2.7700	0.0060
	X6	在交易时与买主讨价还价的回合	−0.8624	0.3435	−2.5100	0.0120
	X7	每次交易的电话通话次数	−0.7528	0.2835	−2.6600	0.0080
	X8	每次交易的数量	0.0338	0.0110	3.0800	0.0020
	X9	每次交易持续的时间	−0.0097	0.0032	−3.0600	0.0020
	X10	现金支付比例	6.0144	3.6791	1.6300	0.1000
	X11	到成交地点所耗时间	−0.0206	0.0071	−2.9100	0.0040
	X12	交通费用	−0.0878	0.0223	−3.9300	0.0000
	X14	专用性资产投资	−0.0077	0.0024	−3.2600	0.0010
通过批发市场销售给零售商	X1	该渠道平均成交价格	−0.7184	0.3573	−2.0100	0.0440
	X3	是否通过中介	11.8971	2.9820	3.9900	0.0000
	X5	农户能否对梨果质量提出异议	4.0553	1.5300	2.6500	0.0080
	X7	每次交易的电话通话次数	−0.6538	0.2697	−2.4200	0.0150
	X8	每次交易的数量	0.0335	0.0110	3.0500	0.0020
	X9	每次交易持续的时间	−0.0083	0.0033	−2.5500	0.0110
	X10	现金支付比例	6.5304	2.1687	1.3100	0.0260
	X11	到成交地点所耗时间	−0.0206	0.0071	−2.8800	0.0040
	X12	交通费用	−0.0750	0.0231	−3.2400	0.0010

续表

渠道	编号	解释变量	系数	标准误	Z 值	P 值
销售给集团客户	X1	该渠道平均成交价格	1.6142	0.7377	2.1900	0.0290
	X4	交易前了解其他市场价格的次数	−2.2041	0.9267	−2.3800	0.0170
	X5	农户能否对梨果质量提出异议	3.0348	1.8413	1.6500	0.0990
	X6	在交易时与买主讨价还价的回合	−1.5209	0.5060	−3.0100	0.0030
	X7	每次交易的电话通话次数	−0.6907	0.2771	−2.4900	0.0130
	X8	每次交易的数量	0.0337	0.0110	3.0700	0.0020
	X9	每次交易持续的时间	−0.0108	0.0033	−3.2300	0.0010
	X10	现金支付比例	7.9035	3.7186	2.1300	0.0340
	X11	到成交地点所耗时间	−0.0217	0.0072	−3.0000	0.0030
	X12	交通费用	−0.0770	0.0223	−3.4500	0.0010
	X14	专用性资产投资	−0.0224	0.0067	−3.3300	0.0010
销售给农民合作社	X2	交易前是否认识买主	3.2211	1.1279	2.8600	0.0040
	X4	交易前了解其他市场价格的次数	−1.2094	0.4858	−2.4900	0.0130
	X5	农户能否对梨果质量提出异议	2.9342	1.6232	1.8100	0.0710
	X6	在交易时与买主讨价还价的回合	−0.9201	0.4484	−2.0500	0.0400
	X7	每次交易的电话通话次数	−0.9336	0.3870	−2.4100	0.0160
	X8	每次交易的数量	0.0325	0.0110	2.9500	0.0030
	X9	每次交易持续的时间	−0.0089	0.0034	−2.5900	0.0100
	X10	现金支付比例	9.1906	3.6716	2.5000	0.0120
	X11	到成交地点所耗时间	−0.0242	0.0112	−2.1600	0.0310
	X12	交通费用	−0.0581	0.0228	−2.5500	0.0110
	X15	种植年限	−0.3611	0.1085	−3.3300	0.0010

注：观察值数＝327；Prob ＞ chi2($P<0.0000$)；对数依然比(Log likelihood)＝−647.2108；伪判决系数(Pseudo−R^2)＝0.51329。

从回归结果看,模型拟合效果较好,绝大多数表征交易成本的变量达到了较高的显著水平且影响方向与预期结果基本一致,从而验证了交易成本是影响农户契约选择的重要因素。农户个人与家庭特征对农户选择不同的契约方式影响不甚显著。

(一)不同的信息成本对各个渠道的影响不同

估计结果显示,相对于农户自行零售而言,"交易前认识买主"对于农户选择就地批发和销售给合作社有正面影响,其原因在于农户交易前认识买主可以降低农户寻找潜在买主的信息成本,同时减少农户的不确定性预期。

相对于自行零售而言,"通过中介"对农户选择就地销售给批发商和通过批发市场销售给零售商时有显著正向影响,原因在于中介费用一般按成交重量向买方收取,对农户而言中介组织提供了相对充足的买主和价格信息。

相对自行零售而言,"了解其他市场价格的次数"对农户选择集团客户和合作社时有显著负向影响。

(二)绝大多数谈判成本对各个渠道影响显著

"农户可以就质量认定提出异议"对四种渠道而言都有显著的正影响,其系数大小表明农户倾向于选择可以对质量认定提出异议的销售渠道。"讨价还价的回合数"所反映的农户价格谈判能力对于农户选择其他渠道有负面影响,可能的解释是农户在自行零售时由于每次成交量极小而交易频率很高,对于单笔交易而言,农户更有主动性决定梨果的销售价格以及是否出售梨果,而其他渠道虽有不同程度的商讨空间,但最终是农户接受买方的价格。但该指标在"通过批发市场销售给零售商"这一渠道没有通过显著性检验。

与自行零售相比,其他渠道或多或少需要通过电话与买主联系,"电话通话次数"所反映的谈判成本对于农户选择其他渠道均有统计显著的负面影响。

(三)所有的执行成本均对各个渠道影响显著

与自行零售相比,农户更倾向于选择单次成交量大的销售渠道。单次交易成交量越大,单位重量的梨果所分摊的执行成本越低。交易时间越长,对农户选择该渠道的负面影响也越大。农户自行零售时均为现金交易,其他渠道或多或少有一定比例的欠款,现金支付比例越高,越有利于农户选择该渠道。

(四)交通成本对各个渠道影响显著

与自行零售相比,农户更倾向于选择离果园近、交通费用低的渠道。成交地点越远,需要农户自行支付的交通费用越高,对农户选择该渠道越有负面影响。

(五)农户特征对渠道选择影响不大

农户种植规模对其渠道选择的影响在各个渠道均未能通过统计检验。较高的专用资产投资对农户选择就近批发和集团客户有负面影响。种植年限长的农户不倾向于销售梨果给合作社。

六、结论与政策含义

本文在详尽的农户调查数据基础上,借鉴前人理论研究和经验研究的成果,采用数据包络分析(DEA)、描述性统计及 Multinomial Logit 计量方法,构建了交易成本与农户契约选择的实证模型,通过统计检验证明了"交易成本是影响农户契约选择的重要因素"这一基础假设。交易前的信息成本、交易时的谈判成本以及交易后的执行成本对于农户选择自行零售以外的交易渠道具有不同程度的影响。

由此本文得出,在农产品市场体制建立和完善的过程中,为逐步解决传统农产品的卖难问题,决策部门可以:适度考虑农户的信息需求以降低农户的信息搜寻成本;提高农民的组织化程度,以增强农户的谈判能力和提升生产技术水平;鼓励电子商务等现代化的交易手段,降低交易执行成本;改善道路交通条件,以降低农户实际承担的交通成本。

正如本文开篇所交代的,本文的分析属于该项目第一阶段的研究,以农户最主要的品种和最主要的渠道作为研究对象。后续的研究将考虑交易成本对于生产同一种梨果品种的农户在选择不同契约时是否影响显著,以及交易成本对于同一个农户选择不同的契约时是否影响显著。

参考文献

[1] DeeVon Bailey and Lynn Hunnicutt, "The Role of transaction Costs in Market Selection: Market Selection in Commercial Feeder Cattle Operations", Paper Presented at the Annual Meeting of the American Agricultural Economics Association in Long Beach, CA, 2002.

[2] Hualiang Lu, "A Two-Stage Value Chain Model for Vegetable Marketing Chain Efficiency Evaluation: A Transaction Cost Approach", Contributed Paper Prepared for Presentation at The International Association of Agricultural Economists Conference, Gold Coast, Australia, 2006.

[3] Howard A. Shelanski and Peter G. Klein, "Empirical Research in Transaction Cost Economics: A Review and Assessment", Journal of Law, Economics and Organization, 1995, 11(2):335-361.

[4] Jill E. Hobbs, "Measuring the Importance of Transaction Costs in Cattle Marketing", American Journal of Agricultural Economics, 1997, 79(4):1083-1095.

[5] Renos Vakis, Elisabeth Sadoulet and Alain de Janvry, "Measuring Transactions Costs from Observed Behavior: Market Choices in Peru", CUDARE Working Papers, University of California Berkeley, 2003.

[6] Wen Gong, Kevin Parton et al., "Transaction Costs and Cattle Farmers' Choice of Marketing Channels in China: A Tobit Analysis", Management Research News, 2007, 30(1):47-56.

[7]李凤圣主译,《契约经济学》,经济科学出版社,1999 年。

[8]屈小博,霍学喜,《交易成本对农户农产品销售行为的影响》,《中国农村经济》,2007 年第 8 期。

农产品供应链中不同组织的
效率及其对农户收益的影响^①

——以浙江省梨果供应链的分析为例

一、问题提出

随着市场竞争的加剧和超市等进入农产品供应链,分散的农户越来越难以与掌握着更多消费者信息的交易主体或对象进行谈判。不管面对的是个人形式的批发商,还是组织形式的企业或超市,小农户都处于绝对的谈判弱势和力量弱势地位。在此情形下,农产品从农户销售开始,通过某一完整价值链到达消费者手中后的所有增值,小农户只能获得其中非常有限的部分。解决小农户在市场中的各种问题,关键还是要靠农户自己,要靠农户自身经济组织的发展,单纯依靠政府的扶持或干预并不能从根本上消除问题。

在当前,与农产品营销关系比较密切的组织有两类,一种是农民专业合作社,另一个是农业龙头企业。对合作社的发展存在不同认识:一方面,合作社已被理论和实践证明可以在很大程度上帮助小农户进入市场,克服农户家庭经营的种种局限;另一方面,目前我国的农民专业合作社发展仍存在不少问题,比如,合作社虽然是农民自己的组织,但是现实

① 本文作者为黄祖辉、梁巧。本文内容发表在《西北农林科技大学学报》2009 年第 1 期。本文研究为国家社科基金重大项目"解决中国'三农'问题的理论、思路与对策研究"(04ZD012)的阶段性成果。

中许多合作社还没能真正发挥其作用。而不同类型的合作社,由于因其规模的差异、与农户的联结形式、紧密程度的不同,也会有不同的运行效率。龙头企业则以自身利益最大化为目标,通常拥有比合作社管理人更为专业的经理人,这可能为企业带来了较高的运行效率,从而农户可以从中分得一杯羹。

　　以上所述都只是基于理论分析和推断,在实践中,究竟农民专业合作社和农业龙头企业,哪种形式具有更高的运行效率,能为农户带来更高的收益? 本文以梨果业为例,通过对梨果业供应链中的参与主体和模式的调查,分析专业合作社和龙头企业这两种组织形式的投资效率,并进一步探讨这两种组织形式对梨农收入的影响。

二、研究背景

(一)我国梨业发展现状

　　梨是我国主要水果之一,其栽培面积和产量仅次于苹果和柑橘,我国是世界第一产梨大国。2006 年,我国梨果产量为 1198.6 万吨。[1] 当前我国梨业存在的问题是:①梨业结构不合理,品种老化。从 2003 年统计数据来看,我国晚熟梨所占比例过大,约占 65％,主要有砀山酥梨、鸭梨、库尔勒香梨;中熟梨占 20％,主要品种为黄花梨、丰水梨;早熟品种约占 15％,如翠冠、早酥梨等。[2] 鸭梨和酥梨的比重过高,两者的成熟期基本一致,上市时间集中,导致价格低迷,相对而言,南方的早熟梨价格要高得多。②管理粗放,单位面积产量低。水果是劳动密集型产业,但很多果农只管生产不管市场,无论管理上还是技术上都没有相应投入,造成梨果品质差,增值小。③出口绝对量较大,但相对量过低。2006 年

---

　　①　数据来自《2007 中国统计年鉴》。

　　②　李秀根、杨健:《我国梨果业生产现状、存在问题及发展对策》,《果农之友》,2003 年第 11 期。

我国梨果人均占有量为 9.1 公斤①，国内对梨果市场需求趋于饱和，扩大梨果出口已成当务之急。

(二)调查点选取和描述

本文选取浙江省作为主要研究对象，主要基于以下几点原因：①梨是浙江省三大水果之一（见表 1），虽然其种植面积和产量占全国的比例都较小，但浙江省是我国南方沙梨的主产区，具有明显的品种、技术和市场上的比较优势，其早熟梨的上市期正值北方梨和苹果淡季，品种和成熟期上的优势直接带来了明显的价格优势。②从全国来看，浙江省梨的各种类型合作组织和企业发展都走在前列，它们在开展标准化、规模化生产和品牌创建中对梨的果品质量与产业化都有较大影响。③早熟梨的一个显著特点是梨皮较薄、肉质较脆，加上上市时间在 7 月的高温天气，储运过程中极易破坏其外观和导致腐烂，限制了其销售半径，因而，梨农基本上是通过当地或邻近县市的农民组织、企业或批发点（包括批发市场、农村集市、本村果品站性质的收购点等）销售其果品。浙江省梨业产业的这些特点有助于本文中有关两种组织对梨农关系的分析。

表 1　浙江省 2002—2007 年梨果面积和产量情况②

项目	2002 年	2003 年	2004 年	2005 年	2006 年
面积（亩）	331500	361620	385710	398800	396780
产量（吨）	202200	244454	285751	310375	329753

(三)抽样与调查方法

本文在选取合作社和企业时采用了随机抽样的方法，先于在杭州市举行的 2007 年度浙江省优质梨果评比会的参会组织中随机抽取了 4 家梨果专业合作社和 2 家龙头企业，跟合作社社长和企业负责人分别进行

---

① 数据来自《2007 中国统计年鉴》。

② 数据来自浙江省梨业协会内部统计资料。

了两个小时以上的访谈,了解合作社和企业的各方面情况,进而在比较合作社发展历史、规模、运行情况等基础上,选取了其中的 2 家合作社[①]和 1 家企业作为本文研究对象,使其能够反映、代表浙江省梨果合作社与企业的真实情况和典型类型。然后,本文对组织所在地的梨农进行面对面的实地访谈,了解其在梨果生产和销售过程中的相关统计数据与各种问题,获得第一手资料,并力求真实、客观。

三、案例分析

(一)关于价值链

正如产品是价值的载体,实物链也是价值链的载体,随着实物的流通,产品价值通过运输、包装、加工和营销等手段不断积累和增加,同时,成本也随之增加。即使是相同的产品、相同的包装、相同的市场,也会因为不同交易主体的不同品牌形象,或采用不同的营销方式,使产品价格产生差异。当前我国农产品供应链的利益分配机制不很完善,利润和风险的分担不很均衡,处于弱势地位的农民往往只获得很少的增值部分。合作社和企业的发展,在一定程度上提高了农产品进入批发市场或零售市场时的价格。

本文以合作社或企业的梨果生产价格和收购价格(初始价值)为基数,计算和比较合作社、企业对产品的追加投入(包括运输、包装、加工、营销等)及其所获得的增值程度,衡量价值链中梨果从梨农流通到合作社和企业过程中的成本、增值差异。研究基于以下一些指标和假设:

① 追加投入率(CR)＝追加投入 / 初始价值;

之所以选择 2 家合作社,是因为现阶段我国合作社的发展还处于不成熟的探索阶段,各种合作社的形式也较多样化,就浙江省梨业合作社发展来说,主要有较传统的合作社和新型的采取订单形式的合作社两大类,因而本文将这两类合作社都纳入其中,以尽量满足分析所需要的代表性和典型性。

② 增值率(VR)＝(售价－初始价值)／初始价值;

③ 农户的追加投入率＝1,增值率＝0;

④ 对同一区域内的农户,通过合作社和通过企业销售,其梨果的价格不存在明显的差异。

(二)样本描述

1.DFD农业发展有限公司

访谈对象:徐(总经理)

DFD成立于2003年4月,是一家由5个股东组成的股份制私营企业,注册资本300万元,目前固定资产870万元。该5个股东都是种植大户,1998年开始承包荒山种植。公司目前拥有果园180亩,其中梨园60亩,主要品种有翠冠、清香、圆黄等,翠冠占80%。每年的6月底到8月中旬,公司主要在丽水市松阳县和杭州市富阳市等地向梨农收购梨果。2007年,该公司生产梨果225吨,向农户收购梨果650吨,梨的总销售量为875吨,其销售渠道为:集团客户80%,超市20%。关于梨的各种成本和收益数据见表2。

表2　DFD农业发展有限公司梨果成本和收益①

单位:元

项目		金额
初始价值	果园承包费	3000
	果园生产资料投入	76000
	生产人工费	80000
	梨果收购额	1715000
	小计	1874000

---

① 经营成本和折旧成本都已经按照梨果销售额占总销售额的25%折算。

续表

项目		金额
追加投入	包装材料	531220
	运输	406650
	经营成本	375000
	折旧成本	5000
	小计	1362870
总成本		3236870
销售额		6091600
盈利		2854730

从表 2 数据可知：

该公司每公斤梨果的初始价值＝1874000/875000＝2.14 元；

每公斤梨果的追加投入＝1362870/875000＝1.56 元；

每公斤梨果的增值＝(6091600－1874000)/875000＝4.82 元；

追加投入率(CR_1)＝1362870/1874000＝72.7％；

增值率(VR_1)＝(6091600－1874000)/1874000＝225.1％。

2. ZS 蜜梨专业合作社(传统专业合作社)

访谈对象：陈(社长)

ZS 蜜梨合作社于 2002 年由 10 个种梨大户发起成立，注册资本 50 万元，现有固定资产 120 万元，目前社员 104 人，联结果园 8700 余亩，现有冷库面积 200 平方米。合作社统一购买化肥、农药等生产资料，社员享有以批发价取得农资的权利。合作社从农户统一收购梨果，不签订合同，收购时社员优先。合作社对梨果进行分级，达不到分级标准的将退还。

合作社梨果的销售渠道有四种：①集团客户，占 60％，价格较高；②好又多超市，占 8％；③批发市场，占 10％，不包装，市场管理费按销售额的 3.5％收取；④返销户上门收购，占 22％。2007 年该合作社共向社员收购梨果 1000 吨，平均收购价为 1.0 元/公斤，平均售价为 1.5 元/公斤，其成本和收益数据如表 3 所示。

表 3　ZS 蜜梨专业合作社梨果成本和收益

单位:元

项目		金额
梨果收购额(初始价值)		1000000
追加投入	办公楼和车间租金	5000
	冷库电费	4000
	人工成本	20000
	包装材料	166000
	市场管理费	7000
	小计	202000
总成本		1202000
销售额		1500000
盈利		298000

从表 3 数据可知:

该合作社每公斤梨果的初始价值＝1000000/1000000＝1.000 元;

每公斤梨果的追加投入＝202000/1000000＝0.202 元;

每公斤梨果的增值＝(1500000－1000000)/1000000＝0.500 元;

追加投入率(CR_2)＝202000/1000000＝20.2%;

增值率(VR_2)＝(1500000－1000000)/1000000＝50%。

3. NNS 蜜梨专业合作社(订单合作社)

访谈对象:周(理事)

NNS 合作社于 2004 年由 10 位股东(种梨大户)发起成立,注册股金 52 万元。现有股东 13 人,社员 108 人,梨园面积 2500 亩。农户入社至少需购置一股股金,最多 5 股,每股 2000 元。该合作社主要的梨果品种为翠冠,所有梨园基地及梨果都已经通过国家无公害和绿色食品认证,其中有些农户的梨果获得了有机食品认证。在生产上,合作社制定统一的生产标准并统一采购化肥、农药等生产资料后再出售给社员,帮助社员解决技术上的各种问题。在销售方面,2006 年以前,合作社一直扮演经纪人的角色帮助农户联系客户。2007 年开始合作社与社员签订收购合同,实行统一价格、统一品牌、统一包装、统一销售。合同分为两种类型:一种是代销合同,合作社收取 10% 的代销费,由梨农自己承担销售风险;另一种是经销合同,合作社收取 20% 的经销费,同时承担市场销售风险。农户将梨果采摘后运到合作社的包装车间进行统一分级、包装,按照梨果大小、重量和外观分为精品梨、特级梨、优质梨、普通梨四个等级。包装材料及人工成本都由合作社负责。2007 年合作社共签约 60 吨梨果,平均销售价格为 7.6 元/公斤,全部供应集团消费。该合作社梨果成本和收益如表 4 所示。

表 4　NNS 蜜梨专业合作社梨果成本和收益

单位:元

项目		金额、
收购额(初始价值)		570000
追加投入	固定资产折旧	13000
	办公楼租金	2000
	包装车间电费	2000
	包装(包含人工)	40800
	宣传及经营费用	21000
	小计	78800
总成本		648800
销售额		684000
盈利		35200

从表 4 数据可知:

该合作社每公斤梨果的初始价值 $= 570000/90000 = 6.33$ 元;

每公斤梨果的追加投入 $= 78800/90000 = 0.88$ 元;

每公斤梨果的增值 $= (684000 - 570000)/90000 = 1.27$ 元;

追加投入率(CR_3) $= 78800/570000 = 13.8\%$;

增值率(VR_3) $= (684000 - 570000)/570000 = 20.0\%$。

(三)数据分析和结论

以上三个样本组织的各项汇总数据见表 5 和表 6。

表 5   样本组织相关数据比较

单位:元

样本组织	初始价值	追加投入	销售额
DFD 公司	1874000	1362870	6091600
ZS 合作社	1000000	202000	1500000
NNS 合作社	570000	78800	684000

表 6   样本组织相关数据进一步比较

样本组织	每公斤梨果的初始价值(元)	每公斤梨果的追加投入(元)	每公斤梨果的增值(元)	销售价格(元)	追加投入率 CR(%)	增值率 VR(%)
DFD 公司	2.140	1.560	4.820	6.960	72.7	225.1
ZS 合作社	1.000	0.202	0.500	1.500	20.2	50.0
NNS 合作社	6.330	0.880	1.270	7.600	13.8	20.0

根据上述样本组织有关梨果追加投入率和产品增值率的数据,可以得出如下结论。

第一,不同组织从农户收购梨果的价格差异很大。这一方面是由梨果质量和包装差异所引起,如 NNS 合作社的梨园在合作社监督下都是严格按照绿色或有机食品标准生产,ZS 合作社的梨果生产标准则相对较低,管理相对粗放,因而其价格也比较低。就梨果质量而言,ZS 合作社的梨园发展历史较长,当地的梨农都已经形成了固定的技术模式,往往很难接受或采用新的技术和管理方式,导致了其梨果质量的停滞甚至后退,而新兴发展的 NNS 合作社梨园采用了更高要求的技术和管理方式,为其带来了价格上优势。与此同时,这种差异源于组织参与市场时的销售渠道和售价,或者说,不同组织对该梨果的不同预期售价。

第二,ZS 合作社对梨果的追加投入明显较低,相应地,其增值也最低。访谈中发现,NNS 合作社对梨果的包装和营销都进行了较大投入。

DFD 公司的追加投入中有很大一部分为人工成本,而合作社作为农户的联合,在人工上付出的工资成本较低。

第三,DFD 公司的追加投入率远远高于合作社,同时,其梨果也获得了明显高于合作社的增值效益,这与 DFD 公司的规模效应有着很大的关系。

第四,从每公斤梨果的增值可以看出,DFD 公司的单位产品增值额和增值效率都明显高于合作社。这与不同组织形式所具有的不同目标密切相关,DFD 公司追求的是公司利益的最大化,而合作社追求的是社员利益的最大化。作为龙头企业的 DFD 公司,有着较大的规模和较广泛的社会网络、销售网络,其梨果的销售相对较为容易。集团客户是产生高售价的主要渠道,NNS 合作社的梨果就是由于更高标准的安全生产、精美的包装以及基本供应集团消费,因而其销售价格明显较高。

第五,投入追加率和增值率实质上是投资效率的反映,上述各项数据表明,DFD 公司在投资效率上比合作社有明显的优势,这是当前龙头企业和专业合作社在这方面的普遍现象。

(四)不同组织形式对农户收入的影响分析

龙头企业和专业合作社这两种不同的组织形式的存在有其必然性,它们在一定程度上克服了小农户在市场中的弱势性,有利于市场的公平竞争性。从以上数据分析中可以看出:从单位梨果投入与增值效应的角度来看,龙头企业(DFD 公司)的投资效率要明显高于专业合作社。在两者存在明显投资效率差距的情况下,专业合作社还能在农村发展,还能为广大农民所接受,其主要原因在于:

第一,合作社返利于民的宗旨。DFD 公司虽然有着较高的投资回报率,但其回报的并不都是农户,农户只是通过 DFD 公司来销售其梨果。当前专业合作社的发展情况决定了其只能以低投资、低收益的态势经营,大多数的专业合作社都处于起步阶段,它们中的很大一部分靠政府的扶持和补贴才能运转。但合作社的收益在提取一定的比例后会根据交易额比例返还于农民。就这一点来说,合作社的高收益性能够为农户带来增收,而企业的高收益却未必能使农户受益。

第二,合作社是农户自己的组织。归属感是任何人在社会生活中不可缺少的需求,农民知识的有限性及生活的社区性更加强了他们的这一需求,合作社就是这样一个属于农民所有的带有地域性的联合体。任何合作都是建立在信任基础上的,而信任是通过多次博弈建立的,不管是普通社员与核心社员,还是所有社员之间,一般都存在着信任关系,这种信任关系加强了农户对合作社的依赖性。

四、进一步的讨论

综合以上分析,根据专业合作社和龙头企业在小农户参与大市场中所扮演的角色,可以进一步做如下讨论。

第一,尽管合作社是农民的组织,但是在面对市场时,应完全扮演以利益最大化为目标的经济组织,因此,应在现有发展水平上提高赢利能力,这样才能把更多的实惠和收益反馈于农民。目前我国大多数农民专业合作社还处于起步发展阶段,其管理和运营的专业性与真正的企业还存在一定的差距,这对于合作社的管理者是一个挑战。

第二,合作社的内部管理和决策成本较高。合作社是一个由很多独立的拥有共同市场和顾客的小农户集合而成的联合体,它需要协调的是所有社员的意见和利益,其决策人不仅仅是管理层,还有普通社员;而在企业里,管理者追求的是股东利益的最大化或个人利益的最大化,另外,他们往往拥有专业的管理团队和专门的决策方式。目前合作社大多采取"一人一票"的决策方式,比较注重公平,在合作社的下一阶段发展中,应在社员权益公平的基础上更加注重效率的发挥,只有在充分的投资效率和组织效率的前提下,一个组织才能在市场中得以生存和发展。若一个合作社只是一味地靠政府扶持,不能建立自己的造血功能,其不可能长久生存,也不能够长期为农户带来实质性利益。

第三,规模效应和紧密的联结能够使组织的运行与投资效率达到最大,这也是不少合作社所忽视的。目前我国的农民专业合作社的领头人往往是有一定威信的大户,同时也具有相当的服务意识,他们通常愿意接纳农民入会,但在管理上却经常力不从心。在访谈中,他们已经意识到,合作社需要更加合适的规模、更加紧密的联结,但是他们在管理和知识上的局限性往往限制了这些因素的发挥。因此,对这些领头人进行培训和不断地充电已是非常紧迫的事情。

第四,合作社应逐渐实行企业化管理,可考虑在一定阶段和发展规模后从外部融资,通过合作制和股份制的有效结合,建立新型的合作社治理结构,将民主管理、风险管理和利益协调有机结合起来,实现资金利用效率的最大化。

参考文献

[1]谌洁.论产业组织与经济效率[J].科技与产业,2005(8).

[2]李仁方.我国农业产业组织的效率评价[J].商场现代化,2007(5).

[3]李秀根,杨健.我国梨果业生产现状、存在问题及发展对策[J].果农之友,2003(11).

[4]刘尔思.关于产业链理论的再探索[J].云南财经大学学报,2006(3).

[5]王晓林,沈建明.组织起来是农民闯市场的有效形式[J].经济学家,2006(5).

[5]杨洪明.农业产业化:作为一种契约型组织的效率及其决定[J].四川大学学报(哲学社会科学版),2002(4).

[7]Bijman, W. J. J. , Hendrikse, G. W. J. , Co-operatives in Chains: Institutional Restructuring in the Dutch Fruit and Vegetables Industry [J]. Journal on Chain and Network Science,2003(2).

[8]Cook, Michael, The Future of U. S. Agricultural Cooperatives: A Neo-institutional Approach [J]. American Journal of Agricultural Economics,1995(77).

[9]Jim Bingen, Alex Serrani, Julie Howard, Linking Farmer to Market: Different Approaches to Human Capital Development [J]. Food Policy,2003(28).

创新农业产业化经营机制

——浙江丰岛集团的实践探索与启示①

一、新时期创新我国农业产业化
经营机制的重要性和紧迫性

(一)产业化经营是农业转型发展的必然选择

农业产业化经营是现代农业基本特征。农业产业化经营是以国内外市场为导向,以提高农业效率为中心,以科技进步为支撑,围绕农业支柱产业和主导产品,优化组合各种生产要素,对农业实行区域化布局、专业化分工、规模化生产、社会化服务、组织化营运、企业化管理和一体化经营。农业产业化经营是要形成以市场牵龙头、龙头带中介、带基地、基地连农户,集种养加、产供销、内外贸、农科教于一体的农业纵向一体格局体系与运行机制。农业产业化经营的实质就是用管理现代工业的理念与办法来组织现代农业的生产和经营,推进农业的纵向一体化。农业

① 本文作者为黄祖辉、顾益康、郭红东。本文内容发表在《农村经营管理》2011年第8期,编入《农业和农村发展——道路、经验和前景》(农业部农村经济研究中心编,中国农业出版社,2012年)。本文研究得到了国家自然科学基金重大国际合作项目"全球化背景下中国农民合作组织发展:运营模式、治理结构与比较研究"(71020107028)的资助。本文对策建议部分同年7月12日获得时任浙江省省委书记赵洪祝同志的批示:"创新农业产业化经营机制是发展现代农业的迫切需要,也是惠农富农的有效途径,应当下功夫加以推进。"

产业化经营是传统农业向现代农业转变,农业结构调整,农业产业链延伸、附加值提高,农业市场化和国际化,农业增效与农民增收的必然选择。

(二)传统农业产业化经营模式("公司＋农户")的意义与局限

20 世纪 90 年代以来,我国的农业产业化经营开始被政府提到重要议事日程,并且得到了较快的发展。在实践中,出现了多种形式的农业产业化经营模式,其中最具主导性的是"公司(龙头企业)＋农户"的模式,或者说是"龙头企业带动农户"的产业化经营模式。但是,总体而言,我国农业产业组织的发展进程与农业产业化的发展进程并不是很协调,主要表现为农业产业组织的发展明显滞后于农业产业化发展的要求。具体地说,当市场竞争迫切需要农业朝产业化经营的方向发展时,我国的农业组织体系或者说农业经营体系并不完备。主要的原因是,改革以后,我国村集体经济普遍弱化与虚化,与此同时,农民合作组织发展处于空白状态,以农户家庭分散经营与村集体经济组织统一经营相结合的农业双层经营体制在大多数地方是徒有虚名或名存实亡,这使得许多村集体在"统"的方面的功能,或者说在服务农户方面的功能,没能得到有效体现。在这样的情况下,我国的农业产业化经营只能是"公司(龙头企业)＋农户"成为主导模式。尽管"公司(龙头企业)＋农户"的模式对于解决农户农产品"卖难"问题,对于我国农业产业化经营的发展,发挥了重要的作用,但仍然不能说是一种非常理想的农业产业化经营模式。其主要的局限性:一是公司(龙头企业)与众多分散农户打交道的交易成本非常高。二是在这种模式下,公司(龙头企业)与农户仍称不上是真正的利益共同体,而是两个利益主体,因而两者的关系比较脆弱,一旦政策与市场环境发生不利变化,两者很容易出现分离或不合作行为。三是这种模式是工商资本主导的农业产业化经营模式,以工商资本为主的农业龙头企业既发挥着为分散的农户家庭经营提供产前、产中、产后服务,提高农产品加工、流通水平的重要作用,同时也存在着与农户的利益结合不紧密,与农户之间还是简单的农产品买卖关系,企业资本强势和生产农户弱势之间的不对称问题。近期出现的"三鹿奶粉"事件、"双汇瘦肉精"事件,尽管主要与食品安全监测、监管不力有关,但从农业产业化的组织体系来分析,也与"公司(龙头企业)+农户"的产业化模式的局限性有密切关系。

目前,我国正处于经济发展的转型期,在传统农业产业化经营模式(公司+农户)的基础上进一步创新农业产业化的经营模式,已成为农业龙头企业转型升级和现代农业发展的一项十分紧迫的任务。

二、丰岛集团农业产业化经营的现状与做法

(一)丰岛集团农业产业化经营的基本现状

丰岛集团位于浙江,是一家以农产品加工为主的涉农企业,创立于1993年,是国家首批农业产业化重点龙头企业,目前拥有控股公司12家,形成了以花卉、果蔬生产为两大主业,房地产开发、国际贸易、电子商务为辅业的产业格局。

丰岛集团的花卉产业发展迅捷,品种涵盖杨桐、枥木、檵树、菊花、康乃馨、百合、玫瑰、郁金香、剑兰、荷花、勿忘我等,拥有4万多亩杨桐、枥木、檵树、茴香木等鲜切叶人工集约化种植基地和1万多亩集种苗繁育、种植、加工、出口、科研、培训于一体的优质菊花出口基地。通过统一种苗、统一标准、统一技术、统一订单,初步形成了连接南北、横贯东西的花卉产业发展格局,已成为目前国内唯一全年均衡供货、每周可出口、带动花农最多、科技含量最高的花卉供应商。目前丰岛集团正着力拓展花卉网络销售与婚庆、礼仪等服务市场,打造全新的鲜花消费模式和亚洲最大的花卉出口生产基地。

丰岛集团的果蔬加工产业也颇具规模,目前已形成年产8万吨果蔬罐头的生产能力,是"中国罐头行业十强企业"之一。丰岛的水果罐头为"中国名牌产品",主要产品分水果罐头、蔬菜罐头、甜品软包装等系列。丰岛食品与国际著名食品巨头多乐、百事可乐均有良好的合作,在国际上享有一定的知名度与美誉度。从2007年起,在巩固与扩大国际市场的前提下,丰岛集团致力于内销市场的开拓,开发了适合国内消费者需求的鲜果捞、鲜果蜜语、蒜乐等多个时尚系列新品。市场网络遍及日本、

美国、欧盟等50多个国家和地区，以及北京、上海、广州等国内大中城市。

在转型发展过程中，丰岛集团突出"以农业与农民为中心"的经营理念，以"做有社会责任、有品质的企业、人和产品"作为企业的价值观，在企业发展的同时，致力于为农业增效、农民增收、农村发展做贡献。在这一过程中，丰岛集团积极探索"公司＋合作社＋农户（基地）"和跨地区的农业产业化经营模式，取得了比较明显的成效。通过合作社这一中间载体，已发展了近5万亩的花卉基地和8万亩的果蔬基地，区域遍及浙江、湖北、广西、河南、安徽、云南、海南等地，联结与带动了10万户、近30万名农民，为社会做出了积极的贡献。到目前为止，丰岛集团的杨桐、枪木、菊花、康乃馨、佛花和柑橘罐头出口连续多年居全国第一。2010年，丰岛集团实现销售收入6.1亿元，出口创汇6800万美元，支付农产品收购资金3.8亿元，纳税6678万元，取得了显著的经济效益、生态效益和社会效益，实现了政府、公司、合作社与农户的多赢局面。企业先后获得中国农村致富十佳带头企业、全国农产品加工出口示范企业、全国园艺产品出口示范企业、全国服务新农村建设百佳乡镇（民营）企业、国家农产品加工企业技术创新机构等荣誉。

（二）丰岛集团农业产业化经营基本做法与模式

丰岛集团根据不同农产品的特征和各地农户的实际情况，在农业产业化经营的实践中进行了非常有益的探索。主要有如下几种模式。

1. "公司＋合作社＋农户（基地）"模式

丰岛集团在产业化经营中与农户的合作关系经历了"公司＋农户"到"公司＋中介（代收户）＋农户"到"公司＋合作社＋农户（基地）"三种模式。"公司＋农户"模式的优点是中间环节少，可以直接面对农户，但局限性在于在农户量大且居住分散的情况下，交易具有不确定性，交易费用较高。"公司＋中介（经纪人）＋农户"的模式在一定程度上克服了"公司＋农户"模式的局限性，但这种模式仍然存在不足。一是各环节不能形成利益共同体，是相互独立的利益主体。二是增加了中间环节和中介（经纪人）的代理人问题或成本。这一问题已在丰岛集团在湖北宜都的柑橘收购中有所体现。

为了解决这些问题,丰岛集团通过公司扶持和政府引导,帮助中介(经纪人)或种植大户组建专业合作社,以形成"公司＋合作社＋农户(基地)"的产业化经营模式,目前已发展了浙江新昌董村杨桐专业合作社、新昌尖炕杨桐专业合作社、安徽黟县宏潭乡杨桐专业合作社、新昌雪头杨桐专业合作社、湖北宜度黄桃专业合作社、浙江东阳菊花专业合作社等7家农民专业合作社。很显然,只要办好合作社,"公司＋合作社＋农户(基地)"的产业化经营模式比前两种模式更具优越性,因为合作社与农户是利益共同体,同时合作社又可以作为代表农户的中介与公司打交道,这样,既可以降低纵向一体的交易费用,又可以减少产业化经营中的中间环节和代理成本问题。

2. 土地"统租再包"模式

近年来,丰岛集团在浙江、云南、湖北等地的一些花卉产业基地和水果产业基地是通过"统租再包"的形式建立的。所谓"统租再包",是指土地的统一租赁和再次承包。具体做法是,在农民自愿的基础上,由村组织统一流转农户承包的土地,然后按一定的价格和租期,统一租赁给公司(企业),公司(企业)则根据产业发展或基地建设的要求,对租赁的土地进行重新规划、整理和基础设施投入,然后将土地或大棚再次承包给农民(通常是专业大户)或合作社。但这时的承包经营者必须按照公司(企业)的技术标准进行生产。通常,这种模式体现了六个"统一",即统一流转、统一再包、统一种植、统一标准、统一服务、统一购销。在这种模式下,公司和农户或合作社的关系比较紧密,双方可以获得共赢。公司(企业)可以根据市场需求,按规模化、专业化、标准化的要求,建立自己稳定的生产基地。农户则仍然拥有初始的土地承包权,出让的仅仅是土地的经营使用权。不少农民在这种模式下既获得土地租金,又获得劳动薪金或再承包收益,收入得到明显提高。例如,丰岛集团在浙江新昌棠村及周边地区所建的一个1000多亩的鲜切菊花出口基地,就是按这种模式打造的。公司以每亩800元的价格"统租"农民土地,然后投资建花卉大棚、灌溉等设施,培训农民,再以每亩2600元左右的价格"返租"给专业农户,组织农民进行规模化生产、标准化作业、企业化管理,最后按照定价、定时、定量、定质收购,农民年均增收达1万元。

3.“订单＋服务”模式

丰岛集团还在不少适宜发展杨桐、桧木、黄桃的地区，与当地政府（县、乡镇政府）和村委组织等商议共同建设生产基地。由当地政府负责基础设施建设并引导农民组建合作社，组织农民进行规模化种植，公司则提供前期补助与种苗、技术，并签订稳定的产品收购协议。这种以市场订单为保障、技术服务为支撑、政府支持为后盾、农户生产为基础、利益机制为纽带的产业化经营模式，尽管需要整合与协调较多的资源和关系，但土地关系相对简单，能使更多的农户参与其中，并从中获益。按照这种模式，丰岛集团已在湖北、浙江等地发展了 8000 多亩黄桃种植基地，2.8 万亩杨桐、桧木的人工种植基地，在云南昆明、广西北海和海南分别建了 150 亩、1000 亩和 150 亩的鲜切花设施基地。这些基地有的已成为当地农业产业发展的主导产业，成为带动农民增收致富的主要产业和供货稳定、质量保证、价格稳定的公司“农产品第一生产车间”。

三、丰岛集团农业产业化经营实践探索的启示

丰岛集团的农业产业化经营实践可以概括为：以市场为导向，以企业为龙头，以农户为基础，以合作社为平台，以体制机制创新为动力，努力发挥家庭经营、合作经营与公司经营三大制度的优势，实现农户、合作社、企业共赢的“三位一体”农业产业化经营模式。丰岛集团农业产业化经营的实践探索具有如下重要启示。

（一）“公司＋合作社＋农户（基地）”可以有效发挥家庭经营、合作经营与公司经营三大制度的优势，是农业产业化经营的理想模式

丰岛集团农业产业化经营的实践表明，与传统的“公司＋农户”的产业化经营模式相比，“公司＋合作社＋农户（基地）”的产业化经营模式具有很大的优越性。一是公司通过合作社管理广大农户，大大降低了公司直接与农户打交道的成本；二是通过合作社这一载体，公司和农户可以

共同入股,这就既可以使公司通过购销合同和技术扶持稳定购销关系,又可以通过股权这一纽带,深化公司与农户的关系;三是通过合作社为农户的统一服务,可以形成"生产分散在户、服务统一在社"的新型农业规模经营和新型农业双层经营体制。这一模式突破了传统的"公司+农户"的产业化经营模式,使产业化经营过程中公司与农户的利益机制更为紧密,产业化经营中的家庭经营、合作经营和公司经营这三种经营制度有机结合,制度优势得到充分发挥。

(二)土地的"统租再包"是我国农村土地制度的深化与完善,它既保障了农民的土地权益,又突破了分散化和小规模农业的瓶颈

丰岛集团农业产业化经营的实践也表明,通过农村土地流转制度的创新,可以实现既保障农户土地权益,又突破小而散的农业发展瓶颈的效果。改革开放以来,我国实行了农村土地村集体所有、农户长期承包经营的制度,这一土地制度强化了农民对土地的经营权利和收益权利,但也存在着局限性。一是由于人多地少,户均承包的土地规模普遍不大;二是单个农户收入往往有限,对土地投入普遍是心有余而力不足。这样的农业经营格局就很满足现代农业发展和农业市场化、国际化竞争的要求。而对农户承包的土地进行"统租再包",则破解了这一难题。

一方面,在土地"统租再包"制度下,农户并没有丧失土地承包权利,而仅仅是转让了一定年限的土地经营权,是农村土地产权的再分离,即所有权归村集体,承包权归农户,经营权归租赁者。从这一意义上说,这是我国农村土地制度的深化与完善,它给我们的重要启示和价值是:我国农民的土地承包权并不仅仅具有债权的属性,同时还具有物权的属性;我们可以在不改变我国农村土地所有制性质的前提下,使农民的集体土地权益得到进一步的实现。

另一方面,在"统租再包"制度下,通过对统一租赁来的土地进行重新整理、规划以及租赁者(公司企业或经营大户)的投入加大,农业小而散和投入不足的问题可以得到有效解决。不仅如此,在此基础上将土地再承包给有能力的农户经营,则农业的家庭经营制度优势仍然能得以发挥。并且在这种模式下,分散、单个农户经营时在技术和营销等方面的

薄弱环节,也可以通过依托租赁者(公司企业或经营大户)或合作社服务而得以优化。

(三)农业龙头企业投资农业,同时引领、扶持、反哺农民合作社的发展,是新时期我国农业产业化经营上台阶、提水平的关键

丰岛集团农业产业化经营的实践还表明,发挥龙头企业对合作社、农户的引领、扶持和反哺作用,对于我国农业产业化经营水平的提升至关重要。这是因为,我国的农业产业化经营路径与世界上许多国家相比不很相同。

一方面,大多数国家的农业家庭经营与农业合作经营几乎是相互依存的,可以说是一个事物的两个方面,而在我国,由于新中国成立以来我国农业合作制的异化和失败教训,我国农业经营体制的演变走了很大的弯路,以至于我们对农业合作制的发展一直是忧心忡忡,进而从 1978 年恢复农业家庭经营体制后的相当长时间内,我国的农业合作组织一直没能得到相应的发展,成了农业产业组织体系的"真空地带"。

另一方面,国外的农业产业化经营通常由农民合作组织引领和推动,它既可以是合作社直接向产后延伸,又可以是中介载体,代表农民与下游公司(企业)建立稳定的纵向一体关系。而在我国,由于农民合作组织的长期缺失或力量薄弱,农业龙头企业在产业化经营中起了决定性的作用,但很显然,如果没有农民合作组织的相应发展,龙头企业很难引领和支撑整个农业的产业化经营,这就有必要建构均衡协调的农业产业组织体系。因此,除了政府要大力鼓励与扶持农民合作组织的发展,农业龙头企业投资农业,扶持和反哺农民合作社的发展至关重要,这不仅能够弥补我国农民合作组织发展的不足,创新适合我国实际的农民合作组织制度,而且对于龙头企业自身的转型升级和我国农业产业化经营的上水平、与国际接轨,都有极为重要的意义。

农业产业化的全产业链经营模式与机制创新[①]

——"肥西老母鸡"的实践及其启示

　　20世纪90年代以来,我国农业产业化经营有了长足的发展,以农业龙头企业为主导,"公司＋农户"的产业化经营模式在帮助农民进入市场、解决农产品卖难问题、提升农业竞争力等方面,发挥了重要作用。但从现代农业发展的要求和全球农业竞争的态势看,我国农业产业化的经营水平还远远不能适应日趋激烈的市场竞争和日趋多元的消费者需求,频繁出现的食品质量不安全事件和农产品价格大幅波动现象,很大程度上与我国的农业产业化经营体系不完善有关,因此,进一步完善我国的农业产业化经营体系,创新农业产业化经营的体制机制,更好发挥农业龙头企业和农民专业合作社在农业产业化经营中的作用,具有急迫性。

　　基于此,我们组成若干专题小组,对我国农业产业化经营的状况开展案例调研,以发现问题、总结经验、提出建议。通过调研与分析,我们发现,尽管我国农业产业化经营还存在不少问题,但在实践中也存在不少通过体制机制创新而获得成功的案例,这些案例很具有启示性和借鉴性,有必要引起重视和总结推广。现将我们在安徽所调研的"肥西老母鸡"的全产业链的产业化经营模式及其启示报告如下。

---

　　① 本文作者为黄祖辉、米松华、陈立辉。本文内容发表在《农业经济与管理》2011年第6期。

一、"肥西老母鸡"的全产业链产业化经营模式与成效

肥西老母鸡农牧科技有限公司(简称"肥西老母鸡"),位于安徽肥西县,是一家专门从事优质老母鸡饲养和深度开发的农业龙头企业。该公司通过 30 年的励精图治,从一个"孵鸡小作坊"发展到目前引领安徽家禽产业发展、在全国颇具知名度的"禽业航母"。在发展过程中,该公司对"肥西老母鸡"的发展定位(社会需求型企业)、产业链的整合模式("一三二四"生态型产业链整合模式)、产业化的组织形式("公司+合作社+农户")等进行了一系列的创新,探索了以"肥西老母鸡"为品牌,以优质良种固业、生态养殖稳业、规模加工强业、连锁餐饮旺业、休闲旅游活业、文化创意兴业的全产业链的农业产业化经营模式,走出了一条以公司为主导、合作社为桥梁、农民为主体、产业链齐全、利益链紧密、纵向一体化程度较高的高效生态现代农业产业化发展之路。

(一)全产业链产业化经营模式的形成与发展

"肥西老母鸡"在发展过程中形成了一个与传统的单一直线型产业链的完全不同的全产业链整合模式。第一,它的"一三二四"的产业链整合模式,不仅体现了产业的关联性,而且体现了业态的多样性。第二,它的整个产业链中的每一产业既互相联系,又都能直接面对终端消费者,创造了产品的多重增值空间。第三,它的各个产业的整合发展与品牌战略紧密结合,产生了新的价值。"肥西老母鸡"全产业链产业化经营模式的形成,经历了四个阶段。

第一阶段(1982—2003 年):单纯从事第一产业。从 1000 元起家,经过 22 年的奋斗,从一个个体饲养户,发展成一个带动 4000 多农户合作饲养的大公司,并于 2003 年获得"安徽省农业产业化龙头企业"称号。

第二阶段(2004—2005 年):进入第三产业。受到肯德基等洋快餐的启发,在合肥开始产业链延伸,创办肥西老母鸡快餐店,发展中式快餐连锁。企业进入了快速发展轨道。

第三阶段(2006—2007 年):进入第二产业。为支撑快餐业的快速

发展,新建了可满足 1000 家店面需求的食品加工基地和配送平台,年宰杀成鸡能力达 600 万只。既增强了成鸡加工能力,又增加了产品多样性,提高了产品附加值。

第四阶段(2008 年至今):进入休闲与文化创意产业。创建肥西老母鸡家园和中华鸡文化博览园,深度发掘与传承鸡的文化历史,通过和鸡的文化相关的休闲与文化创意产业的发展,进一步提升了"肥西老母鸡"的品牌知名度,实现了全产业链的产业化经营。

简言之,"肥西老母鸡"的全产业链产业化经营模式可以表述为:以生态化、规模化养殖为特点的第一产业是产业链的基础;以活鸡专卖和快餐连锁为特点第三产业是产业链的龙头;以规模化、现代化加工及配送为特点的第二产业是产业链的中轴;以鸡的文化休闲与创意为特点的第四产业是产业链的灵魂——由此打造出了集养殖、加工、餐饮、旅游、文化于一体,相互融合,互为促进的全产业链的经营模式(见图 1)。

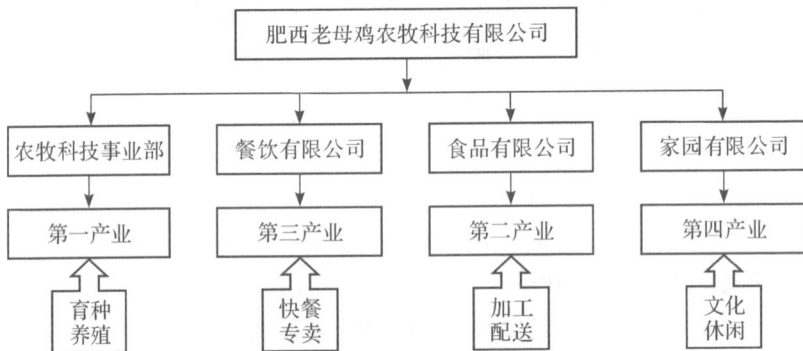

图 1　"肥西老母鸡"全产业链产业化经营模式

(二)全产业链产业化经营模式的组织形式与利益机制

"肥西老母鸡"能够有效发挥龙头企业的主导与带动作用,一方面是得益于产业多功能的发展战略和全产业链的经营模式,进而为企业和农户创造了广阔的发展空间与增值空间;另一方面是得益于公司为主导、农民为主体、合作社为桥梁这一产业组织体系的定位及其利益机制的科学设计,这种"公司＋合作社＋农户"的产业组织链接形式与利益机制的安排,保障了全产业链产业化经营模式的有效运行(见图 2)。其效率主要体现在三个方面:一是公司通过合作社这一中介载体来管理农户,大大降低了公司直接与分散农户打交道的成本;二是公司建立了一系列与合作社养殖农户的利益机制,这些制度的设计与安排,适合畜禽产业的特点,激励与约束的相融性强,增强了公司与农户间的相互信任度和凝聚力。三是公司在全产业链的经营过程中充分发挥了专业化分工与服务、规模化饲养与加工、统与分相结合的双层经营体制的效率,突破了传统的"公司+农户"的农业产业化经营模式,使产业化经营过程中的分工效率、规模效率、技术效率、组织效率以及农户经营、合作经营和公司经营这三种经营制度的优势得到了充分发挥。

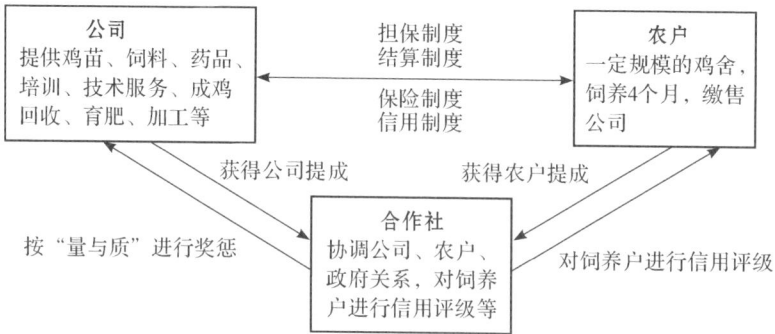

图 2 "肥西老母鸡""公司+合作社+农户"的利益联结方式

(三)全产业链产业化经营模式对农民就业与增收的影响

"肥西老母鸡"全产业链产业化经营模式对农民就业与增收的影响很大。就养殖环节而言,这一产业化经营模式直接带动规模养殖基地(合作社)4个,养殖农户4100户,实现产值4亿元;就加工、配送、餐饮等环节而言,"肥西老母鸡"直接带动了非农就业3200余人,同时,还带动了上下游多个关联性产业的就业与发展,如种植业(年提供大米、玉米、蔬菜等3000余公斤)、调料加工业、建筑装饰业以及加工制造业等。据统计,2010年"肥西老母鸡"全产业链累计间接带动就业达4.3万人。

"肥西老母鸡"全产业链产业化经营模式对农民增收的影响主要通过四种途径来实现(见图3)。

首先是基地带动。通过公司建立规模养殖基地,不少农户既成为专

```
┌──────────┐    ┌──────────────────┐
│ 基地带动 │──▶│ 发展农民规模养殖与 │─┐
└──────────┘    │ 农民土地出让、出租 │ │
                └──────────────────┘ │   ┌─────┐
┌──────────┐    ┌──────────────────┐ │   │提升农│
│ 就业带动 │──▶│ 吸纳农村富余劳动力 │─┤   │民参与│        ╭──────╮
└──────────┘    └──────────────────┘ ├──▶│产业化│──────▶│农民增收│
┌──────────┐    ┌──────────────────┐ │   │经营热│        ╰──────╯
│ 培训带动 │──▶│ 强化农民素质和技能 │─┤   │情;满│
└──────────┘    └──────────────────┘ │   │足农民│
┌──────────┐    ┌──────────────────┐ │   │致富愿│
│ 创业带动 │──▶│ 为返乡创业提供平台 │─┘   │望   │
└──────────┘    └──────────────────┘     └─────┘
```

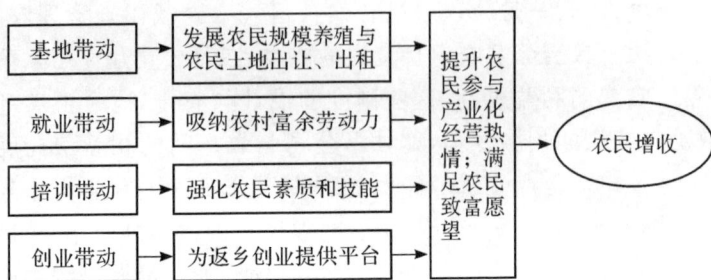

图 3 "肥西老母鸡"带动农民增收的途径

业饲养户,又成为土地出租者,既可获得规模养殖收入,又可获得土地出租收入。以肥西县杨店村为例,当地农民年人均纯收入在 5000 元左右,按每户 4 口人计算,户均年收入达 2 万元,而当地"肥西老母鸡"的规模养殖户年均纯收入至少可达 3 万元,大大高于当地平均水平。

其次是就业带动。全产业链的产业化经营模式为农民提供了多种就业机会,促进了农村富余劳动力向非农产业的转移。如前所述,"肥西老母鸡"全产业链中的食品加工和餐饮环节就带动当地 3000 多人的就业,这些就业者的收入普遍高于从事一般农业的劳动者的收入。

再次是培训带动。公司投入大量资金,对农民进行培训,强化了农民的素质和技能,拓宽了农民的就业空间,进而进一步带动了农民增收。"肥西老母鸡"拥有自己的管理培训学院,先后对员工和养殖户进行培训达到 3 万多人次,大幅度提高了农民的就业能力和工作技能水平。

最后是创业带动。全产业链的产业化经营模式为农民返乡创业提供了机会,仍以肥西县杨店村为例,该村外出劳动力通常占劳动人口的60%,但随着合作养殖业的发展,越来越多的外出劳动力选择返乡创业、创业增收,目前,该村养鸡合作社 1000 户社员中已有 20% 是返乡劳动力。

(四)全产业链产业化经营模式对区域经济社会的影响

"肥西老母鸡"全产业链产业化经营模式不仅做大做强了龙头企业本身,而且促进了当地经济社会的发展。主要表现在三个方面。

第一,企业在品牌创建和推广中,对区域经济发展产生了正外部效应。企业于 2007 年注册了"肥西老母鸡"商标,在企业形象、企业识别、企业文化、企业宣传等多方面进行品牌建设与管理,2010 年底,"肥西老母鸡"获得国家工商总局地理标准注册。企业还导入 CIS(企业形象识别系统),建立企业统一的视觉识别系统。与此同时,还创作鸡的文化、动漫、歌谣、老母鸡故事、鸡宝宝乐园、鸡宝宝吉祥物,协助拍摄电视剧等。目前,"肥西老母鸡"的品牌价值已达 35.60 亿元,名声远播,这不仅使企业获益,而且还成为肥西的一张金名片,使区域受益,形成了品牌带动产业发展、区域品牌提升区域知名度、企业品牌与区域发展的共赢格局。

第二,企业在环境方面的严格要求,优化了区域生态环境。"肥西老母鸡"对环境有极高要求,如:净化种鸡,从源头消除养殖环境的负面因素;对进入养殖区域的车辆、笼具进行严格的消毒处理;企业所有的养殖场都建了沼气池,食品加工厂建了污水处理系统。产地环境的有效保护,不仅确保了"肥西老母鸡"的品质与形象,而且优化了区域生态环境,形成了产业发展和生态环境互为促进、良性发展的格局。

第三,企业在全产业链产业化经营的过程中,推动了新农村建设。"肥西老母鸡"的产业基础扎根于农村,因此,其产业的发展、文化的传播以及对环境的改善、对农民就业与增收的带动、对相关产业发展的带动,均与新农村建设的内容密切相关。从某种意义上讲,"肥西老母鸡"全产业链产业化经营的发展,不是直接,就是间接地推进了当地新农村建设的发展。

二、"肥西老母鸡"全产业链产业化经营模式的启示

我们把"肥西老母鸡"全产业链产业化经营模式简称为"肥西模式",该模式以打造社会需求型企业为目标,在确保产品质量的前提下,借助品牌扩大产品影响,延长产业链,通过"稳一产(养殖业)、强二产(加工与配送业)、旺三产(连锁快餐和休闲农业)、兴四产(文化创意产业)",既获得自身发展,又带动农民增收和区域经济社会发展(见图 4)。这一农业产业化的经营模式,给我们很多启示。

种质资源保护、生态化养殖、养殖环境优化	评估品牌价值、推广宣传品牌、申请地理标志	发掘鸡文化历史渊源，过硬的产品质量	以上海、北京为前站，以快餐、专卖店为先导	
确保产品质量 →	创建企业品牌 →	占领本地市场 →	开拓外地市场 →	"肥西模式"
育种、养殖	食品加工、配送	连锁快餐、休闲	文化创意产业	
带动农户合作养殖、规模养殖	建立服务平台，开发新产品，提高附加值	连锁经营、特许经营、统一管理	深度发掘文化内涵，提升品牌影响力	

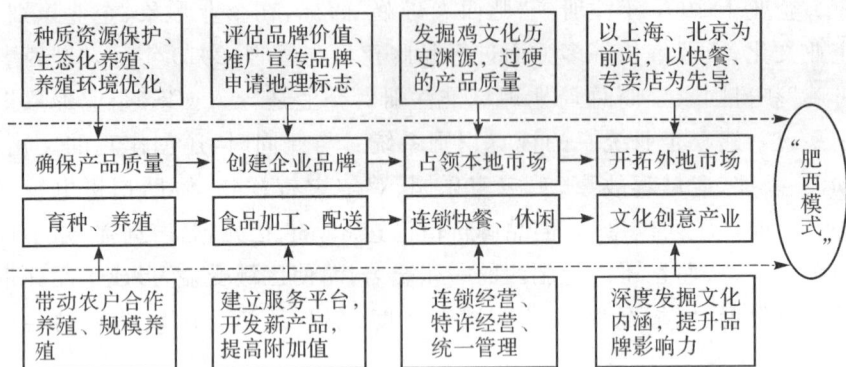

图 4　全产业链产业化经营的"肥西模式"

（一）以农业品牌化谋高效发展

农业品牌化是农业产业化和现代化的灵魂，"肥西老母鸡"在品牌化过程中对四个重要环节的打造，是其品牌战略成功的关键。

第一，保护种质资源。公司下设一个祖代、三个父母代种鸡繁育场，并建有紫蓬山地理标志养殖基地，每年投入数百万元用于品种优化改良，保证了历史悠久的紫蓬山麻黄鸡的种质资源及其传承。

第二，重视品牌创建。公司投入大量资金打造自有品牌，同时导入CIS（企业形象识别系统），使品牌更加具体化和形象化。此外，还通过文化创意、乡村旅游、投拍影视剧等手段对品牌进行宣传推广。

第三，建立控制体系。公司为各生产环节制定了严格的科学管理制度，先后编写了《管理与操作手册》、《选址手册》、《卫生手册》、《质量与安全手册》等，从鸡苗繁育到餐桌消费的全过程均贯穿标准化生产与作业，确保了产品的质量安全与品牌的信誉度。

第四，发掘品牌文化。公司在鸡文化上做足了文章，不仅在产品标识、形象设计上充分体现鸡文化，而且打造鸡文化博览、鸡文化休闲，推出《肥西老母鸡趣话》等图书，不仅弘扬了健康的鸡文化，而且大大提升了公司的品牌价值，拓展了公司的发展空间。

（二）以全产业链经营谋共同发展

"肥西老母鸡"以生态养殖为基础，发展加工、配送、专卖、连锁餐饮、文化创意等多种业态，打造了国内少有的农业全产业链产业化经营模式，实现了公司与农户的共同发展。这种全产业链的产业化经营模式能获得成功，产业选择和机制设计也是关键。

第一，正确选择主导产业。根据区域资源优势、文化传统、产业基础以及市场前景，将"肥西老母鸡"作为主导产业加以培育与发展，是正确的选择。一方面，肥西老母鸡原产地就在紫蓬山脉，该地区属江淮分水岭，地理环境优越，所产老母鸡肉嫩味鲜、口感纯正，当属肥西特产，具有资源独占性。另一方面，在主导产业培育中，适时引入现代产业发展理念与思路，如建立生态化养殖基地、专业化服务平台，开展规模化加工与配送、连锁化餐饮与专卖、品牌化营销与多功能拓展，使整个产业链得到有机整合和一体化发展。

第二，科学建立利益机制。全产业链产业化经营模式要能实现多方共赢和共同发展，产业链中的合约方式选择与利益机制设计是关键。一是选择制度化合约。"肥西老母鸡"在发展初期普遍采用的是"人格化"合约，逐步演变为"制度化"的合约，如《"公司＋农户"商品鸡饲养回收协议》、《农牧养殖公司商品鸡饲养回收协议》等，都体现了合约的制度化色彩。二是制定利益风险共担机制。除了公司与农户签订利益风险共担的合约，还发挥合作社的监督和协调作用，确保了合约的顺利实施。三是制定保障性条款。传统的公司与农户的订单合约，往往是基于单个饲养周期的短期契约，但"肥西老母鸡"通过设置担保制度和风险基金，将合约引向长期化，大大加强了产业链上下游之间合作的稳定性和长期性。

（三）以社会需求谋持续发展

第一，是围绕市场需求做文章。"肥西老母鸡"全产业链产业化经营模式的形成，很大程度上也是适应市场需求的结果。很显然，如果没有消费者对优质安全食品、快捷便利餐饮、农业休闲观光、产业文化品位等方面的需求,就难以形成全产业链的产业化经营模式。正是基于这一认识和判断,"肥西老母鸡"始终把市场需求放在首位,并且按照市场需求的变化趋势,延伸产业链,拓展新业态,实现可持续发展。

第二,围绕社会发展做贡献。"肥西老母鸡"将自己定位于社会需求型企业,在新农村建设和社会公益事业等方面付出了不少努力,这既体现了企业的社会责任意识,又体现了其独特的发展思路。实践表明,企业并不仅仅是个"经济人",而应该是个"经济社会人",作为"经济社会人"的企业,在自身发展的同时,主动承担社会职责,回馈社会,为社会发展做贡献,看起来似乎是分外事,实际上是分内事,因为这可以为企业赢得声誉和更好的发展环境,可以形成企业的社会资本,进而助推企业更快发展。

生猪产业组织体系、交易关系与治理机制分析

——以合作社为考察对象的案例分析与比较①

本文重点探讨两个方面的问题。第一,当前我国生猪产业的组织体系和特征。第二,在生猪产业发展中,各类主体的交易关系与治理机制及其政策含义。

一、我国生猪产业组织体系和特征

生猪产业链是集农资生产环节、生猪养殖环节、生猪屠宰环节、猪肉储销环节、猪肉消费环节于一体的产业链(见图1)。

生猪产业组织体系是生猪产业链体系中的组织(或主体)呈现以及组织(或主体)与组织(或主体)的关系体现(见图2)。从生猪养殖的角度看,这种组织(或主体)大致可分为养殖户、养殖场、养殖合作社与养殖企业等,其中,养殖户一般指年平均存栏 $Q \leqslant 30$(头)的散户,而 $Q > 30$(头)的主体可统称为规模养殖场。② 本文主要关注非合作社和非企业型养殖主体,并在后文简称其为养殖户。

生猪产业组织体系从养殖主体看,重要的特征是存在前后向关系

① 本文作者为傅琳琳、黄祖辉、徐旭初。本文内容发表在《中国畜牧杂志》2016年第16期。本文为国家自然科学基金农林经济管理学科群重点项目"农业产业组织体系与农民合作社发展:以农民合作组织发展为中心的农业产业组织体系创新与优化研究"(71333011)的阶段性成果。

② 养殖规模划分参考《全国农产品成本收益资料汇编》。

疫病防治、检验检疫、政策引导、技术服务、金融信贷、保险

饲料兽药生产加工 → 种猪繁育 → 育肥猪养殖 → 生猪屠宰加工 → 猪肉运输储运 → 猪肉销售 → 终端消费

农资生产环节　生猪养殖环节　生猪屠宰环节　猪肉储销环节　猪肉消费环节

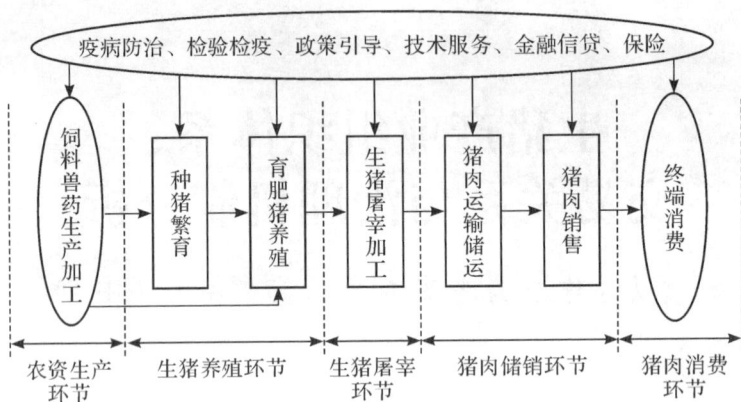

图 1　生猪产业链

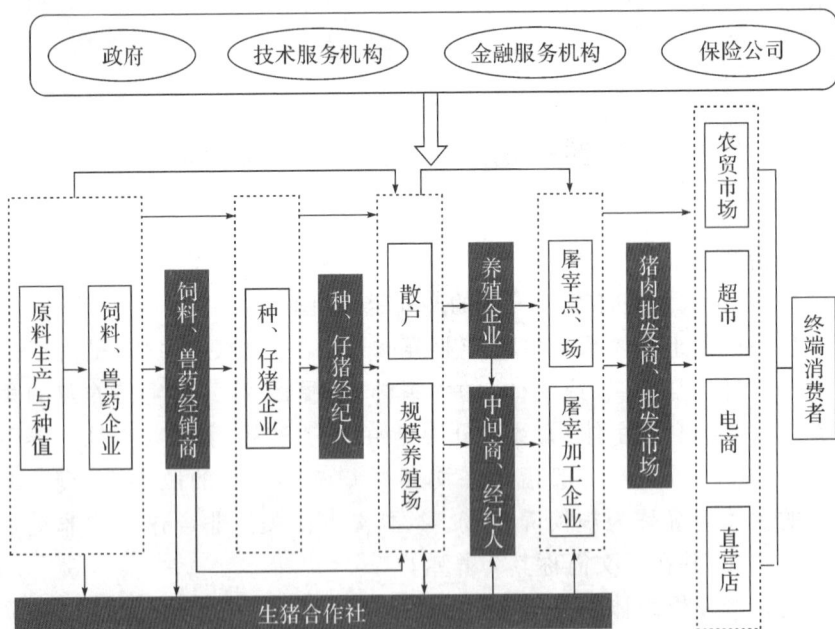

政府　技术服务机构　金融服务机构　保险公司

原料生产与种植　饲料、兽药企业　饲料、兽药经销商　种、仔猪企业　种、仔猪经纪人　散户　规模养殖场　养殖企业　中间商、经纪人　屠宰点、场　屠宰加工企业　猪肉批发商、批发市场　农贸市场　超市　电商　直营店　终端消费者

生猪合作社

图 2　生猪产业组织体系

链。前向关系链主要包括饲料、兽药和种猪的购买。在规模生猪养殖总成本中，饲料费占比达到 50% 以上，但由于分工的细化，目前规模养殖户自产饲料的情况比较少见了，基本上需要通过市场购买，因此，养殖户

在前向关系链中往往更关注与饲料供应主体的交易关系和治理机制。

后向关系链主要涉及养殖户与屠宰加工企业或者屠宰场以及相关批发市场等主体的关系。实践中，养殖户的销售路径并不单一：一是养殖户直接把生猪卖给屠宰加工企业或者屠宰场，但这种交易方式对于养殖户的饲养规模有要求，也使得屠宰主体更偏好与退出成本较高、规模较大的养殖户合作。二是养殖户把猪卖给中间商或是由经纪人介绍卖猪，这种交易方式在现实中较为普遍。这种模式比较灵活，市场上活跃着众多中间商、经纪人，使养殖户的选择更为自由，而且，它对养殖户的规模也没有限制。三是养殖户也可以把猪卖给一些大型养殖企业，"温氏"寄养模式即为典型案例，一般来说，养殖户与企业签订寄养协议，规定彼此的权利与义务，并约定收购价，这使得养殖户得以规避市场风险。四是通过生猪合作社来销售，即"农户＋合作社"模式，这实际与合作社统一购买饲料一样，也是通过扩大规模，形成谈判力。

通过以上对生猪产业组织体系和产业链的简要描述，不难发现，合作社在生猪养殖户的前后向交易中都能发挥作用，在前向关系中，主要起到统一采购生产资料、降低农资成本等作用，在后向关系中，主要起到统一产品销售、提高养殖户市场谈判力等作用。但在实践中，合作社能否发挥这样的作用，还取决于合作社发展的质量状况以及具体交易关系的选择与治理机制的安排。从调查情况来看，由于产业特性，生猪合作社前向功能很强（无论合作社是否为真合作社都可履行此功能），而后向关系往往趋于弱化。

二、生猪产业交易关系与治理机制

本文给出了如下的"交易关系与治理机制"图谱及其五种交易关系的含义（见图 3）。本文重点分析考察的内容为图中的虚框部分。

（一）与普通伙伴的短期重复交易关系

该模式主要表现为生猪养殖户根据市场行情与便捷程度，自由选择交易渠道。在前向饲料采购上，养殖户趋向于自己生产或者向经销商购

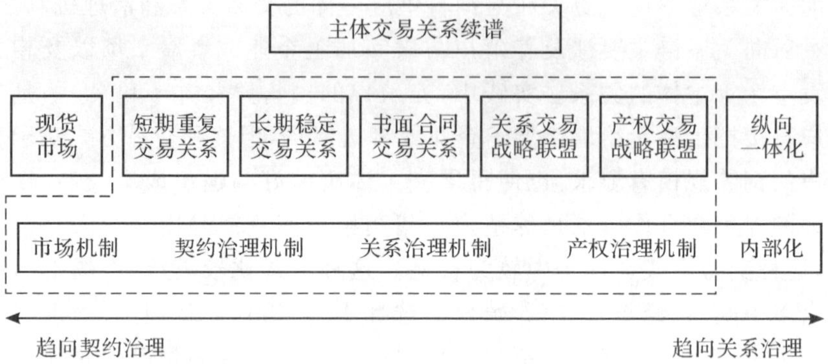

图 3 交易关系与治理机制

买；在后向生猪销售上，下游买主数量较多，但没有固定的交易对象，以中间商或经纪人居多，他们对养殖户通常没有特定或严格的生产标准、资格以及供应数量的要求。该模式在小规模养殖户中较为常见，合作社并没有起到实质性作用，即使是不少加入生猪养殖合作社的养殖户，也有采用这种交易模式的，其原因是目前生猪合作社中有不少是没有发挥服务功能的"空壳合作社"。

（二）与选择性伙伴的长期稳定交易关系

该模式主要表现为生猪养殖户以合作社为依托，与固定的上游饲料供应商和下游的中间商或经纪人建立长期稳定的产品交易关系。与第一种模式相比，该类交易关系通常是在价格和规模基础上长期博弈的结果，以交易方的身份认证为依据，合作伙伴数量相对少，但双方往往没有书面约定。在本文的案例分析中，这种模式表现为养殖户依托合作社，在前向饲料采购中获得优惠价格，在后向生猪销售中与固定中间商合作。

（三）以正式的书面合同为基础的交易关系

该模式也可称为订单农业模式，目前在生猪产业常见的是大型养殖企业或合作社与养殖户建立寄养的正式合同关系。在本文的案例分析中，这种模式表现为养殖户与合作社签订书面合同，养殖户前后向交易的对象都是合作社。

(四)以关系交易为基础的战略联盟

该模式是指交易双方建立了战略合作关系,但它不是一般的"公司＋分散小规模农户"的形式,而是在双方力量对等条件下形成的交易关系,通常是有较大影响力的合作社或规模较大的养殖户,与上游规模较大的饲料企业或下游有一定实力的屠宰加工企业建立的长期合作。在本文的案例分析中,这种模式体现为养殖户通过合作社形成谈判力,并与前后向主体建立关系交易的战略合作。

(五)以产权交易为基础的战略联盟

这种模式是准纵向一体化的模式,即产业链上的生猪养殖户向上下游延伸或下游加工企业等向上游延伸,实现前向或后向的一体化发展。在本文的案例分析中,这种模式主要以生猪养殖合作社这一主体的产业链延伸为主,体现为大型养殖户所建立的合作社以入股形式与上下游企业合作,形成整个生猪产业链的准纵向一体化的战略合作。

三、案例调研与分析

本文的五个案例代表了我国目前生猪产业的特色区域,涉及我国冀、川、渝、浙四个省份,分别以河北省灵寿县、四川省简阳市、重庆市荣昌县、浙江省金东区和龙游县的生猪产业为具体调研对象。

调研力求从所有可能的渠道收集信息。除了通过互联网、政府文件等二手资料来源获取相关数据信息以外,主要采用了案例深度访谈方法,以获取研究所需要的信息。根据案例研究的"证据三角"原则,我们将访谈对象确定为生猪养殖户、与其直接相关的前后向经营主体和相关的政府工作人员,并于 2014 年 10 月—2016 年 1 月,多次前往五地进行深入调研:累计访谈合作社管理层人员 12 人,访谈时间共计 1050 分钟;累计访谈合作社普通社员 39 人,访谈时间共计 1650 分钟;累计访谈非社员养殖户 13 人,访谈时间共计 260 分钟;累计访谈中间商 10 人,访谈时间共计 300 分钟;累计访谈畜牧局及镇畜牧站工作人员 10 人,访谈时间共计 840 分钟。

(一)案例一:与普通伙伴的短期重复交易关系及其治理机制

1.交易关系与演化

该案例位于四川省简阳市,案例中的 J 合作社地处传统养猪大村 J 村,村中养殖户数量众多,但普遍规模小,投入少,进入退出比较自由,受市场行情影响,跟随性断养或扩栏的情况比较普遍,如 2013 年这一年,就有 2/3 的养殖户退出市场。而 J 合作社是当地 5 个养殖规模较大的农户响应政府号召组建的合作社,但由于功能不很健全,未对当地生猪养殖业产生影响,社员与非社员的前后向关系并无差别,这也是我国农村普遍存在的一类合作社。

在饲料获取方面,由于社员大多是兼业农民,在养殖生猪的同时还进行淀粉加工与销售,淀粉加工废料为养猪业提供了充足的饲料。因此,饲料获取途径基本上都是自给自足,即自己种植原料、自己加工,但在临时扩栏或青黄不接时,也会向其他村民购买原料或去市场购买饲料。

在生猪销售方面,出于对精力和时间等交易成本的考虑,与该村绝大部分养殖户一样,社员都选择向中间商出售生猪。生猪交易点都在养殖场,随行就市,定价权掌握在中间商手里,交易时当场称重。对不熟悉的中间商,则要求当场付款;对"知根知底"的中间商,则可隔天支付,运费由中间商支付。由于中间商数量众多且规模有限,并且生猪养殖品种和生产规模也差不多,因而在当地形成了竞争较为充分的生猪收购者市场与销售者市场。这种市场结构使得养殖户的后向交易关系缺乏长期性,具有本文称之为与普通伙伴的短期重复交易关系的特点(见图 4)。

鉴于案例一的主体交易关系主要位于后向的交易,本文着重分析其后向交易关系的演化。在交易关系初步建立阶段,由于竞争,中间商一般会比较主动地要求与养殖户建立交易关系,如主动登门拜访陌生的养殖户并留下联系方式,利用本村的人际关系去争取有竞争力的养殖户,

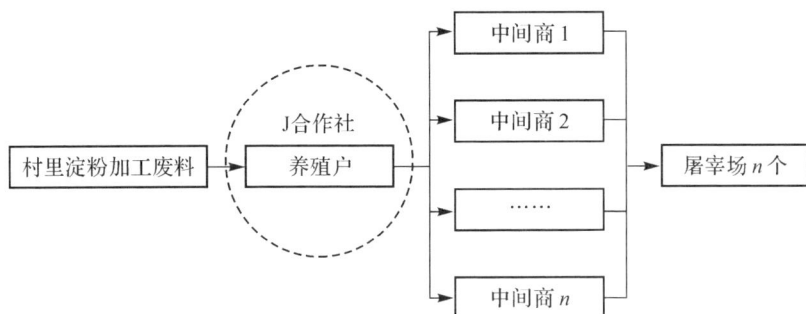

图 4　案例一的社员交易关系

必要时采取抬价的方式去争取养猪户等。养殖户在选择中间商的时候，首先根据价格，其次根据同村人的口碑，最后结合自身以往与中间商打交道所积累的经验来确定是否与其建立交易关系。

在试探建立阶段，交易关系能否继续发展的前提是双方在交易中是否获得了满意的收益。这时，双方都只从自身的利益考虑，交易关系非常脆弱，很容易因为一方过多要求而有损另一方的利益，交易关系破裂。一旦双方成功度过交易关系的探索期，双方就会建立信任关系，相互依赖程度会加强，开始寻找共同的利益点，在讨价还价等环节也会适当放松条件，甚至做一些调整，来表达自己的诚意。如果交易关系能够继续发展，双方就有可能建立起较为稳定的交易关系，更多地投入非物质资本，即通过人际关系的培养与发展去协调交易关系，减少监督成本，主动避免自身的机会主义行为。

2.治理机制匹配

可以看出，上述交易关系中主要存在着两种治理机制：市场治理机制和关系治理机制。

(1)市场治理机制

在该类交易关系的早期阶段，价格在很多时候是近乎唯一的决定因素。在相当程度上，中间商和养殖户都是市场价格的接受者，因为各自生产与收购的量都非常小，不足以对市场价格造成影响。当市场行情持续低迷的时候，养殖户往往会主动联系中间商并接受超低价；行情高涨时，则反之。另外，基于短期交易关系，中间商一般很少向养殖户提供市场信息,养殖户大多根据以往的养殖经验,自行决定存栏量和出栏时间,这也是很多时候销售价格过低的重要原因。

(2)关系治理机制

在交易双方缺少正式合约的情况下,农村社会的人际关系就成了此种交易关系的有效治理机制。首先,相对集中与封闭的村庄"熟人社会"对中间商的机会主义行为有制约作用。其次,中间商与养殖户之间人际关系的发展也为交易关系的稳定提供了内在稳定机制。最后,双方会出于"面子"或"人情"之类的考虑,尽量避免机会主义行为,并会努力将交易关系保持下去。

在案例一中,该村的合作社并没有发挥作用,交易关系是在农村基层市场和人际关系规范的双重影响下运转的,市场价格是核心影响因素。

(二)案例二:与选择性伙伴的长期稳定交易关系及其治理机制

1.交易关系与演化

该案例中位于浙江省金东区,案例中的 F 合作社在交易过程中发挥着重要作用,养殖户的前向交易对象是合作社,后向交易对象是以合作社为依托的社员中间商(见图 5)。合作社的核心功能体现在饲料的统一供应。由于市场上饲料种类多样,每个养殖户的偏好也不一致,为选取最优质优价的饲料,合作社每年投票选出 5 种社员愿意购买的饲料品种,并与 5 家相应的供应商签订购销合同。合作社除了将饲料卖给社员,也卖给非社员,由此,饲料采购量大大增加,进而能从厂家获得最优惠价格,每头猪可以省下 50~80 元的饲料费,大大降低了生产成本,提高了合作社的凝聚力。

在生猪销售方面,当地几个规模较大的养殖户和中间商都加入了 F 合作社,合作社拥有 123 名社员,其中 3 人为中间商,他们把收购的生猪卖给屠宰场或企业。由于养殖户与中间商的规模都较大,合作社成员之间的关系较为紧密,大部分社员都将猪卖给 3 个中间商社员。这 3 个中间商社员除了收购本社社员的生猪外,也收购其他非社员的生猪,但优

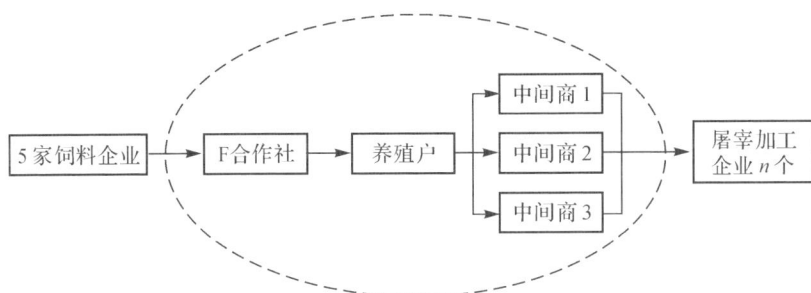

图 5　案例二的社员交易关系

先收购社员的猪,也会给社员相对合理的价格。因此在价格差异不大的情况下,其他社员更愿意把生猪卖给他们。

在交易关系的发展过程中,以合作社为依托的人际信任发挥了重要作用,社员们持续的前向合作是维系后向关系的基础。在前向关系发展过程中,J 作为合作社社长起到了至关重要的作用,在合作社成立之前,他除了养殖生猪还从事饲料销售,了解饲料行业内幕,在他的倡议下,饲料统一采购成为入社必须遵守的制度。饲料采购量的不断扩大为合作社形成了谈判力,使其在与饲料企业的博弈中获取最优惠价格,从而使养殖户获得了实实在在的好处——生产成本的降低,基于共同利益与制度约束,社员与合作社、社员与社员之间保持着长期稳定的关系。

在生猪销售方面,买卖双方的身份特征非常鲜明,即都是一个合作社的社员。在这个关系制约下,双方机会主义行为的成本较高,大家趋向于减少机会主义行为来维持这种关系。与此同时,由于相互间并没有正式的契约,其他社员完全可以自主地将生猪卖给出价更高的收购者,这 3 个中间商对此类行为没有任何的限制。但当市场价格低迷时,3 个中间商还是会优先为本社社员找寻销售渠道,虽然此时收购价格很低,但会为其他社员减少一定的损失。

由于生猪价格具有周期性变化特性,每年适时出栏尤为关键,合作社能为社员提供这些市场信息,同时,还为社员提供资金支持,以原始股一比二的方式,为社员提供周转资金。这些经济交易以外的支持以及中间商公平的收购价格,促使其交易关系处于长期紧密和稳定的状态。

2.治理机制匹配

与案例一相同,案例二的治理机制也包括市场机制和关系治理机制,但由于交易主体身份不同,这两种机制发挥作用的途径与案例一不尽相同。除此之外,由于该合作社存在股份分红的情况,因此,还出现了产权安排的治理机制。

(1)市场治理机制

合作社与3个中间商、养殖户之间的交易关系也是围绕着市场价格机制来运转的。饲料采购上,合作社给出的代购价格无疑是优惠的,从而稳定了其与养殖户的关系。在销售上,养殖户可以自主将生猪出售给收购价格更高的收购者。但由于3个中间商能够为其他社员提供更为合理的价格,即使在猪价低迷时,中间商也会优先为本社社员提供销路,这种能力在客观上提高了交易绩效,社员出于节约交易费用的考虑更愿意与他们合作。

(2)关系治理机制

以合作社为依托,省去了案例一中交易关系的烦琐发展过程,并且一开始就具有较高信任水平的关系,进而交易关系的建立与运行成本比较低。此外,合作社将饲料统一采购作为制度,促进了合作社与社员关系的稳定,而嵌入于乡土社会的交易关系为3个中间商在拥有优势市场地位时并没有压低收购价格提供了一种解释。合作社在这个过程中起到了类似担保机制与身份认证的作用,提升了3个中间商与养殖户之间的交易关系稳定性和交易绩效。

(3)产权治理机制

合作社通过饲料销售,积累一部分资金,这部分资金以两种方式返还给社员,一是根据原始股进行分红,二是按销售额进行二次返利。

在这个案例中,以合作社为依托的合作行为与成员身份使关系机制在整个交易关系发展中发挥着更为重要的作用。

(三)案例三:以正式书面合同为基础的交易关系及其治理机制

1. 交易关系与演化

该案例位于重庆市荣昌区,该案例养殖户前向与后向交易关系的对象都为 T 合作社,并以正式合同(寄养合同)作为关系保障,对社员寄养 S 牌生猪的权利与义务进行了清晰的阐述,并对违约行为进行了界定。依据合同规定,社员购买合作社统一供应的饲料将比市场零售价优惠 80 至 120 元/吨,但合作社并不硬性要求社员购买。由于 S 牌生猪在饲养上崇尚更为传统的粮食饲养,因此,合作社的饲料主要是通过购买原料,再自己简单加工而成(见图 6)。

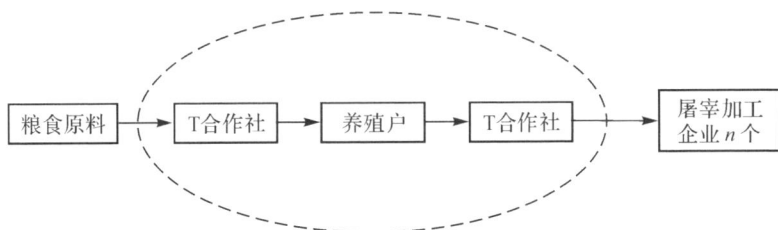

图 6 案例三的社员交易关系

在生猪销售方面,合同明确规定社员必须将生猪卖给合作社,如果擅自将生猪卖给他人就要承担违约责任。为调动社员积极性,合同明确列出了高于市价收购的条款,并按照生猪重量进行划分。由于品种的优越性和社长 L 广阔的交易网络,S 牌生猪的销路和价格一直不错,保证了合约的正常履行。经过几年的发展,T 合作社与签约养殖户之间关系十分稳定,基本没有出现养殖户的违约情况。

在 T 合作社交易关系发展过程中,社长 L 和当地政府发挥着重要的作用。L 是本地人,通过技术创新培育 S 牌生猪,获得了巨大收益,并在做生猪经纪人期间掌握了各个生猪销售渠道,在本地养殖户间建立了信任基础。相对于完全以利益为联结的"企业+养殖户"模式,"合作社+养殖户"这种模式还包含了乡土信任与农民合作精神,更易为农民接受。当然,初期双方的信任基础是比较薄弱的,为了打消养殖户的疑虑,

L带着合同挨家挨户走访,并通过当地畜牧部门介绍生猪寄养模式。由于合同约定的各类收益和分红要在几个月后见分晓,为消除养殖户的疑虑,L又进行了一些实质的投资,如同意农民赊欠生产资料的费用。

在合作初见成效后,加入的养殖户越来越多,从开始的几十户变为了几千户,此时对生猪养殖环节的管理和控制变得尤为重要。为了加强对生产过程的管理,L除了聘用技术人员加强对生猪养殖过程中饲料喂养情况和兽药施用情况进行监管以外,还对部分养殖户的违约行为加强了控制:一方面,采取终止合同的方式处理了少数违约转售的养殖户;另一方面,对于那些饲养量大、母猪产崽量大的养殖户进行奖励。真正让养殖户心服口服的是,L带领社员共同抵御猪链球菌疫情与生猪市场的波动,使养殖户更加相信L的判断。实际上,L与养殖户的关系不仅仅停留在经济交易关系上,而且包含了基于相互信任的情感投入等非经济交易的社会因素。对于农村的乡土社会来说,这种产生于情感认同的社会联结,比单纯以互惠为基础的经济交易关系具有更强的联结强度。

在此案例中,养殖户与合作社形成了以正式书面合同为基础的稳定关系,但合作社与下游主体的关系,还是以市场契约为基础形成联结,交易对象并不固定。

2. 治理机制匹配

从本案例的交易关系和方式看,存在三种治理机制:契约治理、关系治理以及产权治理机制。从交易关系的发展过程看,在早期阶段,交易双方信任基础比较薄弱,关系的治理以契约机制为主。随着交易的发展,交易双方逐步建立了稳定的信任关系。当交易关系内的行为规范确立以后,治理就以关系治理为主,而交易双方的产权制度安排则是在关系治理基础上交易关系升级所自然生成的治理机制。

(1)契约治理机制

相对于案例一和案例二中的市场契约,案例三中契约类型相对来说更为正式,本案例中养殖户与合作社之间的正式契约非常有效地促进了风险的降低。第一,寄养合同明确规定了养殖户与合作社的权利和义务,以及违约责任,减少了养殖户的机会主义行为。第二,契约中高于市场价格的收购价格条款极大地减少了养殖户的市场风险,从而在一定程度上稳定了养殖户收益。第三,合作社提出的多养、多产奖励措施也大大提高了养殖户的积极性,稳定了生猪产量。第四,合作社在养殖环节为养殖户提供无偿的全程技术指导也降低了养殖户在养殖过程中的疫病风险。第五,在整个过程中,当地政府都持支持鼓励的态度,增加了契约被执行的可信性,从而降低了签约与履约过程中的交易成本,减少了政策风险。

(2)关系治理机制

在本案例中,可以看到关系治理机制在削弱契约不完备性所带来负面影响方面的重要作用。一方面,在初期阶段,契约明确规定了交易双方的权利与义务以及违约责任,并依靠社长和政府的影响力与预先投入,解决了在基础信任前提下建立交易关系的问题。另一方面,以合作社为依托的合作行为,促进了双方信息交流与共享,进而信任关系得以形成和升级。

(3)产权治理机制

为了充分调动养殖户的积极性,该合作社采取了入股形式与股份分红,除了身份股外,饲养 S 牌母猪还可列入投资股。因此,养殖户不仅可以获得生猪销售的收入,还可以获得合作社的利润分红和二次返利。

(四)案例四:以关系交易为基础的战略联盟及其治理机制

1. 交易关系与演化

案例四位于河北省灵寿县,该案例是弱小养殖户通过建立合作社与实力强劲的龙头企业博弈,最后形成战略联盟的例子。养殖户前后向直接交易对象都是 H 合作社(见图7)。合作社实行饲料统一采购,与 B 饲料公司签订协议,每年采购几百吨饲料,饲料公司则以最优价格提供 H 合作社饲料。由于采购量大,双方合作比较稳定,并且饲料公司还让合作社参股,双方形成了稳固的战略合作关系,并向产权联盟方向发展。

H 合作社采用"统一销售、分户饲养"的管理模式,养殖户负责饲养,生猪销售相对自由,可以选择把猪卖给合作社,也可以自己卖猪。H合作社与 Y 集团签订每年至少1万头生猪的购销合同,并且即使猪多了 Y 集团也会收。Y 集团收的生猪重量在180~260斤,在定价方面以质定价。为了实施好这一合约,H 合作社积极吸引周边养殖户加入合

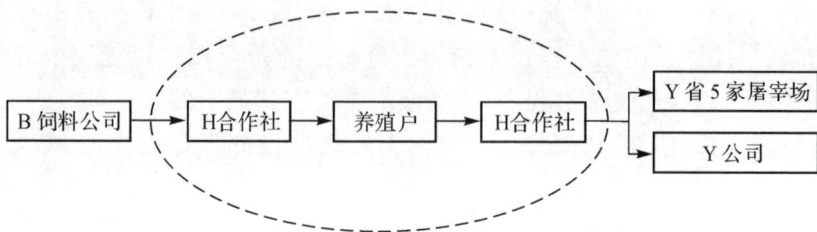

图 7　案例四的社员交易关系

作社,生猪出栏量大大提高,大大高于 Y 集团所需的最低量,因此,合作社除了将猪卖给 Y 集团,将超过 260 斤的猪卖给 Y 省的屠宰场。由于合作社出产的生猪品质在 Y 集团的供猪商中排在首位,供应量也排在前十,每年平均供应量在 1.7 万～1.8 万头,Y 集团与 H 逐渐形成了战略合作关系。

合作社带头人 D 是当地有名的"养猪大王",最初的社员都是 D 的亲朋好友。在合作社成立之初,H 合作社一直处于不温不火的状态,直到在当地政府的帮助下与 Y 集团签订供销合同才出现了转机。

为满足订单要求,D 开始动员当地的养殖户加入合作社。第一,D 根据自己从事仔猪销售的对象,对一些购买量大的大户进行游说,很多人刚开始对合作社并不了解,但因为相信他都选择了加入。第二,为了吸引社员加入,也为了增强社员信心,合作社采取了一系列实际措施:一是建立了合作基金。在社员遇到资金困难时,可以低息向合作社借款;在卖猪给 Y 集团出现交付时差时,合作基金也会事先把猪款垫付给养殖户。二是统一采购饲料,节约了养殖户的饲料成本。三是提供免费技术指导、技术培训、信息服务。随后,其他养殖户看到这一模式的效益,纷纷要求加入,合作社生猪数量快速增加,向 B 饲料公司统一采购饲料成为可能。

在这一过程中,合作社与 B 饲料公司以及 Y 集团的关系从一般的市场合约交易关系变成互利共赢的战略合作关系:合作社一直向 B 公司采购饲料,而 B 公司给予其最优价并分股给合作社;同时,合作社严格保证生猪的供应量和质量,成为 Y 集团猪肉质量最好的供应商,其猪肉供应量排进了前十;而 Y 集团也非常重视与合作社的关系,即使在猪价低迷期,也不对合作社进行压价,照常收购合作社的生猪。

2. 治理机制匹配

与案例三相比,案例四的合约关系包括两部分,一是合作社与养殖户,二是合作社与龙头企业。这一案例的重要特点是养殖户依托合作社,实现了与龙头企业的对接和准一体化,其治理机制主要涉及契约治理、关系治理与产权治理。

(1)契约治理机制

H 合作社的发展壮大,有一个关键事件便是与 Y 集团签订了一份明确规定每年最低供应量、定价标准以及违约责任等的合约,它明确了合约双方的权责利。正是这份合约,推动了合作社规模的扩大,以及与 B 集团的饲料低价采购协议和与养殖户的供销合约。

(2)关系治理机制

随着合作社与 Y 集团关系的递进,两者的关系治理成分开始增多,双方开始为对方的利益着想,自觉做出一些让步,如合作社在 Y 集团猪源短缺时优先为其供猪,Y 集团在猪价低迷、猪源过剩的情况下,依然收购合作社的猪,并且给予相对合理的价格。除此之外,Y 集团每年还定期邀请合作社负责人前往集团进行联谊。此外,合作社与养殖户的关系,在合约不具有约束力的情况下,以关系治理为主。而 D 具有较强的个人魅力,不少社员在加入合作社之前便与其有较为密切的关系,其在社员中很有威望,所以,很多社员愿意跟着他干。

(3)产权治理机制

这着重体现为合作社参股 B 饲料公司,并将从 B 饲料公司获取的股份分红以及合作基金的利息收入按股分配给社员。

(五)案例五:以产权关系为基础的战略联盟及其治理机制

1. 交易关系与演化

案例五位于浙江省龙游县,该案例的最大特点在于实现了养猪业从田头到餐桌的准一体化,定价权掌握在大规模养殖户的手中,这是国内养猪业少有的成功尝试。

2010 年,Z 联合当地 50 余家大规模养猪场,以"利益共享、风险共担、安全共保、生态共护"和标准化生产、专业化服务、产业化经营的思路,联合出资,组建了 L 合作社,当年出栏生猪达 40 万头。合作社采取合纵连横的方式,以利益为纽带,以关系为联结,以产权为手段,共同打造产业链。

所谓合纵,就是以规模养殖户的联合为基础,向产业链上下游延伸。在上游原料采购环节,L 合作社加入了更大的平台——M 饲料原料采购专业合作社联合社,进行原料统一采购;在饲料加工环节,合作社与 K 饲料加工企业合作,采取先委托加工后合作建设饲料厂的办法进行饲料统一配送。这种饲料获取方式无疑大大降低了养殖户的生产成本,但由于其在饲料订购上采取整年一次性付现方式,一些资金不足的养殖户只能通过其他方式采购饲料。在下游环节,合作社出资注册成立 C 农业科技有限公司及 J 品牌,进行统一销售。合作社联合 H 肉类加工有限公司以及×配送公司统一屠宰、加工、配送,打造由养殖到收购、加工、配送和销售的完整可控封闭式产业链(见图 8)。由于品牌专营店刚起步,目前 25 家直营店能够消纳的生猪量比较有限,只在 3 家养殖户试点养殖高质量肉,其他养殖户的生猪还是卖给当地屠宰场和中间商。

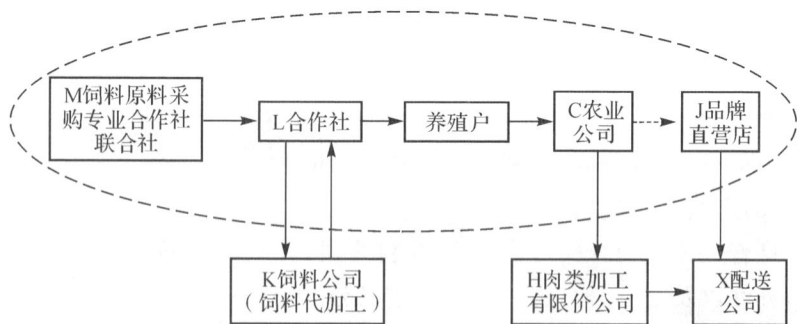

图 8 案例五的社员交易关系

所谓连横,就是将纯养殖企业或农户进行横向联合,按能繁母猪数量确定各家的具体出资额,能繁母猪多的就多出钱、多占股、多分利。连横之后,养殖户的总体规模扩大,实力大增,也就具备了话语权,任何一家上下游企业都不可能再等闲视之。

L 合作社以畜牧业生产经营为阵地,通过合纵连横模式,适应了现代农业发展的要求。

在 L 合作社的形成与发展过程中,理事长 Z 起着举足轻重的作用,他在当地非常有威望,曾经是当地一个镇的镇长,后来下海单干,在政府工作的经历为他积累了一大批人际关系。合作社成立的初衷是解决养殖户资金难融、风险难控、成本难降、安全难控、环境难容、市场难进等"六难"问题,并设立"一个基金、五个统一",分别是设立担保基金,统一供种供精、饲料配送、疫病监测诊断、环境控制、屠宰加工配送。为解决融资难问题,合作社设立担保基金为社员筹资担保,与县信用联社签订了"存一贷十"协议,消除了社员的后顾之忧,也使社员更有底气应对生猪价格周期的冲击。在解决资金问题后,合作社又从节约养殖成本、提高生猪质量入手开展一系列活动。首先是统一供种供精。合作社投资300万元筹建了优质种公猪站,一年可以为社员猪场提供优质精液5万份。其次是统一配送饲料,采用先代加工后建厂的模式进行饲料统一配送,既保证了质量,也大大节约了成本,更为社员提供了便利。最后,合作社从社会服务的角度出发,统一疫病监测诊断为社员解决疫病难防问题,统一排泄物收集处理为社员解决污染难清问题。

而后,合作社发起并注资成立C农业科技有限公司,并注册J品牌,彻底实现了"从田头到餐桌"的产业链一体化。在成立公司这件事情上,不少社员有顾虑,觉得这一举措投资很大,收效慢,难以成功,为了让大家安心,Z做出保证,如果赚钱了大家按股分红,如果亏钱了由他承担,这一许诺,使社员们统一了思想。2014年7月7日,J品牌生猪在浙江舟山大宗商品交易所挂牌上市交易,成为我国首家上市即期交易的生猪产品,新型的交易模式、规范的交易平台,助推了该合作社向产业高效整合和规模化转型升级。

2. 治理机制匹配

案例五以入股形式实现了产业一体化,在治理上更倾向于产权治理机制,而关系治理机制在其中起着润滑剂的作用。

(1)产权治理机制

该合作社采取"合作化组织、公司化运行"的治理模式,体现为产权明晰、分工合理、制度完善、目标明确。合作社严格按照法律规定,坚持进退自愿、民主管理、盈余返还的原则,不遵守章程可以辞退;股东股份最高比例不超过20%,而且是一人一票制;在分配中交易贡献占60%,资本贡献占40%。

（2）关系治理机制

除了产权治理机制，关系治理机制在该合作社发展过程中也起着非常大的作用。特别在合作社成立初期，迫切需要资金进行合作社建设，在这个时候，社员们很大程度上出于对 Z 的信任才放心大胆地跟着干。而为了促进社员关系的和谐，合作社定期举行培训、会议和联谊等。

四、结论与启示

第一，生猪产业中多种交易关系和治理机制的现状，既是该产业农户性、社区性、合作性及其生命性的基本特点使然，又是我国生猪产业和产业组织转型发展的重要标志。案例剖析与比较研究表明，与具体案例所对应的交易关系类型和治理机制匹配，无不与案例所示的生猪产业发展水平和组织状况有关。短期重复式的交易关系及其相应的一般市场治理机制，往往与传统、分散和小规模的生产经营方式相关联，而战略联盟式的交易关系及其相应的产权和正规契约治理机制往往与相对规模化、组织化、现代化的生产经营方式相关联，至于关系治理机制运用的普遍性，则与该产业的农户性与社区性特征密切相关。

第二，尽管联结生猪养殖户上下游交易关系的中间组织有多种形式，但合作社仍是其中最重要的组织形式。因为真正的合作社，一定是农户为寻求出路，自发、主动组建起来的，因而也一定代表了农户的意愿和利益。从这意义上讲，重视并且把握合作社的基本规则，在加快合作社发展中注重合作社发展的质量，避免其异化，发挥其在农业产业组织和产业融合中的主导作用，对于农户在市场交易中选择合理的交易方式和治理机制，确保自身利益不受损，具有极其重要的意义，这在本文多个案例的分析中均已得到证明。

第三，我国生猪产业链中不同交易模式的治理机制大多是两种或更多种治理机制并存的混合治理机制。其根源是契约的不完全性和治理机制的现实多样性，需要也能够匹配其他的治理机制。在众多的治理机制中，根植于农村乡土社会人际关系的行为规范与合作社内部认同的关系治理机制，在各种类型的交易关系中都起着重要作用，这种机制为交

易关系的持续提供了稳定性,同时也有利于各类交易风险和交易成本的
降低。

第四,在交易关系发展的不同阶段,主导性的治理机制往往不尽相
同。其原因主要在于两个方面,一是与产业本身的发展阶段及其特性有
关,二是与产业发展的制度环境及其特性有关。因此,研究与交易关系
相适应的治理机制及其安排问题,有必要将产业发展特性和制度环境特
性纳入分析视野,并将其与交易关系的类型选择和演进相结合,以给出
不同发展阶段的主导性治理机制安排以及不同治理机制的合理组合。

第五,从新制度经济学的视角看,本文所给出的若干交易关系与治
理机制是交易制度形式和交易制度安排的关系。在本文的相关理论阐
述和案例分析及其比较中,五种类型的交易关系,实质上是交易主体和
主体相互依赖与交易的表现形式、制度特征,而四种治理机制的应用或
匹配,则是这些类型的交易关系赖以维系和演化的制度设计与安排。从
这一意义上讲,产业主体的交易关系是形式与表象,它取决于交易的属
性与性状,而治理机制是核心与关键,它是交易关系与效率的制度保障。

第六,在我国现行制度环境下,政府对任何交易关系的形成与治理
机制的安排都具有举足轻重的作用。就我国生猪产业发展而言,政府对
生态环保、疫病防疫、价格调控、产权保护、交易规则等制度与政策的有
效供给、合理引导及其规范完善,将有助于产业主体与主体交易关系的
稳定或完善,以及相关治理机制的不断优化和效率提升,进而有助于产
业的健康发展。

参考文献

[1] Cannon J P, Achrol R S, Gundlach G T. "Contracts, Norms, and Plural form Governance". Journal of the Academy of Marketing Science, 2000(2): 180-194.

[2] Ferguson R J, Paulin M, Bergeron J. "Contractual Governance, Relational Governance, and the Performance of Interfirm Service Exchanges: The Influence of Boundary-spanner Closeness". Journal of the Academy of Marketing Science, 2005(2): 217-234.

[3] Fischer E, Qaim M. "Linking Smallholders to Markets:

Determinants and Impacts of Farmer Collective Action in Kenya". World Development，2012(6)：1255-1268.

[4] Gellynck X，Molnár A. "Chain Governance Structures：The European Traditional Food Sector". British Food Journal，2009 (8)：762-775.

[5] Getnet K，Anullo T. "Agricultural Cooperatives and Rural Livelihoods：Evidence from Ethiopia". Annals of Public and Cooperative Economics，2012(2)：181-198.

[6] Heide J B. "Interorganizational Governance in Marketing Channels". The Journal of Marketing，1994：71-85.

[7] Ito J，Bao Z，Su Q. "Distributional Effects of Agricultural Cooperatives in China：Exclusion of Smallholders and Potential Gains on Participation". Food Policy，2012(6)：700-709.

[8] Johnson C S，Foster K A. "Risk Preferences and Contracting in the US Hog Industry". Journal of Agricultural and Applied Economics，1994(2)：393-405.

[9] Lambe C J，Spekman R E，Hunt S D. "Interimistic Relational Exchange：Conceptualization and Propositional Development". Journal of the Academy of Marketing Science，2000(2)：212-225.

[10] Macneil I R. "Contracts：Adjustment of Long-term Economic Relations under Classical，Neoclassical，and Relational Contract Law". Nw. UL Rev. ，1977：854.

[11] Pelton L E，Strutton D，Lumpkin J R. Marketing Channels：A Relationship Management Approach. McGraw-Hill College，2002.

[12] Poppo L，Zenger T. "Do Formal Contracts and Relational Governance Function as Substitutes or Complements ". Srategic Management Journal，2002(23)：707-725.

[13] Rindfleisch A，Jan B. Heide. "Transaction Cost Analysis：Past，Present and Future Applications". Journal of Marketing，1997 (61)：30-54.

[14] Spriggs M T，Macneil I R. The New Social Contract：An Inquiry into Modern Contractual Relations，1996.

［15］ Webster Jr F E. "The Changing Role of Marketing in the Corporation". The Journal of Marketing，1992：1-17.

［16］ Williamson O E. Markets and Hierarchies. New York，1975：26-30.

［17］ Yang D，Liu Z. "Does Farmer Economic Organization and Agricultural Specialization Improve Rural Income? Evidence from China". Economic Modelling，2012(3)：990-993.

［18］ Yang L，Qian Y，Chen C，et al. "Assessing the Establishment of Agro-food Control Systems Based on a Relevant Officials' Survey in China". Food Control，2012(2)：223-230.

［19］ 黄季焜、邓衡山、徐志刚，中国农民专业合作经济组织的服务功能及其影响因素.《管理世界》，2015(5)：75-81.

［20］ 黄祖辉、高钰玲，农民专业合作社服务功能的实现程度及其影响因素.《中国农村经济》，2012(7)：4-16.

［21］ 徐旭初，农民专业合作社发展辨析：一个基于国内文献的讨论.《中国农村观察》，2012(5)：2-12.

［22］ 杨枝煌，我国生猪产业风险的金融化综合治理.《农业经济问题》，2008(4)：31-34.

［23］ 苑鹏，农民专业合作组织与农业社会化服务体系建设.《农村经济》，2011(1)：3-5.

第四篇
多种类型主体与治理

家庭农业:有效的农业组织管理结构

——关于组织和交易费用的中国实例分析[①]

一、引言

中国经济的稳定增长对整个世界已具有愈来愈重要的意义。对农业经济学者来说,20 世纪 80 年代中国农业的迅速增长及全世界五分之一的消费者生活在中国这一事实,表明了农业对中国的重要性。如果中国经济及其人口仍按现在的速度增长,那么,不仅农业生产还需增长,而且农业结构还会发生进一步的变革。

本文将从交易费用的视角,针对中国农业生产的组织制度,分析农业生产的组织及其主要的合约关系。简要的历史回顾将揭示中国农业自 1978 年改革开放以来在合约关系、激励机制等方面的重要变化。此外,本文还将对中国农业的组织管理体制和某些规则进行讨论,并对未来中国农业生产组织的变革提出思路。

---

① 本文作者为黄祖辉。本文内容发表在《浙江学刊》1996 年第 3 期。本文研究得到了国家自然科学基金项目"交易费用、组织控制与我国农业组织的创新"(317500)的资助。

二、农业生产组织

相对于经济生活中的其他领域而言,农业的大规模生产还没能获得成功的突破。尽管不少社会主义国家都存在过许多大规模的国营或集体农场,但近些年的迹象表明,这些国家的农业已开始从大规模经营向小规模经营转变。将农业生产建立在家庭经营的基础上,是不少文献讨论的一个论题,在农业经济学的一些论文与教材中,常常可以找到这样的表述:家庭农业在中国的复苏以及在世界各地的普遍存在,在于这种组织能够适应农业生产的自然特性以及对劳动需求的特性。这种劳动的组织和自然的有效结合,使家庭农业在许多国家中获得了成功。契亚诺夫曾论述了家庭组织农业生产的优越性,他认为农民具有很大的"自我利用"潜能,他们甚至于可以不雇佣任何劳力和不以利润最大化目标来经营。事实上,契亚诺夫所讲的农民,在现代家庭农场中依然能够找到。

从交易费用的角度看(这里运用马修斯的交易费用定义,即"交易费用主要是由合约缔结的费用与合约缔结后监督、实施的费用所组成。与生产费用不同,交易费用是缔结、履行合约的费用"),解释略有不同。帕拉克认为,"由于技术方面的原因,农业劳动往往不是集聚在某一固定的空间,因而它会带来劳动控制和监测的困难,因此,家庭农业是解决这一难题的组织途径",不然的话,农业劳动合约执行的交易成本就会大大增加(详细讨论参见巴泽尔 1985 年的论文),原因很显然,在农业上将单个劳动者的努力程度与其产出直接挂钩,往往不易做到。帕拉克还指出,家庭组织的灵活性能适应农业生产的不确定性。斯契密特从交易费用经济学和昂贵的劳动合约关系出发,进一步指出了家庭组织在这方面的优势和兼业农业存在的理由。事实上,农业生产的管理组织结构也是一种体现资本和劳动在内的剩余索取结构。但如果在这样的结构中,存在交易费用较高的劳动合约和不确定的环境(如产量的不确定、市场价格的不确定、政治和农村社会的不确定等),那么,按固定的分成率来确立这些合约关系并不是一种理想的选择。

图1从另一个侧面反映了农业规模结构的特性。假定忽略农业中的交易成本（主要是劳动合约的控制成本），则农业存在大规模生产的经济性，但是，如果考虑到交易费用因素，并且这种交易费用具有随雇佣劳力（即超出家庭劳力使用范围）的增加而剧增的特点，那么家庭农业的组织形式和相应的经营规模是合适的。此外，这时候劳动力与资本的价格比值对家庭农业的规模将起重要作用。在劳动力相对廉价的地方，比如中国，农业生产会被组织成规模较小的家庭农场。而在美国，劳动力相对昂贵，则会存在大规模的家庭农场。值得注意的是，如果单纯从交易费用角度来考虑，似乎农业应追求资本的密集型而不雇佣劳力，这样，交易费用相对于整个生产成本会微不足道。但在这种情况下，特别是在劳动力相对便宜的地方，恐怕雇佣劳动力的农业反而会变得有利，因为此时使用资本的代价会较大。

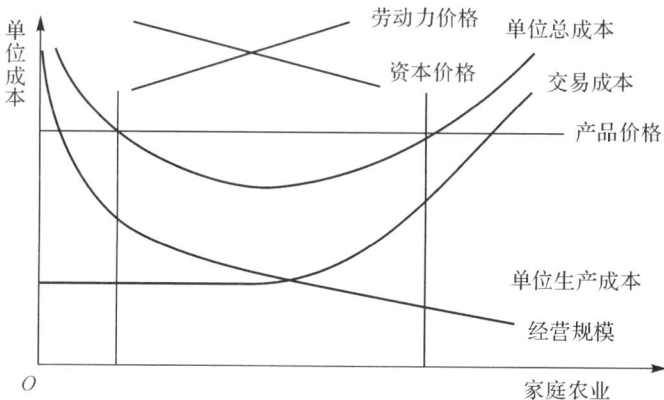

图1

三、中国的农业改革

同许多社会主义国家一样，中国农业在1978年的改革之前也面临一系列的问题。中国农业在1949年以前是以小型的家庭农场为主（其平均规模，北方为2公顷以下，南方为1公顷左右），同时也存在一些封建地主所有的大农场。新中国成立以后，国家没收了地主的土地，土地成为公有,并分给了无土地的农民。经过一系列的改革,国家逐步将分散的农民组织成合作组织,而后又发展成为人民公社。由于家庭经营被转变成为集体经营,所有的农业土地(除少量的自留地外)按村为单位集中在一起。农民报酬的支付,则是以其在集体中所付出的劳动时间为依据,年底时,根据集体合作组织的净收入(扣除上交的税收和集体的积累以及公益金)和集体成员的总劳动工分,求得工分值,农民据此获得相应的收入。1958—1978年的实践表明,这一体制的生产效率很低,其中一个主要的原因是农民的努力程度不能与其收入的多寡直接挂钩,因此,农民缺乏努力工作或干好工作的激励。

1978年底,党中央着手农村改革,其中最为重要的举措是逐步恢复农业的家庭经营。农业经营从"包干到组,联产计酬"变为"包干到户,联产计酬",直至转变成土地直接承包给农户的"大包干"体制。在这一新的体制下,生产队与农户签订了5年期的承包合同(以后又延长至15年),每个农户根据其家庭人口、劳力或家庭人口与劳力的比例,获得承包土地。承包收入上交一定的农业税和集体储备金后,归承包者所有,而相应的投入,如肥料、种子等成本则由农户自己承担。这一体制也在国营农场中引入,即在国营农场的框架下,将土地承包给职工家庭,建立大农场中的家庭小农场。

中国的家庭农场规模并不大,平均在0.60公顷左右,东北地区规模较大,在1.29公顷左右,西北地区为0.92公顷,沿海和西南地区的户均规模则在0.35公顷左右(据1991年《中国统计年鉴》资料推算),70%以上的农户经营规模不足0.66公顷。对浙江省农村观察点西蜀村的一项调查表明,有相当多的小规模经营农户(0.20公顷以下)属于自给型(生产的自给部分占其产出的80%以上),而规模在0.50～0.70公顷的农户,市场(包括政府收购)出售份额达70%左右,这部分农户具有市场导向的性质,至于处于中间状态,规模在0.33公顷左右的农户,市场出售份额达50%左右。按照这种划分,该村的总体情况是:自给型农户占15%,中间过渡型农户占66%,市场导向型农户占19%。这一格局基本上反映出农村经济体制的改革正在促使农户经营从自给型逐步向过渡型和市场导向型转变。

四、激励和交易费用

如前所述,农业生产中两个主要的合约关系是资本和劳动,由于农业劳动监督费用高,按固定报酬率来雇佣劳力,往往效率不高。由东和道所做的一项研究表明,在集体经营农业的时代,"大约有 20% 的工作时间是用于监督"。此外,"由于自然和技术因素的制约,农业对资本缺乏引力(如生产周期性、收益的变动性、产量受损的高风险性、监控的困难性等)"。因此,在农业中缔结"闭合"式的资本合约,既费力,又缺乏诱惑力,而如果劳动和资本合约是相互"打通"的,则意味着同一个人可以拥有两种剩余,即既可以充当资本投入的剩余索取者,又可以成为劳力投入的剩余索取者。所以,从交易费用的角度看,许多农业生产的自然组织常常是那些仅依赖于自己的资本和劳力的个体(或家庭)农业组织。这种组织不会面临缔结资本或劳力合约的困惑,当然,这并不必然意味着拥有土地这一农业基本生产资源的所有者也必定是农业的经营者。

如果土地所有者本身并不适合从事农业,那么,将土地租让给别人来经营是一种常见的选择。张五常论证了土地分成合约比固定工资合约和固定租率合约的优势。在亚洲,普遍存在不同形式的分成制合约,尽管从总体看,分成制基础上的合约关系比起固定工资合约,其交易费用可能更高(主要是讨价还价的程度和执行合约的成本较高),但对交易双方来说,分成制合约能够提供比其他合约方式更大的激励机制和风险处置能力。在分成制下,不仅农民可以从增收中获取自身收益,而且土地所有者也会由此而获得更多的收益。

中国的农业改革也涉及这些方面。作为土地所有者的国家(或集体)将土地承包给农民,农民以上交农业税和集体提留的形式而不是租金的形式向土地所有者交纳一部分收入,这可以看成是对土地使用的一种偿付和收益的分成,但这种分成基本上属于固定分成制的形式,对农户具有较大的激励。改革已获得明显的成功,国民经济稳步增长,农民纯收入在 1952—1980 年年增长 3%,而 1980—1994 年则平均增长 7%,农村社会总产值占国内生产总值的比重由 1980 年的 33% 上升到 1992

年的 46%（引自 1993 年《中国统计年鉴》）。但值得注意的是，近些年来农民收入的增长，愈来愈依赖于非农产业的发展，如 1990—1991 年，农民收入增加额中有近 70% 是来自非农产业，兼业农户在同期中增加超过 4%。

麦克米兰等人还得出了中国农业激励机制变化的另一个重要标志："就完成某项工作任务而言，在家庭承包经营体制下，人们只需付出相当于人民公社体制下 56% 的努力。"这表明改革以后农民工作的效率几乎提高了一倍。

总之，中国农业生产的组织结构由于改革而获得了制度结构改善的益处，与改革前的农业经营体制相比，家庭承包经营体制不仅提高了劳动效率，而且明显节省了交易费用。

五、行政组织结构

中国的行政层次结构包括 5 个等级，即国家、28 个省份（不含直辖市）、2000 左右个县、4.8 万个乡（镇）和 80.2 万个村（1994 年）。改革不仅涉及农业部门，而且也触及行政管理和决策体制，其特点是省一级增强了独立性，垂直的联系与控制相对减弱。

就农业而言，村一级无疑是很重要的层次。每个村设有行政性和生产性管理组织，两者常常融为一体。改革已要求政企结构相分离，农民应有权选择自己的村领导。生产队有权发包属于村一级的土地，一旦村（或生产队）与农户签订了承包合约，土地使用权便属于农户。第一轮合约一般为 5 年，通常可以延长，第二轮合约已延长至 30 年，但土地如果不被耕种或利用不当，村级经济组织有权干预。尽管大多数农民不太可能从村级组织直接获得更多的土地，但他们有权转让土地的使用权（这种转让需经集体组织认可）。1978 年改革以来的新农业政策所形成的体制已运行了 18 年，但与此同时，作为一种非正式的制度结构——具有明显政治和行政倾向的制度结构，在农村仍然存在着，两种制度结构并存，共同对农村经济运行产生影响作用。

在中国，还存在其他与农民相关的规则，集中表现在城乡居民的福利差异,农民往往难以获得城市居民在就业、居住、医疗、入学等方面的福利待遇,这给农民进城带来了困难。然而改革以来,不少城乡分割的政策和规则正在逐步消除,现在,农民已能够在城市中谋业,但由于待遇方面的差别还没有完全消除,农民在区域间的流动依然是有限的。

如上所述,中国农民的农业家庭生产在很大程度上具有自给性,因此,从总体上讲,农民的市场意识还不很强(尽管地区间存在差别)。这意味着,与农业经济部门有关的市场机制与基础(如加工、要素供给、劳务、基础设施等)还没有得到充分的发展,尽管近些年在经济发达地区已出现了一些农民的合作组织,但农业的产前产后服务,基本上仍以村级组织为主来提供。

按照诺斯的制度分类,除了土地所有关系外,中国农业生产方面的正式制度结构可以说是比较清晰的,但也存在一些非正式的制度约束,它们通常以传统的地方行政体制结构形式和地方的传统与习俗的形式来影响农业的生产与经营。

六、未来的中国农业组织

一些基本判断可以作为讨论未来中国农业组织的背景:今后若干年内,中国经济将继续以较快的速度增长;预期人口也要继续增长,但增长速度可能要放慢(20 世纪 80 年代以来的人口增长率为年均 1.4％);在20 年内,老年人在人口中的比重要提高,而年轻人的份额会减少;预计食品需求会有所增加,但城市人口的不断增加对农业生产的影响还需进一步分析;大部分人经济条件的改变,也会改变食品需求,但这对基本食物生产的影响,目前还不清楚。

中国的全面发展对农业生产组织将产生什么影响?从图 1 可知,其结果将主要取决于资本与劳动的价格比、规模的经济性以及农业方面的交易费用。我们对 20 世纪 90 年代的中国农业劳力剩余做了预测,按照我们的分析,90 年代中国农村吸纳剩余劳力的能力将下降。如果迅速增长的经济领域不能吸收廉价的劳动力(比如由于政治或其他方面的原因,农村人口不能流入大城市),则农村剩余劳力规模将会扩大,现有大城市本身存在的问题,如污染、失业以及社会治安等,决定了其难以吸纳大量的农村劳力,为此,发展农村经济仍应是政府鼓励的一项工作。

由此,未来中国的农业组织将面临两种不同的情景。假定农村经济发展受阻,在这样的情景下,小规模的家庭农业格局的继续存在将是合乎情理的。第一,劳力仍然对资本具有竞争力;第二,大多数农民不容易在非农部门找到工作(即农业劳动力机会成本低);第三,与第二个原因相关,如果农民对风险是规避的,那么他们与其离开土地,去过那种可能性不大的高标准生活,毋宁继续从事农业,去过稳稳当当的水平不很高的生活。在这样的情景下,资本将会流入国民经济的其他部门,东南沿海地区的工业将会消化大量的资金,而私人或国外的资本似乎不太可能去投资使普通农民能受益的农业生产部门。

上述推断表明,在第一种情景下,未来中国农业部门的结构变化将是不大的。目前,不少农村正在调整农户土地经营规模,推行适度规模经营,但如果低效率的农户或放弃土地使用权的农户不能获得其他收入的来源或补偿,则这种调整会具有极大的难度或得不偿失。

从另一种情景看,如果中国努力发展新城市或扩大农村小城镇的规模,并以此来吸纳大量的劳动力,此外,如果整个经济仍将持续增长,并且继续扩散至农村地区,那么人们可以推断,农业部门会取得迅速发展,农业的结构也会实现预期的变化。

撇开这两种情景,未来中国农业生产的一个重要问题将与土地合约有关。目前,土地归国家(或集体)所有,但在此基础上,还需建立具体的产权关系(以有效的合约或证书形式表示),这包括土地使用权、收益权以及土地使用权的转让和出售权等,只要这些关系是明确的,决定土地资源有效配置的因素就不会仅局限于所有权。目前农村中大多数的土地合约期已经被延长,这对于农户农业生产的长期投资与生产计划是必要的,但一些村级集体组织对土地使用以及合约转让的最终决定权,对农民来说是增加了不确定性,这将导致较高的交易费用。

上述分析表明,如果农民缺乏向农外部门转移的可能性,中国农业部门的未来结构将不会变化很大,为了改变这种状况,构造顺畅的产权委托与转让关系以及运作这种转让关系的地方市场,是极为重要的。与此同时,还需建立相应的司法制度。土地合约市场和相应的司法组织

（诉讼与受理等）不宜建立在村一级层次上,建立在国家这一级层次上运作起来也不会很有效,最理想的层次应该是建立在县或乡一级层次。

七、结论

由于农业的自然生产特殊性、经营规模的易伸缩性和劳动合约方面的高交易费用,能够将资本剩余和劳动剩余的索取集于一身的组织形式是农业中最理想的组织形式。从这一意义出发,家庭农业的组织管理结构将仍然是中国占主导的农业组织形式。家庭农业的规模、结构变化以及从技术创新中获得收益的可能性将与中国总体经济的发展,特别是农村经济的发展密切相关。如果农民具有真正理想的从事农业的机遇（如:如果对农业劳动力存在实际的需求）,那么,这会加快农业结构的变化,扩大农业经营规模和促进技术进步。此外,提供确保土地使用权的制度结构和建立土地使用权有效运作的市场,同样具有重要的意义。如果上述条件均不具备,则中国的家庭农业规模将依然是很小的,其结构变化也将是不大的。

机会成本、交易成本
与农业的适度经营规模[①]
——兼论农业的组织制度选择

传统经济学认为,随着经济的发展,农业有日益集中的趋势,家庭农场(或称家庭农业)将日益被工业化的大农场所代替。然而,纵观世界各国特别是西方发达国家,家庭农场并没有因农业的现代化而消失,反而表现出进一步发展的趋势。我国的农业组织制度经过多次反复,目前也仍以双层经营的家庭农场为主要形式。本文试从机会成本和交易成本对农业组织制度以及经营规模影响的角度,从理论上对这一问题做进一步的探讨。

一、农场理论与农户理论

分析机会成本和交易成本对农业组织制度与农场经营规模的影响,首先必须建立正确的理论架构。农业经济学家一般把家庭农场当作企业来研究,并根据利润最大化的标准判断,认为现行的家庭农场大多具有劳动力过剩、资源报酬低等特点,没有达到适度的经营规模。用这种农场理论来解释农户行为实际上隐含着一个前提,即农户的家庭资源(特别是劳动力)仅限于家庭农场的生产和经营。这一假定是与事实相

① 本文作者为张忠根、黄祖辉。本文内容发表在《农业经济问题》1995年第5期。本文研究得到国家自然科学基金项目"交易费用、组织控制与我国农业组织的创新"(317500)资助。

违背的。实际上,世界上许多国家,包括我国的沿海发达地区,这种纯粹的专业农场为数很少,大多数家庭普遍存在着农外就业的现象。在许多国家,兼业农场的家庭收入常常达到甚至超过了大的专业农场和非农家庭,不仅如此,伴随专业农场利润的不断减少,兼业农户的收入仍有继续增加的趋势。显然,按照农场理论,家庭农场若要追求更多的利润,就必须扩大农场规模,以充分利用家庭资源,提高资源报酬。但现实中,许多农户的行为并没有遵循这些经济学的规律,他们选择了另一条增加家庭收入的途径,即农外就业。因此,在农外就业十分普遍的情况下,套用传统的农场理论去解释农户的经济行为和分析农场适度规模问题,显然不可能得出正确结论。

农户家庭作为生产要素(特别是劳动力)的所有者和支配者,是一个独立的决策组织。这个组织与其他经济组织一样,以家庭收入或家庭效用最大化为目标。在存在农外就业的情况下,家庭的收入来源多样化了,经营农场(从事农业)已不是获取家庭收入的唯一途径,还可以通过分配一部分家庭劳动力(或劳动时间)去非农部门就业来获取收入。因此,农户没有必要使家庭农场实现最大利润。所以,对现代家庭农场的分析,必须把它作为农户经济的一部分来考察。换句话说,必须用农户理论来代替农场理论,只有这样,才能对农户的资源配置做出切实的评价。

农户理论与农场理论都遵循经济学的一般原理,即经济组织以总收入或总效用最大化为目标。两者的区别在于:农场理论把家庭资源的使用范围局限于农业生产,即把农场等同于农户,在此前提下研究在既定的技术条件和要素-产品价格比下农场如何配置资源以达到最大利润;而农户理论则把农场作为家庭经济的一个部分,因此,农户需要根据要素的边际价值产品相等的原则来分配家庭资源,以此达到家庭收入或效用的最大化。

鉴于目前家庭农场兼业化已成为世界性的普遍现象,因此,按照传统的农场理论对家庭农场分析所做出的结论(诸如资源利用不充分、规模过小等)必须重新加以评判。

二、机会成本与农场规模

这里我们将对机会成本与农场规模的关系做些深入的分析。在说明这一关系以前,首先需要对适度农场规模的判断标准做一简要的评价。农场规模的大小大体上可以从要素的投入规模和产品的产出规模两个方面去衡量。实践上,"每一农场的土地面积"和"每一农场的年生产(销售)量"常常被用来作为反映农场规模大小的指标。在一定的技术条件和要素——产品比价下,这两个指标通常是正相关的。但是,农场土地面积却不能用来作为判断农场规模是否适度的标准。这是因为,农用地对非农产业来说并不是资源,判断农场规模是否适当应该以竞争性资源的投入量为标准。很显然,在家庭资源中,劳动是最有竞争性的。所以,判断农场投入规模是否适当的最恰当的指标是劳动的投入量。正是因为对劳动的需求有竞争性,农户才需要考虑分配于不同产业的劳动的边际价值产品是否相等和投入农场的劳动量是否适当的问题。

图 1 中的 TL^A 反映了由农户提供的适度农场劳动投入,从而也就反映了根据劳动投入的适度农场规模。其中,T 是农户能提供的总劳动时间,这一劳动时间被分配于农场劳动(TL^A)和农外就业(TL^O),TL^{A+O} 构成了家庭的实际劳动总时间,$T-TL^{A+O}$ 为闲暇时间。Y^A 是农场收入可能性曲线,它表示家庭来自农场的收入与家庭用于农场的劳动时间之间的关系。Y^{A+O} 为家庭总收入曲线,表示总收入(农业收入和非农业收入之和)与家庭总劳动时间的关系。I 为无差异曲线,表示收入与闲暇的替代关系。家庭总收入曲线的直线部分意味着劳动市场是完全竞争的(非农工资水平由整个劳动市场的供求情况决定),其斜率的大小与非农工资水平成正比。农场的适宜劳动投入(TL^A)在农场劳动的边际价值产品与非农工资水平(即农场劳动的机会成本)相等时得到,这一结果可从图 2 看出。图 2 表明,随着农场劳动投放量的增加,农场劳动的边际报酬(MP^A)递减,当农场劳动的边际价值产品低于非农工资水平(W)时,农户自然把"多余的"家庭劳动投放到非农产业中去。农户劳动的总投放量(TL^{A+O})取决于家庭总收入曲线与无差异曲线的切

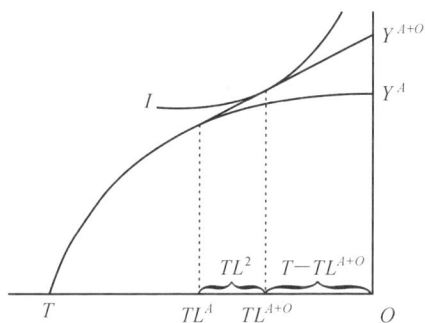

图 1

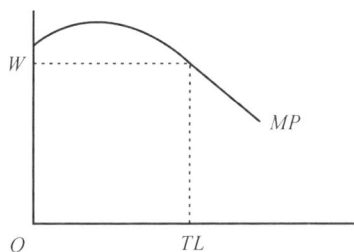

图 2

点,切点表示 $T - TL^{A+O}$ 的闲暇时间与相应的家庭总收入的组合可使农户家庭获得最大的效用。

从图 1 和图 2 可以看出,适度的农场规模取决于两个因素:一是劳动市场的工资率,即投入农场的劳动的机会成本;二是农场收入可能性线的水平和走向。农场收入可能性线的水平和走向取决于由技术条件决定的农业生产函数与现行的要素-产品价格比。在要素-产品价格比既定的情况下生产的技术条件越好,农场劳动的效率越高,适宜的农场劳动投入规模就越大。而在农场收入可能性线既定的情况下:非农工资水平越高,适宜的农场劳动投入规模就越小;反之,非农工资水平越低则适宜的农场劳动投入规模就越大。

随着工业化的进展,非农工资水平有不断提高的趋势。因此,农户用于农场的劳动时间有减少的倾向。不仅如此,由于在长期,家庭人口数量的减少和每个劳动者劳动时间的减少,农户家庭能够提供的总劳动时间也减少了。当然,农户投入农场的劳动时间减少,并不意味着家庭农场的生产能力也随之降低。因为,由于节省劳动的技术进步,农业劳动生产率在长期中会有较大幅度的提高。实际上,每个农户家庭劳动时间的减少对农场生产能力的影响不但会被农业劳动生产率的提高所补偿,而且还可能得到超量的补偿。许多国家的事实表明,每个农场按照劳动时间来说的劳动投入减少了,但其生产能力并没有因此而降低。

需要指出的是,在我们前面的分析中,农业劳动的成本是以机会成本来表示的,而农业劳动的机会成本则又是以非农工资来代替的。然而实际上农业劳动的机会成本比非农工资水平要低些。这是因为,相对于投放到非农产业的劳动力来说,投放到农业的劳动者素质往往较低,主要表现在文化水平较低、年龄较大、女性比例较高等。因此,按照上述农业劳动机会成本分析所得到的家庭农场的生产成本,一般是高估的。由此可以进一步得出,按照高估了的农场成本来测算家庭农场的规模经济是不恰当的,它实际上会导致现行家庭农场所获得的规模经济被低估,即认为现行农户的经营规模偏小(按土地面积或产出),没有达到最佳规模状态。

三、交易成本与农业制度

农业生产与非农业生产一样需要组织活动,这种组织活动通常反映在交易成本中。上面的分析中,我们撇开了交易成本的因素,现在我们把交易成本因素引入分析,并将其对家庭农场规模的影响通过图 3 予以反映。

在图 3 中,交易成本曲线 TC 随着劳动投放量的增加而增加。这意味着,与农场规模相联系的农场劳动投入的增加,会引起交易成本的上升。按照交易成本理论,对劳动的监督与控制费用,是交易成本的一个重要部分。这种成本随着农场规模的扩大,特别是当农业劳动投入超出了家庭劳动投入范围时,将会明显上升。

在农业中,大规模使用雇佣劳动的交易成本之所以很高,其原因在于农业生产技术上的特殊性(如生产场地分散、生产环节多、生产周期长等),使得管理者不能有效地监督和管理所雇佣的劳动。虽然目前国内

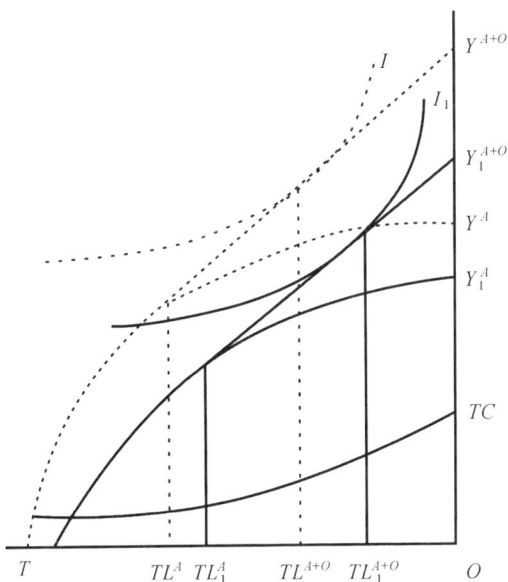

图 3

外经济学家对交易成本的定量研究还非常缺乏,但许多经验事实都足以证明,农场规模越大,雇佣的工人越多,管理者有效地组织工人和激励工人对农场的关心就越困难,因此其交易成本就必然越大。

　　现在,考虑了交易成本,家庭的农业收入可能性线和总收入线都将下降。由此造成的结果是:第一,家庭的农场劳动投放量比原先少 ($TL_1^A < TL^A$);第二,家庭的总劳动时间比原先多 ($TL_1^{A+O} > TL^{A+O}$);第三,家庭用于非农产业的劳动时间比原先多 ($TL_1^O > TL^O$);第四,家庭总收入和闲暇时间比原先少 ($Y_1^{A+O} < Y^{A+O}$, $T - TL_1^{A+O} < T - TL^{A+O}$);第五,家庭得到的总效用水平比原先低 ($I_1 < I$)。

　　由于交易成本主要与雇佣劳动相联系,显然,家庭要提高总收入或总效用水平,就必须尽量减少雇佣劳动。在农业中,只有当生产任务能容易地根据投入或产出来监督的情况下,适当地雇佣少量劳动力才是经济的。也正是出于这个原因,无论发达国家还是发展中国家,农业中的雇佣劳动一般不多,即使有,大多也是季节性的临时雇佣为主。这也就是在许多国家中,家庭农场仍然是农业的主导组织形式的原因所在。

　　从上面的分析中我们还可以进一步推导出:家庭农场是否会被别的

农业组织形式所代替,关键在于能否有效地降低这些组织形式的交易成本。而这取决于两个因素:一是今后农业中的技术创新能否使农业生产像工业生产一样便于组织和管理;二是今后农业中的组织创新能否有效地大幅度降低交易成本。如果上述技术创新或组织创新是可能的,那么,家庭农场有可能被别的组织形式所取代。否则,家庭农场仍将在农业组织形式中占主导地位。

当前我国农户家庭经营中的
交易途径与合约方式

——浙江省 173 户水稻生产农户的调查与分析[①]

随着经济体制改革的深入和社会主义市场经济的发展,农业生产所面临的制度环境发生了很大的变化。制度环境的变化直接影响着农业生产的主体农户在农业生产与经营中的行为选择,其中,农户如何选择交易途径和合约方式直接影响其农业生产的绩效。因此,从农户如何选择交易途径和合约方式的角度对农业生产进行深入的分析,对于探讨我国当前农业的制度安排与创新有十分重要的意义。本文从这一视角出发,通过对浙江省水稻生产农户的交易途径和合约方式的调查,揭示当前农户家庭经营的交易途径与合约方式,并从制度安排的角度进行分析和评价。

一、被调查户的基本情况与调查方法和内容

本次调查的范围为浙江省,调查的家庭农户共有 173 个,它们分布在全省主要水稻产区,基本代表了浙江省农村经济条件比较好的农户经营水平。调查方法为逐户问卷访问法,样本的抽取办法为偶遇抽样。样本户的若干平均指标为:户均人口数为 4.38。家庭平均劳动力数为

① 本文作者为黄祖辉、蒋文华、张忠根。本文内容发表在《浙江社会科学》1998年第 5 期,被中国人民大学期刊复印资料《农业经济》1998 年第 11 期全文转载。本文为国家自然科学基金项目"交易费用、组织控制与我国农业组织的创新"(317500)的专题研究成果。

2.96,其中每户家庭全年从事农业的劳动力数为 1.36。户均耕地规模为 9.90 亩,其中,承包面积为 7.27 亩,转入面积为 2.62 亩;粮食播种面积为 15.30 亩。户均粮食总产量为 6774 公斤。家庭年纯收入为 19071元,其中来自农业的纯收入为 8386 元,占年度纯收入的 44%,来自农业中粮食生产的纯收入为 4404 元,占家庭纯收入的 23%。

　　本次调查的主要内容是农户在水稻生产中对交易途径和合约方式的选择。对于农户而言,要完成水稻生产的全过程,一方面需要获取各种生产要素,另一方面要完成生产过程中的一系列环节,这些都需要通过一定的交易途径和合约形式来实现,具体可由如图 1 所示。

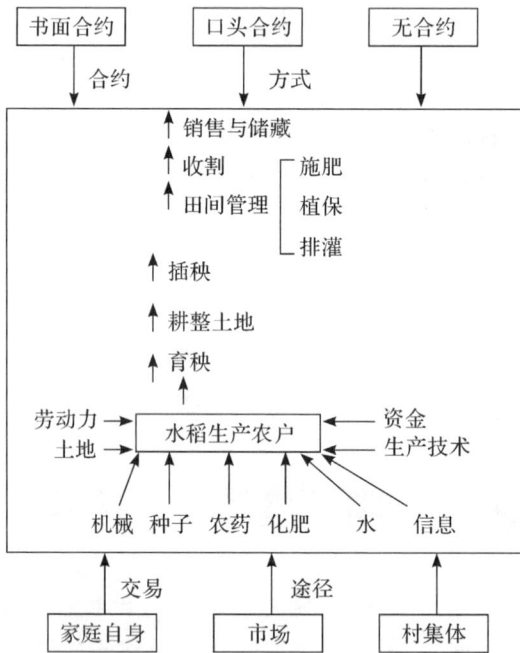

图 1　水稻生产农户的生产环节与要素获取

　　从图 1 中可看出,农户为完成水稻生产,需获得十种主要的生产要素,并要完成六个主要的生产环节,田间管理包括植保、施肥和排灌三个方面的内容。这些要素的获得和生产环节的完成,均离不开一定的交易途径和合约方式。为了了解和分析经济转型时期农户交易方式与合约选择的状况,整个调查的问题通过以下四个方面展开:①农户通过什么交易途径获得各类生产要素？②农户在获得生产要素时采取了什么合约方式？③农户通过什么交易途径完成各个生产环节？④农户在完成生产环节时采取了什么合约方式？

二、若干概念的设定

为了便于归类与分析，我们以交易费用理论为基础，结合我国农村的实际，对若干概念做统一的设定。

第一，把农户获取生产要素的交易途径简化为三种途径：一是家庭自身提供（F），即农户自身生产所需要的生产要素，如自身的劳动力、自留的种子等。二是市场购买（M），即农户通过与他人或其他组织进行交易来获得所需的生产要素，包括购买与租用。三是集体提供（V），即村集体向农户提供的其所需要的生产要素，如土地、农业用水和有关服务。

第二，把农户完成生产环节的交易途径同样分为三种：一是家庭自身完成（F），例如农户依赖家庭自身的劳动力或机械来完成某生产环节。二是市场交易完成（M）。本文所指的市场交易泛指农户通过与他人或其他组织进行某种交易，或借助于非家庭自身的劳动力来完成某生产环节，如通过亲戚朋友之间的换工互助，通过雇佣劳动力或通过把该环节承包给他人或某一专业服务组织等。三是集体完成（V），指通过村集体统一组织来完成某生产环节。

第三，把农户在获取生产要素与完成生产环节中的合约方式简化为三种形式：一是书面合约（W），即农户在交易过程中签订有某种书面合约，这可以视同为正式合约。二是口头合约（K），指农户在交易过程中有口头上的约定。由于我国有诚实守信的传统文化，农户们同在一个社区或集体之内，口头合约比较普遍，并也有一定的约束力。这可以视同为非正式合约。三是无合约（N），指农户在交易中并没有任何事先的约定。这既包括完全不需要约定，也包括因约定俗成而无须事先约定。我国农村同一社区的农户之间居住非常近，平时相互往来较多，彼此也比较了解。因此，这种无任何合约的交易，在实际中是存在的。

三、调查结果及说明

经过对调查户资料的计算机处理,我们得到以下浙江省水稻生产中农户的交易途径与合约方式的统计数据:①农户获得各种生产要素的交易途径(见表1);②农户完成各生产环节的交易途径(见表2);③农户获得生产要素和完成生产环节的合约方式(见表3)。

表 1   水稻生产农户获取生产要素的交易途径分布

单位:%

生产要素	F		M		V	
	Fg	Fb	Mg	Mb	Vg	Vb
劳动力	82	50	14	—	—	—
土地	—	—	8	86	86	40
农用机械	56	60	14	10	10	15
种子	54	40	37	4	4	5
农药	—	—	100	—	—	—
化肥	—	—	100	—	—	—
农田用水	12	20	—	76	76	75
生产技术	75	75	25	—	—	—
市场信息	65	70	25	5	5	5

表 2   水稻生产农户完成生产环节的交易途径分布

单位:%

生产环节	F		M		V	
	Fg	Fb	Mg	Mb	Vg	Vb
育秧	85	48	9	31	3	12
耕整土地	36	25	54	43	10	32
插秧	65	30	35	70	—	—

续表

生产环节	F		M		V	
	Fg	Fb	Mg	Mb	Vg	Vb
植保	88	65	10	35	2	—
排灌	60	35	12	20	28	45
收割	64	36	34	64	—	—

表 3　水稻生产农户合约方式选择分布

单位:%

生产要素与环节	W		K		N	
	Wg	Wb	Kg	Kb	Ng	Nb
劳动力	7	20	14	30	72	50
土地	81	65	12	30	4	5
农用机械	12	10	48	50	38	30
种子	8	15	20	45	62	35
农药	3	10	6	25	83	65
化肥	4	10	7	25	80	65
农田用水	9	20	31	30	53	50
生产技术	5	15	12	5	74	80
市场信息	2	10	6	—	83	90
育秧	1	10	11	60	88	30
耕整土地	4	10	47	40	49	50
插秧	1	5	32	40	67	55
植保	2	5	8	40	90	55
排灌	12	15	25	45	63	40
收割	1	5	42	65	57	30

第一,在表1中的数据是指在样本户中,获得某种生产要素时,主要依赖于某种交易途径的农户数量比重(百分比)。由于农户完成同一生产环节有可能采用一种以上的交易途径,表2中的数据则是指样本户完

成某个生产环节时,采用某种交易途径所需的工作量占完成该环节的总工作量的比重(百分比)。表3中的数据是指在样本户中,获得某种生产要素或完成某个生产环节时,依赖于某种合约方式占各种合约方式总和的比重(百分比)。

第二,表中 Fg 是指所有调查农户的平均结果,Fb 是指所调查农户中耕地规模超过 10 亩的农户(共 20 户)的平均结果。Mg、Mb、Vg、Vb 与此相同,Wg、Wb、Kg、Kb、Ng、Nb 也与此相同。

第三,由于调查中有些农户在某些问题上没有明确回答,所以,以样本农户而不是以实际回答问题农户为基数计算的 Fg、Mg 与 Vg 的总和有可能小于 100%,同样 Wg、Kg 与 Ng 的总和也有可能小于 100%。

四、对水稻生产农户交易途径 与合约方式调查结果的分析

(一)对被调查总体状况的分析

1.从生产要素获得的交易途径看

第一,农户获得生产要素主要依赖于家庭自身(F)的有劳动力、生产技术、市场信息、农用机械和种子(按比重从大到小排列)。这意味着:我国沿海地区人多地少,户均耕地规模较小,一般农户完全可以依赖自己家庭的劳动力从事粮食生产;大多数农户的生产技术主要是依赖于自身积累的经验,或是从长辈处和在实践中学习,对于我国的传统农业生产技术,农户们都能很快地加以掌握;市场信息主要依赖于农户自己收集和根据往年情况的推测;小规模农户的农、用机械主要是手扶拖拉机和脱粒机——前者用于耕整土地,后者用于收割。由于前者价格较高,且操作需要专业技术,所以一般的农户并不拥有,主要是租用;后者价格较低,且操作简易,一般的农户都单独拥有。

第二,农户获得生产要素主要依赖于市场交易(M)的是农药和化肥(按比重从大到小排列)。这两种投入要素是工业产品,只能由工业企业

生产,然后通过市场交易到达农户手中。值得注意的是,官方的农业供销合作社在这两种要素的供给中,起了主要的中间商作用。

第三,农户获得生产要素主要依赖于村集体(V)的是土地和农田用水(按比重从大到小排列)。这是因为农业土地归村集体所有,农户须向村集体承包才能获得使用权。农田水利设施一般也归村集体所有,农田用水自然由集体统一提供。

2. 从完成生产环节所依靠的交易途径看

第一,农户主要依赖家庭自身(F)完成的生产环节有育秧、植保、插秧、排灌、收割(按比重从大到小排列)。由于育秧的劳动量较少,所以,基本上都由农户自己完成,植保的情况也十分类似。然而,在主要依靠F的前提下,就不同环节而言,仍然存在一定差异性,如:排灌环节就相对较多地求助于集体的统一安排(有些村集体有专门的放水员);插秧与收割的劳动量较大,且有明显的季节性,农户会相对多地求助于市场交易途径,通过雇佣一定的劳动力来完成该环节。

第二,农户主要依赖市场(M)所完成的生产环节是耕整土地。这主要是由于耕整土地的劳动强度较大,同时,用拖拉机耕整土地相对于畜力与手工操作具有明显的成本和效率优势。但农户一般不购买拖拉机,往往是付费请有拖拉机的农户或专业化服务组织来完成农田的耕整。

第三,值得注意的是,主要依靠村集体(V)来完成的生产环节在调查中并没有得到明显反映,这表明农村推广家庭承包经营体制后,农户在生产环节方面对集体的依赖性已不强。

3. 从水稻生产农户所选择的合约方式看

第一,农户在获取生产要素的交易活动中,只有土地这一生产要素的合约方式是以书面(W)合约为主要方式。一方面,因为土地是粮食生产最基本和最重要的生产要素,农户只有稳定地获取土地才能从事正常的粮食生产。另一方面,政府本身也要求农户在向村集体承包土地时签订书面的承包合同。合同对双方的权利与责任一般都有比较明确的规定。农户获得土地使用权后若自己不愿耕种则可以转让给其他农户。转让费各地区差异较大,每亩每年 30～1000 元不等,平均在 200～300 元之间,有的则不存在转让费。从调查样本中来看,农户从其他农户处转包而来的耕地占其总耕地的 27%,然而农户转包而来的耕地主要是以口头(K)合约方式为主。其主要原因在于:其一,一亩土地一年的转让费用往往不高,农户不很在意;其二,转让农户相互间往往比较熟悉和信任,口头(K)合约在这种情况下实际上已具有一定的约束力;其三,转包出去的农户希望能随时收回其使用权(这种口头合约常常是一年一定,便于灵活调整)。

第二,农户在租用农用机械时较多地采用书面(W)合约和口头(K)合约。这是因为农户在租用农用机械完成收割与耕整土地时,有明显的时间限制,必须在某段时间,如1~2周内完成,这就需要有一种具有约束力的合约形式来保证农户生产的正常进行。

第三,农户在获取农田用水,完成排灌这一生产环节也相对多地采用书面(W)合约和口头(K)合约。原因是农田用水对于水稻生产具有至关重要的作用,同时也有显著的时效性。唯有通过一种比较正式的制度安排,才能保证充足的农田用水以顺利实现农业生产中的排灌需要。

第四,值得注意的是,农户相当多的生产要素获取和生产环节的完成呈现出无合约(N)的特点,其原因与大多数农户生产规模小,自给性强,因而不很依赖他人有关,这可以从农户在生产要素获取以及生产环节完成时对交易途径的选择上得到印证(见表1、表2)。

(二)不同土地经营规模农户交易途径与合约方式的差异

与一般农户相比,耕地规模相对大的农户(10亩以上)在交易途径和合约方式的选择上存在一些特点,这些特点主要反映在以下几个方面。

第一,在获得生产要素的交易途径上更偏重市场(M)途径。如:劳动力,更多地通过市场交易途径来获取其不足的部分;土地中的很大部分是通过其他农户出让土地使用权而获得;种子也更多地从市场上购买。

第二,在完成各生产环节时,由于普遍存在的家庭劳动力不足的现象,所以,除了植保和育秧外,其他各项环节均主要依赖于市场(M)或村集体(V)的途径来完成。其中,插秧与收割这两个环节尤其明显。此外,粮田规模经营大户还在排灌和耕整土地上更多地依赖于村集体(V)

的途径。

第三,与一般农户相比,规模大户无论在获取生产要素,还是在完成生产环节方面,都更多地借助于书面(W)的合约形式。唯一例外的是,在向其他农户转包土地时往往很少签订书面合约,而是采用口头(K)合约的形式,这在一定程度上是农户土地使用权转让过程中纠纷不断增加的一个原因。

五、基本结论与趋势判断

第一,农户在选择生产要素和生产环节的交易途径时,其决策依据为各种途径的支付价格。所谓支付价格,为农户在完成某一操作所支付的成本总和(包括生产成本和交易成本)。当农户选择 F 途径时,其支付价格为生产成本。当农户选择 M 途径时,其支付价格为市场价格加上农户完成交易所承担的交易费用。当农户选择 V 途径时,其支付价格为村集体向农户所收取的费用和可能出现的交易费用。影响各种交易途径的支付价格的主要因素为:粮食生产的自然特性、中国经济的体制背景、农户所在地区的经济发展水平、农户自身的家庭状况、农户所在村集体组织状况和经济条件。这些因素的不同状况决定了支付价格的差异,并导致农户在交易途径上的不同选择,同样,这些因素的不断变化将导致农户在交易途径选择上的变化。

第二,交易途径决定合约方式的选择,但合约方式的选择又受制于三个交易维度,即资产专用性、不确定性和交易频率的影响。投资于粮食生产的物质资产专用性与特定的土地相联系,因此农户要求一个正式的书面合约,其合约期限也较长(10 年以上),但目前两者往往存在矛盾,特别是对于经营规模较大的农户来说,经营者往往要求较长的合约期,而土地所有者——集体经济组织,则常常更偏向于较短的合约期。尽管政府一再强调土地承包期一定,为 30 年,但不少村集体经济组织做不到这一点,有的是土地承包合同期为 30 年,但仍然保留短期内对土地使用等方面的控制权。至于农田水利设施、大型农用机械等资产专用性也较强,正式的合约形式比重就较大。交易活动中的不确定性也会影响合约的方式。如：农户想通过外部交易途径来完成土地的耕整，但往往由于农时紧，社区能提供这种服务的组织或农户并不多，所以不确定性就增强，由此，农户就要更多地借助于事先约定。插秧和收割中的交易活动也因其不确定性较大而更多地依赖于 K 合约方式。由于农业生产的周期性和季节性，水稻生产中的交易频率都比较低，因而对农户的合约方式选择影响不大。除了上述三个影响交易活动中合约形式选择的维度外，我们认为，每一次交易的数量，即交易规模，对合约形式的选择具有十分明显的影响。经营规模较大的农户在交易活动中往往更多地借助于 W 与 K 的合约方式，虽然这样做会增加签约的成本，但因交易量大，从而单位数量的交易成本并不高。

第三，中国农村传统的文化氛围、农户之间广泛存在的血缘亲属关系以及社区集体经济的存在与作用，对农户的机会主义行为起到了抑制性的作用，这使得农户的机会主义行为倾向较弱。这表现在农户交易活动中签订书面合同的并不普遍，事先的 K 约定在一些场合下也显得不必要，而没有任何约定的交易习惯却较流行，如在农忙季节时的亲朋好友互为帮助就是一种典型的情况。这从另一个方面也反映了中国农业市场经济的不发达和非正规制度在农村中的作用。

第四，由于沿海地区农户的土地经营规模普遍不大，农户粮食生产的比较利益偏低，这在一定程度上影响了农户粮食生产的积极性和粮食生产的效率。土地适度规模经营是这些地区粮食生产发展的一个趋势。随着农户土地经营规模的适度扩大，农业生产中资本替代劳动的过程将会有所增强。这会导致农户更多地依赖于资本市场、技术市场以获取资金和更先进的生产技术，以及更多地依赖于农产品市场以销售其产品，从而在交易途径的选择上将更多地依赖于 M 交易途径，在合约方式的选择上将更多于借助于 W 和 K 的合约形式，尤其是 W 的合约形式会稳步普及。从上述规模大户与一般农户的交易途径选择差异中也可以看出这一点。

第五，乡村集体除提供土地与农田用水协助完成排灌以及帮助农户进行抗灾外，已基本不介入农户粮食生产的具体过程。乡村集体在农业生产中的作用是会增强还是会减弱，取决于农户的经营规模和社区服务组织的发育程度。从政府的要求看，乡村集体经济组织似应加强其对农户的服务功能,但现实中由于这种建立在小规模经营基础上的服务缺乏效益,因此除了集体经济组织实力较强的地区外,乡村集体经济在农业生产中的作用并不是很明显。

第六,中国当前的宏观体制背景和粮食生产的自然特性决定了农户在水稻生产中对交易途径与合约方式的具体选择,并且这种选择将直接决定粮食生产的绩效和农民的收入水平。随着中国经济体制不断向市场经济转型,农业的规模化、市场化与专业化趋势将对农户经营产生愈来愈大的影响。这意味着,中国家庭农场的生产要素获得渠道、生产环节的完成方式以及交易过程中的合约形式选择,将会愈来愈依靠市场交易,规范的合约形式也将逐渐成为农民的主要选择,这表明,正规的制度安排将发挥更大的作用,非正规的制度安排仍将起到一定作用,但其作用的程度会降低。

参考文献

[1] Erik Fahlbeck, Essays in Transaction Cost Economics, Suedish University of Agricultural Sciences, 1996.

[2] O. E. Williamson, The Economic Institutions of Capitalism, The Free Press, 1985.

[3] 道格拉斯·C 诺斯:《制度、制度变迁和经济绩效》,上海三联书店,1991 年。

[4] 林毅夫:《制度、技术与中国农业发展》,上海三联书店,1994 年。

中国横店集团产权制度构造启示

——兼论乡镇企业产权关系的明晰化①

在乡镇企业产权制度的改革中,出现了不少形态不同的产权制度模式。中国横店集团所构造的社团所有制模式就是其中一例。本文试图通过对这一产权制度的剖析和评价,阐明笔者对我国企业产权制度改革的几点看法,以期引起讨论。

一、横店集团产权制度的特点与实质

横店集团位于浙江省东阳市以南 18 公里的横店镇。该镇地处山区半山区,自然资源贫乏,没有铁路、国道,更没有机场、港口,也缺少大城市的依托。然而,就是这样一个名不见经传的小镇,近年来却在改革开放的大潮中横空出世。1993 年 3 月,全国首家由国务院经贸办审批的大型乡镇企业集团——横店集团在此组建。集团拥有轻纺、磁性材料、机械电子、制药化工 4 个行业子集团和 5 个工业总公司、下辖 21 个子公司、120 家紧密型骨干企业、4 家中外合资企业、3 家境外合资企业。此外还有 800 多家半紧密型和松散型企业,生产 29 个门类 1000 多种产品,其中 8 个门类 9 种产品已出口欧、美、日以及中国港、澳等几十个国家和地区。集团 1993 年产值突破 10 亿元,在全国乡镇企业 500 佳排名中名列第 10 位,1994 年产值达 15 亿元。

是什么力量使横店集团发展如此之快?按照集团总裁、董事长徐文

①　本文作者为黄祖辉。本文内容发表在《浙江社会科学》1995 年第 3 期。

荣的话:"靠的是通过 18 年实践探索的适合自己实际的新型产权模式——社团所有制这样一条横店之路。"横店人把集团的产权制度称为社团所有制,理由在于:第一,集团的资产均是企业多年来通过自身积累而形成的,尽管有一部分是来源于银行贷款和社会融资,但这些均需在规定期限内连本带息偿还。第二,土地作为生产要素,尽管属国家和集体所有,但集团通过租赁等形式获得土地的长期使用权,不存在产权模糊的现象。第三,就劳动力这一生产要素而言,是通过支付报酬(工资和奖金)的形式来获得,因而不存在以劳动力形式构成对企业的投资。第四,在技术方面,主要是通过购买专利或技术的方式来获取,到目前为止,还没有接受技术入股的做法。至于对引进新技术或掌握着某项新技术,又愿意到集团工作的人,则是通过支付中介费或根据该项技术实施的效益,以高工资、高奖金的形式予以补偿,因此,技术的投入实际已转化为企业的资金投入,不存在技术入股的现象。由此,集团的资产形成尽管与国家、集体或个人有关,但由于它们都已通过货币的形式予以偿还,因而其产权既不属于国家,又不属于乡镇政府,同时也不属于某个集体组织或某个个人,而是属于集团所有。而这个集团又不同于一般的具体企业,它由若干不同层次的企业组成,这些企业生长于农村,与农村社区有密切的联系,因而从社会角度看,它是一个社团,所以横店人把这种集团所有制称为社团所有制。

横店集团的社团所有制,除了具有以上资产方面的特征,还有以下特点。

第一,政企完全分开。一方面,集团作为社会团体,应同其他社会团体一样接受各级政府的领导,要依法纳税,并承担一定的社区义务。另一方面,集团作为一个独立的经济组织,具有市场主体所拥有的一切自主权,因而是一个产权明确、身份自由的产权主体、经营主体和利益主体。

第二,社团所有以集团成员共同劳动关系为基础。作为劳动者个人对集团的生产资料只有使用权,没有所有权。集团领导成员根据民意推选,他们和其他集团内部成员一样,只不过是集团的雇员。所有成员均以"劳动对效益的贡献"为尺度来获取收入,不存在以资产所有者的身份来获取红利和股息的现象。此外,集团领导成员和企业厂长、经理也没有继承权,一旦离开集团,这种劳动关系就不再存在,因而任何个人都不能带走集团的资产。

第三,完善的集团保障体系。公用设施基金、投资风险基金、干部职工退休基金、退休职工医疗保险基金、职工特殊困难补助基金、教育基金等,这些基金为增强集团员工的凝聚力、保持集团成员的相对稳定,发挥了重要作用。

第四,开放性和身份性并存。集团成员以本地为主,但也向社会开放。不管来自何方,都可以成为集团成员,并且来去自由。一旦离开集团,就失去了集团成员身份,不能享受集团内的各项福利待遇。集团的开放性还体现在:一是集团以在本地发展为主,但也在外地办厂、办公司;二是集团以自身的投资为主,但也不排除向集团以外的公司、企业投资入股。从这一意义上讲,集团的人员以及区域界限早已突破了横店镇的范围,是一个开放的系统。

第五,对外设置多级法人,对内实行多级承包。为了使社团所有制得以有效运转,集团所属紧密型企业,对外均有法人地位,具有相对独立的经营自主权,但在集团内部,这些法人则是在集团总公司的领导下,实行多级承包经营责任制。由于企业亏损最终还得由集团承担,企业经营者的风险相对减少,但是与此同时,他们也只有经营权,没有资产所有权。为了避免"搭便车"和"风险规避"现象,除了承包者要进行抵押外,集团对各级法人均有严格的要求,他们必须承认社团经济,具备领导才能和奉献精神,否则将会被罢免。

笔者认为,中国横店集团的社团所有制模式,就其实质而言,是一种介于传统意义上的公有制与私有制之间的产权制度形式。其公有制的形式主要表现在:一是集团的资产不属于任何个人所有,而是集团成员共有;二是集团成员,无论是资产的经营者,还是产品的生产者,都是集团的雇员,全体成员以共同劳动关系为基础联结在一起,以自身劳动对集体的贡献为尺度来获取报酬,没有任何东西可以成为个人的财产。其非公有制的性质主要表现在集团的资产具有明显的排他性,即不允许集团之外的任何个人和组织对集团资产的侵蚀。很显然,这种排他性与我们传统意义上的公有(国营或集体)企业的产权关系性质是截然不同的。从这一意义上讲,横店集团的所有制形式,与其说是社团所有制,毋宁说是一种具有社区特色的集团所有制,它对外自主、独立,具有排他性,对内具有共有性,尤其是体现在资产权益关系上。

二、横店集团产权制度的效率与局限

产权制度作为一种要素投入,其效率从经济学意义上讲,主要体现在它是否能为在它支配下的人们(或企业)提供将外部性较大的内在化的激励作用以及由此而带来的交易费用的节省。以社团所有制为特点的横店集团的产权制度效率,主要体现在:

第一,通过对外排他性的产权制度构造,集团争到了一个独立的、完整的、受到法律保护的市场行为主体的资格。这就使普遍存在于国营或集体企业的因政企不分,权、责、利不统一而产生的不少外部性问题,如随心所欲的各种摊派或提成、权钱之间的不正当交易、企业经营目标的过分干预等,在很大程度上被消除或内在化了。企业由此既增加了压力,又增强了激励。

第二,由于企业集团和社团所有制的建立,原先企业之间存在的相互倾轧、低水平重复竞争和规模不经济现象以及相互之间为谋求协调统一而支付的较高的交易费用,得到消除或节省,集团由此获得了规模经济的优势。与此同时,集团所实行的资产非量化到人和下属承包企业只有经营权,没有资产所有权的做法,在很大程度上提高了集团的积累水平,同时也使集团在资金集聚、调度、投放等方面具有了很大的灵活性和余地,这将大大增强企业的市场竞争力。

第三,尽管集团不存在资产量化到人的收益分配,但以"劳动贡献"为尺度,并且水准不低的收益分配机制和只有社团成员才能享受的集团福利保障制度,对农村大多数人来说,仍然很具有吸引力,因而这种分配体制弥补了资产收益分配为零的不足,对大多数社团成员来讲,能够发挥较大的激励作用。

横店集团社团所有制的局限性,主要体现在以下三个方面。

第一,资产的集团共有,从外部看,其产权关系是明晰的,但从集团内部看,产权关系依然不明晰。如果不配以其他的制度安排,易导致集团成员的"搭便车",或名为共有,实为少数人所有的现象,这将大大削弱集团经济的凝聚力和规模优势,从这一意义讲,如果缺乏某种特殊制度的匹配,要长期保持集团资产共有的效率,需付出较高的内部控制与相互制约的成本。

第二,以工资、奖金收入为主的个人收益分配机制能否始终对集团成员,特别是对企业中上层管理和技术人员产生激励作用,将主要取决于"劳动贡献"尺度的合理运用和个人在集团内部所获得的包括现金收益与非现金收益在内的福利总和是否高于社会同类行业相关人员的平均水平。因此,来自外部的压力,如一旦产权明晰化使得资产的收益量化到人成为普遍的社会现象,将为社团共有的产权制度带来冲击和挑战。

第三,由于横店集团的社团共有制排斥社团成员和非社团成员的资金、技术等要素的入股,在很大程度上限制了自己引进、利用资金和技术的渠道与方式,这还会带来一些副作用。比如,对于社团成员来说,如果用于个人消费以外的结余资金不能投向或回流社团内部,则势必外流寻找投资获利的机会,这不仅不利于集团扩大资金规模,而且容易引起集团成员精力的分散与外移,从而其行为有可能偏离集团发展的方向。

三、横店集团产权制度构造的启示

第一,建立明晰的企业产权关系,既是制度合理安排的重要内容,又是市场经济的基本要求。因为市场经济从本质上讲,就是通过一系列的产权转移和让渡来实现社会资源的配置与社会再生产的运作。因此,作为市场经济主体的企业,如果不是一个产权明确、身份自由的经营主体和利益主体,那么它就很难与市场经济的基本要求相吻合,从而也难以在激烈竞争的市场经济中获得生存和发展。目前中国的现状是,为了建立社会主义的市场经济体制,一方面,国家要把企业"推向市场",但另一方面,许多企业都由于产权关系不明晰,仍然不具备市场主体的资格。在这样的情况下,以明晰企业产权关系为核心的产权制度改革无疑具有极其重要的意义。然而,"产权"就广义而言,涉及方方面面,产权制度的改革需要把握重点。就企业的产权制度而言，当前改革的重点应是明确国家和企业、集体和企业的产权关系，以使企业获得一个独立的、完整的、受到法律保护的市场主体资格。达到这一目的的产权制度形式是多样化的，并不唯独私有制这一形式，股份制和社团所有制都能实现这一目的，因而都应被视为有效的产权制度模式。

第二，产权不是指一般的物质实体，也不是指人与物之间的关系，而是指由物的存在及关于它的使用所引起的人们之间相互认可的行为关系。产权的重要性在于它会影响人的行为，因而它是用来界定人们在经济活动中如何受益，如何受损，以及彼此之间如何进行补偿的规则。但是这些规则的确立与生效，不仅要支付一定的交易成本，而且要受制于意识形态、制度环境的影响，如传统的文化与习俗、公众的价值观念、政府的制度偏好等。因此，就某个行为主体来讲，当安排某种产权制度的代价大于该产权制度的预期效益时，则宁可维持原有制度模式。这意味着，尽管某种产权制度在理论上或在某一特定区域和场合下被证明是有效的，并不必然在另一种场合中就有效或者会被采纳。这时候，往往制度环境的改善会显得更为重要。实际上，尽管中国建立社会主义市场经济体制的改革思路已确立，尽管建立现代企业制度，加快国营、集体企业经营机制的转变已提到重要议事日程，但是每当改革涉及一些较为敏感性的问题时，如所有制问题，党、政、企关系问题，劳资关系问题等，无论是政策法律、上层意向方面，还是理论宣传、公众舆论方面，都缺乏明确的导向和有力的支持。笔者认为，这是中国企业产权制度改革的真正难点和困惑之所在。

第三，如前所述，产权涉及方方面面，不仅企业与政府、企业与企业之间的关系充满着产权交易的性质，而且企业与个人、个人与个人之间的关系也不例外。围绕着企业与个人的关系，有一种观点认为：应将企业的产权量化到每个人，这样才称得上产权关系的明晰化，才能带来较大的激励和规范每个人的行为。笔者认为这种观点值得推敲。一是从交易费用的角度看，并不是任何一种产权都易明晰到每个人。对于那些具有公共效应或以社会效益为主的产权关系，不仅明晰到个人的交易费用极其高，而且对个人也未必有吸引力。因此，是否应将产权量化到人，应考虑到该产权的性质和明晰化到个人的交易费用高低。二是从控制和产权交易的方式来看,企业控制实际上是对市场控制与市场交易方式的一种替代。因此,在企业内部,应充分发挥企业科层(等级)控制的优势,而过分分散、量化到每个人的产权关系,从某种意义上讲,会削弱企业控制的优势。三是从制度的范畴看,能带来激励、规范人的行为的制度因素是多方面的。不仅合理的产权制度能带来这种效应,而且建立在一定基础之上的权威(个人威信)、企业精神等,也具有类似的效应。横店集团的产权制度之所以具有效率,其重要的原因是集团总裁的权力和威信发挥了重要作用。这种权威加上他的奉献精神,实质上是一种极其稀缺的制度因素。它与社团所有制以及社团内部奖罚分明的规则、条例相匹配,是"横店模式"的精华之所在。当然,令大多数人所信服的权威的形成,毕竟不容易,因而也不具有普遍性,并且,权威效应的持续时间终究是有限的,因而也具有局限性。从这一意义上讲,横店集团的产权制度是一种依赖于领袖者威信的制度安排,其效率的持久性很大程度上与该总裁的在位时间有关。尽管如此,它的效率仍应被充分肯定。因为制度的变迁总是必然的,我们不能期望一种具有永久生命力的制度安排。不然的话,制度合理安排在社会经济发展过程中的作用就失去了意义,除非我们是生活在瓦尔拉斯的经济模型中。

　　本文并不是要刻意推崇某一种产权制度模式,也不是要否定产权关系明晰化的必要性,而是试图借助对横店社团所有制模式的剖析和评价,就中国正在进行的企业产权制度改革,表明如下观点:第一,产权关系涉及方方面面,但从国营企业和集体企业的产权制度改革来看,重点应是明确国家、集体与企业的产权关系。至于是否要将产权量化到每个人,则应从实际出发,不宜生搬硬套某种模式。第二,企业产权制度的选择面临着多方面的约束,从中国的实际情况看,改革的难点在于制度环境还不够理想。因此,改善制度环境,是企业产权制度改革顺利推进的一个不可忽略的任务。第三,在企业产权制度改革的过程中,应注重其他制度因素的作用,以谋求多种制度合理匹配的效率,降低产权制度改革的成本。

股份合作企业产权制度分析①

　　改革开放以后,我国乡镇企业迅速发展,显示出强大的生命力。但是,随着市场竞争的加剧,小规模生产经营的局限性逐步显露出来。为了扩大乡镇企业的生产经营规模,吸纳闲散的消费资金转入生产领域,一种资本联合与劳动联合相结合、自愿组织起来的新型企业组织形式——股份合作制应运而生。

　　我国的股份合作企业是在产权制度多样化的条件下发展起来的,股份合作制经济存在内涵模糊、界定不清等问题。因此,在新的历史条件下,应探索建立独特的、符合股份合作企业内在规范的产权制度,在实践中予以规范,使之健康发展。

一、股份合作制模式与制度特点

　　在实践中,股份合作制有三种主要模式:浙江温州模式、深圳宝安模式和山东周村模式(郑子耿、陈惠雄,1993)。浙江温州模式是在个体、私营经济的基础上发展起来的,其合作的动力来源于政府界定股份合作经济为集体经济,这对私营企业主之间的联合产生有效的激励。温州模式中个人大股东处于控股地位。深圳宝安模式是在我国特区经济超常规发展的背景下形成的,其突出的特点在于:股份合作组织成员的地缘性,社员无一例外均属于本社区。山东周村模式是一个典型的产权相对明晰化的集体所有制经济,其股份合作制企业多数是从原集体所有制改制

　　①　本文作者为吴坚、黄祖辉。本文内容发表在《浙江学刊》1999 年第 2 期。

而来,企业股权中70%～90%归集体所有。

企业的产权制度是衡量企业性质的最主要的标志之一。股份合作制是股份制与合作社制度的有效结合、有机统一,因此,股份合作企业的产权制度安排有其特殊性。

首先,股份合作企业产权安排中一个重要的、易引起争论的问题是股份合作企业是否有必要设立集体股。农村股份合作制的周村模式是保留集体产权(股份)的典型,在这类企业中,集体股与职工股相混合,形成混合的产权结构。一些人认为,保留集体股就是保证产权归属的集体所有制性质,保证企业的公有制性质。事实上,这是一种错误的认识。集体股份的设置使企业的性质发生根本变化,它与股份合作制的基本规范相冲突。股份合作的产权制度是全体职工共有的产权制度,已经内在地包含了企业产权的集体所有性质。集体股份的设置并没有强化集体所有制,反而在股权运作中造成新的政企不分、产权模糊。因此,设置或保留集体股与股份合作的基本规范相背离,所谓的"尝试创建一种以公有股权为主、多种成分股份并存的企业组织形式",只能产生一种混合型的、产权较为明晰的集体企业,而不应该冠以"股份合作"的名义。

其次,股份合作企业的股权在企业内部的配置也需要明确规范。虽然股份合作企业的股份限制不像合作社那么严格,但是必须有所限制,否则就与股份制没有任何差别。如果一个企业中少数人拥有的股份数量占有控股地位,即使职工拥有部分股份,也不是真正意义上的股份合作企业。农村股份合作制试点模式中,温州模式就代表这一情况。据对温州436家这类股份合作制企业的统计,平均每家企业有股东17人,股份18股,每股平均股金为16.6万元,企业平均有职工65人,其中持股职工17人,不持股职工48人(包括股东家属12人)(李荫森等,1997)。很明显,这样的企业产权,只有资本联合的纽带,而缺乏劳动者之间合作与联合;只有合作之名,而无合作之实——劳动者的联合与合作就得不到制度保障。因此,从严格意义上说,所谓的温州模式不符合股份合作制的基本规范。

最后,地域性股份合作企业(以深圳宝安模式为代表)的股权结构比较符合企业内部人人持股、股份大体相当的基本规范。但是,深圳宝安在进行股份合作制试点时,比较强调社区内成员身份的认定,而忽视了成员之间贡献的差异。宝安模式的股份合作企业的缺陷在于其地域性与封闭性,阻碍了要素在企业与外界之间的合理流动。

　　股份合作制的产权制度表现为资金联合与劳动联合的有机统一。股份合作企业的资金联合是劳动者的资金联合,劳动联合是带资入股的劳动者联合。资金与劳动不是对立的两极,而是一定程度的统一或重合。企业职工既是出资者又是劳动者,共同出资,共同劳动,共担风险。离开了这些原则,股份合作就名存实亡。

　　股份合作经济是一种共有制经济,是"按份共有"和"共同公有"相结合的产权制度。因此,没有必要专门设置集体股、国家股及其他形式的法人股,企业集体股应最化到人。股份合作制的企业产权要真正由全体职工所拥有,而不是由异己的力量所控制。股份合作企业产权的内部配置也应做到合理、规范。类似温州模式的一些企业,有的是私人合伙制企业,有的是私营企业,有的是股份制企业,应根据企业的真实身份,明确企业属性,不是什么企业都可以冠以"股份合作"的名称。股份合作企业的基本原则是企业职工认购一定数量的股份,而且股份大体均等。

二、股份合作制的决策机制

　　企业的所有权结构是企业其他制度安排的基础。企业民主管理的实现需要建立起劳动者是企业财产的所有者这样一个所有权基础。

　　在合作制企业中,典型的决策机制是一人一票制,社员在决策权方面拥有平等的权利。股份制企业的决策机制是一股一票原则,资本权占据绝对地位。从决策的效率来分析,合作制采用一人一票的原则,决策程序较复杂,企业在决策和接受新观念上较缓慢,导致合作社丧失许多商业机会,产品缺乏竞争力。而在股份制企业中,决策围绕着股份的资本权展开,撇开了每个个人的偏好,专注于资本利润最大化,因此,这种决策程序简单,效率高。虽然合作制的一人一票原则在决策效率方面存在不足之处,但是一人一票是合作制民主管理的本质内容。没有一人一票的民主管理制度,就没有劳动者与决策者的有机统一,就没有实质意义上的合作。

我国目前的股份合作企业,在决策管理机制上,往往较多采纳股份制企业的管理方式,对一人一票的合作原则相当陌生,合作的精神、民主参与的意识、民主决策的原则没有充分得到发展。因此,股份合作企业在决策管理上,应大胆借鉴国外合作制的一人一票原则,让其融入我国股份合作制实践中去,以培养民主意识、合作精神,优化民主决策程序。

股份合作企业的决策机制要吸收股份制与合作制的优点和长处,克服它们的弊端。具体地说,股份合作制企业的决策机制既要保证职工民主决策的权利,又要保证资本(股份)的收益权,把股份民主与劳动民主有机地结合起来。在决定企业投资、发展计划、利润分配等重大决策时,股份合作制企业应采取一股一票的表决方法,提高经营决策的效率和企业的市场竞争力,强化资本(股份)在追求利润、分担风险方面的作用。在决定企业内部管理、市场营销计划等一般事务时,应采取职工民主决策的方法,充分体现职工民主。一股一票原则与一人一票原则的有机结合是股份合作制企业决策机制的内在要求和基本规范。

三、股份合作制的产权转让

在我国的股份合作企业中,企业职工的资格和企业职工所拥有的股份(产权)是不能任意转让的。股份合作企业产权转让只能在企业内部进行,不能市场化、商品化。企业职工获得的股权是由他的企业劳动者身份所决定的,一旦职工死亡或离开企业,不再是企业的一名劳动者,也就同时丧失了这部分股权。在这种制度安排下,企业职工较大程度承担企业经营中的风险,职工逃避企业风险的唯一方法是退出股份制企业及转让股份。

从转让权安排的角度看,股份合作企业的股份不能自由流动,导致了企业的封闭性,降低了资源的配置效率。不可转让的产权制度妨碍了劳动力的自由流动和重新配置。股份合作企业的职工是股东,那么,辞职与解雇所付出的成本是高昂的,操作上的难度很大,成了另一种类型的"大锅饭"。不可交易的产权制度也阻碍了资本的自由流动和有效配置。当股份合作企业效益不好时,外界的劳动者不会带资入股。当企业效益高于社会总体水平时,企业不欢迎带资入股的劳动者,具有排外和封闭的倾向。解决股份合作企业转让权问题的办法不可能是公开上市交易。上市流通以后,股份合作企业就发生质的改变,演变成股份制企业。在股份合作企业内部建立职工资本账户是一项有效的转让权制度安排。

建立企业职工资本账户,并根据企业经营业绩和职工绩效调整资本账户的资产净值,是一条有效的途径。新的职工进入一个股份合作企业,就可以按一定的资本账户数目来交纳进入费。进入费构成了劳动者自筹资金解决就业问题的成本基础,同时也成为股份合作企业扩大经营规模的必要的资金补充。当企业职工退出该企业时,可据该职工的资本账户净现值,由企业赎回。

引入职工资本账户以后,股份合作企业的人才和资本可以相对自由地流动,有利于社会经济资源的有效配置。同时,企业职工资本账户可以为企业发展提供资本积累,避免分配中的短期行为。地域性股份合作企业应引进、建立职工资本账户,改变企业的封闭性特征,打破传统的地缘、血缘纽带,保障其持续发展。

四、股份合作制的分配制度

从与企业产权制度相联系的企业分配制度看,股份合作企业分配关系上的特点是实行按劳分配和按资分红并存的分配制度。企业劳动者获得收入的途径有两个:一是工资收入,二是资本收入。这一分配制度兼容了股份制和合作制的优点,是一种新型的分配方式。

实行按劳分配与按资分红并存的分配制度增强了企业职工对资本经营效率的关心,为企业职工提供较强的激励或动力。企业职工不再感到他们是某个人或某个公司的雇员,企业对他们来说,是由他们共同拥有的。股份合作企业的剩余索取权的制度安排对职工的生产积极性产生较强的激励机制,但是,这并不表明这类企业的所有职工都没有偷懒动机。在实践中,股份合作企业的规模大小与企业职工的努力程度有密切的联系。如果企业规模小,企业职工之间就可以相互监督,互相间的信息交流真实可信,可以有效刺激每个成员努力。如果企业规模大,那么企业成员之间就会出现"偷懒"、"搭便车"等败德行为,成员之间的行为会变得对策化。

股份合作企业同样存在委托-代理关系,经理人员是企业的一分子,又是企业的受托经营者。在股份合作企业中,经理人员是由全体职工选举产生的,而不是由上级政府委派的。为提高经理人员的经营积极性,应增强对经理人员的激励机制。如果经理人员与企业其他成员拥有等额的股份,那么,按股分红对经理人员努力工作的激励就不会太强。因此,在股份合作企业的产权安排上,可以让经理人员拥有比其他成员多一些的股份。但是,经理人员拥有的股份数额应有一个具体的限度,一旦经理人员的股份数超过一定的比例,实际上他就拥有了对企业的控制权,这时,企业的性质就发生变化,不再是股份合作企业了。

股份合作制是在"姓社"还是"姓资"争论的夹缝中诞生的,它是广大人民群众在实践中自发创造出来的,因而缺乏严格的制度和必要的规范。股份合作制的进一步发展需要建立自身独特的规范,证明自身存在的价值和必要性。

目前,股份合作经济已成为热点,但是,股份合作制的改制和设立应遵循适度性与选择性原则。股份合作制是一种特殊的企业组织形式,比较适合于农业领域、消费领域和规模较小的工业企业。因此,在国有企业的改制中,应限制在规模较大的企业中实施股份合作制,不能一窝蜂搞股份合作化运动。在工业企业,股份制是根本性的制度,股份合作制是必要的补充。

参考文献

[1]宝贡敏:《乡镇企业微观规制研究》,浙江大学博士学位论文,1995年。

[2]汉克·托马斯、克里斯·劳甘:《蒙德拉贡——对现代工人合作制的经济分析》,上海三联书店1991年版。

[3]李荫森、解力平、葛立成:《浙江农村股份合作制的实践与认识》,《浙江学刊》,1997年第6期。

[4]邵秉仁:1997年,《股份合作制的认识与完善》,《改革月报》,1997

年第 10 期。

[5]杨修(译):《丹麦城乡合作组织》,教育科学出版社 1992 年版。

[6]张军:《现代产权经济学》,上海三联书店 1994 年版。

[7]郑子耿、陈惠雄:《股份合作经济通论》,杭州大学出版社 1993 年版。

上市公司的股权结构与绩效^①

上市公司的股权结构^②是公司治理结构的重要组成部分,它对于公司的经营激励、收购兼并、代理权竞争、监督等诸方面均有较大影响。本文首先对前人在股权结构与公司绩效方面的研究进行回顾,其次提出股权结构对公司治理四种机制发挥作用的影响理论,对股权结构与公司绩效之间的关系提出假说,然后对上述理论与假说进行实证分析,最后得出结论。

一、股权结构与公司绩效研究的简要回顾

关于公司股权结构与绩效关系的研究,最早可以追溯到 Berle & Means(1932)。他们指出,在公司股权分散的情况下,没有股权的公司经理与分散的小股东之间的利益是有潜在冲突的,此类经理无法使公司的绩效达到最优。但正式的对公司价值与经理所拥有股权之间关系的研究则始于 Jensen & Meckling(1976),他们将股东分成两类:一类是内部股东,他们管理着公司,有着对经营管理决策的投票权;另一类是外部股东,他们没有投票权。而公司的价值则取决于内部股东所占有的股份

---

① 本文作者为孙永祥、黄祖辉。本文内容发表在《经济研究》1999 年第 12 期。本文获《经济研究》自 1955 年创刊以来最具影响力的十篇文章(排位第八)。知网引用量:4116。知网下载量:20313。Google Scholar 引用量:1148。

② 本文所指的股权结构,指的是 equity ownership structure(有人称之为所有权结构),即股东所持公司股份比例,与股权种类结构(即 A 股、B 股、流通股、转配股等)或所有制结构有一定的差别,但又有一定的相似性。

的比例,这一比例越大,公司的价值也越高。

Holderness & Sheehan(1988)则通过对拥有绝对控股股东的上市公司与股权非常分散的上市公司(最大股东持股少于 20%)业绩的比较,即它们的托宾(Tobin)Q 值与会计利润率的比较,发现它们之间的业绩没有显著的差别,因而认为公司的股权结构与公司绩效之间无相关关系。但这种只比较股权结构极端状态的研究是存在缺陷的。

McConnell & Servaes(1990)认为公司价值是公司股权结构的函数,他们通过对 1976 年 1173 个样本公司,以及 1986 年 1093 个样本公司托宾的 Q 值与股权结构关系的实证分析,得出一个具有显著性的结论,即 Q 值与公司内部股东所拥有的股权之间具有曲线关系。当内部股东所拥有的股权从 0 开始增加时,曲线向上倾斜,至这一股权比例达到 40%～50%时,曲线开始向下倾斜。但是,他们没有对这一结果进行理论解释,只是提供了一个经验性结论。

Myeong-HyeonCho(1998)利用《幸福》杂志 500 家制造业公司的数据,采用普通最小平方回归的方法,得出了股权结构影响公司投资,进而影响公司价值的经验结论。他认为,在公司股权结构的不同区间上,即内部股东拥有股权在 0%至 7%、7%至 38%,以及 38%至 100%三个区间上,公司价值分别随内部股东拥有股权比例的增加而增加、减少和增加。另外,他还得出了公司价值影响公司股权结构的经验证据,因而认为股权结构是一个内生变量。

何浚(1998)统计了我国上市公司最大股东持股比例在不同区间上的公司数量情况,但并未对这种股权结构对公司治理及绩效等方面的影响进行讨论。周业安(1999)对股权结构(即 A 股、B 股、H 股、国有股、法人股、其他股的结构)与净资产收益率的关系进行了检验,得出 A 股、国有股、法人股的比例与净资产收益率之间有显著的正相关关系,而 B 股、H 股比例与净资产收益率之间有负相关关系。除此之外,他还分析了股票的流通性结构、股权的所有制结构与净资产收益率之间关系的经验检验结果。但他没有论及本文意义上的股权结构与公司绩效的关系,此外,他对公司绩效的研究立足于净资产收益率这一存在较大缺陷的指标之上。

二、股权结构与公司绩效关系的新假说

公司价值是公司股权结构的函数,之所以存在这种函数关系,是因为公司股权结构与促进公司经营运作的治理机制之间具有相关关系,它对这些治理机制发挥作用具有正面或负面的影响。这些治理机制包括经营激励、收购兼并、代理权争夺以及监督机制。本文将分析公司股权结构对这些治理机制的影响机理。为了行文与说明问题的方便,本文将公司股权结构的情况分为三种类型:一是股权高度集中,公司拥有一个绝对控股股东,该股东对公司拥有绝对的控制权;二是股权高度分散,公司没有大股东,所有权与经营权基本完全分离;三是公司拥有较大的相对控股股东,同时还拥有其他大股东。本文认为,这三种划分已能涵盖公司股权结构的不同情况,对公司股权结构的不同情况具有了一定的代表性与典型性。

(一)股权结构与经营激励

公司股权结构对公司治理的作用机理,首先表现为股权的集中或大股东的存在在一定程度上有利于公司的经营激励。特别是在最大股东拥有绝对控股权的情况下更是如此。根据 Holderness & Sheehan(1988)对美国纽约股票交易所(NYSE)和美国股票交易所(AMEX)拥有绝对控股股东的公司的研究,90%以上的控股股东派出自己的直接代表(当控股股东为公司时),或自己本人(当控股股东为个人时)担任公司董事长或首席执行官。我国拥有绝对控股股东的上市公司也存在类似的情况。[①] 由于董事长或总经理是控股股东的直接代表或控股股东本人,因而这些经营者的利益与股东的利益就一致(Jensen & Mecking,1976)。这样公司就可以在一定程度上避免将现金流量投入于净现值为负的项目之中(Jensen,1986)。另外,经理可能会做出回购股份、收缩经

---

① 例如,对民营上市公司而言,董事长无一例外地均为创立该上市公司的民营企业家。

营以转移资源这样的好决策。这对行业前景一般的企业来说,是最为合理与最优的(Jensen,1993)。

对于股权极度分散的公司来说,经营者的利益很难与股东的利益相一致。单纯的年薪制与股票期权等对经理的激励措施毕竟作用有限。[①]经营者利用剩余现金流量乱投资往往不可避免,当然让经理用回购股权等方式收缩企业就更加无从谈起了。

在公司股权集中程度有限(例如第一大股东拥有 30% 股权),但该较大股东又拥有相对控股权,即对公司的经营管理有较大处置权的情况下,公司的经营激励便变得复杂起来。由于相对控股股东拥有一定数量的股权,因而一般情况下也存在一定的激励,又由于该相对控股股东所占的股权比例并不是很大,公司的经营损失对他而言,要承担的比例也不是很大。因此,如果某种经营活动对他个人而言会带来收获,对公司而言会带来经营损失,但该种收获的数量大于他按比例应承担的经营损失,他就会考虑去从事这种对整个公司而言有害的经营活动。因为,他获得了收益,而其他股东承担了损失。相对控股股东的代理人或其本人有时会侵占公司的财产,消费公司的财富,付给自己很高的工资,与他本人控制的公司进行"甜蜜的交易"(sweetheart deal),投资于净现值为负同时对他自己有利的工程,或者甚至简单地拿走公司的资金。另外,他还可能不顾债权人的利益,也不顾股东的反对而从事风险很高的经营活动。

(二)股权结构与收购兼并

公司购并是一种非常关键的治理机制,它可以导致合并后的公司价值大于收购公司与目标公司价值的简单算术之和,而且,收购兼并的目标公司往往是绩效较差的公司,成功的收购将可以更换原公司经理,因而被认为是控制经理随心所欲的最有效方法之一(Martin & McConnell,1991;Shleifer & Vishny,1997)。购并频率直接影响了公

---

① 董事长和总经理可以操纵消息,让好消息在自己的股票期权到期之前放出去,坏消息在期权过后放出。Yermack(1997)分析了有股票期权的首席执行官们在消息宣布时间掌握上的恰到好处。

司经理的更换频率。

一般而言,拥有绝对控股股东的公司,成为收购兼并的目标公司的可能性往往较小。Stulz(1988)认为,经理所持的股份比例越多,则收购方标价收购该公司获得成功的可能性越小。而且在收购成功的情况下,收购者需要额外支付的金额也越大,这表明了控股股东对收购兼并的抵制心态。与此同时,股权分散对于收购兼并则非常有利。分散的股权使得收购方极易标价收购成功。这也是在英、美两国,收购兼并作为一种重要的机制被企业界普遍使用的原因。在这两个国家里,公司由控股股东或大股东所控制的情况较少,这与德国和日本的情形相反。同时,英、美两国均拥有大而流通性好的资本市场,这也为收购兼并打下了基础。

在公司拥有几个大股东的情况下,情况趋于复杂化。对于外部收购者(原来并不是公司股东的收购者)而言,公司的大股东无疑对他的收购会产生异议,或许会要求提高收购价,因而阻止收购。但若收购者为公司的大股东之一,则可能有利于其收购成功,因为:一方面,收购方已拥有了不小的股权,只要获取另外一小部分股权,便可以获得成功,这就减少了收购方的成本;另一方面,收购方作为大股东之一,对被收购公司的情况有所了解,这对收购是非常重要的。Shleifer & Vishny(1986)甚至认为,取得大股东地位是收购方收购成功的必要条件。

(三)股权结构与代理权竞争

经理市场的存在或更换经理的压力,是经理努力工作的重要原因(Fama,1980)。

在最大股东拥有控股股权的情况下,该股东所委派的代理人不大可能在与其他人争夺代理权的过程中失利。除非该代理人已不被控股股东所信任,他才有可能交出代理权。而要让控股股东认识到自己所做任命的错误,或了解到自己所委任的代理人的经营错误,或者说发现自己所拥有公司的经营情况与同类公司相比确实很糟糕,则往往成本高昂。因此,股权的高度集中一般而言不利于经理的更换。

而在股权高度分散的情况下,一般意义上的所有权与经营权的分离已非常充分。此时,经理或董事长作为经营决策者,在公司治理结构中的地位变得较为突出,由于他们对公司经营的信息掌握得最充分,因而他们的意见和看法很容易影响那些没有机会参与公司经营的信息不对称的小股东。并且,搭便车的动机会使得这些股东缺乏推翻现任经理或董事长的激励。这就导致在股权较为分散的情况下,经理更换的可能性变得较小。

股权较为集中,但集中程度有限,并且公司又有若干个大股东这种股权结构,可能是最有利于经理在经营不佳的情况下能被迅速更换的一种股权结构。这是因为首先,由于大股东拥有的股份数量较大,因而他便有动力,也有能力发现经理经营中存在的问题,或公司业绩不佳的情况及症结所在,并且对经理的更换高度关注。其次,由于他拥有一定的股权,他甚至可能争取到其他股东的支持,使自己能提出代理人人选。最后,在股权集中程度有限的情况下,相对控股的股东的地位容易动摇,他强行支持自己所提名的原任经理的可能性会变得较小。

(四)股权结构与监督机制

对公司经营管理的监督机制,是公司发展、绩效提高以及确保资金和资源得以流向公司的重要保障。对转轨经济来说,内部人控制现象的存在(青木昌彦,1995；费方域,1996)使得股东对经营者或公司内部控制者的监督更为重要。如果缺乏监督,资金提供者(个人、银行乃至国家)便不敢向公司提供资金或购买股票,从而投资萎缩。尽管国家或有关组织机构通过法律规定或其他途径(如在《公司法》中规定上市公司须成立监事会,让独立审计机构审计公司,公开信息披露等),可以在一定程度上监督经营者或内部控制者,但真正有效与直接的监督,还是来自股东的监督。而股权结构对于股东监督同样具有至关重要的影响。

当公司拥有控股股东时,若公司的经营者非控股股东本人,而是他的代理人,则该控股股东会有动力监督该代理人。这种监督,一般情况下是有效的,因为控股股东是法律上的公司主要所有者,而且他具有直接罢免经理的权力。甚至即便控股股权为国家,例如对我国的国家控股的公司,各级政府或党的组织机构对公司经理及经营情况进行着直接的监督,并可以做出更换及任命经理的决策。① 但是,在公司拥有控股股东而其他股东均为小股东,同时公司经营者又是该控股股东本人的情况下,小股东对经理的监督便成为问题。因为小股东往往无法对控股股东本人形成直接的挑战。在公司股份分散的情况下,对经理的监督便成为一个非常严重的问题。由于监督经理是要付出成本的,因而分散的股东们便各自存有"搭便车"的动机,而不去对经理进行监督。这是此类公司出现青木昌彦(1995)意义上的内部人控制问题的重要原因。除此之外,由于从避免干扰经营班子经营等因素出发作为立法依据,世界上大部分国家的法律均不对小股东起诉经营班子或经理本人提供诉讼支持。② 这就使得小股东对股权分散的公司的监督更趋困难。

而那些有相对控股股东或其他大股东的股权相对集中的公司,股东对经理进行有效监督具有优势。在经理是相对控股股东的代理人的情况下,其他大股东因其持有一定的股权数量而具有监督的动力,他们不会像小股东那样产生搭便车的动机,监督成本与他们进行较好监督所获得的收益相比,后者往往大于前者。另外,极大部分国家的法律都支持大股东对董事会或经理的诉讼请求,这就使得大股东在监督经理方面具有较大的优势。因此,整体而言,此类股权结构的公司在股东监督方面的好处较为突出。对以上分析,本文设计了表 1 以概括之。

表 1　不同股权结构对公司治理机制作用的影响

结构治理机制	股权很集中, 有绝对控股股东	股权很分散	股权有一定集中度, 有相对控股股东, 并有其他大股东存在
经营激励	好	差	一般

---

① 钱颖一(1995)认为,党与政府拥有对经理的监督、任命权,是我国国有企业内部人控制问题不如东欧国家严重的重要原因。

② 这种立法,从整体效果而言,应该说是经济的,但对于某些类型的公司而言,则是存在问题的。如法律能更加细分,可能效果更好,但法律的细分是有限度的。另外,我国法律对此类问题尚无规定,如早先颁布的《公司法》与最近颁布的《证券法》均无详细的股东诉讼规定,这是非常遗憾的,尽管股民状告董事会案例以及大股东状告公司案例均已经出现。

续表

结构治理机制	股权很集中， 有绝对控股股东	股权很分散	股权有一定集中度， 有相对控股股东， 并有其他大股东存在
收购兼并	差	好	一般
代理权竞争	差	差	好
监督机制	一般	差	好

表 1 反映了三类不同的股权结构对公司四种治理机制作用的影响程度。我们可以得出如下的结论或假说：比之于其他两种股权结构，第三种公司股权结构（股权有一定集中度，有相对控股股东，并有其他大股东存在），对公司治理的四种机制作用发挥，总体较为有利。由于这四种治理机制对公司的经营及促使经理按股东利益最大化原则行事具有决定性的影响[①]，因此，该类股权结构比之于其他类型的股权结构，可使公司的绩效最大化。

三、实证分析

对我国沪深上市公司股权结构与购并的实证研究，证实了我们理论分析中第二方面内容的正确性（见表 2）。从表 2 可知，股权分散的公司（第一大股东所占总股份比例低于 20％的公司或Ⅰ类公司），其收购兼并发生的平均总次数（0.64 次），远高于股权集中的公司，约为Ⅱ类公司平均总购并次数（0.30 次）的 2.1 倍，为Ⅲ类公司平均总购并次数（0.22 次）的 2.9 倍，而Ⅱ类公司平均购并次数为Ⅲ类公司的 1.4 倍。这突出表明了股权结构对公司购并的发生具有很大的影响。另外，表 2 对第一大股东为国家股或法人股的情况做了区分，发现法人股为最大股东时，公司购并发生的次数要略多于国家股为最大股东时的次数，可能表明股权的所有权结构对购并的发生也存在影响。

---

① 除了这四种机制以外，一般认为另有一种机制，即资本市场的信号也较为重要（Easterbrook，1984）。但资本市场的信号对不同经营者的作用程度是一样的。

表 2　股权结构与购并现象（1994—1998 年）

统计量	第一大股东所占股份低于20％的公司（Ⅰ类公司）			第一大股东股份占20％～50％的公司（Ⅱ类公司）			第一大股东所占股份超过50％的公司（Ⅲ类公司）		
	国家股为最大股东的公司	法人股为最大股东的公司	合计	国家股为最大股东的公司	法人股为最大股东的公司	合计	国家股为最大股东的公司	法人股为最大股东的公司	合计
家数	5	17	22	45	38	83	61	8	69
成功购并次数	3	9	12	9	15	24	13	2	15
平均成功购并次数	0.60	0.53	0.55	0.20	0.39	0.29	0.21	0.25	0.22
失败购并次数		2	2	1		1			
平均失败购并次数		0.12	0.09	0.02		0.01			
总购并次数	3	11	14	10	15	25	13	2	15
平均总购并次数	0.60	0.65	0.64	0.22	0.39	0.30	0.21	0.25	0.22

注：①本文选择 1993 年底在沪深证交所上市的 176 家公司中的 174 家 A 股公司（扣除其后停牌的琼民源公司、苏三山公司）为样本，计算其 1994—1998 年 5 年间的购并发生情况。

②第一大股东所占股份的比例，均指 1993 年底的数据。

③国家股是由国家直接或通过国有资产经营公司间接持有的股份，或者公司直接公告属于国家股的股份；法人股是指通过除此之外的其他法人持有的股份。

④成功购并是指第一大股东发生改变的情形。

⑤失败购并是指其他公司希望成为该公司之最大股东（有公告），并且已增持该公司之股份，但截止公告日起第二年最终未能成为最大股东之情形。

⑥资料来源为上市公司之公告。

表 3 显示了 174 家公司股权结构与董事长、总经理 5 年间非正常变更次数的整体情况。表 3 显示，Ⅱ类公司董事长、总经理非正常变更的平均次数少于Ⅰ类和Ⅲ类公司，初看起来，似乎与本文理论分析中第三方面的内容并不一致，其实并非如此。Ⅱ类公司董事长、总经理非正常变更次数之所以相对较少，原因可能在于该类公司的绩效总体而言好于其他两类公司，因而导致了其管理层变更次数也相对较少。因为一般认为，绩效较差是公司管理层非正常变更的最主要原因。本文理论分析中第三方面内容实际上只是说明，在公司确实需要变更最高管理层的情况

下,Ⅲ类公司的股权结构最有利于促成这种有益的变动。除此之外,Ⅲ类公司中,国家股为最大股东的公司,5 年间董事长、总经理平均变更次数达到 1.82 次,约为法人股为最大股东公司 0.88 次的 2.1 倍。原因可能有两方面:一方面是前一类公司的绩效可能要差于后一类公司;另一方面可能是前一类公司的董事长和总经理往往是由政府与党的组织部门所任命,并且往往伴随着政府或党的官员的变动而变动,因而该类公司增加了最高管理层变更的可能。需要说明的是,我国上市公司在公告董事长、总经理变更时,对于变更的理由往往讳莫如深,这就增加了我们准确统计非正常变更的难度。

表 3　股权结构与董事长、总经理的非正常变更(1994—1998 年)

统计量	第一大股东所占股份低于 20% 的公司（Ⅰ类公司）			第一大股东股份占 20%～50% 的公司（Ⅱ类公司）			第一大股东所占股份超过 50% 的公司（Ⅲ类公司）		
	国家股为最大股东的公司	法人股为最大股东的公司	合计	国家股为最大股东的公司	法人股为最大股东的公司	合计	国家股为最大股东的公司	法人股为最大股东的公司	合计
家数	5	17	22	45	38	83	61	8	69
董事长变更次数	9.0	10.5	19.5	27.0	25.0	52.0	50.0	3.0	53.0
董事长平均变更次数	1.80	0.62	0.89	0.60	0.66	0.63	0.85	0.38	0.77
总经理变更次数	4.0	15.5	19.5	30.0	43.0	73.0	61.0	4.0	65.0
总经理平均变更次数	0.80	0.91	0.88	0.67	1.13	0.88	1.00	0.50	0.94
董事长、总经理变更次数总和	13	26	39	57	68	125	111	7	118
董事长、总经理变更平均次数	2.60	1.53	1.77	1.27	1.79	1.51	1.82	0.88	1.71

注:①样本选择、股份比例、国家股与法人股划分及资料来源同表 2。

②"董事长、总经理变更次数总和"计算时,董事长、总经理在变更前为同一人,或在变更后为同一人时,计算时以总计 1.0 次计算。当分别计算董事长、总经理变更次数时,以各为 0.5 次计算。

③本表计算的董事长、总经理的非正常变更不包括因年龄、生病这两种原因而引起的正常变更。另外,很多上市公司公布董事长、总经理变更的公告时,往往未说明变更的原因。此类变更,本文也归入非正常变更之列。

对我国上市公司股权结构与绩效的经验研究,在一定程度上证实了假说的正确性。国际上一般采用对托宾的 Q 值与公司股权结构之间的回归分析来进行股权结构与绩效的关系研究。托宾的 Q 值是经济学家托宾提出的一个衡量公司绩效的参数,它等于公司的市场价值与公司资产的重置价值之比值。① 公司的市场价值可用公司股票的市值与公司发行的债券市值来计算。公司资产的重置价值计算,则因缺乏各类旧货市场而比较困难。本文借鉴上述研究方法,采用公司总资产的会计值代替该重置值。至于公司的股权结构,本文采用第一大股东占全部股份的比例来表示。之所以不采用 McConnell & Servaes(1990)所使用的内部人股权比例(董事会成员与经理所占股权比例相加),是因为本文认为我国上市公司的经营主要是由第一大股东及其代理人所把握的。

本文采用 1998 年 12 月 31 日在上海证券交易所与深圳证券交易所上市的 503 家 A 股公司作为样本进行研究。这 503 家公司是从 1999 年 4 月 30 日已公布年报的 848 家 A 股公司中选出的。本文将该 848 家 A 股公司中的亏损企业及流通股本小于 4000 万股的公司剔除,便只剩下 503 家公司了。进行这种剔除是想部分地消除上市公司上市额度制度而导致的亏损企业壳资源价值偏高(因而亏损股票股价偏高)这一影响因素,以及流通股本太小而使公司股价偏高这样的影响因素。

在对第一大股东占公司总股本比例(以 PF 表示)与托宾的 Q 值进行回归分析的经验研究中,本文将 Q 值超过 5 的公司又做了剔除,一方面,由于 Q 值在 5 以上属于极端值,另一方面,本文发现 Q 值超过 5 的公司大多是因特殊原因而股价偏高,或总资产值偏小。共有 13 家公司的 Q 值超过 5。最后,本文得出了如下的结论(括号中的值为 t 检验值):

$$Q=1.6468+1.6002PF-1.5540PF^{2},$$
$$(6.67) \qquad (1.43) \qquad (1.25)$$
$$R^{2}=0.005。$$

---

① 根据笔者所掌握的资料,国内尚未有人采用此方法衡量我国公司的绩效。目前使用较多的绩效测量方法为净资产收益率,但该方法有容易被人为操纵的缺陷。一个明显的例子是,为了符合证监会配股公司 3 年净资产收益率必须超过 10%的要求,许多公司人为操纵会计利润,使得公司年净资产收益率略超过 10%。此外,净资产收益率的计算方法还有不考虑资本杠杆、经营风险与税收差异等缺陷。

这一结果与 McConnell & Servaes(1990)的结果基本类似。用图形表示,我国上市公司股权结构与托宾的 Q 值的关系见图1。

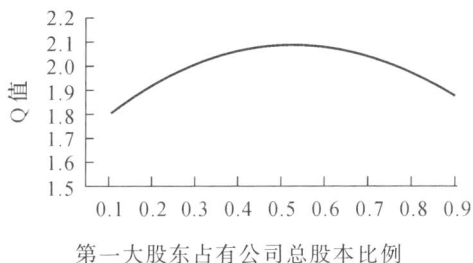

第一大股东占有公司总股本比例

图1

本文对第一大股东占公司总股本比例与公司的净资产收益率进行了回归分析,发现无法得出较显著的一元二次的回归结果,相反,得出了显著性较好的线性回归结果如下(括号中的值为 t 检验值):

$$ROE = 0.1000 + 0.0251PF,$$
$$(13.27) \qquad (1.67)$$
$$R^2 = 0.055。$$

也就是说,回归结果显示两者的关系基本上是一条净资产收益率等于10%的水平直线,这与本文先前对净资产收益率的分析完全相符,之所以出现这样的结果,原因在于上市公司为了保持配股资格而操纵会计利润,将净资产收益率人为做到10%或略超过10%。这也从一个侧面显示净资产收益率这一指标的缺陷。

四、结论

本文对不同股权结构对公司四种治理机制,即经营激励、收购兼并、代理权竞争、监督机制发挥作用的影响作了理论分析,得出了这样一个假说,即与股权高度集中和股权高度分散的结构相比,有一定集中度、相对控股股东,并且有其他大股东存在的股权结构,总体而言最有利于上述四种治理机制的作用发挥,因而具有该种股权结构的公司绩效也趋于最大。本文对不同股权结构与公司购并及代理权变更的情况进行了实证分析,发现随着第一大股东所占公司股权比例的增加,购并发生的次数趋于减少。本文还对公司股权结构与托宾的 Q 值进行了回归分析,结论是随着公司第一大股东占有公司股权比例的增加,托宾的 Q 值先是上升,至该比例到 50 左右,Q 值开始下降。该结论一定程度上表明了本文假说的正确性。另外,这一结论与 McConnell & Servaes(1990)的结果基本相符。在股权比例小于 7 这一区间与 Cho(1998)的结果也基本符合。

本文没有对我国上市公司独特的股本流通性结构、种类结构和所有制结构进行研究。此种意义上的股权结构的重要性受到了国内经济理论研究者的重视(何浚,1998;周业安,1999)。但本文意义上的股权结构的重要性则被国内经济理论界所忽视。本文的结果显示出后一种意义上的股权结构对我国上市公司的治理及绩效具有非常重要的影响,应引起人们的重视。另外,本文的结果具有重要的政策意义:有关管理机关在审批设立新上市公司的过程中,应该对新设公司的股权结构的合理性进行审视,引导新设公司走向股权结构合理化,进而促进新设上市公司治理结构的优化和绩效的提高。此外,本文的结果还为公司法规中股权结构的设计提供引导,为目前上市公司国家股回购与国家股部分流通等问题提供了决策的理论依据。

参考文献

[1]费方域,1996:《控制内部人控制》,《经济研究》第 6 期。

[2]何浚,1998:《上市公司治理结构的实证分析》,《经济研究》第 5 期。

[3]青木昌彦、钱颖一,1995:《转轨经济中的公司治理结构》,中国经济出版社。

[4]周业安,1999:《金融抑制对中国企业融资能力影响的实证研究》,《经济研究》第 2 期。

[5]Berle, A and Means, G, 1932, The Modern Corporation and Private Property, Macmillan, New York.

[6]Cho M-H, 1998, "Ownership Structure, Investment, and the Corporate Value: An Empirical Analysis", Journal of Financial Economics, 47.

［7］Easterbrook，F，1984，"Two Agency-cost Explanations of Dividends"，American Economic Review，74.

［8］Fama，E，F，1980，"Agency Problems and the Theory of the Firm"，Journal of Political Economy，88.

［9］Holderness，C and Sheehan D，1988，"The Role of Majority Shareholders in Publicly Held Corporations"，Journal of Financial Economics，20.

［10］Jensen，M，1986，"Agency Cost of Free Cash Flow，Corporate Finance and Takeovers"，American Economic Review，76.

［11］Jesen，M and Meckling，W，1976，"Theory of the Firm：Managerial Behavior，Agency Costs and Ownership Structure"，Journal of Financial Economic，3.

［12］Jensen，M，1993，"The Modern Industrial Revolution，Exit，and the Failure of Internal Control Systems"，Journal of Finance，48.

［13］Martin，K and McConnell，J，1991，"Corporate Performance，Corporate Takeovers and Management Turnover"，Journal of Finance，46.

［14］Martin，K and McConnell，J，1991，"Corporate Performance，Corporate Takeovers and Management Turnover"，Journal of Firnance.

［15］McConnell，J and Servaes，H，1990，"Additional Evidence on Equity Ownership and Corporate Value"，Journal of Financial Economics，27.

［16］Shleifer，A and Vishny，R，1986，"Large Shareholders and Corporate Control"，Journal of Political Economy，94.

［17］Shleifer，A and Vishny，R，1997，"A Survey of Corporate Governance"，Journal of Finance，52.

［18］Stulz，R，1988，"Managerial Control of Voting Rights：Financing Policies and the Market for Corporate Control"，Journal of Financial Economics，20.

［19］Yermack，D，1997，"Good Timing：CEO Stock Option Awards and Company News Announcements"，Journal of Finance，52.

茶叶产业组织制度创新研究[①]

　　我国经济体系中专业从事茶叶生产、加工和贸易的市场主体十分清晰且规模较大,因此,茶业可作为一个相对独立的产业进行研究。自 20 世纪 50 年代以来,我国茶业经历了不同的发展时期。在不同阶段,我国茶业的组织体系形式及市场表现存在差异。从外因角度分析,一个产业成长和运行效率受到政策环境与社会经济环境的影响,而技术创新则是产业持续发展的内在动力,这种创新能力又和产业市场组织结构密切相关。因此,产业的市场组织结构形式,以及它对产业运行效率的影响机制成为产业经济学研究的核心内容之一。这些研究也适用于对茶业等具体产业的分析和讨论。

一、茶业组织制度创新的现实意义
及茶业产业化的经济实质

　　1949 年以来,我国经济管理体制经历了几次调整,茶叶产业组织结构相应发生了变化。20 世纪 50 年代中期至 80 年代初,茶叶生产、加工、流通的各环节都纳入计划经济模式之中,该时期茶叶产业组织的结构特点与中央集权的经济管理体制相适应。80 年代初,大多数社队和国营茶场将茶园、初制茶场承包或分割给农民,这种以"分包"为特征的家庭联产承包责任制主要强化了生产经营的激励机制,因而极大地调动

---

　　① 本文作者为苏祝成、黄祖辉、童启庆。本文内容发表在《中国茶叶》2000 年第 2 期。

了生产者的积极性,提高了土地生产率,这是茶叶产业组织制度的一次积极创新。1985年,茶叶流通管理体制改革开始,它使市场利益主体多元化,产业中经济主体之间的计划性安排为市场性关系所取代,这些改革曾使内销市场一度活跃。目前,茶叶市场组织结构是政策环境诱致的结果,也是市场机制培育的必然途径,但是这种组织结构也暴露出诸如资本型技术需求不足、技术创新机制弱化、国内市场无秩序竞争、茶叶出口混乱和出口价格持续下跌等市场缺陷,仍需进一步创新。按照产业组织理论的观点,产业的各种市场表现和产业组织结构有关,换句话说,通过产业组织制度创新和产业组织结构重新构建,能消除市场的各种缺陷。

所谓茶业产业化,就其形式而言,表现在茶叶产业经营主体横向和纵向整合,其经济实质是产业组织制度创新,即通过构建新的产业组织结构,提高茶叶产业运行效率和产业自身发展能力。关于产业组织制度与市场组织结构的研究,新制度经济学和产业经济学理论提供了研究的基本思想与方法。

二、茶叶产业组织结构研究的理论背景和研究方法

产业组织理论涉及两个基本范畴,即市场结构和市场绩效,它们互为因果。这些研究思路与框架可应用于茶叶产业组织的研究。

(一)茶叶产业市场结构与市场绩效的含义

茶叶产业结构、茶叶产业组织结构和茶叶产业市场结构属于同一概念,是指从事茶叶生产和贸易厂商的组织特点及其相互关系的总和,包括产业中厂商的数量及其市场占有的差异、厂商成本结构和产品差异、产业的垂直一体化程度和市场进入壁垒等。市场结构的最基本特性是厂商的数量、生产经营规模以及一体化程度。厂商的规模一般是从横向角度来考察,它影响不同厂商的市场占有率;在茶叶产业中,这种特性主要表现在分别从事茶叶种植生产、加工和贸易厂商的数量及规模。表示市场中厂商数量及规模差异的常用指标是市场的集中度,集中度指标有

荷芬达尔指数、熵指数和企业集中率等,通常采用企业集中率指标,它是指从事同一产品生产经营、市场占有率排名靠前的企业产量总和占行业总量的比例。从目前茶叶产业组织市场结构来看,茶叶生产经营不同环节的厂商集中度有很大差异,茶叶种植生产主体的结构特点是规模狭小和分散,市场集中度较低,而从事茶叶精制加工和出口贸易的主体相对较少,集中度较高。厂商集中度对产业的经济意义是,集中度反映厂商占有率和市场势力的差异,而这种差异决定厂商采取相应的市场竞争行为,进而影响产业的运行效率。集中度与产业赢利能力关系是产业经济学研究的主要内容之一。

一体化是指产业中纵向的分工程度,在茶叶产业中即指茶叶原料生产、加工和贸易等之间的整合程度。在相当长时期内,茶叶产业的内部分工十分清晰,一体化程度较低,而目前茶叶出口经营公司对精制加工企业的后向兼并,以及精制加工企业自营出口的前向延伸等都是提高产业一体化程度的具体表现。

产业结构的另一重要特性是厂商之间交易关系安排的类型。交易关系类型包括纯市场、纯科层关系以及介于两者之间的各种合同形式和合作等。在计划经济管理体制时期,茶叶产业中的纵向关系既非纯市场,也非科层关系,而是一种政府管制的"行政调拨"关系。在当时的经济背景下,这种关系安排有其积极的一面,但也存在一些固有的缺陷。20 世纪 80 年代后,这种关系逐渐为各种合同和市场关系所取代。而新近出现的茶叶出口经营公司对精制加工企业进行的各种形式整合(包括控股、托管和收购等)却是科层性质的关系安排。

上述两种特性是从产业内部进行考察的,当考虑产业外部潜在进入的竞争者时,必须研究产业的进入壁垒问题。在我国经济逐渐融入世界一体化经济的今天,这个问题尤其重要。关于产业进入壁垒含义,施蒂格勒(George J. Stigler)认为进入壁垒是新厂商比老厂商多承担的成本;而贝恩(J. S. Bain)则认为,进入壁垒是现存厂商较潜在进入者拥有的有利条件。这些条件保证现存厂商在同样竞争价格水平下能获得较多的利润,从而阻止新厂商进入。导致产业进入壁垒的因素有产业厂商规模、成本沉淀、技术及政府管制(进入控制)等,就当前茶叶产业而言,茶叶生产经营厂商规模扩大、保护传统技术、资本和技术积累机制强化等是提高我国茶叶产业进入壁垒的策略重点。

产业的市场绩效,又称经济绩效。概括地讲,经济绩效是指产业的运行成本和生产效率。一方面,它指行业自身的赢利水平;另一方面,从社会资源配置角度,它指该产业是否为社会提供最有效的产出。评价产业经济绩效指标有资源的生产效率(又称技术效率,TE)、资源的配置效率(又称价格效率,PE)和资源的动态效率(DE)。TE 是衡量一定要素投入是否有最大的产出或者一定产出是否采用最少的投入;PE 考虑了市场价格因素,用来评价要素投入和产出的比例是否最经济;DE 是指产业结构不同组织间在市场中的协调能力以及不同时期产业资源配置效率的差异。平常所说的经济效率(EE)包括了 TE 和 PE 两部分。EE 可用 TE 和 PE 的乘积来表示,即 EE＝TE×PE。这些指标的具体计量却十分困难,在具体研究茶叶产业的动态效率时,可用资本、技术积累机制强弱差异和市场主体间协调效率来衡量比较不同茶叶产业结构的经济绩效。

(二)茶叶产业市场结构与市场绩效的研究思路和方法

1.企业规模理论

新古典经济学认为,相对特定的技术条件,在一定组织规模内存在规模经济和范围经济;即随着组织规模纵向和横向的扩大,单位产出的经营成本将降低,这是产业组织整合理由之一。但现代企业规模理论认为,随着组织规模扩大,其组织成本将增加,所以组织规模扩大是有限度的。

2.交易费用方法

交易费用概念最早由科斯(Ronald Coase)提出。交易费用概念的意义在于它能解释企业能以不同形式在市场中存在的缘由,它被认为是新制度经济学理论的基石。在新古典经济学中,企业唯一的功能是生产,至于企业为什么以诸多不同组织形式存在并没有答案。交易费用经济学理论认为,企业除了生产职能外,还具有降低交易费用的功能。降低交易费用的动机成了企业不断进行组织创新的内在动因之一;关于交易费用的定义,文献中并没有统一的描述。新制度经济学中,交易费用概念的自由度很大。交易费用方法尽管存在计量等方面的缺陷,但在研究具体产业组织制度时,的确能很好地解释各种组织及结构形式存在和变迁的原因。同样,它也适用于茶叶产业纵向整合、横向整合及其他类型组织创新的研究。

3. 研究的基本范式

在产业经济学中,研究产业经济绩效及影响机制最基本的思路和方法是"市场结构-市场行为-市场绩效"范式,意指市场结构(买卖者数量、产品差异、成本结构、垂直一体化等)决定行为(厂商的价格、广告、投资、研究与开发等决策)。行为共同作用导致一定市场绩效的表现(资源的利用和配置效率、行业赢利水平、制度和技术创新能力等)。这种范式以各种不同形式应用于具体产业的研究中,如 EBP 范式和 SSP 范式等。EBP 范式强调产业组织及结构的动态性,即现在的产业组织制度是过去产业绩效和制度安排动态影响的结果。它一方面受到过去产业组织制度安排的惯性影响,另一方面又在不断降低交易费用、提高产业绩效的激励下逐步发生变迁。SSP 范式主要强调最初的产权安排对经济绩效的影响。综合上述各种观点,芬兰学者佩尔特利·奥利拉运用 SSCP 范式,解释了当前芬兰乳制品业的产业结构,还对其绩效进行评价,又在此基础上,对高绩效乳制品业产业结构的构建提出了一些设想。SSCP 分析框架对研究茶叶产业结构与经济绩效具有借鉴意义。

高管团队内薪酬差距、
公司绩效和治理结构[①]

大量外文文献研究了高级管理层的货币补偿水平,但只有少量文献研究了公司高层管理团队内(top management team,TMT)的薪酬差距问题(Siege & Hambrick,1996)。一个公司高管团队成员之间的薪酬差距的主要衡量指标是CEO同其他高层管理人员之间的薪酬数额的差别。本文试图对我国上市公司高管团队内部的CEO薪酬差距问题做出研究,其目的是检验我国上市公司薪酬差距和公司绩效之间的关系,进而分析薪酬差距形成的影响因素,检验行为理论和锦标赛理论在我国上市公司的适用性,并最终做出结论性评价。

一、理论分析

西方学者从不同角度解释和评价了薪酬差距,比较有代表性的两种理论是行为理论和锦标赛理论。

(一)锦标赛理论

经济学家认为,对薪酬和晋升的竞争能够对代理人努力产生强激励作用,同时还可以减少偷懒和搭便车行为(Jensen & Meckling,1976)。锦标赛理论运用博弈论的方法研究了委托代理关系,对薪酬差距进行了

---

① 本文作者为林浚清、黄祖辉、孙永祥。本文内容发表在《经济研究》2003 年第 4 期,被中国人民大学期刊复印资料《工业企业管理》2003 年第 8 期全文转载。

直接研究,并对现实生活中的薪酬差距现象做了深入的诠释(Rosen,1986)。在现实生活中,薪酬差距较大的现象普遍存在,正如 Lazear & Rosen(1981)所言:"一旦某人从副总经理晋升为总经理,他的薪酬可能会在一天之内成倍增加。我们很难说(是由于)这个人的能力在一天内就翻番了。"标准经济学理论认为薪酬水平由边际产出决定,因此很难在传统边际分析的框架内对这种现象做出解释。但是,如果将代理人看作晋升竞争中的比赛者,在这个顺序竞争的锦标赛(sequential elimination tournament)中,赢家将获得全部奖金,该现象就得到了合理的解释。

锦标赛理论认为,当监控是可信的而且成本低廉时,可以根据代理人的边际产出确定其薪酬,从而获得最优努力水平。由于委托人可以通过简单地比较代理人的边际贡献来做出晋升决策,晋升决策变得相对简单。然而,由于监控难度因企业而异(Jensen & Meckling,1976),调查成本可能很高而且不一定可信,因此代理人有强烈的偷懒激励,将管理者边际产出作为薪酬决定要素变得不太可行,并且确定晋升中的最佳候选人变得极为困难。这些问题的存在会导致委托人选择锦标赛激励。在监控困难的条件下,同基于边际产出的激励合同相比,锦标赛具有三个潜在的好处。首先,薪酬基于代理人边际产出的排序,而不是具体的边际产出,边际产出的排序要比边际产出的准确度量来得简单,因此可以降低监控成本。其次,薪酬差距可以鼓励基层管理人员参与排序竞争,从而提供激励,降低监控的必要性。最后,过去晋升中的获胜者具有继续前进的动力,而不是躺在历史的功劳簿上。这些优越性发挥的条件是随着行政层次的提高,薪酬水平提高,相邻层次间的薪酬差距加大,CEO 和其他高级管理人员之间的薪酬差距最大(Rosen,1986;赵增耀,2002)。

总体来看,锦标赛理论认为在合作生产和任务相互依存的团队活动条件下,随着监控难度的提高,大的薪酬差距可以降低监控成本,为委托人和代理人的利益一致提供强激励,因此加大薪酬差距可以提高公司绩效。

(二)行为理论

行为理论关于公平分配的一个重要分支——相对剥削理论认为:管

理人员会将个人薪酬同组织中较高层次人员的薪酬做比较,如果低层次管理人员感觉到他们没有得到应该得到的薪酬,就会有被剥削的感觉,从而会导致怠工、罢工等负面行为,也会导致管理人员对组织目标的漠不关心和企业凝聚力下降现象的产生(Cowherd & Levine,1992)。CEO薪酬差距的重要性就在于高管团队成员和公司其他管理人员会做出不同层级之间的比较,从而做出是否被剥削的判断,并进而影响到高管团队的合作与负面行为。

除了层级间的比较以外,相对剥削理论还认为,剥削还和产出和投入(比如努力程度、技能等)之间的比较有关。由于对产出公平分配的偏好,以及对自身能力和产出的过高估计,一般管理人员往往会弱化投入差别的影响(Martin,1981)。另外,薪酬差距很容易衡量,能力差别却很难衡量,因此雇员更容易对他们得到了什么而不是贡献了什么做出判断,因此,即使薪酬差距由生产率的不同造成,也有可能招致不满(Cowherd & Levine,1992)。因此剥削理论认为,即使CEO比其他高管团队成员做出了更多的贡献,CEO薪酬差距也会给非CEO成员带来不公平的感觉。

行为理论的另外一个分支——组织政治学理论也得出了类似的结论。该理论认为,非CEO高管团队成员一般面临以下选择:①他们的总体努力水平选择;②将他们的总体努力在利己和合作两个极端之间的分配选择;③他们的政治行为选择(Milgrom & Roberts,1988)。薪酬差距之所以重要,是因为它会影响每一个选择。大薪酬差距会提升下属的努力水平(选择①),但是他们是通过减少合作的努力和增加利己的努力来实现的(选择②),同时还会增加从事政治阴谋的可能性(选择③)。①因此组织政治学者认为当团队工作变得重要时,政治阴谋对合作破坏的危险超过了更高努力水平所带来的收益。该理论认为,对于高管团队成员来说,由于存在晋升竞争和政治行为,为促进有效合作应该相对减小CEO薪酬差距,甚至应该减小到CEO和其他高管人员的边际产出差别

---

① 对于管理层来说,政治阴谋(political sabotage)指阻止上司获得信息、试图破坏竞争对手的声望和通过施加影响来美化自己的名声,而不是通过改变实质运作来提高产出的行为(Milgrom & Roberts,1988)。

以下(Milgrom & Roberts,1988)。

由于相对剥削理论和组织政治学理论强调个体对薪酬的反应,因此这两种理论是"后摄性"的。而行为理论中的分配偏好理论则更加强调事前的薪酬决定,即个体行为的"前摄性"。该理论认为薪酬应以"不给领取薪酬的人带来不满"为依据进行设定(Greenberg,1987),原因是"这种不满会给薪酬设定者带来非常严重的负面后果。它可能必须承受来自不满者的指责和压力……这种指责毋庸置疑会影响薪酬设定者的权威和身份"(Leventhal et al.,1980)。分配偏好理论认为薪酬应在薪酬设定者和获得者之间的互动中决定。该理论做过一些实证研究并得出结论说,在以下条件下,即使个体绩效存在明显差异,也应该采用相对均等的薪酬:①当维持社会和睦很重要时;②当个人边际贡献难以测算时;③当团队成员之间的竞争会导致在相互依赖的工作中玩弄政治阴谋时;④当团队合作变得重要时(Leventhal et al.,1980)。

综上所述,行为理论(包括相对剥削理论、组织政治学理论、分配偏好理论)认为较小的薪酬差距会提高合作水平,同时会减少管理层耍弄政治阴谋来破坏他的竞争对手或者薪酬设定者权威的可能性,因此小薪酬差距会提升公司绩效。

二、我国上市公司的薪酬差距和公司绩效

如前所述,行为理论认为公平薪酬可以促进合作,合作必要性的增强将鼓励薪酬差距的减小,而低薪酬差距将提升公司绩效。而锦标赛理论认为当存在监督困难的时候,大薪酬差距将激发代理人在锦标赛竞争中的努力,因此大薪酬差距将提高公司绩效。有少量文献对行为理论和锦标赛理论进行了检验,实证研究基本支持锦标赛理论。比如 Lambert et al.(1993)发现:在高级管理层中随着排名提高,排名间的薪酬差距加大了,CEO 同二号人物之间的薪酬差距尤为大;高薪酬差距和公司绩效之间呈现正相关关系。另外,有为数极少的研究对行为理论进行了检验,不过研究结果之间相互冲突。Main et al.(1993)发现不论团队独立性如何,高管团队薪酬离散度和公司赢利性之间具有正向关系,因此对

行为理论的结论提出了质疑。然而，Siegel & Hambrick(1996)发现在管理层共谋比较严重的行业，较小的薪酬差距会带来较高的股票回报率。Henderson & Fredrickson(2001)则发现，在预测公司绩效时，锦标赛理论和行为理论是互补的。

那么，我国上市公司薪酬差距和绩效之间的关系如何呢？

本文用两个指标来衡量 CEO[①] 薪酬差距。个是绝对薪酬差距（PAYDIF）：绝对薪酬差距（PAYDIF）＝CEO 年度薪酬（CEOPAY）－非 CEO 年度薪酬均值（AVPAY）。另外一个是相对薪酬差距（CEODAV）：相对薪酬差距（CEODAV）＝ 100 ×（CEOPAY/AVPAY）。薪酬数据为 1999 年度和 2000 年度的混合数据，在剔除了年度薪酬低于 8000 元的高管人员数据后，共得到样本公司 1111 家。所有薪酬数据（与后文所用到的管理层变动比例数据、监事会和董事会结构数据）均来自上市公司 1999 年和 2000 年年度报告。表 1 报告了我国上市公司 CEO 薪酬差距的描述统计。从该表可以看出，我国上市公司 CEO 年度薪酬平均高于非 CEO 成员 9952 元左右（中位数），大约是非 CEO 成员年度收入的 29%。绝对薪酬差距最小为 289.00 元，最大为 359125.00 元，CEO 薪酬介于其他高管人员薪酬的 1.05 倍到 11.00 倍之间。从差距均值来看，我国 CEO 薪酬差距远小于国外实证研究的样本公司，但是相对薪酬差距的公司间差异较大。

表 1　CEO 薪酬差距描述统计

统计量	PAYDIF（元）	CEODAV（%）
样本数	1111	1111
均值	19845.73	143.28
中位数	9952.38	129.06
标准差	34586.88	60.86
最小值	289.00	105.42
最大值	359125.00	1115.49

注：样本数为 1111。

---

① 同时满足以下条件的高层管理人员被定义为 CEO：在公司领取报酬；是董事长、总经理、两者的兼职或者董事常务副总经理；补偿水平在所有管理人员中最高。

本文以半年作为一个计算周期,搜集和计算了不同上市公司的绩效数据,进而检验 CEO 薪酬差距和公司绩效之间的关系。表 2 报告了第 t 期的薪酬差距和未来公司绩效之间的相关系数。

表 2　薪酬差距和未来公司绩效之间的相关系数

变量		CEODAV	PAYDIF
PAYDIF	相关系数	0.672**	1.000
	样本数	1111	1111
FEPS	相关系数	0.024	0.101**
	样本数	1111	1111
AEPS	相关系数	0.021	0.110**
	样本数	1109	1109
FROA	相关系数	0.043**	0.078**
	样本数	1109	1109
FAROA	相关系数	0.044**	0.087**
	样本数	1107	1107
$AEPS_{t+2}$	相关系数	0.027	0.096**
	样本数	1084	1084
$AROA_{t+2}$	相关系数	0.029	0.064**
	样本数	1092	1092
$AFVCGP_{t+2}$	相关系数	0.114	0.059
	样本数	209	209
$AROS_{t+2}$	相关系数	−0.029	0.016
	样本数	1006	1006

注:** 表示相关性在 0.01 水平上显著(双尾)。各未来公司绩效变量如下:FEPS 为 $t+0$ 到 $t+3$ 期的每股收益均值(每半年为一个计算期,已经按照年报公布的每股收益减去上半年的每股收益折算出下半年的每股收益);FAEPS 为 $t+0$ 到 $t+3$ 期的行业调整后每股收益均值;FROA 为 $t+0$、$t+2$ 期的总资产回报率均值;FAROA 为 $t+0$、$t+2$ 期的行业调整后总资产回报率均值;$AEPS_{t+2}$ 为 $t+2$ 期的行业调整后每股收益;$AROA_{t+2}$ 为 $t+2$ 期的行业调整后总资产回报率;$AFVCGP_{t+2}$ 为 $t+2$ 期的行业调整后公司价值变动率;$AROS_{t+2}$ 为 $t+2$ 期的行业调整后公司股票回报率。

从表 2 首先可以看出,我国上市公司薪酬差距和未来公司绩效之间存在正相关关系。这说明薪酬差距大的公司具有较好的未来绩效,换言之,那些强调锦标赛激励的公司要比那些强调平均主义的公司具有更好的赢利前景。在我国上市公司中,锦标赛激励所带来的信息揭示和能力激发的正面作用超过了"被剥削"感觉造成的负面行为与"不团结"现象对合作破坏所带来的负面作用。因此本文的结论支持锦标赛理论,不支持行为理论。

其次还可以发现,绝对薪酬差距与未来公司绩效的相关程度强于相对薪酬差距对未来公司绩效的影响,薪酬差距对公司财务绩效的影响大于对市场绩效的影响。其原因可能在于我国的非流通股权占三分之二的上市公司较重视公司的财务绩效指标,而对二级市场股价的重视程度则不够。另外,薪酬差距对长期财务绩效的影响大于对短期财务绩效的影响,证实锦标赛激励可以使高层管理人员更加注重公司长期绩效,使高管行为具有长期倾向。最后本文发现,薪酬差距对相对公司绩效的影响大于对绝对公司绩效的影响,可能是我国上市公司绩效度量中偏好相对绩效造成的。

本文的结果显示,大薪酬差距提升了公司绩效。但是。我国上市公司的这种薪酬差距是否合理呢? 是否应该进一步扩大薪酬差距呢? 依照行为理论的解释,进一步扩大薪酬差距有可能会破坏合作,进一步扩大薪酬差距是否会降低公司绩效呢? 为回答这些问题,本文检验了薪酬差距同未来公司绩效之间是否存在区间效应。如果存在最优的薪酬差距区间,那么薪酬差距和公司未来绩效之间的关系就很可能是二次曲线关系;如果两者之间是具有正回归系数的线性关系,那么目前的薪酬差距就是过小的。

本文对薪酬差距和公司未来绩效进行了曲线估计,具体结果如表 3 所示。从表 3 可以发现,几乎所有解释变量平方的回归系数都接近于 0,不能够通过变量显著性检验。模型 8 虽然比模型 7 有稍微大一点的 F 统计量和拟合优度,但是方程显著性存在问题。即使模型 8 是显著的,我国目前的相对 CEO 薪酬差距同最优薪酬差距水平也相去甚远(最优相对 CEO 薪酬差距为 6700,意味着 CEO 薪酬为非 CEO 高管人员的 67 倍时达到最优)。因此本文认为,我国上市公司 CEO 薪酬差距和公司绩效之间是线性关系。

表 3　薪酬差距和公司绩效间的曲线估计

变量	模型 1	模型 2	模型 3	模型 4	模型 5	模型 6	模型 7	模型 8
Mth	LIN	QUA	LIN	QUA	LIN	QUA	LIN	QUA
被解释	FAEPS	FAEPS	$AEPS_{t+2}$	$AEPS_{t+2}$	FAROA	FAROA	FAROA	FAROA
解释	PAYDIF	PAYDIF	PAYDIF	PAYDIF	LNPAYDIF	LNPAYDIF	CEODAV	CEODAV
t	3.67		3.16		3.586		1.322	
b_0	-0.0028	-0.0105	-0.013	-0.0222	-3.3802	-1.2506	-0.3084	-1.467
b_1	3.70E$-$07	9.90E$-$07	6.90E$-$07	1.40E$-$06	0.3937	-0.079	0.003	0.0134
b_2		-3.00E-12		-3.00E-12		0.0258		-1.00E-05
R^2	0.006	0.009	0.005	0.006	0.012	0.012	0.002	0.006
F	11.57	9.95	10.04	6.43	12.77	6.48	1.75	3.26
样本数	1082	1081	1082	1081	1032	1031	1105	1104

注:每一列均表示一个独立回归模型,LIN 表示单变量线性回归模型,QUA 表示二次曲线回归模型。第三行报告了模型所用的被解释变量;第四行报告了解释变量;第五行列出了线性回归模型中该解释变量的 t 统计量。随后的三行报告了回归系数,b_0、b_1、b_2 分别表示常数项、解释变量和解释变量平方的回归系数。最后三行分别报告了模型的 R^2、F 统计量和样本数。

　　就该检验结果来看,锦标赛理论比行为理论能更好地解释我国上市公司的薪酬差距问题,上市公司绩效的提高要更多地依赖锦标赛激励能量的发挥,而不是"不公平"或者"不团结"现象的避免或消除。薪酬差距导致的负面效应还没有出现,大薪酬差距还不会带来行为理论所预测的负面影响。因此,本文认为,目前的 CEO 薪酬差距并不合理,为实现有效锦标赛激励作用的发挥,总体上看,薪酬差距还需要进一步加大。

三、我国上市公司 CEO 薪酬差距的决定因素

　　那么有哪些因素影响了我国上市公司薪酬差距的形成呢?

　　首先,股权属性的影响。由于历史和制度的原因,我国国有企业中长期以来一直存在着分配的平均主义倾向,在旧体制下,企业高层管理

人员和普通员工之间的薪酬差距一直不大。层级间薪酬差距的形成缺乏外部市场条件作为参照系,而且相当大的报酬差距不是依赖薪酬,而是依赖在职消费等隐性因素来实现。种种政治和社会因素也限制了国有企业高管人员名义薪酬差距的扩大。Main et al.(1993)认为,高层经理的特殊地位,导致公众通过各种政治力量来限制管理合同的类型。国有企业历来是政治路线和方针的忠实执行者,其经营依旧与政治动向有着种种密切的联系,这限制了名义薪酬差距的加大。

从国有企业改制而来的上市公司并没有完全摆脱国企薪酬决定传统的影响。一个原因是同一国有股股东往往控制多家公司,这多家公司在薪酬上相互比较,薪酬公平性依然是大股东决定薪酬差距的重要因素。另外,国有控股上市公司的高管人员更换往往由政府或者国有股股东任免,甚至经常成为政治力量较量后富余人员安排的平衡杠杆,因而并没有摆脱政府薪酬决定的影响,往往有平均主义的倾向。所以,国有股股东对薪酬决定的行为更加强调行为理论所主张的种种影响,而不是强调企业内部的锦标赛所带来的效率,因此在这种强调"非剥削"(相对剥削理论)、公平(分配偏好理论)和"领导班子团结"(组织政治学理论)的氛围下,存在缩小薪酬差距的倾向。因此有假设1:薪酬差距同国有股比例负相关,国有股比例(NSP)越高,CEO薪酬差距越小。

其次,公司普通职工对薪酬决定的参与程度的影响。普通职工对薪酬决定参与越多,或者在薪酬决定中的谈判能力越强,公司的分配就越平均,其原因在于一般雇员往往忽视投入差别并且存在高估产出的倾向。直观的认识是国有控股公司中,普通职工对公司薪酬决定的参与较多,也拥有较强的谈判能力。在上市公司中,职工参与公司治理和控制权分配的途径是监事会,监事会的监督能力能够反映出职工的控制权分享状况。[①] 本文用监事会规模(MCSIZE)来衡量普通职工对薪酬决定的参与能力。因此有假设2:薪酬差距同雇员参与程度负相关,监事会规模越大,CEO薪酬差距越小。

再次,股权集中度对CEO薪酬差距的影响。如前所述,股东监控能

----

① 对监事会的研究表明,我国上市公司监事会主要由大股东代表和内部职工构成,而且其监督能力同监事会规模有很大关系,监事会规模越大,监事会监督能力越强。

力的难易性同股权结构有关系,当股权结构分散时,个人股东既没有激励也没有能力去影响 CEO 的行为,监控 CEO 的社会成本要远远高于个人收益。但是,当存在少数几个控股股东的时候,监控回报就会增加。相对集中的股权结构下,大股东同中小股东相比,信息不对称程度较低,搭便车状况也不严重,因此有足够的能力和动力对高管人员实施监控,从而倾向于直接监控管理者的决策和行动方案,而不愿意选择较大薪酬差距加大基于晋升的激励,以避免由此带来的不公平。本文用 Herfindahl 指数①(Herf)来衡量股权集中度。因此有假设 3:薪酬差距同股权集中度负相关,Herfindahl 指数越大,CEO 薪酬差距越小。

最后,董事会构成对 CEO 薪酬差距的影响。董事会构成和董事会独立性息息相关(Kose et al.,1998;Brickly et al.,1994)。但是理论文献对董事会构成和 CEO 薪酬差距的作用有相互矛盾的两种观点。外生董事会(董事会有独立性)理论认为:董事会代表股东利益,自主决定高级管理层薪酬,董事会会依据公司所处的外部环境和信息对称情况决定 CEO 薪酬差距,在信息相对对称的情况下就会减小薪酬差距。内生董事会(董事会没有独立性)理论认为:董事会会受到 CEO 很大影响,管理层可以影响董事会构成和决策,在这种情况下董事会就会支付给 CEO 较高的薪酬。本文用内部董事占董事会总人数的比例(INDMP)来衡量董事会构成和独立性。② 表 4 显示,国有股比例和内部董事比例间有显著的正相关关系。这说明,我国上市公司中存在着治理结构替代的现象,即在国有股股东或大股东控制的公司中,CEO 为摆脱大股东的过多控制,往往在董事会施加影响,让更多的公司执行人员进入董事会,从而

---

① Herfindahl 指数是衡量股权集中度的指标,本文用前十大股东的持股比例作为计算 Herfindahl 指数的依据:$Herf = \sum_{i=1}^{10} r_i^2$。其中,$r_i$ 为持股排名第 i 的股东所持股份占公司总股本的比例,持股比例数据来自巨潮网。

② 从纯粹理论意义上讲,100 - INDMP 就是外部董事比例(百分比)。但是这种计算是有问题的,因为除了严格意义上的外部董事外,还有关联董事和"灰色董事"(gray director)等,因此本文在此处采用了比较容易区分的内部董事比例而不是外部董事比例来研究董事会构成。

增大决策上的自主权,在一定程度上弱化大股东影响。[①]　表 4 证实,内生的董事会理论可能更适合我国的治理结构现实。

表 4　股权结构和董事会构成、监事会规模

变量		NSP	Herf	MCSIZE
Herf	相关系数	0.759**		
	Sig.	0.000		
	样本数	1248		
MCSIZE	相关系数	0.011	−0.017	
	Sig.	0.753	0.568	
	样本数	784	1119	
INDMP	相关系数	0.171**	0.169**	−0.070*
	Sig.	0.000	0.000	0.017
	样本数	778	1111	1157

注:** 表示相关性在 0.01 水平上显著(双尾)。* 表示相关性在 0.05 水平上显著(双尾)。

内部董事往往比外部董事更容易受 CEO 支配,因此随着内部董事比例的提高,CEO 对薪酬决定有更大的影响力;同时,内部董事有"讨好"CEO 的倾向,也了解更多的内部信息,在代理竞争中有实施监督的信息优势,因此高内部董事比例的董事会倾向于扩大 CEO 薪酬差距。另外,依据锦标赛理论,较大的 CEO 薪酬差距可以给非 CEO 执行人员带来较强的晋升激励,内部董事也有扩大 CEO 薪酬差距的倾向。因此有假设 4:薪酬差距同董事会独立性负相关,内部董事比例越高,CEO 薪酬差距越大。

但是,另外一种可能是内部董事作为 CEO 的下属和公司执行人员,有着与普通雇员同样的心理和行为。根据行为理论,为了避免心理感觉不平衡的出现,也有缩小 CEO 薪酬差距的可能,因此有假设 5:薪酬差

---

①　另外,Herfindahl 指数同内部董事比例之间的相关系数为 0.169,略小于国有股比例同内部董事比例之间的相关系数 0.171,支持"国有股股东缺位"的经验判断。

距同内部董事决策权正相关,内部董事比例越高,CEO 薪酬差距越小。[①]

另外,本文附带检验决定锦标赛的因素对 CEO 薪酬差距的影响。根据锦标赛理论,外部环境越是不确定,公司规模越大、成长性越好,高层管理人员变动强度越大,有效激励机制就越倾向于锦标赛。本文用前三个会计年度的行业调整每股收益的标准差(RISK)衡量不确定性;用主营业务收入(TI)衡量公司规模;用前三个会计年度的行业调整每股收益的均值(SEPS)衡量公司成长性;用年度高级管理层人员变动数量占管理层总人数的比例衡量高管变动强度。依据锦标赛理论,锦标赛激励的能量同锦标赛竞争者人数负相关。为维持足够的激励能量,随着高管团队规模的扩大,薪酬差距应该随之扩大(Main et al. ,1993)。本文用高管总人数(TMTSIZE)来衡量高管团队规模。

为避免多重共线,本文建立了 4 个不同的模型来检验前面的假设,其结果如表 5 所示。从模型 2 和模型 3 可以看出,国有股比例对薪酬差距的决定作用明显。国有股比例每增加 1.000 个百分点,绝对薪酬差距就会降低 0.700 个百分点,相对薪酬差距就会降低 0.004 个百分点,因此假设 1 成立。再来看假设 2,尽管 t 统计量偏小,模型 2 和模型 3 中 lnMCSIZE 仍然具有负的回归系数,说明随着监事会规模的扩大(雇员参与薪酬决定能力的提高),CEO 薪酬差距会减小,假设 2 也基本成立。模型 1 和模型 4 显示随着股权集中度提高,CEO 薪酬差距显著减小,假设 3 成立。同样,内部董事比例的 t 统计量通过检验,说明内部董事比例提高也会显著扩大薪酬差距,从而支持假设 4 而反对假设 5。该结果支持锦标赛理论而否定了相对公平理论,同时也从侧面说明了我国上市公司董事会的内生性和治理结构之间的替代关系。因此从薪酬差距的产生机制来看,CEO 得益于董事会监督的困难,对薪酬有独立于经理市场的影响力,"专断薪酬"(dictate pay)自由决定的现象是存在的。

---

① 假设 4 和假设 5 互相矛盾,本文做出不同假设的目的是对比检验两种不同理论的解释力。Henderson & Fredrickson(2001)也用了同样的方法对薪酬差距决定的不同解释做出了相反假设的对比检验。

表 5　绝对薪酬差距和相对薪酬差距与决定因素回归结果

变量		lnPAYDIF		CEODAV	
		模型 1	模型 2	模型 3	模型 4
NSP	回归系数		−0.0072	−0.004	
	t 统计量		−3.25	−3.071	
lnMCSIZE	回归系数		−0.328	−0.745	
	t 统计量		−1.990	−0.100	
INDMP	回归系数	0.611			0.296
	t 统计量	3.371			4.603
Herf	回归系数	−1.283			−0.379
	t 统计量	−5.381			−3.113
RISK	回归系数	−0.072	−0.039	−0.004	−0.004
	t 统计量	−1.860	−0.891	−1.328	−1.426
lnTI	回归系数		0.161	−0.001	
	t 统计量		4.632	−0.624	
lnTMTSIZE	回归系数	−0.272	−0.052	−0.002	0.003
	t 统计量	−2.271	−1.509	−0.271	0.542
ln(SEPS+2)	回归系数	0.011			0.010
	t 统计量	2.953			1.450
EXTVR	回归系数	−0.001	−0.001	−0.012	−0.014
	t 统计量	−0.861	−0.247	−0.422	−0.637
Constant	回归系数	5.701	6.537	1.598	1.248
	t 统计量	9.124	8.353	3.386	3.661
R^2		0.068	0.032	0.010	0.028
F		11.49	5.545	2.390	4.400
样本数		778	705	738	778
D.W		2.031	1.995	2.020	2.060

注：每一列均表示一个独立的模型。模型 1 和模型 2 的被解释变量是绝对薪酬差距的对数，模型 3 和模型 4 的被解释变量是相对薪酬差距。所有变量均通过了多重共线检验（结果从略）。

现代经济学理论认为,在缺乏监控的情况下,决策者往往会舞弊,比如管理层会在对成长性机会进行评估的时候刻意压低对风险的估计。团队工作也会为串谋提供机会,这会降低对 CEO 的能力评价和对董事会的监控能力,对高管团队的控制能力也会下降。因此,缺乏控制的现实可能会导致那些能够促进代理人之间合理竞争和相互监督的激励方案被采用。由于锦标赛提供了弱监控、强激励,因此董事会或大股东就会将锦标赛作为一种很合理的激励手段(Becker & Huselid, 1992)。但是这种现象在我国上市公司中被扭曲了,大股东并没有加大锦标赛的激励强度,而是恰恰相反,锦标赛激励的优点让位于对薪酬"公平"和"团结"的判断。好在能力评价扭曲给 CEO 带来的负面影响迫使 CEO 通过影响董事会构成削弱了这种大锅饭趋势,但遗憾的是这种纠正的代价是董事会独立性受到了破坏。

接下来是对锦标赛决定因素的检验。环境不确定性对 CEO 薪酬差距具有负的回归系数,环境不确定性提高并不能加强锦标赛激励。一个可能的原因是随着环境不确定性的提高,绩效度量难度加大,上市公司更倾向于基于绩效的激励而不是晋升;另一个可能的原因是我国上市公司高管激励存在缺陷,对高风险环境下的 CEO 补偿不足。主营业务收入对绝对薪酬差距有负的回归系数而对相对薪酬差距影响不明显,说明随着公司规模的扩大,公司倾向于采用基于晋升的激励,但是存在补偿不足的情况。另外,随着竞争者人数增多,赢得锦标赛的胜算也在降低[①],在锦标赛中并不仅仅薪酬差距重要,薪酬差距随着锦标赛竞争条件变化而变化也同样重要。而本文发现,高管团队规模和管理层变动比例与 CEO 薪酬差距间的关系不显著。这说明我国上市公司基于晋升的激励仍然存在运行上的缺陷,晋升激励强度不能够随竞争人数和竞争强度的不同而进行有效调整。不过,SEPS 有着显著的正回归系数,说明随着公司成长性的提高,薪酬差距可能可以进行一些调整以适应基于晋升的激励需要。

Henderson & Fredrickson(2001)以美国公司为样本研究发现,锦

---

① Main et al. (1993)发现,为保持合理的激励强度,增加副总职位的同时 CEO 薪酬差距也在增大。

标赛理论而不是公平理论能够更好地预测CEO薪酬差距。但是本文的研究结果显示,总体来看,影响我国上市公司CEO薪酬差距的主要因素同西方发达国家不同,有效激励下锦标赛薪酬体系合理调整的影响因素(外部市场环境因素和企业自身经营运作上的特点)并没有显著影响薪酬差距;相反,治理结构是其主要决定因素。这说明,我国上市公司薪酬差距的形成在很大程度上依赖于外部政治因素,进而依赖于社会和政府对"公平"与"社会和谐"的判断。这在一定程度上限制了锦标赛激励作用的发挥。

四、结论性评价和进一步的讨论

本文对公司内高管团队成员间薪酬差距和公司未来绩效之间关系的检验证实,两者之间具有正向关系,该结果支持锦标赛理论而不是行为理论。本文的实证分析还表明,影响我国薪酬差距的主要因素不是公司外部市场环境因素和企业自身经营运作上的特点,而是公司治理结构上的缺陷。因此本文可以做出如下推断:我国国有控股公司中存在薪酬差距不足的现象,这削弱了锦标赛的激励能量;我国公司雇员在薪酬决定中具有较强的谈判能力,雇员参与薪酬决定能力的增强造成了薪酬差距不足现象,也削弱了锦标赛激励能量;在强股东控制下"内部人控制"[①]的加强对薪酬差距的形成是一个有力的补充,它强化了锦标赛激励的能量;由于治理结构(股权结构和董事会、监事会)上的缺陷,我国上市公司锦标赛激励存在诸多不足,其激励能量不能够随着外部环境和内部组织变化而进行有效调整。

因此,本文主张扩大薪酬差距以维持足够的锦标赛激励能量。扩大薪酬差距的主要出路在于进行治理结构改革。具体来说,要适当降低国有股比例,同时需要改革股权过于集中的状况。减持国有股和实现非流通股在二级市场上流通是一个现实和迫切的选择。在国有股和非流通

---

① 此处的"内部人"不包括相对于小股东而言的大股东(广义内部人),专指公司内部的执行人员。

股股权改革没有进行以前,适当维持合理的"内部人控制"和稍弱的董事会独立性对于上市公司锦标赛激励来说可能是一件好事。不过在股权结构改革的同时或者之后,还需要改革董事会,适当提高董事会的独立性和有效性,削弱"内部人控制",因为这可能会更有利于锦标赛激励的动态调整。就目前来看,除了上述改革外,还应当尽量降低公司雇员对于 CEO 和其他高级管理层薪酬决定的参与程度。一个可能的途径是改革监事会。由于独立董事制度的建立会强化外部人的监督强度,独立董事和监事会功能存在重合。如果在股权结构改革以前,在强化独立董事制度的同时也强化监事会职能,无疑将缩小薪酬差距,削弱锦标赛激励的效果。

参考文献

[1]孙永祥、黄祖辉,1999:上市公司的股权结构与绩效,《经济研究》第 12 期.

[2]赵增耀,2002:内部劳动市场的经济理性及其在我国的适用性,《经济研究》第 3 期.

[3]Becker, B E and Huselid, M A, 1992. "The incentive effects of tournament compensation systems". Administrative Science Quarterly, 37: 336-350.

[4]Brickley, J and James, C, 1987. "The takeover market, corporate board composition and ownership structure: The case of banking". The Journal of Law and Economics, 44:161-181

[5]Cowherd, D M and Levine, D I, 1992. "Product quality and pay equity between lower-level employees and top management: An investigation of distributive justice theory". Administrative Science Quarterly, 37: 302-320.

[6]Greenberg, J, 1987. "A taxonomy of organizational justice theories". Academy of Management Review, 12: 9-22.

[7] Henderson, A D and Fredrickson, J W, 1996. "Information processing demands as a determinant of CEO compensation". Academy of Management Journal, 39: 575-606.

[8]Jensen, M and Meckling, W H, 1976. "Theory of the firm:

Managerial behavior, agency costs and ownership structure". Journal of Financial Economics, 3: 305-360.

[9]Kose et al., 1998. "Corporate governance and board effectiveness". Journal of Banking and Finance, 22:371-403.

[10]Lambert, R A, Larcker, D F and Weigelt, K, 1993. "The structure of organizational incentives". Administrative Science Quarterly, 38: 438-461.

[11]Lazear, E P and Rosen, S, 1981. "Rank-order tournaments as optimum labor contracts". Journal of Political Economy, 89: 841-864.

[12]Leventhal, G S, Karuza, J and Fry, W R, 1980. "Beyond fairness: A theory of allocation preferences". In G. Mikula(ed.), Justice and Social Interaction: 167-218. New York: Springer-Verlag.

[13]Main, B G, O'Reilly, C A and Wade, J, 1993. "Top executive pay: Tournament or teamwork?". Journal of Labor Economics, 11: 606-628.

[14]Martin, J, 1981. "Relative deprivation: A theory of distributive injustice for an era of shrinking resources". Research in Organizational Behavior, 3: 53-107.

[15]Milgrom, P and Roberts, J, 1988. "An economic approach to influence activities in organizations". American Journal of Sociology, 94 (supplement): 154-179.

[16]Rosen, S, 1986. "Prizes and incentives in elimination tournaments". American Economic Review, 76: 701-715.

[17]Siegel, P A and Hambrick, D C, 1996. "Business strategy and the social psychology of top management teams". Advances in Strategic Management, 13: 91-119.

浙江新型农业经营主体
基本特征与政策需求①

以农业专业大户、农民专业合作社和农业龙头企业为代表的新型农业经营主体,已经成为现代农业发展的"主力军"。深入了解这类农业"精英群体"的现状特征与政策需求,对于培育新型农业经营主体、加快现代农业发展有重要意义。2009 年 4 月 19 日至 5 月 28 日,"浙江省新型农业经营主体政策研究"课题组的 12 名研究人员,分赴浙江 10 个县(市、区)②、36 个镇(乡)、96 个村,开展实地调研,并形成如下分析报告。

一、浙江新型农业经营主体基本特征

目前,浙江的农业经营主体发生了较大的变化,除了一般的小农经营主体外,出现了以专业大户、专业合作社和农业龙头企业为代表的新型农业经营主体"三分天下"的新格局。其中,从专业合作社的增长数量和辐射带动效应来看,这一农业经营主体的发展已呈现出超过其他两类

---

① 本文作者为黄祖辉、王朋、俞宁、邵科。本文内容发表在《发展规划研究》2009年第 6 期。本文所属课题得到了茅临生副省长的直接指导。参与课题设计、实地调研、数据分析、报告撰写及讨论的有浙江省政府办公厅副主任陈龙、浙江省农办原副主任顾益康、浙江省农业厅经管处处长童日晖和吕丹以及浙江大学中国农村发展研究院的 12 名博士生、硕士生。

② 开展实地调研的 10 个县(市、区)分别是:余杭、长兴、浦江、常山、三门、嵊州、松阳、嘉善、鄞州和苍南。

经营主体的态势。① 在此基础上,广大农民群众和基层干部还探索出了
"合作社＋农户"、"龙头企业＋合作社＋农户"、"合作社＋基地＋农户"、
"龙头企业＋合作社＋基地＋农户"等多种符合当地实际需要和产业特
点的经营组织形式,以新型农业经营主体为核心,多样化的农业经营组
织形式正在得到不断的发展。

调查还表明,各类新型农业经营主体在个体特征、就业及培训经历、
土地经营规模及流转、生产技术水平、产品销售渠道、信息服务方式、生
产资金来源等方面,都显示出了自身的特征。总的来说,这些新型农业
经营主体不仅基本上摆脱了传统分散经营农户的发展困境,而且也展现
出了年轻化、知识化、组织化、规模化、科技化、品牌化、信息化、企业化等
特征,它们在浙江农业的转型、升级和发展中发挥了非常重要的核心、示
范与辐射作用。

二、浙江新型农业经营主体的政策需求

表1是当前浙江三类新型农业经营主体(按"大户、合作社、龙头企
业"的顺序,下同)对相关政策需求的排序,除了将政府资金或项目的扶
持作为是最重要的政策需求外,其他的政策需求如下。

(一)金融信贷方面的政策需求

金融信贷支持已经成为各类新型农业经营主体非常重要的政策需
求。调查结果显示,三类经营主体分别将金融信贷扶持列为第②位、第
③位和第②位的政策需求,具体包括以下三个方面。

---

① 截至 2007 年底,浙江有各类种养大户 19.2 万户,农产品购销专业户 9.5 万
户,农民专业合作社 5788 个(社员 31.2 万户),农业龙头企业 5437 家。而到 2008 年
底,浙江的合作社数量增加到 9254 家(社员 47.6 万户),增幅达 70.2%,龙头企业的数
量增加到 5883 家,增幅为 8.2%(转引自浙江省农业厅:《农业创业创新主体培育路径
对策研究》,《重点课题调研报告成果汇编》,2009 年,第 5 页)。

表 1　浙江新型农业经营主体的政策需求

政策需求	大户	合作社	龙头企业	总体
政府资金(或项目)扶持	①	①	①	①
金融信贷扶持	②	③	②	②
农业保险扶持	⑦	⑦	⑤	⑦
农业信息和技术服务	③	④	⑩	④
土地流转服务	⑥	⑥	⑧	⑥
农产品销售服务	⑤	⑤	⑥	⑤
农资价格优惠	⑧	⑧	⑨	⑧
解决设施用地	④	②	③	③
用水、用电等价格优惠	—	⑩	⑦	⑩
税收优惠	—	⑨	④	⑨

1. 农业生产资金贷款授信担保的政策需求

按照目前的相关规定,农民申请贷款必须要由具有公务员身份的人或相关部门提供授信担保,而这对于一般的农业经营主体,尤其是刚刚处于发展起步阶段的农业专业大户来说,并非易事。因此,我们建议政府出台相关政策,允许农民通过村委会进行贷款担保,或以合作社在上下游生产供应链中的地位、作用、身份等名义提供贷款担保。实际上,从农民的社会信用归属角度来看,这种做法也更加符合农村的实际情况。

2. 农业生产资金贷款手续简化的政策需求

从总的情况来看,目前的农业贷款手续还显得过于烦琐,特别是对于一些偏远山区的农民而言,出于交通不便、信息不畅等原因,他们的贷款成本很容易因为贷款手续的烦琐而大幅增加。因此,在全省范围内出台简化农业生产资金贷款手续的扶持政策,对于那些距离县城较远的新型农业经营主体来说,具有十分重要的现实意义。

3. 农业生产资金贷款利息优惠的政策需求

调查表明,在绍兴、嘉善、余杭等经济较发达的县(市、区),地方政府已出台了一些针对合作社等新型农业经营主体的贷款利息优惠政策,例如县(市、区)财政直接将一笔专项扶持资金划入当地信用社的账户,专门用于补贴农业项目贷款的利息优惠。但是,在松阳、常山、苍南等经济欠发达的县(市、区),由于地方财政实力较弱,几乎没有任何用于农业贷款利息优惠的专项扶持资金。因此,在全省范围内推行统一的农业生产资金贷款利息补贴的财政扶持政策显得尤为必要。

(二)关于农业配套设施用地方面的政策需求

调查结果显示,三类经营主体分别将解决设施用地列为第④位、第②位和第③位的重要政策需求,具体包括以下五个方面。

1. 合作社和农业龙头企业的办公管理用地需求

随着合作社和农业龙头企业的发展与规模扩大,日常业务管理、召开会议、产品分级包装、储运、设备安放等方面的业务越来越多,并且需要有相应的场地才行。尽管浙江省委、省政府出台的《关于进一步加快发展农民专业合作社的意见》(浙委办〔2005〕73号),已经要求对合作社的相关配套设施用地需求可依法办理"临时用地"手续,但是在实际操作过程中仍然存在很大的困难。例如,杭州余杭茶叶合作社的负责人就反映,他们因为无法在茶山上建造用于茶叶包装的临时用房,只能取消了购入数台大型茶叶烘干、包装设备的计划。

2. 农机服务主体的农机设备存放用地需求

上规模的农机服务合作社或专业大户一般都拥有数十台的农机设备,实践中,这些设备的存放用地问题往往得不到妥善解决,进而制约了这类服务主体的发展。例如,成立于2005年的鄞州五乡镇力邦农机专业合作社发展势头非常好,但却苦于没有足够的仓储用地而不敢贸然扩大服务规模。该合作社负责人反映,当地的一些农机具因为没有足够的存放用地,只能露天随意摆放,这就大大地缩短了机械设备的使用寿命。

3. 粮食生产主体的粮食仓储用地需求

与农机服务主体的用地需求类似,上规模的粮食生产主体在粮食烘晒期间、粮食销售之前都需要仓储用地,而且,与农机仓储用地相比,粮食仓储用地还有防潮、防火、防盗等方面的要求,所以仓储用地的选择余地很小,用地需求得到满足的可能性也就更小。例如,苍南马站镇的粮食种植大户施成钏反映,去年他生产的粮食中有 1/3 需要长时间的仓储,迫不得已,他只能临时租用了一个大型仓库,增加了 5000 多元的成本,这在很大程度上影响了他的粮食生产积极性。

4. 鲜活农产品生产主体的冷库建设用地需求

种植保存时间较短的水果或养殖海鲜产品的经营主体对于冷库建设用地的需求比较强烈,但是这类用地比起一般农业配套"临时用地"的审批更难。另外,由于冷库的建设还涉及用电、用水设施的安排等,各种审批手续也更加复杂。例如,苍南的状元杨梅专业合作社的负责人就反映,由于没有冷库等保鲜储藏设施,杨梅的采摘和销售时间就不得不缩短,进而大大影响到杨梅的销售价格和收入。

5. 淡水养殖经营主体的设施用地需求

养殖鳖类、观赏鱼等需要保温、引水等设施的经营主体,对于养殖设施用地的需求也非常强烈,这些设施的建造必然需要硬化一部分河塘水面,而这些做法都是不被土地管理部门所允许的。例如,松阳老伟甲鱼养殖专业合作社在扩大养殖规模的过程中就需到了类似的问题,经过近一年时间的申报、审批,还是没能得到相关部门的同意批复。

(三)农业科技推广和疾病防疫技术方面的政策需求

专业大户、合作社负责人分别将"农业信息和技术服务"列为第③位和第④位的政策需求,并且特别强调在农业科技推广和疾病防疫技术等方面缺乏足够的扶持政策。而且,提出这方面政策需求的经营主体主要集中在对生产技术要求较高的水产养殖业和对疾病防疫要求较高的畜牧产业。例如,松阳的一位养猪专业大户反映,他所在乡(镇)现在只有一位已经临近退休年龄的老畜牧兽医员,生猪疾病防疫工作存在很大的困难。而由于该镇的养猪大户较多,一旦发生疫情,后果不堪设想。因此,建议在养殖规模较大的片区建立疫病信息观察点,定期向上级防疫部门提供信息,以便及时派遣专业技术人员开展疾病防疫工作。此外,目前的畜牧区还存在一些倒卖死猪、病猪的交易黑市,这些流入市场的坏猪肉很容易引发更多的传染病,并危害到居民的身体健康和生命安全。对此,养殖大户们还建议上级畜牧防疫部门建立定期低价收购死畜、病畜的制度,并就地集中消毒焚烧,力争将疫病的传播控制在最小的范围内。

(四)农业保险方面的政策需求

三类经营主体分别将农业保险列为第⑦位、第⑦位和第⑤位的政策需求。农业保险方面的政策需求主要集中在自然风险较大的粮食作物、投资周期较长的香榧等特种经济作物以及疫病风险较大的畜、禽、水产品等行业,而目前的相关政策只规定了种猪和作物果实可以作为参与农业保险的对象并获取政府的相关配套补助资金。对于企业化运作的保险公司来说,农产品保险的回报率太低,甚至存在巨大的亏损风险,所以它们通常都缺乏为农产品提供保险服务的内在动力。我们认为,至少对于粮食、猪肉等重要农畜产品来说,政府应当为其参与农业保险提供必要的扶持政策。

(五)特种农产品的专项扶持政策需求

不少经营主体对特种农产品生产很感兴趣,但是却苦于缺乏相关的专项扶持政策。例如中药材,因其特殊的药物用途和生长环境,一些地区的农户在申请组建中药材合作社以及后续的发展过程中都遇到了很大的困难,主要原因是工商登记、药品监管、环境保护等相关部门在对中药材这类特殊农产品的认识方面缺乏必要的沟通和协调。例如,余杭鸬鸟镇仙佰坑中草药专业合作社和苍南玉龙中药材专业合作社都遇到了注册登记、生产许可、产品监测等方面的困难。因此,这类经营主体对于特种农产品的专项扶持政策需求特别强烈。

(六)其他方面的政策需求

除此之外,我们还了解到了一些零散的政策需求,主要是:①农机设备目录更新的政策需求。目前政府提供的可以给予补贴的农机设备购置目录,还无法满足一些特殊土地类型,尤其是山区丘陵地带的农户购买需求。②农业用电价格优惠政策需求。在一些农业开发项目中,还普遍存在按工业用电价格收取农业用电费用的情况。③农产品税收优惠的政策需求。在与超市或工商企业签订购销合同时,农产品的税收优惠范围及具体额度还不够明确,相关政策执行上也存在很大难度。④农资价格、品牌、质量等监督的政策需求。农资价格波动较大、农资品牌鱼目混珠、农资质量参差不齐等现象,在很大程度上影响了正常的农业生产秩序,需要相关部门进行有力的监管。⑤建立土地流转中介服务组织的政策需求。尽管土地流转的规模越来越大,范围越来越广,形式越来越多样,但是土地流转的纠纷仍普遍存在,土地流转中介服务组织的发展可以在一定程度上解决这个问题。

三、基本结论与建议

首先,浙江新型农业经营主体已经并且还将继续为农业结构的优化、现代农业的发展、农村经济社会的繁荣、农民收入的提高做出重要贡献,但相关制度与政策的不完善和不到位,对它们的进一步发展产生了不利影响,着力解决这些问题是浙江现代农业发展的关键。

其次,传统的农业用地政策已经无法适应现代农业的发展。要将农产品加工、农产品仓储、合作社办公等用地纳入农业用地范畴,予以支持。

最后,调查表明,三类新型农业经营主体的具体身份来源主要涉及五大类,即投资农业的企业家、返乡创业的农民工、基层创业的大学生、农村种养能人、农村干部带头人。尽管他们都有条件成为新型农业经营主体,但他们的个体特征、创业背景以及优势、劣势却不尽相同。因此,在对新型农业经营主体的培育中,应根据"分类指导"的原则,为上述五类群体提供与其相适应的创业条件,并且为他们提供有针对性的扶持政策。

(一)从长远发展角度看,要重点扶持"年富力强"的经营主体

返乡创业的农民工和基层创业的大学生是"年富力强"的农村创业者群体的代表。尽管他们在社会实践经验、资金实力等方面存在明显的不足,但是他们大多具有较高的文化水平和较强的学习能力,是未来现

代农业发展的希望。这类主体的成长,可以在一定程度上改变农业经营主体的年龄结构和知识结构,为农业的可持续发展奠定人才基础。最关键的是,他们都还很年轻,再过若干年,当那些年长的经营者不再从事农业时候,他们会成为新型农业经营主体的"主力军"。因此,从长远角度看,政府应重点扶持这两类"年富力强"的经营主体,要研究农业进入机制,为他们进入农业提供便利,鼓励他们组建合作社或注册成立公司,并为他们提供物质条件方面的补贴和帮助,使他们能够在广大农村地区生根发芽,成为发展现代农业的主力军。

(二)从经济效益角度看,要大力扶持"强效辐射"的经营主体

由于在生产资本、管理经验等方面的优势,投资农业的企业家是最有经济带动效应和辐射作用的经营主体。通常情况下,他们投资或开发的项目规模比较大,科技含量比较高,经济效益比较好,因而对周边农户或相关产业农户的带动效应比较大。因此,从现实经济效益角度看,政府应大力扶持这类经营主体,为他们提供水、电、路等基础设施方面的便利,营造良好的投资环境,引导他们成为具有示范带动作用的农业龙头企业。当然,由于农业投资项目涉及面比较广,与资源环境联系紧密,政府应及时掌握它们的运行情况,在扶持的同时,要防止破坏生态环境、盲目开发自然资源和损害农户利益等事件发生。

(三)从社会效益角度看,要积极扶持"土生土长"的经营主体

农村种养能人和农村干部带头人一般是来自传统农户,大多是"土生土长"的新型农业经营主体,他们的转型与发展不仅对现代农业发展,而且对农村社区的和谐稳定具有十分重要的意义。通常情况下,他们的经营规模和组织规模不是很大,但是他们的出现,既可以在一定程度上改变农村的落后面貌,增加当地农民的收入,又可以维系一大批农业经营者的热情。因此,从社会效益角度看,政府应当特别关注这类"土生土长"的新型农业经营主体的发展,要鼓励他们发展成为特色专业大户,或者鼓励他们组建能够吸纳分散小农的合作社,并为他们提供包括信贷、技术、保险、土地等方面的政策扶持。

新型农业经营主体：
现状、约束与发展思路[①]

——以浙江省为例的分析

一、研究背景

　　一般而言,农业经营主体是指直接或间接从事农产品生产、加工、销售和服务的任何个人与组织(张义珍,1998)。改革开放以来,中国的农业经营主体已由改革初期相对同质性的农户家庭经营占主导的格局向现阶段的多类型经营主体并存的格局转变。这种多类型的农业经营主体主要包括农户、农业企业、农民专业合作组织以及社区性或行业性的服务组织等。

　　与世界大多数国家相同的是,农户(家庭农场)仍然是中国农业生产的基本经营单位。但是,随着中国农业结构的调整、农村基本经营制度的变革、农业劳动力的转移和工业化与城市化的加快,中国农户群体开始逐渐分化,农业经营者分化为传统农户、专业种植与养殖户、经营与服务性农户、半工半农型农户和非农农户五种主要类型。其中,专业种植与养殖户,被称为专业大户,是指以农业某一产业的专业化生产为主,初步实现规模经营的农户(陈春生,2007)。有学者认为,与大规模的机械

　　① 本文作者为黄祖辉、俞宁。本文内容发表在《中国农村经济》2010 年第 10 期,被中国人民大学期刊复印资料《农业经济研究》2011 年第 3 期全文转载。本文研究得到国家自然科学基金项目"经济全球化视角下的中国农民合作组织研究"(71020107028)的资助。

化农场相比,劳动和资本双重密集型的适度规模农户(家庭农场)更加符合中国人多地少的基本国情,是在现有城市化及土地流转水平下解决农业隐性失业、收入低下、产业升级困难等一系列问题的出路所在(黄宗智、彭玉生,2007)。纪永茂、陈永贵(2007)利用福建省漳州市农村固定观察点的有关数据对发展农业专业大户的意义和作用进行了讨论,认为积极培育专业大户有利于在当前的农村基本经营制度下推进农业专业化、市场化和现代化进程。

从 20 世纪 80 年代开始,农业家庭经营基础上的农技协会这一新的组织形式在中国开始发展起来,这一组织的主要功能是为分散农户提供农业生产中的技术服务与技能培训等,到 90 年代中期,随着农民专业合作经济组织的兴起与发展,这些协会有的转变成了专业合作经济组织,其功能不仅包含生产技术服务,而且包括产品营销等。与其他省(区、市)相比,浙江省较快地完成了农民专业合作组织形式的选择和稳定,农民组织中的专业协会迅速地向更加符合时代发展要求的专业合作社形式转变(徐旭初、黄胜忠,2009)。实践表明,农民专业合作社这一经营主体通过组织制度创新,能够较好地解决小农户和大市场之间的矛盾,在服务社员的同时实现自身的可持续发展,并对周边农户产生一定的辐射带动作用(黄祖辉、徐旭初,2003)。在可预见的未来,在中国农业经营主体中占多数的小规模农户仍将持续存在,农民专业合作社因其能在一定程度上帮助生产者分享来自加工和销售环节的利润而具有广泛的生存空间与发展潜力(黄宗智,2010)。改革开放以来,另一发展较快的农业经营主体是农业企业。一般而言,农业企业是指采用现代企业化经营方式,进行专业分工协作,从事商业性农业生产及其相关活动并实行独立经营、自负盈亏的经济组织。在适应多变的市场环境和应对激烈的国际竞争方面,农业企业,尤其是农业龙头企业具有较大的优势。在不断完善与广大农户的利益联结机制的基础上,农业龙头企业作为产业化经营的先导力量将扮演独特而重要的历史性角色(李炳坤,2006)。

显然,农业专业大户、农民专业合作社和农业企业是中国现阶段农业发展的中坚力量。它们体现了改造传统农业的历史规律性,引领现代农业的发展方向,符合提升农业现代性的基本要求。有别于对它们的分类研究,本文将农业专业大户、农民专业合作社和农业企业纳入新型农业经营主体这一范畴,以浙江省为例,着眼于揭示它们的现状、特征、差异和效能,面临的约束与挑战,提出相应的发展思路和策略,以期为中国现阶段新型农业经营主体培育、农业经营体制创新和现代农业发展提供启示与参考。

二、数据与调查

(一)样本

得益于中国 1978 年改革 30 多年间一系列具有前瞻性和创新性的改革举措与惠农政策,浙江省新型农业经营主体呈现出良好的发展态势。截至 2007 年底,全省有各类农业专业大户 28.7 万户,农民专业合作社 5788 家,农业龙头企业 5437 家。到 2008 年底,全省农民专业合作社的数量增加到 9254 家,增长了 70.2%;农业龙头企业的数量增加到 5883 家,增长了 8.2%。① 本文以农业专业大户、农民专业合作社和农业龙头企业为新型农业经营主体的主要代表,于 2009 年 4 月至 6 月采用分层随机抽样法完成了实地问卷与访谈调查。调研地点覆盖了浙江省除舟山市外的所有 10 个地级市。首先,在每个地级市下辖的县(市、区)中随机抽取 1 个县(市、区);然后,从所选择的县(市、区)下辖的乡镇中随机选择 3~4 个乡镇②;最后,依据当地农业管理部门提供的登记信息,在每个所选择的乡镇随机抽取 6 个农业专业大户、3 家农民专业合作社和 2 家农业龙头企业进行调查。

与需依法进行工商登记的农民专业合作社和农业龙头企业不同,农业专业大户的划分往往具有相对性和区域性的特点,因此,本文在考虑浙江省各地农业资源禀赋与经济发展状况及各类农业专业大户经营差

---

① 数据来源:浙江省农业厅。

② 开展调研的 10 个县(市、区)分别是:杭州市余杭区、湖州市长兴县、金华市浦江县、衢州市常山县、台州市三门县、绍兴市嵊州市、丽水市松阳县、嘉兴市嘉善县、宁波市鄞州区和温州市苍南县。

异的基础上,将抽样调查的农业专业大户界定在以下范围内:作物种植面积 20 亩及以上的种植大户;养殖生猪 50 头及以上,或肉牛 20 头及以上,或家禽 1000 只及以上,水产养殖水面面积 10 亩及以上或养殖量 5000 尾及以上的养殖大户;年加工产值 50 万元及以上的加工大户;年销售额 50 万元及以上的销售大户;农机、植保等服务的面积为 50 亩及以上的服务大户。

需要说明的是,许多研究已经表明,农业专业大户牵头组建的合作社在一些地区已成为合作社的主要形式,这些合作社的经营者往往同时也是专业大户(张晓山,2009;徐旭初、黄胜忠,2009)。在由专业大户合伙创办的农业企业中也存在类似的情况。因此,在对农业专业大户进行随机抽样时,若抽取的样本大户同时还担任农民专业合作社或农业企业的经营者,则跳过该样本继续抽取下一个,直至达到所需的样本数量为止。最终,通过进一步整理获得的有效问卷共计 332 份,其中,农业专业大户 186 份,农民专业合作社 102 份,农业企业 44 份。按行业分,样本中从事种植、养殖等直接生产活动的农业专业大户、农民专业合作社和农业企业有 170 个,占总数的 51.2%;从事产品加工活动和产品销售活动的分别有 9 个,各占总数的 2.7%;从事农机或植保等服务活动的有 14 个,占总数的 4.2%;而涉及两项及两项以上行业的综合性农业专业大户、农民专业合作社和农业企业则有 130 个,占了总数的 39.2%。

(二)问卷

调查问卷主要由新型农业经营主体的生产经营情况和经营者的个体情况两部分内容组成。前者因主体类型不同而有所差异,本文重点测度了样本在经营规模、资金筹集、市场适应、产品销售等方面的表现。后者则侧重考察了各类新型农业经营主体经营者主体的个体特征,包括性别、年龄、学历、培训经历、服兵役经历、非农工作经历等。其中,学历特征的选项设定为:1 表示小学及以下学历,2 表示初中及中专中职学历,3 表示高中及高专高职学历,4 表示大专及以上学历。年龄特征的选项设定为:0 表示 21 岁以下,1 表示 21—30 岁,2 表示 31—40 岁,3 表示 41—

50 岁,4 表示 51—60 岁,5 表示 60 岁以上。[①] 培训经历的选项设定为:0 表示"没有参加过培训",1 表示参加过培训。服兵役经历的选项设定为:0 表示没有服兵役,1 表示曾经服兵役。非农工作经历则分别从务工、个体经商、开办企业和担任干部四个层面加以观察,具有相应经历的用 1 表示,没有相应经历的用 0 表示。

三、新型农业经营主体基本现状

尽管农业专业大户、农民专业合作社和农业企业在组织架构、经营模式与分配机制等方面具有明显的差异,但从本质上看,它们在不同程度上都体现了新型农业经营主体的基本特征:具有适度的经营规模和带动效应;具有较好的赢利能力和较充足的资金来源;市场导向性强;注重品牌建设。结合调查所得的资料和数据,本文给出以下四个方面的分析。

(一)经营规模较大,呈现辐射带动效应

农村土地流转的加快,改变了农业经营者的土地经营规模结构。以浙江省为例,截至 2006 年 6 月底,全省已有 189.82 万户农户流出土地 355.08 万亩,分别占家庭承包经营总户数的 20.0% 和家庭承包经营土地总面积的 17.9%。[②] 从表 1 可以看出,被调查的农业专业大户自身承包面积平均仅有 3.62 亩,但他们通过土地流转平均租赁的面积则达到了 153.40 亩,其中,租赁规模最大的专业大户流入了 3200.00 亩之多。考虑到样本中极值分布可能引致的均值偏差,用中位数表达,租赁面积也达到了 50.00 亩。而第二次全国农业普查浙江省数据显示,全省 90.2% 的农业生产经营户的耕地规模小于 4.90 亩。可见,农业专业大户的个体经营规模已经远远超过普通农户。

---

① 为方便与第二次农业普查数据比较,学历和年龄选项的设定采用了农业普查中的分类方法。

② 数据来源:浙江省农业厅经管处。

表1 被调查样本经营规模情况

单位:亩

统计量	农业专业大户		农民专业合作社		农业企业
	承包面积	租赁面积	经营面积	服务面积	基地面积
平均规模	3.62	153.40	1895.08	9502.48	3545.44
中位规模	2.85	50.00	850.00	1420.00	516.00
最大值	16.00	3200.00	15800.00	230000.00	43582.00
最小值	0.00	0.00	20.00	80.00	15.00

如果说农业专业大户是以其土地经营规模大为主要标志,则农民专业合作社走的是农业新型规模化经营的道路,它们通过组织模式与利益机制的创新,实现的是社员小规模生产基础上的合作社经营规模化,这将是中国小农基础上农业规模经营和现代化的重要方向。被调查的农民专业合作社的社员数平均约为130位,最多的合作社达到了1157位,社员平均土地经营规模为18.60亩。而从表1看,被调查的农民专业合作社的服务规模的中位数水平是850.00亩,农机、植保等服务型合作社的服务规模的中位数水平是1420.00亩(见表1)。

就农业企业而言,90.9%的被调查的农业企业拥有生产基地,基地规模的中位数水平为516.00亩。农业企业通过"公司+农户"或"公司+基地+农户"等联结方式,不仅稳定了原料供应,而且带动了周边农户。调查数据反映,农业企业带动农户数的平均水平为2044户,中位数水平为1000户,最多的农业企业带动了1.1万户农户,创造了十分可观的经济效益和社会效益。

(二)赢利能力较强,资金来源呈现多元

调查发现,新型农业经营主体的赢利能力比一般传统农户明显要强。以农业专业大户为例,2008年人均农业净收益的平均水平就已达到4.4万元,而同期浙江省农村居民人均纯收入仅为9258元。[1] 此外,

---

[1] 数据来源:浙江省统计局、国家统计局浙江调查总队(编):《浙江省统计年鉴2009》,中国统计出版社,2009年。

得益于制度创新,农民专业合作社和农业企业的赢利能力也十分可观,被调查的农民专业合作社 2008 年净收益平均为 273.9 万元,农业企业为 149.7 万元。较强的赢利能力不仅有利于农业经营者收入的增加,而且增强了其对农业的投入能力。从表 2 可以看出,在被调查的农业专业大户和农民专业合作社中,分别有 77.6% 和 55.4% 的样本其农业投入资金主要是自有资金,相对而言,由于农业企业经营规模大,并且大多涉及农产品产后加工环节,资金需求量更大,主要依靠自有资金投入的样本比例就较低,只有 14.0%。

调查同时表明,三类农业经营主体的资金来源呈现多元化的格局。除自有资金外,银行或信用社贷款、个人或单位借款以及政府补贴或项目扶持,也已成为新型农业经营主体所需资金的重要来源。但是,由于受赢利能力、资信状况、管理水平、经营风险和规模等因素的不同影响,不同类型农业经营主体的资金主要来源存在比较大的差异(见表 2)。

表 2 调查样本资金来源情况

经营主体	自有资金		银行或信用社贷款		个人或单位借款		政府补贴或项目扶持	
	样本数	比例(%)	样本数	比例(%)	样本数	比例(%)	样本数	比例(%)
农业专业大户	142	77.6	30	16.4	11	6.0	0	0.0
农民专业合作社	56	55.4	27	26.7	4	4.0	14	13.9
农业企业	6	14.0	25	58.1	12	27.9	0	0.0

被调查的农业企业中,主要通过银行或信用社贷款获得资金的企业比例达 58.1%,明显高于专业大户和合作社从这一渠道融资的比例。此外,农业企业向个人或单位借款的比例达 27.9%,也高于农业专业大户和农民专业合作社相应的比例。至于以政府补贴或项目扶持为所需资金主要来源的仅是一些被调查的农民专业合作社,表明现阶段相当数量的农民专业合作社的发展是靠政府的扶持。

(三)市场导向明显,销售渠道各有千秋

经营规模的扩大和产品商品率的提高,使新型农业经营主体更加面

向市场,以市场导向组织生产并且参与市场竞争。数据分析表明,被调查的农民专业合作社平均 78.7% 的产品是针对市场需求而生产的,这一比例在被调查的农业企业中提高到了 84.3%。

　　在产品销售渠道方面,各类新型农业经营主体各有千秋,但相互间的差异也比较明显。从表 3 可知,就农业专业大户而言,其产品主要通过专业合作社①、下游企业、贩销商以及市场自销等途径销售,通过这几个渠道销售产品的专业大户分别占农业专业大户调查样本的 30.1%、28.5%、23.1% 和 18.3%。农民专业合作社的产品销售主要集中于市场自销、下游企业和贩销商等渠道,分别占农民专业合作社调查样本的36.2%、32.4% 和 31.4%。值得注意的是,5.9% 的被调查合作社已与超市建立了销售关系,3.9% 和 8.8% 的被调查合作社已通过开办专卖店、发展集团客户开辟了自销的新路子。而在被调查的农业企业中,通过下游企业和市场自销方式销售产品的企业比例相当高,分别占农业企业调查样本的 52.2% 和 47.8%,并且其中通过超市和自有专卖店销售产品的企业比例也明显高于农民专业合作社,分别达到 29.5%和 11.4%。

表 3　调查样本的产品销售渠道

产品销售渠道		农业专业大户		农民专业合作社		农业企业	
		样本数	比例(%)	样本数	比例(%)	样本数	比例(%)
下游企业	超市	0	0.0	6	5.9	13	29.5
	合计	53	28.5	33	32.4	23	52.2
专业合作社		56	30.1	—	—	—	—
贩销商		43	23.1	32	31.4	0	0.0
市场自销	专卖店	0	0.0	4	3.9	5	11.4
	集团客户	0	0.0	9	8.8	0	0.0
	合计	34	18.3	37	36.2	21	47.8

---

　　① 选择这一渠道的专业大户往往也是合作社的社员。

(四)重视品牌建设,产品认证比例较高

调查结果显示,拥有自己农产品品牌的农民专业合作社比例达到了61.8%,其中,拥有市级及以上名牌产品的合作社比例超过了35%。农业企业拥有各级产品品牌的比例更高,其中,获得市级及以上名牌产品的企业比例高达65.9%。相对而言,由于品牌建设需要较大投入,农业专业大户往往以加入合作社或参与订单农业的方式分享品牌效应。

大多数被调查的农业专业大户、农民专业合作社和农业企业,对先进技术和产品认证可能带来的生产效率与价值提升作用给予了充分的重视。农民专业合作社和农业企业分别平均有84.17%、84.60%的产品采用了统一的技术标准进行生产。就农业专业大户而言,样本中产品通过认证的大户数量为71户,占总数的38.2%。其中,81.7%的专业大户的产品通过了无公害产品的认证,40.8%的专业大户的产品通过了绿色产品的认证,还有21.1%的专业大户的产品通过了更为严格的有机产品认证。产品通过认证的农民专业合作社的比例为67.6%,其中,产品通过无公害产品、绿色产品和有机产品认证的合作社比例分别为84.1%、36.2%、21.7%。被调查的农业企业也具有相类似的情况,共有70.5%的企业的产品通过各类产品认证,具体来讲产品通过上述三类认证的企业比例则分别为83.9%、45.2%和41.9%(见表4)。很显然,农民专业合作社和农业企业的产品通过认证的情况要好于农业专业大户,但三类主体的产品认证仍以无公害产品为主,产品通过绿色产品和有机产品等较高等级认证的主体比例相对较低。随着中国居民消费水平的进一步提高,对优质食品的需求会不断增长,加快高级别农产品认证有助于新型农业经营主体在市场竞争中居于有利位置。

表 4　调查样本的产品认证情况

产品认证情况		农业专业大户		农民专业合作社		农业企业	
		样本数	比例(%)	样本数	比例(%)	样本数	比例(%)
没有进行论证		115	61.8	33	32.4	13	29.5
进行论证	无公害产品	58	81.7	58	84.1	26	83.9
	绿色产品	29	40.8	25	36.2	14	45.2
	有机产品	15	21.1	15	21.7	13	41.9
	合计	71	38.2	69	67.6	31	70.5

注:由于部分调查样本同时具有多个不同等级的产品认证,故各类主体中通过各个等级产品认证的样本数之和大于总的具有产品认证的样本数。

四、经营者特征与差异

通过对农业专业大户的户主、农民专业合作社的理事长和农业企业的总经理(或董事长)个体情况的进一步调查,可以发现现阶段新型农业经营主体经营者的基本特征及其差异。

(一)主体经营者特征的描述性分析

1.性别与年龄

(1)性别

在被调查的主体经营者中,男性共有 310 位,占总数的 93.4%;女性共有 22 位,占总数的 6.6%。就不同类型主体来看,农业企业中女性经营者所占比例较高,为 15.9%,而这一指标在农业专业大户和农民专业合作社中仅分别为 4.3%、6.9%。

(2)年龄

被调查主体经营者的平均年龄为 46.8 岁,最小的 24 岁,最大的 72 岁。从表 5 可以看出,年龄为 21—30 岁的被调查主体经营者占总数的 4.0%,31—40 岁的占 17.9%,41—50 岁的占 46.8%,51—60 岁的占

26.7％,60 岁以上的则占了 4.6％。① 与第二次全国农业普查浙江省数据中的全省农业劳动力年龄情况相比较,新型农业主体经营者属于相对年轻的群体,年龄集中于 41—50 岁。

表 5　调查样本经营者与第二次全国农业普查浙江省数据中农业劳动力年龄分布

统计量	20 岁以下	21—30 岁	31—40 岁	41—50 岁	51—60 岁	60 岁以上
调查样本经营者年龄占比(％)	0.0	4.0	17.9	46.8	26.7	4.6
农业普查劳动力年龄占比(％)[a]	0.7	4.9	15.4	26.0	33.3	19.7

注:[a] 数据来源于国务院第二次全国农业普查领导小组办公室、中华人民共和国国家统计局编著:《中国第二次全国农业普查资料汇编》,中国统计出版社,2009 年。

表 6 进一步考察了不同类型主体经营者的年龄分布情况,可以看出,农业专业大户与农民专业合作社经营者在各年龄段上的分布比例比较接近,它们的样本均值分别为 3.11 和 3.23。其中,年龄为 41—50 岁的专业大户和专业合作社经营者分别占各自总数的 47.0％、42.0％,51—60 岁的经营者分别占各自总数的 26.5％ 和 33.0％。而在农业企业经营者中,年龄为 41—50 岁的样本比例为 56.8％,51—60 岁的样本比例下降到 13.6％,没有年龄在 60 岁以上的经营者,年龄为 21—30 岁和 31—40 岁的样本比例比其他两类主体稍高一些。从样本均值来看,农业企业经营者年龄特征的均值也比较小,为 2.75。

表 6　调查样本经营者按主体类型的年龄分布

主体类型	统计量	21—30 岁	31—40 岁	41—50 岁	51—60 岁	60 岁以上	样本均值	标准差
农业专业大户	样本数	6	34	87	49	9	3.11	0.87
	比例(％)	3.2	18.4	47.0	26.5	4.9		
农民专业合作社	样本数	3	16	42	33	6	3.23	0.90
	比例(％)	3.0	16.0	42.0	33.0	6.0		

① 调查样本中有 3 份问卷该变量缺失,故此处被调查主体经营者总数为 329 位。同理,表 6 中农业专业大户经营者样本数为 185,农民专业合作社经营者样本数为 100。

续表

主体类型	统计量	21—30 岁	31—40 岁	41—50 岁	51—60 岁	60 岁以上	样本均值	标准差
农业企业	样本数	4	9	25	6	0	2.75	0.81
	比例(%)	9.1	20.5	56.8	13.6	0.0		

2.学历与培训经历

(1)学历

调查样本经营者的平均受教育年数是 9.54 年,其中最高的为 19 年,最低的则没有接受过任何正规教育。与浙江省农业劳动力总体学历情况比较后发现,新型农业经营主体的经营者具有比较明显的学历优势,如表 7 所示,调查样本的经营者中 37.3%具有初中水平学历,37.0%具有高中水平学历,还有 16.0%拥有大专及以上学历。

表 7　调查样本经营者与第二次全国农业普查浙江省数据中农业劳动力学历分布

统计量	小学及以下	初中及中专中职	高中及高专高职	大专及以上
调查样本经营者学历占比(%)	9.6	37.3	37.0	16.0
农业普查劳动力学历占比(%)[a]	71.0	26.0	2.9	0.1

注:[a] 数据来源于《中国第二次全国农业普查资料汇编》。

按主体类型分别统计调查样本经营者的学历情况后发现,农业企业经营者学历特征的均值为 3.18,高于农业专业大户的 2.34 和农民专业合作社的 2.79。具体来看,农业企业经营者中具有大专及以上学历的比例最高,占总数的 36.4%,而农业专业大户和农民专业合作社经营者的这一比例分别为 7.0%和 23.5%。此外,农业企业经营者中具有高中水平学历的比例也是三类经营主体中最高的,达到 45.4%(见表 8)。

表 8　调查样本经营者的学历分布

主体类型	统计量	小学及以下	初中及中专中职	高中及高专高职	大专及以上	样本均值	标准差
农业专业大户	样本数	25	85	63	13	2.34	0.80
	比例(%)	13.4	45.7	33.9	7.0		

续表

主体类型	统计量	小学及以下	初中及中专中职	高中及高专高职	大专及以上	样本均值	标准差
农民专业合作社	样本数	7	31	40	24	2.79	0.88
	比例(%)	6.9	30.4	39.2	23.5		
农业企业	样本数	0	8	20	16	3.18	0.72
	比例(%)	0.0	18.2	45.4	36.4		

（2）培训经历

调查样本经营者中参加过培训的共有 256 位,占总数的 77.1%;平均参加培训的次数为 4.4 次,平均培训时数为 32.5 小时。其中,农民专业合作社经营者中参加过培训的占其总数的 86.3%,农业企业经营者中参加过培训的占 75.0%,而农业专业大户的这一比例为 72.6%。总的看来,各类主体经营者中多数都有参加相关培训的经历。

3.服兵役经历与非农工作经历

（1）服兵役经历

调查样本经营者中曾经在部队中服役的有 24 人,占总体的 7.2%。

（2）非农工作经历

本文主要通过调查样本经营者在务工、个体经商、创办企业和担任干部四个方面的情况来反映新型农业经营主体经营者的非农工作背景。从表 9 可知,样本总数中有 14.7% 的调查样本经营者具有外出务工的经历。农业专业大户户主中有务工经历的比例相对较高,为 15.6%。具有个体经商经历的调查样本经营者占了样本总数的 31.8%。农民专业合作社经营者中具有个体经商经历的比例最高,达到 37.3%。具有创办企业经历的调查样本经营者在样本总数中占 20.8%,农业企业经营者的这一比例在大大超出了总体水平,达到 35.9%。曾经在政府相关公务或事业单位就职或担任村级干部的调查样本经营者占到样本总数的 39.1%,其中,这一比例最高的经营者群体是农民专业合作社经营者,这在一定程度上与现阶段农民专业合作社的组建方式有关。

表 9　调查样本经营者的非农工作经历情况

非农工作经历	统计量	总体 （N＝327）	农业专业大户 （N＝186）	农民专业合作 社（N＝102）	农业企业 （N＝39）
有务工经历	样本数	48	29	13	6
	比例（％）	14.7	15.6	12.7	15.4
有个体 经商经历	样本数	104	54	38	12
	比例（％）	31.8	29.0	37.3	30.8
有创办 企业经历	样本数	68	33	21	14
	比例（％）	20.8	17.7	20.6	35.9
有担任 干部经历	样本数	128	72	49	7
	比例（％）	39.1	38.7	48.0	17.9

注：①由于部分调查样本经营者具有多项不同的非农工作经历，故本表各列中具有各项非农工作经历的样本数之和不小于各类主体样本总数。此外，农业企业调查样本中有 5 个样本经营者的非农工作经历数据缺失，所以，该类型样本总数为 39 个，样本总数为 327 个。

②本表"总体"一列中的比例指具有某项经历的样本数占样本总数（N＝327）的比例，而"农业专业大户"、"农民专业合作社"和"农业企业"列中的比例是指某类型主体中具有某项经历的样本数占该类型样本总数的比例。

（二）不同类型主体经营者的特征差异

上述分析表明，不同类型主体的经营者在年龄、学历、培训经历、非农工作经历等特征上表现出了一定的差异性。为了进一步确定这些差异是否具有统计上的意义，本文运用方差分析方法对不同类型主体经营者的个体特征是否存在差异进行了检验（见表 10 和表 11）。

表 10　调查样本经营者个体特征变量的单因素方差分析

项目	组间均值方差	组内均值方差	F 统计值	sig.
年龄	3.557	0.763	4.665	0.010
学历	15.453	0.666	23.193	0.000
培训经历	0.629	0.174	3.608	0.028

续表

项目	组间均值方差	组内均值方差	F 统计值	sig.
服兵役经历	0.135	0.067	2.025	0.134
务工经历	0.028	0.125	0.228	0.796
个体经商经历	0.264	0.215	1.227	0.295
创办企业经历	0.353	0.162	2.174	0.115
担任干部经历	1.587	0.229	6.919	0.001

表 11　三类主体经营者个体特征两两比较检验

项目	农业专业大户与农民专业合作社			农业专业大户与农业企业			农民专业合作社与农业企业		
	均值差异	标准误	sig.	均值差异	标准误	sig.	均值差异	标准误	sig.
年龄	−0.116	0.108	0.283	0.364	0.146	0.014	0.480	0.158	0.003
学历	−0.450	0.101	0.000	−0.838	0.137	0.000	−0.388	0.147	0.009
培训经历	−0.137	0.047	0.013	−0.024	0.074	0.983	0.113	0.074	0.351
担任干部经历	−0.093	0.059	0.115	0.228	0.080	0.005	0.321	0.086	0.000

表 10 是调查样本经营者个体特征变量的单因素方差分析结果,可以发现,在 95% 的置信水平下,年龄、学历、培训经历和担任干部经历这四项特征均值在不同类型主体经营者之间总体上存在差异。同时,三类主体经营者特征的方差齐性检验结果显示,年龄和学历变量数据具有方差齐性,而培训经历与担任干部经历变量数据不具有方差齐性。进一步,对具有方差齐性的特征变量采用最小显著差异方法,对不具有方差齐性的特征变量采用 Tamhane's T2 方法,两两检验各类主体经营者特征的均值是否具有显著差异。如表 11 所示:在 95% 的置信水平下,农业专业大户户主和农民专业合作社经营者的平均年龄、担任干部经历的平均水平均与农业企业经营者的平均年龄、担任干部经历的平均水平有显著差异;三类主体经营者的学历均值两两间均有显著差异;农业专业大户户主培训经历的平均水平与农民专业合作社经营者培训经历的平均水平具有显著差异。

　　基于以上检验结果,结合新型农业经营主体经营者个体特征的描述性分析,可以说明,农业企业经营者显著地比其他两类主体经营者年轻,而农业专业大户户主和农民专业合作社经营者在年龄上没有明显差异。就学历而言,农业企业经营者是三者中受教育程度最高的,其次是农民专业合作社经营者,农业专业大户户主的学历水平则显著低于前面两者。换句话说,企业经营对经营者的学识与能力提出了更高的要求,因此,从职业匹配的角度看,具备较高学历水平的"农村能人"成为企业经营者的可能性会更大。另外,各类培训项目在农民专业合作社经营者中的普及情况要显著好于其在农业专业大户户主中的表现,但与农业企业经营者的情况差别不大,这一方面表明政府对合作社的培训给予了重视,另一方面也说明合作社本身所具有的培训功能得到了体现。

　　分析与检验结果还表明,在农业专业大户户主和农民专业合作社经营者中,曾经担任过乡镇或村级干部的人员比例显著高于农业企业经营者中相应的比例。这意味着,一方面,具有这种经历的经营者对当地的自然资源环境、经济社会关系以及相关政策比较了解,更有优势成为农业专业大户或者创办农民专业合作社;另一方面,他们往往在技术推广、市场拓展、品牌营销、组织农民等方面有着较强的能力或威信,容易成为新型农业经营主体的经营者。这在一定程度上也是现阶段各级政府在主导创办农民专业合作社时选择村干部或者具有村干部工作经历的人,以及基层农技人员作为其带头人的用意所在。

五、新型农业经营主体发展约束

　　调查与访谈也表明,现阶段新型农业经营主体面临着不少发展瓶颈与难题。

(一)资金土地约束,农业服务体系滞后

　　大多数新型农业经营主体在农业生产要素获得方面仍然面临着较强的约束,主要集中在资金和土地方面。调查样本中,分别有47.0%的农业专业大户、59.0%的农民专业合作社和57.1%的农业企业因授信

担保困难、申请手续繁复、隐性交易费用高等问题存在资金融通方面的困难。在土地方面,农业发展中的配套设施用地已日益成为新型农业经营主体发展的瓶颈。诸如农民专业合作社和农业企业的办公设施用地、农机大户和农机合作社的机具存放用地、农民专业合作社的产品加工和仓储用地等,仍然难以获得。例如,成立于 2005 年的宁波市鄞州区某农机专业合作社发展势头非常好,却苦于没有足够的仓储用地而不敢贸然扩大服务规模。该合作社负责人反映,当地的一些农机具因为没有足够的存放用地,只能露天随意摆放,大大地缩短了机械设备的使用寿命。与此同时,农业社会化服务体系的相对滞后也制约了新型农业经营主体的发展。例如,土地流转中介服务、农业技术推广服务以及动植物疫病防治服务等农业支持与服务体系不完善、不配套,不能满足新型农业经营主体发展的要求。

(二)支农政策脱节,政策落实效率不高

近些年来,国家和各级政府加大了对农业的支持力度,出台了不少支农政策,对农业稳定发展和新型农业经营主体的成长起到了积极作用,但也存在一些问题。一是各项支农政策存在脱节现象。不少支农政策是部门条条下达的,各项政策之间缺乏整合性和衔接性。同时,部分扶持政策的灵活性不足,与实际工作的需求不匹配。例如,杭州市余杭区某中草药专业合作社和温州市苍南县某专业合作社由于经营的是特种农产品,在注册登记、生产许可、产品监测等方面都遇到了不小的困难。二是政策落实效率还不很高。不少支农政策从政府下达到农民获得,经过的中间层次和环节过多,导致政策执行中存在寻租现象,政策实施成本较高,具有明显时滞性,政策效率不高。

(三)后继人才缺乏,退出进入机制缺失

尽管当前新型农业经营主体的经营者总体上是农村中综合素质相对较高的群体,但调查表明,调查样本经营者中有近八成的年龄在 40 岁以上,超过 1/3 的经营者年龄在 50 岁以上。一旦他们从农业产业中退出,是否有充足的后继人才,情况并不乐观。调查显示,绝大多数的专业

大户户主认为自己的子女不会接自己的班去从事农业;绝大多数的合作社理事长文化水平不高,缺乏对合作社壮大发展的驾驭能力。因此,在现行农村土地家庭长期承包经营体制和农村社区管理体制的情况下,建立农业经营者的退出与进入机制,营造有利于有知识、有文化的年轻一代在农业创业、就业的环境,加快新型农业经营主体及其经营者的培育与发展,应当提到政府的重要议程上。

六、新型农业经营主体培育与发展的思路

现阶段,加快新型农业经营主体培育与发展的关键,是在其发展要求、发展效率、发展力量、发展机制上寻求突破,基本思路是:加快土地、资本等生产要素配置的市场取向改革,转变政府对农业的扶持方式,营造农业创业与就业的良好环境,建立农业经营者的退出与进入机制。

(一)加快要素市场取向改革,满足新型主体发展要求

在农村土地制度改革方面,进一步赋予村级集体和新型农业经营主体对自身土地用于农业用途的使用权与调配权,在合理规划、留有余地的基础上,将农产品加工和仓储、农民专业合作社办公等与农业产业紧密相关的用地视同农业用地,采取灵活政策,予以优先支持。

在农村金融制度改革方面,支持各类民营金融机构在农村基层建立农业信贷网点。加大政策性金融对农业的支持力度,简化农业信贷手续,加快农民合作金融试点与推广的步伐。建立新型农业经营主体的抵押、担保、信用体系。具体而言,支持经营主体以相关农产品或资产为抵押或担保,向金融机构贷款;允许具备条件的村委会为农户提供贷款担保;积极探索基于供应链的融资模式,允许合作社以其在供应链中的地位、作用、身份等名义为其自身或其社员进行贷款担保。完善小额信贷产品,建立灵活高效的农业融资保障体系,逐步解决现代农业经营主体融资难的问题。

(二)转变政府农业扶持方式,提高新型主体发展效率

一方面,继续加大对农业基础性、平台性设施等的公共投入和政策扶持的力度,并完善农业公共政策和公共投入的绩效考核。另一方面,对特定的农业扶持措施和政策,尽可能直接下达或落实到新型农业经营主体。此外,允许基层对政府部门农业扶持资金和政策进行梳理与整合,提高农业扶持政策的效率。

(三)营造农业创业就业环境,壮大新型主体发展力量

那些投资农业的企业家、返乡务农的农民工、基层创业的大学生、农村内部的带头人是新型农业经营主体的主要来源。要营造农业创业就业的良好环境,引导和鼓励他们成为新型农业经营主体。由于他们的学历、工作背景以及各自优劣势不尽相同,需要分类指导和提供有针对性的扶持政策。大学生是新型农业经营主体的重要后备力量,应完善大学生农业创业与就业的政策体系,使他们"下得去、干得好、留得住、有发展"。具体而言,可以在农村创建大学生创业园,建立大学生农业创业基金和创业贴息贷款,尤其要鼓励"大学生村官"在新型农业经营主体中创业就业,为了减轻农民专业合作社和农业大户引进大学生的经济负担,可考虑对相关经营主体给予引进大学生工资和社会保障补贴。

(四)建立农业退出进入机制,创新新型主体发展机制

尤其要建立传统农业经营者的退出机制。前提是不改变农村土地家庭承包经营的基本制度。可以考虑的思路,一是建立农户土地家庭承包经营权单嗣继承制度。这样既可使农户土地权益长久化,又能避免土地经营细碎化。二是建立农业经营者退休制度。三是完善农村土地流转交易平台和服务体系。四是完善农户土地承包经营权置换就业与社会保障、农户宅基地及其住房置换城镇住房的体制机制。至于农业进入机制,重点是处理好进入者和退出者的利益关系、进入者资格与能力的认定、进入者之间的公平竞争和择优、进入者经营行为和经营领域的控制。

参考文献

[1]陈春生:《中国农户的演化逻辑与分类》,《农业经济问题》2007 年第11 期。

[2]黄宗智:《龙头企业还是合作组织?》,《中国老区建设》2010 年第4 期。

[3]黄宗智、彭玉生:《三大历史性变迁的交汇与中国小规模农业的前景》,《中国社会科学》2007 年第 4 期。

[4]黄祖辉、徐旭初:《大力发展农民专业合作经济组织》,《农业经济问题》2003 年第 5 期。

[5]纪永茂、陈永贵:《专业大户应该成为建设现代农业的主力军》,《中国农村经济》2007 年第 S1 期。

[6]李炳坤:《发展现代农业与龙头企业的历史责任》,《农业经济问题》2006 年第 9 期。

[7]徐旭初、黄胜忠:《走向新合作——浙江省农民专业合作社发展研究》,科学出版社,2009 年。

[8]张晓山:《农民专业合作社的发展趋势探析》,《管理世界》2009 年第5 期。

[9]张义珍:《我国农业经营主体的现状与发展趋势》,《新疆农垦经济》1998 年第 5 期。

现代农业经营体系建构与制度创新

——兼论以农民合作组织为核心的现代农业经营体系与制度建构①

　　2013 年的中央一号文件以及党的十八大报告对农业经营体系与经营体制问题予以高度重视。本文探讨以农民合作组织为核心的我国农业经营体系和制度构建与创新。以农民合作组织为核心构建我国现代农业经营体系与制度,动因是两点:第一,从世界现代农业的发展历程和现状看,无论是农业经营形式还是农业经营体系,农民合作组织大多占据主导地位。第二,我国农民合作组织正处在快速成长期,但还没能成为农业产业的主导力量,还不是整个农业产业体系中的核心主体,有必要在其发展中探索适合我国特点的以农民合作组织为核心的农业经营体系与制度建构问题。

一、现代农业体系与经营体系建构

　　党的十八大报告指出,要"构建集约化、专业化、组织化、社会化相结合的新型农业经营体系"。新型农业经营体系是现代农业体系的重要组成部分,现代农业体系除了技术体系以外,至少还涉及三个相互关联的体系。一是现代农业的产业体系,二是现代农业的经营体系,三是现代

　　① 本文作者为黄祖辉。本文内容发表在《经济与管理评论》2013 年第 6 期,被中国人民大学期刊复印资料《社会主义经济理论与实践》2014 年第 2 期转载。本文研究得到国家自然科学基金项目"农业产业组织体系与农民合作社发展"(71333011)资助。

农业的组织体系。

(一)"六位一体"的现代农业产业体系

现代农业的产业体系是现代农业体系的重要组成,是现代农业经营体系的产业表达。不论是土地密集型的现代农业,还是劳动密集型的现代农业,现代农业的产业体系一般都具备"六位一体"的特征。

1. 集约化

集约化在党的十八大报告有关农业发展的论述中是放在第一位的,强调农业的集约化,主要是因为我国农业资源并不充裕,所以要重视单位空间农业的有效投入和科学配置,而不是对农业进行粗放性的投入与经营。

2. 规模化

党的十八大报告里并没有提及农业的规模化,只提了集约化、专业化、产业化、组织化、社会化。市场化也没提。不提农业规模化,并不是说规模化不重要,而是从我国经济社会发展实际的考虑,尤其从农业土地资源的角度看,我国人多地少,区域发展不平衡,现阶段全范围推进农业规模化的条件并不成熟。另外,农业的规模化经营不能单纯追求土地的规模经营,还应该追求服务的规模化、经营的规模化。所以现代农业还是要强调规模化的,但必须对农业规模化有科学的理解。

3. 专业化

现代农业如果没有专业化分工,那规模化也是做不到的。国外的家庭农场,比如说美国的粮食类家庭农场,一般五六百公顷的规模,一个家庭农场怎么能经营这么大的规模?除了机械化程度高以外,专业化分工是前提。实际上,现代农业的家庭经营者并不是什么事都自己做,大量的包括产前、产中、产后的农业生产和经营活动都是通过专业化的服务体系来完成的。就像工业一样,现代工业产业都是专业化分工的,现代农业也应该如此。

4. 组织化

农业产业的组织化主要是以农民合作组织的发展为标志的,当然也有以农协、农会或者行业组织为标志的,但农民合作组织是农业产业的基础性组织。国外的农民几乎都参加合作社,我国还没有达到这一水平,目前参加农民专业合作组织的农户有 30% 左右。

5. 社会化

国际上没有农业社会化这一提法,但在我国这一提法很普遍,是约定俗成的,实际就是讲农业的服务体系。农业的服务体系可以由政府主导,也可以由企业(市场)和合作社主导,也就是说,现代农业的服务体系应该是多元和多种类型的。

6. 市场化

市场化是现代农业的必然,农业市场化不仅体现农产品的市场交易份额,而且应体现在农业的市场竞争力,体现在市场机制和政府调控在农业中的有机结合。

(二)"五位一体"的现代农业经营体系

1. 家庭经营

家庭经营不仅是传统农业,而且也是现代农业最基本的经营方式,是必须坚持的农业基本经营制度。2013 年的中央一号文件提到要发展家庭农场,引起不少关注。家庭农场在国外很普遍,它是家庭经营的一种类型,我国的农业家庭经营要从传统的家庭经营向现代的家庭经营转变,家庭农场应该是个方向。但我国目前全面发展家庭农场的环境条件还不很成熟。一是农村土地制度还不稳定和成熟,二是农业服务体系还不完善和健全,三是农业劳动力转移还不充分和到位,四是农民社会保障体系还不完善和健全,这些都会影响到家庭农场的健康发展。此外,家庭农场的发展还要处理好家庭农场与土地规模的关系,不能片面追求土地规模,而应视不同类型的农产品特性来定,诸如粮食类的土地密集型农产品,需要有一定的土地规模,而类似蔬菜、水果、花卉以及畜禽养殖类等劳动力密集型农产品,则不一定要追求土地的规模。此外,还应处理好家庭农场与合作社的关系,不应把两者对立起来,家庭农场无疑应该是合作社的成员,这在国外无一例外。

2.合作经营

合作经营是现代农业不可或缺的经营制度。农业合作经营的原因是农业的家庭经营，如果农业不需要家庭经营了，则农业的合作经营也就没有存在的必要。农业合作经营是既能克服农业家庭经营局限，又能保持农业家庭经营优势的农业经营制度。加快农业合作经营是当前我国建构现代农业经营体系的关键。

3.公司经营

现代农业的公司经营主要适用于农业产业链的下游，即加工和贸易等领域，应该说，在农业的下游环节，公司经营，或者说是现代企业制度，比起家庭经营制度，更具有优越性。究其原因，一是与农业的上游（种养业）相比，农业下游已不再体现自然再生产特性，进而劳动的控制与绩效的显示会相对容易，这就为非家庭成员的优质人力资本进入提供了可能；二是与农业的上游（种养业）相比，农业下游，尤其是农产品加工领域，存在明显的规模经济性和资本偏向，这显然是家庭经营制度的软肋之处，但却是公司经营制度（现代企业制度）的优势所在。

4.产业化经营

产业化经营即农业的纵向一体化经营，它不仅涉及农业的上游（种养业），而且涉及农业的下游（加工与贸易），农业的产业化经营水平对农业的市场化和竞争力有至关重要的影响。需要指出的是，农业产业化经营并不是一个独立于家庭经营、合作经营和公司经营的经营范畴，因为农业的产业化经营通常不是由一个经营主体，而是由多个关联经营主体相互影响和决定的经营范畴。农业的产业化经营注重的是整个农业产业链中产前、产中、产后的纵向连接关系，其核心是农业产业链中相关经营主体的利益关系和制度安排。

5.行业协调

如果说农业产业化经营主要强调的是农业产业的纵向关系，那么农业行业协调则更多的是强调农业产业的横向关系，即整个行业（产业）内同类主体的自律、相互协调和对外步调的一致性，以避免行业内部的过度竞争和紊乱。尽管行业组织（协会）不是一个经营性组织，但它对整个农业的发展和经营体系的完善至关重要，应该成为现代农业经营体系中不可或缺的组成部分。

概括起来,现代农业的经营体系是由三大经营主体和一纵一横的协同体系与组织所构成。三大经营主体分别是家庭经营、合作经营和公司经营,一纵体系即产业化经营体系,一横体系即行业协调体系。

(三)"四位一体"的现代农业组织体系

农业组织体系是农业经营体系的组织基础。任何组织都具有两重属性,因而任何产业组织体系都可以从两个视角去考察。一是从主体的视角,即产业组织就是产业主体,而产业组织体系就是产业主体与主体的关系集合与互动状态。二是从制度的视角,即组织是一种制度,而产业组织体系就是产业组织制度的集合与安排状态。作为主体的组织,适应现代农业发展的产业组织体系的基本主体架构,应该是农户家庭(专业大户、家庭农场)、合作社、公司(企业)以及行业协会的"四位一体"和有机契合。作为制度的组织,适应现代农业发展的产业组织体系的基本制度架构,应该是家庭经营制度、合作经营制度、公司经营制度以及行业组织协调制度的"四位一体"及其合理匹配。

除了组织与制度的双重视角,现代农业的组织体系还可以从三个维度去考察。一是纵向的角度。它体现为农业产业组织与农业产前、产中、产后整个产业链的契合关系。二是横向的角度。它一方面体现农业产业中单位组织的容量或规模,另一方面体现不同类型农业(产品)的产业组织体系之间的关系与差别。三是区域的角度。它体现农业产业组织的区域空间跨度。

尽管小规模、分散化的农业家庭组织在现代农业发展和市场竞争中面临不少挑战,存在不少局限性。但是,建立与现代农业发展和市场竞争相适应的农业产业组织体系,并不意味着要抛弃农业的家庭经营,而是要在农业家庭经营的基础上,完善农业的家庭经营制度,建立既能发挥农业家庭经营制度优势,又能克服其局限性的现代农业组织体系,也就是说,要建立能够支撑新型农业经营主体发展、多元化农业服务体系发展、多类型农业规模经营格局发展、多类型农业经营机制耦合、多形式农业产业组织模式优化以及产业化经营水平提升的现代农业组织体系。

(四)现代农业经营体系建构的关键

构建现代农业经营体系和机制有两个关键。第一个关键是实现农业经营主体或者说生产主体和农业服务体系的有效结合。事实上,要实现农业的集约化、规模化、专业化和社会化,必须要有农业经营主体和服务体系的有效结合,也就是说:一方面,如果没有一个集产业化、合作化和社会化于一体的完善的农业服务体系,就不可能有农业生产主体或经营主体的集约化、规模化和专业化;另一方面,如果没有农业生产主体或经营主体的集约化、规模化和专业化,则农业生产主体或经营主体对服务就会缺乏需求,进而产业化、合作化和社会化的农业服务体系也不可能形成,两者是相辅相成、互为一体的关系。这是世界上现代农业的普遍现象,对处于农业转型时期的我国尤为重要。当前,不少地方政府在抓现代农业的时候,往往没有处理好这两者的关系。要么非常重视农业服务体系的建设,但却忽视现代经营主体的培育,结果服务体系效率低下,要靠政府扶持才能生存,其重要原因是缺乏服务需求,因为经营主体没有实现规模化和专业化,对服务没有需求。有些地方政府则非常重视农业的规模经营,积极推动土地流转,发展家庭农场,但却忽视农业服务体系的建构,结果农业规模经营效果不理想,家庭农场基础不稳固,其原因并不是经营主体不行,而是服务体系没有跟上。因此,在建立现代农业经营体系、发展现代农业的过程中,必须处理好经营主体与服务体系的关系,两者只有同步推进,相互促进,才能取得好的效果。

第二个关键是建立农业新型双层经营体系和新型规模经营体系。双层经营可以说是现代农业的普遍现象,一个层次是农户的家庭经营,另一个层次则是农业的服务体系。前述的农业经营主体和服务体系的关系,就是一种双层关系。我国原来的由村集体和承包农户统分结合的农业双层经营体系,由于村集体经济的弱化、组织功能的繁杂以及村组织社区空间的局限,很难适应现代农业的发展需要,必须建构新型的农业双层经营体系,即以农民合作组织与社员和农民相结合的农业双层经营体系。所谓建立农业新型规模经营体系,就是要建立多种类型的农业规模经营体系,农业规模经营不能仅局限于土地的规模经营,而应该拓宽思路,探索多种类型的农业规模经营道路,比如农业服务的规模化、农业设施利用的规模经济、农业综合经营的规模效应等。

二、我国农业经营体系与制度的演变

(一)新中国成立至 1978 年的改革开放

新中国成立以来,我们国家的农业经营体系与制度经历了曲折而深刻的变化。总体而言,20 世纪 50 年代变化相对频繁,然后是 70 年代后期的改革巨变。在新中国成立初期的 1950—1955 年期间,我国的农业实行的是家庭经营制度,同时,土地和其他农业生产资料也是归农户家庭所有,其间,农业生产中出现了互助性质的产业组织,称为互助组。农业互助组按照现在的考察就是生产队范围内的农户之间的互助合作,主要体现在劳动力和农业生产资料方面的互助与共享。互助组还不能称得上是真正意义上的合作社,但却是合作社的雏形。而后,出现了农业的初级社,初级社是在互助组的基础上,在一个村范围内的农户之间的农业生产合作,初级社的社员是相对独立的家庭经营者,初级社的农业生产资料以及土地也是归农户家庭所有,初级社实质上就是农业合作社的初级形态。

然而,我国农业初级社的生存历史并不长,在加快社会主义建设的热潮中,1956 年,国家掀起了一个农业高级社的运动,仅用一年左右的时间,我国 90% 左右的农村便普及了高级社。然而,高级社与其说是初级社的升级,毋宁说是农业合作社的异化,它的主要变异是包括土地在内的农业生产资料产权关系和农业经营体制的变异,即从初级社的农户家庭所有和农户家庭经营,转变成了高级社的村集体所有和村集体统一经营。这一农业生产关系的变革是革命性的,但被实践证明是超越了当时我国农业生产力发展水平的变革。我国的农业合作社,包括生产合作社、信用合作社、供销合作社,由此走上了歧途,尽管仍然被冠以合作社的帽子,但实质上已经异化为产权不清、激励不足的低效率集体经济组织。

高级社还不够,1958 年在我国农村又出现了"大跃进"和人民公社化的浪潮。人民公社和高级社的主要区别体现在农业经营与管理的规模不同。农业的高级社是以村为单位,而人民公社则是以乡为单位,公社社员的报酬按照"评工记分"的方法获得。这种农业经营制度是典型的"一大二公"制度,劳动者缺乏自主性和积极性,因而形式上轰轰烈烈,实际上效率并不高。这一制度在 1959—1961 年三年困难时期受到了打击。此后,中央也反思,召开中央工作会议,专门对农业经营管理体制进行了调整。由原来的乡统一经营的人民公社体制改为乡、村、队的"三级所有,队为基础"的人民公社经营管理体制。也就是说,农村产权是乡镇、村和生产队三级所有,生产队成为农业核算与经营的基础,但总体来看,这一调整仍然没有取消农业集体统一经营、统一分配的低效率体制。

(二)1978 年的改革开放至 2007 年的《农民专业合作社法》实施

1978 年,我国开始了改革开放,改革首先从农村开始,引入农业的家庭联产承包责任制,将土地所有权和经营权分离,所有权仍然归村集体,使用(经营)权则以承包的方式归农户家庭,形成了一种被称作"统分结合、双层经营"的农业经营体制。农业家庭联产承包责任制的推行充分调动了广大农民的生产积极性,1978—1984 年是这一改革效应最好的时期,农民收入快速增长,城乡居民收入差距缩小,粮食生产总量达到8000 亿斤,为当时的历史最高水平,并且首次出现了新中国成立以来的"卖粮难"现象。国家从 1984 年以后开始调整以粮为纲的农业结构,提出在稳定粮食生产的基础上,积极发展多种经营,解决了农业结构过于单一情况下的粮食相对过剩问题。

进入 20 世纪 90 年代后,随着农业生产的不断发展,我国又出现了农产品的过剩现象。这一过剩与 80 年代的粮食相对过剩现象有本质的不同,虽然当时粮食还没有完全放开,但至少非粮食作物与养殖业都可以发展了,在这样的农业生产结构下又出现农产品"卖难"问题,除了农业产业结构仍不能适应市场需求外,农业产业组织与经营体系的不适应也是重要原因。这种农产品"卖难"现象实际上已表明,仅靠分散和小规模的农业家庭经营是难以适应激烈竞争的市场的,亟须在农业产业组织与经营机制上进行完善和创新。这个时候国家仍没有下决心要发展农民合作社，而是提出通过对农业龙头企业的扶持，发展农业产业化经营，希望农业龙头企业带动农户进入市场，解决农产品的"卖难"问题。山东省的寿光、诸城在那个时候就出现了"公司＋农户"、"产供销、贸工农一体化"的农业产业化经营模式，中央及时总结山东经验，出台文件支持"公司＋农户"式的农业产业化经营模式的发展。"公司＋农户"的农业产业化经营模式对解决我国农产品的"卖难"问题是有贡献的，但是也应该看到，公司（龙头企业）与农户本质上不是一个利益共同体，而是不同的利益主体。市场行情比较好时，双方关系比较融洽，市场一旦出现比较大波动，双方就会出现利益冲突。此外，龙头企业与没有组织的分散农户打交道确实也很困难，交易成本非常高。当时浙江省有个台商，做水果的，一开始想按照"公司＋农户"模式来搞，结果效果不好，因为浙江的农民经营规模小，组织化程度低，行为不确定，后来他了解到浙江的村干部对农民有影响力，所以就让村干部作为中介，帮助控制与协调农产品种植和收购，效果不错，这实际上是"公司＋村＋农户"的模式，是"公司＋农户"模式的改进。

进入新世纪以后，我国农业经营体系和产业化经营模式又发生了新的变化，这就是围绕农业市场化的农业组织得到了发展，一些农业技术推广协会和产业协会向实体化、合作社方向转变。浙江省在这方面走在了全国的前列，并于2005年在全国率先出台了省级层面的农民专业合作社条例，而后，国家于2007年也出台和颁布了《农民专业合作社法》。我国农民合作社在经历了历史的曲折后，又一次登上了历史舞台，但与上一次不同的是，这次我国农民合作社的发展不是在计划经济的背景下，而是在市场经济和全球化的背景下，它预示着，农民合作社将在我国农业经营体系和农业产业化经营中扮演愈来愈重要的觉色，"公司＋农户"的产业化经营模式开始向"公司＋合作社＋农户"的产业化经营模式转变。

三、农业家庭经营与合作经营是对孪生体

（一）家庭经营制度的优势与局限

农业，尤其是农业上游的种养业，家庭经营的普遍性是不容置疑的，它不仅适应传统农业，而且也适应现代农业，这在世界上是很普遍的现象。现在的问题是，目前我国农业家庭经营者主体的状态并不是很理想，主要表现为经营者年龄比较大，文化程度比较低，经营规模比较小，这导致不少人对农业的家庭经营制度产生了怀疑，觉得这样子下去现代农业是搞不成的。但我认为，我们国家目前面临的农业家庭经营者的这些问题，不能归结为是农业家庭经营制度本身的问题，而是农业家庭经营制度的不完善，如土地制度、社保制度、就业制度的不完善而导致的农业家庭经营制度不完善的问题。千万不要怀疑农业家庭经营制度内生的不可替代的优越性。2013年的中央一号文件提到了发展家庭农场，从一定意义上讲是具有两层含义，一是仍要坚持农业的家庭经营制度，但是家庭经营制度要不断完善，家庭农场是一个方向，是高层次的农业家庭经营。二是表明，农业家庭经营可以有多种类型，家庭农场是其中的一种类型。

家庭经营、公司经营、合作经营，都是一种制度，而每种经营制度都有它的适用领域。家庭经营为什么适宜于农业领域，特别是农业的上游领域？基本原因有两条，一是源于农业生产的特性。农业生产跟工业生产不一样，工业生产就是经济再生产的过程，而农业生产不仅具有是经济再生产的特性，而且还具有自然再生产的特性。也就是说，农业的产品都是有生命周期的，短至几个月，长至好几年，如多年生的植物。因此，无论农业科技怎样进步，可能改变的是农产品生命周期的长与短，但却改变不了农产品所具有的生命属性及其与自然的关联性。农产品的生命属性与自然周期性决定了它的生产过程和绩效会受制于自然环境的影响，因而在生产过程中，或产品形成过程中会存在较大的不确定性，也即农业劳动的努力程度与产出效果关系的不确定性，进而如果没有一

种理想的制度安排,农业生产会存在高昂的劳动监督成本。二是与工业生产的规模经济性相比,农业生产的规模经济性并不明显,主要是指农业土地和劳动的匹配关系不存在明显的规模经济性,这就使得小规模的家庭经营具有存在的合理性。当然,农业的资本投入,尤其是机械投入,则对土地具有规模要求,并且具有明显的劳动替代特性,这就意味着,农业的规模经济效应并不是与农业的劳动投入量密切相关,而是与资本的投入量密切相关。研究也表明,农业并不存在随着土地规模的扩大,农产品单位成本下降的效果,农业的规模效应主要体现为农业劳动生产率的提高。总之,农业生产的不确定性和规模效应的独特性决定了家庭经营制度对农业生产具有适宜性。一方面,家庭成员关系是血缘关系,比如父母、兄弟姐妹,都是自己人,不存在雇佣关系,因而几乎不存在内部治理成本或劳动控制问题,这种制度优势,恰恰能解决农业由自然再生产的不确定性和周期性所带来的劳动控制成本问题,是任何其他产业组织制度所不具备的优势。另一方面,农业的规模经济特性表明,只要替代劳动的资本投入与匹配得当,农业的家庭经营既可以与相对小的经营规模相适应,又可以与较大的经营规模相适应,具有很大的生存空间和很强的生命力。

家庭经营制度也存在它的局限性,不然,它应该成为任何产业的首选制度,但现实并非如此。以工业产业为例,不是家庭经营制度,而是现代企业制度,或者说公司制更具适宜性,其重要的原因是,不少工业企业存在着非替代劳动的资本的规模经济性,这种规模经济性的效率可以大大超过家庭经营制度下的劳动控制效率,在这种情况下,取代家庭经营制度的公司经营制度的出现就顺理成章了。可见,家庭经营制度的一个最大的局限是难以适应于经营规模的不断扩大,尤其是在资本规模的扩大不能同步带来对劳动的替代的情况下,家庭经营制度的局限性就更为明显。与此同时,家庭经营制度的效率很大程度上要依赖于家庭成员自身的人力资本素质。此外,与大规模的企业相比,小规模的、缺乏组织化的农业家庭经营在市场竞争以及对市场的控制方面往往会处于劣势。

(二)没有农业家庭经营就无须农业合作经营

如何找到一种既能克服家庭经营制度局限性,又能保持其制度优越性的农业经营制度?将合作经营制度与家庭经营制度相结合是理想的选择,这是当今世界农业家庭经营制度仍有生命力且长久不衰的重要原因,如果没有农业的合作经营制度与其相匹配,农业的家庭经营将难以适应现代农业的发展。从这一意义上讲,农业的合作经营制度与农业的家庭经营制度就是一对孪生体,农业的家庭经营是农业合作经营的基本成因,换句话说,如果没有农业的家庭经营,农业的合作经营制度就没有存在的必要。因为单纯拿合作制与公司制做比较,无论从产权效率、决策效率、融资效率,还是从规模扩张能力等方面看,公司制度都要占据优势,但是评价一项制度是否具有效率,关键要看它对具体对象的应用效率。就农业领域而言,合作制与家庭经营制度的结合要比公司制更具效率,因为只有合作制才能既克服家庭经营制度的局限,又发挥家庭经营制度的长处,而公司制显然不具备这种能力,这就是当今世界上农业主要由家庭经营和合作经营主导,而不是公司经营主导的原因。由此,可以进一步揭示合作制度的基本特征,那就是,合作社的社员应该是相对独立的家庭经营者,合作社如果不具备这一基本特征,那就会演变成我们过去所搞过的那种名谓合作社,实谓低效率的集体经济。当今世界,除了农业领域外,合作社盛行的另一领域是消费领域,消费者通过建立消费合作社,不仅可以维护消费权益,而且可以获取安全与合意的消费,但同样,消费合作社的社员绝不会因为加入了合作社而丧失其消费与购买决策的自主性,他们依然是相对独立的消费者。这也是合作制与公司制的重要区别,在公司或企业制度下,员工和企业主的关系是种雇佣关系,员工并不具有完全的经营独立性,而在合作社制度下,社员不仅是相对独立的经营者,而且还是合作社的所有者,他们和社长是所有者之间的关系,不是雇佣的关系。

按照科斯、威廉姆森等新制度经济学的理论,经济社会存在三种比较典型的制度架构:一是竞争式的市场制度,二是科层式的等级制度,三是竞争与科层相结合的复合制度。同时,使用市场机制并非无代价,作为组织制度的企业和政府都是对市场的替代。然而在现实中,难点在于如何寻求对市场,或对政府合理替代的制度安排,以既降低交易成本,又提高组织效率。就适应现代农业的产业组织与经营体系建构而言,我们需要建立的是既能利用市场机制优势,又能降低市场交易成本,既能强化组织自身管理,又能降低组织控制成本的产业组织与经营体系,简言之,与市场的有效结合和合理替代是现代农业产业组织与经营体系建构的又一关键。在农业产业组织体系中,家庭、合作社、公司(企业)、行业协会等产业组织,都是对市场的替代,但替代程度并不完全相同。其中,农业合作社对市场的替代具有独特性,由于农业合作社的成员是相对独立的家庭经营者,因而它与具有雇佣关系的企业组织对市场的替代不同,合作社对市场的替代并非科层式的替代,而是一种科层与竞争相结合的替代。具有类似特性的合作社制度,很适合具有双重再生产特性的农业产业,它既能通过成员的相对独立性和自主性,保持成员在农业生产中的内在活力和动力,又能通过合作制的制度安排和成员的集体行动,降低组织内部的控制成本和个体成员在市场上的竞争风险。很显然,如果我们不在理论上搞清楚这一点,单纯追求组织对市场的替代,而不考虑组织替代市场的效率,就容易回到我们过去走过的老路,即把农业合作社搞成取代农业家庭经营、社员缺乏内在活力与动力、组织控制成本极高、缺乏市场竞争能力、效率极其低下的农业产业组织,这是我们在建构现代农业产业组织与经营体系过程中必须深刻吸取的经验教训。

四、农业合作经营的不同类型与演化

根据国家工商总局 2013 年 1 月 10 日公布的数据,截至 2012 年底,我国农民专业合作社已有 68.9 万家,比 2011 年底增长 32.07%。[①] 这是世界上任何国家都达不到的数量,也说明我们的合作社组建门槛低,发展数量快,规模小,种类多,质量并不高。从全球化、市场化的农产品竞争的角度看,我国农业的产业组织和经营机制必须适应世界发展的潮流。目前,我国存在多种类型的合作社,其中不少具有创新性,不少是为了获取政府支持政策而建的,也有的合作社存在异化的倾向。世界各国合作社的发展很快,出现了不少新的形态,因此,对于我国目前多种类型

---

① 数据来源:中国供销合作网。

的合作社,只要农民能够接受,就不要轻易下对与错的结论和急于规范它,而是可以观察一段时间,同时,为了推进我国合作社的健康发展,我们需要把握当今世界合作社发展的不同类型和发展趋势。

(一)横向和纵向的合作

所谓横向合作(horizontal cooperation),就是相同类型或相同生产环节的农民的合作。从合作社发展的历史看,最初的合作社形态是横向合作,其主要的动因是通过横向合作,增强农民进入市场的能力,增强农民在市场上的谈判力,提高农民的农业生产收益。但是,单纯横向的合作难以获取产后增值的收益,同时,难以适应农业纵向一体化发展和产业化经营的需要,因此,随着农业产业的发展和市场竞争的加剧,出现了纵向形态的农业合作。

所谓纵向合作(vertical cooperation),是农业产前、产中、产后之间的合作,比如蔬菜生产者与加工者,或与上游种苗、农资供应商之间的合作。纵向合作的目的就不仅仅是进入市场,而且是控制整个农业产业链和占领市场,更好获取产后的增值收益。

(二)专业合作与社区合作

所谓专业合作(specialized cooperation),就是以某一种(类)产品作为合作对象的合作社,如生猪合作社、茶叶合作社、蔬菜合作社等,我国目前重点鼓励和扶持发展的是专业合作社,同时也鼓励其他多种形式的合作社的发展。党的十七届三中全会明确指出,要使农民专业合作社"成为引领农民参与国内外市场竞争的现代农业经营组织",赋予了农民专业合作社极其重要的使命。

所谓社区合作(community cooperation),就是以一定的社区单位为基础组建的合作社,我国的村经济合作社,尽管它还有待完善,但可以说是一种典型的社区合作经济组织。从国际上来看,欧美国家比较流行的是专业合作社,亚洲国家,特别是东亚国家和地区,既有专业合作社,又存在不少以社区为载体的社区合作社,这恐怕与世界不同地区的文化传统有关。这也给我们提出了值得思考的问题,比如:如何在专业合作社发展的同时,也使我国的社区合作组织有更好的发展？如何协调我国专业合作社与社区合作社的关系？我国的专业合作与社区合作能否实现有效的融合和兼容？实践中,这些问题已经提到重要议事日程,亟须我们进行研究和解决。

(三)传统合作和新型合作

所谓传统合作(classical cooperation),就是那些按照经典的合作制原则组建与运行的合作社。在传统的合作制原则下,占据主导的规则是一人一票的民主决策、进退合作社的自由选择、以惠顾额为基础的收益分配和成员平等共享的公共积累等体现合作精神的制度与原则。传统合作制在横向型合作社中很具普遍性,其主要原因是横向型合作社的社员同质性较强,各自的利益诉求与目标比较一致。

所谓新型合作,是相对于传统合作而言的,在国外也叫新一代合作社(new-generation cooperation),它类似于纵向型合作,本质上是种股份合作,在欧美国家已成为一种潮流。新一代合作社的兴起和发展与农业的全球化竞争态势以及 WTO 框架下政府对农业补贴的削减背景有关,为了在竞争中得以生存和发展,不少传统合作社开始向农业下游延伸,以提高自身的纵向一体化程度,增强对整个产业链的控制力和市场竞争能力。然而,传统合作社向新型(新一代)合作社的这种转变为传统合作社的制度带来了挑战,因为传统合作社限于农业的上游领域,而新型(新一代)合作社则超越了这一领域,涉及了农业的加工和贸易等领域,而如前所述,适宜于加工和贸易领域的产业组织制度并非合作制,而是公司制,这就必须将家庭经营制度、合作经营制度和公司经营制度整合在一个组织内部,而这实际上就是股份合作制。股份合作制这一概念对我们而言并不陌生,但在欧美发达国家出现的这种新型(新一代)合作社,即股份合作社的一个重要特点是合作制仍然在组织内部占据主导,而不是我们经常看到的龙头企业办的股份占据主导的合作社。在国外新型(新一代)合作社的架构中,往往是合作社举办与自身产业关联的加工企业或贸易公司,这些关联性加工企业或贸易公司往往是合作社的下属子公司,由合作社控股。新型(新一代)合作社从 20 世纪 90 年代左右出现后,在理论界引起了很大的争议,争议的主要焦点是:这种产业组织制度还是不是合作制？合作社制度是否已走到尽头？但实践表明,这些争议并没有影响合作社的发展,它看来是合作社发展的一个趋势,是合作社制度适应环境变化和市场竞争的创新。它给我们的重要启示是:不能将组织与环境割裂开来看待组织形态的变化,作为制度的组织不是一成不变的,适应于竞争与发展环境变化的组织创新,亦即制度创新,是人类社会活力不断、生命力持续的重要源泉,研究与揭示它的存在机理、变化规律和奥秘,是社会科学家们的神圣使命。

五、农业合作经营对服务体系、
规模经营与产业化经营的影响

(一)农业合作经营推动农业多元服务体系形成

2013 年的中共中央一号文件指出,要:"构建农业社会化服务新机制,大力培育发展多元服务主体";"强化农业公益性服务体系","培育农业经营性服务组织","创新服务方式和手段"。多元化的服务体系是现代农业的重要支撑,改革开放以来,我国的农业服务体系正在从过去的由政府主导与包办的单一服务体系向政府、市场和其他组织参与的多元服务体系转变。但总体而言,我国的农业服务体系还不很完善,离现代农业的发展要求还有较大距离。多元化的现代农业服务体系大体上可以分为以下四种类型。

第一种类型是政府主导型的农业服务体系。政府为农业提供服务的基本原因在于农业生产不仅存在市场风险,而且存在自然风险,在于农业生产和技术存在着一定的公共性,因而难以完全依靠市场机制来提供这样的服务。政府主导型的农业服务又可以分为两种类型。一种是政府直接提供服务,即政府的相关部门与机构,如农技推广部门等,直接提供服务。另一种是政府购买服务,即由政府提供服务费用,由相关主体提供服务。比如,在目前的农业技术推广中,常常会遇到最后一公里的问题,也就是农业技术层层推广下去,但由于缺乏人员或激励,往往到不了农户这一最后的层次,使得农业技术推广服务产生不了实际效果,

这时,政府可以出资购买这最后一个环节的服务,由农村基层有经验、懂生产和技术的土专家们(他们通常是农业生产的经营主体)来提供具体的技术推广服务。这种形式,政府出钱不多,但效果不错,不仅推广了农业技术,而且还培养了一支基层农技服务队伍。

第二种类型是市场(企业)主导型的农业服务体系。许多农业服务产品,只要具有私人品的属性,就可以通过市场化的途径来提供,诸如种子公司、饲料公司等农业服务型企业,都是服务市场(企业)化的典型。此外,服务外包化也是服务市场(企业)化的表现,如农机专业服务公司(企业)的发展就是一个例证。需要指出的是,服务产品的公共性和私人性的划分不是绝对的,技术进步和制度环境的变化会改变物品的属性。最能说明这一现象的例子是育种技术进步对农业品种技术推广体制的影响。在传统育种技术时代,作物品种的推广只能由政府来承担,如果由市场(企业)来承担,企业必定亏损无疑,因为农民可以通过收获时的留种来解决来年的用种问题,而不需要向企业购买。然而,现代生物育种技术使得作物种子只能够一次性使用,这就使得种子公司成为很大的营利性企业,世界著名的种子公司——美国的杜邦和孟山都是这方面的成功范例。

第三种类型是合作社主导的服务体系。合作社的发展改变了农业服务不是由政府提供,就是由市场(企业)提供,或者由科研部门提供的格局,促成了农业服务的多元化格局。合作社提供农业服务的最大特点就是服务的内部化。所谓服务的内部化是相对于服务的外在化,或服务的外包化和市场化而言的,它是合作社通过专业化分工,建立自身的服务组织,为广大社员提供服务的一种服务体系,呈现为"生产在户、服务在社,生产小规模、服务规模化"的特点。由于合作社为社员提供的服务建立在组织内部的契约关系基础上,因而无论是不确定性程度、服务价格,还是服务的交易成本,比起外在化的服务,都要低得多。只要合作社的专业化服务组织的服务能力与服务对象的规模配置得当,就能产生较高的服务效率,这不仅是我国合作社发展的重要潜力所在,而且也是我国现代农业发展的重要方向。

第四种类型是科研部门和行业组织主导型的服务体系。高等院校和农业科研部门以及农业行业协会等组织,也在农业服务体系中扮演了重要的角色,是农业多元服务体系不可或缺的力量。它们不仅可以直接介入农业科技与人才培养等方面的服务,而且通过科研与推广体制和机制的创新,与政府、企业、合作社等结合,形成"政产学研相结合"的农推联盟与服务平台,这已成为我国农业服务体系中的一大创新亮点。

(二)农业合作经营促进多种形式规模经营发展

与农业多元服务体系密切关联的是多种形式规模经营的发展。农业的规模经营毫无疑问是现代农业的一个标志,但农业的规模经营不能只是追求土地的规模经营,而应该追求多种形式的规模经营。这对于人多地少的我国尤为重要。即使是追求土地的经营规模,也应考虑不同农业产品的规模属性和技术特性,区分轻重缓急。农业总体上可以分为两大类型:一类是偏向于土地密集型的农业,主要以粮食等大宗农产品为代表;另一类是偏向于劳动密集型的农业,主要以蔬菜、水果、花卉、水产、畜禽等产品为代表。在当今世界,土地密集型的农业如果没有土地规模的匹配,会缺乏竞争力。如美国生产粮食的家庭农场,一般平均规模为五六百公顷,机械化程度和劳动生产率都非常高,在国际市场上具有极强的竞争力,这样的粮食生产经营规模在我国几乎找不到。但需要强调指出的是,即使美国的家庭农场拥有这么大的土地经营规模,它的成功除了机械化程度很高以外,仍离不开完善的服务体系的支撑。然而,劳动密集型的农业发展并非完全依赖于土地的经营规模,它更取决于集约化的程度和专业化分工基础上的规模化服务。通过合作社的专业化分工和多元服务体系建构,走生产小规模、服务规模化的路子恐怕是我国劳动密集型农业规模化道路的一个重要方向,它的效率并不亚于土地规模化的效率,这既符合我国人多地少的基本国情,又能与世界现代农业发展的趋势相吻合。强调这一点并不是说我们就不要推进农业土地流转了,相反,土地流转基础上的农业经营规模扩大仍是我国农业转型发展的一个重点,但是,再怎么推进农业土地的流转,相对于世界发达国家的农业,小规模土地的农业经营格局将是我国长期存在的国情,我们应该清醒地意识到这一点。

在推进农业规模经营的过程中,要对农业规模经营问题有个科学的认识与把握。农业规模经营是个多元化和多视角的概念，它既可以体现在土地经营规模上，也可以体现在服务规模上，还可以体现在产业规模上以及综合经营规模上。合理的农业经营规模，不仅取决于技术进步和资本结构，而且取决于经营者的比较利益（收益）。所谓比较利益（收益），是经营者从事某一职业而放弃其他职业的机会成本或代价，它既与参照性职业的收益水平有关，又与经营者自身的个体特征有关，因而主要取决于不同职业或行业之间从业者的收益比较，但同时在同业者之间又具有一定的个体差异性。在技术与市场给定的情况下，经营者的比较利益（收益）决定经营规模的临界度，即低于经营者比较利益（收益）的规模是难以持续的，反之，则是可以持续的。但是，由于不同产业、不同部门的发展变化，比较利益（收益）也不是一成不变的，它是一个动态的概念，这对政府调整农业与农户经营制度和政策具有积极的参考意义。如浙江省针对农户粮食生产规模有限，单纯种粮难以获得比较利益（收益），农民缺乏种粮积极性，但政府又要确保粮食生产总量不下降的矛盾，通过粮经结合、粮畜结合等农作制度的创新和政策支持，使得经营农户在土地上能够实现"千斤粮、万元田"的目标，这就既实现了小规模土地经营格局下的粮食生产稳定，又确保了这些农户的经营收入不低于其所应该获得的比较收益。

（三）农业合作经营提升农业产业化经营水平

农业合作社发展对农业产业化经营水平提升的影响是革命性的。合作社融入农业产业化经营（也即纵向一体化进程）有两种类型。一种类型称为欧美型模式。它的主要特征是合作社在产业化经营中占据主导地位，是合作社直接向产业下游延伸，办加工企业，建产品供应链体系和终端市场等。比如世界最大、最现代的荷兰花卉拍卖市场，就是荷兰花卉合作社举办和控制的，它实际上就是合作社控制与经营的一种现代企业制度。许多国外的奶制品企业也是如此，产业化和纵向一体化程度很高，均为合作社控制。另一种类型称为亚洲型模式。它的主要特征是合作社在产业化经营中并非占据主导地位，合作社向下游延伸相对有限，主要是增强上游生产农户间的横向合作和社区合作，并且通过横向合作规模的扩大，与下游龙头企业建立稳定的上下游关系。前几年我去日本考察，与某个西瓜合作社的社长交谈，问他们为何不向西瓜的深加工和现代供应链的领域拓展，社长的回答是：他们熟悉西瓜种植，但对加工和供应链不熟悉，管理起来太费事，聘个这方面的职业经理又有点不放心，担心控制不了。他们的策略是做大做强上游的合作社，然后与下游的株式会社（龙头企业）建立稳定的上下游关系，同时向农村社区各类生活性服务事业领域拓展。在日本的农村社区，婴儿的满月、青年人的婚嫁、老人的养老及殡葬等很多家政服务事业，都是由类似的合作社在经营，因而这些合作社的效益也不错。

比较合作社融入农业产业化经营的两种不同模式，应该说是各有利弊。欧美型模式的长处是合作社对整个农业产业的控制力很强，市场竞争力也强，同时产业链之间的交易成本低，但短处是产业组织（合作社）规模很大，合作社经营跨度大与异质性强，进而治理结构比较复杂，治理成本较高。亚洲型模式的利弊正好与欧美型模式的利弊相反。其长处是合作社经营跨度不大与异质性不强，内部治理结构相对简单，治理成本较低，但对市场，尤其是对整个产业链的控制能力不强，同时存在合作社与下游公司的交易不确定性和交易成本。

合作社融入农业产业化或纵向一体化的不同模式或路径对我国农民合作社如何融入农业产业化经营是有启示意义的。总体而言，与发达国家相比，我国农民合作社的发展历史既曲折，又不长，因此在现阶段，完全由合作社主导的纵向一体的欧美型模式在我国还不具备普遍的适用性，而合作社与下游龙头企业（公司）共同主导的亚洲型模式在我国似乎更具有适用性。但在具体实践中，还需分类指导，如果实践中的合作社是偏向纵向合作的，并且产业链的延伸存在空间，则可通过体制机制的创新，走欧美型模式的发展道路。如果农业产业链不长，本身又是偏向于横向合作的，则可以选择亚洲型的发展模式，同时，有条件的合作社还可以向社区合作事业拓展。

六、我国现代农业经营体系与组织制度的创新空间

(一)农业家庭经营制度的创新

农业的家庭经营制度仍然要坚持。农业家庭经营的类型很多,无论是兼业型还是专业型,小规模型还是规模型,传统型(如自给型)还是现代型(如家庭农场),都有它存在的土壤和条件。我国幅员辽阔,自然环境多样,区域之间发展不平衡性明显,经济社会体制又处在转型中,这种多样性的农业家庭经营格局的存在就更具有必然性,绝不要因为存在的这样和那样的不足而否定农业家庭经营制度本身。

我国的农业家庭经营制度要不断完善与创新。一是消除阻碍家庭农业健康发展的体制机制。现行农村土地制度必须在确权基础上深化改革,深化改革的目的是进一步稳定土地承包制,实现土地承包永久化,并且确立农民对土地以及农民住房的财产权利,这样就不仅有助于农村土地的流转,促进农业的规模经营,而且有助于农业剩余劳动力的进一步转移、转型和新型农业经营者的进入,以提高农业家庭经营者的素质。另外,需加快农村社保体制改革,要让公共社保、商业社保替代土地社保功能,使老农能退出农业经营。二是着力培育新型的家庭农业经营者。新型农业经营主体主要由农业专业大户、家庭农场主、合作社带头人、农业龙头企业家以及流通等环节购销大户等组成,要对这些主体进行重点培育。现在不少地方统计的农业劳动力中,大体上是 10%～20% 的农业劳动力能够贡献当地农业产出的 70% 左右,这些农业劳动力实际就是新型农业经营主体,应是重点支持和培育的对象。主要途径是加大农业职业技术教育覆盖面,提供免费的农业职业技术教育和短期培训,同时采取政策,如一社(如示范合作社)配一名大学生的政策,鼓励大学生进入现代农业领域就业与创业。三是建立真正有助于现代家庭农业发展的支撑体系。由于我国的农民分化很厉害,有必要将扶持农业和扶持农民相分开,使各项农业补贴与支持政策能更具针对性。同时,要建立与完善各种类型的农业服务体系和平台,使农业家庭经营建立在完善的

服务体系基础上。至于现阶段家庭农场的发展,则应稳步推进,不宜定指标,不宜过于以土地经营规模为门槛条件,要视不同类型农业和产品的特点予以区别对待与分类指导。

(二)农业合作经营制度的创新

在以农民合作社为核心的农业经营体系建构与制度创新中,农业合作经营机制与制度的创新至关重要。这种创新,既应顺应国际农业合作组织制度的变革态势,又应从我国的具体国情出发,基于此,我国农业合作经营制度的创新重点应体现在两个层面。

一是与国际接轨的层面。重点是在农民合作社的联合发展和行业组织建构,新一代合作(股份合作)组织模式在我国的推广与发展,农民合作社在融资、保险、抵押等方面的功能拓展,农民合作社治理结构的改善等方面寻求突破和创新。

二是与国情结合的层面。重点是在农民专业合作社与村社区合作经济组织的相互融合、专业服务型合作社和农业综合型合作社的发展、农业供销合作与农业信用合作回归"三农"的改革、土地制度改革与土地股份合作制的发展、农民合作社与农民组织(农协)的关系、农民合作社政策与法律环境的改善等方面寻求突破和创新。

(三)农业双层经营制度的创新

要建立和完善农民专业合作社和农民(社员)互为一体、统分结合的农业新型双层经营体系与制度,因为比起传统的村社区合作经济组织,农民专业合作社与社员的双层经营制度具有更大的发展潜力和空间,它能突破村社区合作经济组织的区域空间局限,可以跨地区发展,进而更好实现服务的规模化效率。同时,仍要发挥农业龙头企业在服务农民,尤其是技术服务、营销服务等方面的作用。

农业双层经营制度的创新还应体现在双层体系中的"统"的功能增强与延伸,如赋予合作社融资、保险、抵押等功能,探索村社区合作经济组织与农民专业合作社的相互融合发展、合作社与合作社的联盟化发展,以及在合作社联盟基础上形成真正有效的农业行业组织(协会),以增强多元化的农业服务功能和有效的行业协调功能。

(四)农业产业化经营制度的创新

我国农业产业化经营制度创新的关键是充分发挥家庭经营、合作经营、公司经营这三种经营制度以及行业协会制度的自身优势和集成优势,建立农业纵向一体化的利益联结与协调机制,以形成家庭经营、合作经营、公司经营与行业组织四位一体、优势互补、有机结合的现代农业产业化经营体系。创新的基本方向是将原来的公司(龙头企业)主导的"公司+农户"的产业化经营模式转变为公司与合作社共同主导的"公司+合作社+农户"产业化经营模式,并且积极探索合作社主导、合作社向下游延伸的欧美型农业产业化经营模式,即"合作社+公司+社员"的更为纵向一体化的农业产业化经营模式。

鉴于我国农民专业合作社发展历史较短,水平较低,实力不强的现状,在创新农业产业化经营机制的过程中,应支持和鼓励下游的公司(农业龙头企业)积极向上游延伸,尤其是在扶持农民专业合作社发展(如人员培训、技术服务、品牌打造、质量控制等)以及与合作社建立更为紧密、互利共赢的利益机制(如互为参股、二次分配、价格保护)等方面发挥作用,以使我国的农业产业化经营和纵向一体化进程尽快适应世界农业产业化与纵向一体化的发展进程。

(五)农业行业组织制度的创新

现代农业经营体系建构与制度的创新离不开农业行业组织制度的创新,这是目前我国农业产业组织体系中的一个薄弱环节。我国农业行业组织的有效建构与作用发挥一方面,有赖于农业行业微观主体,如经营农户和农民合作社的发展壮大与组织化程度的提高,另一方面,更有赖于政府机构的改革与职能的转换,政府如果不放下行业管理的诸多职能,行业组织的功能就得不到发挥,整个农业的产业组织体系就不可能完善。政府农业管理职能的转变还要与农业综合性服务平台的建设相结合,可以考虑在政府农业职能转变与机构改革的同时,将现行的农技推广服务体系、基层农业供销合作体系、农业信用合作体系有机整合,并与农业行业组织(协会、联盟)相结合,建立分层次、"三位一体＋行业组织"的农业综合服务平台与行业组织体系。

参考文献

[1]R.科斯,A.阿尔钦,D.诺斯等,《财产、权利与制度变迁》,上海三联书店、上海人民出版社,1994年。

[2]Williamson,O,The Economic Institutions of Capitalism,Free Press,1985.

[3]胡锦涛,《坚定不移沿着中国特色社会主义道路前进 为全面建成小康社会而奋斗——在中国共产党第十八次全国代表大会上的报告》,人民出版社,2012年。

[4]黄祖辉,顾益康,郭红东,《创新农业产业化经营机制:发挥农户经营、合作经营、公司经营三大制度优势》,《农村经营管理》,2011年第8期。

[5]《中共中央关于推进农村改革发展若干重大问题的决定》,人民出版社,2008年。

[6]《中共中央、国务院关于加快发展现代农业 进一步增强农村发展活力的若干意见》,《人民日报》,2013年2月1日。

农村集体经济"股社分离"改革

——以杭州市江干区为例的剖析①

  2016 年,国务院出台《中共中央、国务院关于稳步推进农村集体产权制度改革的意见》,启动了新一轮的农村集体经济与产权制度改革。这项改革的宗旨是巩固和完善农村基本经营制度,赋予农民更多财产权利,发展壮大农村集体经济。农村集体经济资源资产的确权颁证、量化到人和股份合作化是这项改革的基本要求,在此基础上,有条件的农村社区推行"股社分离"改革,即集体股份合作社与社区分离的改革,这是农村集体经济与产权制度改革的又一深化,这项改革的本质是对现行农村社区集体经济实行"政社分离",进而真正实现我国农村集体的经济与社区分离,以及农民经济人与社会人的分离,这项改革对于我国农村基层治理体系的完善、农村集体经济的健康发展和农民市场主体地位的进一步清晰,具有重要意义。本文以这项改革试点单位之一的浙江省杭州市江干区为例,对其"股社分离"改革的实践进行剖析,并给出相关建议。

一、"股社分离"改革的主要任务及实践探索

  "股社分离"改革中的"股"代表股份经济合作社,"社"意指居(村)委会,"分离"主要包含五大内涵,即机构分设、资产分置、权责分离、人员分

  ① 本文作者为黄祖辉、胡伟斌、徐梅缀。本文内容发表在《贵州大学学报(社会科学版)》2019 年第 6 期。本文研究得到了教育部"十三五"重大项目"城乡发展一体化背景下的新型农村建设与治理研究"(16JJD790053)的资助。杭州市江干区农业局对本文调研和相关资料获取提供了帮助。

开、财务分立。浙江省杭州市江干区最早于 1998 年探索实施股份合作制改革,于 2010 年全面完成第一轮改革,共量化集体资产 27.33 亿元,设立股东 12.56 万人。全区共有村级集体经济组织 57 个,2018 年度村级集体资产总额为 276.19 亿元,可分配收入为 16.74 亿元,有 27 个股份经济合作社实现收益分配,分配总额为 5.32 亿元,受益股东为 6.49万人,人均 8197 元。为破解长期以来村级集体经济组织与社区(村)两委合二为一的管理弊端,推动集体经济组织健康发展,推动实现现代化基层治理,该区贯彻落实中央农村集体产权制度改革试点要求,于 2017年推进新一轮集体产权制度改革,实施"股社分离",探索集体经济组织经济事务与居(村)委会公共事务相分离。

(一)"股社分离"改革的主要任务

杭州市江干区的"股社分离"改革提出了七项具体任务,前五项任务分别对应"股社分离"改革内涵中的"五分离"。

1.机构分设

分别设立居(村)委会和股份经济合作社,后者要求工商变更登记率达到 100%,以确立村股份经济合作社的市场主体地位。

2.资产分置

根据《中共中央、国务院关于稳步推进农村集体产权制度改革的意见》的分类,将农村集体资产划分为资源性资产、经营性资产和非经营性资产三类。对于后两者,直接依法界定为股份经济合作社所有;对于资源性资产,则按照实际情况区分,分别确权登记在居(村)委会和股份经济合作社名下。

3.权责分离

理顺居(村)委会与股份经济合作社各自的职责与权力,使得两者在运作程序上分离且互不干涉,形成各司其职的治理机制。社区基本公共管理方面的事务基本由居(村)委会承担;与集体经济发展有关的事务归属于股份经济合作社,如开展资源开发利用、资产经营与管理、生产发展与服务、财务管理与分配等活动。

4.人员分开

改变过去村集体三块牌子一套班子的人员情况。根据"股社分离"的程度,相应确定人员分开的操作:对于彻底分离的地区,分别确定任职人员,实行不同的岗位、薪酬等相关制度;对于向彻底分离过渡阶段的地区,设置专人管理经济事务或社区事务;对于彻底的"股社分离"仍有难度的地区,仍实行人员交叉任职。

5.财务分立

居(村)委会与股份经济合作社设置各自的账本、账户,进行独立核算。社区基本公共服务事项的费用划归居(村)委会;集体经济发展和管理的费用则由股份经济合作社负责,财务支出划分与权责相统一。对于居(村)委会无力承担的部分,在股东代表大会同意的前提下,由股份经济合作社支持社区(村)从事公共事项的管理与建设。

6.股权管理

原则上对股权实行静态管理,不随人口增减变动而调整股权,即"生不增,死不减",权证发放到人(户)。"固权"的同时也兼顾"活权",同步推进股权社内流转,完善股权继承流转办法。

7.强化党建

"股社分离"后,股份经济合作社党组织关系直接隶属于街道党工委管理,股份经济合作社党组书记对股份经济合作社的政治、方向引领负责。社区党组织与股份经济合作社党组织都能体现党的领导,共同商讨要事,共同管理党员。

(二)"股社分离"改革的实践与阶段

杭州市江干区进行"股社分离"改革的试点周期为两年,即 2017 年初至 2018 年底。目前,全区 57 个股份经济合作社均已完成《浙江省村股份经济合作社证明书》(以下简称为《证明书》)申领、清产核资和产权界定、股权信息化管理、分账独立核算制度、集体存量资金竞争性存放、权力清单制度推行以及股份经济合作社换届选举等七项工作。截至 2018 年 10 月底,已有 19 个股份经济合作社与社区(村)完全实现"五分离"，49家股份经济合作社完成工商变更登记。

1.先行先试阶段（2017年10月至2018年3月）

2017年11月，该区四季青、笕桥、彭埠、九堡、丁兰每个街道选择2个股份经济合作社为先行先试单位，启动《证明书》申领、工商变更登记、集体资产清理、集体产权界定、集体资产核销、股权信息化管理等工作。

（1）《证明书》申领与工商变更登记

进行工商登记并领取《营业执照》是股份经济合作社确立其市场主体地位的第一步。申领《证明书》则是进行工商变更登记的前置环节，其作用在于规范村股份经济合作社的名称。按照《关于村股份经济合作社工商登记的指导意见》（浙工商企〔2016〕11号）规定，无论是已经办理工商登记还是未办理的村集体经济组织都应当申领《证明书》，凭《证明书》向区市场监督管理部门办理名称变更登记或者设立登记。为了有效推进这项工作，该区"股社分离"改革试点工作领导小组办公室印发《关于申领股份经济合作社证明书的通知》和《关于规范村级集体经济组织名称的通知》，用于指导《证明书》申领工作。

改革之前，该区57家村股份经济合作社都已进行工商设立登记，因此本次都属于变更登记。大部分村股份经济合作社原先登记的仍是经联社，而不是股份经济合作社，现统一变更为"杭州市江干区××股份经济合作社"。进行工商变更登记之后的股份经济合作社，开始按照企业性质缴纳相关税费。

（2）清产核资与产权界定

清产核资是产权界定的前置工作，产权界定则是准确分置资产、保护集体资产产权的重要保证。实际操作过程中，党组织、居（村）委会、董事会、监事会（居务监督委员会）、财务、股东代表等人员组成清产核资和产权界定工作小组，整理各类资金、资产、资源账簿，清查、盘点各类资产，范围包括属于集体所有的经营性资产、非经营性资产和资源性资产。账实相符的资产按照其原值分别登记在股份经济合作社和居（村）委会名下；对账实不相符或者有实无账的资产进行价值评估，金额在20万元及以下的由工作小组协商确定，大于20万元的则委托中介机构进行评估定价。

在集体资产的产权界定环节，将集体资源性资产和经营性资产，依法界定为股份经济合作社所有;对集体公益性资产,按照实际情况进行区分,分别确权登记在居(村)委会和股份经济合作社名下;对集体经济组织出资、参股的资产,按出资和比例分享所有者权益。在遵循以上产权界定工作的一般性原则的前提下,由党组织、居(村)委会、股份经济合作社内部协商,进行具体界定。

（3）账套分设与独立核算

在账本设置上,股份经济合作社和社区(村)分别设立两本账套,根据清产核资结果,按照"所有集体资金、资产、资源归股份经济合作社所有,仅部分公益性资产归社区(村)使用"的原则,股份经济合作社接管原有数据,按照《浙江省村集体经济组织会计制度》规定的科目进行核算;社区(村)重新建立账套,核算科目根据《行政事业单位会计制度》制定。在具体的科目设置环节,召开账户分设内部分析会,邀请各单位的会计工作人员建言献策,根据实际工作经验为本次科目的调整提供建议,使得两本账套的科目更贴合实际,为财务分设工作理顺思路。

2. 整体推进阶段(2018 年 3 月至 9 月)

（1）《证明书》申领与工商变更登记

除先行先试的 10 家之外的 47 家股份经济合作社均已申领《证明书》,其中有 17 家同先行先试阶段的 3 家试点单位一样,之前工商登记时名称中缺少"江干区"三个字,获准不用进行二次变更登记,还有 4 家因为法人调整等原因需要变更登记《营业执照》,其余 26 家股份经济合作社的登记类型均为经合社,均重新登记为股份经济合作社。

（2）清产核资与产权界定

在整体推进阶段,该区"股社分离"改革试点工作领导小组办公室下发《关于做好股份经济合作社与社区(村)账本分设独立核算的通知》,为两本账套明确制定股份经济合作社科目表和社区(村)科目表。首先是清理资产工作,在账内编制资产清册,账外再进行实物盘点资产并登记,同时及时地调整完善"三资"监管系统数据。其次是核销不良资产,对"有账无实"的集体资产按规定程序进行核销。最后是进行权属界定,把所有经核实的集体资产界定在股份经济合作社名下,此后形成的资产按来源或产生渠道分别登记在股份经济合作社、居(村)委会名下。

（3）账套分设与独立核算

在账套分设方面，调整完善经合社会计科目时结合了辖区村级集体经济发展实际，删除村社公共实物类科目，新增"拨入社区（村）经费"科目，支持社区（村）经费采用年度预算方式，通过经合社"拨付社区（村）经费"科目记账，经合社财务收支盈亏实情、经合社支持公共服务支出部分都变得明朗化。在独立核算方面，新设股份经济合作社账套，社区（村）委会不再沿用原先账套。目前，居（村）委会与股份经济合作社财务已全部实现独立核算，股份经济合作社按照《浙江省村集体经济组织会计制度》核算，主要核算内容为集体经济业务和股东分红等；居（村）委会按照《行政事业单位会计制度》要求核算，主要核算内容为社会公益事业支出等。

二、江干区"股社分离"改革的成效问题与对策建议

（一）"股社分离"改革的成效

目前，全区已有 19 个股份经济合作社实现了与居（村）委会机构分设、资产分置、权责分离、人员分开、财务分离的"五分离"；26 个已撤村建居并有城市化预期的，正逐步向彻底分离过渡；其余 12 个暂时还不具备"五分离"条件，已实现资产、财务的"两分离"。

全部进行工商变更登记后的股份经济合作社，不仅具有依法代表全体股东对农村集体资产行使占有、使用、收益和处分的权利，还发挥着资源开发与利用、资产经营与管理、生产发展与服务、财务管理与分配等职能。同时，"三会"职责，即股东代表大会、董事会、监事会的职责更加明确，治理结构进一步优化，使股份经济合作社成为市场经济的重要主体。

"股社分离"后，农村社区经济和社会事务的职责更加清晰。较早实现机构、资产、权责、人员、财务"五分离"的股份经济合作社，按照原有方式、标准提供社区事业发展资金；新分离的股份经济合作社则按照每个股东户不少于 1000 元的标准提供社区事业发展资金。提供的资金主要用于社区文化教育、计划生育、医疗卫生、文化娱乐、殡葬、治安联防、绿

化环卫、征兵民兵训练、公益设施建设维护等公益福利专项支出。其余两类未彻底分离的,社区(村)优先使用财政转移支付资金,按照上一年度社区(村)支出额度计算今年的总额,不足部分由股份经济合作社提供资金支持,拨入社区(村)账户,主要用于社区(村)日常行政管理支出、公益福利专项支出等。

(二)"股社分离"改革需要进一步解决的问题

1. 股份经济合作社税收负担过重问题

根据现行企业法人统一的税法制度,股份经济合作社需要缴纳的增值税、房产税、土地使用税、城市建设维护税、教育税附加、地方教育税附加、印花税等税种的税率加起来达 18%。此外,还有所得税、10% 的留用地项目权证登记办理进项税。应该指出的是,尽管村级集体经济组织进行了股份合作制改革,但其仍然承担着大量的公共服务支出,也就是说,股份经济合作社比一般企业承担着更多的社会责任、更多的支出,应该在税收政策方面有别于一般的企业。

2. 相关人员未完全分开的问题

机构、资产、权责、人员、财务的"五分离"中,人员分离最难操作,这是很多股份经济合作社没有达到完全分离状态的原因。实践中,那些未彻底分离的股份经济合作社,办公场所、财务核算都各归各走,至少做到了资产、财务两项的分离,但人员方面还是存在兼任、协作的情况。其原因在于资产、财务这两项未牵扯到人员,但一旦涉及与人员分离相对应的工作分离,就存在不少困难,它不仅涉及工作任务的分解,而且涉及薪酬待遇差别问题。在"股社分离"体系下,相关工作人员将分别进入股份经济合作社和社区(村)的薪酬体系当中,此时,进入社区(村)的工作人员薪酬要按社工标准由财政拨付,其薪酬不仅会少于进入股份经济合作社的人员,而且还可能比分离之前的薪酬要少,以致人员分离成为难题。

3. 股份经济合作社的股权继承问题

现实中,股份经济合作社的股权转让须一次性全额转让给同一受让人,而股权的继承未对继承人数做出规定。不同于单纯的股份制的一股一票,股份合作制为了体现劳动联合的特点,在进行民主决策时是实行一人一票制。这种制度在第一代股东中实行没有什么不妥,但当股权继承到第二代股东时,问题就开始暴露,原先的一票也许会分裂成两票,甚至多票,继承者多的一代股东的家族就能占到更多的投票权。这对于要坚持公平性和公正性的股份合作制,就会带来挑战。

(三)深化"股社分离"改革的对策建议

1.制定针对农村股份经济合作社的税赋政策

当前,除了集体经济组织成员身份认定、股权设置与管理模式等制度安排及确认程序等缺乏专门的法律条例,农村股份经济合作社的职能、权利、义务及市场地位,尤其是税费政策也缺乏明晰的法律与政策依据,导致许多股份经济合作社承担着过重的税赋,不利于农村集体经济的健康发展。因此,需要对农村股份经济合作社的主体性质、股权处置、退出机制、税费政策等重要问题进行统一指导,强化顶层设计。除税费外,还需加大对"股社分离"地区公共财政的扶持力度,推进大量撤村建居社区公共服务实现同城同待遇,为股份经济合作社的企业化运作奠定基础。

2.稳妥解决"股社分离"中的人员分离问题

在过渡阶段,一方面要健全股份经济合作社和社区居(村)委会机构的组织制度;另一方面要发掘人才,鼓励更多股东代表、专业经理人进入管理决策层。在交叉任职暂时难以避免的情况下,此举可弱化对传统村级两委干部的路径依赖和决策偏差或"寻租"行为,有利于理顺社区居(村)委会和股份经济合作社之间的关系,促使村(居)委会的社区管理职能与股份经济合作社的经济管理职能相分离。

3.建立与层级和经营管理绩效挂钩的薪酬制度

允许股权适当集中,以激励经营管理层对股份经济合作社做出更大贡献。探索所有权与经营权相分离的制度,实行一人一票与一股一票相结合的决策机制。建立职业经理人、独立董事等专业人才引进制度,以弥补社内成员管理能力不足、监督力度较小的短板,提高集体经济组织的整体经营管理水平。此外,无论是社内产生的管理人员还是外聘的人才,都要建立科学的绩效考评制度,将股权与年薪相结合,将公共服务与经营管理相结合,将管理者、经营者的薪酬与其所在单位的工作业绩挂钩,使不同类型的管理者的积极性都被充分调动。

参考文献

[1] 农业部农村经济体制与经营管理司调研组,浙江省农村集体产权制度改革调研报告,农业经济问题,2013(10):4-9。

[2] 汪宇,苏州市 S 街道"政经分离"研究:基于结构功能主义的视角,硕士学位论文,苏州大学,2018。

[3] 夏英,钟桂荔,曲颂,郭君平,我国农村集体产权制度改革试点:做法、成效及推进对策,农业经济问题,2018(4):36-42。

[4] 徐秀英,赵兴泉,沈月琴,农村社区股份合作经济组织的治理——以浙江省为例,现代经济探讨,2015(10):69-73。

图书在版编目(CIP)数据

黄祖辉文集. 第二卷, 产业组织与制度 / 黄祖辉编著
. —杭州：浙江大学出版社, 2022.6

ISBN 978-7-308-22679-0

Ⅰ.①黄… Ⅱ.①黄… Ⅲ.①农业产业－产业组织－
中国－文集 Ⅳ.①F3－53

中国版本图书馆 CIP 数据核字(2022)第 088328 号